Dortmann/Mann
Lehrbuch Buchführung und Bilanzsteuerrecht

AF820959

Zusätzliche digitale Inhalte für Sie!

Dieses Buch bietet Ihnen mehr als nur eine gedruckte Version! Nutzen Sie die folgenden Möglichkeiten, die Ihnen für dieses Produkt in der NWB Datenbank zur Verfügung stehen.

Frag das Buch!

Mit **„Frag das Buch!“ & „Frag den Kommentar!“** wird Ihre Online-Bibliothek interaktiv! Nutzen Sie die intelligente Unterstützung von NWB KIRA direkt in Ihren Online-Büchern und -Kommentaren. Stellen Sie gezielte Fragen und Sie erhalten punktgenaue Antworten. So wird Fachwissen noch schneller und einfacher zugänglich. Probieren Sie es aus und erleben Sie, wie smart Recherche heute sein kann.

@ Online-Version

Sie haben das gedruckte Exemplar Ihres Buches nicht zur Hand oder möchten etwas schnell recherchieren? Dann nutzen Sie die Online-Version Ihres Buches. Diese steht Ihnen nach Eingabe des folgenden Freischaltcodes direkt zur Verfügung.

Schalten Sie sich Ihre digitalen Mehrwerte direkt frei:

Scannen Sie den QR-Code **oder** rufen Sie die Seite www.nwb.de auf.
Geben Sie den Freischaltcode ein und folgen Sie dem Anmeldedialog. Fertig!

Ihr Freischaltcode

BJEZ-NXQA-WKIY-NWHR-QYXM-HV

Steuerfachkurs · Lehrbuch

Lehrbuch Buchführung und Bilanzsteuerrecht

Von

Lena Dortmann, Steuerberaterin

Prof. Dr. iur. Peter Mann, Steuerberater, Professur an der Ostfalia Hochschule für angewandte Wissenschaften, Fakultät Recht – Brunswick European Law School (BELS) – Direktor des Instituts für Recht, Finanzen und Steuern – Vorstand des Instituts für Internationales Steuerrecht/Institute for International Taxation e.V. (ifitax)

14., überarbeitete Auflage

nwb AUSBILDUNG

Bildnachweis des Buchumschlags: © George Doyle/Stockbyte via Getty Images

Bearbeiterhinweis:

Teil A: Mann
Teil B: Dortmann
Teil C–Teil E: Mann

ISBN 978-3-482-**65934**-8 – 14., überarbeitete Auflage 2026

NWB Verlag GmbH & Co. KG
Eschstr. 22
44629 Herne
service@nwb.de

Die bestimmungsgemäße Handhabung dieses Produkts stellt kein Risiko für die Gesundheit oder Sicherheit im Sinne der Verordnung über die allgemeine Produktsicherheit (EU) 2023/988 (GPSR) dar.

Satz: PMGi Agentur für intelligente Medien GmbH, Hamm
Druck: Beltz Grafische Betriebe GmbH, Bad Langensalza

Um eine gute Lesbarkeit zu gewährleisten, verwenden wir in Fachtexten in der Regel geschlechtsspezifische Personenbezeichnungen. Selbstverständlich sind damit alle Menschen gleichermaßen gemeint.

VORWORT

Die Buchführung und insbesondere das Bilanzsteuerrecht sind Kernbereiche des heutigen Wirtschaftslebens. Ohne die eingehenden Kenntnisse auf diesen beiden Gebieten sind eine grundlegende Ausbildung wie auch eine unternehmerische Tätigkeit undenkbar. Was für die tägliche Praxis gilt, gilt in noch höherem Maße für die Ausbildung, sowohl in der Verwaltung als auch in den vielfältigen Zweigen wirtschaftlicher Betätigung.

Zudem wird die Rechnungslegung in Deutschland mittlerweile durch drei unterschiedliche Systeme geprägt, die in der Praxis zu beachten sind:

- Dem HGB, das sich durch das Bilanzrechtsmodernisierungsgesetz (BilMoG) v. 25.5.2009 (BGBl 2009 I S. 1102) der internationalen Rechnungslegung IFRS angenähert hat,
- dem Einkommensteuerrecht für die steuerliche Gewinnermittlung und Bilanzierung sowie
- den IFRS, die verpflichtend für kapitalmarktorientierte Unternehmen gelten bzw. in vereinfachter Form als IFRS-SMEs auch freiwillig von anderen Unternehmen angewendet werden können.

Weiterhin ist mit dem Steuerbürokratieabbaugesetz v. 20.12.2008 (BGBl 2008 I S. 2850) die sog. „E-Bilanz“ eingeführt worden, die alle bilanzierenden Unternehmer seit dem Jahr 2013 betrifft. Ein besonderes Kapitel behandelt diese Regelung.

Das vorliegende Lehrbuch vermittelt deshalb das erforderliche Wissen aus den Bereichen Buchführung, Bilanzsteuerrecht und Unternehmenssteuerrecht für Einzelunternehmen, Personengesellschaften und Kapitalgesellschaften. Die Darstellung beschränkt sich dabei nicht nur auf die rechtliche Würdigung, sondern zeigt anhand vieler Beispiele auch den buchtechnisch richtigen Lösungsweg auf. Damit ist eine erfolgreiche Prüfungsvorbereitung gewährleistet.

Zahlreiche Übersichten und Schaubilder zu den einzelnen Kapiteln erleichtern das Verständnis der schwierigen Rechtsgebiete. Anhand von Kontrollfragen am Ende eines Kapitels kann anschließend der eigene Lernerfolg überprüft werden.

Inhalt und Aufbau des vorliegenden Lehrbuchs sind das Ergebnis langjähriger Erfahrungen der (zum Teil an früheren Auflagen beteiligten) Autoren in Praxis und Ausbildung des gehobenen Dienstes der Finanzverwaltung an der Hochschule für Finanzen des Landes NRW Nordkirchen sowie in der Steuerberater- und Bilanzbuchhalterausbildung. Die vorliegende Auflage wurde inhaltlich überarbeitet und unter Beteiligung eines teilweise neu besetzten Autorenteams an die aktuelle Rechtslage angepasst.

Das Lehrbuch ist damit bestens geeignet für Studenten – insbesondere angehende Diplom-Finanzwirte – in den entsprechenden Fachrichtungen an Hochschulen und Universitäten sowie für Personen, die sich auf die Steuerberaterprüfung, die Bilanzbuchhalterprüfung oder die Prüfung zum Steuerfachwirt vorbereiten. Es ist aber auch für die praktische Arbeit in der Steuerberaterpraxis und den Buchhaltungen und Steuerabteilungen der Industrie- und Handelsbetriebe ein bewährtes Hilfsmittel.

Die vorliegende 14. Auflage wurde inhaltlich umfassend überarbeitet und an die aktuelle Rechtslage angepasst. Die Änderungen der bilanzsteuerlichen Regelungen durch die Gesetzgebung (u. a. dem Wachstumschancengesetz v. 27.3.2024 (BGBl 2024 I Nr. 108), dem Vierten Bürokratieentlastungsgesetz v. 23.10.2024 (BGBl 2024 I Nr. 323) und dem Gesetz für ein steuerliches Investitionssofortprogramm zur Stärkung des Wirtschaftsstandorts Deutschland v. 14.7.2025 (BGBl 2025 I Nr. 161)), der Verwaltung und der Rechtsprechung wurden aufgenommen. Auch die zum 1.1.2024 in Kraft getretenen Regelungen des Personengesellschaftsrechtsmodernisierungsgesetzes (MoPeG) v. 10.8.2021 (BGBl 2021 I S. 3436) wurden mit Blick auf ihre bilanz- und steuerrechtlichen Implikationen eingearbeitet.

Die Rechtslage entspricht dem Stand zum **1.4.2026.**

Bei der Fülle der verarbeiteten Rechtsmaterie lassen sich – trotz größter Sorgfalt – Fehler und Irrtümer nicht immer ganz vermeiden. Verfasser und Verlag sind daher für entsprechende Hinweise stets dankbar. Senden Sie uns hierfür gerne eine E-Mail an „Steuerrecht-Ausbildung@nwb.de".

Datteln/Castrop-Rauxel, im Juni 2026

Lena Dortmann
Prof. Dr. iur. Peter Mann

Wichtiger Hinweis:

Die in den einzelnen Beispielen verwendeten Jahreszahlen (01, 02, . . .) sind teilweise fiktive Zahlen, die mit den kalendarischen Zahlen nicht im Zusammenhang stehen.

Die Rechtslage entspricht aber stets den zurzeit geltenden Vorschriften und Anweisungen zum Stichtag **1.4.2026.**

INHALTSÜBERSICHT

LITERATURHINWEISE

Bilke/Heining, Fallsammlung Buchführung, Bilanzen, Berichtigungstechnik, 12. Auflage, Herne 2021

Gerke/Kirchner/Kühn/Steiner, Fallsammlung Bilanzsteuerrecht, 21. Auflage, Herne 2026

Happe, Die Einnahmenüberschussrechnung, 2. Auflage, Herne 2026

Hufnagel/Burgfeld-Schächer, Einführung in die Buchführung und Bilanzierung, 11. Auflage, Herne 2025

Kußmaul/Müller, Handbuch der Bilanzierung, Online-Produkt, Freiburg

Meyer/Theile, Bilanzierung nach Handels- und Steuerrecht, 34. Auflage, Herne 2025

Schmidt, Einkommensteuergesetz, 45. Auflage, München 2026

Walkenhorst, Wichtige Steuerrichtlinien, 43. Auflage, Herne 2026

ABKÜRZUNGSVERZEICHNIS

A

a. a. O.	an angegebenem Ort
AB	Anfangsbestand
ABl	Amtsblatt
Abs.	Absatz
abzgl.	abzüglich
AEUV	Vertrag über die Arbeitsweise der Europäischen Union
a. F.	alte Fassung
AfA	Absetzung für Abnutzung
AfaA	Absetzung für außergewöhnliche Abnutzung
AG	Aktiengesellschaft
AktG	Aktiengesetz
AO	Abgabenordnung
Art.	Artikel
AStG	Außensteuergesetz
Aufl.	Auflage

B

B2B	Business-to-Business
BBK	Buchführung, Bilanz, Kostenrechnung (Zeitschrift)
BewG	Bewertungsgesetz
BFH	Bundesfinanzhof
BGB	Bürgerliches Gesetzbuch
BGBl	Bundesgesetzblatt
BilMoG	Bilanzrechtsmodernisierungsgesetz
BMF	Bundesfinanzministerium
bspw.	beispielsweise
BStBl	Bundessteuerblatt
BVerfG	Bundesverfassungsgericht
bzw.	beziehungsweise

C

CIF	Cost, Insurance and Freight

D

d. h.	das heißt
DrittelbG	Drittelbeteiligungsgesetz

E

EB	Eröffnungsbilanz/Endbestand
EDV	Elektronische Datenverarbeitung
EFG	Entscheidungen der Finanzgerichte (Zeitschrift)
EGHGB	Einführungsgesetz zum Handelsgesetzbuch
ErbbauRG	Erbbaurechtsgesetz
ERP	Enterprise Resource Planning (Softwaresystem)
EStDV	Einkommensteuer-Durchführungsverordnung
EStG	Einkommensteuergesetz
EStH	Einkommensteuer-Hinweise
EStR	Einkommensteuer-Richtlinien
EU	Europäische Union
EÜR	Einnahmenüberschussrechnung
EuGH	Europäischer Gerichtshof

F

Fa.	Firma
Fifo	First in first out
FördG	Fördergebietsgesetz

G

GbR	Gesellschaft bürgerlichen Rechts
gem.	gemäß
GenG	Genossenschaftsgesetz
ggf.	gegebenenfalls
GloBE	Global Anti-Base Erosion Rules
GmbH	Gesellschaft mit beschränkter Haftung
GmbHG	GmbH-Gesetz
GoB	Grundsätze ordnungsmäßiger Buchführung
GoBD	Grundsätze zur ordnungsmäßigen Führung und Aufbewahrung von Büchern, Aufzeichnungen und Unterlagen in elektronischer Form
grds.	grundsätzlich
GrEStG	Grunderwerbsteuergesetz
GuV	Gewinn und Verlust

H

h. A.	herrschende Ansicht
HGB	Handelsgesetzbuch
h. M.	herrschende Meinung

I

IAS	International Accounting Standards
i. d. R.	in der Regel

IFRS	International Financial Reporting Standards
i. H.	in Höhe
InvZulG	Investitionszulagengesetz
i. S.	im Sinne
i. V.	in Verbindung

K

Kfz	Kraftfahrzeug
KG	Kommanditgesellschaft
kg	Kilogramm
km	Kilometer
KStG	Körperschaftsteuergesetz
kWh	Kilowattstunde

L

Lifo	Last in first out
Lkw	Lastkraftwagen
LStR	Lohnsteuer-Richtlinien

M

MitbestG	Mitbestimmungsgesetz
MoPeG	Gesetz zur Modernisierung des Personengesellschaftsrechts
m. w. N.	mit weiteren Nachweisen

N

n. F.	neue Fassung
Nr.	Nummer

O

o. a.	oben angeführt/oben angegeben
o. g.	oben genannt
OHG	Offene Handelsgesellschaft

P

p. a.	per anno (pro Jahr)
PartGG	Partnerschaftsgesellschaftsgesetz
PC	Personal Computer
PDF	Portable Document Format (universelles Dateiformat)
Pkw	Personenkraftwagen

R

Rz.	Randziffer

S

SBK	Schlussbilanzkonto
SGB	Sozialgesetzbuch
sog.	so genannte(r)
s. u.	siehe unten

T

Tz.	Textziffer

U

u. a.	unter anderem
u. ä.	und ähnlich
u. E.	unseres Erachtens
UmwG	Umwandlungsgesetz
UmwStG	Umwandlungssteuergesetz
USt	Umsatzsteuer
UStAE	Umsatzsteuer-Anwendungserlass
UStG	Umsatzsteuergesetz
usw.	und so weiter
u. U.	unter Umständen

V

v. Chr.	vor Christus
Vfg.	Verfügung
vgl.	vergleiche
v. H.	vom Hundert
VoSt	Vorsteuer

W

WEK	Wareneinkaufskonto
WG	Wechselgesetz
WVK	Warenverkaufskonto

X

XML	Extensible Markup Language (erweiterbare Auszeichnungssprache)

Z

z. B.	zum Beispiel
ZPO	Zivilprozessordnung
zzgl.	zuzüglich

TEIL A: BUCHFÜHRUNG

Teil A: Buchführung

Kapitel 1: Einführung

1.1 Begriff

Die Buchführung ist eine systematische, periodenbezogene Aufzeichnung aller Geschäftsvorfälle eines Unternehmens. Sie erfasst sämtliche Vorgänge, die den betrieblichen Bereich betreffen, und macht deren Entstehung, Veränderung und Abwicklung nachvollziehbar. Unerheblich ist es dabei, ob diese Vorgänge zu einer Veränderung des Betriebsvermögens führen und ob sie sich ausschließlich im betrieblichen Bereich oder zwischen dem privaten und dem betrieblichen Bereich abspielen. 1

1.2 Geschichtliche Entwicklung

Zwar wurden von den Kaufleuten schon Jahrtausende v. Chr. Aufzeichnungen über ihre Geschäftstätigkeit vorgenommen, doch erst mit der Prägung von Münzen wurde es möglich, diese Aufzeichnungen zahlenmäßig darzustellen. Sie erfolgten meist in der Familienchronik und beschränkten sich auf die Abwicklung von Kreditgeschäften. 2

Mit der stetigen Expansion der Handelshäuser und dem Beginn des Industriezeitalters wurden detaillierte und genauere Aufzeichnungen unerlässlich. So wurde schon zu Beginn des 16. Jahrhunderts die aus Italien kommende und erstmals von dem Mönch Luca Pacioli beschriebene **doppelte Buchführung** in Deutschland angewendet. 3

Die bekannten Kontenseitenbezeichnungen „Soll" und „Haben" sind ebenfalls italienischen Ursprungs und bedeuten: Buchung auf der linken Seite = der Konteninhaber soll zahlen und bei Buchung auf der rechten Seite = der Konteninhaber hat zu bekommen. Die Bezeichnungen stammen aus der Zeit, als sich die Aufzeichnungen fast ausschließlich auf Kreditgeschäfte (Forderungen und Verbindlichkeiten) beschränkten.

Das von Luca Pacioli beschriebene System der doppelten Buchführung mit **Grundbuch** (Memorial), **Hauptbuch** und **Nebenbüchern** ist bis heute im Prinzip unverändert geblieben, wenn sich auch die Formen und die Technik verändert haben.

1.3 Buchführung als Teil des betrieblichen Rechnungswesens

Das betriebliche Rechnungswesen hat die Aufgabe, alle Vorgänge und Prozesse, die sich wert- oder mengenmäßig ausdrücken lassen, zu erfassen. Es entwickelte sich aus der Buchführung und trug der fortschreitenden Industrialisierung dadurch Rechnung, dass die Aufzeichnungen in der Buchführung um die Erfassung und Auswertung aller Daten erweitert wurden, die der Unternehmer benötigt, um die Wirtschaftlichkeit seines Betriebs zu kontrollieren und für die Zukunft zu planen. 4

5 **ABB. 1: Das betriebliche Rechnungswesen**

Das gesamte betriebliche Rechnungswesen hat mehrere, verschiedenartige Aufgaben zu erfüllen. Es umfasst daher alle Verfahren zur ziffernmäßigen Erfassung und Zurechnung der betrieblichen Vorgänge und gliedert sich in vier Grundformen:

Buchführung und Bilanz
(Finanzbuchhaltung)

I. Begriff:

Ziffernmäßige Erfassung aller Geschäftsvorfälle eines Zeitabschnitts (Wirtschaftsjahr), und zwar chronologisch (im Grundbuch) und sachlich (auf Sachkonten) geordnet.

II. Aufgaben:

- Informationsquelle,
- Beweismittel,
- Beleihungsunterlage und
- Grundlage der Besteuerung.

III. Grundform:

Doppelte Buchführung.
Führung entweder handschriftlich, maschinell oder mit EDV-Anlage.

Kostenrechnung
(Betriebsbuchhaltung)

I. Begriff:

Ziffernmäßige Erfassung aller angefallenen Kosten eines Zeitabschnitts, geordnet nach

- der Art ihrer Entstehung,
- dem Ort ihrer Entstehung und
- ihrer Verrechnung.

II. Aufgaben:

- Gewährleistung der Wirtschaftlichkeit der betrieblichen Leistungserstellung,
- Schaffung von Unterlagen für die Bewertung hergestellter Erzeugnisse und
- Schaffung von Unterlagen für die Statistik und Planung.

III. Grundform:

- Kostenartenrechnung,
- Kostenstellenrechnung und
- Kostenträgerrechnung.

Statistik
(Vergleichsrechnung)

I. Begriff:

Gegenüberstellung betrieblicher Kennzahlen mehrerer Zeitabschnitte.

II. Aufgaben:

- ► Feststellung und Kontrolle der bisherigen Entwicklung des Betriebs,
- ► Schaffung von Grundlagen und Erkenntnissen für die Planung,
- ► Zeitvergleich und
- ► Soll-Ist-Vergleich.

III. Grundform:

Die Statistik ist keine geschlossene Gesamtrechnung, sondern besteht aus Einzelstatistiken, wie z. B. der

- ► Einkaufsstatistik,
- ► Verkaufsstatistik und
- ► Kostenstatistik.

Planung

I. Begriff:

Festlegung der zukünftigen Entwicklung des Betriebs.

II. Aufgaben:

- ► Anpassung der Betriebsstruktur an veränderte wirtschaftliche Verhältnisse sowie
- ► Ausbau und Erschließung neuer Absatzmärkte.

III. Grundform:

Einzelplanung, wie

- ► Absatz,
- ► Produktion und
- ► Beschaffung.

Gesamtplanung = Zusammenfassung aller Einzelplanungen.

Eingeteilt wird das Rechnungswesen in die folgenden vier Bereiche: 6

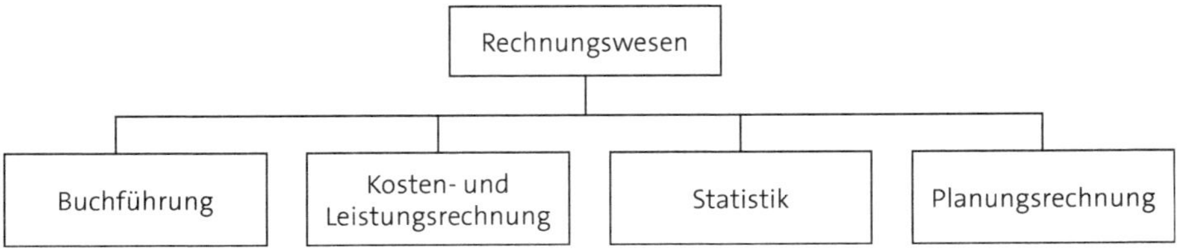

7 a) Die **Buchführung,** die mit ihrem Zahlenmaterial eine wichtige Grundlage für das gesamte Rechnungswesen bildet und damit eine Kernfunktion im Rechnungswesen erfüllt.

8 b) Die **Kosten- und Leistungsrechnung,** die mit dem Zahlenwerk der Buchführung und den sog. „kalkulatorischen Kosten" (Kosten, die nur für Zwecke der betrieblichen Kalkulation angesetzt werden) die Selbstkosten, getrennt nach Betriebsabteilungen, für die betrieblichen Leistungen ermittelt.

Der Unterschied zur Buchführung besteht im Wesentlichen darin, dass die Kosten- und Leistungsrechnung nur die Kosten erfasst, die für die Erstellung der betrieblichen Leistungen üblich und angemessen sind, während die Buchführung alle Geschäftsvorfälle aufzeichnet, auch soweit sie außergewöhnlich sind oder mit der eigentlichen Betriebstätigkeit in keinem Zusammenhang stehen (z. B. Hilfsgeschäfte).

9 c) Die **Statistik** als weiterer Zweig des Rechnungswesens baut auf dem Zahlenwerk von Buchführung und Kosten- und Leistungsrechnung sowie eigener Erhebungen auf, ermittelt betriebliche Kennzahlen und zeigt durch den Vergleich von Zahlen und Daten wichtige Zusammenhänge auf. Dem Unternehmer dient sie zur Betriebskontrolle.

10 d) Die **Planungsrechnung** verarbeitet das Zahlenmaterial aus der Buchführung, der Kosten- und Leistungsrechnung und der Statistik und ermöglicht so dem Unternehmer, wirtschaftlich notwendige Entscheidungen für die Zukunft zu treffen.

Während mancher Unternehmer früher das betriebliche Rechnungswesen (ausgenommen die Buchführung) als eine lästige und unproduktive Sache ansah, wuchs die Bedeutung im Zuge notwendiger Rationalisierungsmaßnahmen ständig an. Denn wer vermeidbare Kostenbereiche ausmerzen will, muss diese erst erkennen; diese Information liefert das Rechnungswesen.

Dank moderner EDV-Anlagen ist technisch heute eine nahezu unbegrenzte Ausweitung des betrieblichen Rechnungswesens möglich. Auch das Thema „Künstliche Intelligenz" wird in den nächsten Jahren erhebliche Auswirkungen auf die Buchführung haben. Bis zur vollautomatischen Verbuchung ist zukünftig vieles denkbar. Mit der sich voraussichtlich ab dem Jahr 2028 flächendeckenden Einführung einer verpflichtenden elektronischen Rechnung für Zwecke der Umsatzsteuer (vgl. § 14 UStG), wird es deutlich einfacher werden, solche Systeme einzuführen. Das durch den Gesetzgeber grds. vorgeschriebene XML-Format ermöglicht eine deutlich einfachere, maschinelle Verarbeitung als die bislang eingesetzten Formate, wie z. B. PDF.

1.4 Bedeutung der Buchführung

11 Alle Privatpersonen, die zum Monatsersten ihren Arbeitslohn oder sonstige Bezüge in

- Beträge für eventuelle Ratenzahlungen,
- Rücklagen für größere Anschaffungen oder für Urlaub,
- Beitragszahlungen für Versicherungen,
- Mietzahlungen oder monatlich wiederkehrende Kosten und
- Kosten für den Lebensunterhalt

aufteilen, machen eine Buchführung. Dabei werden schriftliche Aufzeichnungen nur dann gemacht, wenn z. B. der Nachweis geführt werden soll, dass das Haushaltsgeld nicht mehr ausreicht.

Der Unternehmer, der seine Geschäftsvorfälle nicht im Kopf behalten kann, muss auf seine Aufzeichnungen zurückgreifen, wenn er feststellen will, welche Forderungen und Schulden er hat. Seine Buchführung zeigt ihm aber nicht nur den Stand und die Veränderung seines betrieblichen Vermögens, sondern auch den Erfolg oder Misserfolg seiner betrieblichen Tätigkeit an.

Damit ist die Buchführung vorrangig eine **Informationsquelle** für den Unternehmer 12
selbst.

Auch im Rechtsstreit mit Geschäftspartnern über ausgeführte Lieferungen und Leistungen oder über geleistete Zahlungen (z. B. Schmiergelder) dient die Buchführung als Nachweis. Sie wird damit zum **Beweismittel.**

Aber auch dritte Personen (z. B. Gläubiger und Banken) sind an der Buchführung inte- 13
ressiert, denn daraus können Rückschlüsse auf die Darlehenswürdigkeit des Unternehmens geschlossen werden. Insoweit dient die Buchführung als **Beleihungsunterlage.**

Nicht zuletzt erlangt die Buchführung Bedeutung für das Finanzamt, denn der Gewinn wird bei der Einkommen-, Gewerbe- und Körperschaftsteuer, die Umsätze bei der Umsatzsteuer und der Stand des betrieblichen Vermögens bei der Ermittlung des Einheitswerts (im Wesentlichen für Zwecke der Grundsteuer) zugrunde gelegt. Die Buchführung ist damit auch die wichtigste **Grundlage** für die **Besteuerung.**

Kapitel 2: Buchführungs- und Aufzeichnungsvorschriften

14 Aufgrund der außerordentlichen Bedeutung der Buchführung und um eine einheitliche Aussagekraft zu gewährleisten, wurde sowohl im Handels- als auch im Steuerrecht eine Reihe von Vorschriften erlassen, die klarstellen, wer Bücher führen muss und welche Grundsätze für eine ordnungsmäßige Buchführung gelten.

2.1 Buchführungspflicht i. S. des Handelsrechts

15 Gemäß § 238 HGB ist jeder Kaufmann verpflichtet, Bücher zu führen und in diesen seine Handelsgeschäfte und die Lage seines Vermögens i. S. der GoB ersichtlich zu machen. Außerdem ist er zu Beginn seines Handelsgewerbes und am Schluss jedes Geschäftsjahres verpflichtet, ein Inventar und eine Bilanz aufzustellen (§§ 240 und 242 HGB).

16 Diese Verpflichtung gilt für **Kaufleute** i. S. der §§ 1–6 HGB. Sie beginnt,

- bei Kaufleuten kraft Betätigung gem. § 1 HGB mit Beginn der Tätigkeit,
- bei Kaufleuten kraft Eintragung gem. § 2 HGB mit Eintragung im Handelsregister und
- bei Formkaufleuten gem. § 6 HGB mit Entstehung der Gesellschaft.

HINWEIS

Nach Inkrafttreten des Bilanzrechtsmodernisierungsgesetzes (BilMoG) v. 25.5.2009 (BGBl 2009 I S. 1102) wurden Einzelkaufleute, die nicht kapitalmarktorientiert sind, gem. § 241a HGB von den Verpflichtungen i. S. der §§ 238–241 HGB befreit. Die Befreiung greift, wenn sie in zwei aufeinander folgenden Geschäftsjahren nicht mehr als 800.000 € Umsatzerlöse und 80.000 € Jahresüberschuss ausweisen. Die angehobenen Schwellen gelten für Geschäftsjahre mit Beginn nach dem 31.12.2023. Davor lag die Umsatzschwelle bei 600.000 € und die Gewinnschwelle bei 60.000 €. Im Fall der Neugründung treten die Rechtsfolgen schon ein, wenn diese Werte am ersten Abschlussstichtag nach der Neugründung nicht überschritten werden (§ 241a Satz 2 HGB).

Neben dem HGB finden sich im AktG, im GmbHG und im GenG Vorschriften zur Buchführung, die nicht nur für die betreffenden Gesellschaftsformen Anwendung finden. Insbesondere sind die ergänzenden Vorschriften für Kapitalgesellschaften i. S. der §§ 264 ff. HGB zu beachten. Seit dem 1.1.2002 sind von bestimmten OHG und KG zusätzlich die Vorschriften des zweiten Abschnitts des HGB (§§ 264–335c HGB) zu beachten.

2.2 Buchführungspflicht i. S. des Steuerrechts

2.2.1 Abgeleitete Buchführungspflicht gem. § 140 AO

Gemäß § 140 AO sind alle, die nach nicht steuerlichen Vorschriften zur Buchführung verpflichtet sind, auch für steuerliche Zwecke daran gebunden. Damit werden die handelsrechtlichen Vorschriften zu steuerlichen Pflichten erklärt und damit erzwingbar gemacht. 17

2.2.2 Originäre Buchführungspflicht gem. § 141 AO

Diese Vorschrift erweitert den Kreis der Buchführungspflichtigen auf Gewerbetreibende und Land- und Forstwirte, die nach den Feststellungen der letzten Veranlagung bestimmte Grenzen bzgl. Umsatz oder Gewinn überschritten haben. Für gewerbliche Unternehmer liegt gem. § 141 Abs. 1 Satz 1 Nr. 1 AO die Schwelle bei 800.000 € Gesamtumsatz bzw. gem. § 141 Abs. 1 Satz 1 Nr. 4 AO bei einem Gewinn i. H. von 80.000 € im Wirtschaftsjahr. 18

In diesen Fällen beginnt die Buchführungspflicht mit Beginn des auf die Aufforderung des Finanzamts folgenden Wirtschaftsjahres.

BEISPIEL: In der Anlage zum Einkommensteuerbescheid für das Jahr 01 hat das Finanzamt den Unternehmer wegen Überschreitung der Gewinngrenze aufgefordert, künftig Bücher zu führen. Der Bescheid wird am 10.10.02 zugestellt. Wirtschaftsjahr = Kalenderjahr.

Der Unternehmer muss ab dem 1.1.03 eine Buchführung einrichten.

2.3 GoB

Aus den §§ 238–244 HGB, §§ 148–161 AktG, §§ 41 und 42 GmbHG sowie den §§ 140–154 AO i. V. mit R 5.2 EStR ergeben sich folgende Grundsätze für die Ordnungsmäßigkeit der Buchführung: 19

- Alle Geschäftsvorfälle müssen vollständig, richtig und zeitgerecht erfasst werden, so dass sie sich von ihrer Entstehung bis zur Abwicklung verfolgen lassen.
- Die Eintragungen sind in einer lebenden Sprache vorzunehmen.
- Buchungen dürfen nachträglich nicht so verändert werden, dass der ursprüngliche Inhalt nicht mehr feststellbar ist.
- Buchungen dürfen nicht ohne Beleg vorgenommen werden.
- Bei Kreditgeschäften sind die Entstehung der Forderungen und Schulden und ihre Tilgung als getrennte Geschäftsvorfälle zu behandeln.
- Die Buchführung muss so beschaffen sein, dass sie einem sachverständigen Dritten innerhalb einer angemessenen Zeit einen Überblick über die Geschäftsvorfälle und über die Vermögenslage des Unternehmens vermitteln kann.

20 **ABB. 3: Buchführungspflichten gem. Handels- und Steuerrecht**

Buchführungspflicht nach Handelsrecht

I. Ziel
Im Vordergrund steht der Gläubigerschutz.

II. Personenkreis
1. § 1 HGB:
   Kaufmann ist, wer ein Handelsgewerbe betreibt.
   Ausnahme:
   Es ist kein in kaufmännischer Weise eingerichteter Geschäftsbetrieb erforderlich.
2. § 2 HGB:
   Kaufmann kraft Eintragung.
3. § 6 HGB:
   - Personengesellschaften, soweit sie ein Handelsgewerbe betreiben.
     Ausnahme:
     Es ist kein in kaufmännischer Weise eingerichteter Geschäftsbetrieb erforderlich.
   - Kapitalgesellschaften kraft Rechtsform (§ 3 AktG).

III. Inhalt der Verpflichtung
1. Gemäß § 238 HGB ist jeder Kaufmann verpflichtet, Bücher zu führen und darin seine Handelsgeschäfte und die Lage seines Vermögens nach den GoB ersichtlich zu machen.
2. Aufbewahrung der entsprechenden Unterlagen gem. § 257 HGB.
3. Einzelkaufleute, die an den Abschlussstichtagen von zwei aufeinanderfolgenden Geschäftsjahren nicht mehr als jeweils 800.000 € Umsatzerlöse und jeweils 80.000 € Jahresüberschuss aufweisen, sind von der handelsrechtlichen Buchführungspflicht befreit (§ 241a HGB).

IV. Beginn und Ende
- Beginn grds. mit Aufnahme der Tätigkeit (§ 1 HGB) bzw. mit der Eintragung (§ 2 HGB).
- Ende mit dem Verlust der Kaufmannseigenschaft.

Wie im Handelsrecht gibt es auch im Steuerrecht neben den Buchführungspflichten bestimmte Aufzeichnungspflichten.

Buchführungspflicht nach Steuerrecht

I. Ziel
Im Vordergrund steht die zutreffende Gewinnermittlung.

II. Personenkreis

1. Gemäß § 140 AO:
   Personen, die nach anderen Gesetzen buchführungspflichtig sind, sind es auch nach Steuerrecht.
2. Gemäß § 141 AO:
   Alle anderen Gewerbetreibenden sowie Land- und Forstwirte, wenn der Umsatz oder Gewinn bestimmte Grenzen überschreitet, zurzeit
   - Umsatz mehr als 800.000 € und
   - Gewinn mehr als 80.000 €.

III. Inhalt der Verpflichtung

1. Die nach Handelsrecht bestehende Verpflichtung zu ordnungsmäßiger Buchführung und Bilanzierung ist auch im Interesse der Besteuerung zu erfüllen.
2. § 141 AO verlangt die Führung von Büchern und regelmäßige Abschlüsse aufgrund jährlicher Bestandsaufnahmen.

IV. Beginn und Ende

1. Für die Verpflichtung gem. § 140 AO gelten die Regelungen des Handelsrechts.
2. Die rein steuerrechtliche Buchführungspflicht beginnt grds. mit Beginn des Jahres, das auf die Bekanntgabe der Mitteilung erfolgt, durch die die Finanzbehörde auf den Beginn der Verpflichtung hingewiesen hat.
3. Die Verpflichtung endet mit Ablauf des Wirtschaftsjahres, das auf das Wirtschaftsjahr folgt, in dem die Finanzbehörde feststellt, dass die Voraussetzungen nicht mehr vorliegen.

2.4 Aufbewahrungsfristen

21 Gemäß § 147 Abs. 1 AO i. V. mit § 257 HGB sind die folgenden Unterlagen geordnet aufzubewahren:

1. Bücher und Aufzeichnungen, Inventare, Jahresabschlüsse, Lageberichte, die Eröffnungsbilanz sowie die zu ihrem Verständnis erforderlichen Arbeitsanweisungen und sonstigen Organisationsunterlagen,
2. die empfangenen Handels- oder Geschäftsbriefe,
3. Wiedergaben der abgesandten Handels- oder Geschäftsbriefe,
4. Buchungsbelege,

4a. Unterlagen i. S. des Art. 15 Abs. 1 und Art. 163 des Zollkodex der Union sowie

5. sonstige Unterlagen, soweit sie für die Besteuerung von Bedeutung sind.

Mit Ausnahme der Jahresabschlüsse, der Eröffnungsbilanz und der Unterlagen gem. § 147 Abs. 1 Nr. 4a AO, sofern es sich bei letztgenannten Unterlagen um amtliche Urkunden oder handschriftlich zu unterschreibende nicht förmliche Präferenznachweise handelt, können die in § 147 Abs. 1 AO aufgeführten Unterlagen auch als Wiedergabe auf einem Bildträger oder auf anderen Datenträgern aufbewahrt werden, wenn dies den GoB entspricht und sichergestellt ist, dass die Wiedergabe oder die Daten

1. mit den empfangenen Handels- oder Geschäftsbriefen und den Buchungsbelegen bildlich und mit den anderen Unterlagen inhaltlich übereinstimmen, wenn sie lesbar gemacht werden, und
2. während der Dauer der Aufbewahrungsfrist jederzeit verfügbar sind, unverzüglich lesbar gemacht und maschinell ausgewertet werden können (§ 147 Abs. 2 AO).

Die unter § 147 Abs. 1 Nr. 1 AO genannten Unterlagen sind zehn Jahre, die unter § 147 Abs. 1 Nr. 4 AO (Buchungsbelege) sind acht Jahre, die unter § 147 Abs. 1 Nr. 4a AO sind zehn Jahre und die sonstigen Unterlagen unter § 147 Abs. 1 Nr. 5 AO sind sechs Jahre aufzubewahren, sofern nicht in anderen Steuergesetzen kürzere Aufbewahrungsfristen zugelassen sind. Kürzere Aufbewahrungsfristen nach außersteuerlichen Gesetzen lassen diese Frist unberührt. Bei empfangenen Lieferscheinen, die keine Buchungsbelege i. S. des § 147 Abs. 1 Nr. 4 AO sind, endet die Aufbewahrungsfrist mit dem Erhalt der Rechnung. Für abgesandte Lieferscheine, die keine Buchungsbelege i. S. des § 147 Abs. 1 Nr. 4 AO sind, endet die Aufbewahrungsfrist mit dem Versand der Rechnung. Die Aufbewahrungsfrist läuft jedoch nicht ab, soweit und solange die Unterlagen für Steuern von Bedeutung sind, für die die Festsetzungsfrist noch nicht abgelaufen ist; § 169 Abs. 2 Satz 2 AO gilt nicht. Bei einem Systemwechsel der Datenverarbeitung musste bis zum Jahr 2019 das alte System für den gesamten Aufbewahrungszeitraum arbeitsbereit gehalten werden. Seitdem genügt es, fünf Jahre nach dem Systemwechsel/der Datenauslagerung einen Datenträger mit den gespeicherten Steuerunterlagen vorzuhalten; das alte System muss nicht über die volle Aufbewahrungsdauer funktionsfähig gehalten werden.

Die Aufbewahrungsfrist beginnt mit dem Schluss des Kalenderjahres, in dem die letzte Eintragung in das Buch gemacht, das Inventar, die Eröffnungsbilanz, der Jahresabschluss oder der Lagebericht aufgestellt, der Handels- oder Geschäftsbrief empfangen oder abgesandt worden oder der Buchungsbeleg entstanden ist, ferner die Aufzeichnung vorgenommen worden ist oder die sonstigen Unterlagen entstanden sind.

BEISPIEL: ► Die Bilanz zum 31.12.01 wird am 10.6.02 aufgestellt.
Fristbeginn am 31.12.02 um 24:00 Uhr; Fristablauf am 31.12.12 um 24:00 Uhr.

Wer aufzubewahrende Unterlagen in der Form einer Wiedergabe auf einem Bildträger oder auf anderen Datenträgern vorlegt, ist verpflichtet, auf seine Kosten diejenigen Hilfsmittel zur Verfügung zu stellen, die erforderlich sind, um die Unterlagen lesbar zu machen; auf Verlangen der Finanzbehörde hat er auf seine Kosten die Unterlagen unverzüglich ganz oder teilweise auszudrucken oder ohne Hilfsmittel lesbare Reproduktionen beizubringen.

Sind die oben unter den Nrn. 1–5 genannten Unterlagen mithilfe eines Datenverarbeitungssystems erstellt worden, hat die Finanzbehörde im Rahmen einer Außenprüfung das Recht, Einsicht in die gespeicherten Daten zu nehmen und das Datenverarbeitungssystem zur Prüfung dieser Unterlagen zu nutzen. Sie kann im Rahmen einer Außenprüfung auch verlangen, dass die Daten nach ihren Vorgaben maschinell ausgewertet oder ihr die gespeicherten Unterlagen und Aufzeichnungen auf einem maschinell verwertbaren Datenträger zur Verfügung gestellt werden. Teilt der Steuerpflichtige der Finanzbehörde mit, dass sich diese Daten i. S. des § 147 Abs. 1 AO bei einem Dritten befinden, so hat der Dritte

1. der Finanzbehörde Einsicht in die für den Steuerpflichtigen gespeicherten Daten zu gewähren oder
2. diese Daten nach den Vorgaben der Finanzbehörde maschinell auszuwerten oder
3. ihr die für den Steuerpflichtigen gespeicherten Unterlagen und Aufzeichnungen auf einem maschinell verwertbaren Datenträger zur Verfügung zu stellen (§ 147 Abs. 6 AO).

2.5 Übergangsvorschriften

Die verkürzte Aufbewahrungsfrist für Lieferscheine gilt für alle Lieferscheine, deren 21a
Aufbewahrungsfrist gem. § 147 Abs. 3 AO in der bis zum 31.12.2016 geltenden Fassung noch nicht abgelaufen ist.

2.6 Buchführung und Aufzeichnungen

Während die Buchführung alle Geschäftsvorfälle erfasst, beschränken sich die Auf- 22
zeichnungen auf ganz spezielle Arten von Geschäftsvorfällen.

Vorschriften für Aufzeichnungen finden sich in erster Linie außerhalb des Steuerrechts, z. B. bei

- Apothekern = Giftbuch,
- Banken = Depotbücher,

- Hebammen = Geburtenregister,
- Hotelgewerben = Fremdenbücher,
- Schornsteinfegern = Kehrbuch sowie
- Weinbaubetrieben = Kellerbuch.

Aber auch das Steuerrecht kennt Aufzeichnungsvorschriften, z. B.

- § 143 AO = Wareneingang,
- § 144 AO = Warenausgang oder
- § 4 Abs. 7 EStG = Aufzeichnungsvorschrift für bestimmte Betriebsausgaben.

2.7 Verstoß gegen Buchführungs- und Aufzeichnungspflichten

23 Grundsätzlich kann das Finanzamt die Erfüllung der Pflichten gem. § 328 AO erzwingen. Bei Nichterfüllen kann das Finanzamt die Besteuerungsgrundlagen schätzen. Auch die Einleitung eines Bußgeldverfahrens wegen einer Steuerordnungswidrigkeit i. S. des § 379 AO ist möglich.

Dagegen sind Steuervergünstigungen grds. nicht mehr von der Ordnungsmäßigkeit der Buchführung abhängig.

Kapitel 3: Die Buchführungssysteme

3.1 Allgemeines

Trotz umfangreicher Vorschriften zur Ordnungsmäßigkeit der Buchführung finden sich weder im Handelsrecht noch im Steuerrecht Regelungen, wonach ein bestimmtes Buchführungssystem vorgeschrieben wäre (vgl. auch R 5.2 Abs. 2 EStR). 24

Unternehmen können ihre Buchführung heute in digitaler Form führen, z. B. mittels ERP-Systemen (DATEV, SAP u. a.), Cloud-Lösungen oder spezialisierten Buchführungsprogrammen. Entscheidend ist, dass die GoBD-Anforderungen an Nachvollziehbarkeit, Unveränderbarkeit und Zugriff eingehalten werden. Die historische Unterscheidung zwischen gebundenen Büchern sowie der Loseblatt- und Durchschreibebuchführung hat im digitalen Zeitalter nur noch theoretische Bedeutung.

Nach der geltenden Rechtsauffassung kann von einer Buchführung allerdings erst dann gesprochen werden, wenn grds. folgende **Mindestvoraussetzungen** erfüllt sind: 25

a) Erfassung sämtlicher Geschäftsvorfälle zeitnah und geordnet in einem oder mehreren Grundbüchern,

b) zusätzliche Erfassung der Forderungen und Schulden aufgegliedert nach Geschäftsfreunden in einem Kontokorrentbuch sowie

c) Aufstellung eines Inventars und einer Bilanz für den Schluss eines jeden Geschäftsjahres.

3.2 Bestandteile einer Buchführung

3.2.1 Der Buchungsbeleg

Voraussetzung für jede Buchung ist ein Buchungsbeleg. Das sind alle Schriftstücke, die als Nachweis für Geschäftsvorfälle dienen, z. B. 26

- Rechnungen,
- Bankauszüge,
- Kassenstreifen oder
- Quittungen.

Aber auch interne Belege (Eigenbeleg), z. B.

- Belege für Privatentnahmen,
- Lohnlisten,
- Umbuchungslisten,
- Materialentnahmescheine usw.,

gelten als Buchungsbelege. Ausnahmen vom Belegzwang werden nur bei kleineren Ausgaben anerkannt, die laufend in etwa gleichbleibender Höhe wiederkehren, z. B. Parkgebühren oder Trinkgelder.

Bei elektronischen Belegen (z. B. E-Mail-Rechnungen, PDF-Dokumenten, E-Rechnungen im XML-Format) gilt: Der Beleg muss inhaltlich vollständig, maschinenlesbar und unveränderbar archiviert werden. Maßgeblich sind die GoBD sowie künftig ab dem 1.1.2028 die Pflicht zur elektronischen Rechnung gem. § 14 UStG n. F. für inländische B2B-Umsätze.

3.2.2 Die Grundbücher

27 Sie erfassen die Geschäftsvorfälle chronologisch anhand der Buchungsbelege. Sie erfüllen damit eine Kontrollfunktion und werden als „Tagebuch", „Journal", „Memorial" oder auch „Primanota" bezeichnet.

In der Regel werden folgende Grundbücher geführt:

- Das **Kassenbuch** zeichnet sämtliche Bareinnahmen und -ausgaben auf,
- das **Wareneingangsbuch** erfasst die Waren- und Materialeinkäufe,
- das **Warenausgangsbuch** erfasst die Erlöse aus Warenverkäufen und
- das **Tagebuch,** in dem alle übrigen Geschäftsvorfälle aufgezeichnet werden.

In modernen Systemen sind diese Bücher funktional, also nicht physisch vorhanden. Die Zuordnung erfolgt über Datenbanken oder Journal-Module; Ausdrucke werden nur noch für Nachweise bei Außenprüfungen benötigt.

3.2.3 Das Hauptbuch

28 Es übernimmt die Aufzeichnungen der Grundbücher und ordnet sie in sachlicher und systematischer Hinsicht entsprechend dem Kontenplan des Betriebs.

Die Übertragung der Geschäftsvorfälle aus den Grundbüchern erfolgt für gleichartige Buchungen meist zusammengefasst als Sammelbuchung.

Der Abschluss des Hauptbuchs führt zur Bilanz und zur Erfolgsrechnung.

3.2.4 Die Nebenbücher

29 Sie sind Hilfsbücher, die **neben** der eigentlichen Buchführung für spezielle Einzelsachverhalte geführt werden.

Die wichtigsten Nebenbücher sind die **Geschäftsfreundebücher,** die jeweils den Stand und die Veränderung des Kreditverkehrs für jeden einzelnen Kunden und Lieferanten aufzeichnen, während im Hauptbuch lediglich der Stand der gesamten Kundenforderungen im Sachkonto „Debitoren" und der Stand der gesamten Lieferantenverbindlichkeiten im Sachkonto „Kreditoren" ausgewiesen ist.

Weitere Nebenbücher sind

- die **Wechselbücher,**
- die **Lohnbuchführung,**
- die **Abschreibungslisten** und
- die **Anlagen- und Lagerbuchhaltung.**

3.3 Buchführungssysteme

3.3.1 Die einfache Buchführung

Dieses System hat kaum noch praktische Bedeutung, ist aber zulässig. 30

Die Geschäftsvorfälle werden im **Tagebuch** aufgezeichnet, das meist in ein Kassenbuch für Bargeschäfte und ein Tagebuch oder Journal für Kreditgeschäfte aufgegliedert ist. Neben diesen Grundbüchern wird ein Geschäftsfreundebuch als **Hauptbuch** und ein **Inventar- oder Bilanzbuch,** in dem zum Bilanzstichtag jeweils der Stand des betrieblichen Vermögens und der Schulden festgehalten wird, geführt.

Das Geschäftsergebnis wird bei der einfachen Buchführung nur durch den Vergleich 31
des Betriebsvermögens am Anfang und am Schluss des Geschäftsjahres unter Berücksichtigung der Entnahmen und der Einlagen ermittelt.

Von der Einnahmen-/Ausgabenrechnung unterscheidet sich die einfache Buchführung durch die Aufzeichnung von Kreditgeschäften. Von der doppelten Buchführung unterscheidet sie sich dadurch, dass keine Gegenbuchungen vorgenommen werden und damit die Kontrollmöglichkeit entfällt.

Die einfache Buchführung wird in der Praxis nur noch bei nicht buchführungspflichtigen Steuerpflichtigen (z. B. Kleingewerbetreibenden i. S. des § 4 Abs. 3 EStG) angewandt. In digitalen Umgebungen ist sie GoBD-konform nur eingeschränkt zulässig, da sie keine systematische Erfassung sämtlicher Geschäftsvorfälle gewährleistet.

BEISPIEL: Schematische Darstellung 32

Datum	Geschäftsvorfälle
2.11.	Kunde A bezahlt 6.000 € durch Banküberweisung.
3.11.	Lieferant B erhält 8.000 € durch Banküberweisung.
4.11.	Die betriebliche Miete wird mit 1.000 € in bar bezahlt.
5.11.	Bareinnahme aus Warenverkauf: 1.200 €.
6.11.	Wareneinkauf bei Lieferant B mit 7.500 € auf Ziel.
7.11.	Privatentnahme i. H. von 500 € in bar.

Darstellung dieser Geschäftsvorfälle im Kassenbuch, Tagebuch und Hauptbuch (Geschäftsfreundebuch)

Kassenbuch (Grundbuch):

Datum	Geschäftsvorfälle	Eingang	Ausgang
4.11.	Mietzahlungen für Geschäftsräume		1.000 €
5.11.	Einnahmen aus Warenverkauf	1.200 €	
7.11.	Privatentnahme		500 €

Tagebuch oder Journal (Grundbuch):

Datum	Geschäftsvorfälle	Betrag
2.11.	Kunde A überweist	6.000 €
3.11.	Wir überweisen an Lieferant B	8.000 €
6.11.	Wareneinkauf bei Lieferant B auf Ziel	7.500 €

Hauptbuch (Geschäftsfreundebuch):

Datum	Geschäftsvorfälle	Soll	Haben
Teil I:	**Kunden:**		
2.11.	A überweist		6.000 €
Teil II:	**Lieferanten:**		
3.11.	Wir überweisen an B	8.000 €	
6.11.	Einkaufsrechnung von B		7.500 €

3.3.2 Die doppelte Buchführung

33 Anders als bei der einfachen Buchführung werden alle Geschäftsvorfälle in **zeitlicher** und gleichzeitig in **sachlicher** Ordnung erfasst. Ihre Erfassung erfolgt einerseits nach ihrer Auswirkung auf das Vermögen und andererseits nach ihrer Auswirkung auf den betrieblichen Erfolg. Die Buchung auf Konto und Gegenkonto gewährleistet die Kontrollfunktion der doppelten Buchführung. Die Darstellung aller Zahlungs- und Leistungsvorgänge unter Verwendung von Bestands- und Erfolgskonten ermöglicht auch eine doppelte Erfolgsermittlung.

Neben dem Grundbuch, das wie bei der einfachen Buchführung sämtliche Geschäftsvorfälle chronologisch erfasst, wird bei der doppelten Buchführung ein Hauptbuch geführt, in dem für sämtliche Bestands- und Erfolgskonten ein Sachkonto eingerichtet wird, auf denen die Geschäftsvorfälle **doppelt,** d. h. einmal im Soll und einmal im Haben, gebucht werden.

34 Als Nebenbücher werden auch hier die Personenkonten in Geschäftsfreundebüchern geführt.

Vom Aufbau her unterscheidet sich die doppelte Buchführung nicht von der einfachen Buchführung. Allerdings hat das Hauptbuch bei der doppelten Buchführung eine völlig andere Bedeutung.

3.4 Formen der doppelten Buchführung

3.4.1 Übertragungsbuchführung

35 Die nachfolgenden Verfahren stammen aus der Zeit der handschriftlichen und maschinellen Buchführung. In der heutigen Praxis wurden sie vollständig durch elektronische Systeme ersetzt; ihre Darstellung dient nur noch dem Verständnis des Entwicklungsgangs. Von der ursprünglichen zweistufigen Erfassung, nämlich der Verbuchung aller Belege in einem einheitlichen oder gegliederten Grundbuch (Tagebuch) als 1. Stufe und

anschließender Übertragung auf die Sachkonten im Hauptbuch (2. Stufe), hat sich im Laufe der Zeit die sog. „amerikanische Methode" als die in der Praxis am häufigsten vorkommende Übertragungsbuchführung entwickelt.

Zur Vermeidung von Übertragungsfehlern und zur Vereinfachung der Buchführung 36
sind bei dieser Form **Grundbuch und Hauptbuch** in **einem Buch** vereinigt. Dem Grundbuch kommt dabei ausschließlich eine Kontrollfunktion zu.

BEISPIEL: Sachverhalte – Geschäftsvorfälle:

- Wareneinkauf auf Ziel 10.000 € zzgl. 1.900 € Umsatzsteuer lt. Rechnung.
- Privatentnahme i. H. von 1.000 € in bar.
- Überweisung der Rechnung v. 3.1. i. H. von 11.900 €.
- Barzahlung Einkauf Büromaterial 500 € zzgl. 95 € Umsatzsteuer.
- Warenverkäufe auf Rechnung 8.000 € zzgl. 1.520 € Umsatzsteuer.

ABB. 4: Darstellung im amerikanischen Journal

Datum	Text	Betrag	Kasse		Bank		WEK		WVK		VoSt/USt		Kunden		Lieferant		Versch.	
			S	H	S	H	S	H	S	H	S	H	S	H	S	H	S	H
3.1.	Eingangsrechnung	11.900 €					10.000 €				1.900 €					11.900 €		
4.1.	Barentnahme	1.000 €		1.000 €													1.000 €	
5.1.	Überweisung Rechnung	11.900 €				11.900 €									11.900 €			
6.1.	Büromaterial	595 €		595 €							95 €						500 €	
7.1.	Ausgangsrechnung	9.520 €								8.000 €		1.520 €	9.520 €					

Grundbuch (Datum, Text, Betrag) – Hauptbuch (Kasse bis Versch.)

Das Beispiel macht den Nachteil des amerikanischen Journals (siehe Rz. 160 ff.) sichtbar. Infolge der beschränkten Zahl an Sachkonten ist diese Buchführungsform nur für kleinere Unternehmen verwendbar.

3.4.2 Durchschreibebuchführung

3.4.2.1 Allgemeines

Diese Buchführungsform stellt eine Weiterentwicklung dar und unterscheidet sich von 37
der Übertragungsbuchführung dadurch, dass die Buchungen im **Grund- und Hauptbuch** gleichzeitig als **Durchschrift** erfolgen. Dazu war allerdings der Übergang von der gebundenen Buchform zur Loseblattbuchführung erforderlich. Das heißt, an der Stelle eines Hauptbuchs werden für alle Sachkonten einzelne Kontenblätter angelegt. Die Vorteile liegen auf der Hand:

1. Die Kontenzahl des Hauptbuchs ist praktisch unbegrenzt,
2. Übertragungsfehler werden unmöglich und
3. der Einsatz von Buchungsautomaten ist denkbar.

Die Durchschrift kann dabei sowohl vom Sachkontenblatt des Hauptbuchs auf das Grundbuch (Journal) als auch umgekehrt vom Journal oder Grundbuch auf die Sachkontenblätter des Hauptbuchs erfolgen.

In der Praxis hat sich die Durchschrift vom Sachkontenblatt des Hauptbuchs auf das 38
Journal **„Original-Konto-Verfahren"** durchgesetzt. Dabei werden die zu bebuchenden Sachkontenblätter nacheinander in das Durchschreibegerät eingelegt und in das Journal durchgeschrieben. Jeder Geschäftsvorfall beansprucht dadurch zwei Zeilen im Journal, eine für die Soll- und eine für die Habenbuchung. Auf diese Weise ist auch die Kontrollabstimmung der Soll- und Habenbuchungen gesichert.

Das Journal bzw. Grundbuch wird hauptsächlich im sog. **„Dreispaltenverfahren"** ge- 39
führt, d. h. es enthält eine Doppelspalte für Kundenkonten, eine für Lieferantenkonten und eine für die Sachkonten.

Bei den meisten Fabrikaten, z. B. Taylorix, ist noch eine Doppelspalte für die Vorsteuer bzw. Umsatzsteuer vorgesehen. Dieses Verfahren setzt voraus, dass die Buchungen in den Personen- und Sachkonten jeweils in verschiedenen Doppelspalten erfolgen, die der Einteilung im Journal entsprechen müssen.

Muster für Journal = Grundbuch: 40

Datum	Buchungstext	Kunden		Lieferanten		Sachkonten		Gegenkonto	Vorsteuer	Umsatzsteuer
		S	H	S	H	S	H			

Kundenkonto:

Datum	Buchungstext	Kunden				Gegenkonto		
		S	H					

Lieferantenkonto:

Datum	Buchungstext		Lieferanten			Gegenkonto		
			S	H				

Sachkonten:

Datum	Buchungstext			Sachkonten		Gegenkonto		
				S	H			

Am Ende jedes Monats werden die Beträge aus der Vorsteuer-Umsatzsteuerspalte für gewöhnlich aufaddiert, in das entsprechende Sachkonto eingetragen und gleichzeitig in das Grundbuch = Journal durchgeschrieben. Das Gleiche gilt für die Personenkonten.

3.4.2.2 Kontenplan – Kontenrahmen

41 Der Übergang von der Buchführung in Form von gebundenen Büchern zur Loseblattbuchführung erfordert die Einführung eines Kontenplans.

Danach erhält jedes Sachkonto eine Nr. Damit ist einerseits eine geordnete Ablage sichergestellt und andererseits anhand des Kontenplans die Vollständigkeit der Kontenblätter überprüfbar geworden.

42 Der **Kontenplan** wird für jeden Betrieb aus dem Kontenrahmen aufgestellt. Der Kontenrahmen enthält als Modell für einen ganzen Wirtschaftszweig alle denkbar möglichen Konten, aus denen der einzelne Betrieb die jeweils tatsächlich benötigten Konten entnimmt.

43 Die **Kontenrahmen** sind immer nach dem Zehnersystem aufgebaut und gliedern sich entweder nach dem Produktionsablauf (Prozessgliederungsprinzip) oder nach dem aktienrechtlichen Bilanzgliederungsprinzip.

44 Sinn und Zweck der Kontenrahmen ist es, sicherzustellen, dass gleiche Geschäftsvorfälle in verschiedenen Betrieben gleichermaßen verbucht werden, aber auch, dass diese Geschäftsvorfälle innerhalb eines Betriebs in verschiedenen Jahren auf gleichen Konten verbucht werden. Die Kontenklassen werden in zehn Kontengruppen gegliedert, die nach Bedarf in zehn Untergruppen unterteilt werden können.

BEISPIEL:

- Kontenklasse: 1 = Finanzkonten
- Kontengruppe: 11 = Bankkonten
- Kontenart: 110 = Volksbank
  111 = Kreissparkasse
  112 = Dresdner Bank

Kontenrahmen nach dem Produktionsablauf = Gemeinschaftskontenrahmen: 45

Kontenklasse	Kontenbezeichnung	Produktionsablauf
0	Anlagevermögen und Kapital	Grundlage für Produktion schaffen
1	Finanzkonten	Geldmittel für Einkauf bereitstellen
2	Abgrenzung neutrale Aufwendungen und Erträge	Verwaltung und Vertrieb einrichten
3	Roh-, Hilfs- und Betriebsstoffe	Einkauf der Produktionsmittel
4	Betriebliche Kostenarten	Produktion läuft
5, 6	Konten für Betriebsabrechnung	Produktion wird durch Kalkulation kontrolliert
7	Fertige und unfertige Erzeugnisse	Rohproduktion ist abgeschlossen
8	Erlöskonten	Produkte werden verkauft
9	Abschlusskonten	Betriebsergebnis wird ermittelt

3.4.3 Die digitale Buchführung

Die fortschreitende Digitalisierung hat die Buchführung vollständig in elektronische 46
Prozesse überführt. Buchhaltungsdaten werden in Echtzeit erfasst, verarbeitet und ausgewertet. Moderne Systeme (z. B. DATEV, SAP, Lexware, sevDesk, Buchhaltungs-Butler u. a.) verbinden Belegerfassung, Zahlungsverkehr, Umsatzsteuer-Voranmeldungen, Abschreibungen und Controlling. Grundlage der Ordnungsmäßigkeit sind die GoBD i. d. F. des BMF-Schreibens v. 28.11.2019 (BStBl 2019 I S. 1269; zuletzt geändert durch **BMF, Schreiben v. 14.7.2025, BStBl 2025 I S. 1502**). Der Datenzugriff der Finanzverwaltung erfolgt über die in den GoBD definierten Zugriffsarten „Z1–Z3" (unmittelbar, mittelbar, Datenträgerüberlassung).

HINWEIS

Elektronische Rechnung: Nach dem Wachstumschancengesetz v. 27.3.2024 (BGBl 2024 I Nr. 108) (§ 14 UStG n. F.) wird die elektronische Rechnung im EN 16931-XML-Format ab dem 1.1.2028 verpflichtend; PDF-Rechnungen gelten dann nicht mehr als elektronische Rechnung.

Künstliche Intelligenz (KI) unterstützt bereits heute bei der Belegerkennung, den Buchungsvorschlägen und der Plausibilitätskontrolle. Dennoch bleibt der Unternehmer für die Einhaltung der GoBD verantwortlich. Die Buchführung muss so beschaffen sein, dass sie einem sachverständigen Dritten jederzeit einen Überblick über die Geschäftsvorfälle und die Vermögenslage vermittelt (§ 238 HGB).

47, 48 *(Einstweilen frei)*

49 Bei modernen Anlagen hat das „Konto" fünf Stellen, wobei die ersten vier Stellen (von rechts gesehen) das Sachkonto bezeichnen, während die fünfte Stelle eine Gruppenkennziffer darstellt, die von 1–6 die Debitoren und von 7–9 die Kreditoren bezeichnet. Das Angabenfeld „Gegenkonto" umfasst maximal sieben Stellen. Die ersten vier Stellen (auch von rechts) bezeichnen wieder das Sachkonto und die fünfte Stelle eine Gruppenziffer. Die sechste Stelle ist ein Steuerschlüssel (z. B. bei DATEV: 1 = steuerfreier Umsatz, 3 = 19 % Umsatzsteuer, 9 = 19 % Vorsteuer). An der siebten Stelle des Gegenkontos kann bei Bedarf ein Buchungsberichtigungsschlüssel eingegeben werden.

Bei jeder Datenerfassung wird zur Kontrolle der Richtigkeit und der Vollständigkeit ein Erfassungsjournal – Primanota – erstellt (entspricht dem Grundbuch).

50 Die Angabe S = Soll oder H = Haben vor oder nach dem Umsatz bezieht sich immer auf die Buchung im Feld „Konto". Im Gegenkonto wird automatisch auf der anderen Seite gebucht.

BEISPIEL: Wareneinkauf auf Ziel beim Lieferanten S (Lieferanten-Nr. 71605) am 15.12:

Datum	Text	Konto	Gegenkonto	Umsatz	S oder H	Journal S.
15.12.	Wareneinkaufskonto	3000	9/71605	83.300 €	S	1

51 Für das vorstehende Beispiel und seine obige Erfassung würde der Computer folgende Kontoauszüge ausdrucken:

3.4.3.1 Sachkonten (Konten-Nr. entsprechend „DATEV-Kontenrahmen")

Wareneinkauf			Konto-Nr. 3000	
Datum	Text	Gegenkonto	S Umsatz	H
15.12.	Journal S. 1	1600	70.000 €	

Vorsteuer			Konto-Nr. 1570	
Datum	Text	Gegenkonto	S Umsatz	H
15.12.	Journal S. 1	1600	13.300 €	

Verbindlichkeiten			Konto-Nr. 1600	
Datum	Text	Gegenkonto	S Umsatz	H
15.12.	Journal S. 1	3000/1570		83.300 €

3.4.3.2 Personenkonten

Lieferant S			Konto-Nr. 71605	
Datum	Text	Gegenkonto	S Umsatz	H
15.12.	Wareneinkauf	3000/1570		83.300 €

Das Beispiel soll veranschaulichen, dass der Computer bei entsprechender Programmierung selbständig in der Lage ist, die Umsatzsteuer bzw. Vorsteuer auszurechnen und auf dem entsprechenden Sachkonto zu buchen. Auch die Buchungen auf den Personenkonten mit anschließender Buchung auf dem Sachkonto „Verbindlichkeiten" (meist als Sammelbuchung) erfolgen automatisch. 52

Zur Kontrolle der Datenverarbeitung und Auswertung wird zusätzlich ein Verarbeitungsprotokoll oder Journal ausgedruckt. Die Fähigkeit, eingegebene Daten zu speichern, führt, wie bereits dargestellt, über den Rahmen der eigentlichen Buchführung hinaus, zu zusätzlichen Einsatzmöglichkeiten. 53

Der Arbeitsablauf bei der EDV-Buchführung kann in drei Schritte unterteilt werden: 54

1. Der Buchhalter oder Steuerberater **sortiert** die Buchungsbelege nach Buchungskreisen;
2. der Buchhalter oder Steuerberater **erfasst** die Belegdaten und erstellt dabei Primanota als Erfassungsnachweis sowie Datenträger für den Computer;
3. der Computer **verarbeitet** die eingegebenen Daten, speichert sie, wertet sie aus und erstellt dabei Journal, Kontoauszüge, Saldenlisten usw.

ABB. 5: Arbeitsablauf bei der EDV-Buchführung

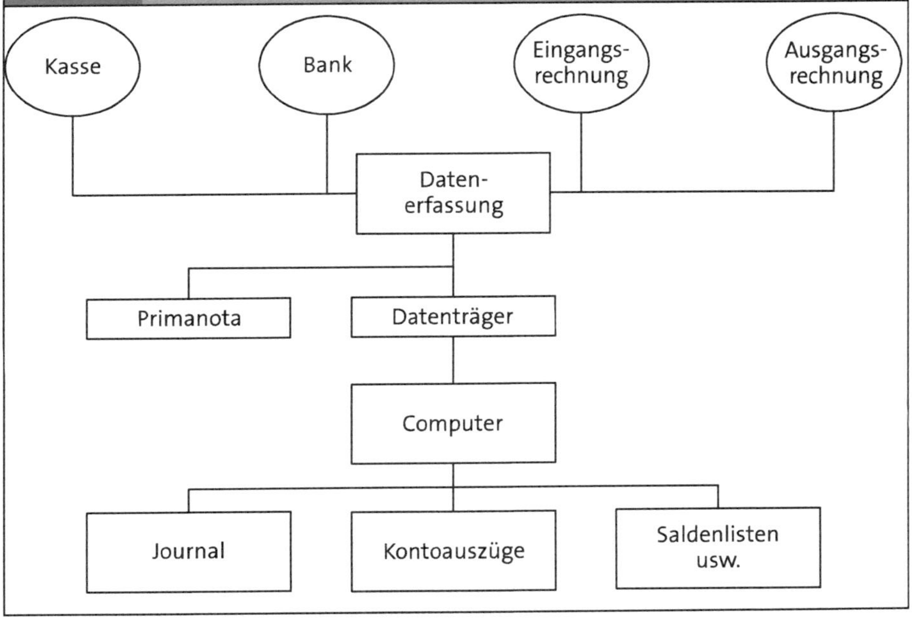

55 Darüber hinaus hat das BMF die Auffassungen zu den GoBD mit Schreiben v. 28.11.2019 (BStBl 2019 I S. 1269; zuletzt geändert durch **BMF, Schreiben v. 14.7.2025, BStBl 2025 I S. 1502**) neu formuliert. Die Änderungen durch BMF, Schreiben v. 28.11.2019 (a. a. O.) sind zum 1.1.2020 an die Stelle des BMF-Schreibens v. 14.11.2014 (BStBl 2014 I S. 1450) getreten.

56, 57 *(Einstweilen frei)*

Kapitel 4: Inventur – Inventar – Bilanz

4.1 Allgemeines

Gemäß § 240 HGB ist jeder Kaufmann verpflichtet, bei **Betriebsbeginn** und danach auf 58
den **Schluss** eines jeden Geschäftsjahres ein Inventar und eine Bilanz aufzustellen. Dabei hat er seine Grundstücke, seine Forderungen und Schulden, sein Geld und seine sonstigen Vermögensgegenstände genau zu verzeichnen und den Wert der einzelnen Gegenstände anzugeben.

In der Praxis erfolgt die Inventur zunehmend digital. Mobile Erfassungsgeräte, Barcode-Scanner und ERP-integrierte Lagerverwaltungssysteme ermöglichen eine GoBD-konforme elektronische Bestandsaufnahme. Die Dokumentation muss nachvollziehbar, manipulationssicher und jederzeit auswertbar sein (§ 239 Abs. 4 HGB i. V. mit den GoBD).

HINWEIS

Zu den Erleichterungen nach Inkrafttreten des BilMoG v. 25.5.2009 (BGBl 2009 I S. 1102) siehe § 241a HGB und Rz. 16.

4.2 Inventur

Die sich aus § 240 HGB ergebende Verpflichtung zur Bestandsaufnahme setzt eine ge- 59
naue Ermittlung aller Vermögenswerte und Schulden zum Abschlusszeitpunkt voraus. Diese Bestandsermittlung nennt man „Inventur". Sie erfolgt bei körperlichen Gegenständen durch Zählen, Messen oder Wiegen (körperliche Bestandsaufnahme). Aber auch unkörperliche Vermögensteile, wie Forderungen und Schulden, müssen erfasst werden. Dies geschieht durch die sog. „Buchinventur", d. h. anhand von Aufzeichnungen und Belegen.

Die Inventur kann meist nicht am Bilanzstichtag vorgenommen werden, weshalb es 60
grds. zugelassen ist, dass sie innerhalb von **zehn Tagen** vor oder nach dem Bilanzstichtag durchgeführt wird.

Ausnahmen sind zugelassen 61

a) beim Ansatz eines **Festwerts** (körperliche Bestandsaufnahme nur alle drei Jahre);

b) bei der **permanenten** Inventur i. S. der R 5.3 Abs. 2 EStR. Der Bestand wird in diesen Fällen anhand von Lagerbüchern oder Lagerkarteien rechnerisch ermittelt und muss mindestens einmal in jedem Wirtschaftsjahr durch eine körperliche Bestandsaufnahme überprüft werden;

c) bei der sog. **„zeitlich verlegten Inventur"**, die i. S. der R 5.3 Abs. 2 EStR gestattet, dass die Inventur innerhalb der letzten drei Monate vor oder der ersten zwei Monate nach dem Bilanzstichtag durchgeführt wird. Dabei ist der inventurmäßig ermittelte Bestand wertmäßig auf den Bilanzstichtag fortzuschreiben bzw. zurückzurechnen.

BEISPIEL: Der Unternehmer führt zum 31.10. eine Inventur durch und ermittelt den Wert mit 150.000 €. Vom 1.11. bis zum 31.12. wurden Waren für 20.000 € netto eingekauft und aus den Verkäufen 45.000 € netto erlöst. Der Rohgewinnaufschlag beträgt 25 %.

Berechnung des Bilanzwerts zum 31.12.:

Inventurwert am 31.10.	150.000 €
zzgl. Zukauf 1.11.–31.12.	+ 20.000 €
abzgl. Verkäufe 1.11.–31.12. (Erlöse 45.000 € - Rohgewinnaufschlag 9.000 € =)	- 36.000 €
Bilanzansatz zum 31.12.	134.000 €

Bei leicht verderblichen Waren oder besonders wertvollen Wirtschaftsgütern sind weder die permanente noch die zeitlich verlegte Inventur zulässig.

4.3 Inventar

62 Als Ergebnis der Bestandsaufnahme (Inventur) wird ein Verzeichnis der gesamten Vermögenswerte und der Schulden angefertigt. Dieses Bestandsverzeichnis wird als „Inventar" bezeichnet.

Gemäß § 240 HGB sind für die Wertermittlung die Verhältnisse zum Bilanzstichtag maßgebend, wobei grds. sämtliche Vermögensgegenstände einzeln zu erfassen sind. Ausnahmen von diesem Grundsatz der Einzelbewertung sind beim beweglichen Anlagevermögen i. S. der R 5.4 Abs. 2 EStR für geringwertige Wirtschaftsgüter i. S. des § 6 Abs. 2 EStG, für Gegenstände, die eine geschlossene Anlage bilden, und für Gegenstände der gleichen Art zulässig.

63 Zu den Wirtschaftsgütern des Vorratsvermögens enthält R 6.8 Abs. 3 EStR zur Erleichterung und Vereinfachung der Inventur und Bewertung entsprechende Ausnahmeregelungen für annähernd gleichwertige oder gleichartige Wirtschaftsgüter. Einzelheiten siehe Rz. 805 ff.

4.4 Die Bilanz

4.4.1 Bedeutung der Bilanz

64 Der Grundsatz der Einzelbewertung führt beim Inventar nicht nur bei größeren Betrieben zu einem Umfang, bei dem die Übersichtlichkeit zwangsläufig verloren geht. Dem entgegenzuwirken ist Aufgabe der Bilanz. Sie fasst die Einzelposten des Inventars zu Gruppenposten zusammen, stellt die gruppenweise zusammengefassten Besitzposten den Schuldposten gegenüber und weist den Unterschiedsbetrag als Eigenkapital aus.

65 Dem italienischen Ursprung des Wortes „Bilanz" (il bilancia = Waage) entsprechend müssen die Summen der Aktiv- und Passivseite der Bilanz gleich sein. Man spricht deshalb von der „Bilanzgleichung".

Schema einer Bilanz:

Aktiva		Bilanz	Passiva
Besitzposten	100.000 €	Eigenkapital	60.000 €
		Schulden (Fremdkapital)	40.000 €
	100.000 €		100.000 €

Die Besitzposten (Vermögensteile) werden auf der linken Seite (Aktiva) und die Schulden (Fremdkapital) auf der rechten Seite (Passiva) ausgewiesen.

Vereinfacht ausgedrückt bedeutet dies: Die linke Seite der Bilanz zeigt, was der Unternehmer besitzt, und die rechte Seite der Bilanz zeigt, wer es finanziert hat. Würden die Schuldposten (Fremdkapital) die Besitzposten übersteigen, dann wäre das Eigenkapital auf der linken Seite unter Aktiva auszuweisen; man spricht dann von einem Minuskapital, d. h. der Betrieb wäre überschuldet: 66

Aktiva		Bilanz	Passiva
Besitzposten	100.000 €	Schulden	120.000 €
Eigenkapital	20.000 €		
	120.000 €		120.000 €

Die Aussagefähigkeit einer Bilanz sowohl im Vergleich mit den Bilanzen anderer Betriebe als auch im Vergleich mit den Bilanzen verschiedener Jahre desselben Betriebs setzt eine einheitliche Gliederung voraus. 67

Von den verschiedenen Möglichkeiten hat sich heute für fast alle Betriebe das Gliederungsschema i. S. des HGB durchgesetzt.

Danach werden Besitz- und Schuldposten nach dem Grad ihrer Verwertbarkeit aufgeführt, beginnend mit dem schwer verwertbaren Anlagevermögen („Prinzip der steigenden Liquidität"). 68

BEISPIEL:

Aktiva		Bilanz	Passiva
Grund und Boden	130.000 €	Eigenkapital	475.000 €
Gebäude	270.000 €	Darlehen	150.000 €
Einrichtung	60.000 €	Lieferanten-Verbindlichkeiten	320.000 €
Fuhrpark	90.000 €	Sonstige Verbindlichkeiten	70.000 €
Waren	230.000 €		
Forderungen	180.000 €		
Bank	40.000 €		
Kasse	15.000 €		
	1.015.000 €		1.015.000 €

Die Bilanzen sind gem. § 245 HGB vom Kaufmann unter der Angabe des Datums eigenhändig zu unterschreiben. Bei Gesellschaften haben alle persönlich haftenden Gesellschafter zu unterzeichnen (z. B. bei der OHG sämtliche Gesellschafter und bei der KG sämtliche Komplementäre). Die elektronische Übermittlung der Bilanz an die Finanz- 69 verwaltung entbindet nicht von der handelsrechtlichen Pflicht zur Unterzeichnung (§ 245 HGB). Bei der digitalen Buchführung gilt eine qualifizierte elektronische Signatur als ausreichend, sofern die Unterschriftsbefugnis eindeutig dokumentiert ist.

70 Gemäß § 4 Abs. 1 EStG ergibt sich der Gewinn aus dem Unterschiedsbetrag zwischen dem Betriebsvermögen am Schluss des laufenden und am Schluss des vorangegangenen Wirtschaftsjahres. Dieses Betriebsvermögen entspricht dem in der Bilanz ausgewiesenen Eigenkapital, so dass z. B. das Betriebsvermögen = Eigenkapital zum 31.12.01 sowohl für die Gewinnermittlung des Jahres 01 (als Betriebsvermögen am Ende des laufenden Wirtschaftsjahres) als auch für die Gewinnermittlung des Jahres 02 (als Betriebsvermögen am Schluss des vorangegangenen Wirtschaftsjahres) zugrunde gelegt wird. Dabei wird vorausgesetzt, dass die Schlussbilanz zum 31.12.01 identisch ist mit der Anfangsbilanz zum 1.1.02 (Bilanzenzusammenhang). Bei Außenprüfungen dürfen Finanzbehörden gem. § 147 Abs. 6 AO auf die gespeicherten Bilanzdaten im Rahmen des Datenzugriffsrechts zugreifen. Die E-Bilanzdaten sind daher zehn Jahre aufzubewahren und maschinell auswertbar zu halten. Ein entsprechendes umfassendes Zugriffsrecht besteht allerdings nicht bei einer Einnahmenüberschussrechnung i. S. des § 4 Abs. 3 EStG (BFH, Urteil v. 7.6.2021 - VIII R 24/18, BStBl 2023 II S. 63).

4.4.2 Änderung der Bilanz durch Geschäftsvorfälle

71 Fast jeder Geschäftsvorfall ändert einen Bilanzposten. Da aber in jedem Fall die Bilanzgleichung erhalten bleiben muss, führt jede Änderung eines Bilanzpostens entweder zu einer Änderung eines anderen Bilanzpostens oder zu einer Änderung des Eigenkapitals.

72 Wird lediglich ein anderer Bilanzposten geändert, so spricht man von einer „Betriebsvermögensumschichtung“. Wird dagegen das Eigenkapital geändert, spricht man von einer „Betriebsvermögensänderung“.

4.4.2.1 Betriebsvermögensumschichtungen

73 Sie ändern das Betriebsvermögen nicht, sind also auch ohne Auswirkung auf den Gewinn. Dabei sind drei Arten zu unterscheiden:

- Aktiv-Tausch;
- Passiv-Tausch und
- Aktiv-Passiv-Tausch.

4.4.2.1.1 Aktiv-Tausch

74 Beim Aktiv-Tausch wird eine Erhöhung eines Bilanzpostens auf der Aktivseite der Bilanz durch eine betragsgleiche Minderung eines anderen Bilanzpostens auf der Aktivseite der Bilanz ausgeglichen und umgekehrt.

BEISPIEL: Ein Kunde bezahlt eine Forderung mit 10.000 € durch Banküberweisung.

Aktiva	Bilanz vorher		Passiva
Forderungen	10.000 €	Eigenkapital	240.000 €
Bank	100.000 €	Schulden	120.000 €
Sonstige Aktiva	250.000 €		
	360.000 €		360.000 €

Aktiva	Bilanz nachher		Passiva
Forderungen	0 €	Eigenkapital	240.000 €
Bank	110.000 €	Schulden	120.000 €
Sonstige Aktiva	250.000 €		
	360.000 €		360.000 €

4.4.2.1.2 Passiv-Tausch

Wie beim Aktiv-Tausch, nur diesmal auf der Passivseite der Bilanz. Durch die betragsgleiche Minderung eines anderen Passivpostens wird die Erhöhung eines Passivpostens ausgeglichen. 75

BEISPIEL: Die Gewerbesteuerschuld mit 20.000 € wird mit einem aufgenommenen Bankkredit bezahlt.

Aktiva	Bilanz vorher		Passiva
Grundstück	50.000 €	Eigenkapital	140.000 €
Fuhrpark	30.000 €	Gewerbesteuerschuld	20.000 €
Sonstige Aktiva	80.000 €		
	160.000 €		160.000 €

Aktiva	Bilanz nachher		Passiva
Grundstück	50.000 €	Eigenkapital	140.000 €
Fuhrpark	30.000 €	Gewerbesteuerschuld	0 €
Sonstige Aktiva	80.000 €	Bankkredit	20.000 €
	160.000 €		160.000 €

(**Hinweis:** Die Gewerbesteuer ist eine nicht abziehbare Betriebsausgabe.)

4.4.2.1.3 Aktiv-Passiv-Tausch

In diesen Fällen erhöhen oder vermindern sich betragsgleich sowohl ein Aktiv- als auch ein Passivposten. 76

BEISPIEL: Waren werden mit 40.000 € auf Ziel gekauft.

Aktiva	Bilanz vorher		Passiva
Grundstück	50.000 €	Eigenkapital	140.000 €
Fuhrpark	30.000 €	Kredit	20.000 €
Sonstige Aktiva	80.000 €		
	160.000 €		160.000 €

Aktiva	Bilanz nachher		Passiva
Grundstück	50.000 €	Eigenkapital	140.000 €
Fuhrpark	30.000 €	Kredit	20.000 €
Waren	40.000 €	Warenschuld	40.000 €
Sonstige Aktiva	80.000 €		
	200.000 €		200.000 €

Dabei werden die Bilanzsummen zwar geändert, aber nicht das Eigenkapital und auch nicht der Gewinn.

4.4.2.2 Betriebsvermögensänderungen

77 Die meisten Geschäftsvorfälle verändern das Eigenkapital = Betriebsvermögen und wirken sich damit auch auf den Gewinn aus. Soweit es sich um betriebliche Geschäftsvorfälle handelt, erfolgt die Gewinnauswirkung zu Recht. Aber auch privat veranlasste Vorfälle verändern das Betriebsvermögen, z. B. die Überführung von Privatgeld oder privaten Sachwerten in das Betriebsvermögen (Einlagen), ebenso natürlich die Herausnahme und Überführung in den privaten Bereich (Entnahmen). In diesen Fällen muss die durch die Veränderung des Betriebsvermögens eingetretene Gewinnänderung wieder neutralisiert werden. Wie diese Korrektur vorgenommen wird, zeigt die nachfolgend dargestellte **Gewinnermittlungsformel** des § 4 Abs. 1 EStG:

78 **Betriebsvermögen am Schluss des laufenden Wirtschaftsjahres**

-	**Betriebsvermögen am Schluss des vorangegangenen Wirtschaftsjahres**	
=	**Unterschiedsbetrag:**	Positiv = Vermögenszunahme = Gewinn Negativ = Vermögensabnahme = Verlust
+	**Entnahmen:**	Damit werden nicht betrieblich veranlasste Vermögensminderungen wieder ausgeglichen.
-	**Einlagen:**	Damit werden nicht betrieblich veranlasste Vermögenserhöhungen ausgeglichen.
=	**Gewinn:**	Der durch betriebliche Geschäftsvorfälle tatsächlich erwirtschaftet wurde.

4.4.2.2.1 Betrieblich veranlasste Betriebsvermögensänderungen

79 Wird durch einen betrieblichen Geschäftsvorfall ein Aktivposten der Bilanz erhöht bzw. ein Passivposten vermindert, ohne dass dies betragsmäßig in der Bilanz ausgeglichen wird, ergibt sich eine Erhöhung des Betriebsvermögens und des Gewinns.

BEISPIEL: Dem Unternehmer werden auf dem betrieblichen Bankkonto 5.000 € Zinsen gutgeschrieben.

Aktiva	Bilanz vorher		Passiva
Grundstück	50.000 €	Eigenkapital	100.000 €
Fuhrpark	30.000 €	Schulden	20.000 €
Bank	40.000 €		
	120.000 €		120.000 €

Aktiva	Bilanz nachher		Passiva
Grundstück	50.000 €	Eigenkapital	105.000 €
Fuhrpark	30.000 €	Schulden	20.000 €
Bank	45.000 €		
	125.000 €		125.000 €

Das Eigenkapital hat sich um den Zinsertrag i. H. von 5.000 € erhöht. Bei Anwendung der Gewinnermittlungsformel des § 4 Abs. 1 EStG führt dies auch zu einer Gewinnerhöhung i. H. von 5.000 €.

Ohne entsprechenden Ausgleich werden durch einen betrieblichen Geschäftsvorfall, der einen Aktivposten vermindert bzw. einen Passivposten erhöht, das Betriebsvermögen und der Gewinn umgekehrt verringert. 80

BEISPIEL: Der Unternehmer bezahlt die Miete für das Büro mit 4.000 € durch Überweisung.

Aktiva	Bilanz vorher		Passiva
Grundstück	50.000 €	Eigenkapital	100.000 €
Fuhrpark	30.000 €	Schulden	20.000 €
Bank	40.000 €		
	120.000 €		120.000 €

Aktiva	Bilanz nachher		Passiva
Grundstück	50.000 €	Eigenkapital	96.000 €
Fuhrpark	30.000 €	Schulden	20.000 €
Bank	36.000 €		
	116.000 €		116.000 €

In diesem Beispiel hat sich durch den Geldabfluss, der nicht ausgeglichen wurde, das Eigenkapital = Betriebsvermögen und damit auch der Gewinn verringert.

4.4.2.2.2 Privat veranlasste Veränderungen des Betriebsvermögens

Werden dem Betriebsvermögen im Laufe des Jahres von privater Seite aus Wirtschaftsgüter zugeführt, erhöht sich das Betriebsvermögen zum Schluss des Jahres und damit auch grds. der Gewinn. 81

BEISPIEL: Auf dem betrieblichen Bankkonto werden 10.000 € aus einer Erbschaft gutgeschrieben.

Aktiva	Bilanz vorher		Passiva
Grundstück	50.000 €	Eigenkapital	100.000 €
Fuhrpark	30.000 €	Schulden	20.000 €
Bank	40.000 €		
	120.000 €		120.000 €

Aktiva	Bilanz nachher		Passiva
Grundstück	50.000 €	Eigenkapital	110.000 €
Fuhrpark	30.000 €	Schulden	20.000 €
Bank	50.000 €		
	130.000 €		130.000 €

Der private Geldzufluss (Einlage) erhöht sowohl den Aktivposten „Bank" als auch das Eigenkapital = Betriebsvermögen. Dies führt beim Betriebsvermögensvergleich gem. § 4 Abs. 1 EStG grds. auch zu einer Vermögenszunahme = Gewinnerhöhung, obgleich diese nicht betrieblich veranlasst ist. Deshalb sieht die Gewinnermittlungsformel zum Ausgleich die Kürzung um die Einlage vor und gewährleistet somit eine Gewinnermittlung aus nur betrieblich veranlassten Betriebsvermögensänderungen.

82 Umgekehrt wird bei einer Herausnahme von Vermögensgegenständen aus dem Betriebsvermögen für private Zwecke eine Minderung des Betriebsvermögens und des Gewinns bewirkt.

BEISPIEL: Der Unternehmer hebt vom Bankkonto 5.000 € für den Haushalt ab.

Aktiva	Bilanz vorher		Passiva
Grundstück	50.000 €	Eigenkapital	100.000 €
Fuhrpark	30.000 €	Schulden	20.000 €
Bank	40.000 €		
	120.000 €		120.000 €

Aktiva	Bilanz nachher		Passiva
Grundstück	50.000 €	Eigenkapital	95.000 €
Fuhrpark	30.000 €	Schulden	20.000 €
Bank	35.000 €		
	115.000 €		115.000 €

Auch hier wird durch die Anwendung der Gewinnermittlungsformel des § 4 Abs. 1 EStG die Minderung des Betriebsvermögens = Gewinnminderung dadurch ausgeglichen, dass diese private Entnahme bei der Ermittlung des Gewinns wieder hinzugerechnet wird.

4.4.2.2.3 Sonderfälle

83 Ist die Entnahme eines Gegenstands aus dem Betriebsvermögen für private Zwecke mit einem Wert anzusetzen, der von seinem Wert in der Bilanz = Buchwert abweicht, ergibt sich eine andere Auswirkung.

BEISPIEL: Der Unternehmer entnimmt für private Zwecke (Schenkung an den Sohn) einen Pkw, der mit 5.000 € in der Bilanz ausgewiesen ist. Der tatsächliche Wert des Pkws beträgt noch 8.000 €. Gemäß § 6 Abs. 1 Nr. 4 EStG ist die Entnahme mit dem Teilwert (= tatsächlicher Wert) anzusetzen.

Aktiva	Bilanz vorher		Passiva
Grundstück	50.000 €	Eigenkapital	100.000 €
Lkw	25.000 €	Schulden	20.000 €
Pkw	5.000 €		
Bank	40.000 €		
	120.000 €		120.000 €

Aktiva	Bilanz nachher		Passiva
Grundstück	50.000 €	Eigenkapital	95.000 €
Lkw	25.000 €	Schulden	20.000 €
Pkw	0 €		
Bank	40.000 €		
	115.000 €		115.000 €

Dieser Vorgang vermindert das Betriebsvermögen am Schluss des laufenden Wirtschaftsjahres und damit den Gewinn um 5.000 €, während gem. § 6 Abs. 1 Nr. 4 EStG die Entnahme mit 8.000 € anzusetzen ist. Bei Anwendung der Gewinnermittlungsformel ergibt sich in diesem Fall folgende Gesamtauswirkung auf den Gewinn: 84

Betriebsvermögen am Schluss des laufenden Wirtschaftsjahres		- 5.000 €
Betriebsvermögen am Schluss des vorangegangenen Wirtschaftsjahres		+/- 0 €
Unterschiedsbetrag		- 5.000 €
+	Entnahmen	8.000 €
-	Einlagen	0 €
=	Gesamtgewinnauswirkung	3.000 €

Im Ergebnis wird die Entnahme nicht in vollem Umfang gewinnneutral, sondern ist teilweise erfolgswirksam.

In der Praxis kommen auch Fälle vor, bei denen private Einlagen oder Entnahmen **keine Veränderung des Betriebsvermögens** bewirken, **aber Auswirkungen auf den Gewinn haben.** 85

BEISPIEL: Der Unternehmer bezahlt auf einer Geschäftsfahrt betriebliche Kfz-Kosten i. H. von 500 € mit privatem Geld in bar. Das Geld fließt nicht dem Betriebsvermögen zu, sondern wird direkt ausgegeben. Deshalb ergibt sich keine Veränderung des Betriebsvermögens und damit grds. auch keine Gewinnauswirkung. Trotzdem verändert sich bei der Anwendung der Gewinnermittlungsformel der Gewinn insgesamt, denn die Bezahlung eines betrieblichen Aufwands mit privatem Geld ist begrifflich auch eine Einlage mit folgender Auswirkung:

Betriebsvermögen am Schluss des Wirtschaftsjahres		unverändert
Betriebsvermögen am Schluss des vorangegangenen Wirtschaftsjahres		unverändert
Unterschiedsbetrag		unverändert
+	Entnahmen	0 €
-	Einlagen	500 €
=	Gewinnauswirkung	- 500 €

Aber auch bei der Verwendung von betrieblichen Erträgen für private Zwecke ergibt sich eine Gewinnauswirkung (Erhöhung), obgleich keine Änderung des Betriebsvermögens eintritt. 86

BEISPIEL: Ein Unternehmer führt im Betrieb des Metzgermeisters X eine kleinere Reparatur aus und erhält zum Ausgleich einen Sonntagsbraten.

In diesem Beispiel ergibt sich die Gewinnauswirkung lediglich durch die Hinzurechnung der Entnahme, denn die Verwendung der Betriebseinnahme (= Entgelt für die Reparatur) für private Zwecke (= Erwerb des Sonntagsbratens) ist begrifflich eine private Entnahme.

In seltenen Fällen werden durch einen Geschäftsvorfall weder das Betriebsvermögen geändert noch die Entnahmen oder Einlagen. Dies ist der Fall, wenn Betriebseinnahmen mit Betriebsausgaben direkt verrechnet werden. 87

BEISPIEL: Ein Unternehmer vermietet an einen Arbeitnehmer eine Werkswohnung für monatlich 250 € und verrechnet die Miete mit dem Arbeitslohn.

Dieser Vorgang berührt keinen Bilanzposten, da insoweit keine Geldbewegung stattfindet, sich also keine Auswirkung auf das Betriebsvermögen ergibt. Da auch weder Entnahmen noch Einlagen betroffen sind – es liegt ja ausschließlich ein betrieblicher Vorgang vor –, ergibt sich insgesamt keine Gewinnauswirkung.

88 **ABB. 6: Arten der Geschäftsvorfälle**

Alle Vorgänge, die das Betriebsvermögen in seiner Zusammensetzung oder (bzw. und) in seiner Höhe berühren, werden als **Geschäftsvorfälle** bezeichnet. Dabei werden unterschieden:

Betriebsvermögensumschichtungen

Als solche werden alle Geschäftsvorfälle bezeichnet, die das Betriebsvermögen lediglich in seiner Zusammensetzung, nicht dagegen in seiner Höhe verändern.

Aktiv-Tausch

Die Umschichtung des Betriebsvermögens erfolgt nur unter den Besitzposten.

Die Höhe des Betriebsvermögens und die Bilanzsumme erfahren durch einen Aktiv-Tausch keine Änderung.

Passiv-Tausch

Die Umschichtung des Betriebsvermögens erfolgt nur unter den Schuldposten.

Die Höhe des Betriebsvermögens und die Bilanzsumme erfahren durch einen Passiv-Tausch keine Änderung.

Aktiv-Passiv-Tausch

Die Umschichtung des Betriebsvermögens erfolgt zwischen Besitz- und Schuldposten.

Die Höhe des Betriebsvermögens ändert sich durch einen Aktiv-Passiv-Tausch nicht.

Es ändert sich lediglich die Bilanzsumme.

Erhöhung der Bilanzsumme

Ein solcher Vorgang wird als **Bilanzmehrung** bezeichnet.

Minderung der Bilanzsumme

Ein solcher Vorgang wird als **Bilanzminderung** bezeichnet.

All diese Vorgänge, nämlich sämtliche Betriebsvermögensumschichtungen sowie die Privateinlagen und ein Teil der Privatentnahmen, bei denen der Teilwert und Buchwert des entnommenen Guts übereinstimmen, wirken sich nicht auf den Erfolg des Betriebs (Gewinn oder Verlust) aus. Sie sind erfolgsneutral.

Betriebsvermögensänderungen

Im Gegensatz zu den Betriebsvermögensumschichtungen werden als Betriebsvermögensänderungen alle Geschäftsvorfälle bezeichnet, die das Betriebsvermögen nicht nur in seiner Zusammensetzung, sondern (auch) in seiner Höhe ändern.

Betriebsvermögensänderung durch einen Vorgang zwischen dem Betrieb und dem außerbetrieblichen Lebensbereich des Unternehmens (Privatsphäre).

Betriebsvermögenserhöhung

Eine solche Betriebsvermögenserhöhung ergibt sich bei Zuführung von Werten aus dem außerbetrieblichen Lebensbereich (Privatvermögen) in das Betriebsvermögen.
Ein solcher Vorgang wird als **Einlage** bezeichnet.

Betriebsvermögensminderung

Eine solche Betriebsvermögensminderung ergibt sich durch Überführung betrieblicher Werte in den außerbetrieblichen Lebensbereich (Privatvermögen) des Unternehmers.
Ein solcher Vorgang wird als **Entnahme** bezeichnet.

Teilwert und Buchwert des entnommenen Guts stimmen überein.

Ein solcher Vorgang führt zu keiner Auswirkung auf den Erfolg des Betriebs.

Teilwert und Buchwert des entnommenen Guts sind verschieden hoch.

Ein solcher Vorgang führt i. H. der Differenz zwischen Teilwert und Buchwert zu einem Aufwand oder Ertrag.

Betriebsvermögensänderung durch einen rein betrieblichen Vorgang.

Betriebsvermögensminderung

Es wird nur ein Bilanzposten verändert (Besitzposten vermindert oder Schuldposten erhöht) bzw. bei Veränderung zweier Posten überwiegt die Betriebsvermögensminderung.
Ein solcher Vorgang wird als **Aufwand** bezeichnet.

Betriebsvermögenserhöhung

Es wird nur ein Bilanzposten verändert (Besitzposten erhöht bzw. Schuldposten vermindert) bzw. bei Veränderung zweier Posten überwiegt die Betriebsvermögenserhöhung.
Ein solcher Vorgang wird als **Ertrag** bezeichnet.

Keine Auswirkungen auf den Gewinn oder Verlust.

All diese Vorgänge, nämlich die Aufwendungen und Erträge, wirken sich auf den Erfolg des Betriebs aus. Die Differenz zwischen sämtlichen Aufwendungen und Erträgen einer Gewinnermittlungsperiode ergeben den Gewinn dieses Zeitraums.

89 **Zusammenfassung:**

Geschäftsvorfall	Auswirkung beim Betriebsvermögen	Gewinnauswirkung
Aktiv-Tausch	keine (Betriebsvermögens-umschichtung)	keine
Passiv-Tausch	keine (Betriebsvermögens-umschichtung)	keine
Aktiv-Passiv-Tausch	keine (Betriebsvermögens-umschichtung)	keine
Betriebliche Erträge	Betriebsvermögens-erhöhung	Erhöhung
Betrieblicher Aufwand	Betriebsvermögens-minderung	Minderung
Einlagen	Betriebsvermögens-erhöhung	keine
Entnahmen	Betriebsvermögens-minderung	keine, ausgenommen Entnahmewert ≠ Buchwert
Betrieblicher Aufwand mit privaten Mitteln bezahlt	keine	Minderung
Betrieblicher Ertrag privat verwendet	keine	Erhöhung
Verrechnung von betrieblichem Ertrag mit betrieblichem Aufwand	keine	keine

90 FRAGEN

Zu den Kapiteln 1–4 **Rz.**

1. Welche Aufgaben hat das betriebliche Rechnungswesen und in welche Bereiche wird es eingeteilt? 5 ff.
2. Welche handelsrechtlichen Vorschriften zur Buchführung kennen Sie? Nennen Sie die Wichtigsten. 15 ff.
3. Nach welchen Vorschriften ergeben sich Buchführungs- und Aufzeichnungspflichten? Schildern Sie bitte getrennt nach Handels- und Steuerrecht. 15 ff.
4. Welche Aufbewahrungsfristen gelten für die Buchführungsunterlagen? 21
5. Was sind die Bestandteile einer Buchführung? 26 ff.
6. Was verstehen Sie unter einem Aktiv-Tausch? 74
7. Was verstehen Sie unter einem Passiv-Tausch? 75
8. Was verstehen Sie unter einem Aktiv-Passiv-Tausch? 76
9. Wie und wo ist der steuerliche Gewinnbegriff definiert? 78

		Rz.
10.	Was verstehen Sie unter Betriebsvermögensänderungen?	77 ff.
11.	Welche Auswirkungen haben privat veranlasste Betriebsvermögensänderungen auf den Gewinn?	81 ff.

(Einstweilen frei) 91–99

Kapitel 5: Das Konto

5.1 Allgemeines

100 In der Praxis ist es völlig ausgeschlossen, **alle Geschäftsvorfälle** direkt in der Bilanz zu erfassen. Deshalb wird die Bilanz am Anfang eines Wirtschaftsjahres zerlegt, d. h. **für jeden Bilanzposten** wird mindestens **ein Konto** eingerichtet, das den Anfangsbestand und alle Veränderungen des laufenden Jahres aufnimmt.

101 Die Form des Kontos entspricht der Bilanz; lediglich die Seitenbezeichnung ist geändert. So wird die linke Seite als „Sollseite" und die rechte Seite als „Habenseite" bezeichnet. Vom sachlichen Inhalt her besteht Übereinstimmung mit der Bilanz. So werden die Anfangsbestände der Aktivposten der Bilanz und ihre Zugänge auf der linken Seite (Sollseite) des Kontos ausgewiesen, während ihre Abgänge auf der rechten Seite (Habenseite) erfasst werden.

102 Die Anfangsbestände der Passivposten der Bilanz und ihre Zugänge erscheinen auf dem Konto auf der rechten Seite (Habenseite) und ihre Abgänge auf der linken Seite (Sollseite).

103 Diese Darstellungsform ermöglicht zu jedem beliebigen Zeitpunkt durch die Ermittlung des Saldos (= Anfangsbestand + Zugänge - Abgänge), den augenblicklichen Stand zu ermitteln.

104

Aktiva	Anfangsbilanz		Passiva
Grundstück	50.000 €	Eigenkapital	100.000 €
Fuhrpark	30.000 €	Schulden	20.000 €
Bank	40.000 €		
	120.000 €		120.000 €

Soll	Grundstück	Haben
AB	50.000 €	Abgänge
Zugänge		

Soll	Kapital	Haben
Abgänge	AB	100.000 €
	Zugänge	

Soll	Fuhrpark	Haben
AB	30.000 €	Abgänge
Zugänge		

Soll	Schulden	Haben
Abgänge	AB	20.000 €
	Zugänge	

Soll	Bank	Haben
AB	40.000 €	Abgänge
Zugänge		

105 Zum Abschluss des Geschäftsjahres (Wirtschaftsjahres) wird jedes Konto in der Form abgeschlossen, dass der Saldo als Endbestand ermittelt und auf die zu erstellende Schlussbilanz übernommen wird. Auch für das einzelne Konto gilt der Grundsatz, dass beim Abschluss die Summe der Sollseite mit der Summe der Habenseite übereinstimmen muss.

Die vorstehenden Konten und Bilanzen würde sich bei den folgenden Geschäftsvorfäl- 106
len entsprechend weiterentwickeln:

BEISPIELE:

- Das Konto „Grundstück“ erhöht sich durch den Kauf eines Lagerplatzes um 10.000 € und verringert sich um eine Abschreibung i. H. von 2.000 €.
- Das Konto „Fuhrpark“ verringert sich lediglich um die Abschreibung i. H. von 5.000 €.
- Auf dem Bankkonto sind Betriebseinnahmen i. H. von 80.000 € zugeflossen und 60.000 € einschließlich 40.000 € Entnahmen abgeflossen.
- Die Schulden haben sich um den noch nicht bezahlten Kaufpreis für den Lagerplatz mit 10.000 € erhöht.

Danach ergibt sich folgende Entwicklung:

Anfangsbilanz

Aktiva		Passiva	
Grundstück	50.000 €	Eigenkapital	100.000 €
Fuhrpark	30.000 €	Schulden	20.000 €
Bank	40.000 €		
	120.000 €		120.000 €

Grundstück

Soll		Haben	
AB	50.000 €	Abgänge	2.000 €
Zugänge	10.000 €	Saldo = EB	58.000 €
	60.000 €		60.000 €

Kapital

Soll		Haben	
		AB	100.000 €
Saldo = EB	113.000 €	Zugänge	13.000 €
	113.000 €		113.000 €

Fuhrpark

Soll		Haben	
AB	30.000 €	Abgänge	5.000 €
		Saldo = EB	25.000 €
	30.000 €		30.000 €

Schulden

Soll		Haben	
		AB	20.000 €
Saldo = EB	30.000 €	Zugänge	10.000 €
	30.000 €		30.000 €

Bank

Soll		Haben	
AB	40.000 €	Abgänge	60.000 €
Zugänge	80.000 €	Saldo = EB	60.000 €
	120.000 €		120.000 €

Schlussbilanz

Aktiva		Passiva	
Grundstück	58.000 €	Eigenkapital	113.000 €
Fuhrpark	25.000 €	Schulden	30.000 €
Bank	60.000 €		
	143.000 €		143.000 €

107 Die Veränderung des Kapitalkontos = Betriebsvermögen aus diesen Geschäftsvorfällen lässt sich wie folgt darstellen:

Geschäftsvorfälle	Auswirkungen beim Konto		Auswirkungen auf das Betriebsvermögen
Grundstück – Kauf auf Schulden	Grundstück	+ 10.000 €	0 €
	Schulden	+ 10.000 €	
Abschreibungen	Grundstück	- 2.000 €	- 7.000 €
	Fuhrpark	- 5.000 €	
Bankeinnahmen	Bank	+ 80.000 €	+ 80.000 €
Bankausgaben (ohne Entnahme)	Bank	- 20.000 €	- 20.000 €
Entnahmen	Bank	- 40.000 €	- 40.000 €
Gesamtänderung des Betriebsvermögens bzw. Eigenkapitals			+ 13.000 €

5.2 Grundsätze für die Kontenentwicklung

108
- Der **Anfangsbestand** des Kontos steht auf derselben Seite wie in der Bilanz (Aktivkonten Anfangsbestand = links, Passivkonten Anfangsbestand = rechts).
- Die **Zugänge** stehen auf derselben Seite wie die Anfangsbestände.
- Die **Abgänge** stehen auf der entgegengesetzten Seite wie die Anfangsbestände und die Zugänge.
- Der **Endbestand** als Saldo steht ebenfalls grds. auf der dem Anfangsbestand plus Zugänge entgegengesetzten Seite. Eine Ausnahme kann gelten, wenn z. B. beim Bankkonto aus dem Bankguthaben aufgrund hoher Abgänge eine Bankschuld wird, denn der Endbestand (Saldo) eines Kontos entspricht dem Eigenkapital (Saldo) einer Bilanz.

5.3 Kontenarten

109 Zur Verbuchung der laufenden Geschäftsvorfälle nach sachlichen Gesichtspunkten werden bei der doppelten Buchführung Konten eingerichtet (vgl. die Ausführungen zu Kontenplan – Kontenrahmen, Rz. 41 ff.). Diese Konten nennt man „Sachkonten". Sie sind unverzichtbarer Bestandteil des Zahlenwerks der Buchführung. Neben den Sachkonten werden für jeden einzelnen Kunden und jeden einzelnen Lieferanten **Personenkonten** geführt, deren Summen jeweils dem Sachkonto „Kunden" bzw. dem Sachkonto „Lieferanten" entsprechen müssen (vgl. die Ausführungen zu Bestandteilen einer Buchführung, Rz. 26 ff.).

Die Sachkonten werden eingeteilt in

- Bestandskonten,
- Erfolgskonten und
- gemischte Konten.

5.3.1 Bestandskonten

Das sind Konten, die Bestände der Anfangsbilanz übernehmen, alle Veränderungen dieses Bilanzpostens durch die laufenden Geschäftsvorfälle im Wirtschaftsjahr aufzeichnen und ihren Saldo = Endbestand wieder in die Schlussbilanz abgeben. Dies gilt sowohl für die Besitzposten = Aktiva als auch für die Schuldposten und das Kapital = Passiva. Zu Beginn des Wirtschaftsjahres sind mindestens so viele Bestandskonten einzurichten, wie Aktiv- und Passivposten einschließlich dem Kapital in der Anfangsbilanz jeweils enthalten sind. 110

Dabei ist zu berücksichtigen, dass in der Bilanz oft mehrere Einzelposten zu einem Gruppenposten zusammengefasst sind, z. B. mehrere Pkw und Lkw zum Bilanzposten „Fuhrpark“. 111

Für Vermögensteile, die erst im Laufe des Wirtschaftsjahres angeschafft oder hergestellt werden, ist vom Zeitpunkt der Anschaffung oder Herstellung an ein Konto anzulegen.

5.3.2 Erfolgskonten

Wie bereits unter Rz. 77 ff. zu Betriebsvermögensänderungen dargestellt, verändern die meisten Geschäftsvorfälle das Eigenkapital = Betriebsvermögen. 112

Diese Veränderungen des Kapitalkontos beruhen teilweise auf betrieblichen Erträgen oder betrieblichen Aufwendungen, teilweise aber auch auf Entnahmen (Überführung von betrieblichen Gegenständen in den privaten Bereich) oder Einlagen (Überführung vom privaten in den betrieblichen Bereich).

Würden nun im laufenden Geschäftsjahr sämtliche das Kapitalkonto berührenden Vorgänge direkt auf dieses gebucht, ginge nicht nur in kürzester Zeit die Übersichtlichkeit verloren, sondern darüber hinaus würde auch die Gewinnermittlung erschwert, wenn Aufwendungen und Erträge mit Entnahmen und Einlagen vermischt gebucht würden.

In der Praxis wird daher das **Kapitalkonto unterteilt** in 113

- ein Konto für die **Entnahmen,**
- ein Konto für die **Einlagen** und
- Konten für **Aufwendungen und Erträge;** diese Konten sind die Erfolgskonten.

Wie viele Erfolgskonten der Betrieb einrichtet, ist ganz davon abhängig, inwieweit der Unternehmer seine Unkosten und Erträge aufschlüsseln will. Alle vorgenannten Kapitalunterkonten unterliegen den **gleichen Regeln** wie das Kapitalkonto selbst. Das bedeutet:

- Beim **Entnahmekonto** werden alle Entnahmen im Soll gebucht, denn Entnahmen mindern das Kapital;
- beim **Einlagenkonto** werden die Einlagen im Haben gebucht, denn sie erhöhen das Kapital;

- bei den **Aufwandskonten** erscheinen die Aufwendungen im Soll, denn Aufwendungen mindern das Kapital, und
- bei den **Ertragskonten** müssen demzufolge die Erträge im Haben ausgewiesen werden, weil sie das Kapital und damit das Betriebsvermögen erhöhen.

Soll	**Kapital**	**Haben**
Entnahmen		Anfangsbestand
Aufwand		Einlagen
Endbestand		Erträge

S	Entnahmen	H
Zugang		

S	Aufwand	H
Zugang		

S	Einlagen	H
		Zugang

S	Erträge	H
		Zugang

114 Bedingt durch diese Aufteilung des Kapitalkontos auf Kapitalunterkonten, die die laufenden Buchungen des Geschäftsjahres aufnehmen, werden auf dem Kapitalkonto selbst keine laufenden Buchungen vorgenommen. Erst zum Jahresabschluss müssen diese Unterkonten auf das Kapitalkonto abgeschlossen werden.

Das Kapitalkonto wird damit zum ruhenden Konto.

ABB. 9: Konten der doppelten Buchführung

Um jederzeit einen möglichst genauen Einblick in die Vermögens- und Erfolgsstruktur zu erhalten, ohne dass jeweils eine Bilanz und eine Gewinn- und Verlustrechnung erstellt werden müssen, wird die Bilanz in Konten zerlegt, die alle Auswirkungen aufgrund der Geschäftsvorfälle aufnehmen und bei Bedarf (regelmäßig jährlich) nach Kontrolle durch Inventur wieder zur Bilanz zusammengefügt werden.

Sachkonten

Die Sachkonten dienen der ziffernmäßigen Erfassung und Darstellung des gesamten Werteflusses von der Eröffnungsbilanz bis zur Schlussbilanz in sachlich planvoller Ordnung.

Bestandskonten

I. Wesen der Bestandskonten

Die Bestandskonten erfassen vorhandene Vermögenswerte und Schulden des Betriebs und deren Veränderungen aufgrund der Geschäftsvorfälle.

II. Abschluss der Bestandskonten

Nach Vornahme der vorbereitenden Abschlussbuchungen zwecks Angleichung der Buchbestände an die Inventurergebnisse (insbesondere Verbuchung der AfA) werden die Bestandskonten über das Schlussbilanzkonto abgeschlossen:
1. „Schlussbilanzkonto an Alle aktiven Bestandskonten“,
2. „Alle passiven Bestandskonten an Schlussbilanzkonto“.

Kapitalkonto

I. Wesen des Kapitalkontos

Im Gegensatz zu den Bestandskonten erfasst das Kapitalkonto den Wert aller Vermögenswerte und Schulden, also das Betriebsvermögen sowie dessen Veränderungen.

II. Abschluss des Kapitalkontos

Das Kapitalkonto nimmt regelmäßig keine laufenden Buchungen auf; diese werden vielmehr auf dessen Unterkonten vorgenommen.
Der Abschluss des Kapitalkontos erfolgt über das Schlussbilanzkonto:
1. Bei positivem Kapital: „Kapitalkonto an Schlussbilanzkonto“,
2. bei negativem Kapital: „Schlussbilanzkonto an Kapitalkonto“.

III. Unterkonten des Kapitalkontos

Aus Gründen der Übersichtlichkeit werden die laufenden Buchungen nicht auf dem Kapitalkonto, sondern auf dessen Unterkonten vorgenommen.

Privatkonto (bzw. -konten)

I. Wesen des Privatkontos (bzw. der -konten)

Das Privatkonto erfasst alle Betriebsvermögensänderungen aufgrund von Vorgängen zwischen dem Betrieb und dem privaten Lebensbereich des Unternehmers. Regelmäßig werden für die Entnahmen und für die Einlagen getrennte Konten geführt.

II. Abschluss der Privatkonten

Ihrer Natur entsprechend erfolgt der Abschluss sämtlicher Privatkonten über das Kapitalkonto, und zwar:
1. „Kapitalkonto an Entnahmekonto“,
2. „Einlagekonto an Kapitalkonto“.

Gewinn- und Verlustkonto

I. Wesen des Gewinn- und Verlustkontos (GuV-Konto)

Das GuV-Konto erfasst alle betrieblich verursachten Betriebsvermögensänderungen und dient damit der Ermittlung des Betriebserfolgs (= Gewinn!) für einen bestimmten Zeitraum (regelmäßig für das Wirtschaftsjahr).

II. Abschluss des GuV-Kontos

Die laufenden Buchungen erfolgen nicht auf dem GuV-Konto unmittelbar, sondern auf Unterkonten. Nach Übernahme der Salden der Unterkonten wird das GuV-Konto über das Kapitalkonto abgeschlossen, und zwar:
1. Bei Gewinn: „GuV-Konto an Kapitalkonto“,
2. bei Verlust: „Kapitalkonto an GuV-Konto“.

III. Unterkonten des GuV-Kontos

Aus Gründen der Übersichtlichkeit nimmt das GuV-Konto keine laufenden Buchungen auf. Die einzelnen betrieblich verursachten Betriebsvermögensänderungen werden vielmehr auf Unterkonten des GuV-Kontos gebucht.

Aufwandskonten

I. Wesen der Aufwandskonten

Die Aufwandskonten erfassen alle betrieblich verursachten Betriebsvermögensminderungen.

II. Abschluss der Aufwandskonten

Ihrer Natur als Unterkonten des GuV-Kontos entsprechend erfolgt der Abschluss nach Vornahme der erforderlichen Korrekturen durch vorbereitende Abschlussbuchungen über das GuV-Konto: „GuV-Konto an Alle Aufwandskonten“.

Ertragskonten

I. Wesen der Ertragskonten

Die Ertragskonten erfassen alle betrieblich verursachten Betriebsvermögenserhöhungen.

II. Abschluss der Ertragskonten

Ihrer Natur als Unterkonten des GuV-Kontos entsprechend erfolgt der Abschluss nach Vornahme der erforderlichen Korrekturen durch vorbereitende Abschlussbuchungen über das GuV-Konto: „Alle Ertragskonten an GuV-Konto“.

Gemischte Konten

I. Wesen der gemischten Konten

Gemischte Konten erfassen vorhandene Vermögenswerte bzw. Schulden und Aufwand bzw. Ertrag, und zwar ungeteilt in einer Summe (siehe insbesondere ungeteiltes Warenkonto!).

II. Abschluss der gemischten Konten

Wegen des gemischten Charakters erfolgt der Abschluss über das Schlussbilanzkonto und GuV-Konto, und zwar:

1. Aufgrund des Inventurergebnisses: „Schlussbilanzkonto an Gemischtes Konto“ (Besitzposten) bzw. „Gemischtes Konto an Schlussbilanzkonto“ (Schuldposten);
2. Abbuchung des restlichen Saldos: „GuV-Konto an Gemischtes Konto“ (Aufwand) bzw. „Gemischtes Konto an GuV-Konto“ (Ertrag).

Personenkonten

I. Wesen der Personenkonten

Die Personenkonten erfassen den gesamten Rechnungs- und Zahlungsverkehr mit jedem Kunden bzw. Lieferanten. Sie gliedern damit die beiden betreffenden Sachkonten weiter auf.
In ihrer Gesamtheit bilden die Personenkonten das Geschäftsfreundebuch.

II. Bedeutung von Personenkonten für den Unternehmer

Bei nicht nur ganz geringfügigem Kreditverkehr mit seinen Lieferanten und Kunden kann der Unternehmer seine Geschäftsgebarung nur durch entsprechende Aufzeichnungen überblicken und überwachen. Die Personenkonten dienen ihm daher zur Überwachung des Rechnungs- und Zahlungsverkehrs mit den Lieferanten und Kunden und sind darüber hinaus Grundlage für Mahnungen oder Zwangsmaßnahmen.

III. Bedeutung von Personenkonten für die Buchführung

1. Bei nicht nur unbedeutendem Kreditverkehr sind die Personenkonten für die ordnungsmäßige Buchführung unentbehrlich.
2. Die Personenkonten sind Ausgangspunkt für die inventurmäßige Ermittlung der Kundenforderungen bzw. Lieferantenschulden.

IV. Buchtechnische Behandlung der Personenkonten

1. Auf den Personenkonten wird regelmäßig nach den Buchungsregeln für aktive und passive Bestandskonten gebucht.
2. Eröffnungs- und Abschlussbuchungen im eigentlichen Sinne gibt es bei Personenkonten nicht.
3. Die einzelnen Buchungen können im Wege der Übertragung aus dem Grundbuch bzw. Hauptbuch oder auch im Wege der **Durchschrift** (= Durchschreibebuchführung) oder durch EDV-Buchführung erfolgen.

5.3.3 Gemischte Konten

115 Eine Sonderstellung nehmen die sog. „gemischten Konten" ein. Dabei handelt es sich um Sachkonten, die sowohl Bestände ausweisen, die in die Schlussbilanz zu übertragen sind, als auch Aufwendungen bzw. Erträge.

Der **Bestand** wird auf diesen Konten in aller Regel durch die Inventur ermittelt. Erst dann lässt sich der als Saldo verbleibende **Erfolgsteil** feststellen.

116 Ein typisches gemischtes Konto ist das Wareneinkaufskonto. Wird z. B. bei einem Anfangsbestand i. H. von 10.000 € und einem Zukauf i. H. von 50.000 € ein Endbestand am Jahresende i. H. von 20.000 € durch die Inventur festgestellt, müssen die restlichen 40.000 € verkauft worden sein (Einsatz).

Für diese gemischten Konten gelten die gleichen Grundsätze wie für die entsprechenden Bestandskonten, d. h. für das Wareneinkaufskonto die Grundsätze entsprechend einem Aktivkonto.

Soll	**Warene**	**inkauf**	**Haben**
Anfangsbestand	10.000 €	Endbestand	20.000 €
Zukauf	50.000 €	Wareneinsatz	40.000 €
	60.000 €		60.000 €

ABB. 10: Die Sachkonten

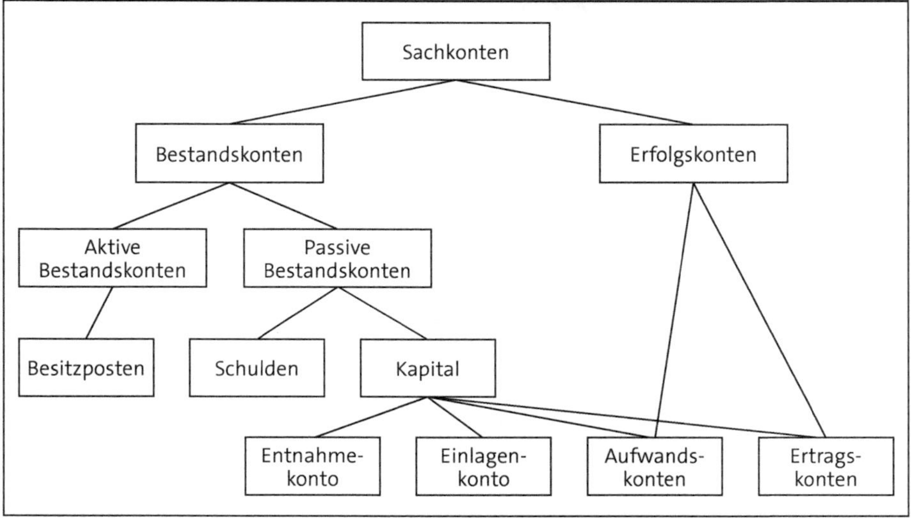

Kapitel 6: Der Buchungssatz

6.1 Allgemeines

Nach dem Prinzip der doppelten Buchführung müssen alle Geschäftsvorfälle **zweimal** gebucht werden, nämlich auf der Sollseite eines Kontos und der Habenseite des Gegenkontos. Dabei müssen die Sollbuchungen betragsmäßig mit den Habenbuchungen übereinstimmen, damit die Bilanzgleichung der Anfangsbilanz auch während des laufenden Geschäftsjahres erhalten bleibt. 117

6.2 Angaben im Buchungssatz

Für die richtige Verbuchung sind folgende Angaben erforderlich: 118

- Konto,
- Gegenkonto,
- Kontenseite, auf der zu buchen ist, und
- der Betrag.

Zu beachten ist, dass beim Buchungssatz immer das Konto zuerst genannt wird, das auf der linken Seite – also im Soll – gebucht wird.

Zur Bildung eines Buchungssatzes muss deshalb geprüft werden,

1. welche Konten von dem Geschäftsvorfall betroffen sind,
2. welche Konten im Soll bzw. im Haben zu buchen sind (bei den Aktivkonten stehen Zugänge im Soll und Abgänge im Haben, bei den Passivkonten einschließlich dem Kapitalkonto ist es genau umgekehrt) und
3. der Betrag muss noch angegeben werden.

BEISPIELE:

- Einem Lieferanten werden 5.000 € vom Bankkonto überwiesen.

  Betroffen sind das Konto „Lieferantenverbindlichkeiten" und das Konto „Bank". Das Konto „Lieferantenverbindlichkeiten" nimmt ab. Da es sich um ein Passivkonto handelt, ist diese Abnahme im Soll zu buchen.

  Das Bankkonto nimmt ebenfalls ab, was bei diesem Aktivkonto eine Buchung im Haben bedeutet.

  Im Buchungssatz ist immer das „Sollkonto" zuerst zu nennen. Daraus ergibt sich für unseren Geschäftsvorfall folgender Buchungssatz:

Lieferantenverbindlichkeiten	5.000 €	an	Bank	5.000 €

  Das Bindewort „an" kann auch durch einen Trennstrich ersetzt werden.

- Die Bezahlung von Löhnen i. H. von 3.000 € aus der Kasse würde das Konto „Kasse" vermindern, weshalb im Haben zu buchen ist. Das Aufwandskonto „Löhne" würde sich erhöhen und damit das Kapital vermindern, weshalb im Soll zu buchen ist. Der Buchungssatz müsste lauten:

Löhne	3.000 €	an	Kasse	3.000 €

- Bei einer Entnahme vom Bankkonto i. H. von 4.000 € wäre zu buchen:

Entnahme	4.000 €	an	Bank	4.000 €

6.3 Erweiterter Buchungssatz

119 Betrifft ein Geschäftsvorfall mehrere Konten, ist nach den gleichen Grundsätzen zu verfahren.

BEISPIEL: Ein Pkw wird für 30.000 € angeschafft. Davon werden 10.000 € sofort vom Bankkonto überwiesen, der Rest ist mit 20.000 € erst nach zwei Monaten fällig.

In diesem Fall sind drei Konten betroffen:

- Das Konto „Pkw" nimmt um 30.000 € zu = Buchung im Soll.
- Das Konto „Bank" nimmt um 10.000 € ab = Buchung im Haben.
- Das Konto „Sonstige Verbindlichkeiten" erhöht sich um den Restbetrag i. H. von 20.000 € = Buchung im Haben, da es sich um ein Passiv-Konto handelt.

Buchungssatz damit:

Pkw	30.000 €	an	Bank	10.000 €
		an	Sonstige Verbindlichkeiten	20.000 €

Das Beispiel zeigt, dass auch beim erweiterten Buchungssatz der Grundsatz gilt: Summe Sollbuchungen = Summe Habenbuchungen.

6.4 Auslegung von Buchungssätzen

120 Selbstverständlich muss auch aus einem richtig gebildeten Buchungssatz der zugrunde liegende Geschäftsvorfall rekonstruiert werden können.

BEISPIEL: Der Buchungssatz

Bank	7.000 €	an	Forderungen	7.000 €

bedeutet, dass auf dem Aktivposten „Bank" 7.000 € im Soll gebucht wurden = Zunahme und auf dem Aktivposten „Forderungen" 7.000 € im Haben gebucht wurden = Abnahme.

Also muss ein Kunde unsere Forderung an ihn mit 7.000 € durch Überweisung auf das Bankkonto bezahlt haben.

Dagegen würde der Buchungssatz

Verbindlichkeiten	6.000 €	an	Bank	6.000 €

bedeuten, dass wir unsere Lieferantenschulden durch Banküberweisung bezahlt haben, denn beide Konten haben abgenommen.

6.5 Zusammenfassung

121 Zusammenfassend sind bei Buchungen folgende **Grundsätze** zu beachten:

- Vorab ist zu prüfen, **welche Konten** betroffen sind.
- Abschließend muss festgestellt werden, bei welchen Konten im **Soll** und bei welchen Konten **im Haben zu buchen** ist.
- Jeder Buchungssatz **beginnt mit den Sollbuchungen.**
- Die **Summe** der Sollbuchungen **muss** mit der **Summe** der Habenbuchungen übereinstimmen.

6.6 Übungen

Für folgende Geschäftsvorfälle ist der Buchungssatz zu bilden: 122

a) Kauf eines Grundstücks zum Kaufpreis i. H. von 80.000 €. Davon werden 40.000 € vom Bankkonto überwiesen und der Rest wird gestundet.

b) Waren werden für 8.000 € verkauft und in bar bezahlt (ohne Umsatzsteuer!).

c) Von der Kasse werden 4.000 € auf das Bankkonto einbezahlt.

d) Die Miete für die Betriebsräume i. H. von 2.000 € wird vom Bankkonto überwiesen.

e) Ein Pkw, der mit 7.000 € in der Bilanz steht, wird für private Zwecke entnommen. Sein tatsächlicher Wert beträgt 8.000 € (= Teilwert).

Lösungen:

a)	Grundstück	80.000 €	an	Bank	40.000 €
			an	Darlehen	40.000 €
b)	Kasse	8.000 €	an	Warenverkauf	8.000 €
c)	Bank	4.000 €	an	Kasse	4.000 €
d)	Mietaufwand	2.000 €	an	Bank	2.000 €
e)	Entnahmen	8.000 €	an	Pkw	7.000 €
			an	Sonstiger betrieblicher Ertrag	1.000 €

Kapitel 7: Der Kontenabschluss

123 Zum Schluss eines jeden Geschäftsjahres ist gem. § 242 Abs. 1 HGB eine Bilanz aufzustellen. Dazu sind sämtliche Sachkonten abzuschließen. Für das neue Geschäftsjahr werden neue Sachkonten eingerichtet.

7.1 Abschluss der Bestandskonten

124 Für die Bestandskonten ist zum Bilanzstichtag der Saldo festzustellen, der in der Bilanz ausgewiesen ist. Damit ist die Soll- und Habenseite des Kontos ausgeglichen.

Die Eintragung der Saldos = Endbestand kann, wie jede andere Eintragung auf dem Konto im Laufe des Geschäftsjahres, nur durch eine Buchung erfolgen. Wie bereits ausgeführt, gehört zu jeder Buchung eine Gegenbuchung. Beim Abschluss der Bestandskonten ist dieses Gegenkonto das Schlussbilanzkonto, das inhaltlich mit der Schlussbilanz übereinstimmt und die Endbestände übernimmt.

125 Beim **Abschluss der Aktivkonten** erscheint der Saldo = Endbestand auf der Habenseite des Kontos und soll auf die Aktivseite der Bilanz übertragen werden. Bei Zwischenschaltung des Schlussbilanzkontos muss gebucht werden: **Schlussbilanzkonto an Aktivkonto.**

BEISPIEL: Das Bankkonto weist einen Anfangsbestand i. H. von 8.500 € aus. Die Zugänge im laufenden Geschäftsjahr betrugen 96.000 € und die Abgänge 75.000 €.

Der Saldo = Endbestand beträgt 29.500 €. Die Abschlussbuchung lautet:

Schlussbilanzkonto (SBK)	29.500 €	an	Bank	29.500 €

Mit dieser Buchung ist das Konto für das laufende Geschäftsjahr abgeschlossen und wird im folgenden Geschäftsjahr mit dem Anfangsbestand i. H. von 29.500 € im Soll wieder eröffnet.

Laufendes Jahr:

Aktiva	**Bank**		**Passiva**		**Aktiva**	**Schlussbilanz**	**Passiva**
Anfangsbestand	8.500 €	Abgang	75.000 €				
Zugang	96.000 €	Endbestand	29.500 €	→	Bank	29.500 €	

Folgendes Jahr:

Aktiva	**Bank**		**Passiva**
Anfangsbestand	29.500 €		

126 Beim **Abschluss der Passivkonten** erscheint der Saldo = Endbestand logischerweise auf der Sollseite des Sachkontos und soll auf die rechte Seite (Passiv-Seite) der Bilanz übertragen werden. Der Buchungssatz für diese Abschlussbuchung lautet: **Passivkonto an Schlussbilanzkonto.**

BEISPIEL: Die Lieferantenverbindlichkeiten betrugen zu Beginn des Geschäftsjahres 10.000 €. Sie erhöhen sich durch Wareneinkäufe auf Ziel um 60.000 €. Davon wurden im Laufe des Jahres insgesamt 45.000 € bezahlt.

Der Endbestand mit 25.000 € wird mit der Buchung

Lieferantenverbindlichkeiten	25.000 €	an	Schlussbilanzkonto (SBK)	25.000 €

übertragen. Auch dieser Endbestand steht als Anfangsbestand auf dem Lieferantenkonto, das für das folgende Jahr neu eröffnet wird.

Laufendes Jahr:

S	**Lieferantenverbindlichkeiten**		H
Abgang	45.000 €	AB	10.000 €
EB	25.000 €	Zugang	60.000 €

A	**Schlussbilanz**		P
	—	Lieferantenverbindlichkeiten	25.000 €
	—		

S	**Lieferantenverbindlichkeiten**		H
		AB	25.000 €

7.2 Abschluss der Konten „Entnahmen“ und „Einlagen“

Beide Konten sind Unterkonten des Kapitalkontos und sind damit zum Abschluss mit ihren jeweiligen Endbeständen auf das Kapitalkonto zu übertragen. 127

Das **Entnahmekonto** hat im laufenden Geschäftsjahr alle aus dem Betriebsvermögen in das Privatvermögen übernommenen Vermögenswerte auf der Sollseite erfasst, so dass zum Ausgleich der Soll- und der Habenseite der Saldo im Haben gebucht werden muss. Auf dem Kapitalkonto erscheinen die Entnahmen im Soll, denn sie mindern das Kapital. 128

Der Abschlussbuchungssatz für die Entnahmen lautet daher: **Kapitalkonto an Entnahmen.**

Das **Einlagenkonto** hat umgekehrt alle Vermögenswerte im laufenden Geschäftsjahr aufgenommen, die dem Betrieb aus dem Privatbereich zugeführt wurden. Die Buchungen erfolgten im Haben, so dass zum Ausgleich der beiden Seiten der Saldo im Soll erscheinen muss. Im Kapitalkonto sind aber die Einlagen im Haben auszuweisen, denn sie haben das Betriebsvermögen erhöht. 129

Der Abschlussbuchungssatz für die Einlagen lautet daher: **Einlagen an Kapitalkonto.**

7.3 Abschluss der Erfolgskonten

Auch diese Konten haben wir als Unterkonten des Kapitalkontos kennengelernt. Vom Prinzip her wäre also auch hier der direkte Abschluss über das Kapitalkonto folgerichtig. 130

In der Praxis wird jedoch speziell zur Beobachtung der Kostenentwicklung in verschiedenen Bereichen eine Vielzahl von Erfolgskonten eingerichtet, weil der Abschluss aller Erfolgskonten über das Kapitalkonto die Übersichtlichkeit beeinträchtigen würde.

Aus diesem Grund werden die Erfolgskonten über ein Zwischenkonto, dem Konto **„Gewinn- und Verlustrechnung“ („GuV“)**, abgeschlossen. Auch dieses Konto unterliegt den gleichen Regeln wie das Kapitalkonto. Der Saldo aus diesem GuV-Konto geht dann schließlich als Gewinn oder Verlust (je nachdem, ob die Erträge oder die Aufwendungen überwiegen) in das Kapitalkonto ein. 131

7.3.1 Abschluss der Aufwandskonten

132 Auf den **Aufwandskonten** erfolgten die laufenden Buchungen im Soll; danach ist der Saldo im Haben zu buchen. Im GuV-Konto sind die Aufwendungen – entsprechend dem Kapitalkonto – auf der Sollseite auszuweisen.

Der Buchungssatz für den Abschluss der Aufwandskonten muss daher lauten: **GuV-Konto an Aufwandskonto.**

BEISPIEL: Im laufenden Geschäftsjahr wurden folgende Aufwendungen verbucht:

- Kfz-Kosten 18.000 €,
- Mieten 22.000 €,
- Löhne 16.000 € und
- Verwaltungskosten 12.000 €.

Soll	Kfz-Kosten		Haben
Zugang	18.000 €	Saldo	18.000 € →

Soll	Mieten		Haben
Zugang	22.000 €	Saldo	22.000 € →

Soll	Löhne		Haben
Zugang	16.000 €	Saldo	16.000 € →

Soll	Verwaltungskosten		Haben
Zugang	12.000 €	Saldo	12.000 € →

Soll	GuV-Konto	Haben
Kfz-Kosten	18.000 €	
Mieten	22.000 €	
Löhne	16.000 €	
Verwaltungskosten	12.000 €	

7.3.2 Abschluss der Ertragskonten

133 Erträge erhöhen das Betriebsvermögen und damit das Kapitalkonto. Sie sind deshalb auch auf den Unterkonten im Haben zu buchen (zur Erinnerung: Passivkonten weisen den Anfangsbestand und die Zugänge im Haben aus).

Folglich erscheint der Saldo auf dem Ertragskonto im Soll und im GuV-Konto im Haben. Der Buchungssatz für den Abschluss der Ertragskonten muss daher lauten: **Ertragskonto an GuV-Konto.**

BEISPIEL: Neben den Aufwendungen unter Rz. 132 hat der Unternehmer im laufenden Geschäftsjahr folgende Erträge verbucht:

- Provisionserträge 92.000 € und
- Zinserträge 4.000 €.

Soll	GuV-Konto	Haben
	Provisionserträge	92.000 €
	Zinserträge	4.000 €

Soll	Provisionserträge		Haben
Saldo	92.000 €	Zugang	92.000 €

Soll	Zinserträge		Haben
Saldo	4.000 €	Zugang	4.000 €

7.3.3 Abschluss des GuV-Kontos

Nachdem sämtliche Aufwands- und Ertragskonten über das GuV-Konto abgeschlossen sind, wird auch dieses Konto nach den bereits bekannten Regeln abgeschlossen und der Saldo auf das Kapitalkonto übertragen. 134

Überwiegen auf dem GuV-Konto die Erträge, dann steht der Saldo auf der Sollseite, damit die beiden Kontenseiten ausgeglichen sind. Der Unternehmer hat sodann einen Gewinn erzielt. Gewinne müssen aber im Kapitalkonto auf der Habenseite ausgewiesen werden. Dadurch ergibt sich beim **Gewinn-Saldo** folgender Buchungssatz: **GuV-Konto an Kapital.**

BEISPIEL: Das GuV-Konto soll die Aufwendungen und Erträge aus Rz. 132 und 133 übernommen haben.

Soll	Kapitalkonto	Haben
	Gewinn	28.000 €

Soll		GuV-Konto	Haben
Kfz-Kosten	18.000 €	Provisionserträge	92.000 €
Mietaufwand	22.000 €	Zinserträge	4.000 €
Löhne	16.000 €		
Verwaltungskosten	12.000 €		
Gewinn-Saldo	28.000 €		
	96.000 €		96.000 €

Wären im GuV-Konto die Aufwendungen höher als die Erträge, müsste der Saldo zum Ausgleich der beiden Kontenseiten im Haben erscheinen. Der Unternehmer hätte einen Verlust erwirtschaftet. Verluste vermindern aber das Kapital und müssen im Kapitalkonto auf der Sollseite ausgewiesen werden. 135

Der Buchungssatz würde bei einem **Verlust-Saldo** lauten: **Kapital an GuV-Konto.**

BEISPIEL: Im vorstehenden Beispiel sollen die Provisionserträge nur 60.000 € ausmachen. Alle übrigen Konten bleiben aber unverändert. Damit ergibt sich folgendes Bild:

Soll	Kapitalkonto	Haben
Verlust	4.000 €	

Soll	GuV-Konto		Haben
Kfz-Kosten	18.000 €	Provisionserträge	60.000 €
Mietaufwand	22.000 €	Zinserträge	4.000 €
Löhne	16.000 €	Verlustsaldo	4.000 €
Verwaltungskosten	12.000 €		
	68.000 €		68.000 €

7.4 Abschluss des Kapitalkontos

136 Durch die Aufteilung in Unterkonten weist dieses Konto im Laufe des Geschäftsjahres lediglich den Anfangsbestand aus. Es wird als sog. „ruhendes Konto" geführt. Erst nach Abschluss aller Unterkonten (Entnahme-, Einlage- und GuV-Konto) kann auch das Kapitalkonto abgeschlossen werden.

Da auch das Kapitalkonto ein Passiv-Konto ist, lautet der Abschlussbuchungssatz: **Kapital an Schlussbilanzkonto.**

Bei Überschuldung des Betriebs würde der Abschlussbuchungssatz **„Schlussbilanzkonto an Kapital"** lauten, denn bei Überschuldung erscheint das Kapital auf der Aktiv-Seite der Bilanz.

Schematische Übersicht zum Abschluss der Kapitalunterkonten und des Kapitalkontos:

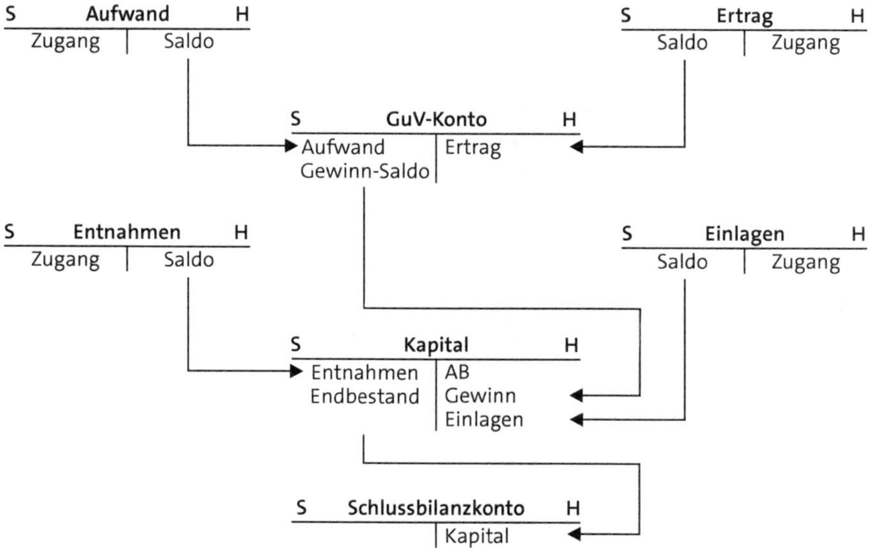

BEISPIEL: Ein Unternehmer hat im laufenden Geschäftsjahr folgende Vorgänge auf den entsprechenden Konten verbucht:

- Entnahmen 30.000 €,
- Einlagen 15.000 €,
- Löhne 24.000 €,
- Kfz-Kosten 12.000 €,
- Mietaufwand 18.000 €,
- Abschreibungen 6.000 €,
- Bürokosten 15.000 €,
- Honorarerträge 110.000 € und
- Zinserträge 5.000 €.

Der Anfangsbestand auf dem Kapitalkonto beträgt 45.000 €.

Kontendarstellung:

S	**Löhne**		H
Zugang	24.000 €	Saldo	24.000 €

S	**Kfz-Kosten**		H
Zugang	12.000 €	Saldo	12.000 €

S	**Mieten**		H
Zugang	18.000 €	Saldo	18.000 €

S	**Abschreibungen**		H
Zugang	6.000 €	Saldo	6.000 €

S	**Bürokosten**		H
Zugang	15.000 €	Saldo	15.000 €

S	**Honorare**		H
Saldo	110.000 €	Zugang	110.000 €

S	**Zinserträge**		H
Saldo	5.000 €	Zugang	5.000 €

S **Entnahmen**	H
Zugang 30.000 €	Saldo 30.000 €

S **Einlagen**	H
Saldo 15.000 €	Zugang 15.000 €

S	**GuV-Konto**		H
Löhne	24.000 €	Honorare	110.000 €
Kfz-kosten	12.000 €	Zinserträge	5.000 €
Mieten	18.000 €		
Abschreibungen	6.000 €		
Bürokosten	15.000 €		
Gewinn	40.000 €		
	115.000 €		115.000 €

S	**Kapital**		H
Entnahmen	30.000 €	AB	45.000 €
EB	70.000 €	Einlagen	15.000 €
		Gewinn	40.000 €

S	**Schlussbilanzkonto**		H
		Kapital	70.000 €

7.5 Abschluss der gemischten Konten

Beim Abschluss dieser Konten muss vorab der Bestandteil vom Erfolgsteil getrennt 137
werden. Der **Bestandteil** (Endbestand) wird dabei i. d. R. durch Inventur ermittelt (z. B. Warenbestand) und ist auf das **Schlussbilanzkonto** zu übertragen. Der danach verblei-

bende Saldo ist der **Erfolgsteil,** der auf das **GuV-Konto** zu übernehmen ist. Bei EDV-gestützten Buchführungen ist es häufig nicht möglich, einen Bestandssaldo und einen Erfolgssaldo auf **einem** Konto zu verarbeiten. Hier wird regelmäßig ein Konto „Warenbestandsveränderungen" zwischengeschaltet.

138 Für gemischte Konten gelten die gleichen **Buchungsregeln** wie für den **Bestandteil,** den sie beinhalten. Das bedeutet z. B., dass beim Wareneinkaufskonto die Grundsätze für Aktivkonten anzuwenden sind, denn dieses Konto beinhaltet den Besitzposten „Warenbestand", so dass auf diesem Konto der Anfangsbestand und der Zugang auf der Sollseite, der Endbestand und der Erfolgsteil (Wareneinsatz) aber auf der rechten Seite des Kontos zu buchen sind (Habenseite).

Der Warenbestand ist auf das Schlussbilanzkonto im Soll mit dem Buchungssatz **„Schlussbilanzkonto an Wareneinkaufskonto (Gemischtes Konto)"** zu übertragen.

Der Erfolgsteil (Wareneinsatz) ist auf das GuV-Konto ebenfalls im Soll mit dem Buchungssatz **„GuV-Konto an Wareneinkaufskonto"** zu übertragen.

Handelt es sich bei dem gemischten Konto um ein Konto, das einen passiven Bestandteil ausweist, wie z. B. das Konto „Rückstellungen", bei dem der Anfangsbestand und die Zugänge im Haben und der Endbestand im Soll zu buchen sind, lauten die Abschlussbuchungssätze

- für den Bestandteil **„Gemischtes Konto an Schlussbilanzkonto"** und
- für den Erfolgsteil **„Gemischtes Konto an GuV-Konto"**,

wenn der Endbestand niedriger ist als der Anfangsbestand. Ist der Endbestand dagegen höher als der Anfangsbestand, dann lautet der Abschlussbuchungssatz für den Erfolgsteil **„GuV-Konto an Gemischtes Konto"**, denn die Erhöhung bedeutet Aufwand.

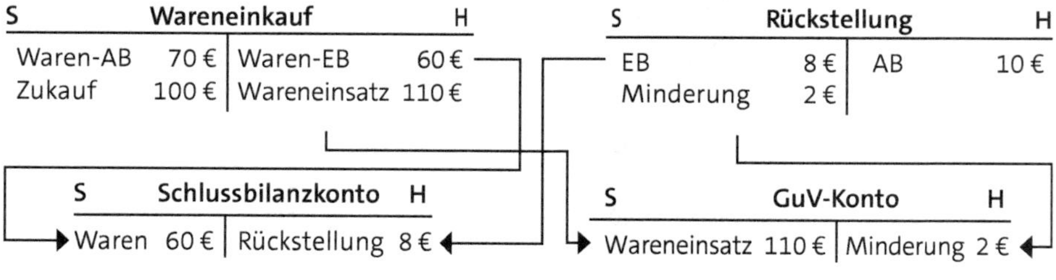

7.6 Schematische Gesamtdarstellung der Kontenabschlüsse

139

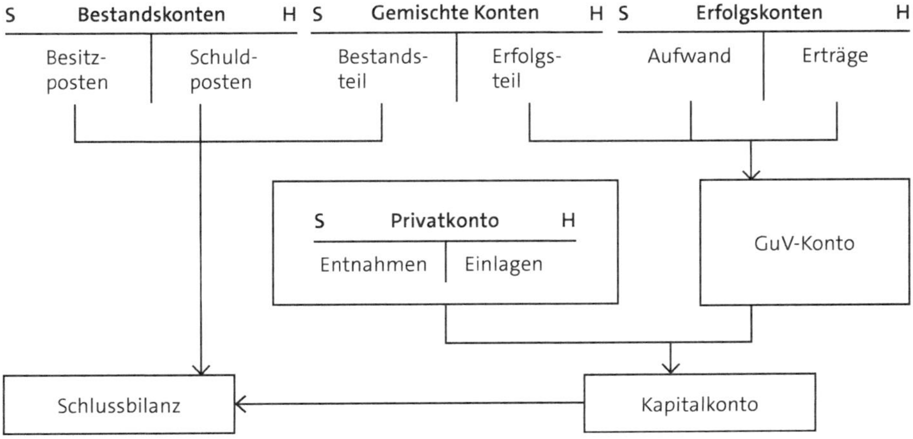

Kapitel 8: Die Mehrwertsteuerkonten

8.1 Das Umsatzsteuerkonto

140 Gemäß § 1 Abs. 1 UStG unterliegt grds. jede Lieferung oder sonstige Leistung, die ein Unternehmer im Inland gegen Entgelt im Rahmen seines Unternehmens ausführt, der Umsatzsteuer. Die Umsatzsteuer entsteht bereits mit Ablauf des Voranmeldungszeitraums, in dem die Leistung ausgeführt worden ist, und muss gebucht werden.

Bis zur Überweisung der Umsatzsteuer an das Finanzamt ist die **Umsatzsteuer als Schuld** in der Buchführung auszuweisen und unterliegt den Buchungsregeln für **Passivkonten.**

BEISPIEL: Der Unternehmer berechnet für seine Leistung an den Abnehmer 10.000 € zzgl. 19 % Umsatzsteuer (1.900 €) = 11.900 €. Der Rechnungsausgang wird wie folgt gebucht:

Forderungen	11.900 €	an	Erlöse	10.000 €
		an	Umsatzsteuerschuld	1.900 €

Das Konto „Forderungen" ist ein Aktivkonto, daher Buchung der Zunahme im Soll. Das Konto „Umsatzsteuerschuld" ist ein Passivkonto, das ebenfalls zunimmt, daher Buchung im Haben. Das Gleiche gilt für das Konto „Erlöse" als Kapitalunterkonto (Ertragskonto).

141 Die Erlöse sind auch dann nur mit dem Nettobetrag, d. h. ohne die Umsatzsteuer, zu buchen, wenn die Umsatzsteuer nicht gesondert in Rechnung gestellt wurde, denn auch in diesen Fällen schuldet der Unternehmer dem Finanzamt die Umsatzsteuer.

BEISPIEL: Ein Unternehmer ermittelt nach Ladenschluss die Tageseinnahmen mit 5.950 €. Dieser Betrag schließt die Umsatzsteuer mit 19 % ein und muss vor der Verbuchung herausgerechnet werden, z. B. mit 5.950 € × 19 / 119 = 950 €.

Zu buchen ist:

Kasse	5.950 €	an	Erlöse	5.000 €
		an	Umsatzsteuer	950 €

142 Möglich wäre auch die Buchung des Bruttobetrags (also einschließlich der Umsatzsteuer). Allerdings muss dann mindestens zum Monatsende die Umsatzsteuer insgesamt herausgerechnet werden, damit die Umsatzsteuer-Voranmeldung und die Umsatzsteuer-Zahlung an das Finanzamt richtig vorgenommen werden können.

8.2 Das Vorsteuerkonto

143 Gemäß dem System der Umsatzsteuer ist der Unternehmer berechtigt, die ihm von anderen Unternehmen gesondert in Rechnung gestellte Umsatzsteuer für Leistungen an sein Unternehmen als Vorsteuer von seiner eigenen Umsatzsteuerschuld abzuziehen und nur den verbleibenden Betrag an das Finanzamt abzuführen. Voraussetzung ist, dass die Vorsteuer gesondert ausgewiesen ist (Ausnahmen bei sog. „Kleinbeträgen bis 150 €").

Begrifflich handelt es sich dabei um einen **Anspruch an das Finanzamt** (Sonstige Forderung).

Durch diesen „Vorsteuerabzug“ wird erreicht, dass der Unternehmer nur für den selbst geschaffenen Mehrwert die Umsatzsteuer abzuführen hat (Mehrwertsteuer).

BEISPIEL: Der Unternehmer erwirbt einen Büroschreibtisch und erhält eine Rechnung über 1.000 € zzgl. 190 € Umsatzsteuer = 1.190 €.

Buchung:

Geschäftsausstattung	1.000 €			
Vorsteuer	190 €	an	Sonstige Verbindlichkeiten	1.190 €

Gemäß § 9b EStG gehört der Vorsteuerabzug, den der Unternehmer bei seiner Umsatzsteuerschuld abziehen kann, nicht zu den Anschaffungskosten. 144

Ist ausnahmsweise ein Vorsteuerabzug zulässig, obgleich die Vorsteuer in der Rechnung nicht gesondert ausgewiesen ist, muss die Vorsteuer aus dem Bruttobetrag herausgerechnet werden.

BEISPIEL: Ein Unternehmer bezahlt auf einer Geschäftsfahrt an einer Tankstelle 50 € für Benzin und erhält einen Beleg, auf dem die Umsatzsteuer/Vorsteuer nicht gesondert ausgewiesen ist. Der Steuersatz ist angegeben.

Der Bruttobetrag i. H. von 50 € beinhaltet 19 % Umsatzsteuer = 7,98 €.

Buchung:

Kfz-Kosten	42,02 €			
Vorsteuer	7,98 €	an	Kasse	50,00 €

8.3 Abschluss der Mehrwertsteuerkonten

8.3.1 Abschluss des Vorsteuerkontos

Zur Ermittlung der an das Finanzamt abzuführenden Umsatzsteuer (Zahllast) wird der Saldo auf dem Vorsteuerkonto mit Ablauf des Voranmeldungszeitraums (i. d. R. monatlich) auf das Konto „Umsatzsteuer“ übertragen. 145

Buchung: **Umsatzsteuerkonto an Vorsteuerkonto.**

Die auf dem Umsatzsteuerkonto noch verbleibende Schuld ist gem. § 18 UStG am zehnten Tag nach Ablauf des Voranmeldungszeitraums bzw. einen Monat nach Bekanntgabe des Jahressteuerbescheids fällig.

8.3.2 Abschluss des Umsatzsteuerkontos

Nach der Übertragung des Vorsteuersaldos kann auch das Umsatzsteuerkonto abgeschlossen werden. Soweit die verbleibende Umsatzsteuerschuld am Bilanzstichtag noch nicht an das Finanzamt abgeführt wurde, ist sie in der Schlussbilanz auszuweisen. Der Buchungssatz für den Abschluss dieses Kontos lautet: **Umsatzsteuerkonto an Schlussbilanzkonto.** 146

BEISPIEL: Ein Unternehmer hat im Dezember 01 Waren für 10.000 € zzgl. 1.900 € Umsatzsteuer auf Ziel eingekauft und sie für 15.000 € zzgl. 2.850 € Umsatzsteuer auf Rechnung verkauft.

Der Wareneinkauf wurde gebucht (Buchungssatz Nr. 1):

Wareneinkauf	10.000 €			
Vorsteuer	1.900 €	an	Verbindlichkeiten	11.900 €

Der Warenverkauf war zu buchen (Buchungssatz Nr. 2):

Forderungen	17.850 €	an	Warenverkauf	15.000 €
		an	Umsatzsteuer	2.850 €

Anschließend ist die Vorsteuer auf das Umsatzsteuerkonto zu übertragen (Buchungssatz Nr. 3):

Umsatzsteuer	1.900 €	an	Vorsteuer	1.900 €

Erst jetzt kann die noch an das Finanzamt abzuführende Umsatzsteuer (Zahllast) ermittelt werden. Dieser Betrag ist am Bilanzstichtag noch nicht abgeführt und muss daher in der Schlussbilanz ausgewiesen werden.

Buchung (Buchungssatz Nr. 4):

Umsatzsteuer	950 €	an	Schlussbilanzkonto	950 €

Darstellung der Sachkonten „Vorsteuer" und „Umsatzsteuer":

Soll	Vorsteuer		Haben
1.	1.900 €	3.	1.900 €

Soll	Umsatzsteuer		Haben
3.	1.900 €	2.	2.850 €
4.	950 €		

Soll	Schlussbilanzkonto		Haben
		4.	950 €

147 Im folgenden Jahr wird das Konto „Umsatzsteuer" mit dem Anfangsbestand i. H. von 950 € im Haben neu eröffnet und bei Bezahlung dieser Umsatzsteuer an das Finanzamt am 10.1. durch die Buchung

Umsatzsteuer	950 €	an	Bank	950 €

ausgeglichen.

148 In Ausnahmefällen kann die anzurechnende Vorsteuer höher sein als die Umsatzsteuer aus Lieferungen und Leistungen. Aus der Zahllast wird dann eine Forderung (Erstattungsanspruch) gegenüber dem Finanzamt.

Die Abschlussbuchungen können auch in diesen Fällen unverändert durchgeführt werden.

BEISPIEL: Im vorhergehenden Fall hat der Unternehmer neben dem Wareneinkauf und -verkauf im Dezember 01 auch noch eine Maschine für 20.000 € zzgl. 3.800 € Umsatzsteuer angeschafft und gebucht (Buchungssatz Nr. 1a):

Maschinen	20.000 €			
Vorsteuer	3.800 €	an	Sonstige Verbindlichkeiten	23.800 €

Die Abschlussbuchung für das Vorsteuerkonto lautet (Buchungssatz Nr. 3):

Umsatzsteuer	5.700 €	an	Vorsteuer	5.700 €

Für den Abschluss des Umsatzsteuerkontos muss der Buchungssatz (Nr. 4) jetzt lauten:

Schlussbilanzkonto	2.850 €	an	Umsatzsteuer	2.850 €

Die Umsatzsteuer wird damit in der Bilanz unter den Besitzposten ausgewiesen, denn tatsächlich besteht in diesem Fall eine Forderung an das Finanzamt.

Diese Forderung wird im folgenden Jahr bei Eingang der Umsatzsteuer-Erstattung ausgeglichen, und zwar durch die Buchung:

Bank	2.850 €	an	Umsatzsteuer	2.850 €

Darstellung der Sachkonten „Umsatzsteuer“ und „Vorsteuer“:

Soll	Vorsteuer		Haben
1.	1.900 €	3.	5.700 €
1a.	3.800 €		

Soll	Umsatzsteuer		Haben
3.	5.700 €	2.	2.850 €
		4.	2.850 €

Soll	Schlussbilanzkonto		Haben
4.	2.850 €		

Kapitel 9: Die Warenkonten

9.1 Allgemeines

149 Bei allen Unternehmen, deren Tätigkeit vorwiegend auf den Handel mit Gütern ausgerichtet ist, zählt das Warenkonto zu den wichtigsten Konten in der Buchführung.

Bei den Buchungen auf diesem Konto muss beachtet werden, dass der Wareneinkauf und die Warenbestände zum Bilanzstichtag, die durch die Inventur ermittelt werden, jeweils mit den Anschaffungskosten (Einstandspreisen) zu erfassen sind, während die Warenverkäufe mit ihrem Verkaufspreis zu buchen sind.

150 Das bedeutet, dass für die **gleiche Warenmenge** beim Ein- und Verkauf auf einem einheitlichen Warenkonto **unterschiedliche Beträge** zu buchen sind. In der Praxis hat sich daher die Aufteilung des einheitlichen Warenkontos in ein **Wareneinkaufs**- und ein **Warenverkaufskonto** durchgesetzt und bewährt.

9.2 Wirtschaftliche Begriffe zum Warengeschäft

9.2.1 Wareneinsatz

151 Unter „Wareneinsatz" versteht man den Teil der Waren, die im laufenden Geschäftsjahr tatsächlich verkauft worden sind.

Dabei ist es unbeachtlich, ob die verkaufte Ware aus dem am Jahresbeginn schon vorhandenen Anfangsbestand oder aus den laufenden Zukäufen stammt.

152 Der Wareneinsatz lässt sich nach der folgenden **Formel** ermitteln:

	Warenbestand am Anfang des Geschäftsjahres
+	Warenzukäufe im laufenden Geschäftsjahr
-	Warenbestand am Ende des Geschäftsjahres
-	unentgeltliche Warenabgänge (z. B. Entnahmen und Verderb)
=	Wareneinsatz

9.2.2 Wirtschaftlicher Umsatz

153 Unter dem „wirtschaftlichen Umsatz" versteht man die **Netto-Verkaufspreise** (ohne Umsatzsteuer) für die betrieblichen Leistungen. Sie ergeben sich i. d. R. aus dem Konto „Erlöse". Korrekturen sind vorzunehmen, wenn die Erlöse Einnahmen aus Hilfsgeschäften o. a. nicht betriebsgewöhnliche Leistungen enthalten oder wenn die Erlöse um ungewöhnliche Minderungen (z. B. Forderungsverluste oder Rabatte an Kunden) gekürzt worden sind. Bei Fertigungsbetrieben ist der wirtschaftliche Umsatz außerdem um die Netto-Verkaufspreise für die Endbestände an halbfertigen und fertigen Erzeugnissen zu erhöhen und um die entsprechenden Anfangsbestände zu vermindern, damit auch diese Leistungen periodengerecht dem Waren- und Materialeinsatz zugeordnet werden.

9.2.3 Der Rohgewinn

Der Rohgewinn ist der Unterschiedsbetrag zwischen dem wirtschaftlichen Umsatz und dem Wareneinsatz. Das ist die Handelsspanne zwischen den Netto-Einkaufspreisen und den Netto-Verkaufspreisen. Bezogen auf den einzelnen Warenposten wird er auch als „Aufschlag“ bezeichnet. 154

Kauft ein Unternehmer einen Warenposten für z. B. 50.000 € netto ein und verkauft er diesen Warenposten für 60.000 € netto weiter, dann erzielt er einen Rohgewinn i. H. von 10.000 € oder – anders ausgedrückt – er hat den Warenposten mit einem Aufschlag i. H. von 10.000 € weiterverkauft.

9.2.4 Der Rohgewinnsatz und der Rohgewinnaufschlagsatz

Für den Betriebsvergleich hat der Rohgewinn (ausgedrückt in €) nur geringe Aussagekraft. Deshalb wird der tatsächliche Rohgewinn ins Verhältnis zu einer Bezugsgröße gesetzt. Dabei bieten sich sowohl der wirtschaftliche Umsatz als auch der Wareneinsatz an. 155

Wird der Rohgewinn **zum wirtschaftlichen Umsatz** ins Verhältnis gesetzt, erhält man den Rohgewinnsatz, der nach der folgenden **Formel** berechnet wird: 156

$$\frac{\text{Rohgewinn in €} \times 100}{\text{Wirtschaftlicher Umsatz}} = \text{Rohgewinnsatz in \%}$$

Für das vorstehende Beispiel würde sich somit ein Rohgewinnsatz i. H. von

$$\frac{10.000\ € \times 100}{60.000\ €} = 16{,}67\ \%$$

ergeben.

Setzt man dagegen den Rohgewinn ins Verhältnis **zum Wareneinsatz,** so erhält man den Rohgewinnaufschlagsatz. Dieser berechnet sich nach der **Formel:**

$$\frac{\text{Rohgewinn in €} \times 100}{\text{Wareneinsatz}} = \text{Rohgewinnaufschlagsatz in \%}$$

Im vorstehenden Beispiel würde sich der Rohgewinnaufschlagsatz mit

$$\frac{10.000\ € \times 100}{50.000\ €} = 20\ \%$$

ergeben.

9.3 Das einheitliche Warenkonto

Beim einheitlichen Warenkonto, das in der Praxis kaum noch anzutreffen ist, werden der Anfangsbestand und die Zugänge im Soll gebucht, während die Verkäufe (Abgänge) im Haben mit den Netto-Verkaufspreisen erfasst werden. Die Differenz zwischen 157 den auf der Sollseite des Kontos gebuchten Einkaufspreisen und den auf der Habenseite des Kontos gebuchten Verkaufspreisen ist durch den Rohgewinnaufschlag bestimmt und würde dem Rohgewinn entsprechen, wenn ausnahmsweise kein Endbestand vorhanden wäre.

158 Ist ein Endbestand vorhanden, erhöht dieser den Rohgewinn, denn die gebuchten Verkaufserlöse müssen dann aus einem geringeren Wareneinsatz erzielt worden sein.

159 Der Abschluss des einheitlichen Warenkontos ist wie folgt durchzuführen:

- Der inventurmäßig ermittelte Endbestand wird mit den Einstandspreisen an das Schlussbilanzkonto mit folgender Buchung übertragen: **Schlussbilanzkonto an Warenkonto.**
- Der im Soll verbleibende Saldo = Rohgewinn wird auf das GuV-Konto übertragen mit der Buchung: **Warenkonto an GuV-Konto.**

Schematische Darstellung des einheitlichen Warenkontos:

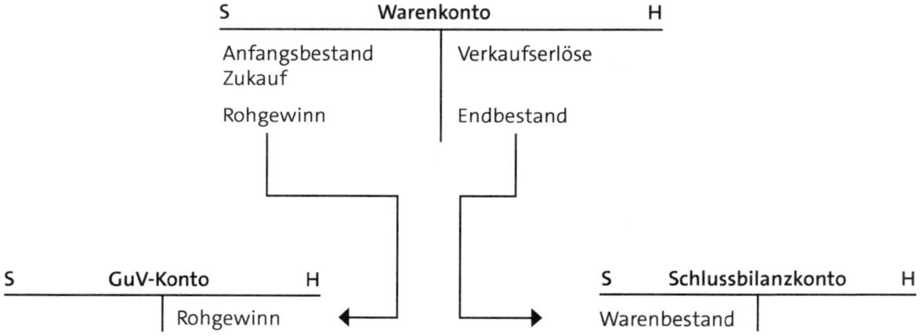

9.4 Die getrennten Warenkonten

160 Das einheitliche Warenkonto hat den Vorteil, dass der Rohgewinn als Saldo sofort in das GuV-Konto übernommen werden kann, allerdings vorausgesetzt, dass außer den Warenzukäufen und den Erlösen aus den Warenverkäufen keine oder nur wenige weitere Buchungen auf diesem Konto erfolgen.

161 In der Praxis werden jedoch nachträglich sowohl die Einkaufs- als auch die Verkaufspreise in erheblichem Umfang durch Mängelrügen, Warenrücksendungen, Rabatte, Boni, Skonti und sonstige Preisnachlässe geändert. Man kann sich unschwer vorstellen, dass die Buchungen all dieser Vorgänge auf **einem** Konto die Übersichtlichkeit außerordentlich beeinträchtigen würden, vor allem, da diese Vorgänge teils die Einkaufspreise und teils die Verkaufserlöse verändern.

Das einheitliche Warenkonto wird deshalb in ein Wareneinkaufskonto und ein Warenverkaufskonto aufgeteilt.

9.4.1 Das Wareneinkaufskonto

Auf diesem Konto erscheint zunächst der Warenanfangsbestand im **Soll.** Dazu kommen sämtliche Zukäufe im laufenden Geschäftsjahr mit dem Einkaufspreis zzgl. der Anschaffungsnebenkosten. 162

Im **Haben** werden nachträgliche Preisnachlässe der Lieferanten und Warenrücksendungen an Lieferanten ebenfalls mit den Einstandspreisen gebucht. Auch Warenentnahmen für private Zwecke können mit den Einstandspreisen im Haben gebucht werden. 163

Zum Bilanzstichtag wird der Warenendbestand durch die Inventur ermittelt und ebenfalls im Haben ausgewiesen (mit den Einstandspreisen). 164

Der noch im Haben verbleibende Saldo ist der Teil der Waren, der im laufenden Geschäftsjahr in den Verkauf gelangte (Wareneinsatz). Das Wareneinkaufskonto ist damit ein typisches **gemischtes Konto,** da es sowohl einen Bestands- als auch einen Erfolgsteil umfasst. 165

Schema:

Soll	Wareneinkaufskonto Haben
Anfangsbestand	Rücksendungen und Preisnachlässe
Wareneinkäufe	Endbestand
	Saldo = Wareneinsatz

9.4.2 Das Warenverkaufskonto

Im Gegensatz zum Wareneinkaufskonto erfolgen auf dem Warenverkaufskonto sämtliche Buchungen mit den Verkaufspreisen (netto, ohne Umsatzsteuer). Die Warenverkäufe sind im Haben zu buchen und die Preisnachlässe, die den Kunden gewährt wurden, oder Warenrücksendungen von Kunden (Erlösminderungen) im Soll. Am Jahresende verbleibt als Saldo der tatsächliche Verkaufserlös (netto, ohne Umsatzsteuer). 166

Dieses Konto ist damit ein reines **Erfolgskonto.**

Schema:

Soll	Warenverkaufskonto Haben
Rücksendungen und Preisnachlässe	Erlöse aus Warenverkauf
Saldo = Verkaufserlös	

9.4.3 Abschluss der getrennten Warenkonten

9.4.3.1 Der Netto-Abschluss

Bei dieser Form wird der Wareneinsatz vom Wareneinkaufskonto auf das Warenverkaufskonto übertragen. 167

Buchung: **Warenverkauf an Wareneinkauf.**

Dadurch wird der Verkaufserlös = wirtschaftlicher Umsatz gemindert, so dass der Saldo auf dem Warenverkaufskonto dem Rohgewinn entspricht, der auf das GuV-Konto mit dem Buchungssatz **„Warenverkauf an GuV"** zu übertragen ist.

Schema für den Netto-Abschluss:

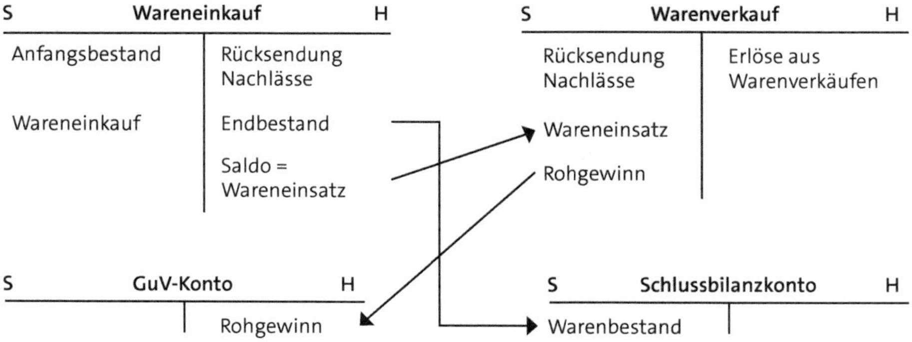

Beim Netto-Abschluss erscheint also im GuV-Konto nur der Rohgewinn. Der Warenendbestand wird vom Wareneinkaufskonto direkt auf das Schlussbilanzkonto übertragen.

9.4.3.2 Der Brutto-Abschluss

168 Bei diesem Abschluss wird der Wareneinsatz vom Wareneinkaufskonto nicht über das Warenverkaufskonto, sondern direkt auf das GuV-Konto übertragen. Als Folge davon werden vom Warenverkaufskonto die Erlöse ungemindert auf das GuV-Konto übertragen. Der Rohgewinn ergibt sich in diesem Fall aus dem GuV-Konto durch Gegenüberstellung des im Soll enthaltenen Wareneinsatzes und der Warenerlöse im Haben.

Für die Verprobung ist der Brutto-Abschluss aussagekräftiger. Jedoch muss damit in Kauf genommen werden, dass einem fachkundigen Dritten Einsicht in die betriebliche Kalkulation ermöglicht wird.

Der Brutto-Abschluss wird in der Praxis am häufigsten angewendet. Auch § 275 HGB schreibt grds. diese Form des Abschlusses vor.

169 **Schema für den Brutto-Abschluss:**

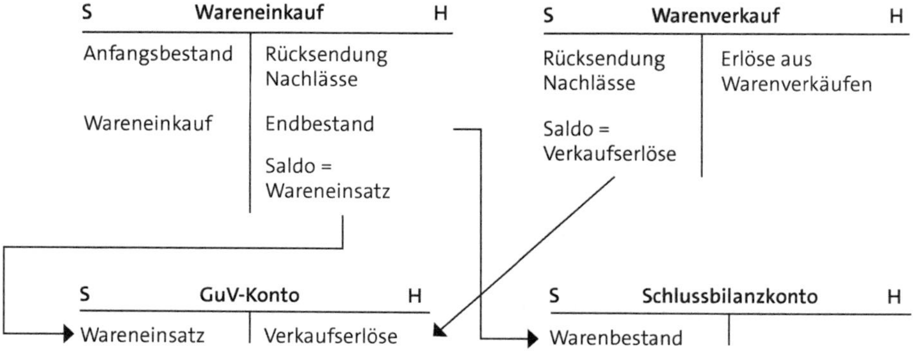

Beim Brutto-Abschluss muss gebucht werden:

- Für die Übertragung des Warenendbestands vom Wareneinkaufskonto auf das Schlussbilanzkonto: **Schlussbilanzkonto an Wareneinkauf;**
- für die Übertragung des Wareneinsatzes auf das GuV-Konto: **GuV-Konto an Wareneinkauf** und
- für die Übertragung der Verkaufserlöse auf das GuV-Konto: **Warenverkauf an GuV-Konto.**

9.5 Die Buchung der Erwerbsnebenkosten

Beim Einkauf von Waren hat der Unternehmer i. d. R. neben dem eigentlichen Kauf- 170
preis auch noch **Nebenkosten** zu entrichten, wie z. B. Zölle, Frachtkosten, Speditionsgebühren oder Transportversicherungen usw.

Steuerlich zählen diese Nebenkosten zu den Anschaffungskosten der Ware (Einstandspreis). Für die betriebliche Kalkulation möchte sie der Unternehmer gesondert erfassen.

Deshalb wird in der Praxis ein Unterkonto zum Wareneinkaufskonto eingerichtet, das 171
diese Bezugsnebenkosten laufend aufnimmt und zum Jahresende über das Wareneinkaufskonto abgeschlossen wird.

Zu beachten ist dabei, dass der Warenendbestand um die anteiligen Bezugsnebenkosten erhöht wird.

BEISPIEL: Ein Unternehmer hat einen Warenanfangsbestand i. H. von 10.000 €. Die Wareneinkäufe im laufenden Geschäftsjahr betragen 100.000 € (netto, ohne Umsatzsteuer) und die Nebenkosten 5.000 €. Am Jahresende wurde ein Warenbestand i. H. von 20.000 € (ohne Nebenkosten) inventurmäßig ermittelt.

Dieser Endbestand setzt sich ausschließlich aus den Einkäufen des laufenden Jahres zusammen. Die Nebenkosten verteilen sich gleichmäßig auf die Einkäufe.

Bei der Lösung ist zu beachten, dass der Warenendbestand i. H. von 20.000 € um die anteiligen 172
Erwerbsnebenkosten i. H. von (20 % von 5.000 € =) 1.000 € zu erhöhen ist. Danach stellt sich der Abschluss des Wareneinkaufs- und des Frachtkontos wie folgt dar:

S	Frachten usw.		H
Zugang	5.000 €	Saldo	5.000 €

S	Wareneinkauf		H
AB	10.000 €	EB	21.000 €
Einkauf	100.000 €	Wareneinsatz	94.000 €
Frachten	5.000 €		

S	GuV-Konto		H
Wareneinsatz	94.000 €		

S	Schlussbilanzkonto		H
Waren	21.000 €		

Würden die Erwerbsnebenkosten vom Konto „Frachten" direkt über das GuV-Konto abgeschlossen, würde der Wareneinsatz nur noch 89.000 € betragen und wäre damit um 5.000 € zu niedrig.

Beim **Erwerb von Anlagegütern** werden Erwerbsnebenkosten sofort mit dem angeschafften Wirtschaftsgut aktiviert und nicht erst auf Unterkonten gebucht. Von Bedeutung ist dies aufgrund der Berechnung der Abschreibung insbesondere beim Erwerb von abnutzbaren Wirtschaftsgütern.

BEISPIEL: Ein Unternehmer erwirbt ein bebautes Grundstück zum Kaufpreis i. H. von 100.000 €. Dazu kommen Maklerprovision i. H. von 2.500 €, Notariatsgebühren i. H. von 800 € und Grundbuchkosten i. H. von 300 €. Die Grunderwerbsteuer trägt der Veräußerer.

Der Anschaffungsvorgang ist zu buchen:

Bebautes Grundstück	103.600 €	an	Sonstige Verbindlichkeiten	103.600 €

9.6 Die Buchung von Preisnachlässen

173 Preisnachlässe werden im Geschäftsjahr sowohl beim Einkauf als auch beim Verkauf in unterschiedlicher Form gewährt.

9.6.1 Rabatte

174 Diese Preisnachlässe werden unter verschiedenen Bezeichnungen eingeräumt (z. B. Großhandelsrabatt, Mengenrabatt oder Barzahlungsrabatt).

Da sie bereits in der Rechnung abgesetzt sind, ergeben sich keine besonderen Buchungsprobleme.

BEISPIEL: Ein Unternehmer erhält eine Warenlieferung mit folgender Rechnung:

1.000 Stück à 5 € =	5.000 €
abzgl. 20 % Großhandelsrabatt	- 1.000 €
Nettopreis	4.000 €
zzgl. 19 % Umsatzsteuer	+ 760 €
Rechnungsbetrag	4.760 €

Der Unternehmer hat zu buchen:

Wareneinkauf	4.000 €			
Vorsteuer	760 €	an	Verbindlichkeiten	4.760 €

Häufig ist die ungekürzte Preisangabe (hier 5 € je Stück) lediglich eine Preisempfehlung für den Verkaufspreis.

9.6.2 Boni

175 Sie sind meist an eine bestimmte Mengenabnahme von Waren geknüpft und werden deshalb im Allgemeinen erst nachträglich gewährt.

Auch sie stellen eine Entgeltsminderung dar und haben deshalb eine Umsatzsteuer- bzw. eine Vorsteuerberichtigung zur Folge. Obwohl die von den Lieferanten gewährten Boni den Einstandspreis der eingekauften Waren mindern, werden sie nicht über das

Wareneinkaufskonto, sondern über ein Ertragskonto gebucht und direkt über das GuV-Konto abgeschlossen.

BEISPIEL: Ein Lieferant erteilt am 20.1.02 für die im Jahr 01 eingekaufte Ware eine Bonusgutschrift mit 1.000 € zzgl. 190 € Umsatzsteuer = 1.190 € und zahlt diese sofort aus.

Buchung:

Bank	1.190 €	an	Bonierträge	1.000 €
		an	Vorsteuer	190 €

Werden Boni an Kunden gewährt, ist entsprechend zu verfahren.

BEISPIEL: Einem Kunden wird am 20.1.02 für die im Jahr 01 abgenommene Menge an Waren eine Bonusgutschrift mit 1.200 € zzgl. 228 € Umsatzsteuer = 1.428 € erteilt und sofort ausgezahlt.

Buchung:

Boniaufwand	1.200 €			
Umsatzsteuer	228 €	an	Bank	1.428 €

9.6.3 Skonti

Hier handelt es sich um eine Kürzung des Rechnungsbetrags, die der Unternehmer seinem Abnehmer für die kurzfristige Zahlung einräumt (z. B. 2 % bei Zahlung innerhalb von zwei Wochen). 176

Da Skontiabzüge prozentual vom Rechnungsbetrag berechnet werden, muss die darin enthaltene Umsatzsteuer bzw. Vorsteuer jeweils herausgerechnet werden. Im Zusammenhang mit dem Kauf von Anlagegütern werden Skonti direkt über das Anlagekonto gebucht.

BEISPIEL: Am 10.10.02 wurde eine Maschine zum Preis i. H. von 10.000 € zzgl. 1.900 € Umsatzsteuer = 11.900 € erworben und am 20.10.02 mit 2 % Skonto vom Rechnungsbetrag = 238 € und damit mit dem Restbetrag i. H. von 11.662 € überwiesen.

Buchung am 10.10.02:

Maschine	10.000 €			
Vorsteuer	1.900 €	an	Sonstige Verbindlichkeiten	11.900 €

Buchung am 20.10.02:

Sonstige Verbindlichkeiten	11.900 €	an	Bank	11.662 €
		an	Maschine	200 €
		an	Vorsteuer	38 €

Dagegen werden Skonti im Zusammenhang mit Wareneinkäufen oder Warenverkäufen auf gesonderten Konten erfasst, die am Jahresende sinnvollerweise über die Warenkonten abzuschließen sind, damit der Wareneinsatz in der richtigen Höhe ermittelt werden kann. 177

BEISPIEL: Ein Unternehmer kauft bei seinem Lieferanten Ware ein und erhält folgende Rechnung: Einkaufspreis 40.000 € zzgl. 7.600 € Umsatzsteuer = 47.600 € Rechnungsbetrag. Auf der Rechnung ist vermerkt: Bei Zahlung innerhalb von 14 Tagen 3 % Skonto.

Der Unternehmer bezahlt innerhalb von 14 Tagen unter Abzug von 3 % von 47.600 € = 1.428 € und überweist 46.172 €.

Bei Lieferung ist zu buchen:

Wareneinkauf	40.000 €			
Vorsteuer	7.600 €	an	Verbindlichkeiten	47.600 €

Bei der Überweisung lautet die Buchung:

Verbindlichkeiten	47.600 €	an	Bank	46.172 €
		an	Skontierträge	1.200 €
		an	Vorsteuer	228 €

178 In diesem Fall wird durch die Inanspruchnahme des Skontoabzugs das Entgelt für den Wareneinkauf und damit auch die Vorsteuer gemindert.

Räumt der Unternehmer seinen Kunden entsprechende Skontoabzüge ein, vermindern sich seine Erlöse und die Umsatzsteuer.

BEISPIEL: Ein Unternehmer verkauft Ware und stellt dem Kunden folgende Rechnung: Verkaufspreis 50.000 € zzgl. 9.500 € Umsatzsteuer = 59.500 €.

Der Kunde bezahlt durch Überweisung innerhalb von drei Wochen mit 2 % Skonto von 59.500 € = 1.190 €.

Der Verkauf der Ware war zu buchen:

Forderungen	59.500 €	an	Warenerlöse	50.000 €
		an	Umsatzsteuer	9.500 €

Bei Eingang der Überweisung i. H. von 59.500 € - 1.190 € = 58.310 € war zu buchen:

Skontiaufwand	1.000 €			
Umsatzsteuer	190 €			
Bank	58.310 €	an	Forderungen	59.500 €

179 Häufig werden die Skontierträge (oder Liefererskonti) und die Skontiaufwendungen (Kundenskonti) auch brutto, d. h. ohne Herausrechnung der Umsatzsteuer bzw. Vorsteuer, gebucht. Dann muss spätestens am Monatsende die Buchung der Umsatzsteuer/Vorsteuer erfolgen.

Die Erfolgskonten „Skontiaufwand" und „Skontierträge" können entweder direkt auf das GuV-Konto oder über die Konten „Wareneinkauf" oder „Warenverkauf" abgeschlossen werden.

Der Abschluss über die Warenkonten ist vorzuziehen, da Skonti die Anschaffungskosten bzw. die Verkaufserlöse steuerlich mindern und bei der Wertermittlung des Warenendbestands entsprechend zu berücksichtigen sind.

BEISPIEL: Der Warenanfangsbestand des Unternehmers betrug 30.000 €. Der Wareneinkauf wurde mit 200.000 € netto gebucht. Durch kurzfristige Zahlungen der im laufenden Jahr eingekauften Waren sind 4.000 € Skontierträge ausgewiesen. Der Warenendbestand betrug 20.000 € und setzt sich ausnahmslos aus den Einkäufen des laufenden Jahres zusammen (ohne Berücksichtigung der anteiligen Skonti).

Beim Abschluss über das Wareneinkaufskonto ergibt sich folgendes Bild:

S	Wareneinkauf		H
AB	30.000 €	Skonti	4.000 € ←
Zugang	200.000 €	EB	19.600 €
		Waren-einsatz	206.400 €

S	Skontierträge		H
Saldo	4.000 €	Zugang	4.000 €

Die Skontierträge sind mit der Buchung

Skontierträge	4.000 €	an	Wareneinkauf	4.000 €

abzuschließen. Sie mindern die Einstandspreise und sind bei der Wertermittlung für den Warenendbestand (Verhältnis Wareneinkauf zu Endbestand) mit zu berücksichtigen.

9.6.4 Sonstige Entgeltsminderungen

Neben den bereits besprochenen Vorgängen ergeben sich in der Praxis dadurch Entgeltsminderungen, dass der Unternehmer oder der Kunde die gelieferte Ware wegen mangelhafter Qualität reklamiert. 180

Soweit diese Reklamationen berechtigt sind, bieten sich drei Lösungen an:

1. Entweder wird die fehlerhafte Ware umgetauscht oder
2. ersatzlos zurückgegeben, eventuell gegen Rückzahlung des Geldbetrags, oder
3. es wird ein Preisnachlass gewährt.

Wird im Fall Nr. 1 die fehlerhafte Ware ohne Preisänderung gegen eine einwandfreie Ware umgetauscht, ist insoweit keine Buchung vorzunehmen. Der Unternehmer wird versuchen, die mit einem Fehler behaftete Ware entweder mit reduziertem Preis erneut zu verkaufen oder sie an seinen Lieferanten zurückzugeben. 181

Im Fall Nr. 2 wird die Lieferung des Lieferanten rückgängig gemacht. Dies verdeutlicht auch die vorzunehmende Buchung: **Verbindlichkeiten an Wareneinkauf und Vorsteuer.** 182

Dadurch wird die ursprüngliche Buchung des Wareneinkaufs in vollem Umfang storniert. Man nennt solche Buchungen „Stornobuchungen".

Gibt ein Kunde die an ihn gelieferte Ware zurück, müsste die Buchung lauten: **Warenerlöse und Umsatzsteuer an Forderungen.**

Manche Unternehmer buchen die durch die Kunden zu Recht wegen Mängeln zurückgegebenen Waren auf ein Unterkonto zum Warenverkaufskonto, um bei Rücksendungen größeren Umfangs entsprechende Gegenmaßnahmen ergreifen zu können.

Wird dagegen, wie im Fall Nr. 3, ein Preisnachlass gewährt, wird die Entgeltsminderung direkt über die Warenkonten gebucht und die Umsatzsteuer bzw. Vorsteuer entsprechend gemindert. 183

BEISPIEL: Ein Unternehmer verkauft an einen Kunden Ware mit folgender Rechnung: Verkaufspreis 40.000 € zzgl. 7.600 € Umsatzsteuer = 47.600 €. Der Verkauf wird gebucht:

Forderungen	47.600 €	an	Warenerlöse	40.000 €
		an	Umsatzsteuer	7.600 €

Kurze Zeit später reklamiert der Kunde wegen mangelhafter Qualität und verlangt einen 20 %igen Preisnachlass oder Rücknahme der Ware.

Nach langen Verhandlungen werden dem Kunden 10 % Preisnachlass vom Rechnungsbetrag mit 47.600 € = 4.760 € eingeräumt.

Der Unternehmer hat diesen Preisnachlass zu buchen:

Warenerlöse	4.000 €			
Umsatzsteuer	760 €	an	Forderungen	4.760 €

9.7 Die Buchung von Warenentnahmen, Warenverderb oder Schwund

9.7.1 Warenentnahmen

184 Werden Waren aus dem Betrieb vom Unternehmer **für private Zwecke** entnommen (z. B. Lebensmittel für den Haushalt), dann liegt gem. § 4 Abs. 1 EStG eine Entnahme vor, die gem. § 6 Abs. 1 Nr. 4 EStG mit dem Teilwert anzusetzen ist und gem. § 3 Abs. 1b UStG der Umsatzsteuer unterliegt.

Gemäß § 12 Nr. 3 EStG ist auch diese Umsatzsteuer als Entnahme zu buchen.

185 Für die Verbuchung der Warenentnahmen wird regelmäßig das Konto „Unentgeltliche Wertabgabe" (mit einem Zusatz des Umsatzsteuersatzes) als Gegenkonto verwendet. Wird als Gegenkonto das Konto „Wareneinkauf" angesprochen, ist im Ergebnis der Wareneinsatz richtig ermittelt, solange der anzusetzende Teilwert mit den Einstandspreisen übereinstimmt. Liegt der Teilwert dagegen höher oder niedriger, wird der Wareneinsatz verfälscht.

186 Gelegentlich werden die Warenentnahmen auch als fiktiver Warenverkauf betrachtet und auf dem Konto „Warenverkauf" gebucht. Das führt im Ergebnis zwar zum richtigen Gewinn, aber der Wareneinsatz und ebenso die tatsächlichen Warenerlöse, sind in jedem Fall unrichtig. Am häufigsten ist aber die Buchung auf dem Konto „Unentgeltliche Wertabgabe", das als Ertragskonto geführt wird.

BEISPIEL: Der Unternehmer hat aus seinem Betrieb für private Zwecke Waren mit einem Teilwert i. H. von 2.000 € entnommen, die dem normalen Umsatzsteuersatz i. H. von 19 % unterliegen.

Buchung:

Privatentnahme	2.380 €	an	Unentgeltliche Wertabgabe (19 %)	2.000 €
		an	Umsatzsteuer	380 €

Zum Jahresende wird das Konto „Unentgeltliche Wertabgabe" wie jedes andere Erlöskonto über das GuV-Konto mit dem Buchungssatz „Unentgeltliche Wertabgabe an GuV" abgeschlossen.

9.7.2 Warenverderb und Schwund

187 Gelangen eingekaufte Waren deshalb nicht in den Verkauf, weil sie im Betrieb durch Verderb, Schwund oder gar Diebstahl untergegangen sind, ist eine Ausbuchung aus dem Wareneinkaufskonto nur zur Richtigstellung des Wareneinsatzes erforderlich. Von

der Gewinnauswirkung her gesehen ist eine solche Umbuchung neutral. Als Gegenkonto wird dabei meist das Konto „Sonstige betriebliche Aufwendungen" angesprochen.

BEISPIEL: Einem Unternehmer sind Waren mit einem Einkaufspreis i. H. von 7.500 € infolge falscher Lagerung verdorben, die daraufhin aussortiert werden mussten.

Er kann buchen:

Sonstiger betrieblicher Aufwand	7.500 €	an	Wareneinkauf	7.500 €

Der Wareneinsatz und der Rohgewinn sind damit richtiggestellt. Die Buchung hat keine Gewinnauswirkung und auch keine Auswirkung auf die Umsatzsteuer oder Vorsteuer.

FRAGEN 188

Zu den Kapiteln 5–9 **Rz.**

		Rz.
1.	Welche Arten von Konten kennen Sie?	109 ff.
2.	Wie unterscheiden sich Konto und Gegenkonto?	118
3.	Wie (und wohin) werden die einzelnen Konten abgeschlossen?	124 ff.
4.	Wie (und wohin) werden die Umsatzsteuerkonten abgeschlossen?	145 ff.
5.	Welche Warenkonten kennen Sie, wenn kein einheitliches Warenkonto verwendet werden soll? Wohin werden sie abgeschlossen?	160 ff.
6.	Welche sachlichen Größen findet man auf dem Wareneinkaufskonto?	162 ff.
7.	Welche sachlichen Größen findet man auf dem Warenverkaufskonto?	166
8.	Wie sind Warenentnahmen für private Zwecke zu buchen?	184

(Einstweilen frei) 189–199

Kapitel 10: Buchungen zum Jahresabschluss

10.1 Allgemeines

200 Vor der Durchführung des unter Kapitel 7 von Teil A besprochenen Kontenabschlusses sind häufig noch Korrekturen auf den Sachkonten vorzunehmen, die sich aus handels- oder steuerrechtlichen Gewinnermittlungsvorschriften ergeben.

Dabei kann es sich um den steuerlich vorgeschriebenen Wertansatz bei den Bestandskonten (z. B. Abschreibungen oder Teilwertansatz), um die Abgrenzung von betrieblichem und privatem Aufwand bei den Erfolgskonten (z. B. Anteil für private Pkw-Nutzung) oder um die periodengerechte Gewinnermittlung (z. B. Rechnungsabgrenzungen) handeln.

201 Diese Korrekturen werden durch sog. **„vorbereitende Abschlussbuchungen"** vorgenommen.

Wie den Abschlussbuchungen selbst, liegen auch diesen vorbereitenden Abschlussbuchungen keine Geschäftsvorfälle zugrunde. Es handelt sich lediglich um interne Buchungen, für die aber selbstverständlich die allgemeinen Buchungsregeln gelten (z. B. Summe der Sollbuchungen = Summe der Habenbuchungen).

10.2 Die Buchung der Abschreibungen

202 Für Wirtschaftsgüter i. S. des § 6 Abs. 1 Nr. 1 EStG ist vorgeschrieben, dass sie mit ihren Anschaffungs- oder Herstellungskosten, vermindert um die AfA i. S. des § 7 EStG, in der Schlussbilanz anzusetzen sind. Die Buchung dieser AfA wird im Rahmen der vorbereitenden Abschlussbuchungen **direkt**, d. h. durch Minderung des abzuschreibenden Wirtschaftsguts, vorgenommen.

BEISPIEL: Ein Unternehmer hat zu Beginn des Geschäftsjahres eine Maschine zum Preis i. H. von 40.000 € zzgl. 7.600 € Umsatzsteuer gekauft und gebucht:

Maschine	40.000 €			
Vorsteuer	7.600 €	an	Sonstige Verbindlichkeiten	47.600 €

Gemäß § 7 EStG beträgt die AfA für diese Maschine (Nutzungsdauer fünf Jahre) jährlich 20 % von den Anschaffungskosten mit 40.000 € = 8.000 €.

Diese AfA ist zum Jahresabschluss zu buchen:

AfA	8.000 €	an	Maschine	8.000 €

Das Bestandskonto „Maschine" vermindert sich um 8.000 € und ist mit seinem Saldo i. H. von 32.000 € in die Bilanz zu übernehmen. Gleichzeitig erhöht sich das Aufwandskonto „AfA", was letztlich zu einer entsprechenden Minderung des Kapitalkontos führt.

203 Gemäß § 6 Abs. 1 Nr. 2 EStG kann auch bei anderen Wirtschaftsgütern ein Wertansatz, der auf Dauer unter den Anschaffungs- oder Herstellungskosten liegt, in der Schlussbilanz vorzunehmen sein.

Auch in diesen Fällen muss der im Bestandskonto ausgewiesene Betrag durch eine sog. **„Teilwertabschreibung"** im Rahmen der vorbereitenden Abschlussbuchungen berichtigt werden.

BEISPIEL: Ein Unternehmer weist seit Jahren ein unbebautes Grundstück mit seinen ursprünglichen Anschaffungskosten i. H. von 80.000 € in der Bilanz aus. Im Laufe des Geschäftsjahres wurde bekannt, dass in der Nähe eine Sondermülldeponie eröffnet wird. Der Wert des Grundstücks sinkt daher nachhaltig auf 50.000 €.

Diese Wertminderung ist zum Jahresabschluss zu buchen:

Teilwertabschreibung	30.000 €	an	Grundstück	30.000 €

10.3 Buchungen zur Abgrenzung der betrieblichen von der privaten Sphäre

10.3.1 Private Pkw-Nutzung

10.3.1.1 Allgemeines

Betriebliche Fahrzeuge werden in der Praxis häufig genutzt. Gemäß § 6 Abs. 1 Nr. 4 EStG wird dieser private Nutzungsanteil bei Pkws, die zu mehr als 50 % betrieblich genutzt werden, mit 1 % des Listenpreises angesetzt, wenn kein Fahrtenbuch geführt wird. 204

HINWEIS

Elektrofahrzeuge: Bis zu einem Bruttolistenpreis i. H. von 100.000 € wird nur 0,25 % des Listenpreises angesetzt; über dieser Grenze 0,5 %. Plug-in-Hybride: 0,5 % des Listenpreises, sofern die jeweils geltenden CO_2-/Reichweitenkriterien erfüllt sind; andernfalls gilt die 1 %-Regelung. Der Unternehmer müsste streng genommen bei der Buchung aller Kosten sofort eine Aufteilung in den betrieblichen und den privaten Anteil vornehmen und die entsprechenden Konten belasten.

Dies würde zu einem unverhältnismäßig hohen Aufwand an Arbeitszeit und Kosten führen. Deshalb ist es zugelassen, dass diese Abgrenzung erst im Rahmen der vorbereitenden Abschlussbuchungen vorgenommen wird. Der private Nutzungsanteil ist mit dem Nettowert auf dem Konto „Unentgeltliche Wertabgaben" im Haben zu erfassen.

Die private Nutzung wird gem. § 3 Abs. 9a UStG als unentgeltliche Wertabgabe umsatzbesteuert und die sich daraus ergebende Umsatzsteuer als Entnahme gebucht. 205

Der umsatzsteuerliche Ansatz richtet sich nach § 3 Abs. 9a UStG i. V. mit § 10 Abs. 4 UStG: Die Bemessungsgrundlage sind nur die Kosten, für die ein Vorsteuerabzug (anteilig) möglich war; nicht vorsteuerfähige Kosten (z. B. Versicherungen oder Kfz-Steuer) bleiben unberücksichtigt.

Die AfA gehört nur dann zur Bemessungsgrundlage, wenn bei der Anschaffung des Fahrzeugs ein Vorsteuerabzug zulässig war.

In die Berechnung der anteiligen privaten Nutzung sind grds. **sämtliche** durch den Pkw veranlasste Aufwendungen (einschließlich der AfA) einzubeziehen. Dabei kann der Unternehmer aus Vereinfachungsgründen die 1 %-Regelung des § 6 Abs. 1 Nr. 4 EStG übernehmen und für die nicht mit Vorsteuer belasteten Kosten einen pauschalen Ab- 206 schlag mit 20 % vornehmen. Er kann aber auch das Verhältnis der privat zu den betrieblich gefahrenen km durch ein Fahrtenbuch nachweisen.

BEISPIEL: Ein Unternehmer hat bei anzuerkennendem Fahrtenbuch im laufenden Jahr für seinen Pkw folgende Aufwendungen gebucht:

- Laufende Kosten, wie Benzin, Öl, kleinere Reparaturen, Inspektionen usw., mit 6.000 € zzgl. 1.140 € Umsatzsteuer,
- Steuer und Versicherung mit 1.200 € und
- die AfA mit 8.000 €.

Die AfA hat er bereits im Rahmen der vorbereitenden Abschlussbuchungen richtig gebucht. Der Pkw wurde lt. Fahrtenbuch zu 20 % privat genutzt.

Folgende vorbereitende Abschlussbuchung ist vorzunehmen (in der Praxis wird aber häufig – anstatt jedes Aufwandskonto einzeln anzusprechen – ein Ertrag in einer Summe auf dem Konto „Unentgeltliche Wertabgaben" erfasst):

Privatentnahme	3.572 €	an	Kfz-Kosten	1.200 €
		an	Kfz-Versicherung/-Steuer	240 €
		an	AfA	1.600 €
		an	Umsatzsteuer	532 €

Die private Nutzung kann abweichend von der **„1 %-Regelung"** mit den auf die Privatfahrten entfallenden Aufwendungen angesetzt werden, wenn die für das Kfz insgesamt entstehenden Aufwendungen durch Belege und das Verhältnis der privaten zu den übrigen Fahrten durch ein ordnungsgemäßes Fahrtenbuch nachgewiesen werden.

207–210 *(Einstweilen frei)*

10.3.1.2 Zuordnung zum Unternehmen

211 Ein Fahrzeug kann dem Unternehmen nur zugeordnet werden, wenn es zu mindestens 10 % für unternehmerische Zwecke verwendet wird (§ 15 Abs. 1 Satz 2 UStG).

Der Unternehmer kann ein Fahrzeug, das zu mindestens 10 % für unternehmerische Zwecke verwendet wird, ganz oder teilweise dem Unternehmensvermögen zuordnen.

212 Hat der Unternehmer ein erworbenes Fahrzeug, das sowohl für unternehmerische als auch für nichtunternehmerische Zwecke genutzt wird, zulässigerweise seinem Unternehmen insgesamt zugeordnet, kann er die auf die Anschaffungskosten des Fahrzeugs entfallenden Vorsteuerbeträge abziehen (§ 15 Abs. 1 Satz 1 Nr. 1 UStG). Die nichtunternehmerische Nutzung unterliegt unter den Voraussetzungen des § 3 Abs. 9a Nr. 1 UStG als unentgeltliche Wertabgabe der Besteuerung.

10.3.1.3 Nicht dem Unternehmen zugeordnete Fahrzeuge

213 Kann der Unternehmer ein Fahrzeug nicht i. S. des § 15 Abs. 1 Satz 2 UStG dem Unternehmen zuordnen, weil er es zu weniger als 10 % für sein Unternehmen nutzt, steht ihm aus den Anschaffungs- oder Herstellungskosten kein Vorsteuerabzug zu. Die Zuordnungsbeschränkung des § 15 Abs. 1 Satz 2 UStG erstreckt sich jedoch nicht auf die Leistungen, die der Unternehmer im Zusammenhang mit dem Betrieb des Fahrzeugs bezieht. Der Unternehmer kann deshalb unter den übrigen Voraussetzungen des § 15 UStG z. B. Vorsteuerbeträge aus Benzin- und Wartungskosten im Verhältnis der unternehmerischen zur nichtunternehmerischen Nutzung abziehen. Vorsteuerbeträge, die

unmittelbar und ausschließlich auf die unternehmerische Verwendung des Fahrzeugs entfallen, z. B. Vorsteuerbeträge aus Reparaturaufwendungen in Folge eines Unfalls während einer unternehmerisch veranlassten Fahrt, können unter den übrigen Voraussetzungen des § 15 UStG in voller Höhe abgezogen werden.

10.3.1.4 Besteuerung der nichtunternehmerischen Nutzung eines dem Unternehmen zugeordneten Fahrzeugs

Die nichtunternehmerische Nutzung eines dem Unternehmen zugeordneten Fahrzeugs 214
ist unter den Voraussetzungen des § 3 Abs. 9a Nr. 1 UStG als unentgeltliche Wertabgabe der Besteuerung zu unterwerfen. Als Bemessungsgrundlage sind dabei nach dem Gesetzeswortlaut des § 10 Abs. 4 Satz 1 Nr. 2 UStG die Ausgaben anzusetzen, soweit sie zum vollen oder teilweisen Vorsteuerabzug berechtigt haben. Zur Ermittlung der Kosten, die zu Ausgaben werden, vgl. grds. BMF, Schreiben v. 2.1.2014, BStBl 2014 I S. 119, m. w. N.

(Einstweilen frei) 215

10.3.1.5 Wahlrechte

Zur Ermittlung der Ausgaben, die auf die nichtunternehmerische Nutzung eines dem 216
Unternehmen zugeordneten Fahrzeugs entfallen, hat der Unternehmer die Wahl zwischen drei Methoden:

1. **1 %-Regelung** (1 % vom Bruttolistenpreis - 20 % + 19 %);
2. **Fahrtenbuchregelung** und
3. **Schätzung des nichtunternehmerischen Nutzungsanteils.**

Konnte der Unternehmer bei der Anschaffung eines dem Unternehmen zugeordneten Fahrzeugs keinen Vorsteuerabzug vornehmen (z. B. Erwerb von einem Nichtunternehmer), sind nur die vorsteuerbelasteten Unterhaltskosten zur Ermittlung der Bemessungsgrundlage heranzuziehen.

10.3.1.6 Miete oder Leasing von Fahrzeugen

Die Vorsteuern, die auf die Miete, Mietsonderzahlungen, Leasingraten und Unterhalts- 217
kosten eines angemieteten oder geleasten Fahrzeugs, das der Unternehmer sowohl unternehmerisch als auch für nichtunternehmerische Zwecke verwendet, entfallen, sind grds. nach dem Verhältnis von unternehmerischer und nichtunternehmerischer Nutzung in einen abziehbaren und einen nichtabziehbaren Anteil aufzuteilen. In diesem Fall entfällt eine Besteuerung der nichtunternehmerischen Nutzung. Aus Vereinfachungsgründen kann der Unternehmer jedoch auch den Vorsteuerabzug aus der Miete bzw. den Leasingraten und den Unterhaltskosten in voller Höhe vornehmen und die nichtunternehmerische Nutzung nach den allgemeinen Regelungen besteuern.

10.3.1.7 Besonderheiten bei Elektro- und Hybridelektrofahrzeugen

Bei der privaten Nutzung von Fahrzeugen mit ausschließlichem Antrieb durch Elektro- 218
motoren, die ganz oder überwiegend aus mechanischen oder elektrochemischen Ener-

giespeichern oder aus emissionsfrei betriebenen Energiewandlern gespeist werden (Elektrofahrzeuge), oder von extern aufladbaren Hybridelektrofahrzeugen, ist der Listenpreis dieser Kfz bei Anschaffung vor dem 1.1.2023 und soweit Nr. 2 keine Anwendung findet um die darin enthaltenen Kosten des Batteriesystems zum Zeitpunkt der Erstzulassung des Kfz wie folgt zu mindern:

1. Für bis zum 31.12.2013 angeschaffte Kfz um 500 € pro kWh der Batteriekapazität. Dieser Betrag mindert sich für in den Folgejahren angeschaffte Kfz um jährlich 50 € pro kWh der Batteriekapazität; die Minderung pro Kfz beträgt höchstens 10.000 €. Dieser Höchstbetrag mindert sich für in den Folgejahren angeschaffte Kfz um jährlich 500 €, oder
2. bei Anschaffung nach dem 31.12.2018 und vor dem 1.1.2022 ist der Listenpreis nur zur Hälfte anzusetzen. Bei extern aufladbaren Hybridelektrofahrzeugen muss das Fahrzeug die Voraussetzungen des § 3 Abs. 2 Nr. 1 oder 2 Elektromobilitätsgesetz erfüllen.

Bei der privaten Nutzung von Fahrzeugen mit ausschließlichem Antrieb durch Elektromotoren, die ganz oder überwiegend aus mechanischen oder elektrochemischen Energiespeichern oder aus emissionsfrei betriebenen Energiewandlern gespeist werden (Elektrofahrzeuge), oder von extern aufladbaren Hybridelektrofahrzeugen, sind

1. bei Anschaffung vor dem 1.1.2023 und soweit die „1 %-Regelung" keine Anwendung findet, die der Berechnung der Entnahme zugrunde zu legenden insgesamt entstandenen Aufwendungen um Aufwendungen für das Batteriesystem zu mindern; dabei ist bei zum Betriebsvermögen des Steuerpflichtigen gehörenden Elektro- und Hybridelektrofahrzeugen die der Berechnung der AfA zugrunde zu legende Bemessungsgrundlage um die oben beschriebenen in pauschaler Höhe festgelegten Aufwendungen zu mindern, wenn darin Kosten für ein Batteriesystem enthalten sind, oder
2. bei Anschaffung nach dem 31.12.2018 und vor dem 1.1.2022 sind bei der Ermittlung der insgesamt entstandenen Aufwendungen die Anschaffungskosten für das Kfz oder vergleichbare Aufwendungen nur zur Hälfte zu berücksichtigen; bei extern aufladbaren Hybridelektrofahrzeugen muss das Fahrzeug die Voraussetzungen des § 3 Abs. 2 Nr. 1 oder 2 Elektromobilitätsgesetz erfüllen.

10.3.1.8 Weitere Neuregelung durch das Gesetz zur weiteren steuerlichen Förderung der Elektromobilität und zur Änderung weiterer steuerlicher Vorschriften v. 12.12.2019 (BGBl 2019 I S. 2451)

219 Die oben jeweils unter Nr. 2 aufgeführte Regelung wurde durch das Gesetz zur weiteren steuerlichen Förderung der Elektromobilität und zur Änderung weiterer steuerlicher Vorschriften v. 12.12.2019 (BGBl 2019 I S. 2451) weiter modifiziert:

- Bei Anschaffung vom 1.1.2022 bis zum 31.12.2024 müssen die begünstigten Fahrzeuge eine Mindestreichweite mit reinem Elektroantrieb i. H. von 60 km oder einen maximalen CO_2-Ausstoß i. H. von 50 g/km aufweisen (§ 6 Abs. 1 Nr. 4 Satz 2 Nr. 4 EStG).

- Bei Anschaffung vom 1.1.2025 bis zum 31.12.2030 müssen die begünstigten Fahrzeuge eine Mindestreichweite mit reinem Elektroantrieb i. H. von 80 km oder einen maximalen CO_2-Ausstoß i. H. von 50 g/km aufweisen (§ 6 Abs. 1 Nr. 4 Satz 2 Nr. 5 EStG).
- Bei völlig emissionsfreien Fahrzeugen wird bei Zulassung des Fahrzeugs vom 1.1.2019 bis zum 31.12.2030 der Listenpreis nur zu $^1/_4$ angesetzt, wenn die Anschaffungskosten des Fahrzeugs nicht mehr als 40.000 € betragen haben. Die Grenze i. H. von 40.000 € wurde in den letzten Jahren mehrfach heraufgesetzt. Zuletzt auf 100.000 € durch das Gesetz für ein steuerliches Investitionssofortprogramm zur Stärkung des Wirtschaftsstandorts Deutschland v. 14.7.2025 (BGBl 2025 I Nr. 161).

(Einstweilen frei) 220–262

10.4 Die Buchung der nichtabzugsfähigen Betriebsausgaben gem. § 4 Abs. 5 EStG

§ 4 Abs. 5 EStG ist keine Vorschrift zur Abgrenzung der betrieblichen von der privaten Sphäre, sondern zur Abgrenzung von abzugsfähigen und nicht abzugsfähigen Betriebsausgaben. 263

Dies wird auch in R 4.10 Abs. 1 Satz 3 EStR zum Ausdruck gebracht, wonach diese nichtabzugsfähigen Betriebsausgaben **keine Entnahmen** sind.

Die Buchung erfolgt auf dem gesonderten Konto „Nichtabzugsfähige Betriebsausgaben", damit die Aufzeichnungspflicht des § 4 Abs. 7 EStG erfüllt ist und am Jahresende der steuerliche Gewinn richtig ermittelt werden kann.

Sind nichtabzugsfähige Betriebsausgaben nicht vom Zeitpunkt ihrer Entstehung an gesondert aufzuzeichnen, kann die entsprechende Korrektur im Rahmen der vorbereitenden Abschlussbuchungen erfolgen (z. B. Aufwendungen i. S. des § 4 Abs. 5 Satz 1 Nr. 6 EStG). 264

10.5 Die Buchung von Rechnungsabgrenzungen, sonstigen Forderungen und sonstigen Verbindlichkeiten

10.5.1 Allgemeines

Der Grundsatz der **periodengerechten Gewinnermittlung** gem. § 252 HGB gebietet es, dass Aufwand und Ertrag in den Wirtschaftsjahren zu erfassen sind, in denen sie dem Grunde nach entstanden sind. 265

Ohne Bedeutung ist es dabei, wann sie tatsächlich zu- oder abgeflossen sind (anders bei der Gewinnermittlung gem. § 4 Abs. 3 EStG).

In der Praxis werden aber häufig Beträge vereinnahmt oder verausgabt, die ganz oder teilweise ein anderes Wirtschaftsjahr betreffen, zum Zeitpunkt des Eingangs oder Ausgangs jedoch bereits auf den Aufwands- oder Ertragskonten verbucht werden. Auch diese Gewinnberichtigungen erfolgen im Rahmen der vorbereitenden Abschlussbuchungen. 266

10.5.2 Rechnungsabgrenzungen

267 Werden im laufenden Jahr ganz oder zum Teil **Ausgaben** getätigt, die wirtschaftlich betrachtet Aufwand des kommenden Jahres darstellen, darf der Teil der Ausgabe, die das kommende Jahr betrifft, den Gewinn des laufenden Jahres nicht mindern (§ 5 Abs. 5 EStG).

BEISPIEL: Im Dezember 01 wird die betriebliche Miete für den Monat Januar 02 überwiesen und gebucht:

Mietaufwand	2.000 €	an	Bank	2.000 €

Damit ist der Gewinn des Jahres 01 um 2.000 € gemindert, obwohl diese Mietzahlung für das Jahr 02 erfolgte, d. h. wirtschaftlich betrachtet Aufwand des Jahres 02 sein muss.

Daraus folgt, dass die gewinnmindernde Buchung im Dezember 01 rückgängig gemacht werden muss. Das kann bei dem Aufwandskonto „Mietaufwand" durch eine Gegenbuchung im „Haben" erfolgen. Beim Bestandskonto „Bank" ist Entsprechendes nicht möglich, denn das Geld ist schließlich im Dezember 01 durch die Überweisung tatsächlich abgeflossen.

Deshalb wird zum Ausgleich für das geminderte Bankkonto ein „Ersatzposten" auf der Aktivseite der Bilanz ausgewiesen, nämlich das Bestandskonto „Aktive Rechnungsabgrenzungen" (aktiver Rechnungsabgrenzungsposten).

268 In unserem Beispiel ist daher im Rahmen der vorbereitenden Abschlussbuchungen folgende Zusatzbuchung erforderlich:

Aktiver Rechnungsabgrenzungsposten	**2.000 €**	**an**	**Mietaufwand**	**2.000 €**

Im folgenden Jahr wird dieser Rechnungsabgrenzungsposten durch folgende Buchung aufgelöst:

Mietaufwand	**2.000 €**	**an**	**Aktiver Rechnungsabgrenzungsposten**	**2.000 €**

Im Ergebnis wird damit der Mietaufwand erst im Jahr 02 gewinnmindernd gebucht, obwohl die Zahlung tatsächlich im Jahr 01 erfolgt ist.

Rechnungsabgrenzungsposten in Fällen von geringer Bedeutung

Gemäß § 5 Abs. 5 Satz 1 Nr. 1 EStG sind Rechnungsabgrenzungsposten auf der Aktivseite der Bilanz für Ausgaben vor dem Abschlussstichtag anzusetzen, soweit sie Aufwand für eine bestimmte Zeit nach dem Abschlussstichtag darstellen. Diese Regelung ist grds. zwingend zu beachten (vgl. BFH, Urteil v. 19.1.1978 - IV R 153/72, BStBl 1978 II S. 262).

Das FG Baden-Württemberg hat mit Urteil v. 2.3.2018 - 5 K 548/17, EFG 2019 S. 414, YAAAH-07706, jedoch einen einschlägigen Rechtsstreit dahingehend entschieden, dass es der Grundsatz der Wesentlichkeit ermöglicht, unwesentliche Elemente bei der Bilanzierung und Bewertung außer Betracht zu lassen (vgl. BFH, Beschluss v. 18.3.2010 - X R 20/09, BFH/NV 2010 S. 1796, YAAAD-48053).

In Fällen von geringer Bedeutung kann daher auf eine aktive Rechnungsabgrenzung verzichtet werden.

Ein solcher Fall von geringer Bedeutung ist durch die Grenze des § 6 Abs. 2 EStG bestimmt. Mit dieser Regelung hat der Gesetzgeber nämlich zu erkennen gegeben, dass er bei geringwertigen Wirtschaftsgütern auf einen periodengerechten Ausweis verzichtet und eine Sofortabschreibung für angemessen hält.

Diese gesetzgeberische Einschätzung ist zur Vermeidung von Wertungswidersprüchen auf die Bildung von Rechnungsabgrenzungsposten zu übertragen. In Fällen, in denen der Wert des einzelnen Abgrenzungspostens wie im Streitjahr 410 € (heute 800 €) nicht übersteigt, kann daher auf eine Abgrenzung verzichtet werden (vgl. auch BFH, Beschluss v. 18.3.2010 - X R 20/09, a. a. O.).

Der BFH hat die Revision als unzulässig verworfen (Az.: X R 14/18). Das Urteil des FG Baden-Württemberg ist somit rechtskräftig. Aufgrund eines ähnlichen Sachverhalts (ebenfalls Vorinstanz FG Baden-Württemberg) hat der BFH nun entschieden, dass aktive Rechnungsabgrenzungsposten auch bei geringfügigen Beträgen zu bilden sind (BFH, Urteil v. 16.3.2021 - X R 34/19, BStBl 2021 II S. 844).

Bei **Einnahmen,** die bereits im laufenden Jahr zugeflossen sind, aber wirtschaftlich 269
ganz oder zum Teil erst das kommende Jahr betreffen, wird entsprechend den vorstehenden Ausführungen auf der Passivseite der Bilanz ein passiver Rechnungsabgrenzungsposten ausgewiesen.

BEISPIEL: Ein Unternehmer erhält am 1.12.01 eine Vorauszahlung für die betriebliche Miete für Dezember 01 bis einschließlich Februar 02 i. H. von 3.000 € auf sein Bankkonto.

Er hat gebucht:

Bank	3.000 €	an	Mieterträge	3.000 €

Diese Buchung führt im Jahr 01 zu einer Gewinnerhöhung i. H. von 3.000 €, obwohl wirtschaftlich betrachtet nur 1.000 € auf das Jahr 01 und 2.000 € auf das Jahr 02 entfallen.

Folgende vorbereitende Abschlussbuchung ist durchzuführen:

Mieterträge	2.000 €	an	Passiver Rechnungsabgrenzungsposten	2.000 €

Damit wird die Ertragsbuchung i. H. von 3.000 € um 2.000 € storniert und die durch die Erhöhung des Bestandskontos „Bank" um 3.000 € eingetretene Betriebsvermögenserhöhung um 2.000 € durch diesen Passivposten vermindert.

Auch hier wird im folgenden Jahr durch die Buchung

Passiver Rechnungsabgrenzungsposten	2.000 €	an	Mieterträge	2.000 €

der Rechnungsabgrenzungsposten aufgelöst und der Gewinn des Jahres 02 um 2.000 € erhöht.

Voraussetzung für die Bildung eines Rechnungsabgrenzungspostens ist, dass die Ein- 270
nahmen bzw. Ausgaben Aufwand oder Ertrag für einen eindeutig bestimmbaren Zeitraum nach dem Bilanzstichtag darstellen.

Keine Rechnungsabgrenzung ist vorzunehmen, wenn Ausgaben getätigt werden, von denen lediglich ein Nutzen für die Zukunft erwartet wird (z. B. bei Kosten für die Werbung).

10.5.3 Sonstige Forderungen und sonstige Verbindlichkeiten

271 Sind im umgekehrten Fall Einnahmen erst **im folgenden Jahr** zugeflossen, obwohl sie wirtschaftlich Ertrag im laufenden Jahr darstellen, oder werden Ausgaben erst im folgenden Jahr getätigt, obwohl sie Aufwand des laufenden Jahres sind, dann sind in der Schlussbilanz des laufenden Wirtschaftsjahres „Sonstige Forderungen" bzw. „Sonstige Verbindlichkeiten" nach den allgemeinen Bilanzierungsgrundsätzen auszuweisen.

272 Auch hier gilt das Prinzip der periodengerechten Gewinnermittlung, d. h. Aufwand und Ertrag sollen den Gewinn des Jahres beeinflussen, dem sie wirtschaftlich zuzuordnen sind, ohne Rücksicht auf den Zeitpunkt ihrer Vereinnahmung bzw. Verausgabung.

BEISPIEL: Ein Unternehmer hat am 1.7.01 ein Darlehen über 100.000 € zum Zinssatz i. H. von 8 % aufgenommen. Laut Vertrag sind die Zinsen jeweils halbjährlich nachschüssig zu entrichten, erstmalig am 2.1.02.

Der Unternehmer überweist am 2.1.02 die Zinsen für den Zeitraum vom 1.7.01 bis zum 31.12.01 und bucht:

Zinsaufwand	4.000 €	an	Bank	4.000 €

Im Jahr 01 hatte er diesbezüglich keine Buchung vorgenommen. Die Buchung des Unternehmers hat zur Folge, dass im Jahr 02 der Gewinn um 4.000 € vermindert wurde, obwohl die Zinsen voll im Jahr 01 entstanden und im Jahr 01 gewinnmindernd zu buchen sind.

Zur periodengerechten Gewinnermittlung ist daher im Jahr 01 folgende vorbereitende Abschlussbuchung vorzunehmen:

Zinsaufwand	4.000 €	an	Sonstige Verbindlichkeiten	4.000 €

Bei Zahlung am 2.1.01 müsste wie folgt gebucht werden:

Sonstige Verbindlichkeiten	4.000 €	an	Bank	4.000 €

273 Bei **Einnahmen,** die erst im kommenden Jahr zufließen, aber wirtschaftlich betrachtet dem laufenden Jahr zuzurechnen sind, ist dementsprechend eine sonstige Forderung auszuweisen.

BEISPIEL: Ein Unternehmer hat einem Arbeitnehmer am 1.9.01 ein Darlehen i. H. von 20.000 € gewährt. Die Zinsen betragen 6 % und sind jeweils nach Ablauf von $^1/_2$ Jahr fällig.

Auch hier würde die Buchung erst bei Zahlung der Zinsen am 1.3.02 mit

Bank	600 €	an	Zinserträge	600 €

sowohl für das Jahr 01 als auch für das Jahr 02 einen falschen Gewinn ergeben.

Es muss daher der Anteil des Zinsertrags, der wirtschaftlich in das Jahr 01 fällt (vier Monate vom Jahreszins mit 1.200 € = 400 €), im Rahmen der vorbereitenden Abschlussbuchungen wie folgt gebucht werden:

Sonstige Forderungen	400 €	an	Zinserträge	400 €

Bei Überweisung am 1.3.02 müsste wie folgt gebucht werden:

Bank	600 €	an	Sonstige Forderungen	400 €
		an	Zinserträge	200 €

Damit sind die Erträge den Jahren 01 und 02 richtig zugeordnet, obwohl die Einnahmen erst im Jahr 02 zugeflossen sind.

ABB. 25: Rechnungsabgrenzungsposten – Sonstige Forderungen – Sonstige Verbindlichkeiten 274

Begriff: 1. Zahlungen oder Einnahmen im laufenden Jahr für Aufwendungen oder Erträge, die das folgende Jahr betreffen = **transitorische Vorgänge** (Versicherung/Mietvorauszahlungen).
2. Aufwendungen oder Erträge, die im laufenden Jahr entstanden sind, aber erst im folgenden Jahr bezahlt werden oder zufließen = **antizipative Vorgänge** (Zinsen/Provisionsanspruch).

Buchtechnische Behandlung:

Transitorische Vorgänge		Antizipative Vorgänge	
Zahlung im laufenden Jahr für **Aufwand** des folgenden Jahres (z. B. Versicherungen)	**Einnahme** im laufenden Jahr für **Ertrag** des folgenden Jahres (z. B. Mietvorauszahlung)	**Aufwand** entstanden im laufenden Jahr, **Zahlung** im folgenden Jahr (z. B. Darlehenszinsen)	**Ertrag** entstanden im laufenden Jahr, **Geldeingang** im folgenden Jahr (z. B. Provisionsanspruch)
Aktiver Rechnungsabgrenzungsposten	Passiver Rechnungsabgrenzungsposten	Sonstige Verbindlichkeiten	Sonstige Forderungen
Buchungen im			
▸ laufenden Jahr:			
Aktiver Rechnungsabgrenzungsposten an Bank	Bank an Passiver Rechnungsabgrenzungsposten	Aufwand an Sonstige Verbindlichkeiten	Sonstige Forderungen an Ertrag
▸ folgenden Jahr:			
Aufwand an Aktiver Rechnungsabgrenzungsposten	Passiver Rechnungsabgrenzungsposten an Ertrag	Sonstige Verbindlichkeiten an Bank	Bank an Sonstige Forderungen
Gewinnauswirkungen im			
▸ laufenden Jahr:			
neutral	neutral	-	+
▸ folgenden Jahr:			
-	+	neutral	neutral

10.6 Rückstellungen

275 Ist im abgelaufenen Jahr ein Aufwand bzw. Verlust dem Grunde nach **verursacht** worden, von dem am Bilanzstichtag aber noch nicht feststeht, wann und in welcher Höhe der Unternehmer zur Kasse gebeten wird (Betriebsausgaben entstehen), dann hat der Unternehmer in seiner Bilanz eine Rückstellung als Passivposten auszuweisen. Rückstellungen für Verbindlichkeiten sind gem. § 6 Abs. 1 Nr. 3a Buchst. d EStG mit einem Zinssatz i. H. von 5,5 % abzuzinsen.

276 Voraussetzung ist, dass er am Bilanzstichtag ernsthaft mit einer Inanspruchnahme rechnen muss.

Die Höhe der Rückstellung ist dabei ggf. zu schätzen. Im Unterschied zu den sonstigen Verbindlichkeiten, bei denen die Höhe und die Fälligkeit bekannt sind, muss bei den Rückstellungen die Höhe geschätzt werden. Bezüglich der Fälligkeit besteht sogar die Ungewissheit, ob sie überhaupt eintritt.

Rückstellungen dienen ebenfalls der periodengerechten Gewinnermittlung. Sie sind als vorbereitende Abschlussbuchung mit folgendem Buchungssatz zu erfassen: **Aufwandskonto an Rückstellungen.**

277 **BEISPIEL:** Im November 01 wurde der Unternehmer wegen einer Patentverletzung auf Zahlung von Schadensersatz i. H. von 100.000 € verklagt. Am Bilanzstichtag war der Ausgang des Prozesses noch völlig ungewiss.

Zwar ist am Bilanzstichtag noch offen, in welcher Höhe und ob der Unternehmer Schadensersatz leisten muss. Nach dem Vorsichtsprinzip ist jedoch bereits in der Schlussbilanz des laufenden Jahres eine Rückstellung i. H. von 100.000 € einzustellen, denn durch die Patentverletzung ist der voraussichtliche Aufwand dem Grunde nach verursacht und infolge der Klageerhebung muss der Unternehmer ernsthaft mit der Inanspruchnahme rechnen.

Somit ist folgende vorbereitende Abschlussbuchung vorzunehmen:

Sonstiger betrieblicher Aufwand	100.000 €	an	Rückstellung	100.000 €

Diese Rückstellung ist mit Rechtskraft des Urteils aufzulösen. Dabei sind folgende Fälle denkbar:

a) Der Unternehmer muss genau die eingeklagten 100.000 € bezahlen. Dann erfolgt im Urteilsjahr folgende Buchung:

Rückstellung	100.000 €	an	Bank	100.000 €

Diese Buchung ist erfolgsneutral.

b) Der Unternehmer muss mehr bezahlen, z. B. 120.000 €. Dann hat er im Urteilsjahr zu buchen:

Rückstellung	100.000 €			
Periodenfremder Aufwand	20.000 €	an	Bank	120.000 €

Diese Buchung mindert den Gewinn im Urteilsjahr um weitere 20.000 €, was bei Rückstellungen, deren Höhe geschätzt werden muss, unvermeidlich ist.

c) Der Unternehmer muss weniger bezahlen, z. B. 70.000 €. Dann lautet die Buchung im Urteilsjahr:

Rückstellung	100.000 €	an	Bank	70.000 €
		an	Periodenfremder Ertrag	30.000 €

Diese Buchung erhöht den Gewinn im Urteilsjahr um 30.000 €. Praktisch wird insoweit die gewinnmindernde Rückstellung i. H. von 100.000 € rückgängig gemacht.

d) Der Unternehmer muss gar keinen Schadensersatz bezahlen. Dann ist im Urteilsjahr die Rückstellung voll gewinnerhöhend aufzulösen mit der Buchung:

Rückstellung	100.000 €	an	Periodenfremder Ertrag	100.000 €

Auch dieses Ergebnis muss bei Rückstellungen in Kauf genommen werden.

10.7 Die Hauptabschlussübersicht

10.7.1 Bedeutung und Begriff

Die Hauptabschlussübersicht ist eine **Zusammenfassung aller Sachkonten** der Buchführung und ihrer Entwicklung von der Anfangsbilanz bis zur Schlussbilanz bzw. der Gewinn- und Verlustrechnung. 278

10.7.2 Aufbau der Hauptabschlussübersicht

279 **ABB. 26: Aufbau der Hauptabschlussübersicht**

Konten	Eröffnungsbilanz		Summenzugänge		Summenbilanz		Saldenbilanz I		Tz.	Umbuchungen		Saldenbilanz II		Schlussbilanz		Gewinn- und Verlustrechnung	
	Aktiva	Passiva	S	H	S	H	S	H		S	H	S	H	Aktiva	Passiva	Aufwand	Ertrag
Gewinn/Verlust:																	

Im Gegensatz zu der Bilanz, in der nur die Bestandskonten bzw. Bestandteile der gemischten Konten statistisch ausgewiesen sind, oder zu der Gewinn- und Verlustrechnung, in der nur Erfolgskonten dargestellt sind, gibt die Hauptabschlussübersicht eine dynamische Übersicht aller Sachkonten. Häufig wird die Hauptabschlussübersicht deshalb auch als „Betriebsübersicht" bezeichnet. 280

Sie dient dem Unternehmer zur Vorbereitung des Jahresabschlusses, indem sie durch ihren Aufbau Buchungsfehler, die zu ungleichen Soll- und Habenbuchungen geführt haben, erkennen lässt (rechnerische Kontrolle). Sie dient aber auch Dritten, die sich nicht nur über den Stand des Vermögens, sondern auch über seine Entwicklung informieren wollen (z. B. Kreditgeber oder Finanzamt).

Die Hauptabschlussübersicht nimmt ihren Ausgang in der **Anfangsbilanz** des laufenden Jahres, die der Schlussbilanz des Vorjahres entspricht („Grundsatz des Bilanzenzusammenhangs"). 281

In der nächsten Spalte werden die **Summenzugänge** dadurch ermittelt, dass für jedes Sachkonto in der Buchführung die Verkehrszahlen (ohne Anfangsbestände), d. h. die Summe der laufenden Soll- und die Summe der laufenden Habenbuchungen, getrennt addiert und in die Spalte „Summenzugänge" übertragen werden. 282

Die **Summenbilanz** ergibt sich aus der rechnerischen Zusammenfassung von Anfangsbilanz und Summenzugängen. Auch hier werden noch die Soll- und Habenseiten der Sachkonten unsaldiert ausgewiesen. Dabei muss auch in der Summenbilanz die Gesamtsumme von Soll und Haben übereinstimmen. Ergeben sich Differenzen, können Additionsfehler vorliegen oder Buchungsfehler unterlaufen sein (z. B. doppelte Soll- oder Habenbuchungen oder nur einseitige Buchungen). Allerdings ist die Übereinstimmung der Gesamtsumme von Soll und Haben in der Summenbilanz kein Beweis, dass die Buchungen auf den richtigen Konten erfolgt sind, oder dass gar unter steuerlichen Gesichtspunkten richtig gebucht worden ist. 283

Die **Saldenbilanz I** wird aus der Summenbilanz dadurch entwickelt, dass für die einzelnen Konten Soll und Haben saldiert und der Saldo auf die Saldenbilanz I übertragen wird. Im Gegensatz zum Konto, bei dem der Saldo als Ausgleich immer auf der Seite erscheint, die betragsmäßig kleiner ist, wird hier der Saldo auf der Seite ausgewiesen, die betragsmäßig größer ist. 284

Der Saldo erscheint in der Saldenbilanz I also immer auf der Seite, in der er in der Bilanz bzw. Gewinn- und Verlustrechnung steht.

BEISPIEL: Das Bankkonto weist in der Schlussbilanz des Vorjahres = Anfangsbilanz des laufenden Jahres einen Bestand i. H. von 80.000 € aus. Im laufenden Jahr sind 270.000 € vereinnahmt und 260.000 € durch Überweisung bezahlt worden.

In der Hauptabschlussübersicht zeigt das Bankkonto folgende Entwicklung:

Konten	Eröffnungsbilanz		Summenzugänge	
	Aktiva	Passiva	Soll	Haben
Bank	80.000 €		270.000 €	260.000 €

Konten	Summenbilanz		Saldenbilanz I	
	Soll	Haben	Soll	Haben
Bank	350.000 €	260.000 €	90.000 €	

285 Auch bei der Saldenbilanz I muss die Gesamtsumme von Soll und Haben übereinstimmen.

Die Spalte **„Umbuchungen"** ist für die vorbereitenden Abschlussbuchungen vorgesehen. Sie dient in erster Linie der Anpassung der ausgewiesenen Salden in der Saldenbilanz I an handels- und steuerrechtliche Vorschriften (z. B. Abschreibungen), aber auch dem Abschluss der Unterkonten auf die Hauptkonten oder der Richtigstellung von Buchungsfehlern des laufenden Jahres.

286 Üblicherweise wird das Jahresergebnis (Gewinn oder Verlust) nicht direkt auf das Kapitalkonto übertragen, sondern wird, wie aus dem Schaubild unter Rz. 279 ersichtlich, gesondert ausgewiesen.

Nachdem auch die vorbereitenden Abschlussbuchungen und die sonstigen Umbuchungen den allgemeinen Buchungsregeln unterliegen, muss auch bei der Umbuchungsspalte die Gesamtsumme von Soll und Haben übereinstimmen.

287 Die **Saldenbilanz II** ist die Zusammenfassung der Saldenbilanz I und der Umbuchungsspalte.

Praktisch sind dies die Salden aus der Saldenbilanz I, korrigiert durch die Umbuchungen der Umbuchungsspalte. In der Saldenbilanz II sind damit die endgültigen Werte ausgewiesen, allerdings noch nicht getrennt nach Bestands- und Erfolgskonten.

288 Die **Schlussbilanz** und die **Gewinn- und Verlustrechnung** (auch Vermögensbilanz und Erfolgsbilanz) werden zum Schluss erstellt, indem die Bestandskonten und die Bestandteile der gemischten Konten aus der Saldenbilanz II in die Schlussbilanz übertragen und die Erfolgskonten und Erfolgsteile der gemischten Konten in die Gewinn- und Verlustrechnung eingestellt werden.

Bei der Addition der Soll- und Habenseite der Schlussbilanz und der Gewinn- und Verlustrechnung bleibt eine Differenz, nämlich der Jahreserfolg (Gewinn oder Verlust). Erst unter Berücksichtigung dieser Werte stimmen auch hier die Soll- und Habenseiten überein.

289 Das Kapitalkonto wird in der Schlussbilanz bei der Hauptabschlussübersicht ohne den Jahreserfolg ausgewiesen; ebenso in der Gewinn- und Verlustrechnung, die nur die Salden der Aufwands- und Ertragskonten ausweist. Deshalb muss bei der Hauptabschlussübersicht der Gewinn bzw. Verlust am Schluss bei der Schlussbilanz und bei der Gewinn- und Verlustrechnung gesondert ausgewiesen werden, damit auch hier die Seitensummen ausgeglichen sind.

Von der Darstellungsform her kann es bei der Hauptabschlussübersicht Unterschiede geben; häufig wird z. B. erst mit der Summenbilanz oder gar erst mit der Saldenbilanz I begonnen. Vom Prinzip her stimmen aber alle Formen überein. 290

10.8 Storno- und Berichtigungsbuchungen

10.8.1 Allgemeines

Wird in der Buchführung ein Fehler entdeckt, stellt sich die Frage, wie der Fehler richtiggestellt werden kann. 291

Nach den GoB sind weder ein Durchstreichen noch ein Herausradieren noch ein Übermalen zulässig und bei der EDV-Buchführung sogar unmöglich.

Durch eine zusätzliche Buchung muss im Ergebnis die richtige Verbuchung des Geschäftsvorfalls erreicht werden.

Bei dieser zusätzlichen Buchung kann es sich um eine Storno- oder eine Berichtigungsbuchung handeln, die oft erst im Rahmen der vorbereitenden Abschlussbuchungen durchgeführt wird.

10.8.2 Stornobuchung

Darunter versteht man eine Buchung, die die ursprüngliche Buchung vollständig rückgängig macht (storniert). Die Stornobuchung muss also genau spiegelbildlich zur ursprünglichen (falschen) Buchung durchgeführt werden. 292

BEISPIEL: Der Buchhalter hat einen Zinsertrag i. H. von 1.200 € bei Eingang auf dem Bankkonto gebucht (Buchung Nr. 1):

Zinsaufwand 1.200 € an Bank 1.200 €

Damit wurde der Gewinn gemindert, denn ein Aufwandskonto hat sich erhöht und das Bankkonto wurde verringert. Bei Erhalt des nächsten Bankauszugs wurde der Fehler entdeckt und die Stornobuchung (Buchung Nr. 2)

Bank 1.200 € an Zinsaufwand 1.200 €

durchgeführt.

Im Ergebnis sind damit sowohl das Bankkonto als auch das Zinsaufwandskonto wieder ausgeglichen, aber der Geschäftsvorfall ist immer noch nicht verbucht. Die ursprüngliche Falschbuchung wurde lediglich rückgängig gemacht.

Also muss jetzt noch die richtige Buchung (Buchung Nr. 3)

Bank 1.200 € an Zinserträge 1.200 €

nachfolgen, denn erst dann ist auch der Geschäftsvorfall richtig verbucht.

293

S	Bank		H
2.	1.200 €	1.	1.200 €
3.	1.200 €		

S	Zinsaufwand		H
1.	1.200 €	2.	1.200 €

S	Zinserträge		H
		3.	1.200 €

Gelegentlich kann es vorkommen, dass nur eine Stornobuchung ohne nachfolgende richtige Buchung vorzunehmen ist, z. B., wenn ein Geschäftsvorfall versehentlich doppelt gebucht wurde oder eine Buchung irrtümlich erfolgte.

BEISPIEL: Im Rahmen der vorbereitenden Abschlussbuchungen wurde versehentlich auf ein unbebautes Grundstück die AfA vorgenommen und gebucht:

AfA	4.000 €	an	Unbebautes Grundstück	4.000 €

Hier ist lediglich die folgende Stornobuchung erforderlich:

Unbebautes Grundstück	4.000 €	an	AfA	4.000 €

10.8.3 Berichtigungsbuchungen

294 In aller Regel werden Buchungsfehler nur einen Teil des Buchungssatzes betreffen. In diesen Fällen genügt es, wenn nur die Konten richtiggestellt werden, auf denen falsch gebucht wurde. Dabei sollte gedanklich stets der richtige Buchungssatz dem Falschen gegenübergestellt werden, damit erkannt wird, auf welchen Konten falsch gebucht wurde und wie die Berichtigungsbuchung durchzuführen ist, damit sich aus dem falschen Buchungsergebnis das Richtige ergibt.

BEISPIEL: Die Entnahme i. H. von 2.000 € für private Zwecke aus der Kasse wurde gebucht:

Reisekosten	2.000 €	an	Kasse	2.000 €

Die richtige Buchung hätte lauten müssen:

Privatentnahmen	2.000 €	an	Kasse	2.000 €

Daraus folgt: Das Konto „Reisekosten" muss wieder um 2.000 € vermindert werden = Buchung im Haben; das Konto „Privatentnahmen" muss um 2.000 € erhöht werden = Buchung im Soll.

Die Berichtigungsbuchung lautet:

Privatentnahmen	2.000 €	an	Reisekosten	2.000 €

295 Auch bei umfangreicheren Buchungen führt dieses Vorgehen zum richtigen Ergebnis.

BEISPIEL: Der Unternehmer hat eine Maschine für 80.000 € zzgl. 15.200 € Umsatzsteuer angeschafft. Vom Kaufpreis wurden 40.000 € zzgl. 15.200 € Umsatzsteuer sofort überwiesen, der Rest wurde gestundet. Die Anschaffung wurde fälschlicherweise wie folgt gebucht:

Wareneinkauf	80.000 €			
Vorsteuer	15.200 €	an	Bank	40.000 €
		an	Umsatzsteuer	15.200 €
		an	Sonstige Verbindlichkeiten	40.000 €

Die richtige Buchung müsste lauten:

Maschine	80.000 €			
Vorsteuer	15.200 €	an	Bank	55.200 €
		an	Sonstige Verbindlichkeiten	40.000 €

Sie zeigt folgende Fehler bei der bisherigen Buchung und die erforderlichen Richtigstellungen auf:

- Das Konto „Wareneinkauf" wurde zu Unrecht im Soll gebucht, daher zum Ausgleich die Buchung im Haben.
- Konto „Vorsteuer": richtig gebucht, keine Berichtigung.
- Konto „Maschine": keine Buchung, deshalb Nachbuchung von 80.000 € im Soll.
- Konto „Bank": 40.000 € im Haben gebucht, obwohl 55.200 € im Haben gebucht werden müssen, deshalb Nachbuchung von 15.200 € im Haben.

- Konto „Umsatzsteuer“: 15.200 € im Haben zu Unrecht gebucht, zum Ausgleich muss der Betrag im Soll gebucht werden.
- Konto „Verbindlichkeiten“: richtig gebucht, keine Berichtigung.

Zusammengefasst ergibt dies folgenden Berichtigungsbuchungssatz:

Maschine	80.000 €			
Umsatzsteuer	15.200 €	an	Wareneinkauf	80.000 €
		an	Bank	15.200 €

10.9 Übungsfall zum Jahresabschluss

Aus der Buchführung ergeben sich für das Jahr 01 folgende Werte: 296

	Anfangsbestand		Summenzugänge	
Konten	**Aktiva**	**Passiva**	**Soll**	**Haben**
Fuhrpark	25.000 €	–	40.000 €	–
Geschäftsausstattung	18.000 €	–	6.000 €	4.000 €
Forderungen	70.000 €	–	292.000 €	281.000 €
Bank	12.000 €	–	340.000 €	295.000 €
Kapital	–	78.000 €	–	–
Entnahmen	–	–	24.000 €	
Verbindlichkeiten	–	65.000 €	170.000 €	185.000 €
Sonstige Verbindlichkeiten	–	4.000 €		
Umsatzsteuer	–	6.000 €	46.000 €	49.000 €
Vorsteuer	–	–	41.000 €	40.000 €
Wareneinkauf	28.000 €	–	210.000 €	–
Allgemeine Unkosten			52.000 €	
Warenverkauf				355.000 €
Mieterträge				12.000 €
	153.000 €	153.000 €	1.221.000 €	1.221.000 €

Bei der Vorbereitung des Jahresabschlusses werden folgende Feststellungen getroffen:

a) **Fuhrpark:** Beim Kauf eines neuen Pkw wurde die Rechnung des Händlers über 40.000 € Listenpreis zzgl. 3.000 € Sonderausstattung zzgl. 8.170 € Umsatzsteuer wie folgt gebucht:

Fuhrpark	40.000 €			
Vorsteuer	8.170 €			
Allgemeine Unkosten	3.000 €	an	Bank	49.880 €

Außerdem ist noch die Abschreibung mit 15.000 € zu buchen.

b) **Geschäftsausstattung:** Auf diesem Konto ist noch die Abschreibung i. H. von 6.000 € zu buchen.

c) Bei der Abstimmung der Personenkonten mit den Sachkonten „Forderungen" und „Verbindlichkeiten" wurde festgestellt, dass die Ausgangsrechnung über einen Warenverkauf an den Kunden K mit 7.000 € + 1.330 € = 8.330 € wie folgt verbucht wurde:

Verbindlichkeiten	7.000 €			
Umsatzsteuer	1.330 €	an	Warenverkauf	8.330 €

d) In den allgemeinen Unkosten sind 3.600 € enthalten, die der Unternehmer für seinen Skiurlaub bezahlt hat.

e) Das Konto „Mieterträge" beinhaltet 600 €, die am 1.10. für $^1/_2$ Jahr im Voraus bezahlt wurden und mit

Bank	600 €	an	Mieterträge	600 €

gebucht worden sind.

In der Umbuchungsspalte sind außer den vorstehend erforderlichen Berichtigungs- und Abschlussbuchungen auch das Konto „Vorsteuer" über „Umsatzsteuer" und die Entnahmen über das „Kapitalkonto" abzuschließen.

Laut Inventur zum Bilanzstichtag beträgt der Warenbestand 25.000 €.

297 **Aufgabe:**

Die Hauptabschlussübersicht ist unter Berücksichtigung vorstehender Ausführungen zu entwickeln und das Jahresergebnis auszuweisen. Die Umsatzsteuer ist mit 19 % zu berücksichtigen.

298 **Lösung:**

Jahresabschluss

a) **Fuhrpark:** Die richtige Buchung wäre:

Fuhrpark	43.000 €			
Vorsteuer	8.170 €	an	Bank	51.170 €

Zu berichtigen sind folgende Konten:

- Fuhrpark: + 3.000 € im Soll;
- Allgemeine Unkosten: - 3.000 € im Soll = entsprechende Habenbuchung.

Berichtigungsbuchungssatz:

Fuhrpark	3.000 €	an	Allgemeine Unkosten	3.000 €

Die Abschreibung wird gebucht:

Abschreibung	15.000 €	an	Fuhrpark	15.000 €

b) **Buchung der Abschreibung:**

Abschreibung	6.000 €	an	Geschäftsausstattung	6.000 €

c) Richtig hätte dieser Warenverkauf gebucht werden müssen:

Forderungen	8.330 €	an	Warenverkauf	7.000 €
		an	Umsatzsteuer	1.330 €

Folgende Konten müssen berichtigt werden:

- Forderungen: + 8.330 € = Buchung im Soll mit 8.330 €.
- Verbindlichkeiten: + 7.000 € = Buchung im Haben mit 7.000 €, da bisher durch Sollbuchung zu Unrecht gemindert.
- Umsatzsteuer: + 2.660 € = Buchung im Haben mit 2.660 €, da bisher durch Sollbuchung um 1.330 € zu Unrecht gemindert.
- Warenverkauf: - 1.330 € = Buchung im Soll mit 1.330 €, da bisher um 1.330 € zu hoch ausgewiesen.

Danach ergibt sich folgender Berichtigungsbuchungssatz:

Forderungen	8.330 €			
Warenverkauf	1.330 €	an	Verbindlichkeiten	7.000 €
		an	Umsatzsteuer	2.660 €

d) Die Kosten für den Skiurlaub sind Privatentnahmen. Die allgemeinen Unkosten sind um 3.600 € zu vermindern = Buchung im Haben mit 3.600 €.

Die Entnahmen sind um 3.600 € zu erhöhen = Buchung im Soll.

Berichtigungsbuchung:

Entnahmen	3.600 €	an	Allgemeine Unkosten	3.600 €

e) Die Mieterträge entfallen nur mit 300 € auf das laufende Jahr (vom 1.10. bis zum 31.12.), die restlichen 300 € sind als passive Rechnungsabgrenzung in der Bilanz auszuweisen. Die richtige Buchung hätte gelautet:

Bank	600 €	an	Mieterträge	300 €
		an	Passiver Rechnungsabgrenzungsposten	300 €

Das Konto „Mieterträge" ist um 300 € zu vermindern = Buchung im Soll 300 €.

Das Konto „Passiver Rechnungsabgrenzungsposten" erhöht sich um 300 € = Buchung im Haben.

Berichtigungsbuchung:

Mieterträge	300 €	an	Passiver Rechnungsabgrenzungsposten	300 €

Im folgenden Jahr muss dieser passive Rechnungsabgrenzungsposten über das Konto „Mieterträge" aufgelöst werden.

299 **ABB. 27: Die Hauptabschlussübersicht**

Konten	Eröffnungsbilanz		Summenzugänge		Summenbilanz		Saldenbilanz I		Tz.	Umbuchungen		Saldenbilanz II		Schlussbilanz		Gewinn- und Verlustrechnung	
	Aktiva	Passiva	S	H	S	H	S	H		S	H	S	H	Aktiva	Passiva	Aufwand	Ertrag
Fuhrpark	25.000 €	–	40.000 €	–	65.000 €	–	65.000 €		a)	3.000 €	15.000 €	53.000 €		53.000 €			
Geschäftsaus-stattung	18.000 €	–	6.000 €	4.000 €	24.000 €	4.000 €	20.000 €		b)		6.000 €	14.000 €		14.000 €			
Forderungen	70.000 €	–	292.000 €	281.000 €	362.000 €	281.000 €	81.000 €		c)	8.330 €		89.330 €		89.330 €			
Bank	12.000 €	–	340.000 €	295.000 €	352.000 €	295.000 €	57.000 €					57.000 €		57.000 €			
Kapital	–	78.000 €	–	–	–	78.000 €		78.000 €		27.600 €			50.400 €		50.400 €		
Entnahmen	–	–	24.000 €		24.000 €		24.000 €		d)	3.600 €	27.600 €						
Verbindlichkeiten	–	65.000 €	170.000 €	185.000 €	170.000 €	250.000 €		80.000 €	c)		7.000 €		87.000 €		87.000 €		
Sonstige Ver-bindlichkeiten	–	4.000 €				4.000 €		4.000 €					4.000 €		4.000 €		
Umsatzsteuer	–	6.000 €	46.000 €	49.000 €	46.000 €	55.000 €		9.000 €	c)	1.000 €	2.660 €		10.660 €		10.660 €		
Vorsteuer	–	–	41.000 €	40.000 €	41.000 €	40.000 €	1.000 €				1.000 €						
Wareneinkauf	28.000 €	–	210.000 €	–	238.000 €	–	238.000 €					238.000 €		25.000 €		213.000 €	
Allgemeine Unkosten			52.000 €		52.000 €		52.000 €		d)		3.600 €	45.400 €				45.400 €	
									a)		3.000 €						
Warenverkauf				355.000 €		355.000 €		355.000 €	c)	1.330 €			353.670 €				353.670 €
Mieterträge				12.000 €		12.000 €		12.000 €	e)	300 €			11.700 €				11.700 €
Abschreibungen									b)	6.300 €							
									a)	15.000 €		21.000 €				21.000 €	
Passiver Rechnungs-abgrenzungsposten									e)		300 €		300 €		300 €		
	153.000 €	153.000 €	1.221.000 €	1.221.000 €	1.374.000 €	1.374.000 €	538.000 €	538.000 €		66.160 €	66.160 €	517.730 €	517.730 €	238.330 €	152.360 €	279.400 €	365.370 €
													Gewinn:		85.970 €	85.970 €	
														238.330 €	238.330 €	365.370 €	365.370 €

FRAGEN 300

		Rz.
1.	Welche Arten von Abschlussbuchungen kennen Sie?	200 ff.
2.	Wie ermittelt man die Bemessungsgrundlage für die Abschreibung eines auch privat genutzten Pkws?	204 ff.
3.	Welche Bearbeitung erfordern nicht abzugsfähige Betriebsausgaben?	263
4.	Warum sind Rechnungsabgrenzungsbuchungen erforderlich?	265 ff.
5.	Erläutern Sie die Gemeinsamkeiten und den Unterschied zwischen aktiven Rechnungsabgrenzungsposten und sonstigen Forderungen!	267 f.

(Einstweilen frei) 301–335

Kapitel 11: Buchung besonderer Geschäftsvorfälle

11.1 Die Buchung von Löhnen und Gehältern

11.1.1 Allgemeines

336 Löhne und Gehälter i. H. der tariflich festgesetzten oder freiwillig vereinbarten Bruttobeträge sind Betriebsausgaben, die auf entsprechenden Aufwandskonten zu buchen sind. Gemäß § 38 EStG ist der Arbeitgeber verpflichtet, die Lohnsteuer für den Arbeitnehmer bei der Auszahlung von Löhnen und Gehältern einzubehalten und (an das Finanzamt) abzuführen.

337 Auch der Arbeitnehmeranteil zur Sozialversicherung ist einzubehalten, während der Arbeitgeberanteil zur Sozialversicherung einen zusätzlichen Aufwand darstellt, der auf einem besonderen Aufwandskonto zu buchen ist und den der Arbeitgeber gemeinsam mit dem Arbeitnehmeranteil an die Sozialversicherungsträger zu überweisen hat.

Die Fälligkeit der Beiträge zur Sozialversicherung regelt § 23 SGB IV. Danach sind Beiträge, die nach dem Arbeitsentgelt zu bemessen sind, in voraussichtlicher Höhe der Beitragsschuld spätestens am drittletzten Bankarbeitstag des Monats fällig, in dem die Beschäftigung, mit der das Arbeitsentgelt erzielt wird, ausgeübt worden ist.

Der Unternehmer hat die voraussichtlichen Sozialversicherungsbeiträge zu ermitteln und rechtzeitig abzuführen. Die tatsächliche Höhe ergibt sich dann erst bei der Lohn- und Gehaltsabrechnung. Eine eventuelle Mehr- oder Minderzahlung wird dann im Folgemonat verrechnet. Es empfiehlt sich, ein zusätzliches Konto „Beitragsvorauszahlung“ für die Sozialversicherung einzurichten.

Die Überweisung der Lohnsteuer und Sozialversicherungsbeiträge erfolgt i. d. R. erst einige Zeit nach der Lohnzahlung an den Arbeitnehmer. Daraus folgt, dass zum Zeitpunkt der Lohnzahlung die Lohnsteuer und andere abzuführende Beträge als sonstige Verbindlichkeiten zu buchen sind.

BEISPIEL: Der Bruttoarbeitslohn eines Arbeitnehmers beträgt für November 5.000 €. Davon werden 750 € Lohnsteuer, 60 € Kirchenlohnsteuer und 900 € Arbeitnehmeranteil zur Sozialversicherung einbehalten, so dass dem Arbeitnehmer am 30.11. 3.290 € überwiesen werden.

Beitragsvorauszahlung	1.800 €	an	Bank	1.800 €
Lohnaufwand	5.000 €			
Sozialaufwand	900 €	an	Bank	3.290 €
		an	Sonstige Verbindlichkeiten	810 €
		an	Beitragsvorauszahlung	1.800 €

Werden am 10.12. die Abzugsbeträge an das Finanzamt überwiesen, dann ist zu buchen:

Sonstige Verbindlichkeiten	810 €	an	Bank	810 €

11.1.2 Buchung von vermögenswirksamen Leistungen

338 Vermögenswirksame Leistungen gehören zum **steuerpflichtigen Arbeitslohn,** gleichgültig, ob sie vom Arbeitgeber zusätzlich zum Bruttoarbeitslohn oder als Teil des Arbeits-

lohns angelegt werden. Deshalb erhält der Arbeitnehmer einen Ausgleich vom Staat in Form der Arbeitnehmer-Sparzulage, die vom Finanzamt auf Antrag ausgezahlt wird.

BEISPIEL: Im vorherigen Beispiel zahlt der Arbeitgeber aufgrund einer tariflichen Vereinbarung zusätzlich zum Arbeitslohn auch vermögenswirksame Leistungen, die am 10.12. ebenfalls auf das Bausparkonto des Arbeitnehmers überwiesen werden.

Lohnabrechnung:

Bruttoarbeitslohn: 5.000 € + 27 € =		5.027 €
-	Lohnsteuer + Kirchenlohnsteuer =	810 €
-	Arbeitnehmeranteil zur Sozialversicherung	900 €
-	vermögenswirksame Leistungen	27 €
=	Auszahlungsbetrag	3.290 €

Dieser Betrag wird am 30.11. auf das Konto des Arbeitnehmers überwiesen und gebucht:

Beitragsvorauszahlung	1.800 €	an	Bank	1.800 €
Lohnaufwand	5.000 €			
Sozialaufwand	900 €			
Vermögenswirksame Leistung	27 €	an	Bank	3.290 €
		an	Beitragsvorauszahlung	1.800 €
		an	Sonstige Verbindlichkeiten	837 €

Die vermögenswirksamen Leistungen werden in der Praxis meist als Aufwand getrennt 339
gebucht.

Bei der Abführung der Abzugsbeträge am 10.12. an das Finanzamt und die Bausparkassen werden die sonstigen Verbindlichkeiten erfolgsneutral aufgelöst mit dem Buchungssatz:

Sonstige Verbindlichkeiten	837 €	an	Bank	837 €

11.1.3 Buchung von Lohnvorschüssen (Arbeitgeberdarlehen)

Gewährt ein Arbeitgeber einem Arbeitnehmer einen Vorschuss, der durch Verrechnung 340
mit dem Arbeitslohn monatlich getilgt wird, dann darf die Zahlung zur Vermeidung von Gewinnverlagerungen nicht als Aufwand gebucht werden, sondern muss **erfolgsneutral** behandelt werden.

BEISPIEL: Im Beispielsfall erhält der Arbeitnehmer Anfang November außerdem noch einen Lohnvorschuss i. H. von 3.000 €, der durch Verrechnung i. H. von 300 € monatlich getilgt wird.

Die Lohnabrechnung sieht nunmehr wie folgt aus:

Bruttoarbeitslohn: 5.000 € + 27 € =		5.027 €
-	Lohnsteuer + Kirchenlohnsteuer =	810 €
-	Arbeitnehmeranteil zur Sozialversicherung	900 €
-	vermögenswirksame Leistungen	27 €
-	Tilgung des Vorschusses	300 €
=	Auszahlungsbetrag	2.990 €

Der Arbeitgeber hat zu buchen:

1. Bei Zahlung des Lohnvorschusses:

Arbeitnehmer-Darlehen (Vorschuss)	3.000 €	an	Bank	3.000 €

2. Bei Lohnzahlung Ende November:

Lohnaufwand	5.000 €			
Vermögenswirksame Leistungen	27 €			
Sozialer Aufwand	900 €	an	Bank	2.990 €
		an	Beitragsvorauszahlung	1.800 €
		an	Darlehen	300 €
		an	Sonstige Verbindlichkeiten	837 €

3. Bei Abführung der Abzugsbeträge am 10.12. unverändert:

Sonstige Verbindlichkeiten	2.637 €	an	Bank	2.637 €

341 Dagegen sind **Abschlagszahlungen** i. S. des § 39b Abs. 5 EStG, die innerhalb eines Lohnzahlungszeitraums pauschal und ohne Abzüge ausgezahlt werden, bei Zahlung sofort **als Aufwand** zu buchen. Dies erfolgt meist auf einem gesonderten Konto und wird mit der monatlichen Lohnabrechnung auf das Lohnkonto umgebucht.

11.1.4 Buchung von Sachzuwendungen

342 Vielfach erhalten Arbeitnehmer neben ihrem Arbeitslohn in Geld kostenlose oder verbilligte Sachbezüge (z. B. Verpflegung, Unterkunft oder Waren aus dem Betrieb). Grundsätzlich sind diese Sachzuwendungen **lohnsteuerpflichtig** und unterliegen gem. § 3 Abs. 1b und 9a UStG der Umsatzsteuer. Die Bemessungsgrundlage sind die für die Lohnsteuer maßgebenden Werte (Sachbezugswerte); dabei muss beachtet werden, dass diese Sachbezugswerte als Bruttobeträge anzusehen sind, aus denen die Umsatzsteuer herauszurechnen ist.

Soweit Sachbezüge nicht der Lohnsteuer unterliegen, entfällt auch die Umsatzsteuer.

11.1.4.1 Überlassung von Werkswohnungen

343 Gemäß R 8.1 Abs. 5 und 6 LStR gehört die verbilligte Überlassung zum steuerpflichtigen Arbeitslohn. Für die Bewertung ist bei einer Unterkunft der amtliche Sachbezugswert und bei einer Wohnung der ortsübliche Mietwert maßgebend.

BEISPIEL: Ein Unternehmer überlässt einem Arbeitnehmer eine Werkswohnung mit einem Mietwert i. H. von 400 €

a) kostenlos.

Buchung:

Lohnaufwand	400 €	an	Mieterträge	400 €

b) für eine monatliche Mietzahlung des Arbeitnehmers i. H. von 200 €.

Buchung:

Lohnaufwand	200 €			
Bank	200 €	an	Mieterträge	400 €

Zu beachten ist, dass diese Umsätze gem. § 4 Nr. 12 Buchst. a UStG steuerfrei sind.

11.1.4.2 Kostenlose Kantinenverpflegung

Erhalten die Arbeitnehmer in der Werkskantine kostenlose oder verbilligte Mittagessen, dann ist der gewährte Vorteil **steuerpflichtiger Arbeitslohn** i. S. der R 8.1 Abs. 7 LStR. Gleichzeitig ist dieser Betrag auch das umsatzsteuerpflichtige Bruttoentgelt (Steuersatz 19 %) gem. Abschnitt 1.8 UStAE. 344

Die Sachbezugswerte werden durch die Finanzverwaltung pauschal jährlich neu festgelegt. Dabei wird auf den amtlichen Sachbezugswert i. S. der SvEV abgestellt. Danach beträgt der Wert des Sachbezugswerts für das Jahr 2025 4,40 € für ein Mittag- bzw. Abendessen und 2,30 € für ein Frühstück. Für das Jahr 2026 wurden die Beträge auf 4,57 € bzw. 2,37 € angehoben. 345

BEISPIEL: Ein Arbeitnehmer erhält im Februar 2025 an 20 Tagen eine kostenlose Mahlzeit in der Werkskantine.

Lohnsteuerpflichtig sind je Essen 4,40 € × 20 = 88,00 €. Dieser Betrag beinhaltet 14,05 € Umsatzsteuer.

Der Arbeitgeber hat zu buchen:

Lohnaufwand	88,00 €	an	Sonstiger betrieblicher Ertrag	73,95 €
		an	Umsatzsteuer	14,05 €

Müsste der Arbeitnehmer für das Essen pro Tag 1 € selbst bezahlen, wären nur 4,40 € - 1 € = 3,40 € je Essen lohnsteuerpflichtig, während der vom Arbeitnehmer bezahlte Preis gem. Abschnitt 1.8 Abs. 11 UStAE umsatzsteuerpflichtig ist, mindestens aber der Betrag, der bei der kostenlosen Abgabe anzusetzen wäre.

11.1.4.3 Verbilligtes Essen in Gaststätten

Vereinbart der Arbeitgeber im Jahr 2025 mit einer Gaststätte, dass ein bestimmtes Essen, z. B. für 3,50 €, täglich an seine Arbeitnehmer abgegeben wird und der Arbeitgeber davon 1,50 € übernimmt, während der Restbetrag vom Arbeitnehmer direkt an den Gastwirt bezahlt wird, liegt umsatzsteuerlich eine sonstige Leistung vor. Der Gastwirt liefert an den Arbeitgeber und dieser an die Arbeitnehmer. Bei der Leistung vom Gastwirt an den Arbeitgeber hat dieser einen Vorsteuerabzug i. H. von 0,56 € (= 19 %, die in 3,50 € enthalten sind). Gemäß Abschnitt 1.8 Abs. 12 UStAE ist als Bemessungsgrundlage für die Lieferung des Arbeitgebers an die Arbeitnehmer der Betrag i. H. von 2,94 € anzusetzen. 346

Lohnsteuerpflichtiger Arbeitslohn ist gem. R 8.1 Abs. 7 LStR der Betrag i. H. von 4,40 € - 2 € = 2,40 €. Der Arbeitgeber bucht je Essen: 347

Wareneinkauf	2,94 €			
Vorsteuer	0,56 €			
Lohnaufwand	2,40 €	an	Bank	1,50 €
		an	Sonstiger betrieblicher Ertrag	3,84 €
		an	Umsatzsteuer	0,56 €

348 Häufig gibt der Arbeitgeber seinen Arbeitnehmern Essenmarken (z. B. im Wert i. H. von 1,50 €) aus, mit denen die Arbeitnehmer ihr Essen in verschiedenen Gaststätten ihrer Wahl aussuchen und den Restbetrag dem Gastwirt zum normalen Preis direkt bezahlen.

In diesen Fällen wird umsatzsteuerlich kein Reihengeschäft angenommen, sondern ein lohnsteuerpflichtiger Sachbezug, wenn der Arbeitnehmer weniger als 4,40 € (= amtlicher Sachbezugswert im Jahr 2025) zuzahlen muss.

Im Verhältnis des Arbeitgebers zum Arbeitnehmer ist die Zahlung des Essenszuschusses ein nicht umsatzsteuerbarer Vorgang.

11.1.4.4 Freie Unterkunft und freie Verpflegung

349 Auch für diese Fälle setzt sich die Finanzverwaltung jährlich verändernde Pauschbeträge fest.

Der monatliche Pauschbetrag ist auch das umsatzsteuerliche Bruttoentgelt. Dabei muss jedoch berücksichtigt werden, dass die anteiligen Werte für die Unterkunft gem. § 4 Nr. 12 Buchst. a UStG steuerfrei sind.

11.1.5 Buchungen bei geringfügigen Beschäftigungen

350 Arbeitslohn aus einer geringfügig entlohnten Beschäftigung ist seit dem Jahr 2003 generell lohnsteuerpflichtig. Dabei erfolgt eine Besteuerung entweder mit

- einer einheitlichen Pauschsteuer i. H. von 2 % oder
- einer Pauschalierung i. H. von 20 % durch den Arbeitgeber oder
- nach der Lohnsteuerkarte.

Freistellungsbescheinigungen gibt es nicht mehr.

351 Maßgebend ist, ob der Arbeitgeber pauschale Beiträge zur Rentenversicherung mit 15 % zu entrichten hat. Das war der Fall, wenn das Arbeitsentgelt für die geringfügige Beschäftigung bis zum Jahr 2012 den Betrag i. H. von 400 € nicht überstieg. Ab dem Jahr 2013 hat sich die Grenze auf 450 € erhöht. Weitere Erhöhungen erfuhr diese Grenze zum 1.10.2022 (520 € monatlich), zum 1.1.2024 (538 € monatlich), zum 1.1.2025 (556 € monatlich) und zum 1.1.2026 (603 €). In diesen Fällen besteht die Möglichkeit, die einheitliche Pauschsteuer i. H. von 2 % anzuwenden. Mit dieser Steuer sind dann die Lohnsteuer, der Solidaritätszuschlag und die Kirchensteuer abgegolten.

352 Die pauschale Besteuerung des Arbeitslohns mit 2 % kann aber nicht erfolgen, wenn der Arbeitgeber den pauschalen Beitrag zur Rentenversicherung nicht zu entrichten hat. In diesen Fällen besteht gem. § 40a Abs. 2a EStG die Möglichkeit, die Pauschalierung i. H. von 20 % anzuwenden.

Das regelmäßige monatliche Arbeitsentgelt darf jedoch ab dem Jahr 2026 den Betrag i. H. von 603 € nicht übersteigen.

BEISPIEL: Frau A arbeitet als Reinigungskraft und ist bei der AOK krankenversichert. Sie ist für die Fa. B tätig und verdient monatlich 550 €.

Es handelt sich um ein geringfügig entlohntes Beschäftigungsverhältnis, weil das regelmäßige monatliche Arbeitsentgelt 603 € nicht übersteigt.

Die Fa. B hat gem. § 249b SGB V einen pauschalen Beitrag zur Krankenversicherung i. H. von 13 % und gem. § 172 Abs. 3 SGB VI einen pauschalen Beitrag zur Rentenversicherung i. H. von 15 % zu entrichten.

Die pauschalen Beiträge und Steuern betragen somit:

Krankenversicherung (13 %)	71,50 €
Rentenversicherung (15 %)	+ 82,50 €
Pauschsteuer (2 %)	+ 11,00 €
Summe	165,00 €

Buchungen:

Lohnaufwand	561 €			
Sozialaufwand	154 €	an	Bank	550 €
		an	Sonstige Verbindlichkeiten	165 €

Die pauschalen Beiträge und Steuern sind gem. § 40a Abs. 6 EStG an die Deutsche Rentenversicherung Knappschaft-Bahn-See abzuführen.

11.2 Buchungen beim Wechselgeschäft

11.2.1 Begriff

Der Wechsel ist eine Urkunde, in der der Aussteller den Schuldner auffordert, die Wechselsumme am Fälligkeitstag demjenigen zu bezahlen, der den Wechsel vorlegt. Im Allgemeinen wird eine Drei-Monatsfrist vereinbart (sog. „Drei-Monatsakzept“). 353

11.2.2 Bedeutung

Zur Begleichung von Warenschulden werden Wechsel häufig ausgestellt, wobei die Wechselübergabe nur **zahlungshalber** erfolgt. Aus Warenschulden bzw. -forderungen werden Wechselschulden bzw. Wechselforderungen, die auch buchmäßig auf den besonderen Bestandskonten „Schuldwechsel“ bzw. „Besitzwechsel“ zu erfassen sind. Dies gilt insbesondere bei der Weitergabe eines Wechsels, denn gem. Art. 43 ff. WG haften alle, die einen Wechsel ausgestellt, angenommen oder indossiert haben, dem Wechselinhaber als Gesamtschuldner in beliebiger Reihenfolge. Gemäß § 266 HGB sind Besitzwechsel nicht mehr gesondert zu bilanzieren. 354

11.2.3 Der Wechsellauf

355 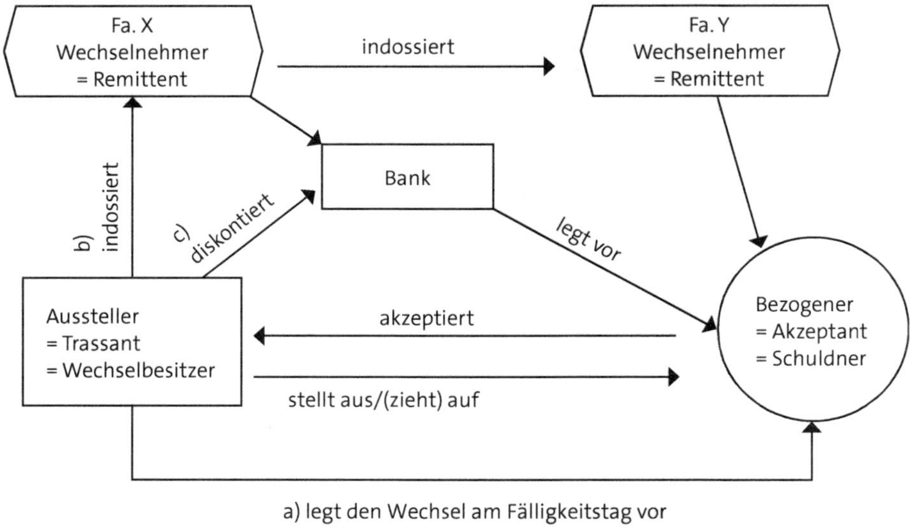

Das Schaubild soll die **Verwendungsmöglichkeiten** des Wechsels verdeutlichen. Danach hat der Aussteller A folgende Möglichkeiten:

11.2.3.1 Aufbewahrung des Wechsels

356 Er kann den **Wechsel** bis zum Fälligkeitstag bei sich **aufbewahren** und dann dem Schuldner vorlegen, der ihm die Wechselsumme bezahlt. Wirtschaftlich betrachtet handelt es sich um eine Kaufpreisstundung.

BEISPIEL: A verkauft Ware für 10.000 € zzgl. 1.900 € Umsatzsteuer an B.

A bucht:

Forderungen	11.900 €	an	Erlöse	10.000 €
		an	Umsatzsteuer	1.900 €

B bucht:

Wareneinkauf	10.000 €			
Vorsteuer	1.900 €	an	Verbindlichkeiten	11.900 €

Auf Bitten von B stellt A einen Wechsel über 11.900 € aus, den B akzeptiert.

A bucht als Aussteller:

Besitzwechsel	11.900 €	an	Forderungen	11.900 €

B bucht als Bezogener:

Verbindlichkeiten	11.900 €	an	Schuldwechsel	11.900 €

Damit sind buchtechnisch aus Forderungen und Verbindlichkeiten Besitzwechsel und Schuldwechsel geworden. Zivilrechtlich bestehen die Forderung und die Verbindlichkeit weiter. Am Fälligkeitstag legt A diesen Wechsel dem B vor, der die Wechselsumme bezahlt.

A bucht:

Finanzkonto	11.900 €	an	Besitzwechsel	11.900 €

B bucht:

Schuldwechsel	11.900 €	an	Finanzkonto	11.900 €

Der verfallene Wechsel verbleibt beim Bezogenen B. Waren- und Wechselgeschäft sind damit abgeschlossen. Im Ergebnis wurde lediglich der Kaufpreis gestundet.

11.2.3.2 Weitergabe des Wechsels an Geschäftsfreunde

A hat die Möglichkeit, den Wechsel zum Ausgleich einer eigenen Warenschuld in gleicher Höhe an seinen Lieferanten L weiterzugeben (indossieren). Dazu wird auf der Rückseite des Wechsels ein Übertragungsvermerk (sog. „Indossament") angebracht. 357

Aussteller A bucht bei Weitergabe:

Verbindlichkeit L	11.900 €	an	Besitzwechsel	11.900 €

Lieferant L bucht bei Erhalt des Wechsels:

Besitzwechsel	11.900 €	an	Forderung A	11.900 €

Bei dem Bezogenen B ist zu diesem Zeitpunkt nichts zu buchen, sondern erst bei der Vorlage des Wechsels am Fälligkeitstag. Bei ihm bleibt der Posten „Schuldwechsel" solange in der Buchführung. Im Ergebnis ist damit beim Aussteller A sowohl die Forderung gegenüber dem Bezogenen B als auch seine Verbindlichkeit gegenüber seinem Lieferanten L aus der Buchführung verschwunden. 358

Die Tatsache, dass Forderung und Verbindlichkeit bis zur Einlösung des Wechsels am Fälligkeitstag zivilrechtlich weiterbestehen, ist buchmäßig nur dann von Bedeutung, wenn der Wechsel nicht eingelöst wird (sog. „Wechselprotest"). 359

11.2.3.3 Wechsel-Diskontierung

Als dritte Möglichkeit kann Aussteller A den Wechsel an die Bank verkaufen (diskontieren). Sein Vorteil ist, dass er von der Bank sofort Geld bekommt. Allerdings muss er auch den Nachteil in Kauf nehmen, dass ihm die Bank neben ihren Kosten (sog. „Wechselspesen") auch noch einen Zinsverlust (sog. „Diskont") für die Zeit bis zum Fälligkeitstag des Wechsels von der Wechselsumme abzieht. Denn auch die Bank kann dem Bezogenen B den Wechsel nicht vor Fälligkeit präsentieren und die Wechselsumme kassieren. 360

BEISPIEL: Aussteller A lässt seinen Wechsel diskontieren. Die Bank berechnet 171 € Diskont und 29 € Spesen und schreibt ihm 11.700 € auf seinem Konto gut.

A bucht bei Diskontierung:

Bank	11.700 €			
Wechselkosten	29 €			
Diskontaufwand	171 €	an	Besitzwechsel	11.900 €

Gemäß Abschnitt 10.3 Abs. 6 i. V. mit Abschnitt 4.8.2 Abs. 1 i. V. mit Abschnitt 3.11 Abs. 2 UStAE ist der Diskont (nicht aber die Wechselspesen) eine Entgeltsminderung 361 (brutto) i. S. des § 17 Abs. 1 UStG. Danach kann Aussteller A seine Umsatzsteuer allerdings nur dann kürzen, wenn der Bezogene B gleichzeitig seine Vorsteuer entsprechend vermindert.

362 Dies setzt jedoch voraus, dass A dem B mitteilt, dass er den Wechsel bei der Bank diskontieren ließ und in welcher Höhe ihm Diskont abgerechnet wurde. In der Praxis wird aber der Aussteller A kein Interesse daran haben, den Bezogenen B über seine Finanzierungen zu informieren. Außerdem würde die Vorsteuerkürzung für B einen echten Aufwand bedeuten, denn am Fälligkeitstag muss er demjenigen, der ihm den Wechsel vorlegt, die volle Wechselsumme, die unverändert 11.900 € beträgt, bezahlen.

363 Die Folge davon ist, dass eine Umsatzsteuer-Berichtigung bei Wechseldiskontierung in der Praxis nur dann vorgenommen wird, wenn der Leistungsempfänger **keinen Vorsteuerabzug** hat.

BEISPIEL: Hätte in unserem Beispiel der Bezogene B keinen Vorsteuerabzug (z. B. als Privatmann) oder hätte Aussteller A keine ordnungsmäßige Rechnung erteilt, dann hätte A bei der Diskontierung zu buchen:

Bank	11.700 €			
Wechselkosten	29 €			
Diskontaufwand	144 €			
Umsatzsteuer	27 €	an	Besitzwechsel	11.900 €

364 Meist werden die Kosten, die durch die Wechsel entstehen können (eigene Verwaltungskosten und Diskontierungskosten), vom Aussteller auf den Bezogenen abgewälzt, und zwar in einem Pauschbetrag, damit der Bezogene keinen Einblick in die innerbetriebliche Finanzierung erlangt.

Dies geschieht entweder in einer gesonderten zusätzlichen Abrechnung oder dadurch, dass diese Kostenpauschale bereits in die Wechselsumme einbezogen wird. Zu beachten ist, dass auch diese Kostenpauschale ein zusätzliches Bruttoentgelt der zugrundeliegenden Leistung darstellt.

BEISPIEL: Aussteller A veranschlagt die Kosten, die ihm durch das Wechselgeschäft entstehen können, mit 200 € brutto.

a) Bei Ausstellung des Wechsels über 11.900 € berechnet er dem Bezogenen B die Wechselkosten gesondert mit pauschal 200 €, die B sofort in bar zu bezahlen hat.

A hat diese zusätzlich berechneten Kosten zu buchen:

Forderungen	200 €	an	Sonstiger betrieblicher Ertrag	168 €
		an	Umsatzsteuer	32 €

b) Er kann diese Kosten aber auch bereits in die Wechselsumme einbeziehen und den Wechsel über 11.900 € + 200 € = 12.100 € ausstellen.

Dann bucht Aussteller A:

Besitzwechsel	12.100 €	an	Forderungen	11.900 €
		an	Sonstiger betrieblicher Ertrag	168 €
		an	Umsatzsteuer	32 €

11.2.4 Die Wechselprolongation

Kann der Bezogene die Wechselsumme am Fälligkeitstag nicht aufbringen, wird er versuchen, eine Prolongation beim Wechselaussteller zu erreichen. Dies setzt jedoch voraus, dass der Bezogene sich nur momentan in einem finanziellen Engpass befindet (z. B. bei ausstehenden Forderungen). 365

Besitzt der Aussteller den Wechsel noch, erfolgt die Prolongation dadurch, dass der alte Wechsel dem Bezogenen ausgehändigt und dafür ein neuer Wechsel mit neuem Fälligkeitsdatum ausgestellt und vom Bezogenen akzeptiert wird. Bleibt die Wechselsumme unverändert, ist für diese Prolongation keine Buchung erforderlich. 366

Normalerweise ist der Aussteller nicht mehr im Besitz des Wechsels, da er ihn entweder diskontieren ließ oder zum Ausgleich eigener Verbindlichkeiten weitergegeben hat.

In diesen Fällen muss der Aussteller dem Bezogenen die zur Einlösung des alten Wechsels benötigte Geldsumme gegen die Ausstellung eines neuen Wechsels, des Prolongationswechsels, übergeben. Die benötigte Geldsumme kann dabei niedriger sein als die Wechselsumme des alten Wechsels, wenn der Bezogene noch eigene Geldmittel besitzt. In der Regel wird der Aussteller beim Prolongationswechsel die voraussichtlichen Wechselkosten, die ebenfalls zusätzliches Entgelt darstellen, in die Wechselsumme mit einbeziehen. 367

BEISPIEL: A hat einen Wechsel über 11.900 € ausgestellt, den B akzeptiert hat. A hat den Wechsel an seinen Lieferanten zum Ausgleich einer eigenen Verbindlichkeit in gleicher Höhe weitergegeben.

Kurz vor dem Fälligkeitstag bittet B den A um einen Betrag i. H. von 11.900 €, damit er den alten Wechsel einlösen kann. A übergibt B 11.900 € und stellt einen Prolongationswechsel über 12.100 € aus, da er mit 200 € Wechselkosten rechnet. Dieser Prolongationswechsel wird von B akzeptiert.

A bucht die Prolongation:

Besitzwechsel	12.100 €	an	Bank	11.900 €
		an	Sonstiger betrieblicher Ertrag	168 €
		an	Umsatzsteuer	32 €

Diese Kostenpauschale unterliegt ebenfalls der Umsatzsteuer, auch wenn sie als Entgelt für die Kreditgewährung angesehen würde und danach gem. § 4 Nr. 8 Buchst. a UStG umsatzsteuerfrei wäre, denn die Unternehmer werden in aller Regel auf die Steuerbefreiung verzichten. 368

B bucht bei Prolongation

Bank	11.900 €			
Sonstiger betrieblicher Aufwand	168 €			
Vorsteuer	32 €	an	Schuldwechsel	12.100 €

und bei Vorlage des alten Wechsels, den er mit diesem Geld einlöst

Schuldwechsel	11.900 €	an	Bank	11.900 €

Damit ist der alte Schuldwechsel, der ja unverändert in seiner Buchführung ausgewiesen war, ausgebucht. Der neue Wechsel (Prolongationswechsel) mit 12.100 € wird dagegen bis zum neuen Fälligkeitstermin als Schuldwechsel bei B ausgewiesen. 369

11.2.5 Wechselprotest und Wechselregress

370 Kann der Bezogene die zur Einlösung des alten Wechsels am Fälligkeitstag erforderlichen Geldmittel nicht beschaffen und erreicht er auch beim Aussteller keine Prolongation, kommt es zum Wechselprotest, d. h. einer öffentlichen Beurkundung über die Zahlungsverweigerung.

371 Dieser Protest gibt dem Wechselbesitzer gem. Art. 48 WG das Recht, von den Wechselvorbesitzern im Wege des Regresses die Wechselsumme + 6 % Zinsen seit dem Fälligkeitstag + Protestkosten + Vergütung bis $^1/_3$ % der Wechselsumme zu verlangen. In der Buchführung werden Protestwechsel gesondert erfasst. Gemäß Abschnitt 1.3 Abs. 6 UStAE sind diese Zinsen, Protestkosten und Vergütungen Schadensersatz, der nicht der Umsatzsteuer unterliegt.

BEISPIEL: Aussteller A hat den von B akzeptierten Wechsel über 11.900 € an seinen Lieferanten L weitergegeben und richtig verbucht. Am Fälligkeitstag legt Lieferant L den Wechsel B vor, der nicht zahlen konnte, so dass es zum Protest kommt. Für die Protesturkunde muss Lieferant L 50 € in bar bezahlen.

L bucht den Wechselprotest:

Protestwechsel	11.900 €			
Wechselkosten	50 €	an	Besitzwechsel	11.900 €
		an	Kasse	50 €

L nimmt den Vorbesitzer und Aussteller A durch folgende Abrechnung in Regress:

Wechselsumme		11.900 €
zzgl. Protestkosten	50 €	
zzgl. sonstige Unkosten	+ 70 €	+ 120 €
Summe		12.020 €

L bucht den Regress:

Forderung A	12.020 €	an	Protestwechsel	11.900 €
		an	Sonstiger betrieblicher Ertrag	120 €

Damit ist bei Lieferant L die ursprüngliche Forderung gegen den Aussteller A, die durch die Hereinnahme des Wechsels buchmäßig untergegangen war, mit 11.900 € wieder in der Buchführung ausgewiesen.

Aussteller A hat bei Erhalt der Abrechnung von L zu buchen:

Protestwechsel	11.900 €			
Sonstiger betrieblicher Aufwand	120 €	an	Verbindlichkeiten L	12.020 €

Auch bei A lebt damit seine Verbindlichkeit gegenüber dem Lieferanten L wieder auf. Dasselbe gilt für seine Forderung gegen B.

A hat deshalb weiter zu buchen:

Forderung B	11.900 €	an	Protestwechsel	11.900 €

Allerdings kann diese Forderung als uneinbringlich angesehen werden und ist von A auszubuchen:

Forderungsverluste	10.000 €			
Umsatzsteuer	1.900 €	an	Forderung B	11.900 €

Bei B ist keine Buchung vorzunehmen, denn er hat seinen Schuldwechsel nicht eingelöst und die Ausbuchung der Forderung an ihn durch A bedeutet ja keinen rechtswirksamen Verzicht.

11.3 Wertberichtigungen

11.3.1 Allgemeines

Wertberichtigungen dienen dem richtigen Wertausweis eines Aktivpostens. 372

Bei Kapitalgesellschaften erfolgt die Abschreibung immer direkt. Die Praxis geht wohl seit Jahren nach und nach dazu über, diese Behandlung auch bei Personenunternehmen zu bevorzugen.

(Einstweilen frei) 373–375

11.3.2 Berechnung der Höhe der Wertberichtigung

Zur Ermittlung des Endbestands sind die Forderungen in **drei Gruppen** einzuteilen: 376

a) Forderungen, die am Bilanzstichtag als **uneinbringlich** anzusehen sind (z. B. das Insolvenzverfahren wird mangels Masse eingestellt, Offenbarungseid oder fruchtlose Zwangsvollstreckung). Bei der Beurteilung sind alle Umstände zu berücksichtigen, die am Bilanzstichtag tatsächlich vorhanden waren, wenn sie bis zum Tag der Bilanzaufstellung bekannt geworden sind (Wertaufhellung).

   Diese uneinbringlichen Forderungen sind auszubuchen und die Umsatzsteuer entsprechend § 17 Abs. 2 UStG zu berichtigen.

   BEISPIEL: Gegenüber dem Kunden A besteht am 31.12.01 eine Forderung i. H. von 23.800 €. Gegen A wurde am 10.10.01 das Insolvenzverfahren eröffnet. Am 10.3.02 wurde das Insolvenzverfahren mangels Masse eingestellt. Die Bilanz zum 31.12.01 wurde am 5.5.02 aufgestellt.

   Im vorliegenden Fall war das Insolvenzverfahren vor dem Bilanzstichtag eröffnet. Die Tatsache, dass die Insolvenz bereits am 10.3.02 mangels Masse eingestellt wurde, zeigt, dass die Forderung schon am Bilanzstichtag wertlos war. 377

   Diese Wertaufhellung erfolgte noch vor dem Tag der Bilanzaufstellung, so dass die Forderung im Rahmen der vorbereitenden Abschlussbuchungen wie folgt auszubuchen ist:

   Abschreibung:

Wertberichtigung auf Forderungen	20.000 €			
Umsatzsteuer	3.800 €	an	Forderungen	23.800 €

b) Forderungen, die nach den Verhältnissen am Bilanzstichtag voraussichtlich nur noch **teilweise realisiert** werden können (zweifelhafte oder dubiose Forderungen). Diese Forderungen sind einzeln wertzuberichtigen. Eine Berichtigung der Umsatzsteuer darf dabei noch nicht erfolgen, solange der tatsächliche Ausfall nicht feststeht. Die Wertberichtigung ist daher aus dem Nettobetrag zu berechnen. 378

   BEISPIEL: Gegenüber dem Kunden B besteht am 31.12.01 eine Forderung i. H. von 35.700 €. Dieser Kunde hat am 5.11.01 einen Vergleich beantragt und eine Vergleichsquote i. H. von 45 % angeboten.

Bis zur Bilanzaufstellung war das Vergleichsverfahren noch nicht abgewickelt, so dass am Bilanzstichtag mit einem voraussichtlich geschätzten Ausfall i. H. von 55 % der Forderung gerechnet werden muss. Die Wertberichtigung beträgt 55 % von 30.000 € (Nettobetrag) = 16.500 € und ist zum Abschluss des Jahres 01 zu buchen:

Wertberichtigung auf Forderungen	16.500 €	an	Forderungen	16.500 €

379 Sollte das Vergleichsverfahren im Jahr 02 mit der beantragten Quote i. H. von 45 % abgeschlossen werden und sollten damit tatsächlich 55 % der Forderung ausfallen, muss die darauf enthaltene Umsatzsteuer mit 3.135 € ebenfalls berichtigt werden.

380 *(Einstweilen frei)*

381 c) Forderungen, die nach den Verhältnissen am Bilanzstichtag voraussichtlich **in voller Höhe** eingehen werden, da keine wertmindernden Umstände bekannt sind (vollwertige Forderungen).

Auch bei diesen Forderungen wird eine Wertberichtigung für einen Zinsverlust bei verspätetem Eingang, für eventuelle Mahn- und Beitreibungskosten oder für eventuelle Preisminderungen durch Skonti usw. grds. zugelassen.

Aus Vereinfachungsgründen hat die Finanzverwaltung dafür eine pauschale Wertberichtigung bis zu 1 % vom Nettobetrag anerkannt, soweit der Betrieb keine anderen Prozentsätze nachweisen kann.

BEISPIEL: Das Sachkonto „Forderungen" weist zum 31.12.01 einen Bestand i. H. von 238.000 € aus. Wertmindernde Umstände sind bis zum Tag der Bilanzaufstellung nicht bekannt geworden.

Als pauschale Wertberichtigung sind 1 % von 200.000 € = 2.000 € zulässig.

Buchung:

Abschreibung auf Forderungen	2.000 €	an	Forderungen	2.000 €

382 **Übungsfall**

Das Sachkonto „Forderungen" weist zum 31.12.01 einen Betrag i. H. von 297.500 € aus (19 % Umsatzsteuer). Darin enthalten ist eine Forderung gegen den Kunden A i. H. von 23.800 €. Aufgrund von finanziellen Schwierigkeiten hatte dieser Kunde bereits am 10.5.01 ein Vergleichsverfahren beantragt und eine Vergleichsquote i. H. von 40 % angeboten. Dieses Angebot wurde angenommen und noch im Dezember 01 gerichtlich bestätigt.

Gegenüber dem Kunden B besteht eine Forderung i. H. von 35.700 €. Da B in erhebliche Zahlungsschwierigkeiten geraten ist und mehrfache Mahnungen unbeachtet ließ, muss zum 31.12.01 mit einem Ausfall i. H. von 30 % der Forderung gerechnet werden. Die Forderung gegenüber dem Kunden C mit 47.600 € muss zum Zeitpunkt der Bilanzaufstellung als uneinbringlich angesehen werden, denn dieser Kunde wurde durch einen Großbrand im Februar 02 mangels ausreichenden Versicherungsschutzes völlig mittellos und musste zwischenzeitlich Konkurs anmelden.

Die restlichen Forderungen mit 190.400 € können als vollwertig angesehen werden.

Lösung 383

Für die Berechnung der Wertberichtigung ist zu beachten: Die Forderung gegen den Kunden A ist durch die Annahme des Vergleichs vor dem Bilanzstichtag zu 60 % = 14.280 € brutto ausgefallen und mit entsprechender Berichtigung der Umsatzsteuer zu buchen.

Abschreibung:

Wertberichtigung auf Forderungen	12.000 €			
Umsatzsteuer	2.280 €	an	Forderungen	14.280 €

Die Restforderung i. H. von 9.520 € ist nicht in die pauschale Wertberichtigung einzubeziehen.

Die Forderung gegen den Kunden B ist mit dem voraussichtlichen Ausfall i. H. von 30 % vom Nettobetrag einzelwertzuberichtigen, da noch kein tatsächlicher Ausfall feststeht.

Abschreibung:

Wertberichtigung auf Forderungen	9.000 €			
Umsatzsteuer	1.710 €	an	Forderungen	10.710 €

Aufgrund der wiederholten Mahnungen ist die Forderung gem. § 17 Abs. 2 Nr. 1 UStG uneinbringlich geworden, so dass sich auch die Bemessungsgrundlage für die Umsatzsteuer mindert. Sollte die Forderung später doch noch vereinnahmt werden, ist der Steuerbetrag erneut zu berichtigen (§ 17 Abs. 2 Nr. 1 Satz 2 UStG).

Kunde C geriet erst **nach** dem Bilanzstichtag in diese finanzielle Notlage. Am Bilanzstichtag war die Forderung noch als vollwertig anzusehen.

Für die Berechnung kann folgendes **Schema** angewendet werden: 384

Forderung lt. Sachkonto	297.500 €
abzgl. ausgefallene Forderung (60 % von Kunde A)	- 14.280 €
Wertzuberichtigende Forderungen	283.220 €
abzgl. Restforderung Kunde A	- 9.520 €
abzgl. Einzelwertberichtigungen (Forderung Kunde B mit 30 % vom Nettobetrag 30.000 € = - 9.000 €)	- 35.700 €
	238.000 €
abzgl. Pauschalwertberichtigung (Restforderung mit angenommen 3 % vom Nettobetrag 200.000 € =)	- 6.000 €
Endbestand der Forderungen	232.000 €

Abschlussbuchung:

Abschreibung auf Forderungen	6.000 €	an	Forderungen	6.000 €

11.4 Buchungen bei Wertpapieren

11.4.1 Festverzinsliche Wertpapiere

385 Diese Wertpapiere beinhalten einen prozentual festgelegten Zinsanspruch zu einem bestimmten Zinstermin, der meist jährlich datiert ist und nachträglich ausgezahlt wird.

386 Beim Erwerb dieser Wertpapiere erhält der Käufer auch den Zinsschein, der ihn berechtigt, die gesamten Zinsen für den Zinszahlungszeitraum zu vereinnahmen. Deshalb ist es üblich, dass der Käufer dem Verkäufer den Teil des Zinsanspruchs bezahlt, der auf die Zeit vom letzten Zinstermin bis zum Verkaufstag entfällt (Stückzinsen). Auch zugeflossene Stückzinsen unterliegen der Kapitalertragsteuer i. H. von 25 % (§ 43a Abs. 1 und 2 EStG) und seit dem Jahr 1995 dem Solidaritätszuschlag. Bei betrieblichen Zinserträgen entfällt die Abstandnahme vom Steuerabzug gem. § 44a EStG.

BEISPIEL: (Ohne Buchung des Solidaritätszuschlags, Pfandbriefe = Betriebsvermögen)

Ein Unternehmer kauft am 1.3.01 Pfandbriefe – Verzinsung 8 % p. a. – im Nennwert i. H. von 2.000 € zum Kurs i. H. von 103 % mit laufendem Zinsschein. Zinstermin: 1.1. jährlich.

Von seiner Bank erhält er folgende Abrechnung:

Kaufpreis 103 % von 2.000 € =	2.060,00 €
zzgl. Stückzinsen für zwei Monate	+ 26,67 €
zzgl. Bankkosten	+ 15,00 €
Summe	2.101,67 €

Der Kauf ist zu buchen:

Wertpapiere	2.075,00 €			
Zinsaufwand	26,67 €	an	Bank	2.101,67 €

Zu beachten ist, dass die Bankkosten als Anschaffungsnebenkosten zu erfassen sind, die Stückzinsen aber nicht, da sie den Zinsanspruch des Veräußerers ersetzen und nicht für den Erwerb des Wertpapiers aufgewendet wurden.

Zum 31.12.01 ist der im Jahr 01 entstandene Zinsanspruch vom letzten Zinstermin am 1.1.01 bis zum Bilanzstichtag am 31.12.01 als sonstige Forderung mit 8 % von 2.000 € = 160 € in der Bilanz auszuweisen.

Buchung:

Sonstige Forderungen	160 €	an	Zinserträge	160 €

Insgesamt haben sich damit im Jahr 01 nur 160 € - 26,67 € = 133,33 € als Ertrag ausgewirkt. Das ist der Betrag, der dem Zinsanspruch ab dem Kauf entspricht.

Bei Zahlung der Zinsen am 2.1.02 ist entsprechend der folgenden Abrechnung (Gutschrift 160 €) zu buchen:

Bank	160 €	an	Sonstige Forderungen	160 €

Werden diese Wertpapiere am 30.6.02 zum Kurs i. H. von 101 % verkauft, wobei die Bank neben den Stückzinsen 18 € Bankkosten berechnet, ergibt sich folgende Abrechnung:

Verkaufspreis 101 % von 2.000 € =	2.020 €
zzgl. Stückzinsen für $^1/_2$ Jahr	+ 80 €
abzgl. Bankkosten	- 18 €
	2.082 €

Der Verkauf ist zu buchen:

Bank	2.082 €			
Kursverlust	73 €	an	Wertpapiere	2.075 €
		an	Zinserträge	80 €

Der Kursverlust entspricht dem Unterschied zwischen dem Buchwert und dem Verkaufserlös abzgl. der Verkaufskosten.

11.4.2 Anteile an Kapitalgesellschaften

Im Gegensatz zu den festverzinslichen Wertpapieren entsteht ein Gewinnanspruch erst, wenn die Gesellschafterversammlung eine Gewinnausschüttung beschließt. Dies kann frühestens im Laufe des folgenden Wirtschaftsjahres geschehen, wenn der Jahresgewinn ermittelt ist (§ 174 AktG). 387

Gemäß § 20 EStG umfasst der zu buchende Gewinnanspruch nicht nur den Betrag, der dem Anteilseigner tatsächlich ausgezahlt wird (Auszahlungsbetrag), sondern auch die abzuführende Kapitalertragsteuer und den Solidaritätszuschlag. 388

BEISPIEL: Ein Unternehmer hat zehn Aktien einer AG im Betriebsvermögen. Die Hauptversammlung der AG beschließt im Mai 02 die Ausschüttung einer Dividende i. H. von 10 € je Aktie für das Geschäftsjahr 01. Die Auszahlung erfolgt im Juli 02 auf das betriebliche Bankkonto nach Abzug von 25 % Kapitalertragsteuer = 25 €.

Der Unternehmer hat zu buchen:

Mai 02:

Sonstige Forderungen	100 €	an	Zinserträge	100 €

Juli 02:

Bank	73,62 €			
Privatentnahme	26,38 €	an	Sonstige Forderungen	100 €

Ausgezahlt werden: Dividende 100 € - Kapitalertragsteuer 25 € - Solidaritätszuschlag 1,38 € = 73,62 €.

Als Ertrag ist zu buchen: Dividende 100 €.

Außerhalb der Bilanz sind jedoch gem. § 3 Nr. 40 EStG 40 € vom Gewinn wieder abzuziehen.

Die vorstehenden Buchungen sind auch dann vorzunehmen, wenn die Zeitpunkte der Beschlussfassung und der Auszahlung in verschiedene Wirtschaftsjahre fallen, denn die Kapitalertragsteuer ist in demselben Veranlagungszeitraum zu erfassen wie der Zinsertrag. Dass der Betrieb zum 31.12. tatsächlich eine geringere Forderung hat, wird dabei in Kauf genommen. 389

11.4.3 Erwerb junger Aktien

Werden junge Aktien im Zusammenhang mit einer **nominellen** Kapitalerhöhung (Umwandlung von Rücklagen) erworben, sind keine Buchungen erforderlich. Lediglich der Buchwert je Aktie vermindert sich, denn der Zugang von Gratisaktien erhöht die Anzahl bei gleichbleibendem Buchwert. 390

Werden dagegen junge Aktien im Zusammenhang mit einer **effektiven** Kapitalerhöhung erworben, sind folgende Buchungsgrundsätze zu beachten: 391

a) Die **Anschaffungskosten** für eine junge Aktie setzen sich zusammen aus dem Bezugspreis zzgl. der Buchwerte der für den Erwerb einer jungen Aktie erforderlichen Bezugsrechte.

b) Der **Buchwert** jeder **Altaktie** vermindert sich um den Buchwert eines Bezugsrechts.

c) Der **Buchwert** eines **Bezugsrechts** berechnet sich wie folgt:

$$\frac{\text{Buchwert Bezugsrecht}}{\text{Buchwert Altaktie}} = \frac{\text{Kurswert Bezugsrecht}}{\text{Kurswert Altaktie vor Kapitalerhöhung}}$$

oder:

$$\text{Buchwert Bezugsrecht} = \frac{\text{Buchwert Altaktie} \times \text{Kurswert Bezugsrecht}}{\text{Kurswert Altaktie vor Kapitalerhöhung}}$$

d) Beim Verkauf von Bezugsrechten entsteht ein Ertrag i. H. der Differenz zwischen Buchwert und Verkaufserlös.

BEISPIEL: Ein Unternehmer besitzt im Betriebsvermögen 20 Aktien der X-AG, die er im Mai 01 für 180 € je Stück zzgl. 50 € Nebenkosten insgesamt erworben hatte.

Im November 01 beschließt die X-AG eine effektive Kapitalerhöhung durch Ausgabe neuer Aktien im Bezugsverhältnis 9:1. Der Bezugspreis für eine neue Aktie beträgt 140 €. Der Börsenkurs der Altaktien vor der Kapitalerhöhung beträgt 220 €. Die Bezugsrechte werden an der Börse mit 40 € gehandelt. Der Unternehmer hat zwei junge Aktien erworben und die restlichen zwei Bezugsrechte für je 40 € verkauft.

Der Buchwert einer Altaktie beträgt:

3.600 € + 50 € Anschaffungsnebenkosten = 3.650 € / 20 Aktien = 182,50 €

Der Buchwert eines Bezugsrechts beträgt:

$$\frac{182{,}50\ € \times 40\ €}{220\ €} = 33{,}18\ €$$

Anschaffungskosten einer jungen Aktie:

140 € + (9 × 33,18 €) = 438,62 €

Buchwert einer Altaktie nach Kapitalerhöhung:

182,50 € - 33,18 € = 149,32 €

Verkaufsertrag für zwei Bezugsrechte:

80 € - 66,36 € = 13,64 €

Der Unternehmer hat zu buchen:

Anschaffung von zwei jungen Aktien:

Wertpapiere (jung)	877,24 €	an	Bank	280,00 €
		an	Wertpapiere (alt)	597,24 €

Verkauf von zwei Bezugsrechten:

Bank	80 €	an	Wertpapiere (alt)	66,36 €
		an	Ertrag	13,64 €

Die Minderung der Buchwerte für die Altaktien ist für die spätere Berechnung des richtigen Veräußerungsgewinns unerlässlich.

Die Einführung der Abgeltungsteuer (§ 32d EStG) seit dem Jahr 2009 ist für die im Betriebsvermögen gehaltenen Wertpapiere bzw. Beteiligungen grds. ohne Bedeutung, da gem. § 32d EStG der gesonderte Steuertarif nur auf Einkünfte aus Kapitalvermögen anzuwenden ist. 392

11.5 Buchungen bei Kommissionsgeschäften

11.5.1 Allgemeines

Gemäß § 383 HGB wird der Kommissionär im eigenen Namen, aber auf Rechnung des Auftraggebers (Kommittent) tätig. Dabei kann sich seine Tätigkeit auf den Einkauf von Ware (Einkaufskommission) oder auf den Verkauf (Verkaufskommission) erstrecken. 393

Gemäß § 3 Abs. 3 UStG liegt auch jeweils zwischen dem Kommissionär und dem Kommittenten eine Lieferung vor. Der Kommissionär erhält eine Provision zzgl. Auslagenersatz. Er kann auch an einem Mehr- oder Mindererlös gegenüber dem vereinbarten Verkaufspreis beteiligt werden.

11.5.2 Einkaufskommission

Umsatzsteuerlich kauft der Kommissionär die Ware von einem Dritten zum vereinbarten Preis ein und verkauft sie zum vereinbarten Preis zzgl. Provision und Auslagenersatz an den Kommittenten weiter. Nach geltender Rechtsauffassung ist der Zeitpunkt der Lieferung vom Dritten an den Kommissionär gleichzeitig auch der Zeitpunkt für die Lieferung des Kommissionärs an den Kommittenten. Abweichende Lieferungsorte können sich bei innergemeinschaftlichen Lieferungen i. S. des Abschnitts 3.12 Abs. 2 i. V. mit Abschnitt 3.1 Abs. 2 und Abschnitt 1a.2 Abs. 7 UStAE ergeben. 394

Bilanzsteuerlich ist die Ware beim Kommittenten in der Schlussbilanz auszuweisen, auch wenn sie am Bilanzstichtag beim Kommissionär lagert, denn gem. § 384 Abs. 2 HGB ist der Kommissionär verpflichtet, unverzüglich Anzeige vom Wareneinkauf zu machen und die eingekaufte Ware an den Kommittenten herauszugeben. Wirtschaftlicher Eigentümer ist der Kommittent. Der Provisionsanspruch ist gem. § 396 HGB bereits mit dem Einkauf der Ware entstanden. 395

BEISPIEL: Als Kommissionär übernimmt Unternehmer U für den Auftraggeber A den Auftrag, Ware bei einem Dritten für 20.000 € zzgl. Umsatzsteuer einzukaufen und mit 10 % Provision zzgl. Auslagenersatz an den Auftraggeber weiterzuleiten.

Am 10.10.01 kauft Unternehmer U die Ware bei dem Dritten ein und bucht:

Forderung A	26.299 €			
Vorsteuer	3.800 €	an	Verbindlichkeiten	23.800 €
		an	Provisionserträge	2.000 €
		an	Frachtkosten	100 €
		an	Umsatzsteuer	4.199 €

Am 20.10.01 liefert Unternehmer U die Ware mit folgender Abrechnung an den Auftraggeber A weiter:

Kaufpreis	20.000 €
zzgl. 10 % Provision	+ 2.000 €
zzgl. Frachtkosten	+ 100 €
	22.100 €
zzgl. 19 % Umsatzsteuer	+ 4.199 €
	26.299 €

A bucht:

Wareneinkauf	22.100 €			
Vorsteuer	4.199 €	an	Verbindlichkeiten	26.299 €

11.5.3 Verkaufskommission

396 **Umsatzsteuerlich** kauft der Kommissionär die Ware beim Kommittenten zum vereinbarten Preis abzgl. seiner Provision und Auslagenersatz. Anschließend verkauft der Kommissionär die Ware zum vereinbarten Preis an einen Dritten. Beide Lieferungen gelten erst mit dem Verkauf an den Dritten als ausgeführt.

397 **Bilanzsteuerlich** ist die Ware immer beim Kommittenten auszuweisen, da hier der Kommissionär weder rechtlich noch wirtschaftlich Eigentümer wird.

Der Provisionsanspruch entsteht erst mit dem Verkauf an den Dritten bzw. mit dem Selbsteintritt gem. § 403 HGB.

BEISPIEL: Als Kommissionär übernimmt Unternehmer U für den Auftraggeber A den Auftrag, Ware für 20.000 € netto an einen Dritten zu verkaufen. A hatte diese Ware für 15.000 € netto eingekauft. Unternehmer U erhält 10 % Provision vom Netto-Verkaufspreis. Am 15.5.01 liefert A die Ware dem Kommissionär U mit folgender Abrechnung:

Verkaufspreis	20.000 €
abzgl. 10 % Provision	- 2.000 €
	18.000 €
zzgl. 19 % Umsatzsteuer	+ 3.420 €
	21.420 €

Unternehmer U hat bei Erhalt der Ware noch keine Buchung vorzunehmen.

Am 10.6.01 verkauft U die Ware für 20.000 € zzgl. 3.800 € Umsatzsteuer an einen Dritten und zeigt dies dem Auftraggeber A an. Damit ist das Kommissionsgeschäft abgeschlossen, so dass Forderung und Verpflichtung zwischen Kommissionär und Kommittent entstanden sind.

U bucht:

Forderung D	23.800 €			
Vorsteuer	3.420 €	an	Verbindlichkeiten A	21.420 €
		an	Provisionserträge	2.000 €
		an	Umsatzsteuer	3.800 €

A bucht:

Forderung U	21.420 €	an	Warenverkauf	18.000 €
		an	Umsatzsteuer	3.420 €

Fällt die Forderung des Kommissionärs gegen den Dritten aus, ohne dass der Kommissionär gem. § 394 HGB für die Erfüllung einzustehen hat, dann fällt nicht nur das Entgelt für die Lieferung zwischen dem Kommissionär und dem Dritten, sondern auch das Entgelt für die Lieferung zwischen dem Kommittenten und dem Kommissionär weg. Gemäß § 17 UStG sind Umsatzsteuer und Vorsteuer entsprechend zu berichtigen. 398

Der Provisionsanspruch bleibt bestehen, so dass der Kommissionär insoweit eine Forderung gegen den Kommittenten hat. 399

BEISPIEL: Im Sachverhalt des vorherigen Beispiels fällt die Forderung des Kommissionärs U gegen D mit 23.200 € aus.

U bucht:

Verbindlichkeiten A	21.420 €			
Forderung A	2.000 €			
Umsatzsteuer	3.800 €	an	Forderung D	23.800 €
		an	Vorsteuer	3.420 €

A bucht:

Warenverkauf	18.000 €			
Umsatzsteuer	3.420 €			
Provisionsaufwand	2.000 €	an	Forderung U	21.420 €
		an	Verbindlichkeiten U	2.000 €

11.6 Die Buchung von Darlehen

11.6.1 Allgemeines

Bei einer Darlehensaufnahme wurde in der Zeit vor der Niedrigzinspolitik i. d. R. nicht die gesamte Darlehenssumme ausgezahlt, sondern eine geringere Summe, obwohl der Darlehensschuldner den vollen Darlehensbetrag zurückzahlen muss. Diese Praxis wurde seltener, ist aber noch anzutreffen. 400

Die Differenz zwischen Auszahlungs- und Rückzahlungsbetrag wird von der Bank als Bearbeitungsgebühr (Darlehensabgeld, Disagio oder Damnum) einbehalten.

Gemäß H 6.10 EStH ist die Darlehensschuld mit dem vollen Rückzahlungsbetrag zu passivieren und die Differenz als Rechnungsabgrenzungsposten auf die Laufzeit, entsprechend der jeweils tatsächlichen Inanspruchnahme des Darlehensbetrags, zu verteilen. Handelsrechtlich besteht gem. § 250 Abs. 3 HGB ein Wahlrecht für das Disagio. 401

11.6.2 Fälligkeitsdarlehen

Darunter werden Darlehen verstanden, die dem Darlehensnehmer unverändert eine gewisse Zeit zur Verfügung stehen und am vereinbarten Fälligkeitstag in voller Höhe zurückzuzahlen sind. Bei diesen Darlehen ist der Rechnungsabgrenzungsposten gleichmäßig (linear) auf die Laufzeit zu verteilen. 402

BEISPIEL: Ein Unternehmer nimmt bei seiner Bank ein Darlehen über 100.000 € auf. Die Bank vereinbart die Rückzahlung der 100.000 € in fünf Jahren und überweist ihm am 1.7.01 unter Einbehaltung von 4 % Bearbeitungsgebühr 96.000 € auf sein Konto.

Der Unternehmer hat zu buchen:

Bank	96.000 €			
Damnum (Rechnungsabgrenzungsposten)	4.000 €	an	Darlehensschuld	100.000 €

Das Damnum ist linear auf die Zeit der Inanspruchnahme (fünf Jahre) zu verteilen. Auf das Jahr 01 entfallen 4.000 € / 5 = 800 €, davon $^1/_2$ = 400 €.

Als vorbereitende Abschlussbuchung ist zum 31.12.01 zu buchen:

Zinsaufwand	400 €	an	Damnum (Rechnungsabgrenzungsposten)	400 €

403–407 *(Einstweilen frei)*

11.6.3 Tilgungsdarlehen

408 Ist der Darlehensbetrag in Raten zu tilgen, vermindert sich der tatsächlich in Anspruch genommene Darlehensbetrag. Die Folge ist, dass der Rechnungsabgrenzungsposten nicht mehr gleichmäßig, sondern entsprechend der tatsächlichen Inanspruchnahme des Darlehens zu verteilen ist. Dies geschieht dadurch, dass die Verteilung nach gleichmäßig fallenden Bruchteilen erfolgt. Dabei entspricht der Zähler den noch zu zahlenden Raten, während der Nenner der Summe aus der arithmetischen Reihe der zu zahlenden Raten entspricht, der nach der folgenden Formel ermittelt werden kann:

$$X = \frac{n\,(n + 1)}{2}$$

409 **BEISPIEL:** Beim Sachverhalt des vorherigen Beispiels ist die Rückzahlung der 100.000 € in halbjährlichen Raten i. H. von 10.000 € vereinbart. Die erste Rate ist am 2.1.02 fällig.

Der Unternehmer bucht am 1.7.01 unverändert:

Bank	96.000 €			
Damnum (Rechnungsabgrenzungsposten)	4.000 €	an	Darlehensschuld	100.000 €

Das Damnum ist jetzt wie folgt nach Bruchteilen zu verteilen:

Zum 2.1.02 bzw. zum 31.12.01:

Zähler = noch zu zahlende Raten = 10,

$$\text{Nenner} = \frac{10 \times (10 + 1)}{2} = 55$$

Das Damnum ist danach wie folgt zu verteilen:

► 2.1.02/31.12.01:	$^{10}/_{55}$ von 4.000 € =	727,27 €
► 1.7.02:	$^{9}/_{55}$ von 4.000 € =	654,55 €
► 2.1.03/31.12.02:	$^{8}/_{55}$ von 4.000 € =	581,82 €

usw.

Zum Jahresabschluss lautet jetzt die Buchung:

Zinsaufwand	727,27 €	an	Damnum (Rechnungsabgrenzungsposten)	727,27 €

Im Jahr 02 sind $^{9}/_{55}$ + $^{8}/_{55}$ zu verteilen.

11.6.4 Vorzeitige Darlehenstilgung

410 Wird ein Teil des Darlehens vorzeitig zurückgezahlt, dann ist der Rechnungsabgrenzungsposten im Jahr der vorzeitigen Tilgung entsprechend aufzulösen.

BEISPIEL: Der Unternehmer aus dem vorherigen Beispiel leistet am 1.7.02 neben der Rate i. H. von 10.000 € eine Sondertilgung i. H. von 20.000 € und überweist somit 30.000 € an die Bank.

Er hat zum 1.7.02 zu buchen:

Darlehensschuld	30.000 €	an	Bank	30.000 €
Zinsaufwand	654,55 €	an	Damnum (Rechnungsabgrenzungsposten)	654,55 €
Zinsaufwand	654,55 €	an	Damnum (Rechnungsabgrenzungsposten)	654,55 €

Erst ist die normale Verteilung mit $^{9}/_{55}$ von 4.000 € = 654,55 € vorzunehmen und dann, entsprechend der Sondertilgung i. H. von 20.000 € (= $^{1}/_{4}$ vom Restdarlehen i. H. von 80.000 €), eine Sonderabschreibung i. H. von zusätzlich $^{1}/_{4}$ vom Restdamnum i. H. von 2.618,18 € = 654,55 €.

Für die künftige Verteilung des Damnums ist zu beachten: Werden die Tilgungsraten unverändert mit 10.000 € beibehalten und wird die Darlehenslaufzeit damit gekürzt, dann muss das Restdamnum auf die neue Restlaufzeit verteilt werden. Wird dagegen der Tilgungsbetrag der ursprünglichen Restlaufzeit i. H. von vier Jahren = acht Raten angepasst (60.000 € / 8 = 7.500 €), dann sind die bisherigen Bruchteile vom gekürzten Damnum zu berechnen. Zum 31.12.02 mit $^{8}/_{55}$ von (4.000 € - ($^{1}/_{4}$ von 4.000 € =) 1.000 € =) 3.000 € = 436,36 €.

Im Falle der Umschuldung ist das alte Damnum auszubuchen, soweit es nicht bei wirtschaftlicher Betrachtung als zusätzliche Gegenleistung für das neue oder veränderte Darlehen anzusehen ist.

11.7 Buchungen beim Renten- und Ratenkauf

11.7.1 Allgemeines

411 Beim Erwerb von Wirtschaftsgütern des Betriebsvermögens wird der Kaufpreis häufig in Raten bezahlt oder in Form von monatlichen Rentenzahlungen geleistet. Dieser Zahlungsmodus kann auch auf einen Teil des Kaufpreises beschränkt werden, während der andere Teil in einem Betrag entrichtet wird.

412 Buchtechnisch ergeben sich in diesen Fällen sowohl für den Veräußerer als auch für den Erwerber folgende Probleme:

a) Welche Aktivierungen und Passivierungen sind beim Kauf bzw. Verkauf vorzunehmen?

b) Wie sind die Renten- bzw. Ratenzahlungen zu buchen?

11.7.2 Buchungen beim Ratenkauf

413 Wird beim Kauf von Wirtschaftsgütern die Ratenzahlung vereinbart, ist zu unterscheiden zwischen verzinslichen und unverzinslichen Raten. Bei **verzinslichen** Raten ergeben sich keine besonderen Buchungsprobleme. Lediglich die bis zum Bilanzstichtag entstandenen Zinsen müssen zur periodengerechten Gewinnermittlung erfasst werden.

BEISPIEL: A verkauft am 1.7.01 ein betriebliches Grundstück für 500.000 €. Der Kaufpreis ist in jährlichen Raten i. H. von 100.000 €, erstmals am 1.7.02, zu entrichten. Der Restkaufpreis ist mit 8 % zu verzinsen. Der Buchwert des Grundstücks beträgt am 1.7.01 300.000 €.

Der Veräußerer A bucht am 1.7.01

Sonstige Forderungen	500.000 €	an	Grundstück	300.000 €
		an	Sonstiger betrieblicher Ertrag	200.000 €

und zum 31.12.01

Sonstige Forderungen	20.000 €	an	Zinserträge	20.000 €

Der Erwerber U bucht am 1.7.01

Grundstück	500.000 €	an	Sonstige Verbindlichkeiten	500.000 €

und zum 31.12.01

Zinsaufwand	20.000 €	an	Sonstige Verbindlichkeiten	20.000 €

414 Werden dagegen Wirtschaftsgüter gegen **unverzinsliche** Ratenzahlungen veräußert, dann ist eine Abzinsung vorzunehmen, wenn die Laufzeit mehr als ein Jahr beträgt.

In sinngemäßer Anwendung des H 6.10 EStH ist die Ratenforderung bzw. Ratenschuld mit dem vollen Rückzahlungsbetrag = Summe der Ratenzahlungen anzusetzen.

415 Daraus ergeben sich für den Erwerber und Veräußerer folgende **Buchungsgrundsätze:**

Der **Erwerber** hat

a) das erworbene Wirtschaftsgut mit dem abgezinsten Barwert zu aktivieren,

b) die Ratenschuld mit der Summe der Kaufpreisraten zu passivieren,

c) den Unterschiedsbetrag zwischen dem abgezinsten Barwert und der Ratenschuld als aktive Rechnungsabgrenzung zu buchen,

d) die laufenden Ratenzahlungen erfolgsneutral zu buchen und

e) die aktive Rechnungsabgrenzung erfolgswirksam digital auf die Laufzeit zu verteilen.

416 Der **Veräußerer** hat

a) als Veräußerungserlös den abgezinsten Barwert anzusetzen,

b) die Ratenforderung mit der Summe der Kaufpreisraten zu aktivieren,

c) den Unterschiedsbetrag zwischen dem Veräußerungserlös und der Ratenforderung als passive Rechnungsabgrenzung auszuweisen,

d) die laufenden Raten erfolgsneutral zu buchen und

e) die passive Rechnungsabgrenzung gewinnerhöhend digital entsprechend der Laufzeit aufzulösen.

BEISPIEL: ▸ A verkauft am 31.12.01 ein unbebautes Grundstück für 500.000 € an U. Der Kaufpreis ist unverzinslich und in jährlichen Raten i. H. von 100.000 € erstmals am 31.12.02 zu entrichten. Der Buchwert des Grundstücks betrug am 31.12.01 300.000 €. 417

Der abgezinste Ratenbarwert beträgt am 31.12.01 427.030 € und am 31.12.02 350.516 € (lt. Anlage 26 (zu § 193 Abs. 5 Satz 3, § 194 Abs. 4 Satz 1 sowie § 195 Abs. 4 Satz 3 und Abs. 6 Satz 1) Abzinsungsfaktoren BewG).

Der Veräußerer bucht am 31.12.01

Sonstige Forderungen	500.000 €	an	Grundstück	300.000 €
		an	Sonstiger betrieblicher Ertrag	127.030 €
		an	Passiver Rechnungsabgrenzungsposten	72.970 €

und am 31.12.02

Bank	100.000 €	an	Sonstige Forderungen	100.000 €
Passiver Rechnungsabgrenzungsposten	24.323 €	an	Zinsertrag	24.323 €

Die Auflösung der passiven Rechnungsabgrenzungsposten hat digital nach Bruchteilen zu erfolgen. Der Zähler entspricht den noch zu zahlenden Raten und der Nenner berechnet sich wie folgt:

$$\frac{n\,(n+1)}{2} = \frac{5 \times 6}{2} = 15$$

Im Jahr 02 sind damit

$^5/_{15}$ von 72.970 € = 24.323 €

und im Jahr 03

$^4/_{15}$ von 72.970 € = 19.459 €

gewinnerhöhend aufzulösen.

Der Erwerber bucht am 31.12.01 (siehe BMF, Schreiben v. 26.5.2005, BStBl 2005 I S. 699)

Grundstück	427.030 €	an	Sonstige Verbindlichkeiten	427.030 €

und am 31.12.02

Aufwand	100.000 €	an	Bank	100.000 €
Sonstige Verbindlichkeiten	76.514 €	an	Erträge	76.514 €

(Einstweilen frei) 418, 419

11.7.3 Buchungen beim Rentenkauf

11.7.3.1 Begriff

Renten sind periodisch wiederkehrende Bezüge, die auf einem einheitlichen Rentenstammrecht beruhen und auf die der Empfänger für einen gewissen Zeitraum Anspruch hat. 420

Renten können nach ihrer Laufzeit eingeteilt werden in:

a) Zeitrenten: Das sind Renten, die auf die Dauer von mindestens zehn Jahren bezahlt werden.

b) Leibrenten: Das sind Renten, die von der Lebenszeit einer Person abhängen.

421 Für die buchmäßige Behandlung ist nur die nachfolgende Einteilung von Bedeutung:

a) **Betriebliche Renten:** Das sind Renten im Zusammenhang mit der Veräußerung von Wirtschaftsgütern des Betriebsvermögens oder der Veräußerung von Beteiligungen.

b) **Private Renten:** Es besteht kein Zusammenhang mit einer Gewinneinkunftsart.

Private Rentenzahlungen sind in der Buchführung nur als Entnahmen bzw. Einlagen zu erfassen, wenn die Zahlungen über die betrieblichen Konten laufen.

Betriebliche Renten sind hinsichtlich ihrer steuerlichen und buchmäßigen Behandlung noch zu gliedern in:

- Betriebliche Versorgungsrenten und
- betriebliche Veräußerungsrenten.

11.7.3.1.1 Betriebliche Versorgungsrenten

422 Sie sind anzunehmen, wenn die Rentenzahlungen nicht als Gegenleistungen für übernommene Wirtschaftsgüter vereinbart werden, sondern auf die Lebensbedürfnisse des Veräußerers abstellen und die besonderen Verdienste des Veräußerers um den Betrieb abgelten sollen.

423 In der Praxis werden betriebliche Versorgungsrenten i. d. R. nur beim Ausscheiden eines Gesellschafters aus einer Personengesellschaft vorkommen, nicht dagegen bei der Veräußerung einzelner betrieblicher Wirtschaftsgüter.

Buchmäßig ist **beim Erwerber** eine Aktivierung der übernommenen Wirtschaftsgüter mit den Buchwerten des Veräußerers vorzunehmen (Buchwertfortführung gem. § 6 Abs. 3 EStG).

Eine Rentenverpflichtung wird nicht passiviert. Die Rentenzahlungen sind in voller Höhe Betriebsausgaben.

Beim Veräußerer entsteht demzufolge kein Veräußerungsgewinn. Die laufenden Rentenbezüge sind bei ihm Einkünfte i. S. des § 22 EStG.

424 Nach der ständigen Rechtsprechung des BFH ist allerdings bei Zahlung einer Versorgungsrente grds. davon auszugehen, dass keine betrieblichen, sondern vorrangig private Gründe maßgebend waren, so dass beim Erwerber die Zahlungen als Entnahmen (§ 10 EStG) und beim Veräußerer als Einkünfte i. S. des § 22 EStG anzusehen sind.

11.7.3.1.2 Betriebliche Veräußerungsrenten

425 Normalerweise handelt es sich bei der Veräußerung betrieblicher Wirtschaftsgüter gegen Zahlung einer Rente um eine betriebliche Veräußerungsrente, die als Gegenleistung für den Wert der übernommenen Wirtschaftsgüter zu betrachten ist.

426 Der **Erwerber** hat in diesen Fällen

a) die erworbenen Wirtschaftsgüter mit dem Rentenbarwert, der nach versicherungsmathematischen Grundsätzen ermittelt wird, zu aktivieren;

b) die Rentenschuld ebenfalls mit dem Rentenbarwert zu passivieren;

c) die laufenden Rentenzahlungen sofort als Aufwand zu buchen und

d) den Unterschied zwischen dem Rentenbarwert am Anfang des Wirtschaftsjahres (bzw. beim Erwerb) und am Ende des Wirtschaftsjahres gewinnerhöhend aufzulösen.

Der **Veräußerer** hat 427

a) den Rentenbarwert als Veräußerungserlös anzusetzen und eventuell einen Veräußerungsgewinn auszuweisen; bei Veräußerung eines **ganzen Betriebs** hat der Veräußerer i. S. der R 16 Abs. 11 EStR ein Wahlrecht, ob er den Veräußerungsgewinn sofort oder erst mit Zahlung der Rente versteuern will;

b) seinen Rentenanspruch als Forderung mit dem Rentenbarwert zu bilanzieren;

c) die Rentenzahlungen als Betriebseinnahme zu erfassen und

d) den Unterschied zwischen dem Rentenbarwert am Anfang und Ende des Wirtschaftsjahres gewinnmindernd zu buchen.

BEISPIEL: A verkauft am 30.4.01 ein unbebautes betriebliches Grundstück gegen Zahlung einer monatlichen betrieblichen Veräußerungsrente i. H. von 2.000 € ab dem 1.5.01. Der Buchwert des Grundstücks beträgt 50.000 €. Der Rentenbarwert beträgt

- am 30.4.01 100.000 €,
- am 31.12.01 90.000 € und
- am 31.12.02 80.000 €.

Der Veräußerer A hat beim Verkauf zu buchen:

Sonstige Forderungen	100.000 €	an	Grundstück	50.000 €
		an	Sonstiger betrieblicher Ertrag	50.000 €

Rentenzahlungen im Jahr 01:

Bank	16.000 €	an	Rentenerträge	16.000 €

Abschlussbuchung zum 31.12.01:

Rentenerträge	10.000 €	an	Sonstige Forderungen	10.000 €

Somit haben sich im Jahr 01 nur 6.000 € gewinnerhöhend ausgewirkt. Dies entspricht dem Zinsanteil, der in den Rentenzahlungen enthalten ist.

Der Erwerber des Grundstücks bucht beim Kauf:

Grundstück	100.000 €	an	Sonstige Verbindlichkeiten	100.000 €

Rentenzahlungen im Jahr 01:

Rentenaufwand	16.000 €	an	Bank	16.000 €

Abschlussbuchung zum 31.12.01:

Sonstige Verbindlichkeiten	10.000 €	an	Rentenaufwand	10.000 €

Auch beim Erwerber hat sich nur der Zinsanteil gewinnmindernd ausgewirkt.

11.7.3.2 Änderung der Rentenzahlungen aufgrund einer Wertsicherungsklausel

Häufig beinhalten Rentenvereinbarungen eine Klausel, nach der die Rentenzahlungen 428
bei einer nachhaltigen Änderung der Wertverhältnisse (z. B. steigende Inflationsraten) anzupassen sind.

In diesen Fällen ist Folgendes zu beachten:

- Änderungen der laufenden Rentenzahlungen bleiben ohne Auswirkung auf die Anschaffungskosten der erworbenen Wirtschaftsgüter.
- Dagegen ist der Rentenbarwert neu zu berechnen und zu bilanzieren. Buchungsmäßig geschieht dies voll erfolgswirksam.

BEISPIEL: Aufgrund einer Wertsicherungsklausel erhöht sich die vereinbarte Rentenzahlung ab dem 1.10.02 von monatlich 2.000 € auf monatlich 2.400 €. Der Rentenbarwert wird ab dem 1.10.02 um 10.000 € erhöht.

Beim Veräußerer lautet die diesbezügliche Buchung

Sonstige Forderungen	10.000 €	an	Rentenerträge	10.000 €

und beim Erwerber

Rentenaufwand	10.000 €	an	Sonstige Verbindlichkeiten	10.000 €

11.7.3.3 Buchungen beim vorzeitigen Wegfall der Rentenschuld

429 Fällt die Rentenverpflichtung vorzeitig weg (z. B., weil der Rentenempfänger vor Ablauf der Lebenszeit verstirbt, die der versicherungsmathematischen Berechnung des Rentenbarwerts zugrunde gelegt wurde), ist die restliche Rentenverpflichtung beim Erwerber gewinnerhöhend aufzulösen.

Eine nachträgliche Änderung der Anschaffungskosten des erworbenen Wirtschaftsguts ist nicht vorzunehmen. Dies gilt auch, wenn nur ein Teil der Rentenverpflichtung wegfällt, z. B., weil bei einer Rente an Eheleute einer der beiden Ehegatten stirbt.

11.7.3.4 Buchungen beim Übergang von Betriebsvermögen gegen Zahlung von Raten und Renten

430 Zu Buchungen beim Übergang von Betriebsvermögen gegen Zahlung von Raten und Renten siehe Rz. 431.

ABB. 29: Buchungen beim Übergang von Betriebsvermögen gegen Zahlung von Raten und Renten 431

unverzinsliche Ratenzahlungen (von 1–10 Jahren)	verzinsliche Ratenzahlungen (von 1–10 Jahren)	Zahlung einer betrieblichen Versorgungsrente	Zahlung einer betrieblichen Veräußerungsrente (Leibrenten und Zeitrenten)
Behandlung beim Veräußerer: 1. Veräußerungserlös buchen = abgezinster Ratenbarwert 2. Ratenforderung aktivieren = Summe der Kaufpreisraten 3. Unterschied von Nr. 1 und 2 = Passiver Rechnungsabgrenzungsposten 4. Ratenzahlungen = erfolgsneutral 5. Passiven Rechnungsabgrenzungsposten digital auflösen	1. Veräußerungserlös buchen = Summe der Kaufpreisraten 2. Ratenforderung aktivieren = Summe der Kaufpreisraten 3. Zinseinnahmen buchen = gewinnerhöhend 4. Ratenzahlungen = erfolgsneutral	1. Unentgeltliche Übertragung 2. Keine Aktivierung einer Forderung 3. Rentenzahlungen buchen = Einkünfte i. S. des § 24 EStG	1. Veräußerungserlös buchen = Rentenbarwert 2. Rentenforderung aktivieren = Rentenbarwert 3. Rentenbezüge buchen = gewinnerhöhend 4. Unterschied Rentenbarwert 1.1.–31.12. = gewinnmindernd
Behandlung beim Erwerber: 1. Anschaffungskosten aktivieren = abgezinster Ratenbarwert 2. Ratenschuld passivieren = Summe der Kaufpreisraten 3. Unterschied von Nr. 1 und 2 = Aktiver Rechnungsabgrenzungsposten 4. Ratenzahlungen = erfolgsneutral 5. Aktiven Rechnungsabgrenzungsposten digital auflösen	1. Anschaffungskosten = Summe der Kaufpreisraten 2. Ratenschuld passivieren = Summe der Kaufpreisraten 3. Zinszahlungen buchen = gewinnmindernd 4. Ratenzahlungen = erfolgsneutral	1. Buchwertfortführung 2. Keine Passivierung der Rentenschuld 3. Rentenzahlungen buchen = Betriebsausgaben	1. Anschaffungskosten aktivieren = Rentenbarwert 2. Rentenschuld passivieren = Rentenbarwert 3. Rentenzahlungen buchen = gewinnmindernd 4. Unterschied Rentenbarwert 1.1.–31.12. = gewinnerhöhend

11.8 Buchungen bei Leasinggeschäften

11.8.1 Allgemeines

432 Der technische Fortschritt und der Konkurrenzdruck verlangen von einem Unternehmer heute den Einsatz modernster Technologien in seinem Betrieb. Die Folge ist ein steigender Kapitalbedarf, der die Finanzkraft häufig übersteigt.

Eine Lösung bietet das Leasing: Wirtschaftsgüter werden nicht mehr gekauft, sondern für eine fest vereinbarte Grundmietzeit angemietet.

433 Dem Grunde nach kann Leasing als eine moderne Form der Vermietung bezeichnet werden, allerdings mit dem Unterschied, dass nach Ablauf der vereinbarten Grundmietzeit das Wirtschaftsgut nicht immer zurückgegeben wird, sondern erworben werden kann.

Auch die Höhe der Leasingraten richtet sich oft nicht nur nach dem angemessenen Entgelt für die Benutzung des Wirtschaftsguts, sondern entspricht wirtschaftlich betrachtet den Kaufpreisraten für das Wirtschaftsgut. Aus der Vielfalt der Leasingverträge ergeben sich auch unterschiedliche steuerliche Behandlungen mit entsprechenden unterschiedlichen Buchungen. Dies gilt insbesondere dann, wenn nach der Gestaltung und Durchführung des Leasingvertrags das Wirtschaftsgut nicht dem Leasinggeber, sondern dem Leasingnehmer zuzurechnen ist.

11.8.2 Leasingarten

434 Die Leasingverträge können nach verschiedenen Gesichtspunkten eingeteilt werden. Am gebräuchlichsten ist die Einteilung

- nach der Anzahl und Tätigkeit der beteiligten Personen;
- nach der Art des Leasinggegenstands sowie
- nach der Vertragsgestaltung.

11.8.2.1 Anzahl und Tätigkeit der beteiligten Personen

Danach ist zu unterscheiden:

a) **Direktes Leasing,** d. h., der Produzent ist selbst Leasinggeber gegenüber dem Unternehmer als Leasingnehmer.

b) **Indirektes Leasing,** d. h., zwischen dem Produzenten und dem Unternehmer schaltet sich eine dritte Person (Leasinggesellschaft) ein, die als Leasinggeber fungiert.

c) **Sale and lease back,** d. h., eine Leasinggesellschaft kauft von einem Unternehmer Wirtschaftsgüter, um sie anschließend an diesen Unternehmer zu vermieten (leasen), mit der Folge, dass der Unternehmer Kapital erhält und künftig Leasingraten bezahlt.

11.8.2.2 Art des Leasinggegenstands

Die Einteilung kann aber auch nach der Art des Leasinggegenstands vorgenommen werden. Dann ist zu unterscheiden:

a) **Investitionsgüter-Leasing,** d. h., Vermietung von beweglichen und unbeweglichen betrieblichen Investitionsgütern.

b) **Konsumgüter-Leasing,** d. h., die Leasingnehmer sind meist Privatpersonen, die Güter des täglichen Bedarfs leasen (z. B. Fernseher, Pkw oder Kühlschränke).

c) **Personal-Leasing,** d. h., das Leasinggeschäft betrifft die Vermietung von Arbeitskräften.

11.8.2.3 Einteilung nach Vertragsgestaltung

Für die steuerliche Beurteilung ist die Einteilung nach der Vertragsgestaltung maßgebend. Danach ist zu unterscheiden:

a) **Operating-Leasing,** d. h., ein Wirtschaftsgut wird nur kurzfristig gemietet und anschließend zurückgegeben.

b) **Finanzierungsleasing,** d. h., der Leasingvertrag wird über eine feste Grundmietzeit, die i. d. R. kürzer ist als die betriebsgewöhnliche Nutzungsdauer, unkündbar abgeschlossen. Das Risiko bzgl. des Untergangs des Wirtschaftsguts trägt dabei der Leasingnehmer.

c) **Spezialleasing,** d. h., der Leasinggegenstand ist derart auf die speziellen Bedürfnisse und Verhältnisse des Leasingnehmers zugeschnitten, dass eine anderweitig wirtschaftlich sinnvolle Nutzung nicht mehr möglich ist.

11.8.2.3.1 Steuerliche und buchmäßige Behandlung

Vergleiche das Grundsatzurteil des BFH v. 26.1.1970 - IV R 144/66, BStBl 1970 II S. 264, 435
sowie BMF, Schreiben v. 19.4.1971, BStBl 1971 I S. 264, v. 21.3.1972, BStBl 1972 I S. 188, v. 22.12.1975, BAAAA-76904, und v. 23.12.1991, BStBl 1992 I S. 13 (Leasing-Erlasse).

11.8.2.3.2 Operating-Leasing

Bei dieser Leasingart entspricht die steuerliche Behandlung der des normalen Mietver- 436
trags. Daraus folgt:

- Beim **Leasinggeber** wird der Leasinggegenstand aktiviert und abgeschrieben (soweit abnutzbar). Die erhaltenen Leasingraten sind als Betriebseinnahmen zu erfassen.
- Beim **Leasingnehmer** sind die bezahlten Raten als Betriebsausgaben zu buchen.

11.8.2.3.3 Finanzierungsleasing

Bei dieser Leasingart kommt es für die Frage, wem der Leasinggegenstand zuzurechnen 437
ist, entscheidend auf die Vertragsgestaltung an.

In der Praxis haben sich zwei Vertragsmodelle entwickelt:

a) Vertrag mit **Full-pay-out-Leasing** (Vollamortisation): Das sind Verträge, bei denen die während der fest vereinbarten Grundmietzeit zu zahlenden Leasingraten die Anschaffungskosten einschließlich der Anschaffungsnebenkosten und des kalkulierten Gewinns des Leasinggebers voll abdecken.

Diese Verträge können eine Kauf- oder Mietverlängerungsoption nach Ablauf der Grundmietzeit einschließen oder ohne Optionsrecht abgeschlossen werden.

Die steuerliche Zurechnung des Leasinggegenstands ist der folgenden Übersicht zu entnehmen:

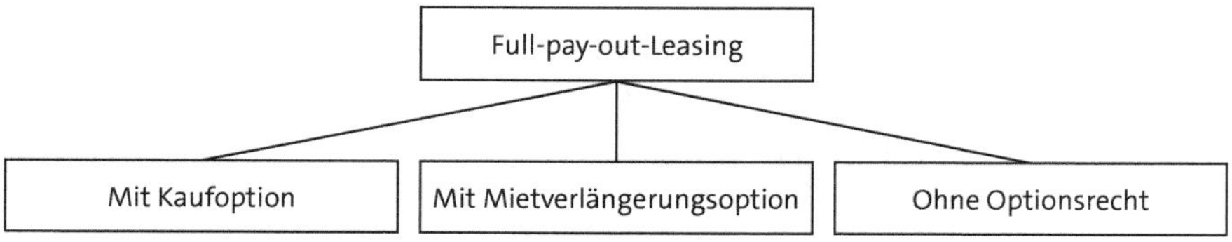

438 **Steuerliche Zurechnung:**

Leasinggeber	Leasinggeber	Leasinggeber
Wenn die Grundmietzeit 40 %–90 % der Nutzungsdauer des Wirtschaftsguts beträgt und der Kaufpreis mindestens dem Restbuchwert (nach linearer AfA) entspricht.	Wenn die Grundmietzeit 40 %–90 % der Nutzungsdauer des Wirtschaftsguts beträgt und die Anschlussmiete mindestens dem Restbuchwert (nach linearer AfA) / Restnutzungsdauer entspricht.	Wenn die Grundmietzeit 40 %–90 % der Nutzungsdauer des Wirtschaftsguts entspricht.

Leasingnehmer	Leasingnehmer	Leasingnehmer
► Wenn die Grundmietzeit < 40 % oder ► wenn die Grundmietzeit > 90 % oder ► wenn die Grundmietzeit 40 %–90 % beträgt und der Kaufpreis niedriger ist als der Restbuchwert (nach linearer AfA).	► Wenn die Grundmietzeit < 40 % oder ► wenn die Grundmietzeit > 90 % oder ► wenn die Grundmietzeit 40 %–90 % beträgt und die Anschlussmiete < Restbuchwert (nach linearer AfA) / Restnutzungsdauer ist.	► Wenn die Grundmietzeit < 40 % oder ► wenn die Grundmietzeit > 90 % ist.

b) Vertrag mit **Non-pay-out-Leasing** (Teilamortisation): Das sind Verträge, bei denen die während der Grundmietzeit zu zahlenden Raten die Anschaffungskosten des Leasinggebers nicht voll decken.

Diese Verträge können ein Verkaufs- oder Kündigungsrecht des Leasinggebers oder eine Beteiligung des Leasingnehmers an einem Mehrerlös beim Verkauf beinhalten.

Die steuerliche Zurechnung des Leasinggegenstands ist der folgenden Übersicht zu entnehmen:

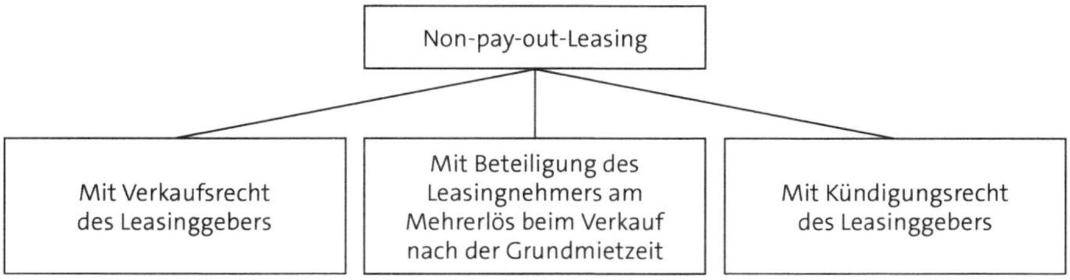

Steuerliche Zurechnung: 439

Leasinggeber	Leasinggeber	Leasinggeber
Ausschließlich	Wenn der Veräußerungserlös > die Restamortisation (= gesamte Anschaffungskosten des Leasinggegenstands abzgl. der Leasingraten während der Grundmietzeit) ist und der Leasinggeber mindestens 25 % vom Mehrerlös erhält.	Ausschließlich

Leasingnehmer	Leasingnehmer	Leasingnehmer
–	In allen übrigen Fällen.	–

Für die **buchmäßige Behandlung** ist die steuerliche Zurechnung des Leasinggegenstands ausschlaggebend. 440

Hinsichtlich der **Zurechnung beim Leasinggeber** ergeben sich keine besonderen Probleme.

Der **Leasinggeber** hat das Wirtschaftsgut mit den Anschaffungs- oder Herstellungskosten zu aktivieren, die AfA als Aufwand zu buchen und die Leasingraten als Betriebseinnahme zu erfassen. Die Nebenkosten für Transport und Montage sind keine Anschaffungs- oder Herstellungskosten. Sonderzahlungen des Leasingnehmers sind passiv abzugrenzen und auf die Grundmietzeit verteilt gewinnerhöhend aufzulösen.

Der **Leasingnehmer** verbucht seine Leasingraten als Betriebsausgaben. Eigene Transport- oder Montagekosten des Leasingnehmers sind Betriebsausgaben. Sonderzahlungen sind aktiv abzugrenzen und auf die Grundmietzeit verteilt gewinnmindernd aufzulösen. 441

Stellt der Leasingnehmer im Zusammenhang mit der Montage des Leasingobjekts besondere Vorrichtungen her (z. B. Fundamente), sind diese Herstellungskosten zu aktivieren (vgl. Bordewin, NWB 22/1996 S. 1813, 1838, EAAAA-74638).

442 Hinsichtlich der **Zurechnung** des Wirtschaftsguts **beim Leasingnehmer** sind insofern Besonderheiten zu berücksichtigen, als dass der zwischen dem Leasinggeber und Leasingnehmer abgeschlossene Leasingvertrag (Mietvertrag) steuerlich als Verkaufsgeschäft beurteilt wird.

Die Leasingraten gelten als Kaufpreisraten, die einen Zins- und einen Tilgungsanteil beinhalten. Daraus folgt:

443 ► **Der Leasinggeber** hat den fiktiven Verkauf des Wirtschaftsguts zu buchen (der Verkaufserlös entspricht seinen Anschaffungskosten).

Zudem hat er eine Kaufpreisforderung an den Leasingnehmer i. H. der Summe der Leasingraten (einschließlich Umsatzsteuer) zu aktivieren.

Außerdem passiviert er einen Rechnungsabgrenzungsposten i. H. des Unterschieds zwischen dieser Forderung (ohne Umsatzsteuer) und den eigenen Anschaffungs- oder Herstellungskosten. Die zufließenden Leasingraten werden erfolgsneutral als Minderung der Kaufpreisforderung gebucht. Zum Jahresabschluss ist der passive Rechnungsabgrenzungsposten entsprechend der Grundmietzeit digital gewinnerhöhend aufzulösen.

444 ► **Der Leasingnehmer** hat das Wirtschaftsgut mit den Anschaffungs- oder Herstellungskosten des Leasinggebers zzgl. eigener Anschaffungsnebenkosten (z. B. Transport und Montage) zu aktivieren.

Zudem hat er eine Verbindlichkeit an den Leasinggeber i. H. der Summe der Leasingraten (einschließlich Umsatzsteuer) zu passivieren.

Außerdem hat er einen aktiven Rechnungsabgrenzungsposten zu bilden, und zwar i. H. des Unterschieds zwischen der Verbindlichkeit (ohne Umsatzsteuer) und den Anschaffungs- oder Herstellungskosten, die für die Berechnung der Leasingraten zugrunde gelegt wurden (also ohne eigene Anschaffungsnebenkosten).

Die zu zahlenden Leasingraten werden erfolgsneutral gebucht und mindern die Verbindlichkeit. Der aktive Rechnungsabgrenzungsposten wird auf die Grundmietzeit verteilt und zum Jahresabschluss digital gewinnmindernd aufgelöst. Ebenso ist die AfA zu buchen.

Bezüglich der im Zusammenhang mit der fiktiven Anschaffung zu buchenden Vorsteuer ist beim Leasingnehmer zu beachten, dass die Vorsteuerbeträge erst mit der Zahlung der Leasingraten anteilig abziehbar werden.

445 **Übungsfall**

Ein Unternehmer U mietet ab dem 1.1.01 einen Lkw von einer Leasinggesellschaft. Die unkündbare Grundmietzeit beträgt drei Jahre. Die monatlichen Leasingraten betragen 3.000 € zzgl. Umsatzsteuer, die jeweils gesondert berechnet wird.

Nach Ablauf der Grundmietzeit ist der Unternehmer U berechtigt, den Lkw für 10.000 € zzgl. Umsatzsteuer zu erwerben.

Die Leasinggesellschaft selbst hat den Lkw zum 1.1.01 für 90.000 € netto angeschafft. Die betriebsgewöhnliche Nutzungsdauer beträgt vier Jahre. Die AfA wurde von der Leasinggesellschaft nicht vorgenommen und die Anschaffung wurde richtig gebucht.

Bei der Lösung ist vorab die Leasingart nach der Vertragsgestaltung zu untersuchen. 446

Im vorliegenden Fall ist eine unkündbare Grundmietzeit von drei Jahren vereinbart, bei der die Summe der Leasingraten (= 108.000 €) größer ist als die Anschaffungskosten.

Somit liegt ein Finanzierungs-full-pay-out-Leasing mit Kaufoption vor.

Die steuerliche Zurechnung erfolgt beim Leasingnehmer, da die Grundmietzeit zwischen 40 % und 90 % der Nutzungsdauer beträgt und der Kaufpreis mit 10.000 € niedriger ist als der Restbuchwert i. H. von 22.500 €.

Der **Leasinggeber** hat zu buchen: 447

Fiktiver Verkauf an den Unternehmer U:

Sonstige Forderungen	130.420 €	an	Lkw	90.000 €
		an	Passiver Rechnungsabgrenzungsposten	18.000 €
		an	Umsatzsteuer	22.420 €

Leasingraten im Jahr 01: 12 × (3.000 € + 570 € Umsatzsteuer =) 3.570 € = 42.840 €.

Bank	42.840 €	an	Sonstige Forderungen	42.840 €

Abschlussbuchung zum 31.12.01:

$^{366}/_{666}$ von 18.000 € = 9.892 €.

Passiver Rechnungsabgrenzungsposten	9.892 €	an	Sonstiger betrieblicher Ertrag	9.892 €

Die Bemessungsgrundlage für die Umsatzsteuer ist die Summe der Leasingraten einschließlich des vereinbarten Kaufpreises bei Kaufoption oder vereinbarten Verlängerungsraten bei vereinbarter Mietverlängerungsoption.

Beim **Leasingnehmer** ist zu buchen: 448

Fiktiver Kauf am 1.1.01:

Lkw	90.000 €			
Aktiver Rechnungsabgrenzungsposten	18.000 €			
Noch nicht verrechenbare Vorsteuer	22.420 €	an	Sonstige Verbindlichkeiten	130.420 €

Leasingraten im Jahr 01: 12 × (3.000 € + 570 € Umsatzsteuer =) 3.570 € = 42.840 €.

Sonstige Verbindlichkeiten	42.840 €	an	Bank	42.840 €
Vorsteuer (12 × 570 € =)	6.840 €	an	Noch nicht verrechenbare Vorsteuer	6.840 €

Abschlussbuchung zum 31.12.01:

366/666 von 18.000 € = 9.892 €.

Sonstiger betrieblicher Aufwand	9.892 €	an	Aktiver Rechnungsabgrenzungsposten	9.892 €
AfA (30 % von 90.000 € =)	27.000 €	an	Lkw	27.000 €

449 Bei Ausübung der Kaufoption ist der vereinbarte Übernahmepreis sofort als Finanzierungsaufwand abzugsfähig. Die Vorsteuer kann nun ebenso aus dem Übernahmepreis abgezogen werden.

In diesem Fall hätte der Leasinggeber zu buchen:

Sonstige Forderungen	10.000 €	an	Sonstiger betrieblicher Ertrag	10.000 €

Die Umsatzsteuer i. H. von 1.900 € war bereits am 1.1.01 entstanden und ist gebucht.

Beim Leasingnehmer muss gebucht werden:

Finanzierungskosten	10.000 €	an	Sonstige Verbindlichkeiten	10.000 €
Vorsteuer	1.900 €	an	Noch nicht verrechenbare Vorsteuer	1.900 €

450 Damit ist die noch nicht verrechenbare Vorsteuer mit 12 × 570 € = 6.840 € × 3 Jahre (Jahr 01–03) = 20.520 € + 1.900 € = 22.420 € aufgelöst.

Mit der Bildung eines Rechnungsabgrenzungspostens und seiner digitalen Auflösung während der Grundmietzeit wird im Ergebnis der in den Leasingraten enthaltene Zins- und Kostenanteil erfolgswirksam verteilt.

451 Zulässig wäre auch nur der Bilanzausweis der Kaufpreisforderung des Leasinggebers bzw. der Kaufpreisschuld des Leasingnehmers i. H. der für die Berechnung der Leasingraten zugrunde gelegten Anschaffungs- oder Herstellungskosten.

Die Leasingraten sind dann in den erfolgswirksam zu verbuchenden Zins- und Kostenanteil und den erfolgsneutralen Tilgungsanteil aufzuteilen.

11.8.2.3.4 Spezialleasing

452 Wird ein Wirtschaftsgut so auf die Bedürfnisse eines Unternehmens zugeschnitten, dass es für andere Unternehmen nicht mehr wirtschaftlich sinnvoll nutzbar ist, dann ist es steuerlich grds. dem Leasingnehmer zuzurechnen.

Für die buch- und bilanzmäßige Darstellung gelten die Ausführungen zum Finanzierungsleasing entsprechend.

11.9 Buchungen beim Tausch von Wirtschaftsgütern

11.9.1 Allgemeines

Beim Tausch berechnen sich die **Anschaffungskosten** des erworbenen Wirtschaftsguts wie folgt (§ 6 Abs. 6 EStG): 453

	Gemeiner Wert des hingegebenen Wirtschaftsguts (brutto)
+	Aufzahlung bzw.
-	erhaltene Zahlung
=	Anschaffungskosten brutto
-	abziehbare Vorsteuer gem. § 15 UStG
=	Anschaffungskosten

Der zu buchende **Veräußerungsgewinn** berechnet sich wie folgt: 454

	Gemeiner Wert des hingegebenen Wirtschaftsguts (brutto)
-	tatsächlich abzuführende Umsatzsteuer
=	Veräußerungserlös netto
-	Buchwert des hingegebenen Wirtschaftsguts
=	Veräußerungsgewinn

11.9.2 Tausch mit Baraufgabe

Beim Tausch von Wirtschaftsgütern mit unterschiedlichem Wert werden zum Ausgleich zusätzlich Geldleistungen erbracht. Dieser Tausch mit Baraufgabe kommt immer dann vor, wenn ein Unternehmer beim Kauf eines Neuwagens seinen gebrauchten (meist abgeschriebenen) Pkw in Zahlung gibt. 455

BEISPIEL: Ein Unternehmer gibt beim Neukauf eines Pkws seinen gebrauchten Pkw (Buchwert 500 €) für 5.000 € in Zahlung (dieser Betrag entspricht dem gemeinen Wert brutto).
Der Autohändler erstellt folgende Abrechnung:

Pkw Neupreis insgesamt	40.000 €
zzgl. 19 % Umsatzsteuer	+ 7.600 €
	47.600 €
abzgl. in Zahlung genommener Pkw	- 5.000 €
Noch zu bezahlen	42.600 €

Der Unternehmer hat den Verkauf des alten Pkws mit

Sonstige Forderungen	5.000 €	an	Pkw	500 €
		an	Umsatzsteuer	798 €
		an	Sonstiger betrieblicher Ertrag	3.702 €

und die Anschaffung des neuen Pkws mit

Pkw	40.000 €			
Vorsteuer	7.600 €	an	Sonstige Verbindlichkeiten	42.600 €
		an	Sonstige Forderungen	5.000 €

zu buchen.

11.9.3 Tausch mit Baraufgabe und verdecktem Preisnachlass

456 Beim Kauf eines Neuwagens wird der gebrauchte Pkw häufig über seinem tatsächlichen Wert in Zahlung genommen, weil dem Händler ein offener Nachlass auf den Neupreis vom Hersteller untersagt ist, der Kunde den Kauf aber ohne den Preisnachlass nicht abschließen würde.

BEISPIEL: Im Sachverhalt des vorherigen Beispiels nimmt der Autohändler den gebrauchten Pkw mit 2.000 € über dem gemeinen Wert in Zahlung, weil der Kunde den Kauf sonst bei der Konkurrenz abschließt.

Die Abrechnung zeigt jetzt folgendes Bild:

Pkw Neupreis insgesamt	40.000 €
zzgl. 19 % Umsatzsteuer	+ 7.600 €
	47.600 €
abzgl. in Zahlung genommener Pkw	- 7.000 €
Noch zu bezahlen	40.600 €

In diesem Fall berechnet sich der Veräußerungsgewinn:

Gemeiner Wert des hingegebenen Pkws	5.000 €
abzgl. tatsächlich abzuführende Umsatzsteuer ($^{19}/_{119}$ von 7.000 € =)	- 1.118 €
Veräußerungserlös netto	3.882 €
abzgl. Buchwert	- 500 €
Veräußerungsgewinn	3.382 €

Die Anschaffungskosten des neuen Pkws betragen:

Gemeiner Wert des hingegebenen Pkws	5.000 €
zzgl. Aufzahlung	+ 40.600 €
Anschaffungskosten brutto	45.600 €
abzgl. abziehbare Vorsteuer	- 7.600 €
Anschaffungskosten netto	38.000 €

Der Unternehmer bucht den Verkauf des alten Pkws mit

Sonstige Forderungen	5.000 €	an	Pkw	500 €
		an	Umsatzsteuer	1.118 €
		an	Sonstiger betrieblicher Ertrag	3.382 €

und die Anschaffung des neuen Pkws mit

Pkw	38.000 €			
Vorsteuer	7.600 €	an	Sonstige Forderungen	5.000 €
		an	Sonstige Verbindlichkeiten	40.600 €

Im Ergebnis entsprechen die Buchungen den tatsächlichen Tauschwerten der Pkw, auch wenn der Händler den Preisnachlass auf den Neuwagen i. H. von 2.000 € in der Abrechnung nicht ausweisen durfte.

FRAGEN 457

		Rz.
1.	Wie sind Lohnvorschüsse beim Arbeitgeber zu buchen?	340 f.
2.	Was verstehen Sie unter einem „Wechsel"?	353
3.	Wie haben die beiden Beteiligten zu buchen, wenn ein Lieferant aufgrund einer noch offenen Warenrechnung einen Wechsel ausstellt, den der Kunde annimmt?	355 ff.
4.	Schildern Sie die umsatzsteuerliche und bilanzsteuerliche Situation bei der Einkaufskommission!	394 f.
5.	Schildern Sie die umsatzsteuerliche und bilanzsteuerliche Situation bei der Verkaufskommission!	396 ff.
6.	Schildern Sie die bilanzsteuerliche Behandlung von Auszahlungsverlusten bei Fälligkeits- und Tilgungsdarlehen!	400 ff.
7.	Schildern Sie die buchtechnische Behandlung des Erwerbs eines Wirtschaftsguts auf Rentenbasis!	420 ff.
8.	Schildern Sie die buchtechnische Behandlung bei Tauschgeschäften mit Baraufgabe und erläutern Sie die Ermittlung des Veräußerungsgewinns!	453 ff.

(Einstweilen frei) 458–600

TEIL B: BILANZIERUNG UND BEWERTUNG NACH HANDELS- UND STEUERRECHT

Teil B: Bilanzierung und Bewertung nach Handels- und Steuerrecht

Kapitel 1: Bilanzauffassungen

1.1 Allgemeines

Bilanzen stellen Instrumente zur Speicherung und Übermittlung von Informationen dar. Damit stellt sich die Frage, über welche Sachverhalte die Bilanz vorrangig informieren soll. 601

Mit dieser Fragestellung beschäftigt sich u. a. die Betriebswirtschaftslehre, die hierbei insbesondere berücksichtigt, welchem Zweck eine Bilanz dienen soll. Hierbei lassen sich **drei verschiedene Analyseschwerpunkte unterscheiden:**

- Interpretation des jetzt geltenden Bilanzrechts,
- Fortentwicklung des Bilanzrechts und
- Bilanzforschung ohne unmittelbare Ausrichtung am geltenden Bilanzrecht.

Im Folgenden wollen wir nur kurz auf die fünf wichtigsten, von der Bilanztheorie entwickelten Bilanzauffassungen eingehen.

1.2 Statische Bilanzauffassung

Als **statische Bilanzauffassung** bezeichnet man eine Betrachtungsweise, die die Gegenüberstellung von Vermögens- und Schuldbeständen zum Bilanzstichtag als ihren Informationsschwerpunkt ansieht. 602

Bilanzen haben daher in erster Linie den Zweck, das vorhandene Vermögen auszuweisen, um darüber zu informieren, inwieweit das vorhandene Vermögen zur Abdeckung der Verbindlichkeiten ausreicht. **Hauptzweck einer Bilanz,** die nach den Grundzügen der statischen Bilanzauffassung erstellt wird, **ist die richtige Vermögensermittlung.**

Demgegenüber stellt die Gewinnermittlung nur ein Nebenprodukt dar. Deshalb haben hier auch Überlegungen, die der richtigen Periodenzurechnung dienen, wie insbesondere Rechnungsabgrenzungen, keinen Platz. Rückstellungen dürfen nur dann in der Bilanz erscheinen, wenn bereits am Bilanzstichtag vom Bestehen einer Verbindlichkeit ausgegangen werden muss.

Als statische Elemente sind in der Handelsbilanz der Begriff des „Vermögensgegenstands“ und in der Steuerbilanz der weitgehend identische Begriff des „Wirtschaftsguts“ enthalten.

Wirtschaftsgüter sind zu bilanzieren. Während die Handelsbilanz jedoch vorwiegend statischen Charakter hat, gehen in die Steuerbilanz auch dynamische Elemente ein.

1.3 Dynamische Bilanzauffassung

603 **Nach der dynamischen Bilanzauffassung liegt der Hauptzweck** der Bilanz **in der richtigen Gewinnermittlung** (= Erfolgsermittlung). Hierbei ermittelt sich der Erfolg (= Gewinn) eines Wirtschaftsjahres als Unterschied zwischen den Erträgen und den Aufwendungen dieses Wirtschaftsjahres. Damit steht bei der dynamischen Bilanztheorie die Gewinn- und Verlustrechnung im Mittelpunkt des Interesses.

„Erträge" sind hierbei alle Einnahmen, die dem Wirtschaftsjahr wirtschaftlich zuzurechnen sind, und zwar unabhängig davon, ob sie vor, während oder nach diesem Wirtschaftsjahr zufließen.

„Aufwendungen" sind entsprechend alle Ausgaben, die dem Wirtschaftsjahr wirtschaftlich zuzurechnen sind, und zwar unabhängig davon, ob sie vor, während oder nach diesem Wirtschaftsjahr abfließen.

Damit muss eine dynamische Bilanz auf der Aktiv- und Passivseite Positionen ausweisen, die der richtigen Gewinnzuordnung zu den einzelnen Perioden dienen. Hier müssen Rechnungsabgrenzungsposten gebildet werden. Rückstellungen können auch dann ausgewiesen werden, wenn sie noch nicht als Verbindlichkeiten angesehen werden können (so z. B. die Rückstellungen für Kulanzleistungen, die in Zukunft bewilligt werden müssen, oder Garantie-Rückstellungen). Produktbezogene Forschungs- und Entwicklungskosten für die Produktweiterentwicklung müssen aktiviert werden, denn sie lassen doch Erträge in der Zukunft erwarten.

Dynamische Elemente (Rechnungsabgrenzungsposten und Rückstellungen) lassen sich sowohl in der Handels- als auch in der Steuerbilanz finden. Da Zweck der Steuerbilanz die richtige, periodengerechte Gewinnermittlung ist – dieser Gewinn soll doch Grundlage für die Steuerfestsetzung sein –, ist die Steuerbilanz tendenziell dynamischer als die Handelsbilanz.

1.4 Organische Bilanzauffassung

604 Bei der organischen Bilanzauffassung dient die Bilanz dem Zweck, die Unternehmenssubstanz zu sichern.

BEISPIEL: Ein Textileinzelhändler hat am 10.1.01 1.000 Handtücher zu 10 € pro Stück gekauft, die er bis zum 10.4.01 für 15 € pro Stück verkauft. Am 10.4.01 betragen die Wiederbeschaffungskosten für den Einzelhändler pro Handtuch 14 € pro Stück. Nach geltendem Bilanzrecht ermittelt sich der Gewinn wie folgt:

Warenerlöse:	1.000 × 15 € =	15.000 €
- Wareneinsatz:	1.000 × 10 € =	- 10.000 €
= Gewinn		5.000 €

Um die Substanz des Unternehmens zu erhalten (d. h. nach dem Verkauf der Handtücher die gleiche Anzahl wiederbeschaffen zu können), müssten zunächst vom Erlös (= 15.000 €) 14.000 € (= 14 € Wiederbeschaffungskosten pro Stück × 1.000 Stück) aufgewandt werden. Nur der übersteigende Betrag (= 1.000 €) stellt also echten Gewinn dar, während der Restgewinn (= 4.000 €) nur ein Scheingewinn ist.

Bei der organischen Bilanzauffassung geht es darum, dafür zu sorgen, dass **Scheingewinne nicht als Erfolg ausgewiesen werden.** Dies geschieht im Rahmen einer Bilanzerstellung nach den gerade geschilderten Prinzipien durch die Bewertung der Vermögensgegenstände mit ihren Wiederbeschaffungskosten.

Die Preissteigerungen werden dadurch im Ergebnis erfolgsneutral (z. B. durch die Buchung: Ware an Kapital) erfasst.

Solche Gedanken haben sich für die Handels- und Steuerbilanzerstellung nicht durchsetzen können. Lediglich die Möglichkeit, bei Bewertungen das Lifo (Last in first out)-Prinzip anwenden zu können, beruht auf den Gedanken der organischen Bilanzauffassung; hierbei unterbleibt die Scheingewinnbesteuerung jedoch nicht generell, sondern wird zeitlich nur hinausgeschoben.

1.5 Kapital- und Substanzerhaltung

In der kapitaltheoretischen Bilanzauffassung steht die Frage der Gewinnermittlung, 605
d. h. die rechnerische Herleitung eines unter ökonomischen Gesichtspunkten entnahmefähigen Betrags, im Mittelpunkt des Interesses. Die Konzeptionen, bei denen die Kapital- bzw. Substanzerhaltung im Vordergrund steht, beschäftigen sich daher hauptsächlich mit der Frage, wie der Jahreserfolg zu ermitteln ist, damit das Kapital bzw. die Substanz eines Betriebs erhalten bleibt.

Beim Konzept der nominellen Kapitalerhaltung steht die Entwicklung des nominellen Eigenkapitals im Fokus: Ein Anstieg dieses Kapitals wird als Gewinn ausgewiesen (private Vorgänge – insbesondere Entnahmen und Einlagen – bleiben bei dieser Darstellung aus Vereinfachungsgründen außer Betracht). Sowohl das Steuerrecht als auch das Handelsrecht orientieren sich an diesem Konzept. Dies gilt auch nach dem BilMoG v. 25.5.2009 (BGBl 2009 I S. 1102): Die Funktion des handelsrechtlichen Jahresabschlusses als Grundlage der Gewinnausschüttung und seine grds. Maßgeblichkeit für die steuerliche Gewinnermittlung bleiben gewahrt.

Der größte Nachteil liegt darin, dass in Inflationsphasen zwar nominell das Kapital erhalten bleibt, da sich Gewinnausschüttungen und Steuern vom Gewinn an diesem Gewinnbegriff orientieren; es kommt jedoch zu einem realen Kapitalverzehr, da das verbleibende Kapital nicht mehr ausreicht, um die ursprünglichen Vermögensgegenstände wieder zu beschaffen.

Das Konzept der realen Kapitalerhaltung geht hingegen von einer kaufkraftbereinigten Kapitalermittlung aus. Hiermit soll die Sicherung des realen Kapitals eines Betriebs gewährleistet werden. Schwierig gestaltet sich hierbei, geeignete Indices für die Wertfindung zu ermitteln. Eine Substanzerhaltung ist dann gewährleistet, wenn maximal der Teil des Ergebnisses ausgeschüttet und als Steuer abgeführt werden muss, der nicht mehr zur Wiederbeschaffung der am Anfang der Periode vorhandenen Vermögensgegenstände benötigt wird.

1.6 Ökonomischer Gewinn

606 Hierbei wird versucht, eine Gesamtbewertung des Betriebs auf der Grundlage der in Zukunft nachhaltig erzielbaren Erträge vorzunehmen. Als Unternehmenswert gilt dabei das diskontierte Entnahmepotential. Der ökonomische Gewinn einer Periode ist der Unterschied zwischen dem Unternehmenswert am Ende und am Anfang einer Periode. Dieses Konzept ist theoretisch hervorragend. Aber praktisch ist eine Objektivierung – wie sie sowohl für die handels- als auch für die steuerrechtliche Rechnungslegung unabdingbar ist – in diesem System nicht vorstellbar.

1.7 Informationsbezogene Bilanzauffassung

606a Die informationsbezogene Bilanzauffassung lehnt den herkömmlichen Jahresabschluss aufgrund der unzureichenden Berücksichtigung der Interessenlage der Bilanzadressaten ab. Sie versucht den Aussagegehalt des Jahresabschlusses durch zusätzliche andere Rechenwerke zu steigern.

607 FRAGEN

		Rz.
1.	Nennen Sie die wichtigsten Bilanzauffassungen und beschreiben Sie deren Hauptzwecke!	602–606a
2.	Welche wichtigen Elemente der verschiedenen Bilanzauffassungen finden sich in der Handels- und Steuerbilanz und welche Bilanzauffassung hat die Handels- und die Steuerbilanz hauptsächlich beeinflusst?	602, 603

Kapitel 2: Prinzipien bei der Bilanzaufstellung

2.1 GoB

Die Handelsbilanz muss nach den Vorschriften der §§ 238 ff. HGB aufgestellt werden. 608

Die Handelsbilanz sowie die ihr zugrundeliegende Buchführung muss den GoB entsprechend erstellt werden. In ihr ist das Betriebsvermögen – nicht jedoch das Privatvermögen – auszuweisen. Da die Steuerbilanz ihrer Natur nach eine aufgrund zwingender steuerrechtlicher Vorschriften korrigierte Handelsbilanz ist, gelten auch für die **Steuerbilanz die GoB.** Bindeglied zwischen Handels- und Steuerrecht ist hier § 5 Abs. 1 EStG.

Die GoB sind die Regeln, die ein Kaufmann bei der Erstellung seiner Buchführung und seines Jahresabschlusses zu beachten hat.

Da zwischen den handels- und steuerrechtlichen Vorschriften weitgehend Übereinstimmung besteht, kann man davon ausgehen, dass sowohl die Steuerpflichtigen, die ihren Gewinn gem. § 5 EStG ermitteln, als auch diejenigen, die gem. § 4 Abs. 1 EStG ihre Gewinnermittlung erstellen, die GoB beachten müssen (vgl. § 141 Abs. 1 Satz 2 AO).

Gemäß § 241a Abs. 1 und § 242 Abs. 4 HGB sind Einzelkaufleute von der Pflicht zur Buchführung, zur Errichtung eines Inventars und eines Jahresabschlusses befreit, wenn an zwei aufeinander folgenden Stichtagen kumulativ die Umsatzerlöse kleiner als 800.000 € und der Jahresüberschuss kleiner als 80.000 € ist. Diese Schwellenwerte sind am 28.3.2024 durch das Wachstumschancengesetz v. 27.3.2024 (BGBl 2024 I Nr. 108) in Kraft getreten und gelten rückwirkend ab dem 1.1.2024. Wer i. S. der §§ 238 ff. HGB buchführungspflichtig ist, hat die Bücher und Aufzeichnungen auch für Zwecke der Besteuerung gem. § 140 AO zu erfüllen. Daneben existiert gem. § 141 AO eine Buchführungspflicht für gewerbliche Unternehmer (sowie Land- und Forstwirte), wenn die Finanzbehörde für den einzelnen Betrieb festgestellt hat, dass die Umsätze eines Kalenderjahres (einschließlich der steuerfreien Umsätze, ohne die Umsätze des § 4 Nr. 8–10 UStG) 800.000 € übersteigen oder ein (steuerlicher) Gewinn i. H. von mehr als 80.000 € erzielt wurde.

Diese Grundsätze ergeben sich aus 609

- Rechtsnormen, z. B. den §§ 238 ff. HGB und den §§ 140 ff. AO,
- Gewohnheitsrecht, z. B. der Möglichkeit, eine Rücklage für Ersatzbeschaffung bilden zu dürfen (R 6.6 EStR; ab dem Jahr 2010 dürfen neue Rücklagen für Ersatzbeschaffung nur noch in der Steuerbilanz gebildet werden),
- unbestimmten Rechtsbegriffen, die unter Berücksichtigung des Bilanzierungszwecks von der Rechtsprechung konkretisiert werden; hierbei werden der Handelsbrauch, die Verkehrssitte des Handels oder die Verkehrsanschauung zur Rechtsfindung hinzugezogen.

Eine Buchführung ist dann **ordnungsgemäß**, wenn sie **einem sachverständigen Dritten** innerhalb einer angemessenen Zeit einen Überblick über die Geschäftsvorfälle und über die Lage des Unternehmens vermitteln kann (vgl. § 238 Abs. 1 Satz 2 HGB und § 145 Abs. 1 AO). 610

Ein bestimmtes Buchführungssystem ist also nicht vorgeschrieben; jedoch muss das gewählte System die Erfassung aller Geschäftsvorfälle und des Vermögens sicherstellen; dies wird dadurch erreicht, dass der Bilanz eine doppelte Buchführung gem. § 242 HGB zugrunde liegt.

Um einen Überblick über die Geschäftsvorfälle geben zu können, ist es auch erforderlich, dass die Geschäftsvorfälle sich in ihrer Entstehung und Abwicklung verfolgen lassen (§ 238 Abs. 1 Satz 3 HGB).

Bei der Führung der Handelsbücher und den sonst erforderlichen Aufzeichnungen muss der Kaufmann eine lebende Sprache verwenden. Wird eine andere als die deutsche Sprache verwendet, kann die Finanzbehörde Übersetzungen verlangen (§ 239 Abs. 1 Satz 1 HGB und § 146 Abs. 3 AO).

Die Eintragung in Büchern und die sonst erforderlichen Aufzeichnungen müssen

- vollständig,
- richtig,
- zeitgerecht und
- geordnet

vorgenommen werden (§ 239 Abs. 2 HGB und § 146 Abs. 1 AO). Das bedeutet auch, dass die Buchungen nicht unbedingt chronologisch vorgenommen werden müssen. So erfolgen z. B. bei EDV-Buchführungen die Buchungen häufig nach Belegkreisen, das bedeutet z. B., dass erst alle über die Kasse abgewickelten Geschäftsvorfälle erfasst werden und erst dann alle über die Bank abgewickelten Geschäftsvorfälle.

Eine Eintragung oder eine Aufzeichnung darf nicht in einer Weise verändert werden, dass der ursprüngliche Inhalt nicht mehr feststellbar ist (§ 239 Abs. 3 Satz 1 HGB und § 146 Abs. 4 AO). Dies gilt auch für EDV-Buchführungen.

Die Handelsbücher und die sonst erforderlichen Aufzeichnungen können auf Datenträgern geführt werden, wenn die hierbei angewandten Verfahren im Übrigen den GoB entsprechen (vgl. § 239 Abs. 4 HGB und § 146 Abs. 5 AO). Hiernach sind sowohl eine Loseblattbuchführung (= Durchschreibebuchführung) als auch eine Fernbuchführung zulässig.

Bücher und die sonst erforderlichen Aufzeichnungen sind i. d. R. im Geltungsbereich der AO zu führen und aufzubewahren (§ 146 Abs. 2 Satz 1 AO). § 146 Abs. 2a AO eröffnet dem Steuerpflichtigen die Möglichkeit, elektronische Bücher sowie sonstige erforderliche elektronische Aufzeichnungen in einem anderen Mitgliedstaat oder in mehreren Mitgliedstaaten der EU zu führen und aufzubewahren.

Zu den Mindesterfordernissen, die vom Kaufmann (vom Steuerpflichtigen) zu erfüllen sind, gehören:

- Führung eines Kassenbuchs (die Kasseneinnahmen und -ausgaben sollen täglich festgehalten werden, § 146 Abs. 1 Satz 2 AO),
- Führung von Kontokorrentkonten (der Betriebsinhaber soll zu jeder Zeit den jeweiligen Bestand seiner Verbindlichkeiten und Forderungen ermitteln können),

- Führung von Wareneingangs- und ggf. von Warenausgangsbüchern (§§ 143 und 144 AO) sowie
- die jährliche Durchführung der Inventur (§§ 240 und 241 HGB).

Hierbei muss im Einzelnen festgehalten werden:

- Genaue Bezeichnung der Gegenstände,
- Mengenangabe,
- Angabe des Inventurwerts und
- Angabe des Tags der Bestandsaufnahme.

Gleichartige Wirtschaftsgüter können hierbei zu Warengruppen bzw. zu Gruppen gleichartiger beweglicher Wirtschaftsgüter zusammengefasst werden.

Gemäß § 243 Abs. 3 HGB ist der Jahresabschluss innerhalb der einem ordnungsmäßigen Geschäftsgang entsprechenden Zeit aufzustellen. Nach der Rechtsprechung ist hierunter ein Zeitraum von ca. einem Jahr zu verstehen; für Kapitalgesellschaften beträgt dieser Zeitraum drei Monate und für kleine Kapitalgesellschaften sechs Monate (§ 264 Abs. 1 Satz 3 und 4 HGB).

Eine Buchführung ist nur dann beweiskräftig, wenn für **jede Buchung ein Beleg vorhanden ist,** aus dem der zugrundeliegende Geschäftsvorfall erkennbar und auch nachweisbar ist. Um diese Funktion zu gewährleisten, sind gesetzliche Aufbewahrungspflichten bestimmt (§ 257 HGB und § 147 AO): 611

Dauer der Aufbewahrungspflichten für		
► Bücher und Aufzeichnungen ► Inventare ► Bilanzen ► Jahresabschlüsse ► Lageberichte ► Buchungsbelege ► Zum Verständnis der Bilanzen erforderliche Arbeitsanweisungen ► Organisationsunterlagen	Buchungsbelege	► Empfangene Handels- und Geschäftsbriefe ► Wiedergaben der abgesandten Handels- und Geschäftsbriefe ► Sonstige für die Besteuerung erforderliche Unterlagen
10 Jahre	**8 Jahre**	**6 Jahre**

Die Aufbewahrungsfrist beginnt gem. § 147 Abs. 4 AO und § 257 Abs. 5 HGB mit Ablauf des Kalenderjahres, in dem

- die letzte Eintragung in das Buch gemacht ist,
- das Inventar aufgestellt ist,

- die Bilanz fertiggestellt ist,
- der Handels- oder Geschäftsbrief empfangen oder abgesandt ist,
- der Buchungsbeleg entstanden ist,
- die Aufzeichnungen vorgenommen wurden oder
- die sonstigen Unterlagen entstanden sind.

Unter bestimmten Voraussetzungen (vgl. § 147 Abs. 3 Satz 3 AO i. V. mit BMF, Schreiben v. 25.10.1977, BStBl 1977 I S. 487) verlängert sich die Aufbewahrungsfrist (Ablaufhemmung), z. B. bei

- begonnener Außenprüfung,
- vorläufiger Steuerfestsetzung gem. § 165 AO und
- eingeleiteten steuerstraf- oder bußgeldrechtlichen Ermittlungen.

612 Es besteht ein **Saldierungsverbot:** Posten der Aktivseite dürfen nicht mit Posten der Passivseite, Aufwendungen nicht mit Erträgen und Grundstücksrechte nicht mit Grundstückslasten verrechnet werden (§ 246 Abs. 2 HGB). Ausnahmen vom Saldierungsverbot ergeben sich aus § 246 Abs. 2 Satz 2 HGB. Ab dem Jahr 2010 besteht ein Saldierungsgebot von Schulden mit Planvermögen (bei Altersversorgungsverpflichtungen).

Die vorstehenden GoB werden häufig auch unter dem Schlagwort **„Bilanzklarheit“** zusammengefasst und betreffen im Wesentlichen die formelle Seite der Ordnungsmäßigkeit einer Buchführung.

Daneben existiert auch noch die Verpflichtung, eine „wahre“ Bilanz aufzustellen (**„Bilanzwahrheit“**). Dazu müssen **sämtliche** Vermögensgegenstände, Schulden, Rechnungsabgrenzungsposten, Aufwendungen und Erträge erfasst werden (§ 246 Abs. 1 HGB).

613 Nach Inkrafttreten des BilMoG v. 25.5.2009 (BGBl 2009 I S. 1102) dürfen in der Handelsbilanz Passivposten, die für Zwecke der Steuern vom Einkommen und Ertrag zulässig sind, nicht mehr gebildet werden (durch Streichung des bis zum 31.12.2009 gültigen § 247 Abs. 3 HGB). Damit sind Sonderposten in der Handelsbilanz ab dem 1.1.2010 nicht mehr zulässig (jedoch Übergangsregelung). In der Handelsbilanz sind aber nach der ab dem 1.1.2010 geltenden Norm des § 246 Abs. 1 HGB auf der Passivseite zusätzlich latente Steuern auszuweisen.

Diese Positionen müssen im Rahmen der Bewertungsvorschriften des Handels- und Steuerrechts fachgerecht bewertet werden. Hierdurch wird sowohl ein überhöhter Vermögensausweis als auch die willkürliche Bildung stiller Reserven vermieden.

614 Die allgemeinen Bewertungsgrundsätze sind in § 252 HGB niedergelegt:

- Bei der Bewertung ist von der Fortführung der Unternehmenstätigkeit auszugehen, sofern dem nicht tatsächliche oder rechtliche Gegebenheiten entgegenstehen.
- Die Vermögensgegenstände und Schulden sind zum Bilanzstichtag einzeln zu bewerten **(Grundsatz der Klarheit)**.

- Es ist vorsichtig zu bewerten. Namentlich sind alle vorhersehbaren Risiken und Verluste, die bis zum Abschlussstichtag entstanden sind, zu berücksichtigen **(Grundsatz der Vorsicht)**.
- Gewinne sind nur zu berücksichtigen, wenn sie am Abschlusstag realisiert sind **(Grundsatz der Vorsicht)**.
- Aufwendungen und Erträge des Geschäftsjahres sind unabhängig von den Zeitpunkten der entsprechenden Zahlungen im Jahresabschluss zu berücksichtigen **(Grundsatz der Klarheit)**.
- Die auf den vorhergehenden Jahresabschluss angewandten Bewertungsmethoden sind gem. § 252 Abs. 1 Nr. 6 HGB beizubehalten **(Grundsatz der Bilanzkontinuität)**.

Weist eine Buchführung **formelle Mängel** auf, wird sie so lange nicht beanstandet, wie 615
das sachliche Ergebnis richtig ist und die Mängel keinen erheblichen Verstoß gegen die Ordnungsmäßigkeit darstellen.

Sind **materielle Mängel** gegeben,

- können die Fehler in der Buchführung in vollem Umfang berichtigt werden oder
- kann das Buchführungsergebnis durch eine ergänzende Schätzung berichtigt werden oder
- kann das gesamte Ergebnis unter Verwendung der vorhandenen Buchführungsunterlagen geschätzt werden.

Abschließend noch zwei Hinweise:

- Die Ordnungsmäßigkeit der Buchführung ist keine Voraussetzung für Steuervergünstigungen.
- Die Verletzung von Buchführungspflichten kann straf- oder bußgeldrechtliche Folgen haben.

2.2 Stichtagsprinzip

Der für die Bilanzierung und die Bewertung maßgebende Zeitpunkt ist 616

- gem. § 242 Abs. 1 HGB der Schluss des Geschäftsjahres oder
- gem. § 4 Abs. 1 und § 4a EStG sowie § 8b EStDV der Schluss des Wirtschaftsjahres.

Hierbei stimmen der handelsrechtliche Begriff des Geschäftsjahres und der steuerrechtliche Begriff des Wirtschaftsjahres weitgehend überein.

Alle zu diesem Zeitpunkt zum Betriebsvermögen gehörenden Wirtschaftsgüter sind

- zu bilanzieren und
- nach den Wertverhältnissen des Bilanzstichtags zu bewerten.

Die **Bilanz ist innerhalb einer angemessenen Zeit** nach dem Bilanzstichtag – i. d. R. innerhalb eines Jahres – zu erstellen (vgl. § 243 Abs. 3 HGB und BFH-Rechtsprechung).

Kapitalgesellschaften müssen den Jahresabschluss innerhalb von drei Monaten nach dem Bilanzstichtag aufstellen; für kleine Kapitalgesellschaften gilt eine Frist von sechs Monaten (§ 264 Abs. 1 Satz 3 und 4 HGB).

617 Bei der Bilanzierung und Bewertung dürfen nur solche Umstände berücksichtigt werden, die am **Bilanzstichtag objektiv bestanden haben.** Vorgänge, die sich im Zeitraum zwischen dem Bilanzstichtag und dem Tag der Bilanzaufstellung ereignen und die Bilanzierungspflichten begründen oder die Wertverhältnisse beeinflussen, dürfen bei der Bilanzaufstellung nicht berücksichtigt werden.

BEISPIEL: Am 23.10.03 wird ein Kaufvertrag zwischen einem Holzhändler und seinem Kunden über einen Posten „Bauholz" geschlossen (vereinbarter Kaufpreis 1.000 € zzgl. Umsatzsteuer, Anschaffungskosten der Ware 700 € zzgl. Umsatzsteuer). Die Ware wird am 3.1.04 ausgeliefert.

Der Gewinn ist im Jahr 03 nicht realisiert worden und darf deshalb im Rahmen der Bilanzaufstellung zum 31.12.03 nicht berücksichtigt werden.

BEISPIEL: Der Teilwert eines Postens „Wertpapiere" hat sich wie folgt entwickelt:

- Anschaffungskosten am 1.5.02: 20.000 €,
- Teilwerte
  - am 31.7.02: 18.000 €,
  - am 31.12.02: 22.000 € und
  - am 12.7.03 (dem Tag der Bilanzaufstellung): 15.000 €.

Für die Bewertung zum Bilanzstichtag (31.12.02) kommen die Anschaffungskosten und der Teilwert zum Bilanzstichtag in Frage. Da hier der Teilwert jedoch höher ist als die Anschaffungskosten, kommt er nicht als Bewertungsmaßstab in Betracht. Die Wertverhältnisse zu anderen Stichtagen dürfen bei der Bewertung nicht berücksichtigt werden. Neben den Anschaffungs- bzw. Herstellungskosten sind nur die Wertverhältnisse zum Bilanzstichtag entscheidend.

BEISPIEL: Eine Warenlieferung am 29.12.01 (Rechnungsbetrag 20.000 € zzgl. Umsatzsteuer) wird am 5.1.02 unter Abzug von 4 % Skonto bezahlt. Am 31.12.01 sind die Waren noch im Bestand vorhanden.

Die Waren sind am 31.12.01 mit 20.000 € zu bewerten. Die Minderung der Anschaffungskosten um 800 € (= 4 % von 20.000 €) tritt erst im Jahr 02 ein.

618 Nach der sog. **„Wertaufhellungstheorie"** sind aber Erkenntnisse, die zwischen dem Bilanzstichtag und dem Tag der Bilanzaufstellung gewonnen werden, bei der Bilanzaufstellung zu berücksichtigen, soweit sich diese besseren Erkenntnisse auf Verhältnisse am Bilanzstichtag beziehen.

Die Bilanzaufstellung muss jedoch **innerhalb** eines Zeitraums von einem Jahr erfolgen. Wird die Bilanz später erstellt, dürfen und müssen nur die wertaufhellenden Umstände bei der Bilanzaufstellung berücksichtigt werden, die innerhalb der Frist eines Jahres bekannt werden (innerhalb eines Jahres ist gem. § 243 Abs. 3 HGB i. V. mit der BFH-Rechtsprechung eine Bilanz zu erstellen).

Eine solche Wertaufhellung ist insbesondere bei solchen Bilanzpositionen denkbar, deren Wert wegen großer Unsicherheiten geschätzt werden muss (z. B. Rückstellungen für drohende Verluste aus schwebenden Geschäften und für ungewisse Verbindlichkeiten oder die Bewertung von Forderungen).

Hierbei geht es also darum, die **Verhältnisse am Bilanzstichtag** möglichst richtig zu erfassen.

Wichtig ist, dass man sich den Unterschied zwischen Wertaufhellung und Wertbeeinflussung klar macht.

Wertaufhellende Tatsachen liegen vor, wenn nach dem Bilanzstichtag Erkenntnisse gewonnen werden, die sich auf Verhältnisse am Bilanzstichtag beziehen.

Demgegenüber sind **wertbeeinflussende Tatsachen** dann gegeben, wenn Tatsachen (Vorgänge) nach dem Bilanzstichtag den Wert von Bilanzpositionen verändern, ohne jedoch den Wert zum Bilanzstichtag zu berühren. 619

Für die Bilanzierung ist insbesondere das Realisationsprinzip gem. § 252 Abs. 1 Nr. 4 HGB zu beachten. Danach dürfen Gewinne aus Umsatzgeschäften handelsrechtlich – dies gilt auch steuerrechtlich – erst dann ausgewiesen werden, wenn sie durch einen Realisationsakt verwirklicht sind.

BEISPIEL 1: Ein Steuerpflichtiger hat zum 31.12.01 eine Rückstellung für das Wechselobligo i. H. von 10.000 € gebildet. Nach den Erfahrungen der Vergangenheit ist die Höhe der Rückstellung nicht zu beanstanden.

a) Die Bilanz wird am 30.1.02 aufgestellt. Zu diesem Zeitpunkt sind noch Wechsel i. H. von 15.000 € nicht eingelöst worden.

b) Die Bilanz wird am 20.4.02 aufgestellt. Zu diesem Zeitpunkt sind alle Wechsel von dem Bezogenen eingelöst worden.

c) Fall wie unter Buchst. b) dargestellt; jedoch konnte ein Bezogener seiner Wechselverpflichtung i. H. von 15.000 € nur deshalb nachkommen, weil er am 10.1.02 eine beträchtliche Erbschaft gemacht hat.

Lösung:

a) Die Rückstellung i. H. von 10.000 € ist zu Recht gebildet worden, da
   - sie nach den Erfahrungen der Vergangenheit gerechtfertigt erscheint und
   - eine Inanspruchnahme aus dem Wechselobligo i. H. von 10.000 € zum Tag der Bilanzaufstellung möglich ist.

b) Die Rückstellung darf nicht gebildet werden, da die Einlösung aller Wechsel vor dem Tag der Bilanzaufstellung wertaufhellend die Erkenntnis brachte, dass bereits am Bilanzstichtag nicht mehr mit einer Inanspruchnahme aus dem Obligo zu rechnen war.

c) Hier muss eine Rückstellung gebildet werden, da
   - sie nach den Erfahrungen der Vergangenheit gerechtfertigt erscheint und
   - eine Inanspruchnahme aus dem Obligo **am Bilanzstichtag** möglich ist; erst nach dem Bilanzstichtag – am Tag der Erbschaft – minderte sich dieses Risiko entscheidend.

   Eine solches Ereignis ist jedoch wertbeeinflussend und damit bei der Bilanzerstellung nicht zu berücksichtigen.

BEISPIEL 2: Ein Steuerpflichtiger stellt seine Bilanz zum 31.12.01 am 1.5.02 auf. Hierbei geht es auch um die Bewertung einer Kundenforderung i. H. von 23.800 € (einschließlich 3.800 € Umsatzsteuer).

a) Der Kunde befindet sich seit dem 10.12.01 in Zahlungsschwierigkeiten. Es ist damit zu rechnen, dass möglicherweise 50 % der Forderung ausfallen; dies erfährt der Steuerpflichtige am 15.1.02.

b) Der Kunde befindet sich seit dem 10.1.02 in Zahlungsschwierigkeiten, was der Steuerpflichtige am selben Tag erfährt.

Lösung:

a) Diese bessere Erkenntnis nach dem Bilanzstichtag hellt nur auf, dass die Forderung am Bilanzstichtag objektiv unsicher war. Sie ist damit als wertaufhellende Tatsache für die Wertfindung zu berücksichtigen:

Nettoforderung	20.000 €
abzgl. Wertminderung	- 10.000 €
	10.000 €
zzgl. Umsatzsteuer	+ 3.800 €
Bilanzansatz	13.800 €

(Eine Umsatzsteuerberichtigung kommt hier zunächst gem. § 17 Abs. 2 UStG nicht in Betracht.)

b) Hier liegt eine wertbeeinflussende Tatsache nach dem Bilanzstichtag vor – der Kunde geriet am 10.1.02 in Zahlungsschwierigkeiten. Dieser Vorgang kann für die Bilanzaufstellung keine Bedeutung haben. Die Forderung ist mit 23.800 € in der Bilanz auszuweisen.

BEISPIEL 3: Gegen einen Steuerpflichtigen schwebt ein Prozess wegen einer Patentverletzung. Dieser rechnet am Bilanzstichtag, dem 31.12.01, zu Recht mit einer Inanspruchnahme i. H. von 200.000 € und bildet in dieser Höhe auch eine Rückstellung. Am 20.4.02 wird ein Urteil rechtskräftig, nach dem er lediglich 100.000 € an den Prozessgegner zu zahlen hat.

Durch dieses Urteil wird wertaufhellend aufgedeckt, dass in der Bilanz zum 31.12.01 nur eine Rückstellung i. H. von 100.000 € zu bilden ist; denn die Höhe der Zahlungen aufgrund der Patentverletzung wird nicht durch das Urteil wertbeeinflussend festgelegt, sondern dies geschah vielmehr durch den Akt der Patentverletzung durch den Steuerpflichtigen. Das Urteil deckt lediglich auf, wie diese Patentverletzung zu bewerten war.

BEISPIEL 4: Ein Steuerpflichtiger hat einen Geschäftspartner auf Schadensersatz verklagt. Am Bilanzstichtag, dem 31.12.01, rechnet er mit einem Schadensersatz i. H. von 100.000 €. Am 3.1.02 ergeht ein letztinstanzliches Urteil, das ihm einen Schadensersatz i. H. von 150.000 € zuspricht.

Am 31.12.01 darf keine Schadensersatzforderung aktiviert werden; dies würde gegen das Realisationsprinzip verstoßen. Die Forderung entsteht nämlich erst durch das Urteil (rechtlich zutreffender ausgedrückt: Durch das Urteil ist die Grundlage für die Durchsetzbarkeit des Anspruchs geschaffen). Hier ist das Urteil – wegen des für die Aktivseite geltenden Prinzips „Nicht realisierte Gewinne dürfen nicht ausgewiesen werden" – wertbeeinflussend. Erst durch das Urteil wird der Gewinn realisiert.

LITERATURHINWEIS

Gerke/Kirchner/Kühn/Steiner, Fallsammlung Bilanzsteuerrecht, 21. Aufl. 2026, Fall 8–13.

2.3 Bilanzenzusammenhang

2.3.1 Allgemeines

620 Der Grundsatz des Bilanzenzusammenhangs ist in § 252 Abs. 1 Nr. 1 HGB verankert: *„Die Wertansätze in der Eröffnungsbilanz des Geschäftsjahres müssen mit denen der Schlussbilanz des vorhergehenden Geschäftsjahres übereinstimmen."*

Aus § 4 Abs. 1 EStG folgt die **zweifache Maßgeblichkeit** der Bilanz für die Vergangenheit (als Schlussbilanz des abgelaufenen Wirtschaftsjahres) und für die Zukunft (als Eröffnungsbilanz des folgenden Wirtschaftsjahres).

Die handels- sowie die steuerrechtliche Vorschrift haben beide den gleichen Zweck: Die vollständige Erfassung des Totalgewinns soll sichergestellt werden; deshalb müssen die Schlussbilanz eines Wirtschaftsjahres und die Eröffnungsbilanz des folgenden Wirtschaftsjahres ziffernmäßig übereinstimmen.

Hierzu genügt es nicht, dass nur bei der Position „Eigenkapital" Übereinstimmung besteht. Vielmehr muss diese Übereinstimmung für jeden Bilanzposten gelten. Das bedeutet: Jeder Bilanzposten, der in der Schlussbilanz enthalten ist, muss in der Eröffnungsbilanz des Folgejahres enthalten sein, und zwar genau mit dem Wert, mit dem er in der Schlussbilanz angesetzt ist (Bilanzidentität).

Die Beachtung des Grundsatzes des Bilanzenzusammenhangs ist für das Steuerrecht 621
von besonderer Bedeutung. Der Steuerbilanzgewinn geht als Besteuerungsgrundlage in die Steuerfestsetzung ein. Unter diesem Gesichtspunkt bedeutet die Zweischneidigkeit der Bilanz:

- Im Jahr 01 nicht erfasste Erträge des Jahres 01 werden später erfasst.

BEISPIEL: Forderungen aus Warenlieferungen i. H. von 11.900 € werden nicht ausgewiesen. Demzufolge wird im Jahr 01 kein Ertrag gebucht und die Besteuerungsgrundlage „Gewinn des Jahres 01" ist um 10.000 € (= Nettobetrag ohne Umsatzsteuer der Forderungen) zu niedrig ausgewiesen. Dadurch wird im Jahr 01 eine falsche Steuer festgesetzt.

Gehen diese Forderungen in das Jahr 02 ein, sorgt der Bilanzenzusammenhang unter der Voraussetzung, dass die Umsatzsteuer 01 noch berichtigt werden kann, dafür, dass der Ertrag i. H. von 10.000 € im Jahr 02 erfasst wird. Die Buchung, die bei richtigem Forderungsausweis zum 31.12.01 im Jahr 02 vorzunehmen gewesen wäre (Geldkonto 11.900 € an Forderungen 11.900 €), ist jetzt nicht möglich. Sonst würde im Jahr 02 eine „negative" Forderung eingebucht. Deshalb muss bei vorgenanntem Sachverhalt die Buchung lauten:

Geldkonto	11.900 €	an	Ertrag (WVK)	10.000 €
		an	Umsatzsteuer	1.900 €

Hier werden also im Jahr 01 ein um 10.000 € zu niedriger Gewinn und im Jahr 02 ein um 10.000 € zu hoher Gewinn ausgewiesen. Der falsche zu hohe Gewinn des Jahres 02 ist auch der Steuerfestsetzung für das Jahr 02 zugrunde zu legen.

- Im Jahr 01 nicht erfasste Aufwendungen des Jahres 01 werden später erfasst.

BEISPIEL: Der Warenbestand zum 31.12.01 ist um 10.000 € zu hoch ausgewiesen. Folgerichtig ist der Wareneinsatz im Jahr 01 um 10.000 € zu niedrig erfasst. Im Jahr 02 ist der Warenanfangsbestand zu hoch bewertet. Daraus ergibt sich – vorausgesetzt, dass der Warenbestand zum 31.12.02 zutreffend ausgewiesen ist – ein um 10.000 € zu hoher Wareneinsatz im Jahr 02.

Somit ist im Jahr 01 der Gewinn um 10.000 € zu hoch und im Jahr 02 der Gewinn um 10.000 € zu niedrig ermittelt worden.

In solchen Fällen wird zwar zweimal ein falscher Gewinn ausgewiesen; bei Addition der „Abschnittsgewinne" ergibt sich jedoch die objektiv richtige Gewinnsumme der beiden betroffenen Wirtschaftsjahre.

Da im Steuerrecht der Grundsatz der Abschnittsbesteuerung gilt, verbietet es sich, bei während der Bilanzaufstellung gemachten Fehlern darauf zu warten, bis sich der Fehler automatisch aufhebt (durch einen zweiten Fehler). Vielmehr müssen fehlerhafte Bilanzansätze berichtigt werden. Dies geschieht mittels einer Bilanzberichtigung.

„Bilanzberichtigung" heißt, dass ein fehlerhafter Bilanzansatz durch einen richtigen Bilanzansatz ersetzt wird.

Weitere Ausführungen zu Bilanzberichtigungen siehe Rz. 1194 ff.

2.3.2 Kapitalangleichungsbuchungen

2.3.2.1 Allgemeines

622 Wird ein fehlerhafter Bilanzansatz durch eine Betriebsprüfung – i. d. R. dadurch, dass eine Prüferbilanz aufgestellt wird – berichtigt, ist damit ja nicht bereits die Anfangsbilanz des Folgejahres berichtigt worden.

Der Betriebsprüfer verändert nicht die laufende Buchführung des Betriebs, diese Aufgabe muss die Buchhaltung in der Firma – oder der Steuerberater – übernehmen.

Dies geschieht dadurch, dass sog. „Kapitalangleichungsbuchungen" durchgeführt werden.

Eine solche Kapitalangleichung erfolgt bei Einzelunternehmen und Personengesellschaften in Form einer Buchung, in der sämtliche Veränderungen von Bilanzposten (zwischen ursprünglicher Steuerbilanz und der Prüferbilanz) erfasst werden und das Gegenkonto jeweils das Kapitalkonto ist (bzw. die Kapitalkonten der Gesellschafter sind).

2.3.2.2 Exkurs: Die Mehr- und Wenigerrechnung

623 Nach einer Betriebsprüfung erstellt der Prüfer i. d. R. eine Mehr- und Wenigerrechnung: Eine zusammenfassende Darstellung der Gewinnänderungen in den einzelnen Prüfungsjahren, die sich als Folge der Betriebsprüfung ergeben haben.

Daneben werden nach Abschluss der Prüfung lediglich berichtigte Prüferbilanzen erstellt, damit der Steuerpflichtige bzw. sein Berater die Anfangsbestände des auf den Prüfungszeitraum folgenden Jahres in der Buchführung den berichtigten Schlussbeständen des Prüfers durch eine Kapitalangleichungsbuchung anpassen kann. In aller Regel werden aber keine berichtigten Gewinn- und Verlustrechnungen aufgestellt, so dass die Gewinnauswirkungen der Betriebsprüfung nur aus der Mehr- und Wenigerrechnung ersichtlich werden.

LITERATURHINWEIS

Bilke/Heining, Fallsammlung Buchführung, Bilanzen, Berichtigungstechnik, 12. Aufl. 2021, Teil B.

2.3.2.3 Beispiel zur Kapitalangleichung bei einem Einzelunternehmen

Bei einer Betriebsprüfung wurde bei einem Einzelunternehmen am 20.10.04 folgende (berichtigte) Prüferbilanz zum 31.12.03 aufgestellt. Aus Vereinfachungsgründen wird hier auf eine Gewerbesteuer-Rückstellung verzichtet. 624

Berichtigte Bilanzposten	Steuerbilanz	Prüferbilanz	Veränderung
Waren	50.000 €	60.000 €	+ 10.000 €
Grund und Boden	350.000 €	385.000 €	+ 35.000 €
Gebäude	270.100 €	260.400 €	- 9.700 €
Rückstellungen	50.000 €	30.000 €	- 20.000 €
Kapital	–	55.300 €	

Aus dem Bericht des Betriebsprüfers ergibt sich folgende Kontenentwicklung für das Gebäude – das einzige abnutzbare Wirtschaftsgut, dessen Bilanzansatz durch die Betriebsprüfung geändert wurde:

Bilanzansatz am 1.1.03 (wie bisher)	280.000 €
abzgl. nachträgliche Anschaffungskosten des Grund und Bodens (fälschlicherweise als Anschaffungskosten des Gebäudes aktiviert)	- 10.000 €
abzgl. AfA im Jahr 03 gem. § 7 Abs. 4 EStG (3 % der Bemessungsgrundlage i. H. von 320.000 € (= Bemessungsgrundlage 330.000 € - 10.000 €))	- 9.600 €
Bilanzansatz am 31.12.03	260.400 €

Lösung:

a) Wichtig ist bei der Aufstellung des Kapitalangleichungsbuchungssatzes, dass es ohne jede Bedeutung ist, wie sich die Feststellungen der Betriebsprüfung auf die Gewinne der Jahre 01–03 ausgewirkt haben. Es wird keine Buchung auf Erfolgskonten oder Privatkonten vorgenommen. Betroffen sind nur Bestandskonten (Bilanzpositionen auf der Aktiv- und/oder Passivseite).

Die Angleichungsbuchung lautet:

Grund und Boden	35.000 €			
Waren	10.000 €			
Rückstellungen	20.000 €	an	Gebäude	9.700 €
		an	Kapital	55.300 €

Eine solche Kapitalangleichungsbuchung ist **immer erfolgsneutral.** Dies kann man sich auch leicht klarmachen. Eine Prüferbilanz wird aufgestellt, damit sich die Firma dieser Prüferbilanz als Anfangsbilanz für das Folgejahr bedient. Durch die Kapitalangleichungsbuchung wird dieses Ziel erreicht. Daneben erstellt die Betriebsprüfung noch eine sog. „Mehr- und Wenigerrechnung", in der die Veränderungen der Gewinn- und Verlustrechnungen der geprüften Jahre erfasst werden. Die als Ergebnis der Mehr- und Wenigerrechnung ausgewiesenen Gewinne (oder Verluste) dieser Jahre sind bei der Auswertung des Betriebsprüfungsberichts durch das Finanzamt bereits die Grundlage der Steuerfestsetzung für die geprüften Jahre geworden.

b) Die Veränderung von Bilanzposten in der Anfangsbilanz hat jedoch Folgeauswirkungen auf die Ergebnisse des Jahres 04 (Bilanz und/oder Gewinn- und Verlustrechnung), die im Beispielsfall dargestellt werden.

aa) **Bilanzposten „Grund und Boden"**

Zum 1.1.04 hat sich die Bilanzposition „Grund und Boden" gegenüber dem bisher in der Buchführung des Jahres 05 erfassten Anfangsbilanzwert um 35.000 € erhöht. Um mögliche Gewinnauswirkungen im Jahr 04 erkennen zu können, müssen Angaben zum Sachverhalt vorliegen, wie sich dieser Bilanzansatz im Jahr 04 weiterentwickelt. Keine Angabe im Sachverhalt bedeutet, dass es keine Feststellungen gibt, die zu einer anderen Bewertung dieses Bilanzpostens zum 31.12.04 Anlass geben. Damit wirkt sich die Erhöhung des Postens „Grund und Boden" in der Anfangsbilanz in der Form aus, dass sich dieser Bilanzposten auch zum 31.12.04 um 35.000 € erhöht.

bb) **Bilanzposten „Gebäude"**

Für die weitere Entwicklung dieses Bilanzpostens im Jahr 04 ist es erforderlich, dass die Sachverhaltsteile bekannt sind, die für die weitere Kontenentwicklung von Bedeutung sind, und zwar

- der Restbuchwert zum 1.1.04,
- die AfA-Bemessungsgrundlage und
- der AfA-Satz.

Diese Kontenentwicklung stellt sich wie folgt dar:

	ohne Kapitalangleichung	**nach Kapitalangleichung**	**Auswirkungen**	
Stand zum 1.1.04	270.100 €	260.400 €	Kapital zum 1.1.04	- 9.700 €
AfA im Jahr 04 (3 % von 330.000 € =	- 9.900 €			
statt 3 % von 320.000 € =)		- 9.600 €	Gewinn im Jahr 04	+ 300 €
Stand zum 31.12.04	260.200 €	250.800 €		

cc) **Bilanzposten „Waren"**

Wichtig ist hier nur die Veränderung des Bilanzpostens zum 31.12.03 bzw. zum 1.1.04. Völlig bedeutungslos ist, wie sich der Bilanzposten „Waren" zum 31.12.02 oder zum 31.12.01 als Folge der Feststellungen des Betriebsprüfers verändert hat (solche Feststellungen haben Eingang in die Mehr- und Wenigerrechnung für die Jahre vor dem 1.1.04 gefunden und damit die Gewinne sowie das zu versteuernde Einkommen der Prüfungsjahre verändert). Die Folgen der Kapitalangleichung kann man durch die Beantwortung der Frage ergründen: Wie hat sich die Erhöhung des Warenanfangsbestands auf die Erfolgs- oder Bestandskonten ausgewirkt? Da der Warenbestand zum 31.12.04 durch Inventur festgestellt wird und der Sachverhalt keine Hinweise auf fehlerhafte Ermittlung oder Bewertung zulässt, ist der Wareneinsatz des Jahres 04 zwangsläufig um den erhöhten Warenanfangsbestand höher; damit mindert sich als Folge der Kapitalangleichung der Gewinn des Jahres 04 um 10.000 €.

dd) **Bilanzposten „Rückstellungen"**

Die Ausführungen zu den Waren gelten entsprechend auch für die Bilanzposition „Rückstellungen". Die Höhe der Rückstellungen wird zu jedem Bilanzstichtag gesondert ermittelt. Diese Ermittlung ist unabhängig davon, wie hoch der Wert in der Anfangsbilanz war.

Vermindert sich der Wert in der Anfangsbilanz um 20.000 €, wirkt sich diese Minderung vor dem 1.1.04 gewinnerhöhend und im Jahr 04, dem Folgejahr, gewinnmindernd aus: Gewinnminderung im Jahr 04: 20.000 €.

2.3.2.4 Besonderheiten bei Kapitalgesellschaften

Bei Kapitalgesellschaften kann der Jahresüberschuss durch eine steuerliche Betriebsprüfung nicht verändert werden. Zur Feststellung des Jahresüberschusses sind vielmehr nur die dazu befugten Organe der Kapitalgesellschaft berechtigt. Soweit die Berichtigungen aufgrund der Betriebsprüfung auch Fehler bei der Erstellung der Handelsbilanz aufgedeckt haben, sind entsprechende Berichtigungen der Bilanzpositionen erforderlich. Diese erfolgen jedoch erfolgswirksam und beeinflussen den Jahresüberschuss. 625

Da zum 31.12.03 die festgestellte Handelsbilanz (durch die Betriebsprüfung nicht änderbar) und die der Besteuerung zugrunde liegende (Prüfer-)Bilanz voneinander abweichen, wird in der Steuerbilanz (Prüferbilanz) ein steuerlicher Ausgleichsposten ausgewiesen.

2.3.2.5 Beispiel zur Kapitalangleichung bei einer Kapitalgesellschaft

Die Betriebsprüfung hat bei einer Kapitalgesellschaft am 20.10.04 folgende (berichtigte) Prüferbilanz zum 31.12.03 aufgestellt. Aus Vereinfachungsgründen wird hier auf eine Gewerbesteuer-Rückstellung verzichtet. Abweichende Handelsbilanzansätze existieren nicht. 626

Berichtigte Bilanzposten	Steuerbilanz	Prüferbilanz	Veränderung
Waren	50.000 €	60.000 €	+ 10.000 €
Grund und Boden	350.000 €	385.000 €	+ 35.000 €
Gebäude	270.100 €	260.400 €	- 9.700 €
Rückstellungen	50.000 €	30.000 €	- 20.000 €
Passiver steuerlicher Ausgleichsposten	–	55.300 €	

Aus dem Bericht des Betriebsprüfers ergibt sich folgende Kontenentwicklung für das Gebäude – das einzige abnutzbare Wirtschaftsgut, dessen Bilanzansatz durch die Betriebsprüfung geändert wurde:

Bilanzansatz zum 1.1.03 (wie bisher)	280.000 €
abzgl. nachträgliche Anschaffungskosten des Grund und Bodens (fälschlicherweise als Anschaffungskosten des Gebäudes aktiviert)	- 10.000 €
abzgl. AfA im Jahr 03 gem. § 7 Abs. 4 EStG (3 % der Bemessungsgrundlage i. H. von 320.000 € (= Bemessungsgrundlage 330.000 € - 10.000 €))	- 9.600 €
Bilanzansatz zum 31.12.03	260.400 €

Lösung:

a) Wichtig ist bei der Aufstellung des Kapitalangleichungsbuchungssatzes, dass es ohne jede Bedeutung ist, wie sich die Feststellungen der Betriebsprüfung auf die Gewinne der Jahre 01–03 ausgewirkt haben. Die Kapitalangleichungen erfolgen erfolgswirksam.

Die Angleichungsbuchung lautet:

Grund und Boden	35.000 €			
Waren	10.000 €			
Rückstellungen	20.000 €	an	Gebäude	9.700 €
		an	Sonstige betriebliche Erträge	55.300 €

Diese Ertragsbuchung i. H. von 55.300 € geht in die Ermittlung des Jahresüberschusses 04 ein. Da der Jahresabschluss als Ausgangsgröße bei der Berechnung des zu versteuernden Einkommens zugrunde gelegt wird und die Ergebnisse der Betriebsprüfung bereits in die Berechnung des zu versteuernden Einkommens der Jahre vor 04 eingegangen sind, muss das zu versteuernde Einkommen des Jahres 04 außerhalb der Bilanz um 55.300 € gekürzt werden.

Geht man von der Prüferbilanz zum 31.12.03 (als Steuerbilanz) aus, ergibt sich nur folgende Umbuchungsnotwendigkeit:

Ausgleichsposten	55.300 €	an	Sonstige betriebliche Erträge	55.300 €

Danach besteht zwischen Handels- und Steuerbilanz keine Abweichung.

b) Die Veränderung von Bilanzposten in der Anfangsbilanz hat jedoch Folgeauswirkungen auf die Ergebnisse des Jahres 04 (Bilanz und/oder Gewinn- und Verlustrechnung), die im Beispielsfall dargestellt werden. Diese Wirkungen sind identisch mit den unter Rz. 624 dargestellten Lösungen.

2.4 Übersicht über wichtige Bilanzierungs- und Bewertungsgrundsätze

Die folgende Abbildung verdeutlicht die wichtigen Bilanzierungs- und Bewertungs- 627
grundsätze:

ABB. 32: Wichtige Bilanzierungs- und Bewertungsgrundsätze

Diese Bilanzierungs- und Bewertungsgrundsätze sind Bestandteil der GoB und damit sowohl für die Handels- als auch für die Steuerbilanz geltendes Recht.

Einzelbewertung

I. Grundsatz

Gemäß § 252 Abs. 1 Nr. 3 HGB sind Vermögensgegenstände und Schulden zum Abschlussstichtag einzeln zu bewerten. Gemäß § 6 Abs. 1 EStG gilt das auch für das Steuerrecht.

II. Ausnahmen

Der Grundsatz der Einzelbewertung gilt nicht uneingeschränkt. Er darf sowohl nach Handels- als auch nach Steuerrecht durchbrochen werden.

1. Gruppenbewertung

Gemäß § 240 Abs. 4 HGB können gleichartige Vermögensgegenstände des Vorratsvermögens sowie andere gleichartige oder annähernd gleichwertige bewegliche Vermögensgegenstände jeweils zu einer Gruppe zusammengefasst und mit dem gewogenen Durchschnittswert angesetzt werden.
Das gilt i. S. der R 6.8 Abs. 3 und 4 EStR auch für das Steuerrecht.

2. Festbewertung

Festwertbildung gem. § 240 Abs. 3 HGB bzw. R 5.4 Abs. 4 EStR für bestimmte Vermögensgegenstände nach Handels- und auch Steuerrecht zulässig.
Ansatz mit einem gleichbleibenden Wert.

3. Verbrauchsfolgeverfahren

Soweit es den GoB entspricht, sind zulässig:
a) Nach Handelsrecht (§ 256 HGB):
- Lifo-Methode,
- Fifo-Methode und
- gewogener Durchschnitt;

b) nach Steuerrecht (§ 6 Abs. 1 Nr. 2a EStG):
- Lifo-Methode und
- gewogener Durchschnitt.

4. Sammelposten

Für abnutzbare bewegliche Wirtschaftsgüter des Anlagevermögens (Anschaffungs-/Herstellungskosten > 250 € und nicht größer als 1.000 €) kann in der Steuerbilanz ein Sammelposten gem. § 6 Abs. 2a EStG gebildet werden.

5. Bewertungseinheiten

Bewertungseinheiten zur Absicherung finanzwirtschaftlicher Risiken sind handels- (§ 254 HGB) und auch steuerrechtlich (§ 5 Abs. 1a EStG) zulässig.

Stichtagsprinzip

I. Grundsatz

Gemäß § 252 Abs. 1 Nr. 4 HGB bzw. § 4 Abs. 1, § 4a sowie § 6 Abs. 1 Nr. 3a Buchst. f EStG und § 8b EStDV ist der für die Bilanzierung und Bewertung maßgebende Zeitpunkt der Schluss des Geschäftsjahres bzw. der Schluss des Wirtschaftsjahres. Dabei sind alle Umstände zu berücksichtigen, die am Bilanzstichtag objektiv bestanden haben.
Das bedeutet, dass Vorgänge, die sich zwischen Bilanzstichtag und Tag der Bilanzaufstellung ereignen, nicht zu berücksichtigen sind (wertbeeinflussende Vorgänge).

II. Berücksichtigung wertaufhellender Vorgänge

Wertaufhellende Tatsachen liegen vor, wenn nach dem Bilanzstichtag Erkenntnisse gewonnen werden, die sich auf den Bilanzstichtag beziehen. Diese Erkenntnisse sind bei der Bilanzierung und Bewertung zum Bilanzstichtag bei der Bilanzaufstellung zu berücksichtigen.

III. Aufstellungszeitpunkt

Die Bilanz ist innerhalb einer angemessenen Zeit nach dem Bilanzstichtag zu erstellen.
Das bedeutet, für

1. Einzelunternehmen und Personengesellschaften innerhalb eines Jahres (§ 243 Abs. 3 HGB und BFH-Rechtsprechung);
2. große Kapitalgesellschaften innerhalb von drei Monaten und
3. kleine Kapitalgesellschaften innerhalb von sechs Monaten (§ 264 Abs. 1 HGB).

Bilanzenzusammenhang

I. Grundsatz

Gemäß § 252 Abs. 1 Nr. 1 HGB bzw. § 4 Abs. 1 EStG müssen die Wertansätze in der Eröffnungsbilanz mit denen der Schlussbilanz des abgelaufenen Wirtschaftsjahres übereinstimmen. Daraus folgt die zweifache Maßgeblichkeit.

II. Folge

Eine fehlerhafte Bilanz, die Grundlage einer Veranlagung war, bleibt Anfangsbilanz des Folgejahres, und zwar so lange, wie die Veranlagung unverändert bleibt.

III. Durchbrechung des Bilanzenzusammenhangs

Der Bilanzenzusammenhang kann in folgenden Fällen durchbrochen werden:

1. Eine fehlerhafte Schlussbilanz kann aus verfahrensrechtlichen Gründen nicht mehr berichtigt werden. Der Fehler hat sich in der Vergangenheit nicht auf den Gewinn ausgewirkt.
2. Der Unternehmer hat bewusst unrichtig bilanziert, eine Berichtigung seiner falschen Ansätze ist aus verfahrensrechtlichen Gründen nicht möglich. Der Bilanzenzusammenhang wird zuungunsten des Unternehmers durchbrochen.

628 FRAGEN

		Rz.
1.	Woraus ergeben sich die GoB und wofür gelten diese?	608, 609
2.	Wann entspricht eine Bilanz den GoB?	610
3.	Welche GoB sind besonders wichtig?	612, 614
4.	Welche Bedeutung hat das Stichtagsprinzip für die Bilanzierung und die Bewertung?	617
5.	Beschreiben Sie die wesentlichen Inhalte der sog. „Wertaufhellungstheorie"!	618, 619
6.	Erläutern Sie den Begriff und die Bedeutung des Bilanzenzusammenhangs!	620, 621
7.	Was geschieht mithilfe von Kapitalangleichungsbuchungen? Erläutern Sie, aus welchen Gründen solche Buchungen notwendig sind!	622–626
8.	Haben Kapitalangleichungsbuchungen Gewinnauswirkungen?	624–626

Kapitel 3: Zurechnung von Wirtschaftsgütern

3.1 Allgemeines

Die natürliche oder juristische Person, der ein **Vermögensgegenstand** zugerechnet wird, wird auch als **„Bilanzierungspflichtiger"** bezeichnet. Der handelsrechtliche Begriff **„Vermögensgegenstand"** ist dabei mit dem steuerlichen Begriff **„Wirtschaftsgut"** identisch. Zu den Wirtschaftsgütern gehören nicht nur körperliche Gegenstände, sondern auch Rechte und wirtschaftliche Werte jeder Art, die selbständig bewertungsfähig sind. 629

Der Unternehmer darf nur die Wirtschaftsgüter als Betriebsvermögen ausweisen, die ihm entweder als **bürgerlich-rechtlichem Eigentümer** oder als **wirtschaftlichem** Eigentümer zuzurechnen sind.

3.2 Zurechnung beim bürgerlich-rechtlichen Eigentümer

Nach Handelsrecht (§ 240 HGB) sind Vermögensgegenstände dem Kaufmann zuzurechnen, zu dessen Vermögen sie gehören. Das gilt auch für das Steuerrecht. Gemäß § 39 AO sind die Wirtschaftsgüter dem **Eigentümer** zuzurechnen. Das bürgerlich-rechtliche Eigentum ist aber allein nicht maßgebend, denn tatsächlich knüpfen weder Handels- noch Steuerrecht hieran an. Für die Frage der Zurechnung ist stattdessen allein maßgebend, wem die **Substanz eines Gegenstands** zusteht. Das ist derjenige, der die Gefahr des Untergangs, das Risiko der Verschlechterung oder die Chance der Wertsteigerung trägt. Im Regelfall wird die Substanz eines Gegenstands dem rechtlichen Eigentümer zustehen, deshalb erfolgt die Bilanzierung bei ihm. 630

3.3 Zurechnung beim wirtschaftlichen Eigentümer

3.3.1 Allgemeines

Die Besteuerung knüpft jedoch nicht an die **äußere Rechtsform,** sondern an die **tatsächlichen Verhältnisse** an, die sich bei der wirtschaftlichen Betrachtung darstellen. Deshalb ergibt sich abweichend aus § 39 Abs. 2 AO: Wenn ein anderer als der Eigentümer die tatsächliche Herrschaft über ein Wirtschaftsgut in der Weise ausübt, dass der Eigentümer für die Zeit der gewöhnlichen Nutzungsdauer von der Einwirkung auf das Wirtschaftsgut ausgeschlossen wird, ist diesem anderen das Wirtschaftsgut auch zuzurechnen **(wirtschaftliches Eigentum).** 631

Unter „Nutzungsdauer" ist der Zeitraum zu verstehen, in dem das Wirtschaftsgut erfahrungsgemäß verwendet oder genutzt werden kann. Die zu schätzende Nutzungsdauer wird dabei bestimmt durch den technischen Verschleiß, die wirtschaftliche Entwertung sowie rechtliche Gegebenheiten, die die Nutzungsdauer eines Gegenstands begrenzen können. Dagegen kommt es nicht darauf an, wie lange der Steuerpflichtige das Wirtschaftsgut tatsächlich in seinem Betrieb verwendet oder voraussichtlich verwenden wird. Maßgebend für die Bestimmung der Nutzungsdauer ist nicht die Dauer der betrieblichen Nutzung, sondern die objektive Nutzbarkeit eines Wirtschaftsguts unter Berücksichtigung der besonderen betriebstypischen Beanspruchung (BFH, Urteil v. 18.9.2003 - X R 54/01, BFH/NV 2004 S. 474, EAAAB-16055).

Wirtschaftliches Eigentum liegt damit vor, wenn der bürgerlich-rechtliche Eigentümer keinen bzw. nur einen bedeutungslosen Herausgabeanspruch hat oder verpflichtet ist, den Vermögensgegenstand an den wirtschaftlichen Eigentümer herauszugeben.

In diesen Fällen gebührt die Substanz nicht dem rechtlichen Eigentümer, sondern einem anderen. Dieser wird als „wirtschaftlicher Eigentümer" bezeichnet. Für die Bilanzierung maßgebend ist damit, wer wirtschaftlicher Eigentümer ist.

632 HINWEIS

Die Neufassung des § 246 Abs. 1 HGB durch das BilMoG v. 25.5.2009 (BGBl 2009 I S. 1102) führt zu einer Klarstellung des Prinzips der wirtschaftlichen Zurechnung. Damit wird auch ausgedrückt, dass dieses Prinzip nicht auf Einzelfälle beschränkt, sondern allgemein gültig ist. Für die steuerliche Gewinnermittlung bleibt es im Ergebnis bei der wirtschaftlichen Zurechnung gem. § 39 AO.

ABB. 33: Zurechnung von Wirtschaftsgütern

Wirtschaftliches Eigentum ist insbesondere in folgenden Fällen anzunehmen:

3.3.2 Kauf unter Eigentumsvorbehalt

Hier wird das Eigentum an einer verkauften beweglichen Sache unter der aufschiebenden Bedingung der vollständigen Zahlung des Kaufpreises auf den Erwerber übertragen (§ 449 BGB). Die Gefahr des zufälligen Untergangs und der Verschlechterung der Sache ist aber mit der Lieferung auf den Erwerber übergegangen. Ihm steht die Substanz des Gegenstands zu. Damit ist er **wirtschaftlicher Eigentümer** und muss den Gegenstand bilanzieren. 633

BEISPIEL: Eine Lieferung erfolgt unter Eigentumsvorbehalt im Jahr 04 und der Kaufpreis wird im Jahr 05 überwiesen.

Der Empfänger der Ware ist wirtschaftlicher Eigentümer. Er hat sie in der Bilanz auszuweisen, während der Lieferant eine entsprechende Forderung bilanzieren muss.

3.3.3 Sicherungsübereignung

Der Sicherungsnehmer wird zwar bürgerlich-rechtlicher Eigentümer der Sachen (§§ 929 und 930 BGB), solange aber der Sicherungsgeber seinen Verpflichtungen nachkommt, kann der Sicherungsnehmer hierüber wirtschaftlich nicht verfügen. Dem Sicherungsgeber steht weiterhin die Substanz des Gegenstands zu. Er muss ihn als **wirtschaftlicher Eigentümer** bilanzieren. 634

BEISPIEL: Unternehmer U erwirbt einen Lkw und übereignet ihn zur Sicherung des aufgenommenen Darlehens der A-Bank. U kann nach kurzer Zeit seinen Verpflichtungen gegenüber der A-Bank nicht mehr nachkommen, so dass diese den Lkw daraufhin bei U abholt und ihn zwei Monate später versteigern lässt.

Durch die Sicherungsübereignung wird die A-Bank bürgerlich-rechtlicher Eigentümer. Unternehmer U bleibt wirtschaftlicher Eigentümer, solange er seinen vertraglichen Verpflichtungen gegenüber der A-Bank nachkommt. Dies gilt auch noch nach der Abholung des Lkws durch die A-Bank. Erst durch die Versteigerung verliert U das wirtschaftliche Eigentum. 635

Für die Umsatzsteuer ist dabei zu beachten, dass bei Verwertung des Sicherungsguts durch den Sicherungsgeber für Rechnung des Sicherungsnehmers drei Lieferungen vorliegen können (Dreifachumsatz; BFH, Urteil v. 6.10.2005 - V R 20/04, BStBl 2006 II S. 931; Abschnitt 1.2 UStAE). 636

Wird ein Sicherungsgut im Insolvenzfall verwertet, können sich dabei zusätzlich, der Umsatzsteuer unterliegende sonstige Leistungen ergeben (Hinweis auf BMF, Schreiben v. 30.4.2014 - IV D 2 - S 7100/07/10037, BStBl 2014 I S. 816).

3.3.4 Versendungskauf

Nach der Rechtsprechung des BFH ist die am Bilanzstichtag unterwegs befindliche Ware beim Käufer zu bilanzieren, wenn die Ware bei ihm ankommt oder wenn er über die Orderpapiere verfügt. Bis dahin ist die Ware vom Verkäufer zu bilanzieren (BFH, Urteil v. 3.8.1988 - I R 157/84, BStBl 1989 II S. 21). 637

BEISPIEL:

a) U hat Waren bestellt, die der Lieferant vor dem Bilanzierungsstichtag zur Post gibt und die im Folgejahr bei U eingeht. Besondere Vereinbarungen über den Gefahrenübergang wurden nicht getroffen.

Der Lieferant hat mit der Übergabe bei der Post die von ihm geschuldete Leistung erbracht. Er hat Anspruch auf den Kaufpreis. U hat eine entsprechende Verpflichtung. Er hat aber nicht die Verfügungsmacht über die Ware erlangt. Somit liegt bei ihm kein wirtschaftliches Eigentum vor.

b) Der Lieferant hat die Ware einem Verfrachter gegeben, jedoch hat er am Bilanzstichtag noch die Orderpapiere. Die Gefahr des Untergangs der Ware ist bei vereinbarter CIF-Klausel auf den Käufer übergegangen. Dieser darf die Ware aber erst bilanzieren, wenn er die Orderpapiere besitzt.

3.3.5 Leasingverträge

638 Während bei der Verpachtung beweglicher Anlagegüter die Vermögensgegenstände beim Verpächter zu bilanzieren und abzuschreiben sind, kommt es beim Leasing auf die jeweilige Vertragsgestaltung an. In den Fällen des Finanzierungsleasings sind die Wirtschaftsgüter im Allgemeinen dem Betriebsvermögen des Leasinggebers zuzurechnen (Rz. 434 ff.).

3.3.6 Nießbraucher

639 Nießbrauch ist das Recht, die Nutzungen einer Sache zu ziehen (§ 1030 BGB). Werden Grundstücke im Rahmen der vorweggenommenen Erbfolge schenkweise übertragen und nutzt der Übertragende aufgrund eines unentgeltlichen auf Lebenszeit vorbehaltenen Nießbrauchsrechts den übertragenen Grundbesitz unverändert, insbesondere in gleichem Maße, in gleicher Weise, gegen Entzug gleich gesichert und auf die gleiche Dauer wie zuvor, bleibt er wirtschaftlicher Eigentümer. Das ist aber die Ausnahme. Im Regelfall ist der Nießbraucher kein wirtschaftlicher Eigentümer, weil er den zivilrechtlichen Eigentümer nicht auf Dauer von der Einwirkung auf das Wirtschaftsgut ausschließt (siehe Rz. 799).

3.3.7 Kommissionsgeschäfte

640 Sowohl bei der Einkaufskommission als auch bei der Verkaufskommission wird bzw. bleibt der Kommittent wirtschaftlicher Eigentümer der Ware (siehe Rz. 393 ff.).

LITERATURHINWEIS

Gerke/Kirchner/Kühn/Steiner, Fallsammlung Bilanzsteuerrecht, 21. Aufl. 2026, Fall 15.

3.3.8 Treuhänder

Voraussetzungen für Treuhandverhältnisse sind: 641

- Treugeber,
- Treunehmer (Treuhänder) und
- Treuhandvermögen.

Der Treuhänder erwirbt vom Treugeber das Treuhandvermögen im eigenen Namen, übt aber die Vermögensrechte im Interesse des Treugebers aus.

Der Treugeber trägt weiterhin die Nutzungen und Lasten des Treuhandvermögens. Der Treuhänder wird zwar bürgerlich-rechtlicher Eigentümer, wirtschaftlicher Eigentümer bleibt aber der Treugeber.

Das Treuhandverhältnis wird steuerlich anerkannt, wenn der Treugeber eine beherrschende Stellung behält, so dass er wirtschaftlich die mit der Verwaltung verbundenen Rechte und Pflichten trägt.

3.3.9 Grundstücksübertragungen

Maßgebend ist der Zeitpunkt, in dem Besitz, Gefahr, Nutzungen und Lasten auf den Erwerber übergehen. Der Übergang des wirtschaftlichen Eigentums ist unabhängig von der Auflassung und der Grundbucheintragung, sogar unabhängig vom tatsächlichen Abschluss eines notariellen Vertrags. 642

Gemäß dem BFH-Urteil v. 17.12.2009 - III R 92/08, BStBl 2014 II S. 190, ist es bei Vorliegen der entsprechenden Voraussetzungen allein entscheidend, wann der Übergang tatsächlich stattgefunden hat. Das kann durchaus, unabhängig vom vertraglich vorgesehenen Zeitpunkt, früher oder auch später erfolgt sein.

BEISPIEL: Unternehmer U erwirbt für betriebliche Zwecke ein Grundstück. Der Kaufvertrag wird am 1.10. abgeschlossen; Besitz, Gefahr, Nutzungen und Lasten gehen ebenfalls am 1.10. über. Die Eintragung im Grundbuch erfolgt am 1.3. des Folgejahres.

U ist ab dem 1.10. wirtschaftlicher Eigentümer, mit der Folge, dass er das Grundstück zum 31.12. bilanzieren muss. Gemäß § 1 GrEStG entsteht die Verpflichtung zur Zahlung der Grunderwerbsteuer zum Zeitpunkt des wirtschaftlichen Übergangs. Die Aktivierung der Anschaffungsnebenkosten mit gleichzeitiger Passivierung haben keine Gewinnauswirkungen, damit trifft § 5 Abs. 4b EStG nicht zu.

Soweit die Aufwendungen erst zum Zeitpunkt der Eintragung im Grundbuch entstehen und zu den nachträglichen Anschaffungs- oder Herstellungskosten gehören würden, wäre § 5 Abs. 4b EStG zu beachten.

Auch der gesetzliche Wertersatzanspruch i. S. der §§ 951 und 812 BGB kann grds. wirtschaftliches Eigentum bei der Errichtung eines Bauwerks auf fremdem Grund und Boden begründen (siehe auch Rz. 789).

3.3.10 Erwerb eines GmbH-Geschäftsanteils

Schließen einander nicht nahe stehende Personen einen formunwirksamen Kaufvertrag über den Geschäftsanteil an einer GmbH ab, geht das wirtschaftliche Eigentum über, 643 wenn dem Erwerber das Gewinnbezugsrecht und das Stimmrecht eingeräumt werden oder der zivilrechtliche Gesellschafter verpflichtet ist, bei der Ausübung des Stimmrechts die Interessen des Erwerbers wahrzunehmen, vorausgesetzt, die getroffenen Vereinbarungen und die formwirksame Abtretung werden in der Folgezeit tatsächlich vollzogen (Beurteilung gem. § 39 Abs. 2 Nr. 1 AO und nicht nach handelsrechtlichen Grundsätzen – § 5 EStG i. V. mit § 39 AO und den §§ 240 und 242 HGB a. F.).

Dagegen begründet eine durch ein notariell beurkundetes Verkaufsangebot erlangte Option auf den Erwerb von Aktien noch kein wirtschaftliches Eigentum für den potenziellen Erwerber (BFH, Urteil v. 4.7.2007 - VIII R 68/05, BStBl 2007 II S. 937).

3.3.11 Scheinmietvertrag

644 Bei schuldrechtlichen Nutzungsverhältnissen (Miete oder Pacht) ist der Mieter (Pächter) grds. nicht als wirtschaftlicher Eigentümer anzusehen. Inhaber der wirtschaftlichen Verfügungsmacht bleibt weiterhin der Vermieter. Beim Scheinmietvertrag ist anders als beim echten Mietkauf von Anfang an von den beteiligten Parteien ein Kaufvertrag unter Gewährung von Ratenzahlungen gewollt, wobei die einzelnen Kaufpreisraten als Mietzahlungen getarnt sind.

Die Mietdauer ist hier so bemessen, dass bei ihrem Ablauf die Mietsache verbraucht ist. Folglich hat der Herausgabeanspruch des bürgerlich-rechtlichen Eigentümers keine wirtschaftliche Bedeutung mehr. Der Mietvertrag wird deshalb steuerlich von Anfang an wie ein Kaufvertrag behandelt. Der Mieter ist wirtschaftlicher Eigentümer.

BEISPIEL: U mietet ab dem 1.10.03 eine Maschine mit einer betriebsgewöhnlichen Nutzungsdauer von acht Jahren vom Hersteller X für monatlich 10.000 € zzgl. Umsatzsteuer. Der Kaufpreis betrug am 1.10.03 100.000 € zzgl. Umsatzsteuer. Es wurde vereinbart, dass U das Wirtschaftsgut jederzeit unter Anrechnung der bis dahin gezahlten Mieten erwerben kann. U erwirbt die Maschine am 1.7.04 für 10.000 € zzgl. Umsatzsteuer.

Die Parteien haben nach den vorliegenden vertraglichen Vereinbarungen

- zur Höhe der Mietzahlungen und
- zur Kürze der Vertragsdauer

von Anfang an ein Abzahlungsgeschäft beschlossen. Die Mietzahlungen sind Ratenzahlungen. U ist ab dem 1.10.03 wirtschaftlicher Eigentümer.

LITERATURHINWEIS

Gerke/Kirchner/Kühn/Steiner, Fallsammlung Bilanzsteuerrecht, 21. Aufl. 2026, Fall 14–19.

3.3.12 Nutzungsüberlassung von Betrieben mit Substanzerhaltungspflicht des Berechtigten

3.3.12.1 Überlassung von Anlagevermögen

Das vom Pächter unter Rückgabeverpflichtung (§§ 582a und 1048 BGB) zur Nutzung übernommene Inventar bleibt im bürgerlich-rechtlichen und wirtschaftlichen Eigentum des Verpächters. Der Verpächter hat Anspruch auf Substanzerhaltung und muss diesen als sonstige Forderung aktivieren. Dieser Anspruch ist zu jedem Bilanzstichtag unter Berücksichtigung der Wiederbeschaffungskosten neu zu bewerten. Er beträgt bei Pachtbeginn 0 € und wird infolge der Abnutzung der verpachteten Wirtschaftsgüter von Jahr zu Jahr um den Wert der Abnutzung – unter Berücksichtigung der veränderten Wiederbeschaffungskosten – erhöht. Der Pächter muss die noch nicht eingelöste Verpflichtung zur Substanzerhaltung erfolgswirksam durch Passivierung einer Rückstellung ausweisen. Der Bilanzposten entwickelt sich dann beim Pächter korrespondierend mit dem des Verpächters. 645

Der Pächter hat die Verpflichtung, das zur Nutzung übernommene bewegliche Anlagevermögen zu erhalten und laufend zu ersetzen. Die Erhaltungsaufwendungen sind bei ihm Betriebsausgaben. Die vom Pächter ersetzten Wirtschaftsgüter werden auch insoweit Eigentum des Verpächters, als ihre Anschaffung oder Herstellung durch den Pächter über diese Verpflichtung hinausgeht. Sie sind vom Verpächter mit den vom Pächter aufgewendeten Anschaffungs- oder Herstellungskosten zu aktivieren und abzuschreiben. Der Verpächter hat den auf die ersetzten Wirtschaftsgüter entfallenden – als sonstige Forderung aktivierten – Anspruch aufzulösen, während der Pächter die gebildeten Rückstellungen entsprechend vermindern muss. 646

Die Höhe der Rückstellung bzw. des Anspruchs bestimmt sich dabei zu den einzelnen Bilanzstichtagen:

$$\text{Rückstellung/Anspruch} = \frac{\text{Bisherige Nutzung} \times \text{Wiederbeschaffungskosten}}{\text{Gesamtnutzungsdauer}}$$

BEISPIEL: Gewerbetreibender X hat eine Maschine gemietet (Mietzeit: 1.1.00–31.12.03). Laut Vertrag besteht die Verpflichtung, die Maschine am Ende generalüberholen zu lassen.

Die voraussichtlichen Kosten der Generalüberholung zu den jeweiligen Bilanzstichtagen betragen

- am 31.12.00 25.000 €;
- am 31.12.01 32.000 €;
- am 31.12.02 35.000 € und
- am 31.12.03 38.000 €.

X hat zu den jeweiligen Bilanzstichtagen eine Verbindlichkeit gegenüber dem Vermieter. Deshalb besteht die Verpflichtung, eine Rückstellung für ungewisse Verbindlichkeiten zu bilden (§ 249 Abs. 1 HGB und § 5 Abs. 1 EStG). Unter Anwendung der o. a. Formel ergeben sich deshalb folgende Rückstellungen:

- Zum 31.12.00 6.250 €;
- zum 31.12.01 16.000 €;
- zum 31.12.02 26.250 € und
- zum 31.12.03 38.000 €.

Rückstellungen für Verpflichtungen sind gem. § 6 Abs. 1 Nr. 3a Buchst. e EStG in der Steuerbilanz mit einem Zinssatz i. H. von 5,5 % abzuzinsen. Ausgenommen davon sind Rückstellungen, deren Laufzeit am Bilanzstichtag weniger als zwölf Monate beträgt. Gemäß § 253 Abs. 1 HGB sind Rückstellungen i. H. des nach vernünftiger kaufmännischer Beurteilung notwendigen Erfüllungsbetrags anzusetzen und gem. § 253 Abs. 2 HGB bei einer Laufzeit von mehr als einem Jahr mit dem ihrer Laufzeit entsprechenden durchschnittlichen Marktzinssatz der vergangenen sieben Geschäftsjahre abzuzinsen. Für die Steuerbilanz ergeben sich keine Änderungen.

Die Rückstellungsbeträge müssen deshalb in den Steuerbilanzen zum 31.12.00, 31.12.01 und 31.12.02 abgezinst werden. Die Ansätze vermindern sich entsprechend. Zum 31.12.03 ist keine Abzinsung erforderlich, weil der Zeitraum bis zur Erfüllung der Verbindlichkeit weniger als zwölf Monate beträgt (Rz. 1039 ff.).

Aus Vereinfachungsgründen kann die Abzinsung nach den Regelungen des § 12 Abs. 3 BewG erfolgen. Dabei ist die Rückstellung unter Berücksichtigung der Wertverhältnisse am Bilanzstichtag mit dem von der Restlaufzeit abhängigen Vervielfältiger zu multiplizieren (BMF, Schreiben v. 26.5.2005, BStBl 2005 I S. 699, Tz. 28).

647 Bei der Gewinnermittlung gem. § 4 Abs. 3 EStG haben die Forderungen und Verbindlichkeiten keine Auswirkung auf den Gewinn. Ersatzbeschaffungen von Wirtschaftsgütern des Anlagevermögens führen beim Pächter im Wirtschaftsjahr der Zahlung zu einer Betriebsausgabe. Beim Verpächter führen sie im Wirtschaftsjahr der Ersatzbeschaffung zu einer Betriebseinnahme. Das gilt unabhängig von der Gewinnermittlungsart des jeweils anderen Vertragspartners (BMF, Schreiben v. 21.2.2002, BStBl 2002 I S. 262).

Aufwendungen des Pächters eines land- und forstwirtschaftlichen Betriebs im Zusammenhang mit der Erneuerung der Dacheindeckung eines im Eigentum des Verpächters stehenden und dem Pachtbetrieb dienenden Wirtschaftsgebäudes sind – ggf. im Wege der AfA – als Betriebsausgabe abziehbar, wenn sie in erkennbarer Erwartung eines späteren Eigentumsübergangs erbracht worden sind (BFH, Urteil v. 13.5.2004 - IV R 1/02, BStBl 2004 II S. 780).

Wurde im Zusammenhang mit der Verpachtung eine Beseitigungsverpflichtung vereinbart, muss eine bereits gebildete Ansammlungsrückstellung i. S. des § 6 Abs. 1 Nr. 3a EStG neu berechnet werden, wenn der Pachtvertrag vor dem Bilanzstichtag verlängert worden ist (BFH, Urteil v. 2.7.2014 - I R 46/12, BStBl 2014 II S. 979).

Wenn der Pächter die nach dem Gesetz obliegende Verpflichtung des Verpächters zur Instandhaltung übernommen hat, dann sind die vom BFH aufgestellten Grundsätze zu beachten (BFH, Urteil v. 12.2.2015 - IV R 29/12, BStBl 2017 II S. 668).

3.3.12.2 Überlassung von Umlaufvermögen

648 Übergibt der Verpächter zum Zeitpunkt der Verpachtung auch Umlaufvermögen, das der Pächter nach Beendigung des Pachtverhältnisses zurückzugeben hat, handelt es sich dabei um Gewährung eines Sachdarlehens (§ 607 BGB). Beim Verpächter tritt an die Stelle der übergebenen Wirtschaftsgüter eine Sachwertforderung, die mit dem gleichen Wert anzusetzen ist wie die übergebenen Wirtschaftsgüter. Der Pächter wird wirtschaftlicher Eigentümer der überlassenen Wirtschaftsgüter. Er muss sie aktivieren und in gleicher Höhe eine Rückgabeverpflichtung passivieren.

3.3.13 Besonderheiten beim Erbbaurecht

Das Erbbaurecht lastet als beschränkt dingliches grundstücksähnliches Nutzungsrecht zur Errichtung und/oder Unterhaltung eines Gebäudes auf einem Grundstück mit der Maßgabe, dass der Erbbauberechtigte auch bürgerlich-rechtlicher Eigentümer des Bauwerks wird. Es ist veräußerlich und vererblich (§ 1 Abs. 1 ErbbauRG). Das Erbbaurecht wird bürgerlich-rechtlich wie ein Grundstück behandelt (§ 11 ErbbauRG). Dem Erbbauberechtigten entstehen keine Anschaffungskosten für den Grund und Boden, sondern nur solche für das Gebäude. Die Erbbauzinsen sind Nutzungsentgelt für die Überlassung des Erbbaugrundstücks. 649

Das Erbbaurechtsverhältnis stellt ein schwebendes Geschäft dar, auch nach Entstehung des Erbbaurechts. 650

Das Erbbaurecht ist ein den Sachanlagen (§ 266 Abs. 2 HGB) zugeordnetes grundstücksgleiches Recht. Es ist ein abnutzbares Wirtschaftsgut, das auf die Laufzeit des Vertrags verteilt, abzuschreiben ist.

Zu den Anschaffungskosten des Erbbaurechts zählen die einmaligen Aufwendungen wie die Grunderwerbsteuer, die Maklerprovision und die Notar- und Gerichtsgebühren.

Die Verpflichtung, künftige Erbbauzinsen zu zahlen, gehört nicht zu den Anschaffungskosten (schwebendes Geschäft). Für im Voraus gezahlte Erbbauzinsen ist ein Rechnungsabgrenzungsposten zu bilden und entsprechend aufzulösen. 651

Zur periodengerechten Verteilung des Nutzungsentgelts, das eine Gegenleistung des Erbbauberechtigten darstellt, siehe BFH, Urteil v. 11.12.2003 - IV R 42/02, BStBl 2004 II S. 353.

Aufwendungen eines erbbauverpflichteten Grundstückseigentümers zur Ablösung des Erbbaurechts zählen zu den Herstellungskosten des anschließend auf dem Grundstück nach dem Abriss der vorhandenen Bebauung neu errichteten Gebäudes (BFH, Urteil v. 13.12.2005 - IX R 24/03, BStBl 2006 II S. 461).

Hat aber der Erbbauverpflichtete an den bisherigen Erbbauberechtigten wegen Aufhebung des bestehenden Erbbaurechts eine Abfindung gezahlt, weil der Grundstückseigentümer mit einem anderen Interessenten einen neuen Erbbauvertrag zu einem höheren Erbbauzins abschließen will, so kann diese Abfindung steuerlich als sofort abziehbare Betriebsausgabe behandelt werden (BFH, Urteil v. 26.1.2011 - IX 24/10, BFH/NV 2011 S. 1480, KAAAD-87487).

Bei Erwerb eines bebauten Erbbaurechts entfallen die gesamten Anschaffungskosten auf das Gebäude, wenn der Erwerber dem bisherigen Erbbauberechtigten ein Entgelt nachweislich nur für den Gebäudeanteil gezahlt hat, während er gegenüber dem Erbbauverpflichteten (Grundstückseigentümer) nur zur Zahlung des laufenden Erbbauzinses verpflichtet ist (BFH, Urteil v. 15.11.1994 - IX R 73/92, BStBl 1995 II S. 374).

Das Erbbaurecht kann enden durch 652

- Zeitablauf (§ 27 ErbbauRG),
- Aufhebung (§ 26 ErbbauRG) oder
- Heimfall (§ 2 Nr. 4 ErbbauRG).

653 **ABB. 34: Erbbaurecht**

Erbbaurecht
(Grundstück gehört zum Betriebsvermögen)

beim Erbbauverpflichteten	beim Erbbauberechtigten
1. Bei Bestellung	
► Keine Entnahme des Grundstücks aus dem Betriebsvermögen bei entgeltlicher Bestellung. ► Keine Teilwertabschreibung wegen Einräumung. ► Bei privat veranlasster unentgeltlicher Bestellung Entnahme des Grundstücks. ► Vermerk bei betreffendem Grundstück.	► Erbbaurecht ist abnutzbares Wirtschaftsgut. ► Aufwendungen im Zusammenhang mit Vertragsschluss als Anschaffungskosten aktivieren und auf Laufzeit verteilen.
2. Während der Laufzeit	
► Laufender Erbbauzins ist Betriebseinnahme. ► Einmalige Zinszahlung durch Rechnungsabgrenzungsposten verteilen. ► Übernahme Erschließungsbeitrag und Kanalanschlussgebühren durch Erbbauberechtigten ebenfalls passiver Rechnungsabgrenzungsposten.	► Laufender Erbbauzins ist Betriebsausgabe. ► Einmalige Zinszahlung durch Rechnungsabgrenzungsposten verteilen. ► Übernahme Erschließungskosten und Kanalanschlussgebühren ebenfalls Rechnungsabgrenzungsposten.
3. Errichtung des Gebäudes	
a) ohne Entschädigung bei Übergang Keine Anwartschaft auf Eigentumsübergang aktivieren.	**a) ohne Entschädigung bei Übergang** ► Erbbauberechtigter wird rechtlicher und wirtschaftlicher Eigentümer des Bauwerks. ► Herstellungskosten aktivieren – AfA.
b) mit Entschädigung bei Übergang Wie zu Buchst. a).	**b) mit Entschädigung bei Übergang** ► Herstellungskosten aktivieren – AfA oder ► Herstellungskosten abzgl. Entschädigung sind abzuschreiben.
4. Bei Erlöschen	
a) ohne Entschädigung bei Übergang ► Aktivierung Bauwerk mit gemeinem Wert. ► Abschreibung auf Restnutzungsdauer.	**a) ohne Entschädigung bei Übergang** Unterschied zwischen gemeinem Wert und Buchwert des Bauwerks als zusätzliche Leistung an Erbbauverpflichteten = Aufwand.
b) mit Entschädigung bei Übergang ► Entschädigungszahlung stellt Anschaffungskosten dar. ► Abschreibung auf Restnutzungsdauer.	**b) mit Entschädigung bei Übergang** ► Differenz zwischen Entschädigung und Buchwert Ertrag/Aufwand, wenn die Entschädigung mit den Herstellungskosten verrechnet war (siehe Nr. 3 Buchst. b). ► Soweit Entschädigung nicht verrechnet, zum Übergangszeitpunkt Anspruch aktivieren (= Ertrag).

FRAGEN

		Rz.
1.	Welche Wirtschaftsgüter muss ein Unternehmer nach Handels- und Steuerrecht bilanzieren?	629
2.	Was versteht man unter dem Begriff „wirtschaftliches Eigentum“?	631
3.	Gibt es hinsichtlich der Zurechnung von Wirtschaftsgütern Unterschiede zwischen dem Handels- und dem Steuerrecht?	632
4.	Wer muss das Wirtschaftsgut beim Kauf unter Eigentumsvorbehalt bilanzieren? Der Lieferant oder der Empfänger?	633
5.	Ein Wirtschaftsgut wurde einer Bank sicherungsübereignet. Welchen rechtlichen Status hat die Bank?	634
6.	Wann kann der Sicherungsnehmer wie ein Eigentümer über das Wirtschaftsgut verfügen?	635
7.	Zu welchem Zeitpunkt tritt ein Wechsel in den Eigentumsverhältnissen ein?	635
8.	Welche umsatzsteuerlichen Folgen treten zu welchem Zeitpunkt ein?	636
9.	Wenn bei einem Versendungskauf die Ware vor dem Bilanzstichtag abgeschickt, aber erst danach beim Empfänger ankommt, wer hat dann die Ware zu bilanzieren?	637
10.	Was versteht man unter einem Nießbrauchsrecht?	639
11.	Wird der Nießbraucher wirtschaftlicher Eigentümer?	639
12.	Wer ist wirtschaftlicher Eigentümer bei einem Kommissionsgeschäft?	640
13.	Welche rechtliche Stellung hat bei einem Treuhandverhältnis der Treuhänder?	641
14.	Von welchen Kriterien ist bei einem Grundstücksverkauf der wirtschaftliche Übergang auf den Grundstückserwerber abhängig?	642
15.	Wer ist bei einer Verpachtung eines Betriebs mit Substanzerhaltungspflicht rechtlicher und (oder) wirtschaftlicher Eigentümer der Wirtschaftsgüter?	645
16.	Wem sind die vom Pächter während der Pachtzeit ersetzten Wirtschaftsgüter zuzurechnen?	646
17.	Wie ist das Umlaufvermögen während der Pachtzeit zu behandeln?	648
18.	Wozu gehört das Erbbaurecht und wie ist es bilanziell auszuweisen?	649 f.
19.	Welche rechtliche Stellung hat der Erbbauberechtigte mit der Errichtung des Gebäudes?	649
20.	Wie werden vorausgezahlte Erbbauzinsen bilanzmäßig behandelt?	651
21.	Wodurch kann das Erbbaurecht enden?	652
22.	Was passiert mit dem Gebäude, wenn das Erbbaurecht endet?	653

Kapitel 4: Maßgeblichkeit der Handelsbilanz für die Steuerbilanz

4.1 Allgemeines

654 Wir wissen jetzt: Sowohl das Handels- als auch das Steuerrecht verpflichten bestimmte **natürliche und juristische Personen** zur **Aufstellung von Bilanzen.** Wir müssen hierbei zwischen **Handels-** und **Steuerbilanz** unterscheiden, da handels- und steuerrechtliche Vorschriften voneinander abweichen. Wie das Verhältnis zwischen Handels- und Steuerbilanz aussieht, hat aber nur für den Personenkreis Bedeutung, der sowohl nach Handels- als auch nach Steuerrecht zur Bilanzaufstellung verpflichtet ist.

4.2 Unterschiede und Gemeinsamkeiten zwischen Handels- und Steuerbilanz

4.2.1 Handelsbilanz

655 Ziel der **Handelsbilanz** ist es, einen möglichst sicheren Einblick in die Vermögens- und Ertragslage zu geben. Hierbei sind die **handelsrechtlichen Bewertungsvorschriften** zu beachten.

Die Handelsbilanz soll also insbesondere der Unternehmensleitung, den Gläubigern (z. B. Banken) und möglicherweise auch der interessierten Öffentlichkeit (z. B. bei AGs und Großunternehmen) einen **Einblick in die finanzielle Situation der Unternehmung** geben.

Wichtig ist dafür vor allem, dass der Bilanzierungspflichtige seinen Gewinn und sein Vermögen nicht zu hoch ausweist. Unerwünschte Folgen von Überbewertungen in der Bilanz sind:

1. Zu leichtsinniges Geschäftsgebaren des Unternehmers; die Gefahr zu hoher Privatentnahmen bzw. die Gefahr zu hoher Ausschüttungen (z. B. bei Kapitalgesellschaften wie AGs) führen zu Substanzverlusten beim Unternehmen.
2. Gläubiger (auch potenzielle Gläubiger) werden über die wirkliche finanzielle Situation des Unternehmens getäuscht und laufen Gefahr, ihre hingegebenen Kredite zu verlieren.

Somit steht der **Gläubigerschutzgedanke im Vordergrund.** Der Schwerpunkt der Vorschriften für die Handelsbilanz liegt deshalb auf **„Höchstwertvorschriften“**.

Dies gilt auch nach Inkrafttreten des BilMoG v. 25.5.2009 (BGBl 2009 I S. 1102): Die Handelsbilanz bleibt insbesondere Grundlage für die Ausschüttungsbemessung.

4.2.2 Steuerbilanz

656 Ziel der **Steuerbilanz** ist es, die Finanzbehörde in die Lage zu versetzen, den **richtigen Gewinn als Besteuerungsgrundlage** der Besteuerung zugrunde zu legen. Aus dieser

Zielsetzung ist es verständlich, dass Bilanzierungspflichtige im Allgemeinen das Bestreben haben, ihre eigene wirtschaftliche Situation nicht zu günstig darstellen zu wollen. Steuerrechtliche Vorschriften müssen daher in erster Linie verhindern, dass Aktiva zu niedrig und Passiva zu hoch ausgewiesen werden.

Das Steuerrecht sorgt also durch **„Mindestwertvorschriften"** dafür, dass niemand seine wirtschaftliche Situation zu schlecht darstellt.

Da die Steuerbilanz jedoch immer wieder als Mittel staatlicher Wirtschafts- und Sozialpolitik genutzt wird, gibt es auch im **Steuerrecht Bewertungsvergünstigungen** und die Möglichkeit, steuerliche Rücklagen zu schaffen. Hierdurch wird der steuerliche Gewinn gemindert und somit bewusst auf die Ausweisung des richtigen Periodengewinns und die daraus resultierende richtige Besteuerung verzichtet. Durch das Steuerrecht werden so Anreize zu Investitionen, zu Umweltschutzmaßnahmen u. ä. gegeben.

4.3 Maßgeblichkeitsgrundsatz

4.3.1 Ansatz von Bilanzpositionen

Das BMF hat klargestellt, dass Ausgangspunkt für die Ermittlung des steuerlichen Gewinns der Betriebsvermögensvergleich i. S. des § 4 Abs. 1 Satz 1 EStG ist (BMF, Schreiben v. 12.3.2010, BStBl 2010 I S. 239). Gewerbetreibende, die Bücher führen und regelmäßig Abschlüsse machen müssen oder solches freiwillig tun, haben das Betriebsvermögen anzusetzen, das nach den handelsrechtlichen GoB auszuweisen ist (§ 5 Abs. 1 Satz 1 Halbsatz 1 EStG). Soweit keine gesonderte Steuerbilanz aufgestellt wird, ist die Handelsbilanz Grundlage für die steuerliche Gewinnermittlung unter Beachtung der steuerlichen Anpassungen gem. § 60 Abs. 2 Satz 1 EStDV. **Die allgemeinen Grundsätze zur Aktivierung, Passivierung und Bewertung der einzelnen Bilanzpositionen wurden durch das BilMoG v. 25.5.2009 (a. a. O.) nicht geändert und sind für die steuerliche Gewinnermittlung maßgeblich.** Dies gilt nicht nur in dieser abstrakten Formulierung, sondern kann auch konkreter gefasst werden. Hat ein Kaufmann eine rechtsgültige Handelsbilanz aufgestellt, ist er an diese Handelsbilanz auch für Besteuerungszwecke gebunden, es sei denn, im Steuerrecht existieren abweichende Bilanzierungs- und/oder Bewertungsvorschriften. 657

Dieser Grundsatz der Maßgeblichkeit wird durch steuerliche Ansatz- und Bewertungsvorbehalte durchbrochen (§ 5 Abs. 1a–4b und 6, § 6, § 6a und § 7 EStG).

Mit Inkrafttreten des BilMoG v. 25.5.2009 (a. a. O.) wurde der in § 5 Abs. 1 Satz 1 EStG niedergelegte Grundsatz, dass für Zwecke der steuerlichen Gewinnermittlung das Betriebsvermögen anzusetzen ist, das nach den handelsrechtlichen GoB auszuweisen ist, durch den folgenden Halbsatz eingeschränkt: „es sei denn, im Rahmen der Ausübung eines steuerlichen Wahlrechts wird ein anderer Ansatz gewählt." Steuerliche Wahlrechte können sich aus dem Gesetz oder den Verwaltungsanweisungen (z. B. EStR oder BMF-Schreiben) ergeben. Die Ausübung eines solchen Wahlrechts in der Steuerbilanz in Abweichung von der Handelsbilanz ist gem. § 5 Abs. 1 Satz 2 EStG davon abhängig, 658 dass für das betreffende Wirtschaftsgut ein gesondertes Verzeichnis angelegt wird, das laufend zu führen ist. Ein solches Verzeichnis muss folgende Angaben enthalten:

- Tag der Anschaffung oder Herstellung,
- Anschaffungs- oder Herstellungskosten,
- Vorschrift des ausgeübten Wahlrechts und
- vorgenommene Abschreibungen.

Für Überschussrechner gem. § 4 Abs. 3 EStG gilt die Verzeichnispflicht des § 5 Abs. 1 Satz 2 EStG nicht. Allerdings sieht § 6c Abs. 2 EStG bei der Übertragung stiller Reserven im Fall einer Ersatzbeschaffung besondere Nachweis- und Dokumentationspflichten vor. So ist auch bei Einnahmenüberschussrechnern ein Verzeichnis zu führen, das insbesondere Angaben zum veräußerten und zum angeschafften Ersatzwirtschaftsgut enthalten muss.

659 Jede Bilanzposition der Handelsbilanz ist daher grds. in der Steuerbilanz zu erfassen, wenn

1. dieser Bilanzposten nach steuerrechtlichen Vorschriften ausgewiesen werden muss oder ausgewiesen werden darf,
2. der Wert, mit dem diese Bilanzposition in der Handelsbilanz ausgewiesen wurde, nach steuerrechtlichen Vorschriften möglich ist, und
3. ein steuerliches Wahlrecht nicht abweichend von dem Handelsbilanzansatz ausgeübt wurde.

Wir müssen uns also zunächst der Frage zuwenden, welche in der Handelsbilanz erfassten Wirtschaftsgüter (und sonstige Bilanzposten) in die Steuerbilanz aufgenommen werden.

660 Grundsätzlich gilt:

- Was handelsrechtlich aktiviert werden muss, ist auch steuerrechtlich zu aktivieren; es besteht also ein **Aktivierungsgebot.**
- Was handelsrechtlich passiviert werden muss, ist auch steuerrechtlich zu passivieren **(Passivierungsgebot)**.
- Was handelsrechtlich nicht aktiviert werden darf, darf auch steuerrechtlich nicht aktiviert werden **(Aktivierungsverbot)**.
- Was handelsrechtlich nicht passiviert werden darf, darf auch steuerrechtlich nicht passiviert werden **(Passivierungsverbot)**.

Bei handelsrechtlichen Bilanzierungsgeboten und -verboten folgt das Steuerrecht also grds. der handelsrechtlichen Zuordnung. Hier ist die **Handelsbilanz maßgeblich für die Steuerbilanz** (in diesem Zusammenhang spricht man auch von „abgeleiteter Bilanz"). Hiervon wird nur dann abgewichen, wenn spezielle steuerrechtliche Vorschriften eine Bilanzierung im Gegensatz zur handelsrechtlichen Behandlung verbieten oder fordern oder im Rahmen der Ausübung eines steuerlichen Wahlrechts ein vom Handelsbilanzansatz abweichender Wert gewählt wurde (vgl. hierzu die Ausführungen unter Teil B, Kapitel 5).

Bestehen **handelsrechtlich Bilanzierungswahlrechte,** gilt das **Maßgeblichkeitsprinzip** nach den vom BFH entwickelten und vom BMF (BMF, Schreiben v. 12.3.2010, BStBl 2010 I S. 239) dargelegten Grundsätzen nur sehr **eingeschränkt:** 661

- **Was handelsrechtlich aktiviert werden darf, muss steuerrechtlich** im Interesse einer möglichst zutreffenden Abschnittsbesteuerung **aktiviert werden.**
- **Was handelsrechtlich passiviert werden darf, darf steuerrechtlich nicht passiviert werden.**

Auch hier gilt der Grundsatz: **Steuerrechtliche Sondervorschriften gehen diesen vom BFH gesetzten Regeln vor.**

BEISPIEL 1: Handelsrechtlich dürfen gem. § 248 Abs. 2 HGB selbst geschaffene immaterielle Vermögensgegenstände des Anlagevermögens – sofern es sich **nicht** um Marken, Drucktitel, Verlagsrechte, Kundenlisten oder vergleichbare immaterielle Vermögensgegenstände handelt – aktiviert werden. Steuerrechtlich ist die Aktivierung gem. § 5 Abs. 2 EStG verboten. Das Aktivierungswahlrecht in der Handelsbilanz führt damit **nicht** zu einem Aktivierungsgebot in der Steuerbilanz.

BEISPIEL 2: Ein Unternehmen bildet in der Handelsbilanz eine Rückstellung für drohende Verluste aus schwebenden Geschäften i. S. des § 249 Abs. 1 HGB, die in der Steuerbilanz gem. § 5 Abs. 4a EStG nicht gebildet werden darf.

Im Jahr der Rückstellungsbildung ist der Steuerbilanzgewinn gegenüber dem Handelsbilanzgewinn zu hoch ausgewiesen; damit ist auch eine zu hohe Steuerbelastung in die Steuer- und die Handelsbilanz eingegangen. Dieser zu hohe Steueraufwand gleicht sich jedoch in dem Jahr aus, in dem die Rückstellung in der Handelsbilanz aufgelöst wird. Dann nämlich ist der Steuerbilanzgewinn genau um den Rückstellungsbetrag niedriger als der Handelsbilanzgewinn. Die hieraus resultierende Steuerentlastung darf im Jahr der Rückstellungsbildung als Abgrenzungsposten (Bilanzierungshilfe) aktiviert werden.

Mit Inkrafttreten des BilMoG v. 25.5.2009 (a. a. O.) gilt gem. § 274 Abs. 1 HGB:

Die sich in späteren Jahren ergebende Steuerentlastung kann nur in der Handelsbilanz als aktive latente Steuer (§ 266 Abs. 2 D HGB) ausgewiesen werden.

Diese handelsrechtlich zulässigen Bilanzierungshilfen sind aber kein Ausfluss ordnungsmäßiger Buchführung – es wurden weder Wirtschaftsgüter geschaffen noch liegen die Voraussetzungen zur Bildung von Rechnungsabgrenzungsposten vor – und dürfen deshalb in die Steuerbilanz nicht aufgenommen werden. Das Gleiche gilt für die mit Inkrafttreten des BilMoG v. 25.5.2009 (a. a. O.) in der Handelsbilanz ausweisbare latente Steuer.

4.3.2 Bewertung von Bilanzpositionen

1. Bewertungswahlrechte, die in der Handelsbilanz ausgeübt werden können, ohne dass eine steuerliche Regelung besteht, wirken wegen der Maßgeblichkeit des Handelsbilanzansatzes auch für die Steuerbilanz. 662

   BEISPIEL: Die Zinsen für Fremdkapital gehören nicht zu den Herstellungskosten (Klarstellung in § 255 Abs. 3 Satz 1 HGB). Gemäß § 255 Abs. 3 Satz 2 HGB gelten Zinsen für Fremdkapital jedoch als Herstellungskosten des Vermögensgegenstands, wenn das Fremdkapital zur Herstellung eines Vermögensgegenstands verwendet wird. Sie dürfen als Herstellungskosten aktiviert werden. Dieses Wahlrecht gilt i. S. der R 6.3 Abs. 4 EStR auch für die Steuerbilanz. Damit dürfen auch steuerlich „Nicht-Herstellungskosten" als Herstellungskosten aktiviert werden. Sind handelsrechtlich Fremdkapitalzinsen in die Herstellungskosten einbezogen worden, sind sie gem. § 5 Abs. 1 Halbsatz 1 EStG auch in der Steuerbilanz als Herstellungskosten zu behandeln.

2. Wahlrechte, die nur steuerrechtlich bestehen, können unabhängig vom handelsrechtlichen Wertansatz ausgeübt werden **(§ 5 Abs. 1 Satz 1 Halbsatz 2 EStG)**.

   BEISPIEL: Die Übertragung stiller Reserven gem. § 6b EStG bei der Veräußerung bestimmter Wirtschaftsgüter.

3. **Wahlrechte, die sowohl handels- als auch steuerrechtlich bestehen, können aufgrund des § 5 Abs. 1 Satz 1 Halbsatz 2 EStG in Handels- und Steuerbilanz unterschiedlich ausgeübt werden. Im Rahmen der Ausübung eines steuerlichen Wahlrechts kann ein vom Handelsbilanzansatz abweichender Wert gewählt werden.**

   BEISPIEL: Die Inanspruchnahme der degressiven AfA gem. § 7 Abs. 2 EStG für bewegliche Wirtschaftsgüter kann unabhängig davon erfolgen, welche Abschreibung – linear oder degressiv – in der Handelsbilanz gewählt wurde.

4.4 Keine umgekehrte Maßgeblichkeit

663 Mit Inkrafttreten des BilMoG v. 25.5.2009 (a. a. O.) ist ab dem Jahr 2010 zwar der allgemeine (materielle) Maßgeblichkeitsgrundsatz beibehalten worden (§ 5 Abs. 1 Satz 1 Halbsatz 1 EStG), der Grundsatz der umgekehrten Maßgeblichkeit ist jedoch aufgegeben worden. Die handelsrechtlichen Öffnungsklauseln, durch die steuerrechtliche Abschreibungen in der Handelsbilanz möglich wurden (§ 254 und § 279 Abs. 2 sowie § 280 Abs. 2 HGB a. F.), sind ebenso weggefallen wie die Vorschriften, die die Bildung eines Sonderpostens mit Rücklageanteil zuließen (§ 247 Abs. 3, § 273 und § 281 HGB a. F.).

Somit ist die umgekehrte Maßgeblichkeit mit Inkrafttreten des BilMoG v. 25.5.2009 (a. a. O.) weggefallen. Durch die Neufassung des § 5 Abs. 1 EStG können steuerliche Wahlrechte unabhängig von der Handelsbilanz ausgeübt werden.

BEISPIELE:

- § 6b EStG: Die Bildung eines Sonderpostens mit Rücklageanteil in der Handelsbilanz ist nicht mehr möglich; auch entsprechende stille Reserven können im Ergebnis nicht erfolgsneutral übertragen werden. In der Steuerbilanz kann jedoch unabhängig davon eine Rücklage gem. § 6b EStG gebildet werden und die stillen Reserven auf Reinvestitionsgüter übertragen werden.
- R 6.6 EStR: Die Ausführungen zu § 6b EStG gelten entsprechend für die i. S. der R 6.6 EStR mögliche Übertragung stiller Reserven in Fällen der Ersatzbeschaffung.
- § 7g EStG: Handelsrechtlich findet diese Norm keine Anwendung; Auswirkungen ergeben sich lediglich auf den steuerlichen Gewinn.

Durch die Nicht-Bildung der bisher zulässigen Sonderposten in der Handelsbilanz entsteht in der Handelsbilanz ein zusätzliches Ausschüttungspotential. In der Handelsbilanz sind jedoch latente Steuern auf der Passivseite auszuweisen.

Handelsrechtlich wird die Aktivierung von Zöllen, Verbrauchsteuern und der Umsatzsteuer aufgehoben, während steuerrechtlich aufgrund von § 5 Abs. 5 Satz 2 EStG weiterhin ein Rechnungsabgrenzungsposten gebildet werden muss.

Aufgrund der Änderungen durch das BilMoG v. 25.5.2009 (a. a. O.) nimmt das Auseinanderfallen von Handels- und Steuerbilanz zu. Die Erstellung von Einheitsbilanzen ist auch bei kleineren Unternehmen oft nicht mehr möglich.

4.5 Wertaufholung

§ 6 Abs. 1 Nr. 1 Satz 4 EStG verpflichtet den Bilanzierenden bei Wertsteigerungen von abnutzbarem Anlagevermögen zur Zuschreibung bis zur Höhe der fortgeführten Herstellungs- bzw. Anschaffungskosten, vermindert um die planmäßige Abschreibung (Pflicht zur Zuschreibung). 664

BEISPIEL: Die A-GmbH hat Anfang Januar 01 ein Bürogebäude für 200.000 € errichtet und zutreffend mit 3 % abgeschrieben. Ende des Jahres 03 ergibt sich daher ein Restwert i. H. von 182.000 €. Zum 31.12.03 ist der Verkehrswert dauerhaft auf 130.000 € gesunken. Daher wurde zum 31.12.03 zutreffend eine Teilwertabschreibung i. H. von 52.000 € vorgenommen. Zum 31.12.05 ist der Teilwert völlig unerwartet auf 200.000 € gestiegen.

Zum 31.12.05 ist gem. § 6 Abs. 1 Nr. 1 Satz 4 EStG für das Gebäude der Wert zu ermitteln, der sich ohne die vorgenommene Teilwertabschreibung ergeben hätte:

Herstellungskosten 200.000 € - AfA 30.000 € (= 3 % × 5 Jahre) = 170.000 €.

Da dieser Wert niedriger ist als der Teilwert zum 31.12.05, ist eine Wertaufholung auf 170.000 € vorzunehmen.

Anschließend ist der Wert zu ermitteln, der sich nach der Teilwertabschreibung und der danach zu ermittelnden AfA ergibt. Die AfA ermittelt sich gem. § 11c Abs. 2 EStDV wie folgt:

Bisherige AfA-Bemessungsgrundlage 200.000 € - Teilwertabschreibung 52.000 € = 148.000 € (AfA-Bemessungsgrundlage – neu). Darauf wird der bisherige AfA-Satz i. H. von 3 % angewandt: 3 % von 148.000 € = 4.440 €.

Von dem sich hieraus ergebenden Zwischenwert wird auf 170.000 € zugeschrieben.

Kontenentwicklung:

Herstellungskosten im Jahr 01	200.000 €
AfA in den Jahren 01–03	- 18.000 €
Teilwertabschreibung	- 52.000 €
31.12.03	130.000 €
AfA in den Jahren 04–05 (2 × 4.440 € =)	- 8.880 €
Zwischenwert	121.120 €
Zuschreibung	+ 48.880 €
31.12.03	170.000 €

Gemäß § 6 Abs. 1 Nr. 2 Satz 3 EStG gilt dies entsprechend für andere Wirtschaftsgüter, insbesondere für den Grund und Boden.

BEISPIEL: Die X-OHG kauft im Jahr 01 ein Weidegrundstück für 100.000 €. Nach Bekanntwerden der Bauplanung für eine Bundesautobahn in unmittelbar Nähe im Jahr 02 sinkt der Verkehrswert dauerhaft auf 50.000 €. Im Jahr 03 wird das Gebiet nach einer Bauplanänderung überraschend als Gewerbefläche ausgewiesen, wodurch der Wert auf 200.000 € ansteigt.

Wertansätze lt. Steuerrecht:

- 31.12.01: 100.000 € (§ 6 Abs. 1 Nr. 2 Satz 1 EStG)
- 31.12.02: 50.000 € (§ 6 Abs. 1 Nr. 2 Satz 2 EStG)
- 31.12.03: 100.000 € (§ 6 Abs. 1 Nr. 2 Satz 3 i. V. mit Satz 4 EStG)

665 Mit Inkrafttreten des BilMoG v. 25.5.2009 (a. a. O.) gilt die handelsrechtliche Vorschrift des § 253 Abs. 5 Satz 1 HGB, nach der ein niedrigerer Wertansatz gem. § 253 Abs. 3 Satz 3 oder 4 HGB **nicht** beibehalten werden darf, wenn die Gründe dafür nicht mehr bestehen. Damit unterliegen sowohl Kapitalgesellschaften als auch Personenhandelsgesellschaften und Einzelkaufleute – soweit in den Vorjahren außerplanmäßige Abschreibungen vorgenommen wurden – einem Wertaufholungsgebot.

Grundsätzlich entsprechen daher die handelsrechtlichen den steuerrechtlichen Vorschriften. Die Wertaufholungen im Steuerrecht erfolgen gem. § 6 Abs. 1 Nr. 1 Satz 4 und Nr. 2 Satz 3 EStG, während handelsrechtlich § 253 Abs. 5 HGB die einschlägige Vorschrift darstellt.

666 Die vor dem Inkrafttreten des BilMoG v. 25.5.2009 (a. a. O.) gültige Differenzierung zwischen Kapitalgesellschaften und GmbH & Co. KGs auf der einen und Personenhandelsgesellschaften und Einzelkaufleuten auf der anderen Seite entfällt.

Auf eine Abweichung zwischen Handels- und Steuerrecht ist jedoch hinzuweisen: Handelsbilanziell ist gem. § 253 Abs. 5 Satz 2 HGB ein niedrigerer Wertansatz eines entgeltlich erworbenen Geschäfts- oder Firmenwerts beizubehalten, während steuerrechtlich eine Zuschreibung i. S. des § 6 Abs. 1 Nr. 1 Satz 4 EStG erfolgen muss.

4.6 Übersicht über das Prinzip der Maßgeblichkeit der Handelsbilanz für die Steuerbilanz

667 Die folgende Übersicht verdeutlicht das Prinzip der Maßgeblichkeit der Handelsbilanz für die Steuerbilanz:

ABB. 35: Maßgeblichkeit der Handelsbilanz für die Steuerbilanz

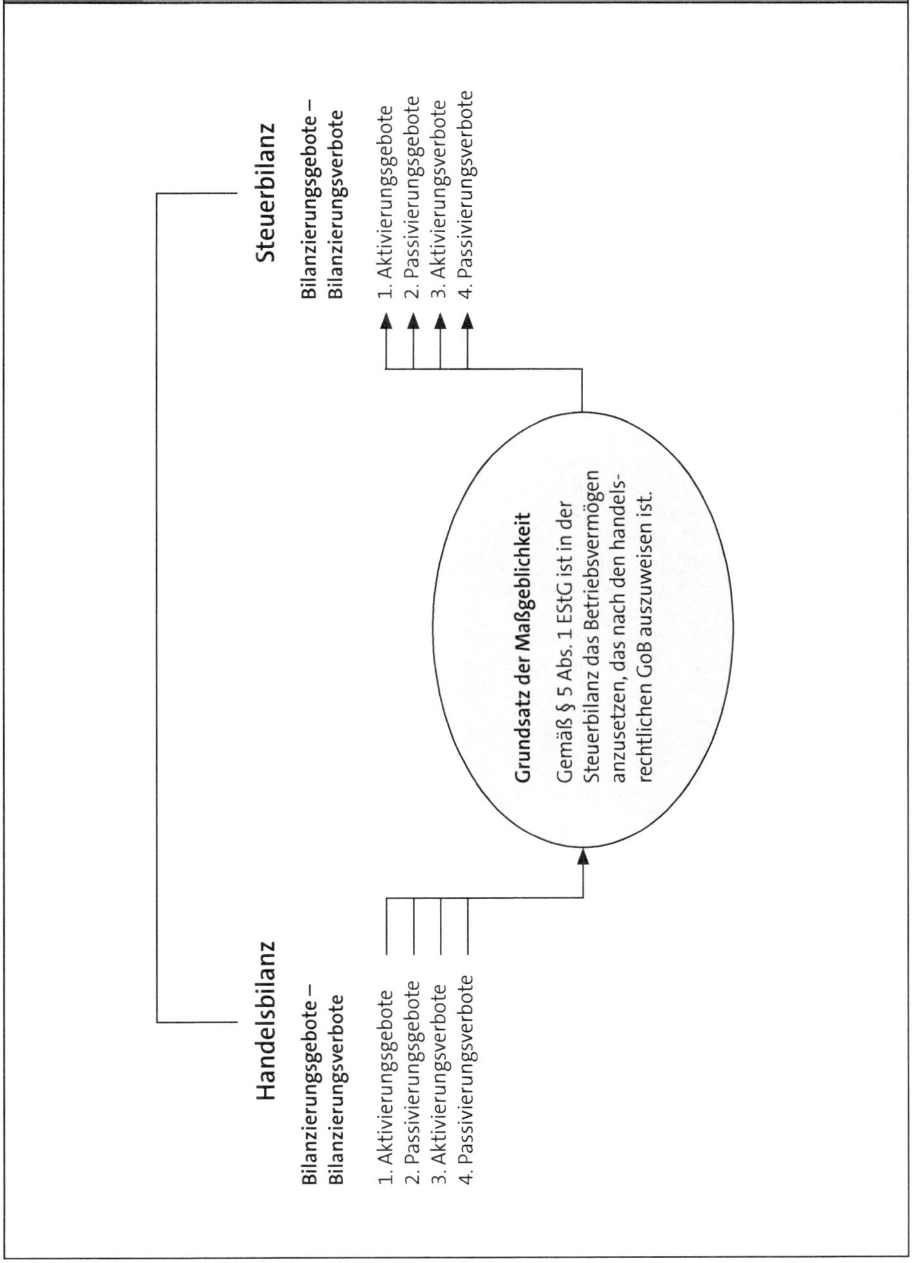

ABB. 36: Ausnahmen vom Grundsatz der Maßgeblichkeit

Sieht das Steuerrecht eigene, vom Handelsrecht abweichende Regelungen (auch steuerliche Wahlrechte) vor, dann gilt der Maßgeblichkeitsgrundsatz nicht.

Ansatz in der Handelsbilanz

1. Ansatz der Vermögenswerte

a) § 246 Abs. 2 HGB: Ausnahmen vom Saldierungsverbot.
b) § 249 Abs. 1 HGB: Drohverlustrückstellungen sind zu bilden.
c) § 248 Abs. 2 HGB: Aktivierungswahlrecht selbstgeschaffener immaterieller Vermögenswerte des Anlagevermögens.
d) § 274 HGB: Aktivierungswahlrecht aktiver überhängiger latenter Steuern und Passivierungspflicht passiver überhängiger latenter Steuern.
e) Kein Ansatz eines Rechnungsabgrenzungspostens für Zölle und Verbrauchsteuern und Umsatzsteuer auf Anzahlungen.

2. Bewertung der Vermögenswerte

a) § 254 HGB: Bildung von Bewertungseinheiten zulässig.
b) § 246 HGB: Ansatz des derivativen Firmenwerts und Abschreibung über die betriebsgewöhnliche Nutzungsdauer, keine Wertaufholung.
c) § 253 Abs. 3 HGB: Außerplanmäßige Abschreibung bei nur vorübergehender Wertminderung für Finanzanlagen zulässig.
d) Verlustfreie Bewertung des Umlaufvermögens ohne Berücksichtigung des durchschnittlichen Unternehmergewinns.
e) § 253 Abs. 1 HGB: Ansatz von Rückstellungen zum Erfüllungsbetrag und Abzinsung mit Marktzinssatz.
f) Keine Abschreibungen aufgrund steuerlicher Wahlrechte.

↓

Ansatz in der Steuerbilanz

1. Ansatz der Vermögenswerte

a) § 5 Abs. 1a EStG: Uneingeschränktes Saldierungsverbot.
b) § 5 Abs. 4a EStG: Bildung von Drohverlustrückstellungen grds. unzulässig.
c) § 5 Abs. 2 EStG: Aktivierungsverbot.
d) Keine Aktivierung bzw. Passivierung latenter Steuern.
e) § 5 Abs. 5 EStG: Aktivierungspflicht.

2. Bewertung der Vermögenswerte

a) § 5 Abs. 1a EStG: Bewertungseinheiten nur zur Absicherung von finanzwirtschaftlichen Risiken.
b) § 7 Abs. 1 EStG: Ansatz und Abschreibung über 15 Jahre. Wertaufholungsgebot.
c) § 6 Abs. 1 Nr. 1 EStG: Abschreibungsverbot.
d) Teilwertermittlung beim Umlaufvermögen unter Berücksichtigung des durchschnittlichen Unternehmergewinns.
e) § 6 Abs. 1 Nr. 3a Buchst. e und f EStG: Wertverhältnisse am Bilanzstichtag maßgebend; Zinssatz 5,5 %.
f) Steuerrechtliche Wahlrechte (z. B. § 6b EStG) können unabhängig von der Handelsbilanz ausgeübt werden.

LITERATURHINWEIS

Gerke/Kirchner/Kühn/Steiner, Fallsammlung Bilanzsteuerrecht, 21. Aufl. 2026, Fall 5–7.

FRAGEN 668

		Rz.
1.	Definieren Sie den Begriff „Maßgeblichkeitsgrundsatz“ und erläutern Sie die praktischen Auswirkungen auf die Bilanzierung von Bilanzposten in der Steuerbilanz ausgehend von der Handelsbilanz!	657, 660
2.	Welche Bedeutung hat die „umgekehrte Maßgeblichkeit“ heute für die Bilanzierungspraxis?	663
3.	Welche Bedeutung hat die „Wertaufholung“ für die Bilanzierung?	664, 665

Kapitel 5: Betriebsvermögen nach Handels- und Steuerrecht

5.1 Unterscheidung zwischen Betriebsvermögen und Privatvermögen

669 Gemäß § 238 HGB ist **jeder Kaufmann verpflichtet,** Bücher zu führen und in diesen seine Handelsgeschäfte – nicht Privatgeschäfte – und die Lage seines Vermögens **nach den GoB** ersichtlich zu machen. Er hat außerdem gem. § 240 HGB beim Beginn seines Handelsgewerbes und jeweils für den Schluss eines jeden Wirtschaftsjahres seine Vermögensgegenstände genau zu verzeichnen. Gemäß § 242 HGB hat er regelmäßig einen das Verhältnis des Vermögens und der Schulden darstellenden Abschluss (Eröffnungsbilanz und Schlussbilanz) aufzustellen.

670 Die Kaufmannseigenschaft nach dem HGB bedeutet jedoch nicht unbedingt gleichzeitig auch Buchführungspflicht nach dem HGB. Denn der durch das BilMoG v. 25.5.2009 (BGBl 2009 I S. 1102) eingeführte neue § 241a HGB gibt die bislang bestehende Verknüpfung zwischen Kaufmannseigenschaft und handelsrechtlicher Buchführungspflicht auf. Danach können Einzelkaufleute, die die größenabhängige Befreiung gem. § 241a Satz 1 HGB beanspruchen dürfen, ihre Rechnungslegung auf eine Einnahmenüberschussrechnung i. S. des § 4 Abs. 3 EStG beschränken. Zur Besonderheit bei der Gewinnermittlung gem. § 4 Abs. 3 EStG siehe Rz. 1237 ff.

671 Nach Steuerrecht besteht die Verpflichtung, den Betriebsgewinn zu ermitteln. Gemäß § 4 Abs. 1 EStG ist der Gewinn der Unterschiedsbetrag zwischen dem Betriebsvermögen am Schluss des Wirtschaftsjahres und dem Betriebsvermögen am Schluss des vorangegangenen Wirtschaftsjahres unter Berücksichtigung der im Laufe eines Wirtschaftsjahres getätigten Entnahmen und Einlagen **(Betriebsvermögensvergleich)**. Hieraus ergibt sich die Forderung einer eindeutigen **Abgrenzung des Betriebsvermögens vom Privatvermögen,** denn nur Einnahmen und Ausgaben, die im Zusammenhang mit Wirtschaftsgütern des Betriebsvermögens stehen, sind auch Betriebseinnahmen und Betriebsausgaben. Dasselbe gilt für Wertminderungen von Wirtschaftsgütern des Betriebsvermögens (AfA und Teilwertabschreibungen). Dagegen haben Einnahmen und Ausgaben, die mit Gegenständen des Privatvermögens zusammenhängen, grds. keinen Einfluss auf den Gewinn.

Deshalb ist es zunächst von entscheidender Bedeutung, das zutreffende Betriebsvermögen zu ermitteln.

LITERATURHINWEIS

Gerke/Kirchner/Kühn/Steiner, Fallsammlung Bilanzsteuerrecht, 21. Aufl. 2026, Fall 25 und 26.

5.2 Betriebsvermögen und Wirtschaftsgut

Gegenstand der Bilanzierung ist gem. § 4 Abs. 1 und § 5 EStG **das Betriebsvermögen.** 672
Dieser Begriff erfasst alle Güter, die zu einem einheitlichen Zweck in einem Betrieb vereinigt und sowohl auf der Aktivseite als auch auf der Passivseite der Bilanz ausgewiesen sind. Der Begriff „Betriebsvermögen" ist damit ein umfassender Begriff, denn er umfasst alle Bilanzposten. Nach ihm regelt sich die Aktivierungs- und Passivierungsfähigkeit.

Der Begriff des „Wirtschaftsguts" bzw. des deckungsgleichen handelsrechtlichen Begriffs „Vermögensgegenstand" ist dagegen weder im Handelsrecht noch im Steuerrecht definiert. Nach der ständigen Rechtsprechung sind das Vorhandensein eines Wirtschaftsguts und damit seine Bilanzierungsfähigkeit davon abhängig, ob

- ein längerfristiger Nutzen vorliegt,
- eine Veräußerungsmöglichkeit mindestens im Rahmen einer gesamten Betriebsveräußerung gegeben ist oder
- eine selbständige Bewertbarkeit vorhanden ist.

Der steuerliche Begriff „Wirtschaftsgut" ist mit dem handelsrechtlichen Begriff des „Vermögensgegenstands" identisch; denn, ob ein Wirtschaftsgut vorliegt und die Voraussetzungen für seine Bilanzierung gegeben sind, entscheidet sich bei Gewerbetreibenden nach den **handelsrechtlichen GoB,** die aufgrund des Maßgeblichkeitsgrundsatzes grds. auch bei der steuerlichen Gewinnermittlung gem. § 5 EStG zu beachten sind.

Wenn die vorstehend aufgeführten Voraussetzungen vorliegen, ist ein Wirtschaftsgut anzunehmen – ohne Rücksicht darauf, ob i. S. des BGB ein selbständiger Gegenstand (Sache oder Recht gem. § 90 BGB) vorhanden ist.

BEISPIELE:

- Errichtung einer Betriebsvorrichtung, die fest mit dem Grund und Boden verbunden ist.
- Herstellung einer besonderen Platzbefestigung.
- Aufteilung eines einheitlichen Gebäudes in mehrere selbständige Wirtschaftsgüter.
- Ein Windpark besteht aus mehreren selbständigen Wirtschaftsgütern:
  - Jede einzelne Windkraftanlage mit Fundament und dazugehörigem Transformator nebst der verbindenden Verkabelung ist ein zusammengesetztes Wirtschaftsgut.
  - Die Verkabelung von den Transformatoren bis zum Stromnetz des Energieversorgers ist zusammen mit der Übergabestation ein weiteres zusammengesetztes Wirtschaftsgut.
  - Die Zuwegung ist ebenfalls ein eigenständiges Wirtschaftsgut.

  Dabei ist aber die Nutzungsdauer der Anlage für alle Wirtschaftsgüter einheitlich anzusetzen (BFH, Urteil v. 14.4.2011 - IV R 46/09, BStBl 2011 II S. 696).
- Wie selbständige Wirtschaftsgüter sind auch dachintegrierte Fotovoltaikanlagen zu behandeln (R 4.2 Abs. 3 EStR).

5.3 Bilanzierungszeitpunkt

Gemäß § 246 Abs. 1 HGB hat der Jahresabschluss sämtliche Vermögensgegenstände, 673
Schulden, Rechnungsabgrenzungsposten, latente Steuern sowie Aufwendungen und Erträge zu enthalten, soweit gesetzlich nichts anderes bestimmt ist. Vermögensgegen-

stände sind nur in die Bilanz aufzunehmen, wenn sie dem Eigentümer auch wirtschaftlich zuzurechnen sind. Ein entgeltlich erworbener Geschäfts- oder Firmenwert gilt dabei als zeitlich begrenzt nutzbarer Vermögensgegenstand.

Für die Bilanzierung der Wirtschaftsgüter gilt grds. das Realisationsprinzip. Sie können erst dann ausgewiesen werden, wenn bei wirtschaftlicher Betrachtung ein Vermögensmehr bzw. eine Vermögensminderung eingetreten ist, d. h., wenn

- materielle Wirtschaftsgüter durch Aufwendungen erworben bzw. hergestellt worden sind oder
- immaterielle Wirtschaftsgüter entweder entgeltlich erworben oder eingelegt worden sind (§ 5 Abs. 2 EStG) oder
- Schulden, die mit dem betrieblichen Bereich im Zusammenhang stehen, entstanden sind.

Zur Aktivierung selbst geschaffener immaterieller Vermögensgegenstände des Anlagevermögens siehe Rz. 706.

Nach diesen Grundsätzen sind u. a. zu bilanzieren:

- Forderungen, wenn der Anspruch besteht und auch durchsetzbar ist.

  BEISPIEL: Ein bilanzierender Handwerker muss seine Forderung zum Zeitpunkt der Abnahme seines Werks bilanzieren, ohne Rücksicht darauf, ob eine prüffähige Schlussrechnung vorliegt oder die Forderung fällig ist (FG Düsseldorf, Urteil v. 12.4.2011 - 13 K 3413/07 F, EFG 2012 S. 816, NAAAE-10188).

- Gewinnansprüche gegenüber einer Kapitalgesellschaft mit Beschluss über die Gewinnverwendung.
- Steuererstattungsansprüche: Soweit ein Zinsanspruch betroffen ist, entsteht dieser nach den Vorschriften des § 233a AO (siehe auch OFD Frankfurt, Vfg. v. 12.7.2013 - S 2133 A - 21 - St 210, QAAAE-41622).
- Ein Steuererstattungsanspruch, der bisher vom Finanzamt bestritten, aber vom BFH bzw. EuGH positiv für den Unternehmer entschieden worden ist, ist realisiert, wenn er vor dem Bilanzstichtag im BStBl Teil II veröffentlicht worden ist (BFH, Urteil v. 31.8.2011 - X R 19/10, BStBl 2012 II S. 190).
- Im Bau befindliche Anlagen grds. erst mit Abnahme des Gesamtwerks; Ausnahme, wenn endgültige Teilabrechnungen und Teilabnahmen vorliegen (siehe aber Rz. 1026, Bauunternehmer/Bauhandwerker).
- Schadensersatz aus Vertragsverletzung; diese Ansprüche entstehen erst, wenn sie unbestritten sind, d. h., umstrittene Ansprüche brauchen erst aktiviert zu werden, wenn ein rechtskräftiges obsiegendes Urteil vorliegt bzw. eine Einigung mit dem Schuldner zustande gekommen ist.
- Bei Mietverhältnissen bzw. Leistungen von Schulträgern zur Vorbereitung auf ein Berufsexamen wird der Gewinn jeweils aus den Leistungen des Vermieters bzw. des Schulträgers fortlaufend verwirklicht.
- Garantieverpflichtungen: Diese werden bereits durch den zugrundeliegenden Umsatz realisiert und nicht erst durch konkrete Ansprüche, die später gestellt werden.

5.4 Zugehörigkeit von Wirtschaftsgütern zum Betriebsvermögen oder Privatvermögen

5.4.1 Allgemeines

Soweit der Gewinn eines Gewerbetreibenden gem. § 5 EStG im Wege des Betriebsvermögensvergleichs ermittelt wird, ist eine strenge Trennung der Wirtschaftsgüter in solche des Betriebsvermögens und solche des Privatvermögens erforderlich. Denn bei der Gewinnermittlung darf nur das Betriebsvermögen berücksichtigt werden. Das gilt sowohl für die handels- als auch für die steuerrechtliche Gewinnermittlung, obwohl sich das Handelsrecht weitgehend einer gesetzlichen Regelung enthält. Lediglich in § 247 Abs. 2 HGB wird darauf verwiesen, dass beim Anlagevermögen nur Gegenstände auszuweisen sind, die dazu bestimmt sind, dauernd dem Geschäftsbetrieb zu dienen. Zum Betriebsvermögen gehören deshalb alle Wirtschaftsgüter, die aus betrieblicher Veranlassung dem Betrieb zugeführt worden sind, sei es durch Erwerb, Herstellung oder auch durch Einlage. 674

Gemäß § 344 HGB gelten die von einem Kaufmann vorgenommenen Rechtsgeschäfte im Zweifel als zum Betrieb eines Handelsgewerbes gehörig. Das sind Vorgänge, die für den Betrieb mittelbar oder unmittelbar von wesentlicher Bedeutung sind, also insbesondere Geschäfte mit branchengleichen Wirtschaftsgütern. Das schließt aber branchenfremde Geschäfte nicht grds. aus. Aber branchenuntypische Wertpapier-, Termin- und Optionsgeschäfte sind dem betrieblichen Bereich auch dann nicht zuzuordnen, wenn die Möglichkeit besteht, damit Gewinne zu erzielen (BFH, Urteil v. 19.2.1997 - XI R 1/96, BStBl 1997 II S. 399). Wertpapiergeschäfte, die nicht über den Rahmen einer privaten Vermögensverwaltung hinausgehen, gehören nicht zum Gewerbebetrieb eines Steuerpflichtigen. Dasselbe gilt nach der Rechtsprechung auch für den privaten Grundstückshandel, wenn mit der Errichtung und dem Verkauf von bis zu drei Wohnungen oder Eigenheimen die Grenze privater Vermögensverwaltung nicht überschritten ist.

5.4.2 Notwendiges Betriebsvermögen

Es gibt Wirtschaftsgüter, die in **besonders enger Beziehung** zu einem Betrieb stehen. 675
Sie sind ausschließlich und unmittelbar betrieblichen Zwecken zu dienen bestimmt und geeignet. Sie gehören deshalb zum **notwendigen Betriebsvermögen.** Das ergibt sich vielfach aus der Art eines Wirtschaftsguts.

BEISPIELE:

- Lastzug eines Fuhrunternehmers,
- Fabrikgebäude,
- Herstellungsmaschinen oder
- Vorräte.

Bei Wirtschaftsgütern, die ihrer Art nach sowohl betrieblichen als auch privaten Zwecken zu dienen bestimmt sein können, ergibt sich darüber hinaus aus dem **Umfang der betrieblichen Nutzung,** ob sie zum notwendigen Betriebsvermögen gehören. Wird das Wirtschaftsgut **überwiegend betrieblich genutzt,** d. h. zu mehr als 50 %, dann gehört es ebenfalls zum notwendigen Betriebsvermögen. Das Steuerrecht rechnet diese gemischt-genutzten Wirtschaftsgüter **einheitlich** dem Betriebsvermögen oder dem Privatvermögen zu. Eine Aufteilung kommt nicht in Betracht. Das gilt **nicht** für gemischtgenutzte Grundstücke. Hier werden die einzelnen Grundstücksteile entweder dem Betriebsvermögen oder dem Privatvermögen zugerechnet (zu Einzelheiten siehe Rz. 744 ff.).

BEISPIELE:

- Ein Pkw wird zu 70 % betrieblich und zu 30 % privat genutzt.
- Ein Fernsehgerät wird in der Gastwirtschaft oder in der Wohnung aufgestellt.

676 Soweit ein Wirtschaftsgut des notwendigen Betriebsvermögens fälschlich als Privatvermögen behandelt worden ist, ist die Bilanz zu berichtigen. Die nachträgliche Bilanzierung führt nicht zu einer Einlage i. S. des § 6 Abs. 1 Nr. 5 EStG. Vielmehr handelt es sich um eine fehlerberichtigende Einbuchung (BFH, Urteil v. 24.10.2001 - X R 153/97, BStBl 2002 II S. 75). Das Wirtschaftsgut muss mit dem Wert in die Bilanz aufgenommen werden, der sich bei zutreffender Bilanzierung von Anfang an ergeben hätte. Unterlassene AfA kann grds. nicht nachgeholt werden.

Die nachträgliche Einbuchung darf aber kein Anlass dafür sein, in den Vorjahren vorgenommene Aufwandsbuchungen mit dem Einlagewert zu saldieren, soweit die Vorjahre bestandskräftig sind.

BEISPIEL: Ein Pkw, der zu 80 % betrieblichen Zwecken dient, wurde nicht bilanziert.

Der Pkw gehört zum notwendigen Betriebsvermögen, mit allen sich daraus ergebenden Folgerungen.

677 Wirtschaftsgüter, die aus betrieblichen Gründen erworben wurden, gehören auch dann zum notwendigen Betriebsvermögen, wenn sie zunächst noch nicht ihrem endgültigen Erwerbszweck entsprechend genutzt werden. Das gilt auch dann, wenn eine betriebliche Nutzung später nicht erfolgen kann oder soll.

Bisher betrieblich genutzte und seitdem ungenutzte Grundstücksflächen, deren spätere betriebliche Nutzung möglich bleibt, verbleiben ohne eine von einem Entnahmewillen getragene Entnahmehandlung ebenfalls im Betriebsvermögen.

BEISPIEL: Ein Unternehmer erwirbt ein unbebautes Grundstück für eine erforderliche Betriebserweiterung. Hierzu kommt es aber dann doch nicht, weil sich Schwierigkeiten bei der Finanzierung ergeben bzw. durch eine Änderung der Marktverhältnisse eine Vergrößerung unrentabel wird. Dieses Grundstück wird dann später mit einem privaten Einfamilienhaus für den Unternehmer bebaut.

Das Grundstück ist zunächst notwendiges Betriebsvermögen und muss zum Zeitpunkt der Nutzungsänderung zum Teilwert entnommen werden.

Ein Wirtschaftsgut gehört nicht schon allein deshalb zum notwendigen Betriebsvermögen, weil es mit betrieblichen Geldmitteln erworben wurde (BFH, Urteil v. 18.12.1996 - XI R 52/95, BStBl 1997 II S. 351).

Für notwendiges Betriebsvermögen eingetauschte Wirtschaftsgüter werden grds. zunächst notwendiges Betriebsvermögen (BFH, Urteil v. 18.12.1996 - XI R 52/95, a. a. O.).

BEISPIEL: Verkauf von Ware an einen Kunstmaler, der als Gegenleistung ein Ölgemälde im gemeinen Wert i. H. von 3.480 € hingibt.

Das Bild ist zunächst notwendiges Betriebsvermögen. Wird es privat verwendet, kommt es zu einer entsprechenden Entnahme.

5.4.3 Beteiligungen als Betriebsvermögen

Voraussetzungen für die Behandlung als notwendiges Betriebsvermögen hat das FG Münster im Urteil v. 25.2.2011 - 12 K 656/08 F, DAAAD-81030, aufgestellt. Danach muss die Beteiligung an einer GmbH ausschließlich und unmittelbar betrieblichen Zwecken dienen. Diese sollen nach Auffassung des FG Münster vorliegen, wenn sie 678

- branchengleiche gewerbliche Betätigung fördert bzw. Umsätze aus Dienstleistungen des Anteilseigners ermöglicht oder sichert und
- den Absatz der Produkte des Anteilseigners gewährleistet (FG Münster, Urteil v. 25.2.2011 - 12 K 656/08 F, a. a. O.).

Der Anteil eines Steuerberaters an einer GmbH gehört zum notwendigen Betriebsvermögen, wenn er ihn zur Begleichung seiner Honoraransprüche zu dem Zweck erhält, ihn später unter Realisierung einer Wertsteigerung zu veräußern.

Dagegen kann eine GmbH-Beteiligung eines freiberuflich tätigen Bildjournalisten, der 99 % seiner Umsätze aus Autorenverträgen mit der GmbH erzielt, nicht zu dessen Betriebsvermögen gehören, wenn diese Umsätze nur einen geringfügigen Anteil der Geschäftstätigkeit der GmbH ausmachen (BFH, Urteil v. 12.1.2010 - VIII R 34/07, BStBl 2010 II S. 612, siehe auch Rz. 998 ff.).

5.4.4 Notwendiges Privatvermögen

Wirtschaftsgüter, die in **keiner Beziehung zu einem Betrieb stehen** oder deren Beziehung zum Betrieb von untergeordneter Bedeutung ist, **sind notwendiges Privatvermögen.** 679

In den meisten Fällen ergibt sich bereits aus der Art des Wirtschaftsguts, dass es nur zum notwendigen Privatvermögen gehören kann.

BEISPIELE:

- Schmuck der Ehefrau;
- Kleidung, soweit nicht Berufskleidung;
- Briefmarkensammlung eines Hobbysammlers.

Wirtschaftsgüter, die ihrer Natur nach sowohl betrieblichen als auch privaten Zwecken dienen können, sind notwendiges Privatvermögen, wenn sie ausschließlich oder fast ausschließlich privat genutzt werden.

Ein Wirtschaftsgut wird fast ausschließlich privat genutzt, wenn seine betriebliche Nutzung **von untergeordneter Bedeutung** ist. Das gilt, wenn sie weniger als 10 % beträgt.

BEISPIEL: Ein Pkw wird zu 5 % betrieblich und zu 95 % privat genutzt.

Ein Wirtschaftsgut, das zum notwendigen Privatvermögen gehört, ist auch dann Privatvermögen, wenn es buch- und bilanzmäßig fälschlich ausgewiesen wird. Die Buchungen sind in diesen Fällen zu stornieren. Es kommt nicht zu einer Entnahme des Wirtschaftsguts.

BEISPIEL: Das nur privatgenutzte Einfamilienhaus ist bilanziert worden.

Auch Wirtschaftsgüter, bei denen bereits erkennbar ist, dass sie dem Betrieb keinen Nutzen, sondern nur noch Verluste bringen werden, sind notwendiges Privatvermögen.

Notwendiges Privatvermögen wird auch nicht durch eine Belastung für betriebliche Zwecke zum Betriebsvermögen.

5.4.5 Gewillkürtes Betriebsvermögen

680 Es gibt Wirtschaftsgüter, die weder zum notwendigen Betriebsvermögen noch zum notwendigen Privatvermögen gehören.

BEISPIELE:

- Einrichtungsgegenstände,
- Bargeld,
- Wertpapiere oder
- Pkws.

Auch aus dem Umfang der betrieblichen Nutzung lässt sich nicht auf eine Zuordnung schließen.

BEISPIEL: Ein Pkw wird zu 30 % betrieblich und zu 70 % privat genutzt.

Diese Wirtschaftsgüter sind also weder notwendiges Betriebsvermögen noch notwendiges Privatvermögen.

681 Der **Unternehmer hat** in diesen Fällen unter bestimmten Voraussetzungen **ein Gestaltungsrecht.** Der Steuerpflichtige hat aber kein (freies) Wahlrecht, gewillkürtes Betriebsvermögen oder Privatvermögen zu bilden. Vielmehr muss für die Bildung gewillkürten Betriebsvermögens eine betriebliche Veranlassung gegeben sein. Die Wirtschaftsgüter müssen objektiv „betriebsdienlich" sein. Die Willkürung muss ihr auslösendes Moment im Betrieb haben. Deshalb muss der Steuerpflichtige darlegen, welche Beziehung das Wirtschaftsgut zum Betrieb hat und welche vernünftigen wirtschaftlichen Gründe ihn veranlasst haben, das Wirtschaftsgut als Betriebsvermögen zu behandeln (BFH, Urteil v. 24.2.2000 - IV R 6/99, BStBl 2000 II S. 297). Die Zuordnung eines Wirtschaftsguts zum gewillkürten Betriebsvermögen bei einer Einlage muss unmissverständlich in einer Weise kundgemacht werden, dass ein sachverständiger Dritter ohne weitere Erklärung des Steuerpflichtigen die Zugehörigkeit zum Betriebsvermögen erkennen kann (BFH, Urteil v. 22.9.1993 - X R 37/91, BStBl 1994 II S. 172).

682 Die Einlage in das (gewillkürte) Betriebsvermögen setzt die Entscheidung des Unternehmers voraus, dass ein Wirtschaftsgut endgültig dem Betrieb gewidmet werden soll (FG Köln, Urteil v. 1.3.2012 - 10 K 2285/09, EFG 2012 S. 1509).

BEISPIELE:

- Einlage von Bargeld.
- Einlage von Wertpapieren zur Verstärkung des Betriebskapitals.

- Ein Pkw wird zu mindestens 10 % und zu höchstens 50 % betrieblich genutzt.
- Ein Pkw, der zu 30 % betrieblich und zu 70 % privat genutzt werden soll, wird am 1.7. angeschafft und mit seinen Anschaffungskosten gebucht.

Die Einlage von Wirtschaftsgütern als gewillkürtes Betriebsvermögen ist nicht zulässig, wenn erkennbar ist, dass die betreffenden Wirtschaftsgüter dem Betrieb keinen Nutzen, sondern nur Verluste bringen werden (BFH, Urteil v. 19.2.1997 - XI R 1/96, BStBl 1997 II S. 399).

Barrengold kommt als gewillkürtes Betriebsvermögen für solche gewerblichen Betriebe nicht in Betracht, die nach ihrer Art oder Kapitalausstattung kurzfristig auf Liquidität für geplante Investitionen angewiesen sind (BFH, Urteil v. 18.12.1996 - XI R 52/95, BStBl 1997 II S. 351). Die Zurechnung von Wertpapieren zum gewillkürten Betriebsvermögen scheidet nicht allein deshalb aus, weil sie in spekulativer Absicht mit Kredit erworben und Kursverluste billigend in Kauf genommen wurden (BFH, Urteil v. 19.2.1997 - XI R 1/96, a. a. O.).

ABB. 37: Zugehörigkeit von Wirtschaftsgütern

Notwendiges Betriebsvermögen	Notwendiges Privatvermögen	Gewillkürtes Vermögen
I. Begriff	**I. Begriff**	**I. Begriff**
Zum notwendigen Betriebsvermögen (BV) gehören alle Wirtschaftsgüter des Unternehmers, die ihrer Art nach mit seinem Betrieb eng zusammenhängen und für die Führung des Betriebs wesentlich oder gar unentbehrlich sind. Unterschiedlich nutzungsfähige Wirtschaftsgüter, wenn sie mehr als 50 % betrieblich genutzt werden. Verbindlichkeiten, soweit durch den Betrieb verursacht.	Zum notwendigen Privatvermögen (PV) gehören alle Wirtschaftsgüter, die ihrer Art nach den **privaten Zwecken** des Unternehmers dienen und in keiner Beziehung zum Betrieb stehen. Unterschiedlich nutzungsfähige Wirtschaftsgüter, wenn sie weniger als 10 % betrieblich genutzt werden. Verbindlichkeiten, soweit nicht durch den Betrieb verursacht.	Zum gewillkürten Vermögen gehören alle Wirtschaftsgüter des Unternehmers, die ihrer Art nach **nicht eindeutig** zu seinem Betrieb oder zu seinem privaten Lebensbereich gehören, deren **Zurechnung** zum einen oder anderen Bereich ihrer Natur jedoch **nicht widerspricht.** Typisches Beispiel ist der Pkw, der betrieblich und privat genutzt wird. Unterschiedlich nutzungsfähige Wirtschaftsgüter, wenn sie zwischen 10 %–50 % betrieblich genutzt werden. Verbindlichkeiten können kein gewillkürtes Betriebsvermögen sein.
II. Auswirkungen	**II. Auswirkungen**	**II. Auswirkungen**
1. Bilanz Wirtschaftsgüter des notwendigen BV **müssen** – unabhängig vom Willen des Unternehmers – **bilanziert werden;** Ausnahme: Grundstücks- bzw. Gebäudeteil von untergeordneter Bedeutung (§ 8 EStDV). 2. Gewinn- und Verlustrechnung Sämtliche Aufwendungen und Erträge solcher Wirtschaftsgüter müssen bei der Gewinnermittlung erfasst werden. 3. Unrichtige buch- und bilanzmäßige Behandlung Sind solche Wirtschaftsgüter bzw. solche Aufwendungen oder Erträge nicht oder nur unrichtig erfasst, so muss berichtigt werden (= **Bilanzberichtigung!**).	1. Bilanz Wirtschaftsgüter des notwendigen PV **dürfen** – ohne Rücksicht auf den Willen des Unternehmers – **nicht bilanziert werden.** 2. Gewinn- und Verlustrechnung Sämtliche Aufwendungen und Erträge solcher Wirtschaftsgüter dürfen den Gewinn nicht beeinflussen, soweit keine betriebliche Nutzung vorliegt. 3. Unrichtige buch- und bilanzmäßige Behandlung Sind solche Wirtschaftsgüter bzw. solche Aufwendungen oder Erträge bei der Gewinnermittlung erfasst, so muss berichtigt werden (= **Bilanzberichtigung!**).	Bei den Wirtschaftsgütern des gewillkürten Vermögens hat der Unternehmer ein Gestaltungsrecht. Er kann sie zum BV, aber auch zu seinem PV rechnen. Besonderheit: Grundstücke oder Grundstücksteile können auch ohne betriebliche Nutzung unter bestimmten Voraussetzungen gewillkürtes Betriebsvermögen sein.

5.4.6 Schulden als Betriebsvermögen

Schulden können nur notwendiges Betriebsvermögen oder notwendiges Privatvermögen sein. Eine Behandlung als gewillkürtes Betriebsvermögen ist nicht möglich. 683

Maßgebend ist, **wodurch die Schuldaufnahme verursacht worden ist.** Steht sie im Zusammenhang mit der Anschaffung oder Herstellung von Wirtschaftsgütern des Betriebsvermögens (notwendiges oder gewillkürtes) bzw. der Finanzierung betrieblicher Aufwendungen, ist sie immer notwendiges Betriebsvermögen. Wurde sie aber durch private Anschaffungen verursacht, ist sie immer notwendiges Privatvermögen, auch wenn sie an Gegenständen des Betriebsvermögens abgesichert wird.

BEISPIELE:

- Ein Unternehmer nimmt ein Darlehen für die Anschaffung einer Maschine auf, das hypothekarisch am privatgenutzten Einfamilienhaus abgesichert wird. Die Schuld ist eine Betriebsschuld. Das Einfamilienhaus bleibt notwendiges Privatvermögen.
- Ein Unternehmer nimmt ein Darlehen für die Aussteuer seiner Tochter auf, das hypothekarisch am Geschäftsgebäude abgesichert wird. Die Schuld ist notwendiges Privatvermögen.

Die Entnahme eines fremdfinanzierten Wirtschaftsguts führt dazu, dass die zu seiner Finanzierung aufgenommenen Schulden zu Privatschulden werden.

Bei der Gewinnermittlung gem. § 4 Abs. 1 bzw. § 5 EStG ist eine Schuld auf dem betrieblichen Bankkonto **notwendiges Betriebsvermögen,** auch wenn über dieses Konto private Zahlungen abgewickelt worden sind. Diese Zahlungen führen zu Geldentnahmen.

Eine Verbindlichkeit gehört zum Betriebsvermögen, wenn sie durch den Betrieb veranlasst ist (Betriebsschuld). Für die Bestimmung des Veranlassungszusammenhangs ist allein die Verwendung der aufgenommenen Mittel ausschlaggebend. Eine für Betriebszwecke aufgenommene Verbindlichkeit ist eine Betriebsschuld, unabhängig davon, ob der Steuerpflichtige die fremdfinanzierten betrieblichen Aufwendungen auch durch eigene Mittel hätte bestreiten können oder ob der Betrieb über aktives Betriebsvermögen oder stille Reserven verfügt. Die betriebliche Veranlassung einer Verbindlichkeit wird nicht dadurch berührt, dass der betriebliche Fremdmittelbedarf auf Entnahmen beruht. Eine Verbindlichkeit ist aber nicht deshalb eine Betriebsschuld, weil Eigenmittel für betriebliche Zwecke eingesetzt worden sind und aus diesem Grunde Fremdmittel für private Zwecke aufgenommen werden mussten (BFH, Beschluss v. 8.12.1997 - GrS 1-2/95, BStBl 1998 II S. 193). 684

Es ist Aufgabe des Steuerpflichtigen, den betrieblichen Anlass einer Schuldaufnahme nachzuweisen (BFH, Urteil v. 17.12.2003 - XI R 19/01, BFH/NV 2004 S. 1277, EAAAB-23747).

Werden Fremdmittel nicht zur Finanzierung betrieblicher Aufwendungen, sondern tatsächlich zur Finanzierung einer Entnahme aufgenommen, liegt keine Betriebsschuld vor. Ein solcher Fall ist gegeben, wenn dem Betrieb keine entnahmefähigen Barmittel zur Verfügung stehen und die Entnahme erst dadurch möglich wird, dass Fremdmittel in das Unternehmen fließen. Unerheblich ist, ob die Fremdmittel einem betrieblichen Konto zufließen, von dem zuvor wegen fehlender Barmittel mit schulderhöhender Wirkung aus privaten Gründen Beträge abgebucht wurden. 685

686 Werden Eigenmittel für betriebliche Zwecke und deshalb Fremdmittel für private Zwecke verwendet, begründet die Fremdmittelaufnahme keine Betriebsschuld. Ein privates Darlehen kann nicht durch eine bloße wirtschaftliche Umschuldung in eine Betriebsschuld umgewandelt werden. Werden aber im Betrieb erzielte Einnahmen zur Tilgung eines privaten Darlehens entnommen und wird deshalb ein neues Darlehen zur Finanzierung von betrieblichen Aufwendungen aufgenommen, stellt das neue Darlehen eine Betriebsschuld dar (siehe auch Rz. 697).

687 Vereinbart ein Schuldner mit dem Gläubiger, dass eine Rückzahlung der Verbindlichkeit nur dann zu erfolgen habe, wenn der Schuldner dazu aus zukünftigen Gewinnen, einem Liquidationsüberschuss oder aus anderem – freiem – Vermögen künftig in der Lage ist und der Gläubiger mit seiner Forderung im Rang hinter alle anderen Gläubiger zurücktritt, besteht die erforderliche Abhängigkeit zwischen Verbindlichkeit und Einnahmen oder Gewinnen nicht. Folglich ist der Tatbestand des § 5 Abs. 2a EStG nicht erfüllt; die Verbindlichkeit ist zu passivieren. Fehlt dagegen eine Bezugnahme auf die Möglichkeit einer Tilgung auch aus sonstigem freiem Vermögen, ist der Ansatz von Verbindlichkeiten oder Rückstellungen bei derartigen Vereinbarungen ausgeschlossen (BMF, Schreiben v. 18.8.2004, BStBl 2004 I S. 850, und v. 8.9.2006, BStBl 2006 I S. 497).

5.4.7 Kontokorrentschulden

5.4.7.1 Führung von gemischten Konten

688 Führt der Steuerpflichtige ein gemischtes Kontokorrentkonto, dann rechnet der Sollsaldo zum Betriebsvermögen, soweit er betrieblich veranlasst ist. Zur Bestimmung des – anteiligen – betrieblich veranlassten Sollsaldos sind die auf dem Konto erfolgten Buchungen nach ihrer betrieblichen und privaten Veranlassung zu trennen. Hierzu ist das Konto rechnerisch in ein betriebliches und ein privates Unterkonto aufzuteilen. Auf dem betrieblichen Unterkonto sind die betrieblich veranlassten und auf dem privaten Unterkonto die privat veranlassten Sollbuchungen zu erfassen. Habenbuchungen sind vorab dem privaten Unterkonto bis zur Tilgung von dessen Schuldsaldo gutzuschreiben, nur darüber hinausgehende Beträge sind dem betrieblichen Unterkonto zuzurechnen (BFH, Urteil v. 15.11.1990 - IV R 97/82, BStBl 1991 II S. 226).

Die Schuldzinsen sind beim gemischten Kontokorrentkonto grds. nach der Zinszahlenstaffelmethode aufzuteilen. Dabei ist das Konto rechnerisch in zwei Unterkonten und die hierüber laufenden Zahlungsvorgänge jeweils einzeln auf ihre betriebliche oder private Veranlassung hin aufzuteilen.

5.4.7.2 Führung von getrennten Konten

689 Einer Aufteilung der Kontokorrentschuld bedarf es nicht, wenn der Steuerpflichtige zwei oder mehr Kontokorrentkonten führt und die betrieblich und außerbetrieblich veranlassten Auszahlungen über unterschiedliche Konten abgewickelt werden. Dabei ist dann das der Abwicklung betrieblich veranlasster Zahlungsvorgänge dienende Konto Betriebsschuld.

Gehen Betriebseinnahmen auf dem außerbetrieblichen Konto ein, wird sich i. d. R. ein Guthabensaldo ergeben, der auf der Aktivseite auszuweisen wäre. Sollten die Entnahmen aber die Betriebseinnahmen übersteigen, darf die verbleibende Schuld auf dem Konto nicht bilanziert werden.

Unterhält der Steuerpflichtige für den betrieblich und privat veranlassten Zahlungsverkehr getrennte, rechtlich selbständige Kontokorrentkonten, ist zu unterscheiden:

- Das Kontokorrentkonto für den betrieblich veranlassten Zahlungsverkehr rechnet zum Betriebsvermögen, soweit über das Konto nicht auch privat veranlasste Aufwendungen geleistet werden, durch die ein Sollsaldo entsteht oder sich erhöht.
- Das Kontokorrentkonto für den privat veranlassten Zahlungsverkehr rechnet zum Privatvermögen, soweit über das Konto nicht auch betrieblich veranlasste Aufwendungen geleistet werden, durch die ein Sollsaldo entsteht oder sich erhöht.

Entsteht oder erhöht sich durch privat veranlasste Aufwendungen ein Sollsaldo auf dem betrieblichen Konto oder durch betrieblich veranlasste Aufwendungen ein Sollsaldo auf dem privaten Konto, ist das betreffende Konto nach den für ein gemischtes Konto geltenden Grundsätzen zu behandeln. Betriebseinnahmen werden nicht zuvor mit Betriebsausgaben desselben Tages saldiert. In der Schlussbilanz ist nur der nach diesen Grundsätzen ermittelte Saldo des betrieblichen Unterkontos auszuweisen.

BEISPIEL:

	Betriebliches Kontokorrentkonto	**Privates Kontokorrentkonto**
1.1.	+ 5.000 €	0 €
3.1. Entnahme	- 5.000 €	+ 5.000 €
Saldo	0 €	+ 5.000 €
10.1. Wareneinkauf	- 10.000 €	
Saldo	- 10.000 €	+ 5.000 €
15.1. Prämie Lebensversicherung		- 5.000 €
Saldo	- 10.000 €	0 €
20.1 Maschine	- 5.000 €	
Einkommensteuer	- 2.000 €	
Saldo	- 17.000 €	0 €

	Betriebliches Unterkonto	**Privates Unterkonto**	
	- 17.000 €	- 2.000 €	
25.1. Wareneinkauf	- 5.000 €		
Saldo	- 22.000 €	- 2.000 €	0 €

(siehe Rz. 695)

5.4.8 Abzug von Schuldzinsen

5.4.8.1 Allgemeines

690 Zu beachten sind aber die Regelungen des § 4 Abs. 4a EStG für solche Konten, die der Abwicklung des betrieblichen Zahlungsverkehrs dienen. Das sind im Wesentlichen alle Bankkonten, die den laufenden Geschäftsverkehr abwickeln, insbesondere die Kontokorrentkonten.

Dabei kommt es zu einer Beschränkung des Abzugs von betrieblich veranlassten Schuldzinsen, wenn Überentnahmen vorliegen. In diesen Fällen sind die Entnahmen eines Wirtschaftsjahres höher als der Gewinn und die Summe der Einlagen.

Die Regelungen des § 4 Abs. 4a EStG gelten nur für die Gewinnermittlung von Einzelunternehmen und Personengesellschaften. Dabei spielt es keine Rolle, ob der Gewinn durch Buchführung oder gem. § 4 Abs. 3 EStG durch Einnahmenüberschussrechnung ermittelt wird.

Für Kapitalgesellschaften gilt § 4 Abs. 4a EStG dagegen nicht.

691 Die Regelung befasst sich insbesondere mit der Frage, ob Schuldzinsen privat oder betrieblich veranlasst sind, wenn durch die Entnahme von Geldmitteln für außerbetriebliche Zwecke auf dem Konto ein Sollsaldo entsteht. Die Schuldzinsen sind weiterhin als Betriebsausgaben abziehbar, auch wenn Teile des Eigenkapitals (Gewinn und Einlagen) entnommen und durch Fremdkapital ersetzt werden. Die Schuldzinsen werden jedoch dann nicht abziehbar, wenn es zu einer Überentnahme kommt. Diese entsteht nach dem Gesetz, wenn mehr als der Gewinn zzgl. der Einlagen entnommen wird. Denn in diesen Fällen wird nicht mehr Eigenkapital durch Fremdkapital ersetzt, sondern es wird Fremdkapital entnommen, das der Unternehmer dem betrieblichen Bereich für private Zwecke entzogen hat. Schuldzinsen, die damit unmittelbar der Entnahmefinanzierung dienen, sind nicht als Betriebsausgaben abzugsfähig.

692 Zu den betrieblichen Schuldzinsen, die der Abzugsbeschränkung unterliegen, zählen u. a. auch die Nebenkosten der Darlehensaufnahme, sonstige Kreditkosten sowie die Geldbeschaffungskosten. Nach Auffassung des BFH ist der Begriff der „Schuldzinsen" weit auszulegen (BFH, Urteil v. 1.10.2002 - IX R 72/99, BStBl 2003 II S. 399).

693 Die Höhe der Überentnahmen ist für das Jahr festzustellen, in dem zu prüfen ist, ob die Abzugsbeschränkung gem. § 4 Abs. 4a EStG in Betracht kommt.

Zu den Entnahmen gehören insbesondere

- Geldentnahmen,
- Sachentnahmen,
- Nutzungsentnahmen und
- Entnahmen durch Überführung von Wirtschaftsgütern aus einem Betriebsvermögen in ein anderes Betriebsvermögen gem. § 6 Abs. 5 EStG.

Als Einlagen sind alle im Wirtschaftsjahr getätigten Einlagen zu berücksichtigen.

BEACHTE

Die Einzahlung von Geld auf ein betriebliches Konto stellt eine Einlage dar. Ist aber durch eine kurzfristige Einlage beabsichtigt, die Anwendung von § 4 Abs. 4a EStG zu umgehen, ist darin ein Missbrauch der Gestaltungsmöglichkeiten zu sehen. Das gilt auch für die Gewinnermittlung gem. § 4 Abs. 3 EStG (BFH, Urteil v. 21.8.2012 - VIII R 32/09, BStBl 2013 II S. 16).

Der in § 4 Abs. 1 Satz 1 EStG definierte Gewinnbegriff ist dabei auch maßgeblich für die Anwendung des § 4 Abs. 4a EStG. Für die Feststellung einer Überentnahme sind gewinnmindernde Rücklagen und Abschreibungen dem steuerlichen Gewinn ebenso wenig wieder hinzuzurechnen wie Rückstellungen, Rechnungsabgrenzungsposten oder Wertberichtigungen (BFH, Urteil v. 7.3.2006 - X R 44/04, BStBl 2006 II S. 588).

5.4.8.2 Zweistufige Prüfung

Die Prüfung der Abzugsfähigkeit von Schuldzinsen erfolgt somit in zwei Stufen: 694

- **1. Stufe:** Feststellung, inwieweit Schuldzinsen dem betrieblichen oder privaten Bereich zuzuordnen sind. Für Darlehen zur Finanzierung privater Zwecke ist der Abzug von Schuldzinsen gem. § 4 Abs. 4 und § 12 Nr. 1 EStG ausgeschlossen.
- **2. Stufe:** Feststellung, inwieweit der Abzug der betrieblichen Schuldzinsen im Hinblick auf die Überentnahmen eingeschränkt wird.

Die nichtabziehbaren Schuldzinsen werden mit 6 % der Überentnahmen des Wirtschaftsjahres zzgl. der Überentnahmen vorangegangener Wirtschaftsjahre und abzgl. der Beträge, um die in den vorangegangenen Wirtschaftsjahren der Gewinn und die Einlagen die Entnahmen überstiegen haben (Unterentnahmen), typisiert.

Der sich dabei ergebende Betrag, höchstens jedoch der um 2.050 € verminderte Betrag der im Wirtschaftsjahr angefallenen Schuldzinsen, ist dem Gewinn hinzuzurechnen.

Wird aber später das finanzierte Wirtschaftsgut dem Anlagevermögen entnommen und ins Privatvermögen überführt, scheidet auch der damit in Zusammenhang stehende Kredit aus dem Betriebsvermögen aus.

Wenn aber das finanzierte Wirtschaftsgut aus dem Anlagevermögen ausscheidet und 695
in das Umlaufvermögen übernommen wird, ändert sich auch der Charakter der Darlehensschuld, mit der Folge, dass die noch anfallenden Schuldzinsen von der gesetzlichen Beschränkung erfasst werden.

Das gilt auch für die Finanzierung von Umlaufvermögen im Rahmen einer Betriebsgründung (BFH, Urteil v. 30.8.2012 - IV R 48/09, BFH/NV 2013 S. 187, YAAAE-25869).

Der Hinzurechnungsbetrag, der sich aus § 4 Abs. 4a EStG ergibt, gehört zu den nichtabziehbaren Betriebsausgaben, die den Gewinn aufgrund von steuerrechtlichen Vorschriften erhöhen. Er ist deshalb dem Gewinn außerhalb der Bilanz hinzuzurechnen.

BEISPIEL: Folgende Vorgänge haben sich bei einem bilanzierenden Gewerbetreibenden ergeben:

	Jahr 01	Jahr 02	Jahr 03	Jahr 04
Entnahmen	40.000 €	50.000 €	30.000 €	20.000 €
Gewinn/Verlust	30.000 €	20.000 €	- 10.000 €	40.000 €
Sollzinsen	6.000 €	2.000 €	8.000 €	10.000 €

Zinsen für Investitionsdarlehen sind dabei nicht entstanden.

Die nichtabziehbaren Schuldzinsen ermitteln sich wie folgt:

	Jahr 01	Jahr 02	Jahr 03	Jahr 04
Entnahmen	40.000 €	50.000 €	30.000 €	20.000 €
abzgl. Gewinn	- 30.000 €	- 20.000 €	- 0 €	- 40.000 €
Über-/Unterentnahmen	10.000 €	30.000 €	30.000 €	- 20.000 €
aus Vorjahr	–	+ 10.000 €	+ 40.000 €	+ 70.000 €
Bemessungsgrundlage	10.000 €	40.000 €	70.000 €	50.000 €
davon 6 %	600 €	2.400 €	4.200 €	3.000 €
Sollzinsen – Freibetrag 2.050 €	6.000 €	2.000 €	8.000 €	10.000 €
Hinzurechnung	600 €	0 €	4.200 €	3.000 €
Vorträge				
Überentnahmen	10.000 €	40.000 €	70.000 €	50.000 €
Verlust	–	–	10.000 €	10.000 €

Dabei gilt:

- Eine Hinzurechnung kommt nicht in Betracht, wenn die tatsächlich entstandenen Schuldzinsen – ohne solche für Investitionen – 2.050 € im Wirtschaftsjahr nicht übersteigen.
- Überentnahmen wirken sich auch in den Folgejahren aus. Der Abbau erfolgt durch Einlagen und Gewinne.
- Ein Verlust ist mit Unterentnahmen vergangener oder zukünftiger Wirtschaftsjahre auszugleichen.

5.4.8.3 Schuldzinsen aus Investitionsdarlehen

696 Nach dem Gesetz wird entscheidend darauf abgestellt, ob die Zinsen in Zusammenhang mit einem Darlehen stehen, das der Finanzierung von Anschaffungs- oder Herstellungskosten des Anlagevermögens gedient hat. Also kommt es darauf an, wie das Darlehen verwendet wird. Ist demnach das Wirtschaftsgut des Anlagevermögens aus Mitteln des aufgenommenen Darlehens bezahlt worden, bleiben die Zinsen von der Anwendung des § 4 Abs. 4a EStG ausgenommen, soweit die Finanzierung über ein gesondertes Darlehenskonto abgewickelt wird.

Wird ein Darlehen auf ein betriebliches Kontokorrentkonto ausgezahlt und damit die Finanzierung von Anlagevermögen vorgenommen, ist der uneingeschränkte Schuldzinsenabzug zulässig, wenn ein enger zeitlicher und betragsmäßiger Zusammenhang zwischen der Belastung auf dem Kontokorrentkonto und der Darlehensaufnahme besteht. Das ist anzunehmen, wenn zwischen der Überweisung der Darlehensmittel auf das Konto und der Abbuchung zur Bezahlung der Anschaffungs- oder Herstellungskosten ein Zeitraum von nicht mehr als 30 Tagen liegt. Der Nachweis ist hierfür vom Steuerpflichtigen zu erbringen. Das gilt auch, wenn die Frist im Einzelfall überschritten wurde.

Auch die Finanzierung durch Belastung des Kontokorrentkontos führt zu einem uneingeschränkten Abzug der Kontokorrentzinsen, soweit Anlagevermögen angeschafft oder hergestellt wurde. Denn auch bei einer Kontokorrentverbindlichkeit handelt es sich um ein Darlehen (siehe hierzu BMF, Schreiben v. 17.11.2005, BStBl 2005 I S. 1019, und BFH, Urteil v. 23.2.2012 - IV R 19/08, BStBl 2013 II S. 151).

Eine Verwendung der Darlehensmittel zur Finanzierung von Anschaffungs- oder Herstellungskosten von Wirtschaftsgütern des Anlagevermögens scheidet dann aus, wenn die Anschaffungs- oder Herstellungskosten zum Zeitpunkt der Verwendung der Darlehensmittel bereits abschließend finanziert waren und die erhaltenen Darlehensmittel lediglich das eingesetzte Eigenkapital wieder auffüllen (BFH, Urteil v. 9.2.2010 - VIII R 21/07, BStBl 2011 II S. 257).

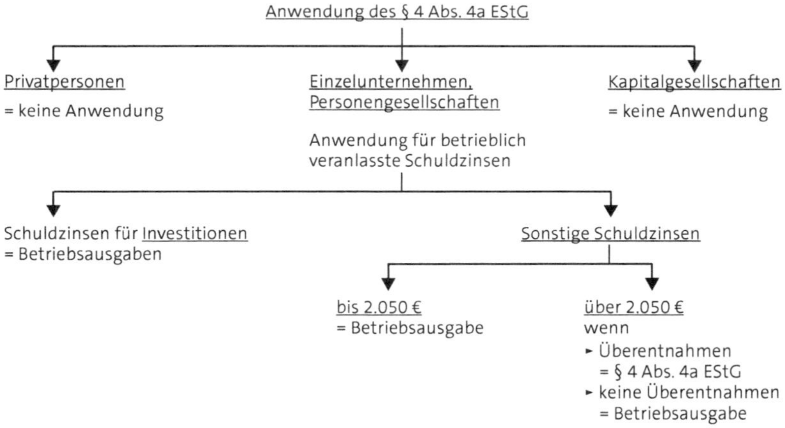

5.4.8.4 Zwei-Kontenmodell

Das Zwei-Kontenmodell ist von der Rechtsprechung anerkannt. Der Betrieb unterhält 697
dabei zwei Konten:

- Ein Einnahmekonto für betriebliche Einnahmen und
- ein Ausgabekonto für betriebliche Ausgaben.

Es bleibt dem Unternehmen überlassen, dem Betrieb Barmittel aus dem Einnahmekonto zu entnehmen und betriebliche Aufwendungen durch Aufnahme von Darlehen zu finanzieren.

Im Ergebnis können damit eingehende betriebliche Erlöse zur Finanzierung privater Investitionen verwendet werden. Die dann erforderliche Finanzierung betrieblicher Aufwendungen führt zu betrieblichen Verbindlichkeiten und zu betrieblichen Schuldzinsen, die wiederum im Rahmen des § 4 Abs. 4a EStG abzugsfähig sind.

BEISPIEL: Auf dem Einnahmekonto gehen im Laufe des Wirtschaftsjahres 300.000 € ein, die der Unternehmer laufend entnommen hat, um ein Darlehen für eine private Investition zu tilgen.

Die betrieblichen Aufwendungen i. H. von 150.000 € sind über das Ausgabekonto gelaufen, das am Jahresende einen Schuldsaldo i. H. von 150.000 € ausweist.

Die Schuldzinsen hierfür sind betrieblich veranlasst. Wird dieser Schuldsaldo i. H. von 150.000 € durch Aufnahme eines Darlehens ausgeglichen, liegt ebenfalls eine betriebliche Schuld vor, deren Zinsen Betriebsausgaben sind, soweit keine Überentnahmen vorliegen.

Tilgt der Steuerpflichtige beim sog. „umgekehrten Zwei-Kontenmodell" mit eingehenden Betriebseinnahmen einen Saldo, der durch Entnahmen entstanden ist oder sich erhöht hat, liegt zum Zeitpunkt der Gutschrift eine Entnahme vor, die bei der Ermittlung der Überentnahmen zu berücksichtigen ist (BFH, Urteil v. 3.3.2011 - IV R 53/07, BStBl 2011 II S. 688).

Zu weiteren Einzelheiten siehe BMF, Schreiben v. 17.11.2005, BStBl 2005 I S. 1019 i. V. mit den Änderungen durch BMF, Schreiben v. 7.5.2008, BStBl 2008 I S. 588, und v. 18.2.2013, BStBl 2013 I S. 197. Siehe zudem BMF, Schreiben v. 5.11.2021, BStBl 2021 I S. 2211.

5.4.8.5 Schuldzinsen bei Mitunternehmerschaften

698 Die Regelung des Schuldzinsenabzugs betrifft den Betrieb der Mitunternehmerschaft, muss aber gesellschafterbezogen angewendet werden. Deshalb muss bei dem einzelnen Gesellschafter eine eigenständige Ermittlung der Über- und Unterentnahmen erfolgen. Der Kürzungsbetrag i. H. von 2.050 € gilt aber für die Mitunternehmerschaft und muss nach der Quote der Schuldzinsen auf die einzelnen Gesellschafter verteilt werden (BFH, Urteil v. 29.3.2007 - IV R 72/02, BStBl 2008 II S. 420; siehe auch BMF, Schreiben v. 7.5.2008, BStBl 2008 I S. 588).

BEISPIEL: An der OHG sind A und B zu je 50 % beteiligt. Es haben im Wirtschaftsjahr betragen:

- Gewinn 100.000 €;
- Schuldzinsen 10.000 € (ohne Investitionen);
- Entnahmen A 40.000 € und
- Entnahmen B 80.000 €.

	A	B
Gewinnanteil	50.000 €	50.000 €
Entnahmen	- 40.000 €	- 80.000 €
Über-/Unterentnahmen	10.000 €	- 30.000 €
davon 6 %	–	1.800 €
Anteilige Zinsen	5.000 €	5.000 €
Mindestabzug	1.025 €	1.025 €
Höchstbetrag	3.975 €	3.975 €
Hinzurechnung	–	1.800 €

Die Anwendung des § 4 Abs. 4a EStG setzt voraus, dass sich die Schuldzinsen gewinnmindernd ausgewirkt haben (BFH, Urteil v. 12.2.2014 - IV R 22/10, BStBl 2014 II S. 621).

Wenn eine Personengesellschaft an einen mittelbar oder auch unmittelbar beteiligten Gesellschafter Schuldzinsen für ein gewährtes Darlehen zahlt, dann werden diese als Sondervergütung des Gesellschafters gem. § 15 Abs. 1 EStG dem Gewinn in der Gesamthandsbilanz wieder hinzugerechnet. Sie wirken sich damit nicht gewinnmindernd aus, mit der Folge, dass das Zinsabzugsverbot nicht angewendet werden kann.

LITERATURHINWEIS

Gerke/Kirchner/Kühn/Steiner, Fallsammlung Bilanzsteuerrecht, 21. Aufl. 2026, Fall 50–55 und 154.

5.4.8.6 Nachträglicher Schuldzinsenabzug bei Betriebsaufgabe

Ein nachträglicher Schuldzinsenabzug kann nach Ansicht des BFH (Urteil v. 28.3.2007 - 699
X R 15/04, BStBl 2007 II S. 642) bei der Betriebsaufgabe in Betracht kommen, wenn

- Wirtschaftsgüter in das Privatvermögen übernommen wurden, eine spätere Veräußerung aber aufgrund von betrieblich begründeten Verwertungshindernissen nicht möglich ist, und
- die in das Privatvermögen übernommenen Wirtschaftsgüter ausschließlich im Rahmen einer anderen Einkunftsart genutzt werden.

5.4.8.7 Darlehen von nahen Angehörigen

Ein Gestaltungsmissbrauch gem. § 42 AO kann vorliegen, wenn nahe Angehörige 700
kreuzweise Darlehensverbindlichkeiten übernehmen, wobei jeder Schuldner und Gläubiger zugleich ist. Die jeweiligen Schuldzinsen können dann nicht als Betriebsausgaben abgezogen werden (BFH, Urteil v. 29.8.2007 - IX R 17/07, BStBl 2008 II S. 502).

Im Zusammenhang mit Darlehensverträgen mit nahen Angehörigen sollen nach dem BMF (Schreiben v. 29.4.2014, BStBl 2014 I S. 809) nicht nur die Vertragsbedingungen von Kreditinstituten, sondern auch die von Banken, als Fremdvergleichsmaßstab berücksichtigt werden. Das gilt insbesondere dann, wenn der nahe Angehörige ein Interesse an der Darlehensgewährung hatte (siehe hierzu auch BFH, Urteil v. 22.10.2013 - X R 26/11, BStBl 2014 II S. 374).

Das setzt voraus, dass

- eine Vereinbarung über die Laufzeit und über die Art und Zeit der Rückzahlung des Darlehens getroffen worden ist,
- die Zinsen zu den Fälligkeitszeitpunkten entrichtet werden und
- der Rückzahlungsanspruch ausreichend besichert ist.

5.4.8.8 Die Zinsschranke

Die Zinsschrankenregelung betrifft nicht die gem. § 4 Abs. 4a und 5 EStG nichtabzieh- 701
baren Zinsaufwendungen, sondern sie ist gegen eine übermäßige Fremdfinanzierung gerichtet. Die Abziehbarkeit von Zinsaufwendungen für Zwecke von steuermindernden

Gestaltungen soll hiermit eingeschränkt werden. Die Zinsschranke erfasst damit grds. nur Erträge und Aufwendungen aus der Überlassung von Geldkapital und nicht solche aus der Überlassung von Sachkapital. Die Regelungen ergeben sich aus § 4h EStG und § 8a KStG. Sie gelten unabhängig von der jeweiligen Rechtsform, in der der zinsaufwendende Betrieb organisiert ist.

Durch das Kreditzweitmarktförderungsgesetz v. 29.12.2023 (BGBl 2023 I Nr. 411) wurden die gesetzlichen Regelungen zur Zinsschranke gem. § 4h EStG mit Wirkung zum 1.1.2024 wesentlich angepasst, um europarechtliche Vorgaben zu erfüllen. Korrespondierend zu den gesetzlichen Änderungen wurde mit Datum v. 24.3.2025 ein neues BMF-Schreiben zur Zinsschranke veröffentlicht (BStBl 2025 I S. 683).

Gemäß § 4h Abs. 1 EStG sind Zinsaufwendungen i. H. des Zinsertrags abziehbar. Darüber hinaus sind sie nur bis zur Höhe von 30 % des um die Zinsaufwendungen und um die gem. § 6 Abs. 2 Satz 1 und Abs. 2a Satz 1 sowie § 7 EStG abgesetzten Beträge erhöhten sowie um die Zinserträge verminderten maßgeblichen Gewinns (verrechenbares EBITDA) abziehbar. Zinsaufwendungen, die danach nicht abgezogen werden dürfen, sind in die folgenden Wirtschaftsjahre vorzutragen.

Ausnahmen vom Abzugsverbot (siehe auch BMF, Schreiben v. 24.3.2025, a. a. O.):

- Die Nettozinsaufwendungen betragen weniger als 3.000.000 €.
- Der Steuerpflichtige steht keiner Person i. S. des § 1 Abs. 2 AStG nahe und verfügt über keine Betriebsstätte außerhalb des (Wohn-)Sitzstaats, des Staats des gewöhnlichen Aufenthalts oder der Geschäftsleitung (sog. „Stand-alone-Klausel").
- Der Betrieb gehört zu einem Konzern, aber seine Eigenkapitalquote ist gleich hoch oder höher als die des Konzerns (sog. „Eigenkapital-Escape").

Ein Unterschreiten der Eigenkapitalquote des Konzerns um bis zu 2 % ist unschädlich (siehe auch BMF, Schreiben v. 24.3.2025, a. a. O.).

Der BFH hat in seinem Beschluss v. 14.10.2015 - I R 20/15 (BStBl 2017 II S. 1240) dem BVerfG die Frage vorgelegt, ob die Regelungen des § 4h EStG wegen Verstoßes gegen den allgemeinen Gleichheitssatz (Art. 3 Abs. 1 GG) verfassungswidrig sind. Die verfassungsrechtlichen Bedenken gelten trotz der Neufassung des § 4h EStG unverändert fort.

5.4.9 Immaterielle Wirtschaftsgüter

5.4.9.1 Allgemeines

702 Als immaterielle Wirtschaftsgüter kommen insbesondere in Betracht:

- Rechte und rechtsähnliche Werte sowie
- sonstige Vorteile, wie z. B.
  - Nutzungsrechte,
  - Patente,
  - Markenrechte,

- Urheberrechte,
- Verlagsrechte,
- Belieferungsrechte,
- Know-how,
- Konzessionen,
- Lizenzen,
- ungeschützte Erfindungen oder
- problemorientierte Computer-Individualprogramme.

Dabei kann es sich um 703

- abnutzbares Anlagevermögen (z. B. Patente),
- nicht abnutzbares Anlagevermögen (z. B. Konzessionen) oder
- Umlaufvermögen (z. B. Auftragsforschung)

handeln.

Immaterielle Wirtschaftsgüter können vorliegen, wenn

- ein **konkreter betrieblicher Vorteil** gegeben ist, der einen längerfristigen greifbaren Vorteil bringt,
- ein Erwerber des Betriebs diesen Vorteil im **Rahmen des Gesamtkaufpreises** abgelten würde und
- der Vorteil von anderen Wirtschaftsgütern **abgrenzbar** ist.

5.4.9.2 Ansatz nach Steuerrecht

Für immaterielle Wirtschaftsgüter des Anlagevermögens ist ein **Aktivposten nur anzusetzen, wenn diese entgeltlich erworben worden sind.** Das ist der Fall, wenn sie durch einen Hoheitsakt oder ein Rechtsgeschäft gegen Hingabe einer bestimmten Gegenleistung übergegangen oder eingeräumt worden sind. Nicht erforderlich ist, dass das Wirtschaftsgut bereits vor Abschluss des Rechtsgeschäfts bestanden hat, denn es kann auch erst durch Abschluss eines Rechtsgeschäfts entstehen (z. B. Nutzungsrechte). In den übrigen Fällen ist die Aktivierung immaterieller Wirtschaftsgüter grds. verboten. 704

Ein entgeltlicher Erwerb eines immateriellen Wirtschaftsguts liegt auch bei der Hingabe eines sog. „verlorenen Zuschusses" vor, wenn der Zuschussgeber vom Zuschussempfänger eine bestimmte Gegenleistung erhält oder eine solche nach den Umständen zu erwarten ist oder wenn der Zuschussgeber durch die Zuschusshingabe einen besonderen Vorteil erlangt, der nur für ihn wirksam ist.

Das **Aktivierungsverbot gilt nicht** 705

- bei Einlage eines immateriellen Wirtschaftsguts (§ 6 Abs. 1 Nr. 5 EStG);
- bei Buchwertfortführung im Rahmen des § 6 Abs. 5 EStG;
- bei unentgeltlichem Erwerb eines immateriellen Wirtschaftsguts aus betrieblicher Veranlassung gem. § 6 Abs. 4 EStG und
- bei selbst geschaffenen Wirtschaftsgütern des **Umlauf**vermögens.

Ein entgeltlicher Erwerb liegt nicht vor, wenn die Aufwendungen nicht Entgelt für den Erwerb eines Wirtschaftsguts von einem Dritten, sondern nur Arbeitsaufwand oder sonstiger Aufwand sind.

Als nicht entgeltlich kommen danach grds. selbst geschaffene immaterielle Wirtschaftsgüter in Betracht bzw. auch Aufwendungen, die lediglich einen Beitrag zu den Kosten einer vom Steuerpflichtigen mitbenutzten Einrichtung bilden.

BEISPIELE:

- Beiträge zum Ausbau einer öffentlichen Straße aufgrund der Nutzung durch betriebliche Fahrzeuge.

  Es handelt sich um nichtaktivierungsfähige Aufwendungen für einen selbst geschaffenen Nutzungsvorteil.
- Beiträge zur Schaffung einer Fußgängerzone.

  Wenn sie aufgrund gesetzlicher Vorschriften vom Grundstückseigentümer erhoben werden bzw. freiwillig geleistet werden und grundstücksbezogen sind, gehören sie zu den Anschaffungskosten des Grund und Bodens. In anderen Fällen stellen sie Aufwand dar.
- Zuschuss für Belegungsrecht beim Bau eines Hotels.

  Hier liegt ein immaterielles Wirtschaftsgut (Nutzungsrecht) vor, das auch entgeltlich erworben worden ist.
- Abstandszahlung an den Mieter/Pächter zur vorzeitigen Aufgabe des Miet- oder Pachtvertrags.

  Soweit die Zahlung erfolgt, um den Grund und Boden für eigene betriebliche Zwecke freizubekommen, liegt ein immaterielles Wirtschaftsgut (vorzeitige Nutzungsmöglichkeit) vor, das auch entgeltlich erworben worden ist.

  Erfolgt die vorzeitige Freimachung aber, um auf dem Grundstück ein Gebäude errichten zu können, erhöht die Abstandszahlung die Herstellungskosten des Gebäudes.
- Ausgleichszahlung gem. § 89b HGB.

  Ein immaterielles Wirtschaftsgut wird nicht erworben, weil der Kundenbestand schon vorher vorhanden war; daher Aufwand.
- Zuschuss zum Bau einer gemeindlichen Kläranlage.

  Auch hier liegen weder ein entgeltlich erworbenes immaterielles Wirtschaftsgut noch Aufwendungen für das Grundstück vor; daher Aufwand.

  Dasselbe gilt für sog. „Ergänzungsbeiträge“, die Eigentümer von bereits an die Kanalisation angeschlossenen Grundstücken für den Bau einer neuen biologischen Kläranlage aufgrund einer Ortssatzung an die Gemeinde entrichten müssen.
- Ablösezahlungen für Spielerwechsel in der Fußballbundesliga führen zu einer exklusiven Nutzungsmöglichkeit an dem jeweiligen Spieler und sind deshalb als abnutzbares immaterielles Wirtschaftsgut auszuweisen und entsprechend abzuschreiben (BFH, Urteil v. 14.12.2011 - I R 108/10, BStBl 2012 II S. 238).

Soweit ein immaterielles Wirtschaftsgut zu aktivieren ist, richtet sich die AfA, soweit das immaterielle Wirtschaftsgut abnutzbar ist, nach § 7 Abs. 1 EStG.

5.4.9.3 Ansatz nach Handelsrecht

706 Das Verbot der Aktivierung selbst geschaffener immaterieller Vermögenswerte des Anlagevermögens (bisher § 248 Abs. 2 HGB) ist durch das BilMoG v. 25.5.2009 (BGBl 2009 I S. 1102) teilweise aufgehoben und durch ein Wahlrecht ersetzt worden. Dabei wird zum Schutz der Gläubiger der aktivierungsfähige Wert mit einer Ausschüttungssperre

i. S. des § 268 Abs. 8 HGB verbunden. Danach dürfen Gewinne nur ausgeschüttet werden, wenn die nach der Ausschüttung verbleibenden, jederzeit auflösbaren Gewinnrücklagen abzgl. eines Verlustvortrags und zzgl. eines Gewinnvortrags dem Betrag des aus der Aktivierung resultierenden Ertrags mindestens entsprechen.

Vom Vorliegen eines Vermögensgegenstands ist dabei auszugehen, wenn das selbst erstellte Gut nach der Verkehrsauffassung einzeln verwertbar ist.

Diese Voraussetzungen sind auch bei den sog. „E-Books" erfüllt, wenn ein Autor dem Verlag das Manuskript und die entsprechenden Verwertungsrechte übertragen hat und der Verlag die hohen Folgekosten trägt. Das E-Book stellt dann ein abnutzbares immaterielles Wirtschaftsgut des Anlagevermögens dar, das bilanziert werden kann (Wahlrecht). In der Steuerbilanz werden selbst erstellte E-Books dagegen nicht angesetzt (siehe hierzu die ausführliche Darstellung in BBK 5/2013 S. 218).

Dagegen dürfen gem. § 248 HGB nicht in die Bilanz aufgenommen werden:

- Aufwendungen für die Gründung eines Unternehmens,
- Aufwendungen für die Beschaffung des Eigenkapitals,
- Aufwendungen für den Abschluss von Versicherungsverträgen,
- selbst geschaffene Marken,
- Drucktitel,
- Verlagsrechte,
- Kundenlisten oder
- vergleichbare immaterielle Vermögensgegenstände des Anlagevermögens, die nicht entgeltlich erworben wurden.

Der Ansatz der selbst geschaffenen immateriellen Vermögensgegenstände erfolgt zu 707
Herstellungskosten. Dazu gehören alle auf die Entwicklungsphase entfallenden Aufwendungen. Forschungskosten sind dagegen von der Aktivierung gem. § 255 Abs. 2 HGB ausgeschlossen.

Das steuerliche Bilanzierungsverbot selbst geschaffener immaterieller Wirtschaftsgüter führt in der Handelsbilanz zum Ausweis passiver latenter Steuern (siehe auch Rz. 1119).

5.4.9.4 Computerprogramme

Zu der Frage der Abgrenzung, inwieweit Computerprogramme zu den immateriellen 708
oder zu den materiellen Wirtschaftsgütern zu rechnen sind, hat der BFH in seinem Urteil v. 28.10.2008 - IX R 22/08, BStBl 2009 II S. 527, grds. Feststellungen getroffen. Danach wird vorrangig auf das wirtschaftliche Interesse abgestellt, wofür ein Kaufpreis gezahlt wird und ob es dem Erwerber überwiegend auf den materiellen oder den immateriellen Gehalt ankommt. Daneben wird auch danach unterschieden, ob der Verkörperung eine eigenständige Bedeutung zukommt oder ob sie lediglich als Träger den immateriellen Gehalt festhalten soll.

709 Danach werden als materielle bewegliche Wirtschaftsgüter angesehen:

- Trivialprogramme

  Hierzu zählen Programme, die keine Befehlsstruktur enthalten, sondern nur Bestände von Daten, z. B. in Form von Zahlen und Buchstaben, die allgemein bekannt und jedermann zugänglich sind. Es ist eine Software, die im Handel i. d. R. günstig angeboten wird.

  Außerdem gehören Computerprogramme zu den Trivialprogrammen, wenn ihre Anschaffungskosten nicht die Grenze i. H. von 800 € (für Anschaffungen ab dem 1.1.2018) überschreiten.

  Diese Grenze hat zur Folge, dass hinsichtlich der AfA ein Wahlrecht besteht, die Anschaffungskosten entweder

  - sofort abzuschreiben (§ 6 Abs. 2 EStG) oder
  - diese alternativ in einem Sammelposten zu erfassen (§ 6 Abs. 2a EStG).

  Siehe hierzu auch das BMF-Schreiben v. 30.9.2010 (BStBl 2010 I S. 755; ab dem 1.1.2018 im Hinblick auf die Betragsgrenzen unter Berücksichtigung der gesetzlichen Anhebung auf 800 € bzw. 250 € anzuwenden).

  Gemäß § 6 Abs. 2a EStG können bewegliche abnutzbare Wirtschaftsgüter des Anlagevermögens mit Anschaffungs-/Herstellungskosten von mehr als 250 € bis zu 1.000 € in einen jahrgangsbezogenen Sammelposten eingestellt werden (R 6.13 Abs. 5 Satz 1 EStR; BMF, Schreiben v. 30.9.2010 (a. a. O., Rz. 7 und 9). Dieses Wahlrecht kann nur **einheitlich für alle Wirtschaftsgüter des Wirtschaftsjahres** mit Aufwendungen von mehr als 250 € und nicht mehr als 1.000 € in Anspruch genommen werden (wirtschaftsjahrbezogenes Wahlrecht).

- Standardprogramme

  Das sind i. d. R. Spezialprogramme, die mit großem Aufwand programmiert wurden und damit auch nur einem begrenzten Anwenderkreis zur Verfügung stehen. Diese Standardsoftware fällt nach Auffassung des BFH (so auch der BGH) unter den Begriff „Ware“ und damit wird sie behandelt wie Bücher oder andere Tonträger (siehe auch BMF, Schreiben v. 20.11.2013, BStBl 2013 I S. 1493).

Nutzungsdauer von Computerhardware und Software

Unabhängig von den Wertgrenzen für geringwertige Wirtschaftsgüter gem. § 6 Abs. 2 EStG gilt seit dem Veranlagungszeitraum 2021 eine wesentliche Vereinfachung für die Abschreibung von Computerhardware und Software. Gemäß dem BMF-Schreiben v. 22.2.2022 (BStBl 2022 I S. 187), dass das BMF-Schreiben v. 26.2.2021 (BStBl 2021 I S. 298) ersetzt, kann für Computerhardware einschließlich Peripheriegeräten sowie für Betriebs- und Anwendersoftware zur Dateneingabe und -verarbeitung – einschließlich ERP-Software – eine betriebsgewöhnliche Nutzungsdauer von einem Jahr zugrunde gelegt werden (§ 7 Abs. 1 EStG).

Die Annahme einer einjährigen Nutzungsdauer führt dazu, dass eine zeitanteilige Verteilung der Anschaffungs- oder Herstellungskosten nicht erforderlich ist. Es wird von der Finanzverwaltung nicht beanstandet, wenn die Abschreibung – abweichend von

§ 7 Abs. 1 Satz 4 EStG – bereits im Jahr der Anschaffung oder Herstellung in voller Höhe vorgenommen wird (sog. „Nichtbeanstandungsregelung"). Gleichwohl handelt es sich hierbei nicht um eine Sofortabschreibung im rechtstechnischen Sinne; die betroffenen Wirtschaftsgüter verbleiben im Anwendungsbereich des § 7 Abs. 1 EStG.

Die Vereinfachungsregelung gilt ohne betragsmäßige Begrenzung und erfasst sowohl Standardsoftware als auch individuell angepasste Anwendungssoftware. Sie ist erstmals auf Gewinnermittlungen für Wirtschaftsjahre anzuwenden, die nach dem 31.12.2020 enden.

Das BMF-Schreiben v. 30.9.2010 (BStBl 2010 I S. 755) bleibt für die Anwendung des § 6 Abs. 2 EStG (Sofortabschreibung) sowie des § 6 Abs. 2a EStG (Sammelposten) weiterhin maßgeblich; hinsichtlich der Nutzungsdauer von Computerhardware und Software ist es jedoch seit dem Veranlagungszeitraum 2021 aufgrund des BMF-Schreibens v. 22.2.2022 (a. a. O.) überholt.

BEACHTE

Nach Auffassung des BFH liegen im Zusammenhang mit dem Investitionsabzugsbetrag gem. § 7g Abs. 1 EStG bei der Beschaffung von Software stets immaterielle und keine materiellen Wirtschaftsgüter vor. Das gilt auch dann, wenn sie auf einem Datenträger geliefert wird bzw. wenn es sich um Standardsoftware handelt. Nach Ansicht des BFH überwiegt der geistige den materiellen Gehalt (BFH, Urteil v. 18.5.2011 - X R 26/09, BStBl 2011 II S. 865). Das gilt nicht für die Trivialsoftware, die i. S. der R 5.5 Abs. 1 EStR zu den materiellen Wirtschaftsgütern gehört (BMF, Schreiben v. 20.11.2013, a. a. O.). Damit sind die Regelungen in R 5.5 Abs. 1 EStR weiterhin anzuwenden.

Als immaterielle Wirtschaftsgüter werden dagegen i. d. R. angesehen: 710

- Individualprogramme, die z. B. speziell für den Steuerpflichtigen entwickelt und auch nur von diesem verwertet werden dürfen, oder
- Systemprogramme, soweit sich die Anschaffungskosten hierfür von den Aufwendungen für die Hardware abgrenzen lassen.

Die ERP-Software gilt dabei als einheitliches Wirtschaftsgut, auch wenn unterschiedliche Module, z. B. für Haupt- und Nebenbuchhaltungen, eingesetzt werden. Die Nutzungsdauer beträgt grds. fünf Jahre. Die Abschreibung beginnt mit der Betriebsbereitschaft.

Der Gesamtvorgang der Einführung der ERP-Software wird als „Implementierung" bezeichnet.

Neben den Lizenzkosten sind u. a. folgende Aufwendungen zu aktivieren und abzuschreiben (BMF, Schreiben v. 18.11.2005, BStBl 2005 I S. 1025):

- Planungskosten,
- Kosten für Anpassung an die betrieblichen Erfordernisse,
- Eigenleistungen im direkten Zusammenhang mit der Anschaffung und Implementierung sowie
- Kosten der nachträglichen Erweiterung.

Dagegen stellen folgende Aufwendungen sofort abzugsfähige Betriebsausgaben dar:

- Kosten, die vor der Kaufentscheidung anfallen,
- Schulungskosten für die Anwender und
- Wartungskosten.

Wird das Softwaresystem selbst hergestellt, gilt das Aktivierungsverbot, mit der Folge, dass alle Aufwendungen sofort abzugsfähige Betriebsausgaben sind.

5.4.9.5 Internetauftritt

711 Hier ergeben sich in der Behandlung der Aufwendungen für die Einrichtung des Internetauftritts zwei Möglichkeiten:

1. Liegt eine Auftragsproduktion eines Web-Designers vor, dann erwirbt der Unternehmer ein Nutzungsrecht, das mit den Anschaffungskosten zu aktivieren und entsprechend der Nutzungsdauer abzuschreiben ist. Das Urheberrecht verbleibt dabei bei dem Web-Designer.
2. Der Internetauftritt wird durch das eigene Personal geschaffen. Dann gilt für diesen das Aktivierungsverbot für selbst hergestellte immaterielle Wirtschaftsgüter. Die Aufwendungen sind Betriebsausgaben (Wahlrecht nach Handelsrecht).

5.4.9.6 Geschäftswert

5.4.9.6.1 Allgemeines

712 Der Geschäftswert (Firmenwert) ist ein **Sammelbegriff für ideelle und immaterielle Einzelwerte.** Er ist der Mehrwert, der einem Unternehmen über die sonstigen aktivierten Wirtschaftsgüter hinaus, abzgl. der Schulden, innewohnt. Die Bedeutung des Geschäftswerts liegt darin, dass er aufgrund der in ihm enthaltenen Vorteile, wie dem vorhandenen Kundenstamm, dem Ruf des Unternehmens, dem eingeführten Markennamen der eigenen Erzeugnisse oder der Kreditwürdigkeit des Unternehmens, höher oder mindestens gesicherter erscheinen lässt als bei einem anderen Unternehmen mit sonst gleichen Wirtschaftsgütern, bei dem jene Vorteile fehlen.

Der Geschäftswert ist damit Ausdruck der Gewinnchancen eines Unternehmens, soweit diese nicht auf einzelnen Wirtschaftsgütern oder der Person des Unternehmers beruhen, sondern auf dem Betrieb eines lebenden Unternehmens (BFH, Urteil v. 26.11.2009 - III R 40/07, BStBl 2010 II S. 609).

Dieser Mehrwert ist ein einheitliches Wirtschaftsgut, das nicht zerlegt werden kann.

5.4.9.6.2 Arten des Geschäftswerts

Man unterscheidet

- **den originären Geschäftswert** und
- **den derivativen Geschäftswert.**

Der originäre Geschäftswert ist entstanden, ohne dass dafür zusätzliche Aufwendungen notwendig gewesen wären. Er hat sich allein aus der Tatsache der betrieblichen Entwicklung heraus im Laufe der Jahre gebildet. 713

Soweit sich ein Gewerbebetrieb noch im Aufbau befindet und dieser seine reguläre Geschäftstätigkeit noch nicht aufgenommen hat, ist grds. davon auszugehen, dass noch kein Geschäftswert vorhanden ist.

Der originäre Geschäftswert darf weder nach Handels- noch nach Steuerrecht bilanziert werden.

Der derivative Geschäftswert ist entstanden, weil ein Erwerber des Betriebs über die nach der Bilanz vorhandenen Werte hinaus bereit war, die Summe der ideellen und immateriellen Werte, die bisher nicht in Erscheinung getreten sind, abzugelten. Dabei verbleibt als Geschäftswert nur der Mehrwert, der nach dem Ansatz der übernommenen Wirtschaftsgüter mit ihren Teilwerten noch vorhanden ist. 714

Der erworbene Geschäftswert muss sowohl nach Handels- als auch nach Steuerrecht bilanziert werden.

Aktivierungsfähige Anschaffungskosten für einen Geschäftswert liegen nicht vor, wenn der Erwerber des Betriebs die Absicht hat, den Betrieb nach Übernahme stillzulegen, und diese Absicht auch verwirklicht. Die Ausschaltung des Konkurrenten kann sich zwar auf den eigenen Geschäftswert erhöhend auswirken. Hier fehlt aber der Erwerb mit der Folge, dass eine Bilanzierung nicht zulässig ist.

5.4.9.6.3 Bilanzierung nach Handelsrecht

Mit § 246 Abs. 1 Satz 4 HGB wird der entgeltlich erworbene Geschäfts- oder Firmenwert zum zeitlich begrenzt nutzbaren Vermögensgegenstand erhoben. Daraus folgt, dass der entgeltlich erworbene Geschäfts- oder Firmenwert weiterhin in der Höhe des Unterschiedsbetrags anzusetzen ist, um den die für die Übernahme eines Unternehmens bewirkte Gegenleistung den Wert der einzelnen Vermögensgegenstände abzgl. der Schulden zum Zeitpunkt der Übernahme übersteigt. 715

Damit ist der entgeltlich erworbene Geschäfts- oder Firmenwert aktivierungspflichtig und unterliegt den allgemeinen handelsrechtlichen Bewertungsvorschriften.

Gemäß § 253 HGB ist er planmäßig oder ggf. auch außerplanmäßig abzuschreiben. Grundsätzlich müssen die Anschaffungs- oder Herstellungskosten auf die Jahre verteilt werden, in denen der Geschäfts- oder Firmenwert genutzt werden kann (§ 253 Abs. 3 Satz 1 und 2 HGB). Im Anhang hat zusätzlich eine Erläuterung des Zeitraums, über den ein entgeltlich erworbener Geschäfts- oder Firmenwert abgeschrieben wird, zu erfolgen (§ 285 Nr. 13 HGB). 716

Wenn die Gründe für die außerplanmäßige Abschreibung entfallen, besteht ein strenges Zuschreibungsverbot.

Durch das Bilanzrichtlinienumsetzungsgesetz (BilRUG) v. 17.7.2015 (BGBl 2015 I S. 1245) wurde in § 253 Abs. 3 Satz 3 HGB eine typisierte Nutzungsdauer von zehn Jahren für selbst erstellte immaterielle Vermögensgegenstände eingeführt, sofern die Nutzungsdauer nicht verlässlich geschätzt werden kann. Dies gilt gem. § 253 Abs. 3 Satz 4 HGB auch für entgeltlich erworbene Geschäfts- und Firmenwerte.

5.4.9.6.4 Bilanzierung nach Steuerrecht

717 Für die Steuerbilanz ergibt sich die Aktivierungspflicht für den Geschäfts- oder Firmenwert aus § 5 Abs. 2 EStG. Der steuerliche Begriff „Wirtschaftsgut" stimmt dabei nach der Rechtsprechung auch inhaltlich mit dem Begriff „Vermögensgegenstand" überein.

Der selbst geschaffene Geschäftswert kann gesellschaftsrechtlich Gegenstand einer Sacheinlage gegen Gewährung von Gesellschaftsrechten sein. Diese Sacheinlage führt dann zu einem Anschaffungsgeschäft, mit der Folge, dass ein aktivierungsfähiges immaterielles Wirtschaftsgut gegeben ist. Dabei spielt es keine Rolle, ob die Einlage in offener oder verdeckter Form geschieht.

Steuerrechtlich ist der erworbene Geschäftswert gem. § 7 Abs. 1 EStG abzuschreiben, weil er sich im Laufe der Zeit verflüchtigt und somit steuerrechtlich ein abnutzbares Wirtschaftsgut gegeben ist. Das gilt auch, wenn der Geschäftswert nach dem Erwerb tatsächlich nicht absinkt und unverändert bleibt. Dann ist davon auszugehen, dass anstelle des erworbenen Geschäftswerts, der sich verflüchtigt hat, ein neuer selbst geschaffener Geschäftswert getreten ist. Damit ist die Einheitstheorie aufgegeben worden. Als betriebsgewöhnliche Nutzungsdauer gilt gem. § 7 Abs. 1 Satz 3 EStG ein Zeitraum von 15 Jahren. Auch im Steuerrecht gilt ein Wertaufholungsgebot.

5.4.9.6.5 Latente Steuerabgrenzung

718 Gemäß § 274 HGB entstehen latente Steuern, wenn zwischen den handels- und den steuerlichen Wertansätzen Differenzen bestehen, die sich in späteren Geschäftsjahren wieder abbauen. Eine sich daraus ergebende Steuerbelastung ist als passive latente Steuer in der Bilanz anzusetzen, eine Steuerentlastung dagegen **kann** als aktive latente Steuer bilanziert werden (§ 266 Abs. 2 D HGB).

Anmerkung: Damit wird bei der Aktivierung von aktiven latenten Steuern der Gewinn erhöht. Diese Gewinnerhöhung kann jedoch nicht an die Anteilseigner ausgeschüttet werden; gem. § 268 Abs. 8 HGB besteht eine Ausschüttungssperre i. H. des aktivierten Aktivüberhangs an latenten Steuern.

Der Aufwand oder Ertrag aus der Veränderung bilanzierter latenter Steuern ist in der Gewinn- und Verlustrechnung gesondert unter dem Posten „Steuern vom Einkommen und Ertrag" auszuweisen.

Wegen weiterer Einzelheiten siehe Rz. 1119.

BEISPIEL: Bei Erwerb eines Unternehmens entsteht ein Geschäftswert i. H. von 600.000 €, der nach Handelsrecht auf fünf Jahre und nach Steuerrecht auf 15 Jahre abgeschrieben wird.

Der Steuersatz soll 30 % betragen.

Abschreibung Handelsbilanz 120.000 € und Abschreibung Steuerbilanz 40.000 €.

In der Handelsbilanz ergibt sich im Gegensatz zur Steuerbilanz ein um 80.000 € niedriger Gewinn; die darauf entfallende Steuer 30 % = 24.000 €. Das führt buchmäßig in den nächsten fünf Jahren zu einer aktiven latenten Steuer i. H. von 120.000 €, die in den weiteren zehn Jahren mit jeweils 12.000 € jährlich wieder aufgelöst wird.

HINWEIS

Die in einer IFRS-Bilanz gebildete passive latente Steuer kann erst wieder aufgelöst werden, wenn der Firmenwert außerplanmäßig abgeschrieben wird.

5.4.9.6.6 Einzelrechte

Ein Firmenwert kann nur mit einem **lebenden Betrieb im Ganzen erworben** werden. Daneben können aber auch bestimmte Einzelrechte übertragen werden, die nach dem Grundsatz der Einzelbewertung selbständig bilanziert und ggf. abgeschrieben werden müssen. 719

Solche **Einzelrechte** können u. a. vorliegen bei Erwerb

- von Geschäftsbeziehungen zu vertretenen Firmen,
- eines Firmennamens,
- eines Patentrechts und
- von Rechten aus schwebenden Geschäften.

5.4.9.6.7 Berechnung

Für die **Berechnung des Geschäftswerts** und der damit insbesondere verbundenen Feststellung des Teilwerts, kommen zwei Methoden in Betracht: 720

- **Die indirekte Methode** und
- **die direkte Methode.**

Indirekte Methode

Bezugsgröße ist dabei grds. der nachhaltig zu erzielende Ertrag, d. h. die Grundlage ist der durchschnittliche Erfolg einer großen Anzahl von Geschäftsjahren. Dieser auch für die Zukunft als gesichert unterstellte Ertrag wird kapitalisiert, wobei eine Normalverzinsung i. H. von 10 % berücksichtigt wird. Dadurch erhält man den Gesamtwert des Unternehmens, der als Ertragswert bezeichnet wird. Bei der Ermittlung des Reinertrags wird vom Jahresgewinn ein angemessener Unternehmerlohn abgezogen. Der Kapitalisierungsfaktor (i. d. R. 10 %) setzt sich aus einem Normalzinssatz und einem Risikozuschlag zusammen. Zur Berechnung der Durchschnittsgewinne werden außerdem die außerordentlichen und die betriebsfremden Erträge herausgenommen.

Vom ermittelten Ertragswert wird der Substanzwert abgezogen. Bei der Ermittlung des Substanzwerts berücksichtigt man die Teilwerte der in der Bilanz aufgeführten Aktiva und Passiva.

Als Differenz zwischen Ertrags- und Substanzwert ergibt sich der sog. „innere Wert" des Unternehmens, der durch einen Risikoabschlag i. H. von 50 % auf den echten Geschäftswert zurückgeführt wird.

BEISPIEL:

Nachhaltig erzielbarer Gewinn	60.000 €
× Kapitalisierungsfaktor 10 = Ertragswert	600.000 €
Substanzwert	- 200.000 €
Innerer Wert des Unternehmens	400.000 €
Risikoabschlag (50 %)	- 200.000 €
Geschäftswert (Teilwert)	200.000 €

Direkte Methode

721 In Betrieben, bei denen der Substanzwert von untergeordneter Bedeutung ist, kommt für die Ermittlung des Geschäftswerts die direkte Methode in Betracht. Hierbei wird der sog. „Übergewinn", das ist ein die normale Verzinsung des eingesetzten Kapitals und den angemessenen Unternehmerlohn übersteigender Gewinn, kapitalisiert. Dieses Verfahren trägt der persönlichen, den Geschäftserfolg wesentlich beeinflussenden Mitarbeit der Unternehmer besser Rechnung. Die Ermittlung erfolgt nach der folgenden Formel:

	Nachhaltig erzielbarer Gewinn
-	Verzinsung des eingesetzten Kapitals
-	angemessener Unternehmerlohn
=	Übergewinn
x	Kapitalisierungsfaktor
=	Geschäftswert

Statt der fortgeführten Anschaffungskosten kann gem. § 6 Abs. 1 Nr. 1 und § 5 Abs. 1 EStG bzw. muss gem. § 253 Abs. 3 Satz 9 HGB bei einer dauernden Wertminderung der niedrigere Zeitwert angesetzt werden. Das kann der Fall sein, wenn der Geschäftswert durch die wirtschaftliche Entwicklung des Unternehmens nachhaltig gesunken ist (BFH, Urteil v. 13.4.1983 - I R 63/79, BStBl 1983 II S. 667).

Gemäß § 253 Abs. 5 Satz 2 HGB ist ein niedrigerer Wertansatz eines entgeltlich erworbenen Geschäfts- oder Firmenwerts beizubehalten (hierbei wird berücksichtigt, dass die Wertaufholung im Wesentlichen durch die Tätigkeiten des Betriebserwerbers beeinflusst wurde; dadurch wäre ein nicht aktivierungsfähiger originärer Firmenwert entstanden). Diese Regelung gilt über das Maßgeblichkeitsprinzip gem. § 5 Abs. 1 EStG auch im Steuerrecht.

5.4.9.6.8 Übertragung eines Betriebs

722 Bei der Übertragung eines Betriebs, Teilbetriebs oder Mitunternehmeranteils zu einem über dem Kapitalkonto liegenden Veräußerungsentgelt ist von einem entgeltlichen Erwerb auszugehen. Zur Ermittlung der Anschaffungskosten muss zunächst festgestellt werden, in welchen Buchwerten stille Reserven enthalten sind und wie hoch diese insgesamt sind. Diese stillen Reserven sind dann gleichmäßig um den Vomhundertsatz aufzulösen, der dem Verhältnis des aufzustockenden Betrags zum Gesamtbetrag der vorhandenen stillen Reserven des beim Veräußerer ausgewiesenen Betriebsvermögens

entspricht. Eine Aufdeckung der stillen Reserven, die auf einen vom Übertragenden selbst geschaffenen Firmenwert entfallen, kommt erst nach der vollständigen Aufdeckung der stillen Reserven, die in den übrigen Wirtschaftsgütern des Betriebsvermögens stecken, in Betracht (BMF, Schreiben v. 13.1.1993, BStBl 1993 I S. 80).

Überträgt ein Steuerpflichtiger sein Einzelunternehmen, das einen Geschäftswert enthält, an eine GmbH, deren Alleingesellschafter er ist, geht der vorhandene Geschäftswert auf die GmbH über. Das gilt auch dann, wenn sich der Kaufpreis nur nach den im Einzelunternehmen bilanzierten Aktiva und Passiva richtet. Es ist davon auszugehen, dass die geschäftswertbildenden Faktoren im Kaufpreis enthalten sind. Die stillen Reserven, die auf den Geschäftswert entfallen, sind gem. § 16 Abs. 3 EStG zu versteuern (BFH, Urteil v. 26.11.2009 - III R 40/07, BStBl 2010 II S. 609).

Wird einem ausscheidenden Mitunternehmer eine Abfindung gezahlt, die auch den selbst geschaffenen, bisher nicht bilanzierten Geschäftswert abgilt, ist der darauf entfallende Anteil der Abfindung als derivativer Geschäftswert zu aktivieren. Der auf den originären Geschäftswert entfallende Anteil bleibt außer Ansatz (BFH, Urteil v. 16.5.2002 - III R 45/98, BStBl 2003 II S. 10).

Maßgebendes Kriterium für einen Übergang des Geschäftswerts von einem Einzelunternehmen auf eine Kapitalgesellschaft im Wege der verdeckten Einlage ist, dass dem nutzenden Unternehmen die materiellen und immateriellen Wirtschaftsgüter sowie die sonstigen Faktoren, die sich im Geschäftswert niederschlagen, auf einer vertraglichen Grundlage überlassen werden, die Nutzung auf Dauer angelegt ist und kein Rechtsanspruch auf Rückgabe dieser Wirtschaftsgüter besteht (BFH, Urteil v. 2.9.2008 - X R 32/05, BStBl 2009 II S. 634).

5.4.9.7 Praxiswert der freien Berufe

Beim Praxiswert, das dem Geschäftswert entsprechende Wirtschaftsgut bei Freiberuflern, handelt es sich um **abnutzbares Anlagevermögen.** Die betriebsgewöhnliche Nutzungsdauer ist mit drei bis fünf Jahren anzunehmen, weil unterstellt wird, dass sich dieser Wert, der eng an die persönliche Leistungsfähigkeit des Freiberuflers geknüpft ist, innerhalb dieser Zeit verflüchtigt. 723

Der anlässlich der Gründung einer Sozietät aufgedeckte Praxiswert stellt ebenso wie der Wert einer erworbenen Einzelpraxis ein abnutzbares immaterielles Wirtschaftsgut dar. § 7 Abs. 1 Satz 3 EStG ist jedoch auf die Bemessung der AfA für den Praxiswert nicht anzuwenden. Wegen der Beteiligung und der weiteren Mitwirkung des bisherigen Praxisinhabers ist vielmehr davon auszugehen, dass die betriebsgewöhnliche Nutzungsdauer des anlässlich der Gründung der Sozietät aufgedeckten Praxiswerts doppelt so lang ist wie die Nutzungsdauer des Werts einer erworbenen Einzelpraxis. Dabei ist nicht zu beanstanden, wenn für den anlässlich der Gründung einer Sozietät aufgedeckten Praxiswert eine betriebsgewöhnliche Nutzungsdauer von sechs bis zehn Jahren und für den Wert einer erworbenen Einzelpraxis eine solche von drei bis fünf Jahren angenommen wird (BMF, Schreiben v. 15.1.1995, BStBl 1995 I S. 14).

Orientiert sich der für eine Arztpraxis mit Vertragsarztsitz zu zahlende Kaufpreis ausschließlich am Verkehrswert, so ist in dem damit abgegoltenen Praxiswert der Vorteil aus der Zulassung als Vertragsarzt untrennbar enthalten (BFH, Urteil v. 9.8.2011 - VIII R 13/08, BStBl 2011 II S. 875).

Wenn eine ursprünglich als freiberuflich qualifizierte Tätigkeit später zu einer gewerblichen umqualifiziert werden muss, weil Art und Umfang der Tätigkeit nicht mehr der einer freiberuflichen entspricht, dann wandelt sich der Praxiswert in einen Geschäftswert um, mit der Folge, dass dieser gem. § 7 Abs. 1 EStG bis auf 15 Jahre abgeschrieben werden muss (FG Münster, Urteil v. 24.10.2014 - 13 K 2297/12 F, EFG 2015 S. 15, JAAAE-81252).

LITERATURHINWEIS

Gerke/Kirchner/Kühn/Steiner, Fallsammlung Bilanzsteuerrecht, 21. Aufl. 2026, Fall 43–48.

5.4.10 Rücklagen

5.4.10.1 Begriff

724 Im Gegensatz zum Bilanzkapital stellen Rücklagen **veränderliche Teile des Eigenkapitals** dar. Sie werden – bis auf die sog. „steuerfreien Rücklagen" – aus bereits versteuerten Gewinnen gebildet und, da die Aktionäre auf eine Ausschüttung verzichtet haben, für die Selbstfinanzierung verwendet. Damit werden also künftig auftretende Belastungen ohne Rückgriff auf das eigentliche Bilanzkapital ausgeglichen.

5.4.10.2 Arten

Zu unterscheiden sind:

- Gewinnrücklagen;
- Kapitalrücklagen und
- Sonderposten mit Rücklageanteil.

5.4.10.2.1 Gewinnrücklagen

725 Als Gewinnrücklagen dürfen gem. § 272 Abs. 3 HGB nur Beträge ausgewiesen werden, die im Geschäftsjahr oder in einem früheren Geschäftsjahr aus dem Ergebnis gebildet worden sind.

Hierzu zählen

- gesetzliche Rücklagen:

  Gemäß § 150 AktG ist bereits bei der Aufstellung des Jahresabschlusses eine gesetzliche Rücklage zu bilden, in die 5 % des ggf. um einen Verlustvortrag aus dem Vorjahr geminderten Jahresüberschusses einzustellen sind, bis sie zusammen mit der Kapitalrücklage 10 % oder den satzungsmäßigen höheren Teil des Grundkapitals erreichen;
- auf Gesellschaftsvertrag oder Satzung beruhende Rücklagen und
- andere Gewinnrücklagen.

5.4.10.2.2 Kapitalrücklagen

Hier sind gem. § 272 Abs. 2 HGB Ausgabeaufgelder, Vorzugszuzahlungen sowie andere im Gesetz aufgeführte Zuzahlungen auszuweisen. 726

5.4.10.2.3 Sonderposten mit Rücklageanteil

Diese Rücklagen sind nach steuerrechtlichen Vorschriften ausdrücklich von einer Besteuerung ausgenommen. Zu diesen Rücklagen zählen insbesondere: 727

- Die Rücklage für Ersatzbeschaffung (R 6.6 EStR),
- die Rücklage gem. § 6b EStG und
- die Zuschussrücklage (R 6.5 EStR).

Der Grundsatz der umgekehrten Maßgeblichkeit ist mit dem BilMoG v. 25.5.2009 (BGBl 2009 I S. 1102) aufgegeben worden, mit der Folge, dass in der Handelsbilanz ab dem Jahr 2010 ein Sonderposten mit Rücklageanteil nicht mehr gebildet werden darf. 728

5.4.10.3 Zusammensetzung des Eigenkapitals bei den einzelnen Rechtsformen

TAB. 1: Zusammensetzung des Eigenkapitals bei den einzelnen Rechtsformen

	Eigenkapital	
Rechtsform	unveränderlich	veränderlich
Einzelfirma	–	► Kapitalkonto ► Privatkonten ► steuerfreie Rücklagen (nur Steuerbilanz)
OHG	–	► Kapitalkonten Gesellschafter ► Privatkonten Gesellschafter ► steuerfreie Rücklagen (nur Steuerbilanz)
KG	Kapitalkonto des Kommanditisten	► Kapitalkonten Komplementäre ► Privatkonten Komplementäre ► Privatkonten Kommanditisten ► steuerfreie Rücklagen (nur Steuerbilanz)
AG GmbH	Gezeichnetes Kapital (Grund- oder Stammkapital)	► Kapitalrücklage ► gesetzliche Rücklage ► andere Gewinnrücklagen ► Sonderposten mit Rücklageanteil (nur Steuerbilanz)

5.4.11 Rückstellungen

5.4.11.1 Begriff

729 Rückstellungen werden gebildet für Verpflichtungen und Verluste, die am Bilanzstichtag bestehen, aber noch keine Verbindlichkeiten sind, weil

- ihr Bestehen noch ungewiss ist,
- die Höhe der Verpflichtung nicht genau feststeht und
- der Zeitpunkt und die Fälligkeit noch nicht bekannt sind.

Damit handelt es sich um einen **Wertverzehr,** der, wirtschaftlich betrachtet, **dem abgelaufenen Wirtschaftsjahr zuzurechnen ist.** Die bilanzmäßige Berücksichtigung ergibt sich dabei aus dem Vorsichtsprinzip.

Nach der Entscheidung des BFH (Urteil v. 17.10.2013 - IV R 7/11, BStBl 2014 II S. 302) liegt die wirtschaftliche Verursachung auch dann vor, wenn die rechtliche Verpflichtung zur Rückstellungsbildung am Bilanzstichtag bereits vorgelegen hat.

5.4.11.2 Rückstellungen nach Handelsrecht

730 Gemäß § 249 HGB sind Rückstellungen zu bilden für

- ungewisse Verbindlichkeiten,
- drohende Verluste aus schwebenden Geschäften,
- im Geschäftsjahr unterlassene Aufwendungen für Instandhaltung, die im folgenden Geschäftsjahr innerhalb von drei Monaten nachgeholt werden,
- Abraumbeseitigungen, die im folgenden Geschäftsjahr nachgeholt werden, oder
- Gewährleistungen, die ohne rechtliche Verpflichtung erbracht werden.

5.4.11.3 Rückstellungen nach Steuerrecht

731 Das Steuerrecht enthält bis auf folgende Ausnahmen keine Regelungen über die Bildung von Rückstellungen:

- § 5 Abs. 3 EStG: Rückstellungen wegen Verletzung fremder Patente, Urheber- oder ähnlicher Schutzrechte.
- § 5 Abs. 4 EStG: Rückstellungen für die Verpflichtung einer Zuwendung anlässlich eines Dienstjubiläums.
- § 5 Abs. 4a EStG: Rückstellungen für drohende Verluste aus schwebenden Geschäften.
- § 5 Abs. 4b EStG: Rückstellungen für Aufwendungen, die in künftigen Wirtschaftsjahren Anschaffungs- oder Herstellungskosten darstellen, sowie Rückstellungen zur Verwertung radioaktiver Stoffe.
- § 6a EStG: Rückstellungen für Pensionsverpflichtungen.

Darüber hinaus gelten die Grundsätze des Handelsrechts aufgrund der Maßgeblichkeit auch für das Steuerrecht (Einzelheiten hierzu siehe Rz. 1075 ff.).

5.4.11.4 Abgrenzungen

Rückstellungen unterscheiden sich von 732

1. den **Rücklagen** insbesondere dadurch, dass Rückstellungen immer Aufwand, Rücklagen dagegen nur Gewinnverwendung darstellen;
2. den **Wertberichtigungen,** weil Rückstellungen echte Passivposten, Wertberichtigungen aber nur Korrekturposten zu Aktivwerten darstellen;
3. den **Verbindlichkeiten,** weil echte Verbindlichkeiten bereits entstanden und Grund, Höhe und Fälligkeit bekannt sind;
4. den **Rechnungsabgrenzungsposten,** weil diese dem Grunde und der Höhe nach bestimmt sind und bereits geleistete Zahlungen voraussetzen (Einnahmen bzw. Ausgaben vor dem Bilanzstichtag), während Rückstellungen zwar Aufwand, aber keine Ausgabe darstellen.

Zur Bewertung von Rückstellungen vgl. Teil B, Kapitel 6, Tz. 6.8 (Rz. 1072 ff.).

LITERATURHINWEIS

Gerke/Kirchner/Kühn/Steiner, Fallsammlung Bilanzsteuerrecht, 21. Aufl. 2026, Fall 56–67.

5.4.12 Rechnungsabgrenzungsposten

Rechnungsabgrenzungsposten sind **Erfolgsberichtigungsposten der Jahresrechnung.** 733
Sie dienen einer **periodengerechten Ermittlung des Gewinns.** Damit sind sie grds. **keine Wirtschaftsgüter,** sondern lediglich Verrechnungsposten. Eine Bewertung gem. § 6 EStG erfolgt deshalb nicht. Nach Handels- und Steuerrecht kommen als Voraussetzungen für die Bildung von Rechnungsabgrenzungsposten (§ 250 HGB und § 5 Abs. 5 EStG) in Betracht:

- Ausgaben oder Einnahmen müssen vor dem (bis zum) Abschlussstichtag entstanden sein;
- Begrenzung auf Vorleistungen, die ein Vertragsteil dem anderen im Rahmen eines gegenseitigen Vertrags erbringt;
- Ausgaben oder Einnahmen müssen Aufwand bzw. Ertrag für eine bestimmte Zeit nach dem Abschlussstichtag darstellen.

Grundsätzlich besteht sowohl handels- als auch steuerrechtlich eine **Aktivierungs- bzw. Passivierungspflicht.**

Für Zölle, Verbrauchsteuern und Umsatzsteuer auf Anzahlungen sowie für das Disagio besteht steuerrechtlich eine Aktivierungspflicht.

Antizipative Posten (Ausgaben und Einnahmen nach dem Bilanzstichtag), die Aufwand bzw. Ertrag für einen Zeitraum vor diesem Tag darstellen, dürfen nicht als Rechnungsabgrenzungsposten ausgewiesen werden. Hierbei handelt es sich i. d. R. um Forderungen oder Verbindlichkeiten.

Mit dem Jahressteuergesetz 2022 v. 16.12.2022 (BGBl 2022 I S. 2294) wurde ein Wahlrecht für die Bilanzierung von Rechnungsabgrenzungsposten in der Steuerbilanz eingeführt (§ 5 Abs. 5 Satz 2 EStG). Demnach kann die Bildung eines Rechnungsabgrenzungspostens unterbleiben, wenn der Betrag die Wesentlichkeitsgrenze des § 6 Abs. 2 Satz 1 EStG nicht übersteigt. Das Wahlrecht ist einheitlich auszuüben und kann erstmals für Wirtschaftsjahre, die nach dem 31.12.2021 enden, angewendet werden.

Gemäß § 250 HGB sind in der Handelsbilanz aktive und passive Rechnungsabgrenzungsposten grds. zu bilden, sobald die gesetzlichen Voraussetzungen erfüllt sind. Ein allgemeines handelsrechtliches Wahlrecht – etwa für geringfügige Beträge – besteht **formal nicht.**

Jedoch wird es in der Literatur durchaus als zulässig erachtet, dass der allgemeine Wesentlichkeitsgrundsatz (§ 264 Abs. 2 HGB i. V. mit § 252 Abs. 1 Nr. 1 HGB) eine Ausnahme bei wirtschaftlich unwesentlichen Beträgen rechtfertigen kann.[1]

5.4.13 Wertberichtigungen

734 Wertberichtigungen sind keine **Vermögensgegenstände,** sondern lediglich Posten, die den **Minderwert eines Aktivpostens** zum Ausdruck bringen sollen. Es handelt sich also um **Korrekturposten.**

5.5 Betriebsvermögen und Betriebsausgaben

5.5.1 Allgemeines

735 Die unterschiedliche Behandlung der Wirtschaftsgüter als Betriebs- oder Privatvermögen ist im Falle einer Veräußerung oder Entnahme von Bedeutung. Nur wenn sie Betriebsvermögen sind, ergeben sich durch diese Vorgänge Gewinne oder Verluste.

Dagegen spielt es für die Zugehörigkeit keine Rolle, ob die Aufwendungen im Zusammenhang mit diesen Wirtschaftsgütern Betriebsausgaben sind oder nicht. Hier gilt allein das Verursachungsprinzip.

Deshalb sind Aufwendungen einschließlich der AfA, die betrieblich veranlasst sind, auch dann Betriebsausgaben, wenn das Wirtschaftsgut zum Privatvermögen gehört. Es kommt zu einer Einlage der betrieblich verursachten Kosten.

BEISPIEL: Ein zum Privatvermögen gehörender Pkw wird zu 5 % betrieblich genutzt. Dann sind 5 % sämtlicher Aufwendungen einschließlich der AfA Betriebsausgaben.

---

1 Hierzu stellvertretend IDW, WP-Handbuch – Wirtschaftsprüfung und Unternehmensberichtserstattung, 19. Aufl. 2025, Kapitel F, Rz. 435, m. w. N., sowie Hoffmann/Lüdenbach, NWB Kommentar Bilanzierung, 17. Aufl. 2025, § 250 Rz. 2.

Dasselbe gilt auch umgekehrt. Wird also ein betriebliches Wirtschaftsgut auch für private Zwecke genutzt, liegen insoweit mangels betrieblicher Veranlassung keine Betriebsausgaben vor. Die Aufwendungen einschließlich der anteiligen AfA sind als Entnahme zu erfassen.

BEISPIEL: Der zum gewillkürten Betriebsvermögen gehörende Pkw wird zu 70 % für private Zwecke genutzt.

5.5.2 Betriebsvermögen und nichtabzugsfähige Betriebsausgaben

Die Regelungen des § 4 Abs. 5 EStG, wonach bestimmte Aufwendungen zwar betrieblich veranlasst, aber nicht abziehbar sind, gelten auch im Zusammenhang mit Wirtschaftsgütern des Betriebsvermögens, wie z. B.: 736

- Unentgeltliche Übertragungen einzelner Wirtschaftsgüter aus einem Betriebsvermögen in ein anderes Betriebsvermögen aus betrieblicher Veranlassung:

  Soweit diese Wirtschaftsgüter nicht nur ausschließlich betrieblich genutzt werden können, sind sie beim Übertragenden ein nicht abziehbarer Aufwand, wenn der Wert des Wirtschaftsguts 50 € übersteigt.
- Das häusliche Arbeitszimmer:

  Das im eigenen Haus betrieblich genutzte Arbeitszimmer ist ein eigenbetrieblich genutzter Grundstücksteil. Die anteilige AfA und die Grundstückskosten sind Aufwand, ohne Rücksicht darauf, ob dieser Grundstücksanteil bilanziert wird oder nicht (siehe Rz. 745), vgl. aber § 4 Abs. 5 Satz 1 Nr. 6b EStG zu den Voraussetzungen, unter denen ein Betriebsausgabenabzug dieser Aufwendungen möglich ist.
- Gästehäuser:

  Der Umstand, dass die Aufwendungen für ein Grundstück zu den nichtabziehbaren Betriebsausgaben gem. § 4 Abs. 5 EStG gehören, ändert nichts an dessen Zurechnung zum Betriebsvermögen.

Siehe auch Rz. 1213 ff.

FRAGEN

		Rz.
1.	Warum ist die Unterscheidung zwischen Betriebs- und Privatvermögen für das Handels- und das Steuerrecht von entscheidender Bedeutung?	669
2.	Bedeutet die Kaufmannseigenschaft gleichzeitig auch die Verpflichtung zur ordnungsmäßigen Buchführung?	670
3.	Das Handelsrecht kennt den Begriff „Vermögensgegenstand“, das Steuerrecht den Begriff „Wirtschaftsgut“. Ergibt sich hierdurch eine unterschiedliche Bedeutung?	672
4.	Nach welchem Prinzip sind Wirtschaftsgüter zu bilanzieren?	673
5.	Unter welchen Voraussetzungen gehören Wirtschaftsgüter zum notwendigen Betriebsvermögen?	674 f.

		Rz.
6.	Was ist erforderlich, wenn ein Wirtschaftsgut des notwendigen Betriebsvermögens fälschlich als Privatvermögen behandelt wird?	676
7.	Ein Unternehmer hat sein privat genutztes Einfamilienhaus bilanziert, weil er es mit einem betrieblichen Kredit belastet hat. Was ist zu tun?	679
8.	Was versteht man unter dem Begriff „Gewillkürtes Betriebsvermögen" und wie wird es steuerlich behandelt?	680
9.	Ein Wirtschaftsgut des notwendigen Betriebsvermögens und ein Wirtschaftsgut des gewillkürten Betriebsvermögens werden durch Aufnahme eines Kredits finanziert. Wozu gehören bilanziell die Schulden?	683
10.	Der Unternehmer führt bei seiner Bank ein gemischtes Kontokorrentkonto. Was hat er zum Jahresabschluss zu veranlassen?	688
11.	Unter welchen Voraussetzungen kommt es zu einer Beschränkung des Schuldzinsenabzugs?	690
12.	Gelten die Regelungen des Schuldzinsenabzugs auch für Kapitalgesellschaften?	690
13.	Was ist unter dem Begriff „Überentnahmen" zu verstehen und wie werden diese ermittelt?	691
14.	Wie geht man bei der Prüfung, ob Schuldzinsen abzugsfähig oder nichtabzugsfähig sind, vor?	694
15.	Was ist zu beachten, wenn ein fremdfinanziertes Anlagegut später in das Umlaufvermögen überführt wird?	695
16.	Gibt es eine zeitliche Beschränkung bei der Fremdfinanzierung eines Anlageguts, wenn der Darlehensbetrag zunächst auf ein betriebliches Kontokorrentkonto überwiesen wird?	696
17.	Was versteht man unter dem „Zwei-Kontenmodell"?	697
18.	Was bedeutet der Begriff „Zinsschranke" und was soll damit geregelt werden?	701
19.	Was fällt unter den Begriff „Immaterielle Wirtschaftsgüter"?	702
20.	Zu welchen Vermögensarten können sie gehören?	703
21.	Wie sind immaterielle Wirtschaftsgüter nach Steuerrecht zu behandeln?	704
22.	Unter welchen Voraussetzungen gilt das Aktivierungsverbot nicht?	705
23.	Welche Regeln gelten handelsrechtlich für die Aktivierung?	706
24.	Was gilt es bei selbst hergestellten immateriellen Wirtschaftsgütern zu beachten?	707
25.	Computerprogramme können zu den materiellen oder immateriellen Wirtschaftsgütern gehören. Worin unterscheiden sie sich?	708 f.
26.	Was können Aufwendungen für die Einrichtung von Internetauftritten steuerlich darstellen?	711
27.	Welche Arten von Geschäfts- oder Firmenwerten gibt es und wie entstehen sie?	713 f.
28.	Wie sind die Geschäftswerte nach Handels- und nach Steuerrecht zu bilanzieren?	715–717
29.	Was ist die bilanzielle Folge der unterschiedlichen Nutzungsdauer nach Handels- und nach Steuerrecht?	718
30.	Die Ermittlung eines Geschäftswerts kann nach zwei Methoden erfolgen. Worin unterscheiden sich diese?	720 f.
31.	Was ist bei der Übertragung eines Betriebs bzw. bei Ausscheiden eines Mitunternehmers hinsichtlich des Geschäftswerts zu beachten?	722

		Rz.
32.	Worin unterscheidet sich der Praxiswert der freien Berufe vom Geschäftswert?	723
33.	Was versteht man unter „Rücklage“ und welche Arten gibt es?	724–726
34.	Wofür werden Sonderposten mit Rücklageanteil gebildet und wie werden sie in der Handels- und Steuerbilanz ausgewiesen?	727 f.
35.	Unter welchen Voraussetzungen dürfen Rückstellungen in der Handels- und Steuerbilanz gebildet werden?	730 f.
36.	Worin unterscheiden sich Rückstellungen von Rücklagen?	732
37.	Was versteht man unter „Rechnungsabgrenzungsposten“?	733
38.	Müssen Rechnungsabgrenzungsposten in jedem Fall bilanziert werden?	733
39.	Welchen Zweck haben Wertberichtigungsposten?	734
40.	Sind alle Aufwendungen, die mit Wirtschaftsgütern des Betriebsvermögens im Zusammenhang stehen, immer als Betriebsausgaben abzugsfähig?	735 f.

5.6 Zugehörigkeit von Grundstücken und Grundstücksteilen zum Betriebsvermögen

5.6.1 Grundstücke als Anlage- oder Umlaufvermögen

Grundstücke gehören zum **Anlagevermögen,** wenn sie dazu bestimmt sind, dem Betrieb für längere Zeit bzw. auf Dauer zu dienen. Sie gehören zum **Umlaufvermögen,** wenn sie nach der betrieblichen Zweckbestimmung zur Veräußerung im Rahmen einer gewerblichen Tätigkeit vorgesehen sind. 737

BEISPIELE:

- Ein Gewerbetreibender erwirbt ein unbebautes Grundstück als Lagerplatz (Anlagevermögen).
- Ein Bauunternehmer erwirbt ein unbebautes Grundstück zwecks Bebauung und Weiterverkaufs (Umlaufvermögen).

5.6.2 Bilanzausweis

Gemäß § 266 Abs. 2 A II Nr. 1 HGB haben Kaufleute in der Bilanz unter Sachanlagen auszuweisen: 738

- Grundstücke,
- grundstücksgleiche Rechte und
- Bauten einschließlich der Bauten auf fremden Grundstücken.

Ungeachtet des Umstands, dass der Grund und Boden, die aufstehenden Gebäude und sonstigen Anlagen gem. § 94 Abs. 1 BGB zivilrechtlich eine Einheit darstellen, sind diese Teile wegen der unterschiedlichen handels- und steuerrechtlichen Behandlung (AfA) jeweils gesondert in der Bilanz auszuweisen. Die Entscheidung über die Zugehörigkeit zum Betriebsvermögen muss aber einheitlich getroffen werden. Es ist also nicht möglich, ein Gebäude zum Betriebsvermögen, den dazugehörigen Grund und Boden dagegen aber zum Privatvermögen zu zählen.

739 Zu den grundstücksgleichen Rechten zählen insbesondere

- das Erbbaurecht,
- das Mineralgewinnungsrecht,
- das Bergrecht und
- das Fischereirecht.

740 Miteinander verbundene Bauwerke sind bei einem einheitlichen Nutzungs- und Funktionszusammenhang ein einheitliches Wirtschaftsgut (BFH, Urteil v. 20.11.1980 - IV R 8/78, BStBl 1981 II S. 201). Das gilt für alle Gebäudebestandteile, die diese Voraussetzungen erfüllen. Dazu gehören insbesondere Anlagen und Einrichtungen, die eine Gebäudenutzung erst ermöglichen.

741 Unter der Erdoberfläche lagernde Bodenschätze sind selbständige Wirtschaftsgüter, die auch getrennt zu bilanzieren sind (BMF, Schreiben v. 7.10.1998, BStBl 1998 I S. 1221). Gemäß § 96 BGB gelten Rechte, die mit dem Eigentum an einem Grundstück verbunden sind, z. B. Grunddienstbarkeiten, als Bestandteile des Grundstücks. Steuerlich handelt es sich dagegen um selbständige immaterielle Wirtschaftsgüter (BFH, Urteil v. 24.8.1989 - IV R 38/88, BStBl 1989 II S. 1016).

742 Auch die auf dem Grund und Boden errichteten Außenanlagen sind i. d. R. selbständige Wirtschaftsgüter. Ein bebautes Grundstück wird regelmäßig durch ein einheitliches Rechtsgeschäft erworben. Der Gesamtkaufpreis ist in diesen Fällen entsprechend aufzuteilen.

Getrennt, ohne bautechnische Verbindung auf einem Grundstück stehende Baulichkeiten sind grds. gesonderte Wirtschaftsgüter. Das Bewertungsrecht ist insoweit unmaßgeblich. Nur bei Baulichkeiten oder sonstigen Einrichtungen, die trotz fehlender baulicher Verbindung einem auf demselben Grundstück befindlichen Hauptgebäude derart dienen, dass dieses ohne die Baulichkeit oder Einrichtung als unvollständig erscheint, hat die Rechtsprechung die Selbständigkeit dieser Baulichkeiten oder sonstigen Einrichtungen verneint. Anders als Garagen von Ein- oder Zweifamilienhäusern, sind Garagen, die nachträglich auf dem Gelände eines großen Mietwohnungskomplexes errichtet werden, jedenfalls dann als selbständige Wirtschaftsgüter gesondert abzuschreiben, wenn ihre Errichtung nicht Bestandteil der Baugenehmigung für das Mietwohngebäude war und kein enger Zusammenhang zwischen der Nutzung der Wohnungen und der Garagen besteht, weil die Zahl der Garagen hinter der Zahl der Wohnungen deutlich zurückbleibt und die Garagen zum Teil an Dritte vermietet sind (BFH, Urteil v. 22.9.2005 - IX R 26/04, BStBl 2006 II S. 169).

Parkplätze im Unternehmensbereich können dabei

- Gebäudebestandteil oder
- selbständige Außenanlagen

sein.

Entstehen dem Steuerpflichtigen Aufwendungen für die Anlage eines Kinderspielplatzes im Zusammenhang mit der Errichtung eines Wohngebäudes, liegen nur Herstellungskosten des Gebäudes vor, wenn die Gemeinde als Eigentümerin den Kinderspielplatz angelegt und dafür Beiträge von den Grundstückseigentümern erhoben hat. In allen anderen Fällen (Errichtung des Spielplatzes auf einem Grundstück des Steuerpflichtigen oder als gemeinsamer Spielplatz mit anderen Hauseigentümern) entsteht durch die Aufwendungen ein selbständig zu bewertendes Wirtschaftsgut, dessen Nutzungsdauer im Allgemeinen mit zehn Jahren angenommen werden kann (R 6.4 EStR). 743

Aufwendungen des Erwerbers eines Grundstücks für eine von Dritten zu errichtende Privatstraße stellen auch Anschaffungskosten eines selbständigen abnutzbaren Wirtschaftsguts dar, wenn die Straße der erstmaligen Erschließung des Grundstücks dient (BFH, Urteil v. 19.10.1999 - IX R 34/96, BStBl 2000 II S. 257).

5.6.3 Selbständige Wirtschaftsgüter

Dagegen sind bei der gewerblichen oder beruflichen Nutzung des Gebäudes Anlagen und Einrichtungen, die im Nutzungs- und Funktionszusammenhang mit dem Betrieb stehen, als selbständige Wirtschaftsgüter zu behandeln, z. B.: 744

- Betriebsvorrichtungen,
- Scheinbestandteile,
- sonstige Mietereinbauten,
- Ladeneinbauten oder Schaufensteranlagen u. ä. sowie
- sonstige selbständige Gebäudeteile, wie
  - eigenbetrieblich genutzte Grundstücksteile,
  - fremdbetrieblich genutzte Grundstücksteile,
  - zu fremden Wohnzwecken genutzte Grundstücksteile oder
  - zu eigenen Wohnzwecken genutzte Grundstücksteile.

Bei einem Anbau liegt ein selbständiges Wirtschaftsgut vor, wenn er mit dem Altgebäude nicht verschachtelt ist. Für das Vorliegen eines selbständigen Wirtschaftsguts sind dabei die statische Standfestigkeit, tragende Mauern und eigene Fundamente entscheidend.

Dagegen liegt ein selbständiger Gebäudeteil vor, wenn der Anbau zwar mit dem Altgebäude verschachtelt ist, aber nicht in einem Nutzungs- und Funktionszusammenhang mit dem Altgebäude steht (BFH, Urteil v. 25.1.2007 - III R 49/06, BStBl 2007 II S. 586).

Führt der Steuerpflichtige Baumaßnahmen in einem selbständigen Gebäudeteil durch (z. B. im Erdgeschoss), stellt sich die Frage der Erweiterung oder wesentlichen Verbesserung eines bereits bestehenden Wirtschaftsguts nur bei dem betroffenen Gebäudeteil und nicht bei dem Gesamtgebäude. Ob Herstellungskosten oder Erhaltungsaufwand vorliegen, ist dann nach den allgemeinen Grundsätzen zu beurteilen (BFH, Urteil v. 25.9.2007 - IX R 28/07, BStBl 2008 II S. 218).

Im Falle eines einheitlichen Nutzungs- und Funktionszusammenhangs aller einzelnen Gebäudeteile erstreckt sich die Prüfung, ob Herstellungskosten vorliegen, auf das gesamte Gebäude (BFH, Urteil v. 7.12.2010 - IX R 14/10, BFH/NV 2011 S. 1302, GAAAD-85248).

Dabei können Herstellungskosten bereits dann vorliegen, wenn nach Fertigstellung eines Gebäudes die nutzbare Fläche, wenn auch nur geringfügig, vergrößert wird (BFH, Urteil v. 15.5.2013 - IX R 36/12, BStBl 2013 II S. 732).

ABB. 39: Bilanzsteuerrechtliche Behandlung des Grundstücks

Grundstück i. S. des BGB ist der abgegrenzte Teil der Erdoberfläche mit all seinen Bestandteilen (§ 94 BGB) und dem Zubehör.
Gebäudeteile, die nicht in einem einheitlichen Nutzungs- und Funktionszusammenhang mit dem Gebäude stehen, sind selbständige Wirtschaftsgüter.
Für die steuerliche Behandlung eines Grundstücks gilt deshalb:

Bilanzierung des Grundstücks bei einheitlicher Nutzung

Grund und Boden (Grundstück)

I. Begriff
Grund und Boden ist das Grundstück (i. S. des Steuerrechts) ohne jegliche Bestandteile, also nur der sog. „nackte" Grund und Boden (= Grundstück i. S. des Bilanzsteuerrechts).

Gebäude

I. Begriff
Ein Gebäude ist ein Bauwerk, das Menschen oder Sachen durch räumliche Umschließung Schutz gegen äußere Einflüsse gewährt, den Aufenthalt von Menschen gestattet, fest mit dem Grundstück verbunden und von einiger Beständigkeit und standhaft ist.

Grund und Boden (Grundstück) / Gebäude

II. Bilanzierung
Das eigenbetrieblich genutzte Grundstück (Grund und Boden und Gebäude) gehört zum notwendigen Betriebsvermögen. Soweit es fremdbetrieblich bzw. zu fremden Wohnzwecken genutzt wird, kann es gewillkürtes Betriebsvermögen sein. Wird es für private Zwecke genutzt, stellt es notwendiges Privatvermögen dar.

III. Bewertung (Grund und Boden)
Grundstücke sind körperliche, nicht abnutzbare Wirtschaftsgüter. Die Bewertung erfolgt gem. § 6 Abs. 1 Nr. 2 EStG.

III. Bewertung (Gebäude)
Gebäude sind körperliche, abnutzbare Wirtschaftsgüter. Die Bewertung erfolgt gem. § 6 Abs. 1 Nr. 1 i. V. mit § 7 Abs. 4 und 5a EStG.

Außenanlagen

I. Begriff
Außenanlagen sind Bauwerke auf einem Grundstück, die nicht Gebäude sind und auch nicht zum Gebäude gehören.
Hierzu gehören insbesondere Platz-, Wege- und Hofbefestigungen sowie Einfriedungen.

II. Bilanzierung
Jede Außenanlage ist ein selbständiges Wirtschaftsgut und daher für sich zu beurteilen.

III. Bewertung
Außenanlagen sind körperliche, nicht bewegliche, abnutzbare Anlagegüter. Die Bewertung erfolgt daher gem. § 6 Abs. 1 Nr. 1 i. V. mit § 7 Abs. 1 Satz 1 und 2 EStG.

Selbständige Gebäudeteile

I. Arten

1. Betriebsvorrichtungen;
2. Einbauten für vorübergehende Zwecke, dazu gehören
   a) die vom Steuerpflichtigen für seine eigenen Zwecke vorübergehend eingefügten Anlagen,
   b) die vom Vermieter oder Verpächter zur Erfüllung besonderer Bedürfnisse des Mieters oder Pächters eingefügten Anlagen, deren Nutzungszeit nicht länger als die Laufzeit des Vertragsverhältnisses ist;
3. Ladeneinbauten, Schaufensteranlagen, Gaststätteneinbauten, Schalterhallen von Kreditinstituten sowie ähnliche Einbauten, die einem schnellen Wandel des modischen Geschmacks unterliegen;
4. sonstige selbständige Gebäudeteile:
   - eigenbetrieblich genutzte,
   - fremdbetrieblich genutzte,
   - zu fremden Wohnzwecken genutzte und
   - zu eigenen Wohnzwecken genutzte Gebäudeteile;
5. Mietereinbauten.

II. Bilanzierung
Jeder Gebäudeteil ist als selbständiges Wirtschaftsgut zu bilanzieren.
Der eigenen Wohnzwecken dienende Teil ist notwendiges Privatvermögen.

III. Bewertung
Die selbständigen Gebäudeteile können entweder abnutzbare bewegliche oder auch abnutzbare unbewegliche Wirtschaftsgüter sein. Bewertung deshalb gem. § 6 Abs. 1 Nr. 1 EStG. AfA gem. § 7 Abs. 1 bzw. Abs. 4, 5 und 5a EStG.

5.6.4 Zugehörigkeit von Grundstücken bei einheitlicher Nutzung

745 Hier kann nach der **Art der jeweiligen Nutzung** des Gesamtgrundstücks gegeben sein:

- Ein eigenbetrieblich genutztes Grundstück gehört zum notwendigen Betriebsvermögen; an Arbeitnehmer vermietete Grundstücke oder Grundstücksteile sind dabei ebenfalls notwendiges Betriebsvermögen, wenn für die Vermietung betriebliche Gründe maßgebend sind (R 4.2 Abs. 4 Satz 2 EStR).
- Ein fremdbetrieblich genutztes, d. h. zu betrieblichen Zwecken vermietetes Grundstück, kann gewillkürtes Betriebsvermögen sein.
- Ein zu fremden Wohnzwecken vermietetes Grundstück kann ebenfalls gewillkürtes Betriebsvermögen sein.
- Ein eigenen Wohnzwecken dienendes Grundstück gehört zum notwendigen Privatvermögen.

Die **Entscheidung der Zurechnung** eines Gebäudes zum Betriebs- oder Privatvermögen bezieht sich dabei immer **auch auf den zugehörigen Grund und Boden.** Der Grund und Boden und das Gebäude können nicht unterschiedlich behandelt werden. Ein ausschließlich eigenbetrieblich genutztes Grundstück ist auch dann ein einheitliches Wirtschaftsgut, wenn es im Rahmen mehrerer Betriebe des Steuerpflichtigen genutzt wird. Es ist dann anteilsmäßig auf die Betriebe aufzuteilen.

5.6.5 Behandlung von Grundstücken bei gemischter Nutzung

746 Wird ein Gebäude **gleichzeitig** unterschiedlich zu

- eigenbetrieblichen Zwecken,
- fremdbetrieblichen Zwecken,
- fremden Wohnzwecken und
- eigenen Wohnzwecken

genutzt, dann ist jeder dieser Gebäudeteile ein **selbständiges Wirtschaftsgut.** Die Anschaffungs- bzw. Herstellungskosten sind dabei grds. nach dem Verhältnis der Größe der Nutzungsflächen aufzuteilen. Der zum Gebäude gehörende Grund und Boden ist entsprechend der Gebäudenutzung aufzuteilen, der übrige Grund und Boden nach der jeweiligen Nutzung. Für jedes einzelne Wirtschaftsgut ist gesondert zu prüfen, ob es zum Betriebs- oder zum Privatvermögen gehört.

Die Nutzfläche ist in sinngemäßer Anwendung der Verordnung zur Berechnung der Wohnfläche (Wohnflächenverordnung v. 25.11.2003, BGBl 2003 I S. 2346) zu ermitteln.

Danach ergibt sich folgende Zurechnung:

- Eigenbetrieblich genutzt = **notwendiges Betriebsvermögen,**
- fremdbetrieblich und für fremde Wohnzwecke genutzt = **gewillkürtes Betriebs- bzw. Privatvermögen,**
- für eigene Wohnzwecke genutzt = **notwendiges Privatvermögen.**

Soweit eine spätere Nutzungsänderung der einzelnen selbständigen Gebäudeteile eintritt, nimmt das jeweilige Wirtschaftsgut zu oder ab, die einheitliche Behandlung unter dem Gesichtspunkt „Betriebs- oder Privatvermögen" bleibt jedoch erforderlich.

BEISPIEL: Ein bebautes Grundstück wird bis zum 30.6. wie folgt genutzt:
- 50 % (zwei Stockwerke) für fremde Wohnzwecke, nicht bilanziert, und
- 50 % (zwei Stockwerke) für fremdbetriebliche Zwecke, gewillkürtes Betriebsvermögen.

Ab dem 1.7. wird ein Stockwerk, das bisher an einen Privatmann vermietet war, ebenfalls fremdbetrieblich genutzt.

Das selbständige Wirtschaftsgut für fremde Wohnzwecke mindert sich auf 25 % und das selbständige Wirtschaftsgut für fremdbetriebliche Zwecke erhöht sich auf 75 %.

Entweder ist (Wahlrecht des Steuerpflichtigen)
- die Hälfte des fremden Wohnzwecken dienenden Teils einzulegen oder
- der gesamte fremdbetriebliche Teil zu entnehmen,

so dass die beiden selbständigen Wirtschaftsgüter ab dem 1.7.
- 25 % fremde Wohnzwecke und
- 75 % fremdbetriebliche Zwecke

umfassen.

Bei den selbständigen Gebäudeteilen bemisst sich die AfA für jeden Gebäudeteil nach 747
dem Teil der Anschaffungs- oder Herstellungskosten, der anteilig auf diesen Gebäudeteil entfällt. Dabei ist von einer **einheitlichen Nutzungsdauer** aller Gebäudeteile auszugehen. Für die einzelnen Gebäudeteile sind **unterschiedliche AfA-Methoden** zulässig. Besteht ein Gebäude aus mehreren selbständigen Gebäudeteilen und wird der Nutzungsumfang eines Gebäudeteils infolge einer Nutzungsänderung des Gebäudes ausgedehnt, bemisst sich die weitere AfA von der neuen Bemessungsgrundlage insoweit gem. § 7 Abs. 4 EStG.

BEISPIEL: Nutzung eines voll bilanzierten Gebäudes bis zum 30.6.:
- 50 % eigenbetrieblich, Herstellungskosten 200.000 €, AfA-Satz i. H. von 10 % (Zulässigkeit unterstellt), und
- 50 % fremdbetrieblich, Herstellungskosten 200.000 €, AfA-Satz i. H. von 3 %.

Nutzung ab dem 1.7.:
- 75 % eigenbetrieblich und
- 25 % fremdbetrieblich.

Die AfA beträgt ab dem 1.7.:

	AfA-Bemessungsgrundlage	AfA-Satz
► eigenbetrieblich	200.000 €	10 %
	100.000 €	3 %
► fremdbetrieblich	100.000 €	3 %

Degressive AfA bei Nutzungsänderung

Abweichend von R 7.4 Abs. 8 Satz 2 EStR muss der Steuerpflichtige nicht zur linearen AfA gem. § 7 Abs. 4 Satz 1 Nr. 2 Buchst. a EStG übergehen, sondern kann weiterhin die degressive AfA gem. § 7 Abs. 5 Satz 1 Nr. 2 EStG beanspruchen, wenn ein zunächst zu fremden Wohnzwecken genutztes und gem. § 7 Abs. 5 Satz 1 Nr. 3 EStG degressiv abgeschriebenes Gebäude nunmehr zu fremdbetrieblichen Zwecken genutzt wird (BFH, Urteil v. 15.2.2005 - IX R 32/03, BStBl 2006 II S. 51).

5.6.6 Behandlung des eigenbetrieblich genutzten Grundstücksteils

748 Dieser Grundstücksteil muss bilanziert werden, wenn er im Verhältnis **zum Wert des Gesamtgrundstücks nicht von untergeordneter Bedeutung** ist (R 4.2 Abs. 7 und 8 EStR i. V. mit § 8 EStDV).

Eigenbetrieblich genutzte Grundstücksteile brauchen nicht als Betriebsvermögen behandelt zu werden, wenn ihr Wert nicht mehr als 1/5 des gemeinen Werts des gesamten Grundstücks und nicht mehr als 20.500 € beträgt (§ 8 EStDV). Dabei ist auf den Wert des Gebäudes zzgl. des dazugehörenden Grund und Bodens abzustellen. In der Regel ist das Verhältnis der Nutzflächen zueinander zugrunde zu legen. Ein Grundstücksteil ist mehr als 20.500 € wert, wenn der Teil des gemeinen Werts des ganzen Grundstücks, der nach dem Verhältnis der Nutzflächen zueinander auf den Grundstücksteil entfällt, 20.500 € übersteigt. Führt der Ansatz der Nutzflächen zu einem unangemessenen Wertverhältnis der beiden Grundstücksteile, ist der Rauminhalt oder ein anderer im Einzelfall zu einem angemessenen Ergebnis führender Maßstab anstelle der Nutzflächen bei ihrer Wertermittlung zugrunde zu legen.

Beträgt der Wert des eigenbetrieblich genutzten Grundstücksteils nicht mehr als 20.500 € und nicht mehr als 1/5 des gesamten Grundstückswerts, besteht ein Wahlrecht, den Grundstücksteil weiterhin als Betriebsvermögen zu behandeln oder zum Teilwert zu entnehmen.

ABB. 40: Bilanzsteuerrechtliche Behandlung von Grundstücks- bzw. Gebäudeteilen

Wird ein Gebäudeteil eigenbetrieblich, teils fremdbetrieblich, teils zu fremden Wohnzwecken und teils zu eigenen Wohnzwecken genutzt, so ist jeder der vier unterschiedlich genutzten Gebäudeteile ein besonderes Wirtschaftsgut. Das gilt auch bei bebauten Grundstücken für den jeweils dazugehörigen Grund und Boden.
Für die Bilanzierung dieser Teile gilt:

Eigenbetrieblich genutzte Grundstücks- bzw. Gebäudeteile

1. Bilanzierung

Grundstücks- bzw. Gebäudeteile, die eigenbetrieblichen Zwecken dienen, sind regelmäßig notwendiges Betriebsvermögen und müssen dementsprechend bilanziert werden.

2. Gewinnermittlung

Wegen der Zugehörigkeit solcher Grundstücks- bzw. Gebäudeteile zum Betriebsvermögen sind alle damit verbundenen Aufwendungen und Erträge notwendigerweise betriebliche Vorgänge und müssen dementsprechend bei der Gewinnermittlung erfasst werden.

3. Ausnahmen vom Grundsatz

Eigenbetrieblich genutzte Grundstücks- und Gebäudeteile brauchen nicht als Betriebsvermögen behandelt zu werden, wenn ihr Wert im Verhältnis zum Wert des ganzen Grundstücks von untergeordneter Bedeutung ist. Das ist der Fall, wenn der Wert weder mehr als ⅕ des Gesamtwerts noch mehr als 20.500 € beträgt.
Dabei ist auf den entsprechenden Gebäudewert zzgl. des zugehörigen Grund und Bodens abzustellen (R 4.2 Abs. 8 EStR).
Für die Ermittlung, inwieweit die Grenzen überschritten sind, sind Grund und Boden und Gebäude zusammenzufassen.

Fremdbetrieblich und zu fremden Wohnzwecken genutzte Grundstücks- bzw. Gebäudeteile

1. Bilanzierung

Fremdgenutzte (z. B. gewerblich oder privat vermietete oder verpachtete) Grundstücks- bzw. Gebäudeteile gehören regelmäßig zum gewillkürten Vermögen.
Der Unternehmer hat deshalb ein Gestaltungsrecht.
Er kann solche Grundstücks- bzw. Gebäudeteile zum Betriebsvermögen rechnen, wenn sie in einem gewissen objektiven Zusammenhang mit dem Betrieb stehen und ihn zu fördern bestimmt und geeignet sind (R 4.2 Abs. 9 EStR). Der Zuordnungsakt muss unmissverständlich und zeitnah dokumentiert werden.

2. Gewinnermittlung

a) Gehört ein solcher Grundstücks- bzw. Gebäudeteil zum gewillkürten Betriebsvermögen, so sind alle hiermit verbundenen Aufwendungen und Erträge betriebliche Vorgänge und werden dementsprechend bei der Gewinnermittlung erfasst.
b) Gehört ein solcher Grundstücks- bzw. Gebäudeteil jedoch nicht zum Betriebsvermögen, so sind sämtliche hiermit verbundenen Aufwendungen und Erträge private Vorgänge und dürfen deshalb den Gewinn nicht beeinflussen.
c) Dabei sind der fremdbetrieblich genutzte und der zu fremden Wohnzwecken vermietete Grundstücksteil jeweils selbständige Wirtschaftsgüter, die auch getrennt bilanziert werden können (R 4.2 Abs. 9 i. V. mit Abs. 4 EStR).

Zu eigenen Wohnzwecken genutzte Grundstücks- bzw. Gebäudeteile

1. Bilanzierung

Grundstücks- bzw. Gebäudeteile, die persönlichen Zwecken, insbesondere Wohnzwecken des Unternehmers dienen, gehören zum notwendigen Privatvermögen und dürfen deshalb nicht bilanziert werden.

2. Gewinnermittlung

Weil solche Grundstücks- bzw. Gebäudeteile zum notwendigen Privatvermögen gehören, sind alle damit verbundenen Aufwendungen und Erträge notwendigerweise private Vorgänge und dürfen deshalb den Gewinn nicht beeinflussen. Aus Betriebsmitteln geleistete Aufwendungen stellen daher Privatentnahmen und in den Betrieb geflossene Einnahmen Privateinlagen dar.

3. Änderung der Voraussetzungen für die Behandlung eines Grundstücks- bzw. Gebäudeteils als Privatvermögen

Entfallen die Voraussetzungen für die Behandlung eines Grundstücks- oder Gebäudeteils als Privatvermögen, so liegt eine Einlage in das Betriebsvermögen vor, wenn der Unternehmer eine solche Einlage ausdrücklich erklärt oder wenn er diese Änderung selbst, insbesondere durch die Änderung der Nutzungsverhältnisse herbeigeführt hat (= Einlage durch schlüssiges Handeln).

BEISPIEL: Ein Grundstück wird zu 20 % eigenbetrieblich und zu 80 % für eigene Wohnzwecke genutzt. Der Wert des Grundstücks beträgt 300.000 €, wovon 30.000 € auf den Grund und Boden entfallen.

Die relative Grenze i. H. von 20 % wird nicht überschritten, wohl aber die absolute Grenze i. H. von mehr als 20.500 €. Der eigenbetrieblich genutzte Grundstücksteil ist damit notwendiges Betriebsvermögen.

Bilanzansätze:

- Grund und Boden 6.000 € und
- Gebäude 54.000 €.

Werden die o. g. Grenzen nicht überschritten, hat der Steuerpflichtige **ein Wahlrecht.** Er kann den eigenbetrieblich genutzten Grundstücksteil bilanzieren oder aber als Privatvermögen behandeln.

749 Mit diesem Grundstücksteil zusammenhängende Einnahmen oder Ausgaben sind unabhängig von der Bilanzierung immer betrieblich veranlasst. Gehört der Grundstücksteil zur Zeit der erstmaligen betrieblichen Inanspruchnahme nicht zum Betriebsvermögen, ist damit noch nicht endgültig über seine Zugehörigkeit entschieden. Zum Zeitpunkt des Überschreitens der absoluten Wertgrenze ist der Grundstücksteil einzulegen (H 4.2 Abs. 8 EStH). Dabei ist jeweils der **gemeine Wert des Gesamtgrundstücks maßgebend.** Es ist ohne Bedeutung, wenn die Mindestgrenzen wegen einer etwaigen Einlagebeschränkung auf die ursprünglichen Anschaffungs- oder Herstellungskosten nicht überschritten werden.

BEISPIEL: Erwerb eines unbebauten Grundstücks am 1.7.01 für 100.000 €.

Nutzung:

- 20 % eigenbetrieblich und
- 80 % eigene private Zwecke.

Wert des Grundstücks bei gleichbleibenden Nutzungsverhältnissen zum 1.7.02: 120.000 €.

Der eigenbetrieblich genutzte Grundstücksteil überschreitet die Grenzen erstmals zum 1.7.02 (20 % von 120.000 € = 24.000 €). Damit muss dieser Teil zum notwendigen Betriebsvermögen gerechnet werden. Die Einlage zum 1.7.02 darf aber höchstens zu den ursprünglichen Anschaffungskosten erfolgen, weil die Einlage innerhalb von drei Jahren nach der Anschaffung erfolgt.

Bei einem Gebäude wären innerhalb der Dreijahresfrist die fortgeführten Anschaffungs- oder Herstellungskosten maßgebend (zur AfA bei Gebäuden siehe Rz. 972 ff.).

750 Eigenbetrieblich genutzte Grundstücke und Grundstücksteile sind ab ihrer endgültigen Funktionszuweisung notwendiges Betriebsvermögen, auch wenn der konkrete Einsatz im Betrieb erst in der Zukunft liegt. Das gilt auch dann, wenn es an einer Willenserklärung des Steuerpflichtigen oder eines Ausweises in der Buchführung und in den Bilanzen fehlt (BFH, Urteil v. 6.3.1991 - X R 57/88, BStBl 1991 II S. 829).

5.6.7 Grundstücke und Grundstücksteile als gewillkürtes Betriebsvermögen

751 Ermitteln Steuerpflichtige den Gewinn durch Betriebsvermögensvergleich, können sie die Grundstücke oder Grundstücksteile, die nicht eigenbetrieblich genutzt werden und weder eigenen Wohnzwecken dienen noch Dritten zu Wohnzwecken unentgeltlich

überlassen werden, sondern z. B. zu Wohnzwecken oder zur gewerblichen Nutzung an Dritte vermietet sind, als gewillkürtes Betriebsvermögen behandeln. Das ist möglich, wenn die Grundstücke oder Grundstücksteile in einem gewissen objektiven Zusammenhang mit dem Betrieb stehen und ihn zu fördern bestimmt und geeignet sind. Wegen dieser Voraussetzungen bestehen für den Ansatz von Wirtschaftsgütern als gewillkürtes Betriebsvermögen Einschränkungen, die sich nicht nur aus den Besonderheiten des einzelnen Betriebs, sondern auch aus der jeweiligen Einkunftsart ergeben können. In Grenzfällen hat der Steuerpflichtige darzutun, welche Beziehung das Grundstück oder der Grundstücksteil zu seinem Betrieb hat und welche vernünftigen wirtschaftlichen Überlegungen ihn zur Aufnahme als gewillkürtes Betriebsvermögen veranlasst haben (R 4.2 Abs. 9 EStR).

Ein bilanzierender Gewerbetreibender kann i. d. R. Grundstücke, die nicht zum notwendigen Privatvermögen gehören, z. B. Mietwohngrundstücke, als Betriebsvermögen behandeln, es sei denn, dass dadurch das Gesamtbild der gewerblichen Tätigkeit so verändert wird, dass es den Charakter einer Vermögensnutzung im nicht gewerblichen Bereich erhält (BFH, Urteil v. 10.12.1964 - IV 167/64 U, BStBl 1965 III S. 377; H 4.2 Abs. 9 EStH).

Die Zuordnung eines Wirtschaftsguts zum gewillkürten Betriebsvermögen ist unmissverständlich in einer solchen Weise zu dokumentieren, dass ein sachverständiger Dritter ohne weitere Erklärung des Steuerpflichtigen die Zugehörigkeit des Wirtschaftsguts zum Betriebsvermögen erkennen kann (BFH, Urteile v. 2.10.2003 - IV R 13/03, BStBl 2004 II S. 985, und v. 27.6.2006 - VIII R 31/04, BStBl 2006 II S. 874; BMF, Schreiben v. 17.11.2004, BStBl 2004 I S. 1064).

Diese Regelungen gelten auch bei der Gewinnermittlung gem. § 4 Abs. 3 EStG (siehe auch Rz. 1247).

Weitere Grundstücksteile, die diese Voraussetzungen nicht erfüllen, können auch dann 752
nicht als Betriebsvermögen behandelt werden, wenn ein Grundstück zu mehr als der Hälfte zulässigerweise bilanziert werden könnte (R 4.2 Abs. 10 EStR).

5.6.8 Behandlung des zu eigenen Wohnzwecken dienenden Grundstücksteils

Ein zu eigenen Wohnzwecken dienender Grundstücksteil gehört immer zum notwendi- 753
gen Privatvermögen.

BEISPIEL: Das Grundstück eines Gewerbetreibenden wird wie folgt genutzt:

- 30 % eigenbetrieblich,
- 30 % fremdbetrieblich,
- 20 % fremde Wohnzwecke und
- 20 % eigene Wohnzwecke.

Dabei ergeben sich folgende Bilanzierungsmöglichkeiten:

a) Der eigenbetrieblich genutzte Grundstücksteil überschreitet die Wertgrenze i. H. von 20 %. Er muss als notwendiges Betriebsvermögen bilanziert werden (30 %).

b) Neben dem eigenbetrieblich genutzten Grundstücksteil kann auch der fremdbetrieblich genutzte Grundstücksteil als gewillkürtes Betriebsvermögen behandelt werden (30 % + 30 % = 60 %).

c) Neben dem eigenbetrieblich und dem fremdbetrieblich genutzten Grundstücksteil kann auch der zu fremden Wohnzwecken vermietete Grundstücksteil bilanziert werden.

754 Dabei ist zu beachten:

- Wenn alle sonstigen selbständigen Grundstücksteile zulässigerweise als gewillkürtes Betriebsvermögen bilanziert werden, muss auch ein untergeordneter eigenbetrieblich genutzter Grundstücksteil bilanziert werden.
- Bei erstmaliger Nutzung müssen fremdbetrieblich genutzte Grundstücksteile einheitlich bilanziert werden. Bei einer Nutzungsänderung gilt das nicht, weil Entnahmen bzw. Einlagen Vorrang haben.

Werden Räumlichkeiten ohne räumliche Trennung teils zu betrieblichen und teils zu eigenen privaten Zwecken genutzt, ist der gesamte Teil als zu eigenen Wohnzwecken dienend anzusehen (§ 12 EStG; FG Hamburg, Urteil v. 8.6.2011 - 6 K 121/10, EFG 2011 S. 2131, UAAAD-93608).

Bei kurzfristiger zeitlicher Änderung entscheidet der Hauptzweck.

BEISPIELE:

- Eine eigengenutzte Wohnung wird an Feriengäste vermietet.
- Privater Besuch wird in Geschäftsräumen untergebracht.

Bei einer dauerhaften Änderung der Nutzung hat dagegen eine neue Zuordnung zu erfolgen.

5.6.9 Zurechnung zum Betriebsvermögen bei Miteigentum

755 Ist ein betrieblich genutztes Grundstück nur zu einem Teil Eigentum des Betriebsinhabers, ist es **nur insoweit Betriebsvermögen, als es ihm zuzurechnen ist.** Die Zurechnung erfolgt dabei nach allgemeinen Grundsätzen (H 4.2 Abs. 7 EStH).

BEISPIEL: Das Grundstück gehört den Ehegatten je zur Hälfte. Es wird zu 100 % für eigenbetriebliche Zwecke des Ehemanns genutzt. Der Wert des Grundstücks beträgt 200.000 €. Notwendiges Betriebsvermögen sind 50 % von 200.000 € = 100.000 €.

Wird das Grundstück nur teilweise betrieblich genutzt, ist der dem Betriebsinhaber zuzurechnende Grundstücksteil in einen betrieblichen und einen privaten Teil aufzuteilen. Aufteilungsmaßstab ist dabei das Verhältnis des Werts des eigenbetrieblich genutzten Grundstücksteils zum gesamten Grundstück und nicht zum Grundstücksteil.

BEISPIEL: Das Grundstück gehört den Ehegatten je zur Hälfte. Es wird zu 40 % für eigenbetriebliche Zwecke des Ehemanns und zu 60 % für eigene Wohnzwecke der Ehegatten genutzt. Der Wert des Gesamtgrundstücks beträgt 300.000 €.

Von dem zu 40 % eigenbetrieblich genutzten Grundstücksteil gehört dem Ehemann die Hälfte, also 20 %. Zu bilanzieren sind deshalb 20 % von 300.000 € = 60.000 €.

Soweit hierbei die Grenzen des R 4.2 Abs. 8 EStR nicht überschritten werden, hat der Steuerpflichtige ein Wahlrecht, ob er den eigenbetrieblich genutzten Grundstücksteil bilanzieren will oder nicht.

5.6.10 Wegfall der Voraussetzungen für die Behandlung als Betriebsvermögen durch Nutzungsänderung oder Entnahme

Eine Nutzungsänderung führt regelmäßig zur Entnahme des entsprechenden Grundstücks bzw. Grundstücksteils, wenn der Steuerpflichtige bisher zum Betriebsvermögen gerechnete Grundstücke oder Grundstücksteile für eigene Wohnzwecke nutzt bzw. die Voraussetzungen für eine weitere Behandlung als gewillkürtes Betriebsvermögen nicht mehr vorliegen. 756

BEISPIELE:

► Nutzung bis zum 30.6.:	30 % eigenbetrieblich 40 % fremdbetrieblich 30 % eigene Wohnzwecke	30 % eigenbetrieblich 70 % fremdbetrieblich –
► Nutzung ab dem 1.7.:	30 % eigenbetrieblich 70 % eigene Wohnzwecke –	30 % eigenbetrieblich 30 % fremdbetrieblich 40 % eigene Wohnzwecke
► Folgen der Nutzungsänderung:	40 % müssen entnommen werden	40 % müssen entnommen werden

Tritt die Nutzungsänderung dadurch ein, dass auf einem bisher unbebauten Grundstück, das zum Betriebsvermögen gehört, ein Gebäude zu eigenen Wohnzwecken errichtet wird, wird der Grund und Boden durch die Bebauung entnommen.

Wird auf einem Betriebsgrundstück ein Gebäude errichtet, das teilweise Privatvermögen werden soll, wird dadurch der Grund und Boden anteilig entnommen.

Wenn ein Gebäudeteil, der bisher für eigene Wohnzwecke genutzt wurde, später fremdbetrieblichen Zwecken dient, kann der Steuerpflichtige diesen Grundstücksteil weiterhin als Privatvermögen behandeln. Das gilt auch, wenn ein weiterer fremdbetrieblich genutzter Gebäudeteil als gewillkürtes Betriebsvermögen behandelt wird. Durch die Nutzungsänderung kommt es nicht zu einer Zwangseinlage. Denn allein die bereits vorher vorgenommene Einlage des fremdbetrieblich genutzten Gebäudeteils bewirkt nicht, dass auch der später zusätzlich fremdbetrieblich genutzte Gebäudeteil ohne ausdrückliche Einlagehandlung dem gewillkürten Betriebsvermögen zuzuordnen ist (BFH, Urteil v. 21.4.2005 - III R 4/04, BStBl 2005 II S. 604). 757

Ein zunächst betrieblich genutzter Gebäudeteil verliert ohne Entnahmehandlung seine Eigenschaft als Betriebsvermögen nicht dadurch, dass er zu fremden Wohnzwecken vermietet wird und sich in dem Gebäude ein weiterer zu fremden Wohnzwecken vermieteter Gebäudeteil befindet, der zum Privatvermögen gehört (BFH, Urteil v. 10.11.2004 - XI R 31/03, BStBl 2005 II S. 334). 758

Der Grundsatz der Einheitlichkeit, dass ein fremdbetrieblichen Zwecken dienendes Grundstück ein einheitliches Wirtschaftsgut bildet, das nur insgesamt entweder Betriebs- oder Privatvermögen sein kann, gilt nur, wenn das Grundstück erstmalig in das Vermögen des Steuerpflichtigen gelangt.

Soll ein Grundstück entnommen werden, ist eine Entnahmehandlung, die von einem Willen zur Entnahme getragen ist, erforderlich. Ein Grundstück des Betriebsvermögens bleibt so lange Betriebsvermögen, bis es durch eine eindeutige und unmissverständliche Entnahmehandlung des Steuerpflichtigen in das Privatvermögen übergeht.

Das ergibt sich i. d. R. aus dem Buchungsvorgang. Wenn keine Bücher geführt werden, kann die Entnahmehandlung durch eine schriftliche Erklärung gegenüber dem Finanzamt dokumentiert werden.

Soweit durch eine Nutzungsänderung innerhalb eines Gebäudes der Anteil der betrieblich genutzten Fläche nicht verändert wird, führt dieser Raumtausch grds. nicht zu einer Entnahme bzw. Einlage.

5.6.11 Behandlung von Grundstücken und Grundstücksteilen bei Personengesellschaften

759 Dabei sind folgende Fälle zu unterscheiden (R 4.2 Abs. 11 und 12 EStR):

- Das Grundstück gehört zum Gesamthandsvermögen der Mitunternehmer einer Personengesellschaft.
- Das Grundstück (der Grundstücksteil) gehört nicht zum Gesamthandsvermögen.
- Das Grundstück befindet sich im Miteigentum von Nichtgesellschaftern.

5.6.11.1 Das Grundstück gehört zum Gesamthandsvermögen der Mitunternehmer einer Personengesellschaft

Hierzu gehören die Grundstücke, die entweder im zivilrechtlichen oder wirtschaftlichen Eigentum der Mitunternehmerschaft stehen.

Die Grundstücke gehören grds. zum notwendigen Betriebsvermögen der Personengesellschaft.

Sie dienen eigenbetrieblichen Zwecken oder werden an Dritte zu fremdüblichen Bedingungen überlassen. Wird ein zum Gesamthandsvermögen gehörendes Grundstück einem Gesellschafter gegen eine angemessene Miete oder Pacht überlassen, gehört es zwingend zum Betriebsvermögen der Personengesellschaft (BFH, Urteil v. 23.11.2000 - IV R 82/99, BStBl 2001 II S. 232).

760 Das gilt nicht, wenn es ausschließlich oder fast ausschließlich unentgeltlich der privaten Lebensführung eines, mehrerer oder aller Mitunternehmer dient. Das Grundstück wäre zwar in einer Handelsbilanz auszuweisen, aber nicht in der Steuerbilanz. Hier müsste nur der eigenbetrieblich genutzte Anteil bilanziert werden, wenn er nicht von untergeordneter Bedeutung wäre.

BEISPIEL: Eine OHG, an der die Gesellschafter A und B mit jeweils 50 % beteiligt sind, erwirbt ein bebautes Grundstück für 500.000 €. Auf den Grund und Boden entfallen davon 100.000 €. Dieses Grundstück wird wie folgt genutzt:

- 40 % für betriebliche Zwecke der OHG und
- 60 % für Wohnzwecke des Gesellschafters A (unentgeltlich).

In der Handelsbilanz ist das Grundstück voll auszuweisen.

In der Steuerbilanz sind nur 40 % als notwendiges Betriebsvermögen zu bilanzieren. Die restlichen 60 % sind notwendiges Privatvermögen der Gesellschafter A und B.

Aktiva	Handelsbilanz	Passiva
Grund und Boden	100.000 €	
Gebäude	400.000 €	

Aktiva	Steuerbilanz	Passiva
Grund und Boden	40.000 €	
Gebäude	160.000 €	

Wird dabei auf die Erstellung einer besonderen Steuerbilanz verzichtet, dann kann das steuerrechtliche Betriebsvermögen durch eine negative Ergänzungsbilanz, in der der Wohnzwecken dienende Grundstücksteil ausgewiesen wird, dargestellt werden.

5.6.11.2 Das Grundstück (der Grundstücksteil) gehört nicht zum Gesamthandsvermögen

Wenn das Grundstück einem, mehreren oder allen Mitunternehmern gehört und dem Betrieb der Personengesellschaft ausschließlich und unmittelbar dient, gehört das Grundstück zum notwendigen Sonderbetriebsvermögen des Gesellschafters (der Gesellschafter) und damit zum Betriebsvermögen der Personengesellschaft. 761

Zu unterscheiden sind dabei:

- Das Sonderbetriebsvermögen I: 762

  Das Grundstück dient unmittelbar dem Betrieb der Gesellschaft.

- Das Sonderbetriebsvermögen II: 763

  Das Grundstück dient unmittelbar der Begründung oder Stärkung der Beteiligung des Gesellschafters an der Gesellschaft. Der Einsatz muss aber durch den Betrieb der Gesellschaft begründet sein (BFH, Urteil v. 13.10.1998 - VIII R 46/95, BStBl 1999 II S. 357).

Dient das Grundstück nur zum Teil dem Betrieb der Personengesellschaft, sind die dem (den) Mitunternehmer(n) zuzurechnenden Grundstücksteile lediglich mit ihrem betrieblich genutzten Teil notwendiges Sonderbetriebsvermögen. 764

Das Grundstück bzw. die Grundstücksteile sind in Sonderbilanzen auszuweisen. Dabei brauchen Grundstücksteile, die im Verhältnis zum Wert des Gesamtgrundstücks von untergeordneter Bedeutung sind, nicht als Betriebsvermögen behandelt zu werden.

Auch gewillkürtes Betriebsvermögen eines Mitunternehmers bzw. mehrerer Mitunternehmer ist möglich. Soweit aber dieses Grundstück (Grundstücksteil) privaten Zwecken des Gesellschafters (der Gesellschafter) dient, gehört es zum notwendigen Privatvermögen.

BEISPIEL: Das Grundstück gehört den Gesellschaftern A und B je zur Hälfte. A und B sind zu jeweils 40 % an der OHG A + B + C beteiligt.

Das Grundstück dient

- zu 40 % betrieblichen Zwecken der OHG A + B + C und
- zu 60 % Wohnzwecken der Gesellschafter A und B (unentgeltlich).

Der eigenbetrieblich genutzte Grundstücksteil gehört mit jeweils 20 % zum notwendigen Sonderbetriebsvermögen der Gesellschafter A und B und ist in Sonderbilanzen auszuweisen. Der eigenen Wohnzwecken dienende Grundstücksteil gehört zum notwendigen Privatvermögen der Gesellschafter A und B.

765 Ein Grundstück ist unter der Voraussetzung als gewillkürtes Sonderbetriebsvermögen zu behandeln, dass es objektiv geeignet und subjektiv dazu bestimmt ist, dem Betrieb der Gesellschaft zu dienen und diese zu fördern. Die Gesellschafter müssen die Widmung der Wirtschaftsgüter für diesen Zweck klar und eindeutig zum Ausdruck gebracht haben (BFH, Urteil v. 25.11.1997 - VIII R 4/94, BStBl 1998 II S. 461).

5.6.11.3 Grundstücke im Miteigentum von Nichtgesellschaftern

766 **Das Grundstück** (Grundstücksteil) **gehört einer besonderen Gesamthandsgemeinschaft** (Erbengemeinschaft) **oder Bruchteilsgemeinschaft,** an der auch Personen beteiligt sind, die **nicht** gleichzeitig Mitunternehmer der Personengesellschaft sind, und das Grundstück (Grundstücksteil) dient ausschließlich und unmittelbar dem Betrieb der Personengesellschaft (R 4.2 Abs. 12 EStR).

Das Grundstück (Grundstücksteile) ist (sind) notwendiges Sonderbetriebsvermögen des (der) Gesellschafter(s), soweit die Grundstücke (Grundstücksteile) gem. § 39 Abs. 2 Nr. 2 AO den Mitunternehmern der Personengesellschaft zuzurechnen sind.

767 Ein vom Mitunternehmer überlassener Grundstücksteil braucht dann nicht als Sonderbetriebsvermögen behandelt zu werden, wenn ihm im Verhältnis zum gesamten Grundstück nur ein untergeordneter Wert i. S. des § 8 EStDV beizumessen ist.

BEISPIEL: An einer OHG sind die Gesellschafter A und B mit jeweils 50 % beteiligt. An einer Grundstücksgemeinschaft sind B mit 40 % und C mit 60 % beteiligt.

Das Grundstück dient zu 25 % betrieblichen Zwecken der OHG und zu 75 % Wohnzwecken von B und C. Anschaffungskosten 200.000 €. Die betriebliche Nutzung am Gesamtgrundstück beträgt 25 %. Hiervon gehören dem Gesellschafter B 40 %. Damit sind ihm 10 % des betrieblich genutzten Grundstücksteils anzurechnen. Beide Grenzen (mehr als $^1/_5$ oder mehr als 20.500 €) werden nicht überschritten. Der Anteil i. H. von 10 % von 200.000 € = 20.000 € muss nicht als Betriebsvermögen behandelt werden; vgl. auch Rz. 1460 ff.

5.6.12 Behandlung der übrigen selbständigen Gebäudeteile

5.6.12.1 Allgemeines

768 Der Grundsatz, dass ein Wirtschaftsgut einheitlich zu behandeln ist, gilt auch für ein Gebäude. Soweit aber Gebäudeteile **nicht in einem einheitlichen Nutzungs- und Funktionszusammenhang mit dem Gebäude,** sondern mit einem Gewerbebetrieb stehen, liegen auch mehrere selbständige Wirtschaftsgüter vor, die getrennt zu bilanzieren und auch abzuschreiben sind.

5.6.12.2 Betriebsvorrichtungen

769 Im Unterschied zu unselbständigen Gebäudeteilen, die eine Nutzung des Gebäudes erst ermöglichen, wie z. B. der Fahrstuhl oder die Heizungs-, Belüftungs- und Beleuchtungsanlagen, **dienen** Betriebsvorrichtungen der **unmittelbaren Ausübung des Gewerbebetriebs.** Sie sind deshalb ohne Rücksicht darauf, ob sie nach bürgerlichem Recht

selbständige Sachen oder wesentliche Bestandteile des Grundstücks sind, stets **selbständige bewegliche körperliche Wirtschaftsgüter des abnutzbaren Anlagevermögens.** „Betriebsvorrichtungen" sind i. S. der R 7.1 Abs. 3 EStR Maschinen und sonstige Vorrichtungen aller Art, die zu einem Betriebsvermögen gehören. Sie dienen nicht der Nutzung des Gebäudes, sondern stehen in einer besonderen und unmittelbaren Beziehung zu dem auf dem Grundstück oder in dem Gebäude ausgeübten Gewerbebetrieb.

BEISPIELE:

- Hebebühne,
- Transportbänder,
- Abladevorrichtungen,
- Feuerlöschanlagen und
- Lastenaufzüge.

Eine Wärmerückgewinnungsanlage ist nicht schon deshalb als Betriebsvorrichtung zu beurteilen, weil es sich bei den Kühlzellen, deren abgegebene Wärme durch die Anlage aufbereitet wird, um eine Betriebsvorrichtung handelt. Eine Betriebsvorrichtung kann jedoch vorliegen, wenn die Anlage dem in einem Gebäude ausgeübten Gewerbebetrieb unmittelbar dient und der Zweck, das Gebäude zu beheizen und mit Warmwasser zu versorgen, demgegenüber in den Hintergrund tritt (BFH, Urteil v. 5.9.2002 - III R 8/99, BStBl 2002 II S. 877). 770

Ob durch Aufwendungen eines Mieters eine Betriebsvorrichtung entsteht, ist nach allgemeinen Grundsätzen zu beantworten (R 7.1 Abs. 3 EStR). Betriebsvorrichtungen sind als bewegliche Sachen stets dem Mieter zuzurechnen. 771

Die Frage, ob ein Grundstücksbestandteil oder eine Betriebsvorrichtung gegeben ist, wird bei der Feststellung des Einheitswerts des Grundstücks durch das zuständige Finanzamt entschieden. 772

Damit wird im Regelfall für die Einheitsbewertung und das Bilanzsteuerrecht nach einheitlichen Grundsätzen entschieden (BFH, Urteil v. 19.8.1998 - XI R 8/96, BStBl 1999 II S. 18).

Die Betriebsvorrichtungen sind gesondert zu aktivieren und gem. § 7 Abs. 1 und 2 EStG abzuschreiben.

5.6.12.3 Einbauten für vorübergehende Zwecke

Sachen, die nur zu **vorübergehenden Zwecken** in ein Grundstück eingefügt werden, sind auch nach bürgerlichem Recht als selbständige Wirtschaftsgüter anzusehen (**Scheinbestandteile** gem. § 95 BGB). 773

Ein Einbau zu einem vorübergehenden Zweck liegt vor,

- wenn die betriebsgewöhnliche Nutzungsdauer der eingebauten Sachen länger ist als die tatsächliche Nutzungsdauer,
- die eingebauten beweglichen Wirtschaftsgüter nach dem Ausbau noch einen erheblichen Wiederverwendungswert repräsentieren oder
- nach den Umständen damit zu rechnen ist, dass sie später wieder entfernt werden.

774 Einbauten zu vorübergehenden Zwecken können sein:

- Die vom Steuerpflichtigen für eigene Zwecke vorübergehend eingefügten Anlagen,
- die vom Vermieter oder Verpächter zur Erfüllung besonderer Bedürfnisse des Mieters oder Pächters eingefügten Anlagen, deren Nutzungsdauer nicht länger als die Laufzeit des Vertragsverhältnisses ist (R 7.1 Abs. 4 EStR), sowie
- Einbauten des Mieters oder Pächters, die bei Vertragsablauf wieder zu entfernen sind.

Die Einbauten werden als selbständige bewegliche körperliche Wirtschaftsgüter des abnutzbaren Anlagevermögens behandelt und gem. § 7 Abs. 1 und 2 EStG abgeschrieben.

BEISPIELE:

- Ein Gewerbetreibender baut eine Klimaanlage in eigene Geschäftsräume ein, die nach Aufgabe des Betriebs wieder entfernt werden soll.
- Ein Grundstückseigentümer baut im Interesse seines Mieters eine Rolltreppe in das Geschäftsgebäude ein, die nach Vertragsende wieder ausgebaut werden soll.

Die AfA bemisst sich dabei nach der Nutzungsdauer im Betrieb, bei Einbauten für eigene Zwecke grds. nach der Dauer bis zur vorgesehenen Trennung.

5.6.12.4 Ladeneinbauten, Schaufensteranlagen u. ä. Einrichtungen

775 Hierbei handelt es sich nach **bürgerlichem Recht** um unselbständige Teile des Gebäudes, soweit sie nicht nur für vorübergehende Zwecke eingefügt werden.

Bilanzsteuerrechtlich werden sie aber stets als selbständige unbewegliche Wirtschaftsgüter des abnutzbaren Anlagevermögens behandelt. Die AfA richtet sich nach den für diese Wirtschaftsgüter geltenden Gebäudegrundsätzen. Wegen der Nutzungsdauer siehe BMF, Schreiben v. 30.5.1996 (BStBl 1996 I S. 643) sowie v. 15.12.2000 (BStBl 2000 I S. 1532) für nach dem 31.12.2000 angeschaffte Wirtschaftsgüter (acht Jahre).

776 Nach der Rechtsprechung liegen die Voraussetzungen für die Annahme eines selbständigen Wirtschaftsguts dann vor, wenn diese Einbauten vom Gebäude klar abgrenzbar sind, einen eigenen Rentabilitätsfaktor darstellen und somit nach der Gesamtheit der tatsächlichen Umstände bei wirtschaftlicher Betrachtung ein selbständiges Wirtschaftsgut gegeben ist.

Hierunter fallen Ladeneinbauten, Schaufensteranlagen, Gaststätteneinbauten, Schalterhallen von Kreditinstituten sowie ähnliche Einbauten, die einem schnellen Wandel des modischen Geschmacks unterliegen. Als Herstellungskosten dieser Einbauten kommen nur Aufwendungen für Gebäudeteile in Betracht, die statisch für das gesamte Gebäude unwesentlich sind, z. B. Aufwendungen für Trennwände, Fassaden, Passagen sowie für die Beseitigung und Neuerrichtung von nichttragenden Wänden und Decken (R 4.2 Abs. 3 Satz 3 Nr. 3 EStR), aber auch Eingangshallen von Kreditinstituten, die optisch auf die nachfolgende Kassenhalle abgestimmt sind und nur als Zugang zu den Kassenschaltern dienen.

Dabei können unselbständige Gebäudeteile (Heizungsanlagen oder Belüftungseinrichtungen u. ä.), soweit sie mit einem Ladenumbau zusammenhängen, Teile des Wirtschaftsguts „Ladeneinbau" werden.

Die Schaufensteranlage und die Beleuchtungsanlage zum Schaufenster sind auch bei Neubauten selbständige Gebäudeteile (BFH, Urteil v. 29.3.1965 - I 411/61 U, BStBl 1965 III S. 291). 777

Die Regelungen über die Behandlung von Ladeneinbauten oder Schaufensteranlagen u. ä. gelten nicht nur für Eigentümergrundstücke, sondern sind auch auf die ertragsteuerliche Behandlung von Einbauten und Umbauten durch Mieter anzuwenden (BFH, Urteil v. 25.5.1984 - III R 103/81, BStBl 1984 II S. 617). 778

Siehe auch BFH, Urteil v. 16.1.2007 - IX R 39/05, BStBl 2007 II S. 922, die Aufwendungen für den Umbau eines Großraumbüros in mehrere kleine Einzelbüros betreffend. Hier können Erhaltungsaufwendungen vorliegen, wenn die Umbaumaßnahmen dem Gesamtgebäude kein besonderes bautechnisches Gepräge geben.

5.6.12.5 Mieterein- und Mieterumbauten

5.6.12.5.1 Allgemeines

Gebäudeaufwendungen können beim Mieter zu sofort abzugsfähigem Erhaltungsaufwand oder aktivierungspflichtigem Herstellungsaufwand führen. Sofern die Aufwendungen das Gebäude in seinem Wesen nicht verändern oder im Nutzungswert oder der Nutzungsdauer über den bisherigen Zustand hinaus erheblich verbessern, liegt Erhaltungsaufwand vor. 779

BEISPIELE:

- Schönheitsreparaturen oder
- das Ersetzen von unselbständigen Gebäudeteilen (Heizungsanlage oder Fahrstuhl u. ä.).

Es gilt der Grundsatz, dass Aufwendungen des Mieters für Mietereinbauten steuerlich genauso zu beurteilen sind, als ob der Mieter Eigentümer des Gebäudes wäre. Daraus folgt, dass der Mieter die Herstellungskosten für die Mietereinbauten nur im Wege der Gebäude-AfA gem. § 7 Abs. 4 EStG absetzen kann.

Soweit Herstellungsaufwendungen vorliegen, ergeben sich für die Frage der Bilanzierung folgende Möglichkeiten:

- Als Scheinbestandteile,
- als Betriebsvorrichtungen,
- als sonstige Mietereinbauten oder
- als immaterielle Wirtschaftsgüter.

5.6.12.5.2 Scheinbestandteile

Ein Scheinbestandteil entsteht, wenn durch eine Baumaßnahme des Mieters Sachen zu einem vorübergehenden Zweck in das Gebäude eingefügt werden. Der Mieter ist als **rechtlicher und wirtschaftlicher Eigentümer** anzusehen, wenn 780

- die Nutzungsdauer der eingefügten Sachen länger ist als die Vertragsdauer,
- die eingefügten Sachen auch nach ihrem Ausbau nicht nur einen Schrottwert, sondern noch einen beachtlichen Wiederverwendungswert haben und
- damit gerechnet werden kann, dass die eingebauten Sachen später wieder entfernt werden.

Ein Scheinbestandteil liegt nicht vor, wenn die vertragliche Übernahme durch den Vermieter vorgesehen ist oder tatsächliche Umstände das Gegenteil ergeben. Das kann gegeben sein, wenn die Nutzungsdauer der eingebauten Sache kürzer ist als die Vertragsdauer oder wenn der Ausbau zur Zerstörung der Sache führen würde.

Die Scheinbestandteile stellen **selbständige bewegliche körperliche Wirtschaftsgüter des abnutzbaren Anlagevermögens dar,** die gem. § 7 Abs. 1 EStG abgeschrieben werden.

BEISPIEL: Der Mieter baut eine Rolltreppe mit einer Nutzungsdauer von 20 Jahren in das Geschäftsgebäude ein. Der Mietvertrag wurde über zehn Jahre abgeschlossen. Die Anlage soll bei Vertragsende wieder ausgebaut und anderweitig verwendet werden.

Die AfA bestimmt sich nach der voraussichtlichen Mietdauer bzw. nach der kürzeren betriebsgewöhnlichen Nutzungsdauer.

Mietereinbauten sind vererbbar und veräußerbar. Zu unterscheiden sind dabei:

- Werden Scheinbestandteile (§ 95 BGB) veräußert, ist eine Übertragung durch Einigung und Übergabe (§ 929 BGB) an einen Dritten jederzeit möglich.
- Handelt es sich dabei aber nicht um Scheinbestandteile, kann nur das wirtschaftliche Eigentum übertragen werden. Der Dritte muss ein uneingeschränktes Nutzungs- und Verfügungsrecht über die Zeit der gewöhnlichen Nutzungsdauer erhalten.

Vergleiche dazu BFH, Urteil v. 14.2.2007 - XI R 18/06, BStBl 2009 II S. 957.

5.6.12.5.3 Betriebsvorrichtungen

781 Die Frage, ob durch die Aufwendungen des Mieters eine Betriebsvorrichtung entstanden ist, ist nach allgemeinen Grundsätzen zu entscheiden. Der Mieter hat die Herstellungskosten zu aktivieren, wenn er wirtschaftlicher Eigentümer ist. Das ist der Fall, wenn

- eine spätere Trennung beabsichtigt ist oder
- die Nutzungsdauer kürzer ist als die Vertragsdauer.

Ist der Mieter nicht als wirtschaftlicher Eigentümer anzusehen, kann ein sonstiger Mietereinbau vorliegen. Das gilt insbesondere, wenn eine Trennung nicht beabsichtigt ist oder wenn die tatsächliche Nutzungsdauer länger ist als die Vertragsdauer.

Die AfA gem. § 7 Abs. 1 EStG bemisst sich nach der Nutzungsdauer der Betriebsvorrichtung, nicht nach der Vertragsdauer, sofern nach der Trennung eine Weiterverwendung im Betrieb des Mieters möglich ist.

Bei einem auf unbestimmte Zeitdauer abgeschlossenen Mietvertrag sind die Wirtschaftsgüter über ihre betriebsgewöhnliche Nutzungsdauer abzuschreiben.

5.6.12.5.4 Sonstige Mietereinbauten

Führen die Aufwendungen des Mieters weder zu Scheinbestandteilen noch zu Betriebsvorrichtungen und liegen auch keine Erhaltungsaufwendungen vor, können sich hinsichtlich der Zurechnung zwei Möglichkeiten ergeben, nämlich 782

1. der Mieter ist wirtschaftlicher Eigentümer der von ihm geschaffenen Einbauten oder Umbauten oder
2. die Einbauten oder Umbauten dienen **unmittelbar den besonderen betrieblichen Zwecken des Mieters.** Sie stehen nicht in einem einheitlichen Nutzungs- oder Funktionszusammenhang mit dem Gebäude. Der Mieter erlangt einen Nutzungsvorteil.

Zu 1

Das ist der Fall, wenn

- die tatsächliche Nutzungsdauer des Umbaus nicht länger ist als die Vertragsdauer oder
- der Mieter die Erstattung des noch vorhandenen gemeinen Werts des Einbaus bzw. Umbaus bei Beendigung des Mietvertrags vom Vermieter verlangen kann.

> **BEISPIEL:** Der Gewerbetreibende hat für zehn Jahre ein Lagergebäude gemietet. Für Personal und Kunden war der Einbau von Wasch- und Toilettenanlagen erforderlich. Diese Anlagen haben eine Nutzungsdauer von 15 Jahren. Sie werden nach Ablauf des Mietvertrags dem Vermieter übertragen, der den gemeinen Wert dann vereinbarungsgemäß zu ersetzen hat.

Der Mieter ist ebenfalls als wirtschaftlicher Eigentümer anzusehen, wenn nicht nur ein vertraglicher, sondern auch ein gesetzlicher Aufwendungsersatzanspruch i. S. der §§ 951 und 812 BGB besteht. Dieser Anspruch besteht prinzipiell auch bei sog. „Ehegattengrundstücken" (BFH, Urteil v. 14.5.2002 - VIII R 30/98, BStBl 2002 II S. 741). Nach Ablauf des Vertrags führt dann der Restbuchwert des Gebäudes zu Betriebsausgaben und der Entschädigungsanspruch zu Betriebseinnahmen. 783

Soweit der Mieter jedoch auf einen Entschädigungsanspruch verzichtet hat, insbesondere wenn nahe Angehörige betroffen sind, muss man davon ausgehen, dass der Mieter dem zivilrechtlichen Eigentümer seine Aufwendungen zugewendet hat, mit der Folge, dass er gem. § 12 Nr. 2 EStG die Berechtigung, die Aufwendungen als eigene abzuziehen, verloren hat. Die Mietereinbauten sind unbewegliche abnutzbare Wirtschaftsgüter. Sie sind nach den für Gebäude geltenden Grundsätzen abzuschreiben (BFH, Urteil v. 15.10.1996 - VIII R 44/94, BStBl 1997 II S. 533). Wird die Substanz des Einbaus innerhalb der Mietdauer verbraucht, ist von der voraussichtlichen Mietdauer auszugehen. Soweit der Mietvertrag verlängerbar ist, spricht eine widerlegbare Vermutung dafür, dass eine Verlängerung bis zum Ende der Nutzungsdauer des Einbaus wahrscheinlich ist. Eine Kürzung der AfA-Bemessungsgrundlage wegen vereinbarter Entschädigungszahlung kommt nicht in Betracht, da insoweit ein schwebender Vertrag vorliegt, nämlich 784

- die Verpflichtung zum Ausgleich des Verkehrswerts beim Vermieter oder
- die Verpflichtung zur Übertragung des wirtschaftlichen Eigentums an den Einbauten beim Mieter.

Die AfA bemisst sich nach § 7 Abs. 4 Satz 1 EStG. Soweit eine Entfernung bei Ablauf des Vertrags vereinbart ist, wird die AfA auf die tatsächliche Vertragslaufzeit begrenzt (§ 7 Abs. 4 Satz 2 EStG).

785 **Zu 2**

Hierbei handelt es sich weder um einen Scheinbestandteil noch um eine Betriebsvorrichtung und es liegt auch kein wirtschaftliches Eigentum des Mieters vor. Der Nutzungsvorteil wird wie ein materielles Wirtschaftsgut behandelt.

Die Zurechnung erfolgt beim Mieter (§ 266 Abs. 2 HGB). Es handelt sich um ein unbewegliches Wirtschaftsgut des abnutzbaren Anlagevermögens (AfA gem. § 7 Abs. 5a i. V. mit Abs. 4 Satz 2 EStG).

BEISPIEL: Der Mieter baut die bisherigen Wohnräume zu Büroräumen um. Dabei mussten Zwischenwände versetzt bzw. neue Wände eingesetzt werden. Die Nutzungsdauer der Umbaumaßnahme ist länger als die Vertragsdauer. Eine Entschädigung seitens des Vermieters ist bei Auszug nicht vereinbart.

5.6.12.5.5 Immaterielle Wirtschaftsgüter

786 Durch Aufwendungen für Einbauten oder Umbauten des Mieters, die weder Scheinbestandteile noch Betriebsvorrichtungen noch sonstige Mietereinbauten sind, kann beim Mieter ein immaterielles Wirtschaftsgut entstehen. Das kommt insbesondere dann in Betracht, wenn kein Zusammenhang mit dem Betrieb des Mieters gegeben ist, sondern ein **Nutzungs- und Funktionszusammenhang mit dem Gebäude** besteht. Die Baumaßnahme führt dann, soweit nicht Erhaltungsaufwand vorliegt, zu einem immateriellen Wirtschaftsgut des Anlagevermögens.

Eine Aktivierung der Aufwendungen entfällt, weil zwar ein Vorteil entstanden, aber nicht entgeltlich erworben worden ist. Die Aufwendungen des Mieters bilden lediglich die Gegenleistung für die Materialien bzw. Handwerkerleistungen, nicht aber für ein von dritter Seite erworbenes Wirtschaftsgut.

Die Aufwendungen sind als Betriebsausgabe abzugsfähig. Handelsrechtlich besteht ein Aktivierungswahlrecht.

BEISPIEL: Der Mieter baut in ein Gebäude eine bisher noch nicht vorhandene Zentralheizung ein, um das Gebäude nutzbar zu machen.

Soweit aber eine bereits vorhandene veraltete Heizungsanlage ersetzt wird, liegen Erhaltungsaufwendungen vor.

787 Diese Grundsätze gelten auch für Maler-, Elektro- und Sanitärarbeiten in angemieteten Räumlichkeiten.

Werden die Baumaßnahmen des Mieters mit der Miete verrechnet, liegen keine Mietereinbauten im engeren Sinne vor. Hierbei handelt es sich um Vorausleistungen aufgrund des Mietverhältnisses. Diese Aufwendungen sind die Gegenleistung für die Gebrauchsüberlassung und mittels eines aktiven Rechnungsabgrenzungspostens auf die voraussichtliche Nutzungszeit zu verteilen. Das gilt unabhängig davon, ob es sich um Erhaltungs- oder Herstellungsaufwand handelt.

LITERATURHINWEIS

Gerke/Kirchner/Kühn/Steiner, Fallsammlung Bilanzsteuerrecht, 21. Aufl. 2026, Fall 39–42.

ABB. 41: Die bilanzsteuerrechtliche Behandlung von Gebäudeaufwendungen durch Vermieter (Eigentümer) und Mieter

Gebäudeaufwendungen können beim Vermieter (Eigentümer) oder Mieter zu sofort abzugsfähigem Erhaltungsaufwand oder zu aktivierungspflichtigem Herstellungsaufwand führen.

Vom Vermieter (Eigentümer) getragene Aufwendungen

↓

Aufwendungen können sein

Erhaltungsaufwand

Hierzu zählen grds. die Aufwendungen, die

1. die Wesensart des Grundstücks nicht verändern und
2. das Grundstück im ordnungsgemäßen Zustand erhalten sollen und
3. die regelmäßig in ungefähr gleicher Höhe wiederkehren.

Es liegen sofort abzugsfähige Betriebsausgaben vor (R 21.1 Abs. 1 EStR).

Ausnahme: Aufwendungen für Instandsetzungs- und Modernisierungsmaßnahmen, die innerhalb von drei Jahren nach der Anschaffung des Gebäudes durchgeführt werden, gehören zu den Herstellungskosten, wenn sie ohne Umsatzsteuer 15 % der Anschaffungskosten des Gebäudes übersteigen (§ 6 Abs. 1 Nr. 1a EStG; anschaffungsnahe Herstellungskosten).

Herstellungsaufwand

Herstellungsaufwand ist nach der Fertigstellung des Gebäudes anzunehmen, wenn Aufwendungen für die Erweiterung oder für die über den ursprünglichen Zustand hinausgehende wesentliche Verbesserung des Gebäudes entstehen (§ 255 Abs. 2 Satz 1 HGB; R 21.1 Abs. 2 Satz 1 EStR).

Die bilanzsteuerrechtliche Behandlung hängt davon ab, ob

der Umbau bzw. Einbau mit dem Gebäude im einheitlichen Nutzungszusammenhang steht

Es handelt sich hierbei um unselbständige Gebäudeteile, die einheitlich mit dem Gebäude abzuschreiben sind. Dazu zählen u. a.:

1. Fahrstuhl-,
2. Heizungs- und
3. Be- und Entlüftungsanlagen.

der Umbau bzw. Einbau mit dem Gebäude nicht im einheitlichen Nutzungs- bzw. Funktionszusammenhang steht

Hier liegen selbständige Wirtschaftsgüter vor, die auch gesondert vom Gebäude abzuschreiben sind. Dazu zählen u. a.:

1. Betriebsvorrichtungen,
2. Einbauten für vorübergehende Zwecke,
3. Ladeneinbauten sowie -umbauten und Schaufensteranlagen sowie
4. für Zwecke des Mieters eingefügte Anlagen (R 7.1 Abs. 4 EStR).

Vom Mieter getragene Aufwendungen

↓

Aufwendungen können sein

Erhaltungsaufwand
Behandlung wie beim Vermieter.

Herstellungsaufwand
Die bilanzsteuerliche Behandlung beim Mieter hängt davon ab, ob der Umbau bzw. Einbau anzusehen ist als

Scheinbestandteil

1. Ein Scheinbestandteil entsteht, wenn durch die Baumaßnahme des Mieters Sachen zu einem vorübergehenden Zweck in das Gebäude eingefügt werden (§ 95 BGB). Der Mieter ist rechtlicher und wirtschaftlicher Eigentümer des Scheinbestandteils.
2. Das ist nach ständiger Rechtsprechung anzunehmen, wenn
   a) die Nutzungsdauer der eingefügten Sachen länger als die voraussichtliche Mietdauer ist,
   b) die eingefügten Sachen auch nach ihrem Ausbau nicht nur einen Schrottwert, sondern noch einen beachtlichen Wiederverwendungswert repräsentieren und
   c) damit gerechnet werden kann, dass die eingebauten Sachen später wieder entfernt werden.
3. Die Scheinbestandteile stellen abnutzbare bewegliche Wirtschaftsgüter dar.
4. Das Wirtschaftsgut ist gesondert zu aktivieren und abzuschreiben.

Betriebsvorrichtung

1. Die Frage, ob durch die Aufwendungen des Mieters eine Betriebsvorrichtung des Mieters entsteht, ist nach den allgemeinen Grundsätzen zu entscheiden (R 7.1 Abs. 3 EStR).
2. Die Betriebsvorrichtung ist ein abnutzbares bewegliches Wirtschaftsgut, das gesondert zu aktivieren und abzuschreiben ist.

Sonstiges materielles Wirtschaftsgut

1. Aufwendungen, die weder ein Scheinbestandteil noch eine Betriebsvorrichtung werden, sind Aufwendungen für die Herstellung eines materiellen Wirtschaftsguts des Anlagevermögens, wenn
   a) entweder der Mieter wirtschaftlicher Eigentümer der von ihm geschaffenen Einbauten oder Umbauten ist oder
   b) die Einbauten oder Umbauten unmittelbar den besonderen betrieblichen oder beruflichen Zwecken des Mieters dienen und mit dem Gebäude nicht in einem einheitlichen Nutzungs- und Funktionszusammenhang stehen (Nutzungsvorteil).
2. Es handelt sich um ein unbewegliches Wirtschaftsgut, das gesondert zu aktivieren und abzuschreiben ist. AfA gem. § 7 Abs. 4–5a i. V. mit Abs. 5b EStG.

Immaterielles Wirtschaftsgut

1. Durch Aufwendungen für Einbauten oder Umbauten, die weder Scheinbestandteile noch Betriebsvorrichtungen noch sonstige materielle Wirtschaftsgüter sind, entsteht beim Mieter ein immaterielles Wirtschaftsgut.
2. Für diese Wirtschaftsgüter darf kein Aktivposten in der Bilanz ausgewiesen werden (§ 5 Abs. 2 EStG).
3. Es liegen damit sofort abzugsfähige Betriebsausgaben vor.

5.6.13 Bauwerke auf fremdem Grund und Boden

5.6.13.1 Allgemeines

788 Errichtet ein Gewerbetreibender auf fremdem Grund und Boden ein seinem Betrieb dienendes Gebäude oder einen Gebäudeteil, dann ergibt sich eine Aktivierungspflicht aus dem gesetzlichen Gliederungsschema der Bilanz gem. § 266 Abs. 2 A II Nr. 1–4 HGB. Danach werden in wirtschaftlicher Betrachtung bestimmte Vermögensteile den Sachanlagen als materielle Wirtschaftsgüter zugeordnet. Nach dem Maßgeblichkeitsgrundsatz ist damit auch steuerrechtlich eine Aktivierung geboten (§ 5 Abs. 1 EStG). Eine Aktivierung der aufgewendeten Herstellungskosten erfolgt dann

- als Gebäude, soweit bürgerlich-rechtliches und wirtschaftliches Eigentum vorliegt,
- als Gebäude, soweit nur wirtschaftliches Eigentum vorliegt,
- als materielles Wirtschaftsgut, wenn kein wirtschaftliches Eigentum vorliegt, das Bauwerk jedoch in einem Nutzungs- und Funktionszusammenhang mit dem Gewerbebetrieb des Mieters oder Pächters steht.

5.6.13.2 Der Mieter oder Pächter ist rechtlicher und/oder wirtschaftlicher Eigentümer des Bauwerks

789 Die Bauwerke gehören zu den wesentlichen Bestandteilen des Grundstücks (§ 94 Abs. 1 BGB). Werden Sachen nur zu einem vorübergehenden Zweck mit dem Grund und Boden verbunden, handelt es sich um sog. „Scheinbestandteile" (§ 95 BGB). Ein solcher Scheinbestandteil liegt vor, wenn bei der Errichtung des Bauwerks vereinbart wird, dass nach Ablauf des Miet- oder Pachtvertrags die vom Mieter oder Pächter errichteten Bauwerke wieder abgerissen werden müssen. Auch wenn keine konkreten Vereinbarungen getroffen wurden, liegen Scheinbestandteile vor, weil der Mieter gem. § 546 Abs. 1 BGB verpflichtet ist, die gemietete Sache nach Beendigung des Vertragsverhältnisses zurückzugeben, wobei davon auszugehen ist, dass errichtete Bauwerke grds. vom Mieter wieder beseitigt werden müssen. Ein Scheinbestandteil ist dagegen nicht gegeben, wenn der Grundstückseigentümer das Bauwerk nach Ablauf des Mietvertrags entgeltlich oder unentgeltlich übernehmen soll. Das gilt auch, wenn ihm die Übernahme ausdrücklich freigestellt ist.

Von wirtschaftlichem Eigentum ist auszugehen, wenn die Nutzungsdauer des Gebäudes kürzer ist als die voraussichtliche Mietdauer bzw. bei Vertragsablauf Anspruch auf eine Entschädigung i. H. des Zeitwerts entsteht. Für die Annahme wirtschaftlichen Eigentums genügt es bereits, wenn Ansprüche i. S. der §§ 951 und 812 BGB bestehen.

Weiterhin liegt wirtschaftliches Eigentum vor, wenn der Herausgabeanspruch des zivilrechtlichen Eigentümers wertlos ist. Das ist der Fall, wenn der wirtschaftliche Eigentümer das Gebäude nach Ablauf der Nutzungszeit entfernen darf oder wenn das Gebäude wirtschaftlich verbraucht ist.

Die Herstellungskosten kann der Steuerpflichtige abschreiben, wenn er

- die Herstellungskosten aus betrieblichen Gründen getragen hat und
- das Bauwerk für eigene betriebliche Zwecke nutzen darf.

5.6.13.3 Aufwand des Unternehmer-Ehegatten für die Errichtung eines betrieblich genutzten Gebäudes auf einem den Ehegatten gemeinsam gehörenden Grundstück

Einschlägig sind hier die vom BFH in seinem Urteil v. 9.3.2016 - X R 46/14, BStBl 2016 II S. 976, aufgestellten Grundsätze. 790

Diese Grundsätze sollen anhand des folgenden Beispielfalls erläutert werden:

BEISPIEL: Der Ehemann (E) ist Gewerbetreibender und errichtet auf einem Grundstück, das zur Hälfte im Miteigentum seiner Ehefrau (F) steht, eine Lagerhalle. Sie dient zu 100 % eigenbetrieblichen Zwecken von E. Besondere Vereinbarungen wurden nicht getroffen.

Der Unternehmer-Ehegatte erwirbt kein wirtschaftliches Eigentum – weder am Grund und Boden (dies war auch vor Ergehen des Urteils unstreitig) noch am Gebäude – soweit der Nichtunternehmer-Ehegatte zivilrechtlicher Eigentümer ist. Dies ist insbesondere dann gegeben, wenn keine besonderen Vereinbarungen getroffen wurden, nach deren Inhalt der Unternehmer-Ehegatte die tatsächliche Herrschaft über das Gebäude in der Weise ausüben darf, dass er den Eigentümer-Ehegatten im Regelfall für die gewöhnliche Nutzungsdauer des Gebäudes von der Einwirkung auf das Gebäude wirtschaftlich ausschließen kann. Daher kommt es auch hinsichtlich des Gebäudes nicht zu einem Auseinanderfallen von zivilrechtlichem und wirtschaftlichem Eigentum.

E hat mit der Errichtung der Lagerhalle Aufwendungen getätigt, die zu 50 % Herstel- 791
lungskosten für den Gebäudeteil darstellen, der E zivilrechtlich zuzurechnen ist. Für die restlichen 50 % der Aufwendungen hat E einen Bilanzposten zu bilden, der nur der typisierten Verteilung seines betrieblich bedingten Aufwands dient. Er ist jedoch nicht einem Wirtschaftsgut gleichzustellen. Wertsteigerungen, die bei dem im Privatvermögen des Nichtunternehmer-Ehegatten befindlichen Wirtschaftsguts eingetreten sind, können dem Unternehmer daher mittels dieses Aufwandsverteilungspostens nicht zugerechnet werden (BFH, Urteil v. 19.12.2012 - IV R 29/09, BStBl 2013 II S. 387, Rz. 29).

Wenn dieser Aufwandverteilungsposten nicht Sitz solcher stillen Reserven sein kann, die auf Wertsteigerungen beruhen, dann kann auch umgekehrt der Unternehmer-Ehegatte keine stillen Reserven in dieser Bilanzposition bilden. Folgerichtig können stille Reserven **nicht** i. S. des § 6b EStG auf diese Bilanzposition übertragen werden (vgl. BFH, Urteil v. 19.12.2012 - IV R 29/09, a. a. O., Rz. 29).

Daraus folgt weiter, dass die Inanspruchnahme aller anderen Steuersubventionen, die 791a
der Gesetzgeber nur für Wirtschaftsgüter des Betriebsvermögens, nicht aber für Wirtschaftsgüter des Privatvermögens vorgesehen hat, ausgeschlossen ist, nämlich sämtliche Abschreibungen und Sonderabschreibungen, die nur für Wirtschaftsgüter des Betriebsvermögens gewährt werden, wie z. B. § 7 Abs. 4 Satz 1 Nr. 1 EStG und Sonderabschreibungen i. S. des FördG. Diese Vorschriften können für die typisierte Verteilung des Aufwandsverteilungspostens nicht in Anspruch genommen werden.

Demgegenüber können Subventionsvorschriften, die der Gesetzgeber unterschiedslos auf Gebäude des Betriebsvermögens und des Privatvermögens gewährt, auch für Zwecke der typisierten Verteilung des Aufwandsverteilungspostens beim Unternehmer-Ehegatten in Anspruch genommen werden.

792 **BEISPIEL:** Fortführung des Beispiels unter Rz. 790: Die Eheleute veräußern den Grund und Boden nebst Lagerhalle.

Soweit das Grundstück dem Unternehmer-Ehegatten zuzurechnen ist, sind die stillen Reserven beim Verkauf aufzudecken. Der Aufwandsverteilungsposten ist erfolgsneutral aufzulösen.

Soweit das Grundstück dem Nichtunternehmer-Ehegatten zuzurechnen ist, fällt dieser Vorgang unter § 23 Abs. 1 Satz 1 Nr. 1 EStG.

Wird das Grundstück einschließlich der Lagerhalle unentgeltlich im Rahmen einer Betriebsübergabe auf den Erwerber übertragen, ergibt sich Folgendes:

- Hinsichtlich der zuvor dem E zuzurechnenden Miteigentumsanteile am Grund und Boden und der Lagerhalle führt der Erwerber die Buchwerte gem. § 6 Abs. 3 EStG fort. Bei E entsteht kein Veräußerungsgewinn. Der von E gebildete Aufwandsverteilungsposten ist von E erfolgsneutral aufzulösen.
- Die zuvor der F zuzurechnenden Miteigentumsanteile am Grund und Boden und der Lagerhalle hat der Erwerber unentgeltlich erworben und i. d. R. (wenn das Wirtschaftsgut vor mehr als drei Jahren angeschafft wurde) mit dem Teilwert einzulegen (§ 6 Abs. 1 Nr. 7 EStG).
- Bei F ist wieder zu prüfen, ob sie mit der Übertragung den Realisationstatbestand des § 23 EStG verwirklicht.

LITERATURHINWEIS

Gerke/Kirchner/Kühn/Steiner, Fallsammlung Bilanzsteuerrecht, 21. Aufl. 2026, Fall 37.

5.6.14 Drittaufwand – Eigenaufwand

5.6.14.1 Drittaufwand

793 Trägt ein Dritter Kosten, die durch die Einkünfteerzielung des Steuerpflichtigen veranlasst sind, können sie als sog. „Drittaufwand" nicht Betriebsausgaben des Steuerpflichtigen sein. Bei Anschaffungs- oder Herstellungskosten liegt Drittaufwand vor, wenn ein Dritter sie trägt und das angeschaffte oder hergestellte Wirtschaftsgut vom Steuerpflichtigen zur Erzielung von Einkünften genutzt wird.

794 Aufwendungen eines Dritten können allerdings im Falle der sog. „Abkürzung des Zahlungswegs" als Aufwendungen des Steuerpflichtigen zu werten sein. „Abkürzung des Zahlungswegs" bedeutet die Zuwendung eines Geldbetrags an den Steuerpflichtigen in der Weise, dass der Zuwendende im Einvernehmen mit dem Steuerpflichtigen dessen Schuld tilgt, statt ihm den Geldbetrag unmittelbar zu geben, wenn also der Dritte für Rechnung des Steuerpflichtigen an dessen Gläubiger leistet (BFH, Beschluss v. 23.8.1999 - GrS 2/97, BStBl 1999 II S. 782; BFH, Urteil v. 15.7.2014 - X R 24/12, BStBl 2015 II S. 132).

Hinsichtlich des abziehbaren Aufwands bei abgekürztem Vertragsweg siehe BFH, Urteil v. 15.1.2008 - IX R 45/07, BStBl 2008 II S. 572, und BMF, Schreiben v. 7.7.2008, BStBl 2008 I S. 717.

Bei Ehegatten wird dabei keine Zuwendung zugunsten des einkünfteerzielenden Miteigentümers unterstellt.

BEISPIEL: Die Ehefrau (F) ist Eigentümerin eines bebauten Grundstücks und überlässt ihrem Ehemann (E) unentgeltlich Räumlichkeiten zur betrieblichen Nutzung. E hat die laufenden Erhaltungsaufwendungen zu tragen. Er beauftragt einen Malermeister, einen Raum zu streichen. Die Rechnung wird von F bezahlt.

Es liegt ein abgekürzter Zahlungsweg vor, mit der Folge, dass E den Betrag als Betriebsausgabe abziehen kann.

Bei Kreditverbindlichkeiten und anderen Dauerschuldverhältnissen kommt eine Berücksichtigung der Zahlung unter dem Gesichtspunkt der Abkürzung des Vertragswegs nicht in Betracht (BMF, Schreiben v. 7.7.2008, a. a. O.).

BEISPIEL: Wie oben: F hat den Erwerb des Grundstücks mit Krediten allein finanziert und zahlt regelmäßig die anfallenden Zinsen und Kreditkosten.

Hier liegt Drittaufwand vor, mit der Folge, dass E keinen betrieblichen Aufwand geltend machen kann.

5.6.14.2 Eigenaufwand für ein fremdes Wirtschaftsgut

Trägt ein Steuerpflichtiger mit Zustimmung des Dritten aus betrieblichem Anlass die Anschaffungs- oder Herstellungskosten für ein Gebäude, das im Alleineigentum oder Miteigentum eines Dritten steht, oder darf er den Miteigentumsanteil des Dritten unentgeltlich nutzen, ist der Steuerpflichtige wirtschaftlicher Eigentümer des Gebäudes, wenn ihm gegenüber dem Dritten ein Anspruch auf Entschädigung aus einer vertraglichen Vereinbarung oder gesetzlich bei Beendigung der Nutzung (§§ 951 und 812 BGB) zusteht. 795

Dem Hersteller eines Gebäudes auf fremdem Grund und Boden steht i. d. R. ein solcher Ersatzanspruch zu, wenn er die Baulichkeit aufgrund eines Nutzungsrechts im eigenen Interesse und ohne Zuwendungsabsicht errichtet hat.

Ist der Steuerpflichtige nicht wirtschaftlicher Eigentümer, weil er keinen Aufwendungsersatzanspruch hat und hat er die Anschaffungs- oder Herstellungskosten für ein im Miteigentum stehendes Wirtschaftsgut getragen und darf er das Wirtschaftsgut für seine betrieblichen Zwecke nutzen, kann er diese Anschaffungs- oder Herstellungskosten als eigenen Aufwand durch AfA als Betriebsausgaben abziehen. 796

BEISPIEL 1: Die Ehegatten (E + F) sind jeweils zur Hälfte Eigentümer eines bebauten Grundstücks. Die Herstellungskosten i. H. von 500.000 € haben beide gemeinsam getragen. Vom Gesamtbetrag entfallen 100.000 € auf von E eigenbetrieblich genutzte Räume, die er unentgeltlich und ohne weitere vertragliche Vereinbarungen nutzt.

E hat seinen Beitrag zur Finanzierung vollständig für die von ihm genutzten Räume aufgewendet. Er bilanziert deshalb seinen Anteil sowie den auf seine betriebliche Nutzung entfallenden Anteil von F und schreibt den Gesamtwert nach den Vorschriften über die Gebäude-AfA ab.

BEISPIEL 2: Die Ehegatten (E + F) haben auf einem ihnen gemeinsam gehörenden Grundstück ein Gebäude errichtet, das wie folgt genutzt wird:

- 60 % für den gewerblichen Betrieb des E und
- 40 % für Wohnzwecke der Eheleute.

E und F haben die Herstellungskosten i. H. von 1 Mio. € je zur Hälfte aufgebracht.

Der Miteigentumsanteil von E beinhaltet die Wirtschaftsgüter eigenbetrieblich genutzt (30 %) und eigenen Wohnzwecken dienend (20 %). E bilanziert 30 % eigener Anteil + 30 % Miteigentumsanteil von F, zusammen also 60 % = 600.000 €. Er hat aber nur 500.000 € aus eigenen Mitteln aufgewendet. Folglich kann er auch nur in dieser Höhe die Gebäude-AfA beanspruchen. Die weiteren 100.000 € sind echte Drittaufwendungen von F für E, die für E weder bilanzierungsfähig noch in irgendeiner Form bei ihm als Betriebsausgaben zu berücksichtigen sind.

797 Beteiligt sich ein Steuerpflichtiger (Ehegatte) finanziell an den Anschaffungs- oder Herstellungskosten eines Hauses, das dem anderen Ehegatten gehört, und nutzt er dieses Gebäude zur Einkünfteerzielung, kann er die auf diese Räume entfallenden eigenen Aufwendungen grds. als Betriebsausgaben abziehen. Die AfA ist nach Gebäudegrundsätzen zu berücksichtigen. Die Bemessungsgrundlage sind die auf diese Gebäudeteile entfallenden Herstellungskosten, soweit sie der Kostenbeteiligung des Steuerpflichtigen entsprechen (BFH, Beschluss v. 23.8.1999 - GrS 1/97, BStBl 1999 II S. 778; H 4.7 Drittaufwand EStH).

Der Steuerpflichtige trägt die Herstellungskosten für ein fremdes, aber zu betrieblichen Zwecken genutztes Gebäude auch dann im eigenen betrieblichen Interesse, wenn er als Gegenleistung für die Nutzungsbefugnis des Grundstücks auf einen Ersatzanspruch verzichtet (BFH, Urteil v. 25.2.2010 - IV R 2/07, BStBl 2010 II S. 670).

Die Übertragung einer gebildeten Rücklage gem. § 6b EStG auf Eigenaufwand, den der Steuerpflichtige im betrieblichen Interesse für ein im Miteigentum oder im fremden Eigentum stehendes Gebäude geleistet hat, ist nicht zulässig, weil die Behandlung „wie ein materielles Wirtschaftsgut" sich auf die AfA-Vorschriften beschränkt (BFH, Urteil v. 19.12.2012 - IV R 29/09, BStBl 2013 II S. 387).

LITERATURHINWEIS

Bilke/Heining, Fallsammlung Buchführung, Bilanzen, Berichtigungstechnik, 12. Aufl. 2021, Teil B II, Fallgruppe 6 und 7.

5.6.15 Nutzungsrechte an Gebäuden und Grundstücken

798 Hierbei wird dem Gewerbetreibenden, der nicht Eigentümer des Grundstücks ist, unentgeltlich aus privaten Gründen eine Nutzungsmöglichkeit an einem Grundstück (Gebäude) eingeräumt. In diesem Fall liegt kein Erwerb eines materiellen oder immateriellen Wirtschaftsguts vor.

BEISPIEL: Der Ehemann nutzt das seiner Ehefrau gehörende und von ihr allein finanzierte Grundstück ganz oder teilweise unentgeltlich für eigengewerbliche Zwecke.

Auch wenn dem Ehemann eine sich aus § 1353 BGB ergebende gesicherte Rechtsposition eingeräumt worden sein sollte, stellt die unentgeltlich erlangte Möglichkeit, betriebliche Nutzungen an einem Gegenstand zu ziehen, kein einlagefähiges Wirtschaftsgut dar, mit der Folge, dass die AfA nicht vorgenommen werden kann. Die mit der betrieblichen Nutzung des Grundstücks zusammenhängenden eigenen Aufwendungen des Nutzungsberechtigten sind Betriebsausgaben. Ein Abzug von Drittaufwendungen ist ausgeschlossen (siehe Rz. 793).

BEISPIEL: Die Ehefrau ist Eigentümerin eines bebauten Grundstücks, das sie ihrem Ehemann unentgeltlich für gewerbliche Zwecke langfristig überlassen hat.

Der Ehemann hat eine gesicherte Rechtsposition hinsichtlich der Nutzung des bebauten Grundstücks (§ 1353 BGB). Ein einlagefähiges Wirtschaftsgut (= Nutzungsrecht) ergibt sich aber nicht. Die Ehefrau kann mangels eigener Einnahmen die Gebäude-AfA nicht als Werbungskosten abziehen. Der Ehemann hat die Herstellungskosten des Gebäudes nicht getragen. Folglich ergeben sich für ihn auch keine im Wege der AfA verteilungsfähigen Aufwendungen.

Soweit ein Nutzungsrecht entgeltlich eingeräumt wird, z. B. durch Zahlung einer angemessenen Miete an den Ehegatten, ergibt sich ebenfalls keine Bilanzierungsfähigkeit des Nutzungsrechts, weil sich die aus dem Mietverhältnis ergebenden Ansprüche und Verpflichtungen gegenseitig ausgleichen.

Erwirbt ein Steuerpflichtiger ein mit einem dinglichen Nutzungsrecht belastetes Grundstück, führt er seinem Betriebsvermögen ein um dieses Nutzungsrecht eingeschränktes Eigentum an diesem Grundstück zu. Dingliche Belastungen begründen keine Verbindlichkeiten, deren Übernahme zu Anschaffungskosten des Grundstücks führen. Die Befugnisse des Erwerbers als Eigentümer i. S. des § 903 BGB, das Grundstück unbeschränkt zu nutzen und andere von jeder Einwirkung auszuschließen, sind von vornherein begrenzt. Lediglich dieses beschränkte Eigentum ist daher Gegenstand der Bilanzierung und Bewertung. Im bilanziellen Ausweis nur dieses beschränkten Eigentums kann daher auch kein Verstoß gegen das Saldierungsverbot des § 246 Abs. 2 HGB erblickt werden (BFH, Urteil v. 17.11.2004 - I R 96/02, BStBl 2008 II S. 296).

TAB. 2: Nutzungsrechte

Art des Nutzungsrechts	Obligatorische Nutzungsrechte	Beschränkt dingliche Nutzungsrechte	Nutzungsvorteile
Definition des Nutzungsrechts	Nutzungsrechte sind alle gesicherten Rechtspositionen, eine Sache oder ein Recht zu nutzen, die gegen den Willen des Nutzenden nicht entzogen werden können.		

Art des Nutzungsrechts	Obligatorische Nutzungsrechte	Beschränkt dingliche Nutzungsrechte	Nutzungsvorteile
Inhalt des Nutzungsrechts	Das Recht zur Nutzung eines Gegenstands ergibt sich aus einem Schuldverhältnis, z. B. Miete oder Pacht.	Die Herrschaftsmacht des Nutzenden ist hier – im Gegensatz zum Eigentum – nur in bestimmten Beziehungen gegeben. Auch nur insoweit wird der Einfluss des rechtlichen Eigentümers ausgeschlossen.	Der Nutzende erwirbt hier lediglich bestimmte Nutzungsvorteile, das Eigentum an den geschaffenen Wirtschaftsgütern steht einem anderen zu (= schuldrechtlicher Verwendungsersatzanspruch).
Bilanzierung des Nutzungsrechts	Die Nutzungsrechte stellen immaterielle Wirtschaftsgüter dar, die nicht bilanziert werden dürfen, weil ► sie entweder unentgeltlich erworben wurden bzw. ► bei Entgeltlichkeit ein schwebendes Geschäft vorliegt.		Entstehung eines materiellen Wirtschaftsguts (Gebäude auf fremdem Grund und Boden), mit der Folge der Bilanzierung, soweit es mit eigenen Mitteln errichtet wurde.

5.6.16 Nießbrauchsbestellung an Grundstücken

5.6.16.1 Zuwendungsnießbrauch

799 Hier bestellt der Grundstückseigentümer zugunsten des betrieblich Nutzenden ein Nießbrauchsrecht an dem betreffenden Grundstück. Soweit es entgeltlich eingeräumt wird, ist das Nutzungsrecht als entgeltlich erworbenes, immaterielles Wirtschaftsgut mit den Anschaffungskosten zu bilanzieren und entsprechend abzuschreiben.

Wird der Zuwendungsnießbrauch dagegen unentgeltlich eingeräumt, gilt die Regelung wie unter Tz. 5.6.15 dargestellt (siehe Rz. 798). Das eingeräumte Nutzungsrecht stellt kein einlagefähiges und damit bilanzierungsfähiges Wirtschaftsgut dar. Da das Grundstück dem Nießbraucher nicht gehört, steht ihm auch keine AfA zu. Lediglich die eigenen Aufwendungen können als Betriebsausgaben abgezogen werden.

BEISPIEL: A (Vater) erzielt aus seinem bebauten Grundstück bisher Einkünfte aus Vermietung und Verpachtung. Durch Einigung und Eintragung im Grundbuch (§ 873 BGB) bestellt er seinem Sohn B unentgeltlich den lebenslänglichen Nießbrauch an diesem Grundstück, das B für eigenbetriebliche Zwecke nutzt. Laut Vertrag hat B sämtliche Grundstücksaufwendungen zu tragen.

Das Nießbrauchsrecht gewährt B eine rechtlich gesicherte Position, die ihm gegen seinen Willen nicht entzogen werden kann. Das Nutzungsrecht ist kein einlagefähiges Wirtschaftsgut, weil B dafür keine Aufwendungen entstanden sind.

B hat gewerbliche Einkünfte, aber die Gebäude-AfA steht ihm nicht zu, weil sie für ihn keinen Aufwand darstellt, da die Herstellungskosten des Gebäudes ursprünglich A getragen hat. Dieser kann die AfA aber ebenfalls nicht geltend machen, weil er aus dem Grundstück keine Einnahmen mehr erzielt.

Die laufenden sonstigen Grundstücksaufwendungen, die B aufwenden muss, stellen bei ihm Eigenaufwand dar, der durch den Betrieb veranlasst ist.

Wird an einem Grundstück des Betriebsvermögens ein Nießbrauchsrecht bestellt, kann 800 das Grundstück notwendiges Betriebsvermögen bleiben, soweit betriebliche Gründe zur Nießbrauchsbestellung geführt haben. Es kommt darauf an, ob das Grundstück nach Wegfall des Nutzungsrechts weiterhin voraussichtlich dem Betrieb dienen soll. Nach der Rechtsprechung des BFH stellt eine Abstandszahlung an den vorzeitig das Grundstück räumenden Pächter Anschaffungskosten für ein selbständig bewertbares immaterielles Wirtschaftsgut (vorzeitige Nutzungsmöglichkeit) dar, das auf die Zeit zwischen Ablösung und vereinbarter vertraglicher Beendigung abzuschreiben ist (BFH, Urteil v. 2.3.1970 - GrS 1/69, BStBl 1970 II S. 382).

5.6.16.2 Vorbehaltsnießbrauch

„Vorbehaltsnießbrauch" liegt vor, wenn das Eigentum an einem Grundstück übertra- 801 gen wird und dabei gleichzeitig zugunsten des bisherigen Eigentümers ein Nießbrauchsrecht bestellt wird. Das Grundstück wird aufgrund des Nießbrauchs weiter betrieblich genutzt.

Der Vorbehaltsnießbraucher ist i. d. R. kein wirtschaftlicher Eigentümer (siehe auch Rz. 639). Das Grundstück befindet sich im Fremdeigentum. Deshalb darf es der Nießbraucher grds. nicht bilanzieren. Aufwendungen, die mit dem betrieblich genutzten Grundstück zusammenhängen, stellen aber auch für den Nießbraucher Betriebsausgaben dar. Hierzu gehört auch die Gebäude-AfA. Die Aufwendungen sind durch Einlagen gewinnmindernd zu erfassen.

Die Schenkung eines Betriebsgrundstücks aus privaten Gründen setzt dessen Entnahme voraus.

Das mit dem Nießbrauch belastete Grundstück ist deshalb mit dem Teilwert zu entnehmen. Der Wert des Nießbrauchs darf dabei nicht vom Teilwert des Grundstücks abgezogen werden.

Die Einräumung des Nießbrauchsrechts führt nicht zu einer Einlage. Die betriebliche Veranlassung der Aufwendungen bleibt auch nach der Aufgabe des Eigentums mit der Folge gewahrt, dass der Nießbraucher weiterhin die AfA für das Gebäude beanspruchen kann. Diese wird nach dem Entnahmewert (= Teilwert) bemessen.

BEISPIEL: Der Gewerbetreibende (Vater) schenkt seinem Sohn rechtswirksam ein Betriebsgrundstück unter Vorbehalt des lebenslänglichen Nießbrauchs.

Es haben betragen:

	Grund und Boden	Gebäude
Teilwert	200.000 €	500.000 €
Buchwert	150.000 €	400.000 €

Das Grundstück ist mit dem Teilwert = 700.000 € zu entnehmen. Somit ergibt sich ein betrieblicher Ertrag i. H. von 150.000 €.

Die jährliche AfA richtet sich nach dem Entnahmewert (hier 2 % von 500.000 € = 10.000 €).

Buchung:

AfA	10.000 €	an	Einlagen	10.000 €

802 Im Falle einer entgeltlichen Veräußerung eines Grundstücks gehört die Bestellung des Vorbehaltsnießbrauchs nicht zur Gegenleistung des Grundstückserwerbers und damit zu den Anschaffungskosten des Grundstücks (siehe auch BMF, Schreiben v. 30.9.2013, BStBl 2013 I S. 1184).

LITERATURHINWEIS

Gerke/Kirchner/Kühn/Steiner, Fallsammlung Bilanzsteuerrecht, 21. Aufl. 2026, Fall 139 und 140.

FRAGEN

		Rz.
1.	Grund und Boden, aufstehende Gebäude und sonstige Anlagen stellen zivilrechtlich eine Einheit dar. Wie ist ein bebautes Grundstück in der Handels- und Steuerbilanz anzusetzen?	738 ff.
2.	Wie sind bei einer betrieblichen Nutzung des Grundstücks Anlagen und Einrichtungen, die im Nutzungs- und Funktionszusammenhang mit dem gewerblichen Betrieb stehen, zu behandeln?	744
3.	Wie kann ein bebautes Grundstück gleichzeitig genutzt werde?	745
4.	Wozu können die einzelnen Grundstücksteile gehören und was ist mit dem Grund und Boden?	745
5.	Muss ein unterschiedlich genutztes Grundstück immer einheitlich abgeschrieben werden?	747
6.	Muss der eigenbetrieblich genutzte Grundstücksteil immer bilanziert werden?	748
7.	Unter welchen Voraussetzungen kann ein Grundstück bzw. ein Grundstücksteil als gewillkürtes Betriebsvermögen behandelt werden?	751
8.	Kann der zu eigenen Wohnzwecken dienende Grundstücksteil bilanziert werden, wenn der restliche Grundstücksteil zulässigerweise bilanziert wird?	753
9.	Muss bei Grundstücksteilen, die unterschiedlich genutzt, aber gewillkürtes Betriebsvermögen sein könnten, immer einheitlich entschieden werden, ob sie bilanziert werden sollen?	754
10.	Kann es durch Nutzungsänderung bei einem Grundstück immer zwingend zu einer Entnahme oder Einlage kommen?	757
11.	Was ist buchmäßig zu veranlassen, wenn ein bisher eigenbetrieblich genutzter Grundstücksteil zu fremden Wohnzwecken vermietet wird?	758
12.	Ein zum Gesamthandsvermögen einer OHG gehörendes Grundstück wird einem Gesellschafter gegen eine angemessene Miete zu Wohnzwecken überlassen. Was ist zu veranlassen?	759 f.

		Rz.
13.	Ein Grundstück, was nur einem Gesellschafter gehört, wird der OHG zu betrieblichen Zwecken überlassen. Wozu gehört es bilanzsteuerlich?	761
14.	Wie ist zu verfahren, wenn das der OHG überlassene Grundstück einer Gesamthandsgemeinschaft gehört, an der neben den Gesellschaftern der OHG auch Nichtgesellschafter beteiligt sind?	766
15.	Was stellen Betriebsvorrichtungen dar?	769
16.	Wie werden Einbauten des Grundstückseigentümers für vorübergehende Zwecke bezeichnet und wie werden sie bilanziell behandelt?	773 f.
17.	Werden unselbständige Gebäudeteile immer als Teil eines Gebäudes angesehen oder gibt es Ausnahmen?	775 f.
18.	Was können Gebäudeaufwendungen bei einem Mieter sein und wie sieht die steuerliche Regelung dafür aus?	779 f.
19.	Wenn Baumaßnahmen des Mieters weder zu Scheinbestandteilen noch zu Betriebsvorrichtungen führen, was könnte dann noch bilanziell gegeben sein?	782 ff.
20.	Können durch Umbaumaßnahmen des Mieters immaterielle Wirtschaftsgüter entstehen und wie wären sie steuerlich zu beurteilen?	786
21.	Wozu führen Aufwendungen eines Unternehmers für die Errichtung eines Gebäudes auf fremdem Grund und Boden?	788
22.	Wie ist die steuerliche Behandlung des vom Mieter errichteten Gebäudes, das seinem Gewerbebetrieb dient?	789
23.	Wie ist zum Zeitpunkt der Beendigung der betrieblichen Nutzung von den Beteiligten zu verfahren?	792
24.	Was sind sog. „Drittaufwendungen" und wie werden sie steuerlich behandelt?	793
25.	Zu einer Abkürzung des Zahlungswegs kann es unter welchen Voraussetzungen kommen?	794
26.	Wenn ein Unternehmer aus eigenem betrieblichen Anlass die Anschaffungs- oder Herstellungskosten eines Gebäudes trägt, das im Eigentum eines Dritten steht, wie kann er dann bei unentgeltlicher Nutzung des Gebäudes seine Aufwendungen steuerlich behandeln?	795–797
27.	Wie ist zu verfahren, wenn einem Gewerbetreibenden eine Nutzungsmöglichkeit an einem ihm nicht gehörenden Grundstück eingeräumt wird?	798
28.	Welche Rechtsfolgen treten beim Zuwendungsnießbrauch ein?	799
29.	Bleibt ein Grundstück Betriebsvermögen, wenn daran ein Nießbrauchsrecht bestellt worden ist?	800
30.	Wann liegt ein Vorbehaltsnießbrauch vor und welche steuerlichen Folgen treten ein?	801

Kapitel 6: Bewertung nach Handels- und Steuerrecht

6.1 Allgemeines

803 Eine zutreffende Gewinnermittlung erfordert eine entsprechende Bewertung aller dem Betrieb dienenden Wirtschaftsgüter.

Dabei bedeutet „Bewertung" **die Umrechnung der nicht in Geld bestehenden Wirtschaftsgüter in einen Geldeswert.**

Die steuerrechtlichen Bewertungsvorschriften decken sich wegen der unterschiedlichen Zielsetzung nicht immer mit den handelsrechtlichen Grundsätzen. Deshalb beinhaltet § 5 Abs. 6 EStG einen Bewertungsvorbehalt.

Dieser Bewertungsvorbehalt gilt bei der Bewertung (§§ 6 ff. EStG), bei der AfA (§ 7 EStG) und bei Entnahmen und Einlagen (§ 6 Abs. 1 Nr. 4 und 5 i. V. mit § 4 Abs. 1 EStG).

Damit wurde der Grundsatz der Maßgeblichkeit der Handelsbilanz für die Steuerbilanz insoweit aufgehoben.

Zu den sich daraus ergebenden Folgen siehe die ausführliche Darstellung unter Rz. 654 ff.

§ 5 Abs. 1 Satz 1 Halbsatz 2 EStG lässt zu, dass im Rahmen der Ausübung eines steuerlichen Wahlrechts ein (vom Handelsbilanzansatz abweichender) anderer Ansatz gewählt wird. Voraussetzung für die Ausübung steuerlicher Wahlrechte ist jedoch, dass die Wirtschaftsgüter, die nicht mit dem handelsrechtlich maßgeblichen Wert in der steuerlichen Gewinnermittlung (der Steuerbilanz) ausgewiesen werden, in besondere laufend zu führende Verzeichnisse aufgenommen werden (§ 5 Abs. 1 Satz 2 EStG).

6.2 Zeitpunkt der Bewertung

804 Bilanzierung und Bewertung richten sich nach den **Verhältnissen zum Abschlusszeitpunkt.** Das ist der Schluss des Geschäftsjahres (§ 240 Abs. 2 und § 242 Abs. 1 HGB) bzw. der Schluss des Wirtschaftsjahres (§ 4 Abs. 1 und § 4a EStG). Die zu diesem Zeitpunkt vorhandenen Wirtschaftsgüter des Betriebsvermögens sind nach den Verhältnissen dieses Stichtags zu bilanzieren und zu bewerten.

Dabei sind alle Umstände, die am **Stichtag objektiv bestanden** haben, zu berücksichtigen. Vorgänge, die sich erst nach dem Stichtag ereigneten, die also noch nicht gegeben waren und auch nicht erwartet werden konnten, scheiden für die Bewertung aus (Wertbeeinflussung). Bei bestimmten Bilanzposten muss aber aufgrund von Unsicherheiten mit Schätzungen gearbeitet werden, z. B. bei der Bildung von Wertberichtigungen und Rückstellungen. Hier ist zu beachten, dass der Kaufmann alle Umstände berücksichtigen muss, die für die Verhältnisse am Stichtag von Bedeutung sind. Daraus folgt, dass wertaufhellende Umstände auch dann berücksichtigt werden, wenn die Wertaufhellung erst nach dem Stichtag eingetreten, aber spätestens bis zum Zeitpunkt der Bilanzaufstellung bekannt geworden ist (siehe hierzu ausführlich unter Rz. 616 ff.).

6.3 Bewertungsverfahren

6.3.1 Grundsatz der Einzelbewertung

Für die Handelsbilanz gilt der **Grundsatz der Einzelbewertung.** Gemäß § 252 Abs. 1 Nr. 3 HGB sind die Vermögensgegenstände und Schulden zum Abschlussstichtag einzeln zu bewerten. So soll verhindert werden, dass durch eine Zusammenfassung von Wirtschaftsgütern Wertminderungen mit Werterhöhungen verrechnet werden können. Das entspricht auch dem **Vorsichtsprinzip** bei der Bewertung der Wirtschaftsgüter. 805

Nach den Bewertungsvorschriften des Steuerrechts ist ebenfalls eine **Einzelbewertung** der vorhandenen Vermögenswerte grds. durchzuführen. Das geht aus dem Wortlaut des § 6 Abs. 1 EStG hervor, wonach für *„die Bewertung der* ***einzelnen*** *Wirtschaftsgüter, die ... als Betriebsvermögen anzusetzen sind, das Folgende gilt ...".*

Eine strenge Beachtung dieser Grundsätze würde jedoch in der Praxis zu erheblichen Schwierigkeiten führen. Es gibt Fälle, bei denen eine Einzelbewertung überhaupt nicht möglich ist bzw. zu einer unzumutbaren Arbeitsbelastung für den Kaufmann führen würde. Das gilt insbesondere für die Bewertung des Vorratsvermögens.

Deshalb wird i. S. der R 6.8 Abs. 3 Satz 2 und 3 EStR zugelassen, dass bei vertretbaren Wirtschaftsgütern, soweit die Anschaffungs- oder Herstellungskosten wegen Schwankungen der Einstandspreise im Laufe des Wirtschaftsjahres im Einzelnen nicht mehr einwandfrei feststellbar sind, der Wert dieser Wirtschaftsgüter geschätzt werden kann. In diesen Fällen stellt die Durchschnittsbewertung nach dem gewogenen Mittel ein zweckentsprechendes Schätzungsverfahren dar. Außerdem sehen Handels- und Steuerrecht folgende Ausnahmen vor (§ 240 Abs. 3 und 4 HGB, R 5.4, 6.8 und 6.9 EStR sowie § 6 Abs. 2a EStG): 806

1. Gruppenbewertung (Hauptanwendungsfall: Vorratsvermögen);
2. Festbewertung (Hauptanwendungsfall: Roh-, Hilfs- und Betriebsstoffe);
3. Bewertung nach Verbrauchs- oder Veräußerungsfolgen (Hauptanwendungsfall: Umlaufvermögen) sowie
4. Bewertung von Wirtschaftsgütern, die in einem Sammelposten erfasst werden.

6.3.2 Gruppenbewertung

6.3.2.1 Anwendungsbereich

Die Gruppenbewertung ist sowohl für Wirtschaftsgüter des **Anlagevermögens** als auch für solche des **Umlaufvermögens** zugelassen. Dabei stellt die Zusammenfassung mehrerer Wirtschaftsgüter zu einer Gruppe lediglich eine technische Erleichterung dar. Die einzelnen Wirtschaftsgüter geben ihre Selbständigkeit nicht auf. Die Gruppenbildung und die Gruppenbewertung dürfen im einzelnen Fall nicht gegen die GoB verstoßen. Auf eine Einzelbewertung kann nur dann verzichtet werden, wenn die Gruppenbewertung nicht zu erheblichen Abweichungen in der Bewertung führt. Vorrangig bleibt damit immer die Einzelbewertung. 807

6.3.2.2 Gruppenbewertung von Wirtschaftsgütern des Anlagevermögens

808 Eine Gruppenbewertung bei Wirtschaftsgütern des Anlagevermögens ist nur beschränkt möglich. Voraussetzung ist, dass die Wirtschaftsgüter im selben Veranlagungszeitraum angeschafft werden, die gleiche Nutzungsdauer und die gleichen Anschaffungskosten haben und nach der gleichen Methode abgeschrieben werden (R 5.4 Abs. 2 Satz 3 EStR). Nur dadurch ist gewährleistet, dass der zutreffende Veräußerungsgewinn bzw. -verlust im Falle eines Ausscheidens ermittelt werden kann.

Eine Gruppenbewertung kommt demnach insbesondere für kleinere Maschinen, Werkzeuge, Flaschen u. ä. Gegenstände in Betracht.

6.3.2.3 Gruppenbewertung von Wirtschaftsgütern des Umlaufvermögens

809 Hauptanwendungsgebiet der Gruppenbewertung ist das Vorratsvermögen. Hierbei können **gleichartige** Wirtschaftsgüter zu einer Gruppe zusammengefasst und als solche bewertet werden. Der Ansatz erfolgt mit dem gewogenen Durchschnittswert. Gleichartige Wirtschaftsgüter brauchen für die Zusammenfassung zu einer Gruppe nicht gleichwertig zu sein. Für sie muss jedoch ein nach den Erfahrungen der entsprechenden Branche sachgemäßer Durchschnittswert bekannt sein.

Für die Ermittlung des Durchschnittswerts bieten sich zwei Verfahren an, nämlich

1. Errechnung des gewogenen arithmetischen Mittels bezogen auf den Anfangsbestand und die Zugänge im Laufe eines Wirtschaftsjahres.

BEISPIEL:

Bestände und Zugänge	Menge	Anschaffungskosten	Gesamtwert
Anfangsbestand	100 Stück	20 €	2.000 €
Zugang Januar	200 Stück	19 €	3.800 €
Zugang April	300 Stück	18 €	5.400 €
Zugang Juli	400 Stück	19 €	7.600 €
Zugang Oktober	200 Stück	21 €	4.200 €
Gesamt	1.200 Stück		23.000 €

Durchschnittswert 23.000 € / 1.200 Stück = 19,17 €

Endbestand 300 Stück × 19,17 € = 5.751 €

2. Errechnung des gewogenen arithmetischen Mittels nach jedem Zugang (gleitender Durchschnitt).

   Die Ermittlung des Durchschnittswerts nach der gleitenden Methode ist genauer als die Errechnung, die nur den Anfangsbestand und die Zugänge erfasst. Die zuletzt bezogenen Wirtschaftsgüter beeinflussen den Durchschnittswert wesentlich stärker. Außerdem kann der Inventurwert direkt aus der Lagerkartei entnommen werden. Die Methode eignet sich insbesondere auch in der Kombination „Durchschnittsbewertung und permanenter Inventur".

BEISPIEL:

1.1.	Anfangsbestand:	500 Stück zu je 6,00 € = 3.000 €
20.2.	Abgang:	- 300 Stück zu je 6,00 € = 1.800 €
	Bestand:	200 Stück zu je 6,00 € = 1.200 €

10.7.	Zugang:	+ 600 Stück zu je 6,50 € = 3.900 €
	Bestand:	800 Stück zu je 6,38 € = 5.100 €
15.9.	Abgang:	- 400 Stück zu je 6,38 € = 2.550 €
	Bestand:	400 Stück zu je 6,38 € = 2.550 €
10.11.	Zugang:	+ 500 Stück zu je 6,20 € = 3.100 €
31.12.	Bestand:	900 Stück zu je 6,28 € = 5.650 €

Der **Durchschnittswert,** gleich nach welcher Methode ermittelt, **stellt Anschaffungskosten dar.** Dabei handelt es sich nicht um einen Teilwert der Wirtschaftsgüter. Deshalb ist am Bilanzstichtag die **Entwicklung der Wiederbeschaffungskosten** zu beachten. Es gilt:

- Ist der Durchschnittswert niedriger als die Wiederbeschaffungskosten, ist der Durchschnittswert anzusetzen.
- Ist der Durchschnittswert höher als die Wiederbeschaffungskosten, sind diese maßgebend; dies gilt handelsrechtlich uneingeschränkt, steuerlich jedoch nur, soweit eine voraussichtlich dauernde Wertminderung vorliegt.

6.3.3 Festbewertung

6.3.3.1 Allgemeines zum Wesen des Festwerts

Gemäß § 240 Abs. 3 HGB können Gegenstände des Anlagevermögens sowie Roh-, Hilfs- 810
und Betriebsstoffe des Vorratsvermögens bei der Aufstellung des Inventars und der Bilanz, soweit dies den GoB entspricht, mit einer gleich bleibenden Menge und mit einem gleich bleibenden Wert angesetzt werden, wenn der Bestand in seiner Größe, seinem Wert und seiner Zusammensetzung nur geringen Veränderungen unterliegt. Zur vereinfachten Wertermittlung kommt eine vereinfachte Mengenermittlung hinzu. Die Festbewertung wird durch folgende Merkmale charakterisiert:

a) Bei gleichartigen und gleichwertigen Wirtschaftsgütern werden die Anschaffungskosten für einen in etwa stets gleicher Höhe benötigten Bestand aktiviert,

b) von diesem zu aktivierenden Festwert ist keine AfA vorzunehmen,

c) Anschaffungskosten für Ergänzungsbeschaffungen werden nicht aktiviert, sondern im Jahr der Anschaffung sofort voll abgeschrieben,

d) eine Änderung des einmal angesetzten Festwerts erfolgt nur unter bestimmten Voraussetzungen,

e) die mit einem Festwert erfassten Wirtschaftsgüter sind jährlich grds. mit demselben Wert in die Bilanz einzustellen.

Die Frage, unter welchen Voraussetzungen der Gesamtwert der für einen einzelnen 811
Festwert in Betracht kommenden Wirtschaftsgüter von nachrangiger Bedeutung ist, sowie die Frage, welche Abschreibungsmethoden bei der Ermittlung der Wertigkeit beweglicher Wirtschaftsgüter des Sachanlagevermögens (sog. „Anhaltewert“) zugrunde zu legen sind, beantworten sich wie folgt:

Nachrangigkeit

Zur Beurteilung der Nachrangigkeit ist auf die Bilanzsumme abzustellen. Der Gesamtwert der für einen einzelnen Festwert in Betracht kommenden Wirtschaftsgüter ist für das Unternehmen grds. von nachrangiger Bedeutung, wenn er an den dem Bilanzstichtag vorangegangenen fünf Bilanzstichtagen im Durchschnitt 10 % der Bilanzsumme nicht überstiegen hat.

Ermittlung des sog. „Anhaltewerts"

Der Anhaltewert von beweglichen Wirtschaftsgütern des Sachanlagevermögens ist anhand der steuerlich zulässigen linearen oder degressiven AfA gem. § 7 EStG zu ermitteln. Die degressive Abschreibung gem. § 7 Abs. 2 EStG ist ausschließlich für solche Wirtschaftsgüter anzuwenden, für die sie zum jeweiligen Anschaffungs- oder Herstellungszeitpunkt gesetzlich zugelassen war. Gemäß dem Gesetz für ein steuerliches Investitionssofortprogramm zur Stärkung des Wirtschaftsstandorts Deutschland v. 14.7.2025 (BGBl 2025 I Nr. 161) gilt die degressive Abschreibung befristet für bewegliche Wirtschaftsgüter des Anlagevermögens, die nach dem 30.6.2025 und vor dem 1.1.2028 angeschafft oder hergestellt worden sind. Der anzuwendende Prozentsatz darf höchstens das Dreifache des bei der linearen Abschreibung in Betracht kommenden Prozentsatzes betragen und 30 % nicht übersteigen. Erhöhte Absetzungen oder Sonderabschreibungen dürfen dagegen bei der Ermittlung des Anhaltewerts nicht berücksichtigt werden.

6.3.3.2 Festbewertung für Wirtschaftsgüter des Anlagevermögens

6.3.3.2.1 Anwendungsbereich

812 Die Festbewertung ist nur für einige Gruppen des Anlagevermögens von Bedeutung, denn nach den gesetzlichen Vorschriften muss es sich um Wirtschaftsgüter handeln, deren Bestand in seiner Größe, seinem Wert und seiner Zusammensetzung **nur geringen Schwankungen unterliegt.** Das sind Wirtschaftsgüter, die sich ihrer Natur nach auch für eine Sammelbewertung eignen würden, z. B.

- Bestände an Werkzeugen,
- Modelle,
- Flaschen,
- Hotelgeschirr und -wäsche,
- Fässer,
- Leihbücher oder
- Gerüst- und Schalungsteile.

In der Regel handelt es sich dabei um Wirtschaftsgüter, die in größerer Anzahl im Betrieb vorhanden sein müssen, als Einzelstücke keinen erheblichen Wert haben und außerdem ständig in größerem Umfang zu erneuern bzw. zu ergänzen sind.

Soweit diese Wirtschaftsgüter aber selbständig nutzbar sind, wird der Kaufmann jedoch häufig die Bewertungsfreiheit gem. § 6 Abs. 2 EStG in Anspruch nehmen (bei Netto-Anschaffungskosten von nicht mehr als 800 €).

6.3.3.2.2 Bildung des Festwerts

Der Festwert ist nach dem Bestand zu berechnen, der an dem Bilanzstichtag vorhanden ist, für den erstmals ein Festwert gebildet werden soll. Dieser Bestand könnte höchstens bei der Betriebseröffnung neuwertig und damit mit den vollen Anschaffungskosten anzusetzen sein. Später wird er altersmäßig gemischt sein, d. h. ein Teil wird neuwertig und andere Teile werden dafür aber bereits abgängig sein. Aus diesen Überlegungen heraus wird in der Handelsbilanz ein Ansatz i. H. von **50 % der Anschaffungskosten** als ausreichend und zutreffend angesehen. 813

Steuerrechtlich ist auf R 5.4 Abs. 3 EStR, H 5.4 EStH und den Anhang 9 II zu den EStR hinzuweisen. Es gilt der Grundsatz, dass die Festwerte dem buchmäßigen Bilanzwert entsprechen sollen, der sich ergeben würde, wenn die im Festwert zusammengefassten Wirtschaftsgüter laufend aktiviert und normal auf ihre Nutzungsdauer abgeschrieben würden. Berechnungen hierbei haben ergeben, dass die in Gebrauch genommenen Wirtschaftsgüter des Anlagevermögens bei der an sich gebotenen Einzelbewertung i. d. R. einen buchmäßigen Dauerbestand von etwa 40 %–50 % ihrer Anschaffungs- oder Herstellungskosten haben. In dieser Höhe muss sich der Festwert auch in etwa bewegen. Gewisse Nuancierungen können sich im Einzelfall durch betriebliche oder branchenbedingte Besonderheiten ergeben. Deshalb werden z. B. für die verhältnismäßig kurzlebigen Gerüst- und Schalungsteile, die erfahrungsgemäß überwiegend im ersten Halbjahr angeschafft werden, unter Berücksichtigung dieser branchentypischen Umstände, Festwerte i. H. von 40 % zugelassen.

Der Festwert wird **nicht sofort ausgewiesen,** sondern allmählich entwickelt. Dabei ist auf den vorhandenen, noch nicht abgeschriebenen Altbestand die laufende AfA vorzunehmen. Die Neuzugänge sind nur mit 40 % ihrer Anschaffungskosten zu aktivieren, während 60 % der Anschaffungskosten als Sofortaufwand die AfA auf die Neuzugänge pauschal abgelten sollen. Sobald auf diese Weise der als Festwert angestrebte Betrag erreicht ist, werden die Anschaffungskosten der Neuzugänge voll als Aufwand abgesetzt, während die laufende AfA künftig unterbleibt. 814

BEISPIEL: Zum 31.12.00 sind Gerüst- und Schalungsteile mit ursprünglichen Anschaffungskosten i. H. von 100.000 € vorhanden, die im Wege der AfA bis auf 30.000 € abgeschrieben worden sind.

Bei Beachtung der Bewertungsgrundsätze würde sich für diesen Bestand ein Festwert i. H. von 40.000 € ergeben. Die Zugänge in den Jahren 01 und 02 sollen jeweils 40.000 € betragen.

Altbestand		30.000 €
-	AfA Altbestand	- 10.000 €
		20.000 €
+	Zugang (40 %)	+ 16.000 €
Bilanzansatz zum 31.12.01		36.000 €
-	AfA Altbestand	- 10.000 €
		26.000 €
+	Zugang (40 %)	+ 16.000 €
		42.000 €
-	Abschreibung	- 2.000 €
Bilanzansatz zum 31.12.02		40.000 €

Die Zugänge ab dem Jahr 03 können sofort in voller Höhe abgeschrieben werden.

Es besteht aber auch die Möglichkeit, die **Neuzugänge mit den vollen Anschaffungskosten abzgl. der normalen AfA anzusetzen.** In diesem Fall würde der Festwert bereits im Jahr 01 erreicht werden.

Lag der Buchwert des vorhandenen Altbestands über dem zu bildenden Festwert, kann der Bilanzansatz durch eine Abschreibung auf den Festwert erreicht werden.

Bei erstmaliger Anschaffung von Anlagegütern, die mit einem Festwert angesetzt werden sollen, sind zunächst die Anschaffungskosten zu aktivieren und so lange abzuschreiben, bis der Festwert erreicht ist.

BEISPIEL: Im Jahr 01 sind erstmals Gerüst- und Schalungsteile für 100.000 € erworben worden. Der Festwert würde 40.000 € betragen. Er kann bei einer Nutzungsdauer von fünf Jahren erst im dritten Jahr angesetzt werden.

6.3.3.3 Festbewertung für Wirtschaftsgüter des Vorratsvermögens

815 Nach dem Wortlaut des Gesetzes ist der Ansatz eines Festwerts nur für einen Teil des Vorratsvermögens, nämlich für die **Roh-, Hilfs- und Betriebsstoffe** zulässig. Für Fertigerzeugnisse und Waren ist die Bildung eines Festwerts nicht möglich.

Voraussetzung ist aber, dass der Bestand in seiner Größe, seinem Wert und seiner Zusammensetzung nur geringen Schwankungen unterliegt. Das wird i. d. R. nur der Fall sein, wenn die Produktion des Betriebs im Wesentlichen konstant ist oder wenn der Preis nicht so sehr spekulativen Einflüssen unterliegt.

6.3.3.4 Änderung des Festwerts

816 Auch wenn der Bestand der Wirtschaftsgüter, die mit einem Festwert angesetzt worden sind, allgemein nur geringen Schwankungen unterliegen wird, kann er sich im Laufe der Zeit durch

a) Betriebserweiterungen oder Betriebsschrumpfungen sowie

b) wertmäßigen Schwankungen der Anschaffungskosten

ändern.

Deshalb ist der Festwert in bestimmten Zeitabständen zu überprüfen und ggf. anzupassen. Handels- und Steuerrecht sehen hierfür vor:

a) Gemäß § 240 Abs. 3 HGB ist i. d. R. **alle drei Jahre** eine körperliche Bestandsaufnahme der in einem Festwert erfassten Vermögensgegenstände durchzuführen.

b) Gemäß R 5.4 Abs. 3 EStR ist für Gegenstände des beweglichen Anlagevermögens, die zulässigerweise mit einem Festwert angesetzt worden sind, **im Regelfall an jedem dritten,** spätestens aber an jedem fünften **Bilanzstichtag,** eine körperliche Bestandsaufnahme vorzunehmen.

Gemäß R 5.4 Abs. 3 EStR ist der Festwert fortzuschreiben, wenn der für einen Bilanzstichtag ermittelte Wert den bisherigen Festwert um mehr als 10 % übersteigt. Der bisherige Festwert ist so lange um die Anschaffungs- oder Herstellungskosten der im Festwert erfassten und der nach dem Bilanzstichtag des vorangegangenen Wirtschaftsjahres angeschafften oder hergestellten Wirtschaftsgüter aufzustocken, bis der neue Festwert erreicht ist.

Ist der ermittelte Wert niedriger als der bisherige Festwert, kann der Unternehmer den niedrigeren Wert in der Steuerbilanz gem. § 6 Abs. 1 Nr. 2 EStG als neuen Festwert ansetzen. In der Handelsbilanz muss auch in diesem Fall der niedrigere Wert ausgewiesen werden (§ 253 Abs. 4 Satz 2 HGB). Da für diesen Fall eine eigenständige steuerliche Vorschrift besteht, muss in der Steuerbilanz im Gegensatz zur Handelsbilanz nicht der niedrigere Wert angesetzt werden (§ 5 Abs. 1 Satz 1 Halbsatz 2 EStG).

Übersteigt der ermittelte Wert den bisherigen Festwert nicht um mehr als 10 %, kann der bisherige Festwert beibehalten werden.

BEISPIEL: Für bestimmte Wirtschaftsgüter des beweglichen Anlagevermögens ist zum 31.12.00 zulässigerweise erstmalig ein Festwert i. H. von 10.000 € gebildet worden. Zum dritten darauffolgenden Bilanzstichtag, also dem 31.12.03, muss eine Überprüfung des Festwerts vorgenommen werden.

Der zum 31.12.03 ermittelte Wert ergibt:

a) 11.000 €;

b) 15.000 €.

Die Ergänzungsbeschaffungen sollen in der Zeit vom 1.1.03 bis zum 31.12.03 betragen haben:

1. 3.000 €.
2. 6.000 €.

Zu a)

Die Abweichung zwischen dem neu ermittelten Wert (11.000 €) und dem bisherigen Festwert (10.000 €) beträgt nicht mehr als 10 %. Der Kaufmann hat somit ein Wahlrecht. Er kann den bisherigen Festwert entweder unverändert beibehalten oder aber auch die 11.000 € ansetzen.

Zu b)

Die Abweichung beträgt hier mehr als 10 %. Damit ist der neue Wert maßgebend. Die Ergänzungsbeschaffungen haben aber im 1. Fall nur 3.000 € betragen. Folglich kann auch nur dieser Wert umgebucht und damit der Festwert um diesen Wert aufgestockt werden. Festwert zum 31.12.03 = 13.000 €. Die Ergänzungsbeschaffungen des nächsten Jahres bzw. der nächsten Jahre sind zunächst so lange auf dem Festwertkonto zu erfassen, bis der Festwert i. H. von 15.000 € erreicht ist. Erst der darüber hinausgehende Betrag ist wieder in voller Höhe eine Betriebsausgabe.

Im 2. Fall dagegen wird bei Ergänzungsbeschaffungen i. H. von 6.000 € der volle Differenzbetrag von 5.000 € (= 15.000 € - 10.000 €) auf dem Festwertkonto erfasst. Damit ist der Festwert dann mit dem zutreffenden Betrag i. H. von 15.000 € ausgewiesen. Die restlichen 1.000 € stellen Betriebsausgaben im Jahr 03 dar.

6.3.3.5 Grenzen der Festbewertung

Die Festbewertung soll in erster Linie der Vereinfachung dienen und nicht zulässig sein, 817
wenn sie Preisschwankungen auffangen soll. Eine Festbewertung kommt nicht in Betracht für Wirtschaftsgüter, die

a) als Einzelstücke einen erheblichen Wert haben,

b) nur in geringer Anzahl vorhanden sind,

c) eine lange betriebsgewöhnliche Nutzungsdauer haben und

d) wesentlichen Preisschwankungen unterliegen.

Der Ansatz eines Festwerts verbietet sich auch, solange nicht eine **Mindestausstattung** der betreffenden Wirtschaftsgüter im Betrieb vorhanden ist.

6.3.4 Bewertung nach Verbrauchs- oder Veräußerungsfolgen

818 Soweit es den **GoB** entspricht, kann zur Berechnung der Anschaffungs- oder Herstellungskosten eine bestimmte **Verbrauchs- oder Veräußerungsfolge** unterstellt werden (§ 256 HGB). Abweichend vom Niederstwertprinzip hat hier der Gesetzgeber dem Kaufmann einen bestimmten Bewertungsspielraum bei der Bewertung des Umlaufvermögens einräumen wollen. Die Bewertung mithilfe der Verbrauchs- oder Veräußerungsfolgen ist auch nach dem Steuerrecht zulässig (R 6.9 Abs. 1 und 2 EStR).

Für das Steuerrecht ist danach nur die Lifo-Methode zulässig. Für das Handelsrecht ist außerdem die Fifo-Methode zulässig.

6.3.4.1 Lifo-Methode

819 Das BMF hat mit Schreiben v. 12.5.2015 (BStBl 2015 I S. 462) die Handhabung des Lifo-Verfahrens neu geregelt. Die Grundsätze haben sich jedoch nicht wesentlich geändert. Jedoch gilt für verderbliche Vorräte Folgendes:

Sind Vorräte dauerhaft haltbar oder werden sie dies durch Be- und Verarbeitung, darf die Lifo-Methode angewandt werden. Als „dauerhaft" gilt eine Haltbarkeit von mindestens einem Jahr. Haben Vorräte eine geringere Haltbarkeit, so ist die Lifo-Methode nicht zulässig, weil eine Verbrauchs- oder Veräußerungsfolge, wonach die zuletzt gekauften Waren als erstes verarbeitet und verkauft werden, dem betrieblichen Geschehensablauf völlig widerspricht.

Gemäß § 6 Abs. 1 Nr. 2a EStG kann für den Wertansatz gleichartiger Wirtschaftsgüter des Vorratsvermögens – unabhängig von der tatsächlichen Verbrauchsfolge – nach wie vor unterstellt werden, dass die zuletzt angeschafften oder hergestellten Wirtschaftsgüter zuerst verbraucht oder veräußert worden sind, wenn

- der Steuerpflichtige den Gewinn gem. § 5 EStG ermittelt,
- die Verbrauchs- oder Veräußerungsfolge auch für den Wertansatz in der Handelsbilanz unterstellt wird und
- dieses den GoB entspricht.

Dabei können für die Anwendung der Lifo-Methode gleichartige Wirtschaftsgüter zu Gruppen zusammengefasst werden.

Die Bewertung nach der Lifo-Methode kann sowohl durch die permanente Lifo als auch durch die Perioden-Lifo erfolgen.

6.3.4.1.1 Permanente Lifo

820 Die permanente Lifo setzt eine laufende mengen- und wertmäßige Erfassung aller Zu- und Abgänge voraus.

BEISPIEL:

Anfangsbestand:	200 Stück je 10 € =	2.000 €
Zugang:	+ 300 Stück je 12 € =	+ 3.600 €
		5.600 €
Abgang:	- 200 Stück je 12 € =	- 2.400 €
Endbestand:	300 Stück =	3.200 €

Der Endbestand setzt sich hierbei zusammen aus

- 200 Stück je 10 € = 2.000 € und
- 100 Stück je 12 € = 1.200 €.

6.3.4.1.2 Perioden-Lifo

Bei der Perioden-Lifo wird der Bestand lediglich zum Ende des Wirtschaftsjahres bewertet. Dabei können Mehrbestände mit dem Anfangsbestand zu einem neuen Gesamtbestand zusammengefasst oder als besonderer Posten (Layer) ausgewiesen werden. Bei der Wertermittlung für die Mehrbestände ist von den Anschaffungs- oder Herstellungskosten der ersten Lagerzugänge oder von den durchschnittlichen Anschaffungs- oder Herstellungskosten aller Zugänge des Wirtschaftsjahres auszugehen. 821

BEISPIEL: Aus der Lagerbuchhaltung ergeben sich folgende Vorgänge:

		Menge	Einzelpreis	Gesamtpreis
1.1.05	Anfangsbestand:	500 Stück	40 €	20.000 €
15.3.05	Zugang:	600 Stück	42 €	25.200 €
15.6.05	Zugang:	400 Stück	44 €	17.600 €
15.10.05	Zugang:	300 Stück	43 €	12.900 €

Die Bestandsaufnahme zum 31.12.05 ergab 1.200 Stück. Der Marktpreis am Abschlussstichtag betrug 42,50 €. Die Abgänge wurden nicht gesondert erfasst.

Die Bewertung kann handels- und auch steuerrechtlich nach der Lifo-Methode erfolgen:

		Menge	Einzelpreis	Gesamtpreis		
1.1.05	Anfangsbestand:	500 Stück	40 €	20.000 €		
15.3.05	Zugang:	600 Stück	42 €	25.200 €		
15.6.05	Zugang:	100 Stück	44 €	4.400 €	29.600 € / 700 Stück =	42,29 €
Anfangsbestand + Zugänge		1.200 Stück	–	–	49.600 € / 1.200 Stück =	41,33 €
15.6.05	Zugang:	300 Stück	44 €	13.200 €		
15.10.05	Zugang:	300 Stück	43 €	12.900 €	55.700 € / 1.300 Stück =	42,85 €
Anfangsbestand + Zugänge		1.800 Stück		75.700 €	75.700 € / 1.800 Stück =	42,06 €

Daraus lassen sich folgende Werte ableiten:

1. Lifo (Anfangsbestand + erste Zugänge):
   1.200 Stück × 41,33 € = 49.596 €

2. Lifo (Anfangsbestand + Layer × Durchschnittswert):

500 Stück × 40,00 € =	20.000 €
700 Stück × 42,85 € =	+ 29.995 €
	49.995 €

3. Lifo (Anfangsbestand + Layer aus ersten Posten):

500 Stück × 40,00 € =	20.000 €
700 Stück × 42,29 € =	+ 29.603 €
	49.603 €

4. Bewertung mit dem gewogenen Durchschnitt:

1.200 Stück × 42,06 € =	50.472 €

Der Lifo-Wert muss mit dem aktuellen Stichtagswert verglichen werden. Ist dieser Wert nicht nur vorübergehend niedriger, dann ist er handelsrechtlich zwingend anzusetzen. Das Niederstwertprinzip ist dabei auf jeden Layer gesondert anzuwenden. Steuerrechtlich besteht ein Wahlrecht (§ 6 Abs. 1 Nr. 2 Satz 2 EStG).

Bei einem Mengenrückgang müssen die Layer ganz oder teilweise gewinnmindernd aufgelöst werden. Hierfür gilt ebenfalls das Lifo-Prinzip. Danach sind die zuletzt gebildeten Layer zuerst aufzulösen.

6.3.4.2 Fifo-Methode

822 Bei dieser Methode, die steuerrechtlich nicht zulässig ist, wird unterstellt, dass die **zuerst** beschafften (first in) Wirtschaftsgüter zuerst wieder verbraucht bzw. veräußert werden (first out).

BEISPIEL:

Anfangsbestand:	200 Stück je 10 € =	2.000 €
Zugang:	300 Stück je 12 € =	+ 3.600 €
		5.600 €
Abgang:	250 Stück je 12 €.	

Der Abgang setzt sich somit zusammen aus:

200 Stück je 10 € =	2.000 €	
50 Stück je 12 € =	+ 600 €	- 2.600 €
Endbestand:	250 Stück je 12 € =	3.000 €

6.3.5 Ansatz von Wirtschaftsgütern, die in einem Sammelposten erfasst werden

6.3.5.1 Gesetzliche Grundlagen

823 Gemäß § 6 Abs. 2a EStG kann in der Steuerbilanz für bewegliche Wirtschaftsgüter des Anlagevermögens, die der Abnutzung unterliegen und die einer selbständigen Nutzung fähig sind, ein Sammelposten gebildet werden, wenn die Anschaffungs- oder Herstel-

lungskosten, vermindert um einen darin enthaltenen Vorsteuerbetrag, für das einzelne Wirtschaftsgut 250 €, aber nicht 1.000 € übersteigen.

Das bedeutet:

- Wirtschaftsgüter mit Anschaffungskosten bis 800 € netto **können**
  - gem. § 6 Abs. 2 EStG sofort abgeschrieben werden,
  - gem. § 7 Abs. 1 oder 2 EStG abgeschrieben werden oder
  - als Sammelposten i. S. des § 6 Abs. 2a EStG angesetzt werden.

  Der Sammelposten ist im Wirtschaftsjahr der Bildung und in den folgenden vier Wirtschaftsjahren mit jeweils $^1/_5$ gewinnmindernd aufzulösen.
- Wirtschaftsgüter mit Anschaffungskosten von mehr als 800 € netto und nicht mehr als 1.000 € netto **können**
  - gem. § 7 Abs. 1 oder 2 EStG abgeschrieben werden oder
  - als Sammelposten i. S. des § 6 Abs. 2a EStG angesetzt werden.

  Der Sammelposten ist im Wirtschaftsjahr der Bildung und in den folgenden vier Wirtschaftsjahren mit jeweils $^1/_5$ gewinnmindernd aufzulösen.

Eine entsprechende handelsrechtliche Regelung fehlt; daher werden handelsrechtlich die Gegenstände, die in der Steuerbilanz in einem Sammelposten zu erfassen sind, nach den normalen handelsrechtlichen Grundsätzen bewertet.

6.3.5.2 Anschaffungs- oder Herstellungsvorgang

Die Wirtschaftsgüter müssen angeschafft oder hergestellt worden sein. „Erwerb" bedeutet dabei entweder Kauf, Tausch oder auch Schenkung aus betrieblicher Veranlassung (§ 6 Abs. 4 EStG). Darüber hinaus sind auch Einlagen als Anschaffungsvorgang anzusehen. Maßgebend ist der Übergang des wirtschaftlichen Eigentums. Gleiches gilt auch für Wirtschaftsgüter im Zusammenhang mit der Eröffnung eines Betriebs. 824

Nicht als Anschaffungs- oder Herstellungsvorgänge zählen:

- Überführung eines Wirtschaftsguts aus einem Betrieb des Steuerpflichtigen in einen anderen Betrieb desselben Steuerpflichtigen oder
- Überführung von Wirtschaftsgütern des Umlaufvermögens nach dem Jahr der Anschaffung oder Herstellung in das Anlagevermögen desselben Steuerpflichtigen.

6.3.5.3 Anschaffungs- oder Herstellungskosten von mehr als 250 € und nicht mehr als 1.000 €

Für die Ermittlung der Anschaffungs- oder Herstellungskosten gelten dabei die üblichen Grundsätze. Das gilt auch für den Abzug des Betrags gem. § 7g Abs. 2 Satz 2 EStG. Auszugehen ist immer vom **Nettobetrag** (ohne Umsatzsteuer), ohne Rücksicht darauf, ob Vorsteuern abziehbar oder nicht abziehbar sind. Voraussetzung ist jedoch, dass eine Rechnung mit **ordnungsmäßig gesondert ausgewiesener Umsatzsteuer** bzw. eine Kleinbetragsrechnung vorliegt. 825

BEISPIEL: Erwerb einer Büromaschine mit Rechnung über 1.190 € mit Vermerk: einschließlich 19 % Umsatzsteuer.

In dieser Rechnung ist weder abziehbare noch nicht abziehbare Umsatzsteuer enthalten. Da auch die Voraussetzungen für eine Kleinbetragsrechnung nicht vorliegen, betragen die Anschaffungskosten 1.190 €. Ein Sammelposten kann nicht gebildet werden.

Erforderlich wäre eine Rechnung mit gesondertem Steuerausweis, entweder 1.000 € zzgl. 190 € Umsatzsteuer oder 1.190 € einschließlich 190 € Umsatzsteuer.

Bei der Beurteilung der Frage, ob die Anschaffungs- oder Herstellungskosten für das einzelne Wirtschaftsgut 250 € und nicht 1.000 € übersteigen, ist von folgenden Beträgen auszugehen:

- Wenn von den Anschaffungs- oder Herstellungskosten ein Betrag gem. § 6b EStG oder eine Rücklage für Ersatzbeschaffung abgesetzt wurde, von den um diese Beträge gekürzten Anschaffungs- oder Herstellungskosten;
- wenn das Wirtschaftsgut mit einem erfolgsneutral behandelten Zuschuss angeschafft oder hergestellt worden ist, von den um den Zuschuss gekürzten Anschaffungs- oder Herstellungskosten, oder
- wenn gewinnmindernde Herabsetzungen i. S. des § 7g Abs. 2 Satz 2 EStG bei dem Wirtschaftsgut vorgenommen wurden, von den um diesen Betrag gekürzten Anschaffungs- oder Herstellungskosten.

6.3.5.4 Ermittlung des Bilanzansatzes des Sammelpostens

826 Wichtig:

- Ein Sammelposten i. S. des § 6 Abs. 2a EStG ist kein Wirtschaftsgut, sondern eine Rechengröße. Damit können zum Bilanzstichtag keine Bewertungen vorgenommen werden. Eine Teilwertabschreibung ist so z. B. nicht möglich (R 6.13 Abs. 5 Satz 1 EStR).
- Für jedes Wirtschaftsjahr ist ein gesonderter Sammelposten zu bilden (R 6.13 Abs. 5 Satz 1 EStR).
- Nachträgliche Anschaffungs- oder Herstellungskosten erhöhen den Sammelposten des Wirtschaftsjahres, in dem die Aufwendungen entstehen, unabhängig davon, ob zusammen mit den ursprünglichen Anschaffungs- oder Herstellungskosten der Betrag von insgesamt 1.000 € überstiegen wird (R 6.13 Abs. 5 Satz 2–5 EStR).
- Ein Sammelposten gem. § 6 Abs. 2a EStG vermindert sich nicht dadurch, dass im Sammelposten erfasste Wirtschaftsgüter aus dem Betriebsvermögen ausscheiden (R 6.13 Abs. 6 Satz 2 und 3 EStR).

6.3.5.5 Private Nutzung von Wirtschaftsgütern, die im Sammelposten erfasst sind

827 Das Wirtschaftsgut kann auch anteilig privat genutzt werden. Dann ist der Teil der Aufwendungen einschließlich anteiliger Auflösung des Sammelpostens, der dem privaten Nutzungsanteil entspricht, dem Gewinn wieder hinzuzurechnen.

BEISPIEL: Erwerb einer Büromaschine für 410 € (netto); die Anschaffungskosten sind in einen Sammelposten i. H. von insgesamt 2.100 € eingestellt worden, der im Jahr der Anschaffung zu

1/5 aufgelöst wurde. Das Wirtschaftsgut wird zu 30 % für private Zwecke genutzt. Die laufenden Kosten (ohne AfA) betragen 300 € jährlich.

Die privatanteiligen Kosten sind dem Gewinn wieder zuzurechnen. Sie betragen:

Laufende Kosten	300,00 €
zzgl. AfA 20 % von 410 € =	+ 82,00 €
Gesamt	382,00 €
davon 30 %	114,60 €
zzgl. Umsatzsteuer	21,77 €

6.3.6 Bilanzierung von Bewertungseinheiten

6.3.6.1 Bilanzierung nach Handelsrecht

Auf die Möglichkeit, Bewertungseinheiten zu bilden, soll an dieser Stelle nur kurz hingewiesen werden. 827a

§ 254 HGB regelt die Bildung von Bewertungseinheiten für die Handelsbilanz. Diese Vorschrift setzt das Verrechnungsverbot außer Kraft und gilt größen- und rechtsformunabhängig für alle Kaufleute.

Im Einzelnen regelt § 254 HGB: *„Werden Vermögensgegenstände, Schulden, schwebende Geschäfte oder mit hoher Wahrscheinlichkeit erwartete Transaktionen zum Ausgleich gegenläufiger Wertänderungen oder Zahlungsströme aus dem Eintritt vergleichbarer Risiken mit Finanzinstrumenten zusammengefasst (Bewertungseinheit), sind § 249 Abs. 1, § 252 Abs. 1 Nr. 3 und 4, § 253 Abs. 1 Satz 1 und § 256a HGB in dem Umfang und für den Zeitraum nicht anzuwenden, in dem die gegenläufigen Wertänderungen oder Zahlungsströme sich ausgleichen. Als Finanzinstrumente i. S. des Satzes 1 gelten auch Termingeschäfte über den Erwerb oder die Veräußerung von Waren."*

Diese Vorschrift gibt dem Kaufmann in den Fällen, in denen ein Grundgeschäft und ein Sicherungsgeschäft zusammengefasst werden können, ein Wahlrecht zur Bildung einer Bewertungseinheit.

Entscheidet sich der Kaufmann für die Bildung einer Bewertungseinheit, hat dies zur Folge, dass für die Bewertung dieser Bewertungseinheit das Realisations- und Imparitätsprinzip nicht anzuwenden sind.

6.3.6.2 Bilanzierung nach Steuerrecht

§ 5 Abs. 1a EStG regelt: *„Posten der Aktivseite dürfen nicht mit Posten der Passivseite verrechnet werden. Die Ergebnisse der in der handelsrechtlichen Rechnungslegung zur Absicherung finanzwirtschaftlicher Risiken gebildeten Bewertungseinheiten sind auch für die steuerliche Gewinnermittlung maßgeblich."* 827b

Das bedeutet:

- Handelsrechtlich gebildete Bewertungseinheiten sind für die Steuerbilanz maßgeblich (vgl. auch BMF, Schreiben v. 25.8.2010, DB 2010 S. 2024, WAAAD-51343).
- Die handelsrechtlich vorgenommene Saldierung innerhalb der Bewertungseinheiten gilt über § 5 Abs. 1a Satz 2 EStG auch für die Steuerbilanz.

6.4 Bewertungsmaßstäbe

6.4.1 Anschaffungskosten

6.4.1.1 Begriff

828 Die **gesetzliche Definition** der Anschaffungskosten ergibt sich aus § 255 Abs. 1 HGB: *„Anschaffungskosten sind die Aufwendungen, die geleistet werden, um einen Vermögensgegenstand zu erwerben und ihn in einen betriebsbereiten Zustand zu versetzen, soweit sie dem Vermögensgegenstand einzeln zugeordnet werden können. Zu den Anschaffungskosten gehören auch die Nebenkosten sowie die nachträglichen Anschaffungskosten. Anschaffungspreisminderungen, die dem Vermögensgegenstand einzeln zugeordnet werden können, sind abzusetzen."*

Anschaffungskosten setzen daher eine Anschaffung voraus. Bei einer Anschaffung handelt es sich um einen entgeltlichen Erwerbsvorgang, der seinerseits aufgrund eines schuldrechtlichen Vertrags (z. B. Kauf oder Werklieferungsvertrag) zustande kommt. Anschaffungskosten sind dann zu aktivieren, wenn die angeschafften Wirtschaftsgüter länger als ein Jahr nutzbar sind und dem Betrieb über den Schluss des Wirtschaftsjahres hinaus dienen.

Ausnahme: Regelungen des § 6 Abs. 2 und 2a EStG: Aufwendungen für geringwertige Wirtschaftsgüter können in der Steuerbilanz sofort als Betriebsausgaben (Anschaffungskosten übersteigen nicht 800 €) abgesetzt oder in einen Sammelposten eingestellt werden, wenn die Anschaffungskosten größer als 250 € sind und 1.000 € nicht übersteigen.

Die Anschaffungskosten stehen sowohl für das Anlage- als auch für das Umlaufvermögen als Bewertungsmaßstab fest (vgl. § 6 Abs. 1 Nr. 1 und 2 EStG). Sie bilden zugleich die **obere Grenze der Bewertung** (Höchstwerte). Ein Wirtschaftsgut kann somit nie höher als mit seinen Anschaffungskosten ausgewiesen werden, auch dann nicht, wenn sein Wert später gestiegen sein sollte. Die Anschaffungskosten sind die Ausgangswerte für die Ermittlung der AfA und der Abschreibungen.

Da der Inhalt des Begriffs „Anschaffungskosten" **im Handels-** und **Steuerrecht weitgehend deckungsgleich** ist, wird in den folgenden Ausführungen nicht zwischen Handels- und Steuerrecht unterschieden.

6.4.1.2 Zeitpunkt für die Ermittlung der Anschaffungskosten

829 Für die Ermittlung der Anschaffungskosten ist der Tag des Erwerbs – der Tag, **an dem die Verfügungsmacht verschafft wurde** – und nicht der Bilanzstichtag maßgebend. Wertänderungen nach dem Zeitpunkt der Anschaffung, z. B. durch Änderungen des Rentenbarwerts oder durch Wechselkursänderungen, führen daher nicht zur Änderung der Anschaffungskosten. Werden Gegenstände mit ausländischer Währung erworben, ist für die Ermittlung der Anschaffungskosten der zum **Anschaffungszeitpunkt gültige Umrechnungskurs** maßgebend. Ist der Erwerbsvorgang abgeschlossen, zählen die weiteren Aufwendungen grds. nicht mehr zu den Anschaffungskosten des Wirtschaftsguts.

Nachträgliche Aufwendungen können nur dann zu den Anschaffungskosten zählen, wenn diese Kosten von vornherein in sachlichem Zusammenhang zum Erwerb stehen. Dies gilt z. B. für den nachträglichen Einbau eines Autoradios kurz nach der Anschaffung des Kfzs. Solche u. ä. Kosten sind als Ergänzungsbeschaffungen Teil der Anschaffungskosten.

6.4.1.3 Umfang der Anschaffungskosten

Aufwendungen, die zu den Anschaffungskosten gerechnet werden, müssen grds. **Einzelkostencharakter** haben. Ihre Entstehung muss also unmittelbar mit dem Erwerb des Wirtschaftsguts zusammenhängen. 830

Zu den Anschaffungskosten gehören somit der Kaufpreis des Wirtschaftsguts (einschließlich der vom Veräußerer übernommenen Schulden) zzgl. Nebenkosten. Hierzu rechnen insbesondere:

- Bei Grund und Boden und Gebäuden:
  - Vermittlungs- und Maklergebühren,
  - Notariats- und Grundbuchkosten (soweit sie mit dem Grundstückserwerb, nicht jedoch mit der Eintragung von Grundschulden o. ä. zusammenhängen),
  - Grunderwerbsteuer,
  - Gutachterkosten und
  - Vermessungskosten.
- Bei beweglichen Wirtschaftsgütern:
  - Verpackungskosten,
  - Transportkosten,
  - Frachtkosten,
  - Überführungskosten,
  - Rollgelder,
  - Zölle,
  - Aufstellungskosten und
  - Fundamentierungskosten.
- Bei Wertpapieren und Beteiligungen:
  - Bankprovisionen,
  - Maklergebühren,
  - Kosten der Beurkundung des Anschaffungsvertrags und
  - Vermittlungskosten.

Zusätzlich ist i. d. R. die nicht abzugsfähige Vorsteuer Teil der Anschaffungskosten (siehe hierzu Rz. 834 ff.).

831 Da – wie o. a. – nur Einzelkosten zu den Anschaffungskosten gehören, rechnen folgende Kosten, da sie Gemeinkosten darstellen, **nicht** hierzu:

- Gehälter für die Einkaufsabteilung und die Rechnungsprüfung,
- Mieten für ein auswärtiges Einkaufsbüro,
- Reisekosten, die beim Transport des Wirtschaftsguts mit eigenem Kfz anfallen (z. B. anteilige Löhne, anteilige AfA, anteilige Reparaturen sowie Kosten für Benzin- und Ölverbrauch), oder
- Lagerkosten (z. B. anteilige Löhne, die beim Ausladen, beim Transport, beim Umladen oder erstmaligen Einlagern anfallen).

832 Die vorstehenden Kosten haben gemeinsam, dass sie nur im **Schätzungswege** ermittelt werden können; solche Kosten sind nicht als Anschaffungskosten zu aktivieren, sondern als sofort abzugsfähige Aufwendungen (Verwaltungsgemeinkosten) im Jahresabschluss zu erfassen.

Bei der Anschaffung von Anlagegütern können jedoch u. U. Teile der o. g. Kosten Einzelkostencharakter haben und damit dem Anschaffungsvorgang direkt zuzurechnen sein.

BEISPIELE:

- Ein Unternehmer besichtigt ein Grundstück, das er anschließend erwirbt.
- Ein Antiquitätenhändler besichtigt ein wertvolles Einzelstück.
- Ein Betriebsinhaber lässt eine Maschine, die er erworben hat, von Hilfsarbeitern, die er nur zu diesem Zwecke eingestellt hat, abholen und aufstellen.

In den ersten beiden Fällen sind Reisekosten angefallen und im dritten Fall Arbeitslöhne. Diesen Fällen ist jedoch allen eines gemeinsam: Diese Kosten sind ohne Schätzung genau zu ermitteln, haben damit Einzelkostencharakter und zählen zu den Anschaffungskosten.

833 Ein enger sachlicher Zusammenhang mit dem Anschaffungsvorgang liegt nicht vor, wenn die Beschaffenheit des Wirtschaftsguts es nicht zulässt, das Wirtschaftsgut direkt nach der Anschaffung seinem Bestimmungszweck zuzuführen und zuvor bspw. noch Umbauten oder Umarbeitungen erforderlich sind. Die hierfür anfallenden Kosten sind als **Herstellungskosten** zu aktivieren, wenn das Wirtschaftsgut **in seiner Substanz wesentlich vermehrt,** über **seinen bisherigen Zustand hinaus erheblich verbessert** oder in **seinem Wesen deutlich verändert wird** (vgl. hierzu Rz. 863 ff.).

Kalkulatorische Kosten (wie Unternehmerlöhne) sind weder Betriebsausgaben noch gehören sie zu den Anschaffungskosten. Grundsätzlich können nur **solche Aufwendungen als Anschaffungskosten gelten,** die zunächst einmal als **Betriebsausgaben** anzusehen sind.

6.4.1.4 Nicht abziehbare Vorsteuer

834 Gemäß § 9b Abs. 1 EStG rechnet nur die **abziehbare Vorsteuer nicht zu den Anschaffungskosten.** Im Umkehrschluss rechnet somit die gem. § 15 Abs. 2 und 3 UStG nicht abziehbare Vorsteuer zu den Anschaffungskosten.

§ 9b Abs. 1 EStG stellt den Grundsatz auf: Nicht abziehbare Vorsteuer gehört zu den Anschaffungskosten; dies gilt sowohl für Wirtschaftsgüter des Anlage- als auch für solche des Umlaufvermögens.

Soweit nicht abziehbare Vorsteuer im Zusammenhang mit sofort abzugsfähigen Betriebsausgaben angefallen ist, sind die Vorsteuerbeträge selbstverständlich nicht zu aktivieren, sondern **als Betriebsausgaben sofort abzugsfähig.**

Wenn ein Unternehmer sowohl Umsätze ausführt, die zum Ausschluss vom Vorsteuer- 835
abzug führen, als auch Umsätze, die den Vorsteuerabzug zulassen, sind die Vorsteuern gem. § 15 Abs. 4 UStG in einen abziehbaren und in einen nicht abziehbaren Teil aufzuteilen. Grundsätzlich muss nun auch hier der nicht abziehbare Teil den Anschaffungskosten zugerechnet werden.

BEISPIEL: Ein Gewerbetreibender hat 80 % steuerpflichtige und 20 % steuerfreie Umsätze gem. § 4 Nr. 8 UStG ausgeführt. Er hat ein Wirtschaftsgut für 40.000 € zzgl. 7.600 € Umsatzsteuer erworben.

Der Gewerbetreibende kann 80 % der Vorsteuer = 6.080 € abziehen. Der Betrag i. H. von 1.520 € ist als Anschaffungskosten anzusetzen.

Bei einer nachträglichen Berichtigung des Vorsteuerabzugs gem. § 15a UStG regelt 836
§ 9b Abs. 2 EStG, dass die Mehrbeträge als Betriebseinnahmen (Erträge) und die Mindereinnahmen als Betriebsausgaben (Aufwendungen) zu erfassen sind, wenn sie durch den Betrieb veranlasst sind (wenn sie der Erwerbung, Sicherung und Erhaltung von Einnahmen dienen, sind die Minderbeträge als Werbungskosten zu behandeln). Die Anschaffungskosten ändern sich in diesen Fällen also nicht.

BEISPIEL: Im Jahr 01 hat ein Gewerbetreibender ein Grundstück erworben, das zu 80 % für eigengewerbliche Zwecke und zu 20 % für fremde Wohnzwecke genutzt wird und sich zutreffenderweise zu 100 % im Betriebsvermögen befindet. In der Anlage zur Umsatzsteuererklärung für das Jahr 01 waren 20 % der Vorsteuern aus dem Kauf als nicht abzugsfähig deklariert worden. Dementsprechend waren im Jahr 01 20 % der Vorsteuern den Anschaffungskosten zugerechnet. Im Jahr 03 ändert sich die Nutzung dieses Grundstücks. Weitere 20 % werden nunmehr zusätzlich zu fremden Wohnzwecken genutzt. Aus der Anlage zur Umsatzsteuererklärung für das Jahr 03 ist ersichtlich, dass der Vorsteuerabzug aufgrund dieses Sachverhalts gem. § 15a UStG um 50.000 € gekürzt wurde. Der Betrag wurde zutreffend ermittelt.

Dieser Betrag i. H. von 50.000 € ist gem. § 9b Abs. 2 EStG als Betriebsausgabe zu erfassen.

Die Behandlung der nicht abzugsfähigen Vorsteuern wird in den folgenden Abbildun- 837
gen nochmals verdeutlicht:

ABB. 42: Vorsteuer und Anschaffungskosten (§ 9b Abs. 1 EStG)

Die Vorsteuer

In vollem Umfang abziehbar	In vollem Umfang nicht abziehbar	Teils abziehbar und teils nicht abziehbar
Folge: Die Vorsteuern stellen keine Anschaffungskosten dar.	**Folge:** Die Vorsteuern stellen Anschaffungskosten dar.	**Folge:** Der nichtabziehbare Teil gehört zu den Anschaffungskosten.

ABB. 43: Änderung der Vorsteueraufteilung

Die Vorsteueraufteilung

mit Wirkung für die Vergangenheit	nachträglich gem. § 15a UStG (ohne Wirkung für die Vergangenheit)
↓	↓
Die Mehr- oder Minderbeträge an nicht abziehbarer Vorsteuer	Die Mehr- oder Minderbeträge an nicht abziehbarer Vorsteuer
↓	↓
erhöhen oder mindern die Anschaffungskosten.	sind sofort als Betriebseinnahmen oder Betriebsausgaben zu erfassen.

6.4.1.5 Skonti, Rabatte, Boni, Vertragsstrafen

838 Da nur **tatsächliche Ausgaben** auch als Anschaffungskosten angesetzt werden können, sind Preisnachlässe, wie Rabatte, Skonto und Boni, vom Kaufpreis abzusetzen. Dies gilt sowohl für das Anlage- als auch für das Umlaufvermögen.

Am Bilanzstichtag erhaltene, aber noch nicht bezahlte Ware ist mit den noch nicht um die Skontobeträge geminderten Anschaffungskosten anzusetzen, da hier die Minderung der Anschaffungskosten noch nicht eingetreten ist.

Boni (= Umsatzprämien) mindern den Anschaffungspreis der am Stichtag vorhandenen Bestände nur insoweit, wie die gewährten Boni auf die **noch vorhandenen Bestände** (sowohl des Umlauf- als auch des Anlagevermögens) entfallen. Voraussetzung dafür ist jedoch, dass am Bilanzstichtag bereits ein **Rechtsanspruch auf die Gewährung** des Bonus bestand. Andernfalls mindern die Boni die Anschaffungskosten erst zum Zeitpunkt der späteren Bonuszusage oder bei Zahlung. Nachlässe beim Kaufpreis (z. B. bei Mängelrügen) führen gleichfalls zu einer Minderung der Anschaffungskosten, während **Vertragsstrafen** keine Minderung der Anschaffungskosten zur Folge haben, da Vertragsstrafen vereinbart werden, um (entstandene und entstehende) Schäden abzudecken.

6.4.1.6 Finanzierungskosten (Geldbeschaffungskosten)

839 Da Finanzierungskosten für die **Erlangung eines Kredits** aufgewandt werden, gehören sie auch nicht zu den Anschaffungskosten eines Wirtschaftsguts; denn **Anschaffung und Finanzierung sind zwei voneinander getrennte Vorgänge.** Die Kosten der Geldbeschaffung (wie Spesen, Damnum, Agio, Disagio, Wechselspesen oder -diskont) sind nicht entstanden, um ein Wirtschaftsgut zu beschaffen, sondern um einen Kredit zu erhalten. Für diese Kosten sind **Rechnungsabgrenzungsposten** zu bilden, mit deren Hilfe die Kosten auf die Laufzeit verteilt werden.

Sollten Fremdkapitalzinsen dazu dienen, die **Herstellung** zu beschaffender Neuanlagen mit langer Bauzeit durch Anzahlungen oder Vorauszahlungen zu finanzieren, ist u. E. ein Wahlrecht zu bejahen, dass diese Kosten als Anschaffungskosten aktiviert werden können (siehe auch Rz. 873).

Werden einem Veräußerer im Rahmen eines Anschaffungsvorgangs jedoch dessen Finanzierungskosten erstattet, werden hier die Finanzierungskosten vom Erwerber aufgewandt, um in den Besitz der Sache zu gelangen und nicht, um einen Kredit zu erhalten. Daher sind in einem solchen Fall die Finanzierungskosten (des Veräußerers) Anschaffungskosten des Wirtschaftsguts für den Erwerber. 840

BEISPIEL: Gewerbetreibender A erwarb am 1.7.01 eine Maschine für seinen Betrieb. Die Rechnung lautet:

Listenpreis	100.000 €
Verpackung und Versendung	+ 5.000 €
Vertragsstrafe wegen verspäteter Abnahme	+ 10.000 €
	115.000 €
zzgl. Umsatzsteuer (19 % von 105.000 € =)	+ 19.950 €
	134.950 €

Die Lieferung erfolgte am 20.7.01.

An weiteren Kosten entstanden noch bis zur Inbetriebnahme am 15.8.01:

- Kreditkosten zur Finanzierung des Kaufpreises i. H. von 3.000 €. Die Finanzierung lief ab dem 20.7.01 über zehn Monate.
- Transportkosten (Löhne und Fahrzeuge) zum Betrieb mit eigenem Fahrzeug, geschätzt auf 500 €.
- Aufstellungskosten, von fremden Arbeitskräften ausgeführt, und zwar Material- und Lohneinzelkosten mit 3.000 € und 50 % Gemeinkostenzuschläge.

Die Maschine hat eine Nutzungsdauer von zehn Jahren. Es soll linear abgeschrieben werden.

Die Anschaffungskosten der Maschine betragen:

Listenpreis	100.000 €
Verpackung und Versendung	+ 5.000 €
Aufstellungskosten	+ 3.000 €
	108.000 €
abzgl. AfA	- 5.400 €
Bilanzansatz zum 31.12.01	102.600 €

Nicht zu den Anschaffungskosten zählen:

- Die Vertragsstrafe,
- die Finanzierungskosten (ggf. auf die Laufzeit des Kredits verteilen),
- die eigenen Transportkosten sowie
- die Gemeinkosten hinsichtlich der Aufstellung.

Der gesamte Vorgang – bis zur Herstellung der Betriebsbereitschaft – stellt sich als Anschaffungsgeschäft dar; somit sind nur Einzelkosten zu aktivieren.

Die Jahres-AfA gem. § 7 Abs. 1 EStG beträgt 10 % von 108.000 € = 10.800 €. Diese vermindert sich gem. § 7 Abs. 1 Satz 4 EStG um $^{6}/_{12}$ für die Monate Januar–Juni 01, die dem Monat der Anschaffung vorangehen. Das gilt auch für die Kosten, die erst nach dem 20.7.01 angefallen sind. Sie werden so behandelt, als wären sie bereits zum Zeitpunkt der Anschaffung entstanden (R 7.4 Abs. 9 Satz 3 EStR).

6.4.1.7 Abstandszahlungen (Räumungsentschädigungen)

841 Räumungsentschädigungen, die an den Pächter eines angeschafften Grundstücks gezahlt werden, um diesen zur **vorzeitigen Räumung** des Grundstücks zu veranlassen, gehören **nicht zu den Anschaffungskosten des Grundstücks.** Hier handelt es sich vielmehr um **Anschaffungskosten für ein immaterielles Wirtschaftsgut:** Der Vorteil, das Grundstück um einen bestimmten Zeitraum früher nutzen zu können, wurde erworben. Sollte der Erwerber eine solche Räumungsentschädigung jedoch in unmittelbarem Zusammenhang mit der Errichtung eines Gebäudes bezahlt haben, werden diese Aufwendungen Teil der Herstellungskosten des Gebäudes (siehe auch Rz. 888).

6.4.1.8 Abbruchkosten

842 Wird ein bebautes Grundstück erworben und soll das Gebäude abgerissen werden (Erwerb mit Abbruchabsicht), ergeben sich daraus gem. H 6.4 EStH folgende Konsequenzen:

a) War das aufstehende Gebäude technisch oder wirtschaftlich nicht verbraucht, gehören die Abbruchkosten und der Buchwert des Gebäudes zu den Anschaffungskosten des Grund und Bodens, wenn der Abbruch **nicht** mit der Herstellung eines neuen Wirtschaftsguts in Verbindung steht. Sollte der Abbruch mit der Herstellung eines neuen Wirtschaftsguts im Zusammenhang stehen, gehören Buchwert und Abbruchkosten zu den Herstellungskosten dieses Wirtschaftsguts.

b) War das Gebäude zum Zeitpunkt des Erwerbs objektiv wertlos, entfällt der volle Anschaffungspreis auf den Grund und Boden; für die Abbruchkosten gilt Buchst. a) entsprechend.

6.4.1.9 Darlehensforderung/-verbindlichkeit

843 Die Anschaffungskosten einer Darlehensforderung entsprechen dem Nennbetrag der Forderung; dies gilt auch für unverzinsliche und hochverzinsliche Forderungen.

Als Anschaffungskosten einer Verbindlichkeit gilt der Nennwert; das ist der Rückzahlungsbetrag.

6.4.1.10 Stückzinsen

844 Werden festverzinsliche Wertpapiere im Laufe eines Zinszahlungszeitraums mit dem laufenden Zinsschein veräußert, hat der Erwerber dem Veräußerer i. d. R. den Zinsbetrag zu vergüten, der auf die Zeit seit dem Beginn des laufenden Zinszahlungszeitraums entfällt. Diese Zinsen werden Stückzinsen genannt. Für den Erwerber eines solchen Wertpapiers stellen diese Stückzinsen keine Anschaffungskosten des Wertpapiers dar, sie sind vielmehr als Anschaffungskosten einer Zinsforderung zu sehen (siehe hierzu auch Rz. 385 ff.).

6.4.1.11 Aufteilung eines Gesamtkaufpreises

845 Wird für mehrere Wirtschaftsgüter ein Gesamtkaufpreis gezahlt (z. B. beim Erwerb eines ganzen Betriebs oder beim Erwerb bebauter Grundstücke), muss dieser Gesamt-

kaufpreis auf die einzelnen erworbenen Wirtschaftsgüter aufgeteilt werden. Diese Aufteilung hat nach dem **Verhältnis der Teilwerte** dieser Wirtschaftsgüter zueinander zu erfolgen.

BEISPIEL: Die Anschaffungskosten eines Geschäftsgrundstücks betragen 300.000 €. Die Teilwerte sind:

- Bürogebäude 300.000 € und
- Grund und Boden 100.000 €.

Für die Aufteilung des Gesamtkaufpreises ergibt sich dann Folgendes:

- **Grund und Boden:**

$$\frac{\text{Teilwert des Grund und Bodens}}{\text{Summe der Teilwerte}} \times \text{Gesamtkaufpreis}$$

$$\frac{100.000\ €}{100.000\ € + 300.000\ €} \times 300.000\ € = 75.000\ €$$

- **Gebäude:**

$$\frac{\text{Teilwert des Gebäudes}}{\text{Summe der Teilwerte}} \times \text{Gesamtkaufpreis}$$

$$\frac{300.000\ €}{100.000\ € + 300.000\ €} \times 300.000\ € = 225.000\ €$$

6.4.1.12 Erwerb einzelner Wirtschaftsgüter auf Rentenbasis

Renten sind laufende Bezüge in Geld, auf die der Empfänger für eine gewisse Dauer 846
Anspruch hat, so dass periodisch wiederkehrende Bezüge auf einem einheitlichen Rentenstammrecht beruhen und dessen Früchte darstellen. Nach der Dauer der Rentenzahlungen unterscheidet man Zeitrenten und Leibrenten, wobei Leibrenten dem Berechtigten auf Lebenszeit zu zahlen sind, während Zeitrenten für eine bestimmte Zeit zu zahlen sind (Mindestlaufzeit zehn Jahre). Die Renten, mit denen wir uns hier zu beschäftigen haben, sind **betriebliche Veräußerungsrenten.** Hierbei wurde der Kaufpreis für die erworbenen Vermögensgegenstände einschließlich der stillen Reserven und ggf. des Firmenwerts durch Zahlung einer Rente beglichen, wobei der Wert von Leistung und Gegenleistung von den Beteiligten bewusst nach kaufmännischen Gesichtspunkten bestimmt werden muss.

Nach der Rechtsprechung des BFH liegen diese Voraussetzungen auch dann vor, wenn 847
die Beteiligten subjektiv von der Gleichwertigkeit der Leistungen ausgegangen sind und die Annahme der Ausgewogenheit der beiderseitigen Leistungen unter Berücksichtigung sämtlicher Umstände vertretbar erscheint, obwohl objektiv zwischen Leistung und Gegenleistung ein Ungleichgewicht vorliegt.

Liegen diese Voraussetzungen nicht vor, handelt es sich um eine Versorgungsrente; diese führt nicht zu Anschaffungskosten eines Wirtschaftsguts.

Wird nun ein einzelnes Wirtschaftsgut ganz oder teilweise durch Übernahme einer 848
Rentenverpflichtung bezahlt, stellt sich die Frage, wie hier die Anschaffungskosten zu

ermitteln sind. Da die Rentenzahlungen aufgewandt werden, um das Wirtschaftsgut zu erwerben, gehören sie zu den Anschaffungskosten. Dazu muss aber der Wert dieser Rentenverpflichtung zum Zeitpunkt des Erwerbs des Wirtschaftsguts ermittelt werden. Der Barwert der Rente ist grds. i. S. der §§ 12 ff. BewG zu ermitteln (H 6.2 Rentenverpflichtung EStH). Die Ermittlung kann jedoch auch nach **versicherungsmathematischen Grundsätzen** – diese Methode ist handelsrechtlich zu bevorzugen – erfolgen, wobei individuelle persönliche Verhältnisse des Rentenberechtigten grds. keinen Eingang in die Wertfindung finden. Dieser Rentenbarwert zum Stichtag des Erwerbs **ist gem. R 6.2 EStR als Teil der Anschaffungskosten zu behandeln.**

Spätere Vorgänge, die den Wert der Rentenverbindlichkeit verändern, haben keine Auswirkungen mehr auf die Höhe der Anschaffungskosten.

Vergleiche im Übrigen die Darstellung unter Rz. 411 ff.

6.4.1.13 Anschaffungskosten mittels Ratenkaufs

849 Gemäß R 6.2 Satz 2 EStR sind die Anschaffungskosten eines Wirtschaftsguts, das mittels Ratenkaufs **ohne gesonderte Zinsvereinbarung** erworben wird, stets mit dem i. S. der §§ 12 ff. BewG ermittelten Barwert zum Zeitpunkt der Anschaffung anzusetzen.

6.4.1.14 Anschaffungskosten beim Tausch

850 Auch ein durch Tausch (oder durch Tausch mit Baraufgabe) erworbenes Wirtschaftsgut ist mit den Anschaffungskosten anzusetzen. Zu den Anschaffungskosten des erworbenen Wirtschaftsguts gehört gem. § 6 Abs. 6 Satz 1 EStG der **gemeine Wert des hingegebenen Wirtschaftsguts,** vermindert um die abziehbare Vorsteuer (§ 6 Abs. 6 Satz 1 EStG).

BEACHTE

Bevor Sie an dieser Stelle weiterlesen, sollten Sie unbedingt den Gliederungspunkt unter Rz. 453 ff. (nochmals) lesen.

Jetzt wird Ihnen sicher klar sein, dass beim Tausch der gemeine Wert des hingegebenen Gegenstands und nicht dessen Buchwert in die Ermittlung der Anschaffungskosten eingeht. Dies bedeutet aber: Die stillen Reserven (der Unterschied zwischen dem gemeinen Wert und dem Buchwert zum Zeitpunkt des Ausscheidens) des zum Tausch verwendeten Gegenstands werden bei der Anschaffung aufgedeckt, was grds. zu einer Gewinnrealisierung führt.

6.4.1.15 Zuschüsse

851 Begrifflich handelt es sich bei Zuschüssen um Zuwendungen von **privater Seite oder von der öffentlichen Hand,** die einmalig (oder wiederkehrend) ohne Rückzahlungsverpflichtung gegeben werden. Zwei Arten von Zuschüssen müssen hier unterschieden werden:

- Die **Ertragszuschüsse** und
- die **Kapital- oder Investitionszuschüsse.**

Um **Ertragszuschüsse** handelt es sich, wenn einem Unternehmen Zuwendungen zufließen, um damit die **Ertragskraft des Unternehmens zu verbessern.** Solche Zuschüsse werden z. B. als Gasölbeihilfen in der Landwirtschaft, als Schlachtprämien, als Sturmschadenbeihilfe oder als Zuschuss wegen Ernteschäden gezahlt. Ertragszuschüsse sind immer als Ertrag (im Rahmen der Gewinn- und Verlustrechnung) gewinnerhöhend zu erfassen. 852

Kapitalzuschüsse (Investitionszuschüsse) werden demgegenüber gezahlt, um den Empfängern **Investitionen zu erleichtern** und damit einen Anreiz für bestimmte Investitionen zu geben. Solche Zuschüsse müssen zweckgebunden sein, mit der Folge, dass sie zurückgefordert werden können, wenn sie der Empfänger nicht zweckentsprechend verwendet. Im Falle solcher Kapitalzuschüsse hat der Steuerpflichtige i. S. der R 6.5 Abs. 2 EStR **ein Wahlrecht.** Er kann die Zuschüsse als **Betriebseinnahme** ansetzen; in diesem Fall werden die Anschaffungs- oder Herstellungskosten der mithilfe des Zuschusses erworbenen bzw. hergestellten Wirtschaftsgüter nicht berührt. Er kann die Zuschüsse aber auch **erfolgsneutral** behandeln. In diesem Fall dürfen die Anlagegüter, für die die Zuschüsse gewährt wurden, nur mit den Anschaffungs- oder Herstellungskosten bewertet werden, die der Steuerpflichtige selbst aufgewendet hat, also ohne Berücksichtigung der Zuschüsse. Diese eigenen Aufwendungen bilden dann bei abnutzbaren Anlagegütern die Bemessungsgrundlage für die AfA (R 6.5 Abs. 2 Satz 3 EStR). 853

In bilanztechnischer Hinsicht sind drei Fälle zu unterscheiden, die man sich anhand der folgenden Beispiele verdeutlichen kann.

BEISPIELE: Eine Druckerei erhält zur Anschaffung einer Maschine einen Zuschuss i. H. von 100.000 €. Die Maschine kostet 300.000 € zzgl. 57.000 € Umsatzsteuer und wird im Januar 01 erworben. Die betriebsgewöhnliche Nutzungsdauer beträgt zehn Jahre. Die lineare AfA wird gewünscht.

- **Fall a)**

  Der Zuschuss wird im Jahr der Anschaffung gezahlt (R 6.5 Abs. 2 EStR).

  Buchungen:

Maschine	300.000 €			
Vorsteuer	57.000 €	an	Sonstige Verbindlichkeiten	357.000 €
Geld	100.000 €	an	Maschine	100.000 €
AfA (10 % von 200.000 € =)	20.000 €	an	Maschine	20.000 €

- **Fall b)**

  Der Zuschuss wird im Jahr nach der Anschaffung gezahlt (R 6.5 Abs. 3 EStR).

  Buchungen:

  – **Im Jahr 01:**

Maschine	300.000 €			
Vorsteuer	57.000 €	an	Sonstige Verbindlichkeiten	357.000 €
AfA (10 % von 300.000 € =)	30.000 €	an	Maschine	30.000 €

- **Im Jahr 02:**

Geld	100.000 €	an	Maschine	100.000 €
AfA	18.889 €	an	Maschine	18.889 €

Gemäß R 6.5 Abs. 3 i. V. mit R 7.3 Abs. 4 Satz 2 EStR ermittelt sich die AfA nach der Gewährung des Zuschusses wie folgt: Der Restbuchwert abzgl. Zuschuss wird auf die Restnutzungsdauer verteilt (wird die AfA gem. § 7 Abs. 4 Satz 1, Abs. 5 oder 5a EStG vorgenommen, ist die AfA von den um den Zuschuss geminderten Anschaffungs- oder Herstellungskosten zu bemessen, R 7.3 Abs. 4 EStR).

► **Fall c)**

Die Zuschussgewährung erfolgt bereits im Jahr 00, dem Jahr vor der Anschaffung.

Buchungen:

- **Im Jahr 00:**

Geld	100.000 €	an	Zuschussrücklage	100.000 €

- **Im Jahr 01:**

Maschine	300.000 €			
Vorsteuer	57.000 €	an	Sonstige Verbindlichkeiten	357.000 €
Zuschussrücklage	100.000 €	an	Maschine	100.000 €
AfA	20.000 €	an	Maschine	20.000 €

Die letzte Buchungsmöglichkeit ergibt sich aus R 6.5 Abs. 4 EStR. Durch diese Regelung wird es möglich, dass das gewünschte Ergebnis erreicht wird: Die erfolgsneutrale Behandlung des Zuschusses.

854 **Buchtechnische Behandlung bei Investitionszulagen**

Der Geldzufluss wird als Ertrag gebucht. Dies entspricht auch den handelsrechtlichen GoB. Außerhalb der Bilanz ist dann der ausgewiesene Gewinn um die gewährte Investitionszulage zu mindern (vom steuerlichen Gesichtspunkt aus gesehen ist es bei Einzelgewerbetreibenden auch nicht zu beanstanden, wenn die Buchung des Zuschusses erfolgsneutral über das Privatkonto oder über das Kapitalkonto erfolgt).

855 Von den oben dargestellten „echten" Zuschüssen sind die sog. **„unechten" Zuschüsse** zu unterscheiden. „Unechte" Zuschüsse liegen dann vor, wenn die „Zuschussgewährung" in **unmittelbarem wirtschaftlichen Zusammenhang mit einer Leistung** des Zuschussempfängers steht. Solche unechten Zuschüsse sind als Erträge zu erfassen. Unter Umständen kann jedoch die Bildung eines passiven Rechnungsabgrenzungspostens in Betracht kommen.

BEISPIEL: Ein Steuerpflichtiger erhält am 1.1.01 beim Abschluss eines Mietvertrags, in dem er sich verpflichtet hat, ein zu seinem Betriebsvermögen gehörendes Grundstück vier Jahre lang zu einem Mietzins i. H. von 1.000 € pro Monat zu vermieten, einen Mieterzuschuss i. H. von 4.800 €.

Hier handelt es sich um einen unechten Zuschuss. Dem Mietzuschuss steht die Verpflichtung gegenüber, dem Mieter das Grundstück vier Jahre lang zur Nutzung zu überlassen.

Der „Zuschuss" ist also im Jahr 01 als Ertrag zu buchen. Zum 31.12.01 ist jedoch ein passiver Rechnungsabgrenzungsposten zu bilden (i. H. von 3.600 €). Hierdurch wird der „Zuschuss" auf die Dauer der vertraglichen Mietzeit verteilt. In den Jahren 02, 03 und 04 sind je 1.200 € dieses Rechnungsabgrenzungspostens gewinnerhöhend aufzulösen.

6.4.1.16 Fiktive Anschaffungskosten

Der bisherige Begriff der Anschaffungskosten lässt sich nur auf die Fälle anwenden, in denen Wirtschaftsgüter entgeltlich erworben wurden. Daher kann der Bewertungsmaßstab „Anschaffungskosten" keine Bedeutung erlangen, wenn Wirtschaftsgüter **unentgeltlich erworben werden.** Beim unentgeltlichen Erwerb einzelner Wirtschaftsgüter sind zwei verschiedene Sachverhalte zu unterscheiden: 856

1. Der unentgeltliche Erwerb erfolgt aus betrieblichem Anlass.
2. Der unentgeltliche Erwerb erfolgt aus privatem Anlass.

Werden einzelne Wirtschaftsgüter aus betrieblichem Anlass aus einem Betriebsvermögen unentgeltlich in das Betriebsvermögen eines anderen Steuerpflichtigen übertragen, gilt gem. § 6 Abs. 4 EStG: Der Erwerber muss den **gemeinen Wert** für das erhaltene Wirtschaftsgut als Anschaffungskosten ansetzen. Der gemeine Wert umfasst auch die (eventuell) abziehbare Vorsteuer. Der Betrag dieser fiktiven Anschaffungskosten ist gleichzeitig als Ertrag auszuweisen. 857

BEISPIEL 1: Ein Steuerpflichtiger erhält von seinem Lieferanten zum 25-jährigen Geschäftsjubiläum einen PC, der zum Zeitpunkt der Schenkung 2.000 € zzgl. 380 € Umsatzsteuer kostete.

Buchung:

Maschine	2.380 €	an	Außerordentlichen Ertrag	2.380 €

Anschließend ist der PC nach normalen Abschreibungsregeln abzuschreiben.

BEISPIEL 2: Ein Lieferant beschenkt seinen Kunden zum Geschäftsjubiläum mit einer Silbervase, die sofort im Wohnzimmer des Steuerpflichtigen ihren Platz findet. Der Preis für die Vase zum Erwerbszeitpunkt betrug 1.000 € zzgl. 190 € Umsatzsteuer.

Buchungen:

Vase	1.190 €	an	Außerordentlichen Ertrag	1.190 €
Privatentnahme	1.190 €	an	Vase	1.190 €

Auch in diesem Fall vollzieht sich die Zuwendung im betrieblichen Bereich; im Anschluss an die Zuwendung erfolgt eine Entnahme der Vase in den Privatbereich.

Die Entnahme der Vase löst keine Umsatzsteuer aus, da die Vase nicht zum Vorsteuerabzug berechtigte (§ 3 Abs. 1b Satz 2 UStG).

Werden einzelne Wirtschaftsgüter unentgeltlich aus privatem Anlass erworben, liegt kein Fall des § 6 Abs. 4 EStG vor. Vielmehr findet hier zunächst eine Schenkung in der Privatsphäre statt und anschließend wird das unentgeltlich erworbene Wirtschaftsgut eingelegt. 858

6.4.1.17 Unentgeltlicher Erwerb eines Betriebs oder Teilbetriebs

In § 6 Abs. 3 EStG ist die gesetzliche Regelung niedergelegt: Wird ein Betrieb, Teilbetrieb (oder der Anteil eines Mitunternehmers an einem Betrieb) unentgeltlich übertragen, sind bei der Ermittlung des Gewinns des bisherigen Betriebsinhabers die Wirtschaftsgüter mit den Werten anzusetzen, die sich nach den Vorschriften über die Gewinnermittlung ergeben. An diese Werte ist der Rechtsnachfolger gebunden. 859

Daraus folgt, dass beim unentgeltlichen Erwerb eines Betriebs, eines Teilbetriebs oder eines Mitunternehmeranteils der Erwerber die Wirtschaftsgüter mit den Bilanzansätzen fortführen muss, die sich beim bisherigen Betriebsinhaber (Mitunternehmer) nach den Vorschriften über die Gewinnermittlung ergeben haben (§ 6 Abs. 3 EStG). Hieraus lässt sich unschwer entnehmen, dass in der Übernahme von Verbindlichkeiten kein Entgelt zu sehen ist.

860 Wichtig ist in diesem Zusammenhang die Abgrenzung zur Betriebsaufgabe i. S. des § 16 Abs. 3 Satz 1 EStG. Bei einer Betriebsaufgabe findet nämlich eine Gewinnrealisierung beim Aufgebenden statt, während in den Fällen der unentgeltlichen Übertragung beim Übertragenden keine Gewinnrealisierung eintritt.

861 Voraussetzungen für den unentgeltlichen Erwerb eines Betriebs (Teilbetriebs) sind:

- Die wesentlichen Betriebsgrundlagen müssen durch einen einheitlichen Übertragungsakt auf den Erwerber überführt werden.
- Der Übertragende behält **nicht** wesentliche Teile des Betriebsvermögens zurück (die er dann in das Privatvermögen überführt).

862 Behält der Übertragende wesentliche Teile des Betriebsvermögens zurück, handelt es sich um eine Entnahme **sämtlicher** Wirtschaftsgüter, deren stille Reserven dann vom Übertragenden aufgedeckt werden müssen.

Hauptanwendungsfall für den unentgeltlichen Erwerb eines Betriebs ist der Fall der vorweggenommenen Erbfolge, in dem der übernehmende Rechtsnachfolger den Betrieb unverändert fortführt und hierbei an die Buchwerte des Rechtsvorgängers gebunden ist.

6.4.2 Herstellungskosten

6.4.2.1 Bedeutung der Herstellungskosten

863 Anschaffungskosten können als Bewertungsmaßstab nur für Wirtschaftsgüter herangezogen werden, die angeschafft wurden. **Werden Wirtschaftsgüter** jedoch ganz oder teilweise **im eigenen Betrieb des Steuerpflichtigen hergestellt,** sind die **Herstellungskosten die gesuchte Größe.** Sie sind deshalb insbesondere bei selbst hergestellten Vorräten (Halb- und Fertigerzeugnissen) und auch bei selbst hergestellten Wirtschaftsgütern des Anlagevermögens (z. B. selbst hergestellten Maschinen oder Gebäuden) von Bedeutung.

6.4.2.2 Grundlagen der Selbstkostenrechnung

864 Um der Frage näher zu kommen, was unter „Herstellungskosten" zu verstehen ist, ist es erforderlich, sich **Grundbegriffe der Kostenrechnung** zu verdeutlichen. Hier haben wir uns den Begriffen „Ausgaben", „Aufwand" und „Kosten" zuzuwenden.

Darstellung der Begriffsreihe „Ausgaben", „Aufwand", „Kosten" und „Ausgaben" pro Periode 865

„Ausgaben" liegen vor, wenn Zahlungsmittel oder andere Wirtschaftsgüter für empfangene Güter oder andere Dienstleistungen den Betrieb verlassen

\+ in der laufenden Periode erfolgswirksame Ausgaben früherer Perioden, wie z. B. Abschreibungen (hier ist die Ausgabe in den Vorjahren erfolgt, der Aufwand wird jedoch über die AfA in diesem Jahr erfasst)

\+ in der laufenden Periode erfolgswirksame Ausgaben künftiger Perioden, wie z. B. Rückstellungen (hier wird der Aufwand durch die Buchung „Aufwand an Rückstellung" bereits erfasst, obwohl die Zahlung erst in späteren Jahren erfolgt)

\- Ausgaben dieser Periode, die erst in späteren Perioden erfolgswirksam werden, wie z. B. Investitionsausgaben (jetzt wird die Ausgabe durch Zahlung des Kaufpreises getätigt, der Aufwand wird jedoch in späteren Jahren über die AfA erfasst)

= Aufwand der Periode

Als „Aufwand einer Periode" wird die periodisierte, erfolgswirksame Ausgabe bezeichnet. Er ist der Werteverzehr oder Werteverbrauch einer Periode, der in der Finanz- bzw. Geschäftsbuchhaltung erfasst und am Jahresende in der Gewinn- und Verlustrechnung ausgewiesen wird.

\- neutraler Aufwand:

a) Betriebsfremder Aufwand (z. B. Verluste aus Wertpapiergeschäften, Aufwendungen für ein Grundstück, das nicht direkt für Betriebszwecke genutzt wird)

b) periodenfremder Aufwand (z. B. Nachzahlung von Betriebssteuern, für die keine ausreichende Rückstellung in den Vorjahren gebildet wurde)

c) außerordentlicher Aufwand (z. B. durch Abgang von Anlagevermögen, Feuerschäden, Diebstahlschäden)

\+ Zusatzkosten (Kosten, die sich nicht vom Aufwand bzw. von den Ausgaben her ableiten lassen; i. d. R. kalkulatorische Kosten):

a) Kalkulatorischer Unternehmerlohn

b) kalkulatorische Eigenkapitalzinsen

c) kalkulatorische Eigenmiete

\+ Anderskosten

\- (hier wird z. B. die Differenz zwischen kalkulatorischer AfA und der bilanziellen AfA erfasst)

= Kosten der Periode (unter „Kosten" wird der bewertete, durch die Leistungserstellung bedingte Güterverzehr verstanden)

Man kann sagen, dass sich die Begriffe „Aufwand" und „Kosten" nicht über- oder unterordnen lassen, sondern sich gegenseitig überschneiden. Das Verhältnis der beiden Begriffe lässt sich mithilfe des nachfolgenden Schemas verdeutlichen. Die Existenz möglicher Bewertungsunterschiede zwischen Aufwands- und Kostenrechnung und somit das Problem der Anderskosten wird in dem Schema vernachlässigt (es wird hier u. a. also 866 unterstellt, dass die kalkulatorische AfA als Kostenrechnungsgröße betragsmäßig gleich der AfA in der Gewinn- und Verlustrechnung ist).

TAB. 3: Abgrenzung zwischen „Aufwand" und „Kosten"

	Aufwand		
Werteverzehr einer Periode, wie er in der extern orientierten Aufwandsrechnung erfasst wird:	Neutraler Aufwand Aufwand, aber keine Kosten (= betriebsfremder oder außerordentlicher oder periodenfremder Aufwand)	Zweckaufwand Aufwand, zugleich Kosten (= Aufwand, der zugleich betriebsbezogen, ordentlich und periodenrichtig ist)	
Werteverzehr einer Periode, wie er in der intern orientierten Kostenrechnung erfasst wird:		Kosten, zugleich Aufwand Grundkosten	Kosten, aber kein Aufwand Zusatzkosten
		Kosten	

867 Die Buchung der kalkulatorischen Kosten soll anhand der kalkulatorischen Abschreibung bei den Anderskosten dargestellt werden:

Anlagegut (Klasse 0)

	20.000 €	1.	20.000 €

Bilanzielle Abschreibung (Klasse 2)

1.	20.000 €	3.	20.000 €

Kalkulatorische Abschreibung (Klasse 4)

2.	10.000 €	4.	10.000 €

Verrechnete kalkulatorische Abschreibung (Klasse 2)

5.	10.000 €	2.	10.000 €

Neutrales Ergebnis (Klasse 9)

3.	20.000 €	5.	10.000 € (Saldo)
		6.	10.000 €

Betriebsergebnis (Klasse 9)

4.	10.000 €	7.	10.000 € (Saldo)

Gewinn- und Verlustrechnung (Klasse 9)

	20.000 €	6.	10.000 €
		7.	10.000 €

Es wurde unterstellt, dass die zulässige bilanzielle Abschreibung (AfA) 20.000 € und die kalkulatorische Abschreibung 10.000 € betragen soll. In diesem Beispiel fällt daher ein neutraler Aufwand i. H. von 10.000 € (= 20.000 € bilanzielle Abschreibung - 10.000 € kalkulatorische Abschreibung) an, während i. H. von 10.000 € Zweckaufwand vorliegt, der gleichzeitig auch Kosten darstellt. In der Gewinn- und Verlustrechnung wirken sich als Gesamtergebnis immer die bilanziellen Abschreibungen als Aufwand aus. An dieser Stelle kann bereits darauf hingewiesen werden, dass grds. nur solche Kosten zu den Herstellungskosten zählen, die gleichzeitig Aufwand darstellen.

Im Zusammenhang mit den Herstellungskosten ist die Unterscheidung zwischen **Einzel- und Gemeinkosten** wichtig. Hierbei geht es um die Zurechnung oder die Zurechenbarkeit von Kosten auf irgendwelche Kalkulationsobjekte. 868

Einzelkosten sind hierbei solche Kosten, die den einzelnen Endprodukteinheiten (wie z. B. einer selbst hergestellten Maschine oder einer hergestellten Wareneinheit) aufgrund genauer Aufzeichnungen direkt zugerechnet werden können.

Gemeinkosten sind demgegenüber solche Kosten, die nicht unmittelbar für das einzelne Erzeugnis anfallen. Sie betreffen vielmehr eine Gesamtheit von Aufträgen oder gar den Betrieb insgesamt. Diese Kosten werden nach bestimmten Schlüsseln im Wege der Schätzung auf die einzelnen Produkte verteilt.

BEISPIEL: Ein Dreher, der pro Schicht 100 € verdient, stellt pro Schicht 100 Werkstücke unter der Verwendung von Material für 50 € her. Die sich daraus ergebenden Einzelkosten betragen pro Stück

- 1,00 € Löhne (Fertigungseinzelkosten) und
- 0,50 € Material (Materialeinzelkosten).

Für die Herstellung fallen darüber hinaus noch weitere Kosten an, wie z. B. Energiekosten, Abschreibungen der Anlagen u. ä. Das sind Gemeinkosten, die dann nach bestimmten Verteilerschlüsseln aufgeteilt werden müssen. Eine direkte Zurechnung zu den hergestellten Werkstücken ist nicht möglich.

6.4.2.3 Grundlagen für eine Zuschlagskalkulation

Die Aufgabe, die von der Kostenrechnung in diesem Zusammenhang erfüllt wird, ist die **Bereitstellung von Daten für die Vor- und Nachkalkulation.** Auf dieser Grundlage werden die Preise für die erzeugten Waren im Unternehmen festgesetzt. Dass wir hieraus auch für unsere Zwecke – der Ermittlung von Herstellungskosten – Informationen gewinnen können, ist hierbei nur ein Nebenprodukt. 869

Die Kostenrechnung beginnt regelmäßig mit einer **Kostenartenrechnung.** Die Kostenartenrechnung gibt zunächst einen genauen Einblick in die Kostenstruktur eines Unternehmens. Sie erfasst sämtliche Kosten, die bei der Erstellung und Verwertung von betrieblichen Leistungen anfallen. Um die auf die Produkte entfallenden Gemeinkosten zu erfassen, ist eine Aufteilung des Betriebs in **Kostenstellen** erforderlich. Dann ist es möglich, die Gemeinkosten mit bestimmten **Aufteilungsschlüsseln** auf die Kostenstellen aufzuteilen. Dies geschieht häufig mithilfe des sog. **„Betriebsabrechnungsbogens"**. In der Regel ist der Betriebsabrechnungsbogen eine Tabelle mit horizontaler Anordnung der Kostenstellen und vertikaler Anordnung der Gemeinkostenarten. Welche Kostenarten und welche Kostenstellen in den Betriebsabrechnungsbögen enthalten sind, ist aus dem nachfolgenden Beispiel eines Betriebsabrechnungsbogens (siehe unter Rz. 870) ersichtlich (natürlich können und werden im Einzelfall sowohl Kostenarten als auch Kostenstellen tiefer gegliedert und auch andere, genauere Verteilerschlüssel angewandt).

870 Als **Ergebnis der Kostenstellenrechnung** im Betriebsabrechnungsbogen erhält man für jede Fertigungsstelle sowie für jede weitere Kostenstelle die **entstandenen Gemeinkosten.**

BEISPIEL: Betriebsabrechnungsbogen (vereinfacht):

Gemeinkostenarten		Verteilung dieser Kosten erfolgt nach	Kostenstellen			
			Fertigung	**Material**	**Verwaltung**	**Vertrieb**
Energie	20.000 €	Zählerstand in den einzelnen Kostenstellen	12.000 €	5.000 €	2.000 €	1.000 €
Hilfslöhne einschließlich sozialer Aufwendungen	50.000 €	Lohnlisten in den einzelnen Kostenstellen	30.000 €	6.000 €	8.000 €	6.000 €
Abschreibungen	60.000 €	Kartei der AfA in den einzelnen Kostenstellen	30.000 €	10.000 €	10.000 €	10.000 €
Summen	**130.000 €**		**72.000 €**	**21.000 €**	**20.000 €**	**17.000 €**

Außerdem enthält der Betriebsabrechnungsbogen noch folgende Angaben über die angefallenen Einzelkosten:

- Fertigungslöhne 200.000 € und
- Fertigungsmaterial 100.000 €.

An Fertigungsgemeinkosten sind lt. Betriebsabrechnungsbogen 72.000 € entstanden; dies sind 36 % der Fertigungseinzelkosten. An Materialgemeinkosten sind lt. Betriebsabrechnungsbogen 21.000 € entstanden; dies sind 21 % der Materialeinzelkosten. Die Verwaltungs(gemein)kosten i. H. von 20.000 € sind ca. 5,1 % der Summe aus den gesamten Einzelkosten (Fertigungs- und Materialeinzelkosten) sowie der Fertigungs- und Materialgemeinkosten (200.000 € + 100.000 € + 72.000 € + 21.000 € = 393.000 €).

Die Vertriebskosten i. H. von 17.000 € sind ca. 4,3 % der Summe aus den gesamten Einzelkosten (Fertigungs- und Materialeinzelkosten) sowie der Fertigungs- und Materialgemeinkosten (200.000 € + 100.000 € + 72.000 € + 21.000 € = 393.000 €).

871 An dieser Stelle setzt die **Kostenträgerrechnung** ein. Sie will die Frage beantworten: **Wofür sind die Kosten angefallen?** Die Kosten, die bei der Erstellung von absatzfähigen Leistungen entstanden sind, sollen auf die Leistungseinheiten verteilt werden.

Wird der Verkaufspreis für ein **einzelnes Gut** kalkuliert, muss zunächst ermittelt werden, welche Einzelkosten für dieses Gut aufgewandt wurden. Anschließend werden dann die Materialgemeinkosten, die Fertigungsgemeinkosten, die Verwaltungskosten und die Vertriebskosten entsprechend den oben ermittelten Prozentsätzen errechnet; anschließend wird der Gewinnaufschlag hinzugerechnet. Das Ergebnis dieser Zuschlagskalkulation ist der Verkaufspreis.

Als Ergebnis dieser Überlegungen ergibt sich folgende **Kalkulation für ein produziertes Wirtschaftsgut,** für das an Materialeinzelkosten 50 € und an Fertigungseinzelkosten 80 € aufgewandt wurden und bei dessen Verkauf ein Gewinnaufschlag i. H. von 20 % realisiert werden soll:

Materialeinzelkosten	50,00 €	
Materialgemeinkosten (entspricht 21 % der Materialeinzelkosten)	+ 10,50 €	
Materialkosten		60,50 €
Fertigungseinzelkosten	80,00 €	
Fertigungsgemeinkosten (36 % der Fertigungseinzelkosten)	+ 28,80 €	
Fertigungskosten		+ 108,80 €
		169,30 €
Verwaltungskosten (entspricht 5,1 % der Summe von Fertigungs- und Materialkosten)		+ 8,63 €
Vertriebskosten (entspricht 4,3 % der Summe aus Fertigungs- und Materialkosten)		+ 7,28 €
Selbstkosten		185,21 €
zzgl. Gewinnaufschlag (20 %)		+ 37,04 €
Verkaufspreis (netto, ohne Umsatzsteuer)		222,25 €

Werden in einem Unternehmen gleichartige Erzeugnisse hergestellt, ist auch die Divisionskalkulation anwendbar. Hier ermitteln sich die Selbstkosten für ein verkauftes Stück wie folgt:

$$\frac{\text{Kosten im Fertigungsbereich}}{\text{Hergestellte Menge}} + \frac{\text{Verwaltungs- und Vertriebskosten}}{\text{Abgesetzte Menge}}$$

6.4.2.4 Der Herstellungskostenbegriff im Handelsrecht

Der Begriff **„Herstellungskosten“** wird in § 255 Abs. 2 HGB gesetzlich definiert: *„Herstellungskosten sind die Aufwendungen, die durch den Verbrauch von Gütern und die Inanspruchnahme von Diensten für die Herstellung eines Vermögensgegenstands, seine Erweiterung oder für eine über seinen ursprünglichen Zustand hinausgehende wesentliche Verbesserung entstehen.“* 872

Diese Kosten umfassen gem. § 255 Abs. 2 Satz 2 HGB als Einzelkosten die Materialkosten, die Fertigungskosten und die Sonderkosten der Fertigung sowie als Gemeinkosten angemessene Teile der Materialgemeinkosten, angemessene Teile der Fertigungsgemeinkosten und den Werteverzehr des Anlagevermögens, soweit dieser durch die Fertigung veranlasst ist. Für diese Kosten gilt: Sie müssen aktiviert werden und stellen die Wertuntergrenze für die Ermittlung der Herstellungskosten dar.

873 In die Herstellungskosten dürfen darüber hinaus gem. § 255 Abs. 2 Satz 3 und Abs. 3 HGB auch einbezogen werden:

- Angemessene Teile der Kosten der allgemeinen Verwaltung,
- angemessene Aufwendungen für soziale Einrichtungen des Betriebs, für freiwillige soziale Leistungen und für die betriebliche Altersversorgung, soweit diese auf den Zeitraum der Herstellung entfallen, und
- unter bestimmten Voraussetzungen Fremdkapitalzinsen.

  (In § 255 Abs. 3 HGB ist niedergelegt, dass **Fremdkapitalzinsen** grds. nicht zu den Herstellungskosten gehören. Die Zinsen für Fremdkapital dürfen jedoch dann in die Herstellungskosten einbezogen werden, wenn dieses Fremdkapital zur Finanzierung der Herstellung eines Vermögensgegenstands verwendet wird. Teil der Herstellungskosten wird dann nur der Teil der Zinsen, der auf den Zeitraum der Herstellung entfällt; ansonsten besteht für Fremdkapitalzinsen ein Aktivierungsverbot.)

Die Summe der hier genannten Gemeinkosten, die als Herstellungskosten angesetzt werden können, und der gem. § 255 Abs. 2 Satz 2 HGB zu aktivierenden Einzel- und Gemeinkosten stellt die Wertobergrenze dar.

874 Die **Vertriebskosten** dürfen nicht in die Herstellungskosten einbezogen werden; das Gleiche gilt für kalkulatorische Kosten.

875 Immaterielle Vermögensgegenstände des Anlagevermögens können aktiviert werden. Daher sind im HGB Vorschriften enthalten, die den Umfang der Herstellungskosten in solchen Fällen regeln.

§ 255 Abs. 2a HGB enthält Sonderregelungen hinsichtlich eines selbst geschaffenen immateriellen Vermögensgegenstands des Anlagevermögens. Die bei der Entwicklung eines solchen Gegenstands anfallenden Herstellungskosten können aktiviert werden. Demgegenüber dürfen Forschungskosten nicht aktiviert werden.

Im § 255 Abs. 2a Satz 2 HGB wird der Begriff „Entwicklung" in Abgrenzung zu dem Begriff „Forschung" definiert:

- *„Entwicklung ist die Anwendung von Forschungsergebnissen (oder anderem Wissen) für die Neuentwicklung von Gütern oder Verfahren oder die Weiterentwicklung von Gütern oder Verfahren mittels wesentlicher Änderungen."* Güter in diesem Zusammenhang können Materialien, Produkte, geschützte Rechte, ungeschütztes Knowhow oder Dienstleistungen sein. Unter den Begriff „Verfahren" können neben den typischen Produktions- und Herstellungsverfahren auch entwickelte Systeme fallen.
- *„Forschung ist [im Gegensatz dazu] die eigenständige und planmäßige Suche nach neuen wissenschaftlichen oder technischen Erkenntnissen oder Erfahrungen allgemeiner Art, über deren technische Verwertbarkeit und wirtschaftliche Erfolgsaussichten grds. keine Aussagen gemacht werden können"* (§ 255 Abs. 2a Satz 3 HGB).

Kann der Zeitpunkt des Übergangs von der Forschungs- zu der Entwicklungsphase nicht hinreichend nachvollziehbar und plausibel dargelegt werden und sind damit die Forschungs- und die Entwicklungsphase nicht eindeutig trennbar, sind handelsrechtlich – dem Vorsichtsprinzip folgend – alle Aufwendungen als Aufwand zu erfassen.

Damit kann die Aktivierung eines selbst geschaffenen immateriellen Vermögensgegenstands nur erfolgen, wenn

- zum Aktivierungszeitpunkt mit hinreichender Wahrscheinlichkeit von der Entstehung eines Vermögensgegenstands ausgegangen werden kann oder
- die zu aktivierenden Aufwendungen während der Entwicklung des selbst geschaffenen immateriellen Vermögensgegenstands angefallen sind.

Eine Einschränkung dieser Regelungen hinsichtlich selbst geschaffener immaterieller Wirtschaftsgüter besteht gem. § 248 Abs. 2 Satz 2 HGB, nämlich ein Aktivierungsverbot für

- Marken,
- Drucktitel,
- Verlagsrechte,
- Kundenlisten oder
- vergleichbare immaterielle Vermögensgegenstände des Anlagevermögens, die nicht entgeltlich erworben wurden.

6.4.2.5 Der Herstellungskostenbegriff im Steuerrecht

Das Steuerrecht kennt keine gesetzliche Definition der Herstellungskosten. Daher ist es 876
über § 5 Abs. 1 EStG zwingend, den handelsrechtlichen Herstellungskostenbegriff auch im Steuerrecht zu verwenden. Seit dem Gesetz zur Modernisierung des Besteuerungsverfahrens v. 18.7.2016 (BGBl 2016 I S. 1679) gilt durch die neu eingefügte Nr. 1b in § 6 Abs. 1 EStG ein neues Wahlrecht. Danach brauchen bei der Berechnung der Herstellungskosten angemessene Teile der Kosten der allgemeinen Verwaltung sowie angemessene Aufwendungen für soziale Einrichtungen des Betriebs, für freiwillige soziale Leistungen und für die betriebliche Altersversorgung i. S. des § 255 Abs. 2 Satz 3 HGB nicht einbezogen zu werden, soweit diese auf den Zeitraum der Herstellung entfallen. Die so geschaffene gesetzliche Regelung bedeutet jedoch kein neues eigenständiges Wahlrecht. Es ist nur eine einheitliche Wahlrechtsausübung in Handels- und Steuerbilanz möglich (§ 6 Abs. 1 Nr. 1b Satz 2 EStG).

Damit entsprechen die steuerlich anzusetzenden Herstellungskosten den nach handelsrechtlichen Vorschriften höchstens zu aktivierenden Kosten (den Kosten, die handelsrechtlich aktiviert werden müssen und aktiviert werden dürfen).

Gemäß R 6.3 Abs. 4 EStR gehören Fremdkapitalzinsen grds. nicht zu den Herstellungs- 877
kosten. Die handelsrechtliche Regelung des § 255 Abs. 3 HGB gilt hier entsprechend (siehe Rz. 874). Auf die Beachtung des Maßgeblichkeitsprinzips ist nochmals hinzuweisen: Wer in der Steuerbilanz Fremdkapitalzinsen aktivieren will, muss dies auch in seiner Handelsbilanz getan haben. Dies gilt auch gem. R 6.3 Abs. 5 EStR unverändert weiter.

In R 6.3 Abs. 5 EStR wird klargestellt, dass auch die AfA für das Anlagevermögen zu den 878
Herstellungskosten gehört, soweit sie der Fertigung der Erzeugnisse gedient hat. Dabei ist grds. der Betrag anzusetzen, der als AfA bei der Bilanzierung des Anlagevermögens berücksichtigt ist. Hierbei darf der Steuerpflichtige jedoch in den Fällen, in denen die

degressive AfA (§ 7 Abs. 2 EStG) für angeschaffte Wirtschaftsgüter in Anspruch genommen wird, die lineare AfA bei der Berechnung der Herstellungskosten der Erzeugnisse berücksichtigen. In diesem Fall muss der Steuerpflichtige jedoch dieses Absetzungsverfahren auch dann bei der Berechnung der Herstellungskosten beibehalten, wenn gegen Ende der Nutzungsdauer die AfA in fallenden Jahresbeträgen niedriger sind als die AfA in gleichen Jahresbeträgen. Der Werteverzehr von Wirtschaftsgütern i. S. des § 6 Abs. 2 und 2a EStG braucht nicht in die Berechnung der Herstellungskosten einbezogen zu werden.

879 Auch im Steuerrecht dürfen kalkulatorische Kosten und Vertriebskosten **nicht in die Herstellungskosten** einbezogen werden. Zu den Vertriebskosten gehört auch die Umsatzsteuer (R 6.3 Abs. 6 Satz 3 EStR). Dagegen dürfen allgemeine Verwaltungskosten in die Herstellungskosten einbezogen werden. Steuern vom Einkommen und die Gewerbesteuer gehören schon deshalb nicht zu den Herstellungskosten, da diese Steuern nicht zu den steuerlich abzugsfähigen Betriebsausgaben zählen (R 6.3 Abs. 6 Satz 1 EStR).

Vorsteuerbeträge, die nicht abziehbar sind, gehören zu den Herstellungskosten.

Kosten wegen verminderter Kapazitätsausnutzung dürfen nicht zu den Herstellungskosten gerechnet werden (R 6.3 Abs. 7 EStR).

880 Bei **Forschungs- und Entwicklungskosten** besteht folgende Besonderheit: In der Regel gehören diese Kosten, da sie nicht mit den am Bilanzstichtag vorhandenen Wirtschaftsgütern in Zusammenhang gebracht werden können, nicht zu den Herstellungskosten. Dies gilt sowohl für den Bereich der Grundlagenforschung als auch für die Fälle, in denen Produkte oder Produktionsverfahren neu entwickelt oder wesentlich verändert werden.

Die Kosten jedoch, die für die Weiterentwicklung von Produkten (Erzeugnissen) oder von Produktionsverfahren aufgewandt werden, gehören zu den Fertigungsgemeinkosten und sind damit als Herstellungskosten zu erfassen.

Steuerlich dürfen jedoch auch Entwicklungskosten, soweit sie aufgewandt werden, um immaterielle Wirtschaftsgüter selbst zu schaffen, gem. § 5 Abs. 2 EStG **nicht** aktiviert werden.

6.4.2.6 Gegenüberstellung der handels- und steuerrechtlichen Herstellungskosten

881 Die folgende Abbildung zeigt, welche Gemeinsamkeiten und welche Unterschiede zwischen dem handels- und dem steuerrechtlichen Herstellungsbegriff bestehen:

ABB. 44: Herstellungskosten nach Handels- und Steuerrecht

		Einbeziehung in die Herstellungskosten	
		gem. § 255 Abs. 2 und 3 HGB	gem. R 6.3 EStR
Einzelkosten	Materialkosten (u. a. Roh-, Hilfs- und Betriebsstoffe)	Pflicht	Pflicht
Einzelkosten	Fertigungslöhne (u. a. Löhne, Gehälter und entsprechende Nebenleistungen im Fertigungsbereich)	Pflicht	Pflicht
Einzelkosten	Sondereinzelkosten der Fertigung (u. a. direkt dem Produkt zuzuordnende Entwürfe, Modelle, Lizenzen, Spezialwerkzeuge)	Pflicht	Pflicht
Gemeinkosten	Materialgemeinkosten (u. a. Lagerhaltung)	Pflicht	Pflicht
Gemeinkosten	Fertigungsgemeinkosten: – Fertigungsvorbereitung und -kontrolle, Raumkosten, technische Betriebsleitung, Versicherungen, Instandhaltungen, Lohnbüro, Unfallschutz (soweit dies den Fertigungsbereich betrifft)	Pflicht	Pflicht
Gemeinkosten	– Forschungskosten: ► sind nicht direkt erzeugnisbezogen (Grundlagenforschung, Neuentwicklungen von Erzeugnissen oder Produktionsverfahren),	Verbot	Verbot
Gemeinkosten	► sind erzeugnisbezogen (Weiterentwicklung von Erzeugnissen oder von Produktionsverfahren)	Pflicht	Pflicht
Gemeinkosten	– soweit immaterielle Wirtschaftsgüter betreffend	Wahlrecht	Verbot
Gemeinkosten	– Wertverzehr des Anlagevermögens, soweit es der Fertigung gedient hat	Pflicht	Pflicht
Gemeinkosten	– planmäßige Abschreibungen	Verbot	Verbot
Gemeinkosten	– Teilwertabschreibungen – außerordentliche Abschreibungen	Verbot	Verbot
Gemeinkosten	– freiwillige soziale Leistungen für die im Fertigungsbereich Tätigen (u. a. betriebliche Altersversorgung, Betriebsausflüge, soziale Einrichtungen)	Wahlrecht	gemeinsames Wahlrecht
Gemeinkosten	– kalkulatorische Kosten (u. a. Unternehmerlohn, kalkulatorische Mieten, kalkulatorische Zinsen)	Verbot	Verbot
Gemeinkosten	– Fremdkapitalzinsen, soweit auf den Herstellungsraum entfallend	Wahlrecht	Wahlrecht
Gemeinkosten	**Allgemeine Verwaltungskosten (u. a. Geschäftsleitung, Beratungskosten, Rechnungswesen, Werkschutz, AfA auf Verwaltungsgebäude)**	Wahlrecht	gemeinsames Wahlrecht
Gemeinkosten	**Vertriebskosten (u. a. Fertigwarenlager, AfA auf Vertriebsgebäude, Marktforschung, Werbung)**	Verbot	Verbot

6.4.2.7 Anschaffungsnaher Aufwand

882 In der Steuerbilanz sind Aufwendungen, die im Anschluss an die Anschaffung eines Gebäudes gemacht werden (= anschaffungsnahe Aufwendungen), als **Herstellungskosten** zu erfassen, wenn die Voraussetzungen des § 6 Abs. 1 Nr. 1a EStG erfüllt sind:

- Es muss sich um Instandsetzungs- und/oder Modernisierungsaufwendungen handeln.
- Zu diesen Aufwendungen gehören **nicht** die Aufwendungen, die gem. § 255 Abs. 2 Satz 1 HGB ohnehin Herstellungskosten darstellen, nämlich die Kosten für Erweiterungen.
- Zu diesen Aufwendungen gehören auch **nicht** die Aufwendungen für Erhaltungsarbeiten, die üblicherweise jährlich anfallen.
- Diese Aufwendungen (ohne Umsatzsteuer), die innerhalb von drei Jahren nach der Anschaffung durchgeführt werden, müssen 15 % der Anschaffungskosten des Gebäudes übersteigen.

BEISPIEL: Ein Steuerpflichtiger erwirbt zum 1.7.01 ein Gebäude für 3 Mio. €. Im Herbst des Jahres 03 führt er umfangreiche Modernisierungsmaßnahmen durch, die Kosten i. H. von 500.000 € verursachen.

Die Grenze i. H. von 15 % (von 3 Mio. € = 450.000 €) ist hiermit überschritten; im Jahr 03 fallen somit nachträgliche Herstellungskosten i. H. von 500.000 € an.

Eine entsprechende Regelung fehlt im HGB.

6.4.2.8 Nachträglicher Herstellungsaufwand

883 Wird ein Wirtschaftsgut wesentlich in seiner Substanz vermehrt, in seinem Wesen erheblich verändert oder über seinen bisherigen Zustand hinaus deutlich verbessert, ist nachträglicher Herstellungsaufwand anzunehmen (vgl. § 255 Abs. 2 Satz 1 HGB). Während Herstellungsaufwand zu aktivieren ist und erst über die AfA zu Aufwand wird, sind Erhaltungsaufwendungen sofort als Betriebsausgaben abzugsfähig. Die Grenze zwischen Erhaltungs- und Herstellungsaufwand ist fließend.

884 Zum **Erhaltungsaufwand** gehören insbesondere:

- Laufende Aufwendungen für Instandhaltung, Pflege und Wartung sowie
- Aufwendungen für die Erneuerung von Teilen von Wirtschaftsgütern, die bereits in den Herstellungs- bzw. Anschaffungskosten enthalten waren. Hierbei kommt es nicht auf den Zustand oder die Brauchbarkeit der erneuerten Teile an, z. B. Umstellung einer Heizungsanlage oder Einbau eines Austauschmotors.

885 Ob Herstellungsaufwand bei Gebäuden vorliegt, ist im Allgemeinen nur zu prüfen, wenn es sich um verhältnismäßig große Aufwendungen handelt. Betragen die Aufwendungen für die einzelne Baumaßnahme nicht mehr als 4.000 € (Rechnungsbetrag ohne Umsatzsteuer), ist dieser Aufwand auf Antrag stets als Erhaltungsaufwand zu behandeln, es sei denn, diese Aufwendungen dienen der endgültigen Herstellung eines neu errichteten Gebäudes (R 21.1 Abs. 2 Satz 2 und 3 EStR).

BEACHTE

R 21.1 Abs. 2 Satz 2 und 3 EStR gilt nur für Gebäude, die der Erzielung von Einkünften aus Vermietung und Verpachtung i. S. des § 21 EStG dienen.

Zu dieser Frage ist ein BMF-Schreiben v. 26.1.2026 (BStBl 2026 I S. 272) ergangen, das als Anhang 30 V Nr. 1 zu den EStR abgedruckt ist. Nach Auffassung des BMF liegen eine wesentliche Verbesserung i. S. des § 255 Abs. 2 Satz 1 HGB und damit Herstellungskosten vor, wenn die Maßnahmen zur Instandsetzung und Modernisierung eines Gebäudes in ihrer Gesamtheit über eine zeitgemäße substanzerhaltene Erneuerung hinausgehen, den Gebrauchswert des Gebäudes insgesamt deutlich erhöhen und damit für die Zukunft eine erweiterte Nutzungsmöglichkeit geschaffen wird. Von einer deutlichen Erhöhung ist auszugehen, wenn der Gebrauchswert des Gebäudes von einem sehr einfachen auf einen mittleren oder von einem mittleren auf einen sehr anspruchsvollen Standard gehoben wird (siehe Rz. 47 des o. a. BMF-Schreibens v. 26.1.2026). 886

Die Feststellungslast für Tatsachen, die eine Behandlung als Anschaffungs- oder Herstellungskosten begründen, trägt das Finanzamt. Indizien für die Hebung des Standards liegen vor, wenn

- ein Gebäude in zeitlicher Nähe zum Erwerb im Ganzen und von Grund auf modernisiert wird,
- hohe Aufwendungen für die Sanierung der zentralen Ausstattungsmerkmale getätigt werden und
- aufgrund dieser Baumaßnahme der Mietzins erheblich erhöht wird.

Ob eine Hebung des Standards vorliegt, ist für die ersten drei Jahre nach Anschaffung des Gebäudes nicht zu prüfen, wenn die Aufwendungen für die Instandsetzung und Modernisierung des Gebäudes insgesamt 15 % der Anschaffungskosten des Gebäudes nicht übersteigen.

Liegt Herstellungsaufwand vor und fallen im Zusammenhang mit diesen Aufwendungen auch solche Aufwendungen an, die als Erhaltungsaufwand anzusehen sind, sind diese Aufwendungen ggf. im Wege der Schätzung in Herstellungs- und Erhaltungsaufwendungen aufzuteilen. Wenn die Arbeiten in einem sachlichen Zusammenhang stehen, sind die Aufwendungen ausnahmsweise insgesamt als Herstellungskosten zu beurteilen, wenn sie für ein Bündel von Einzelmaßnahmen anfallen, die für sich genommen teils Herstellungs- und teils Erhaltungsaufwendungen darstellen (Rz. 69 ff. des o. a. BMF-Schreibens v. 26.1.2026). Ein solcher sachlicher Zusammenhang liegt vor, wenn die einzelnen Baumaßnahmen – die sich auch über mehrere Jahre erstrecken können – bautechnisch ineinander greifen. 887

Der BFH hat mit den Urteilen v. 14.6.2016 - IX R 25/14 (BStBl 2016 II S. 992), IX R 15/15 (BStBl 2016 II S. 996) und IX R 22/15 (BStBl 2016 II S. 999) den Begriff der „Instandsetzungs- und Modernisierungsmaßnahmen" in § 6 Abs. 1 Nr. 1a EStG konkretisiert. Hiernach sind auch Schönheitsreparaturen, Aufwendungen zur Herstellung der Betriebsbereitschaft und Kosten für eine über den ursprünglichen Zustand hinausgehende wesentliche Verbesserung des Gebäudes i. S. des § 255 Abs. 2 HGB in die Prüfung der 15 %-Grenze einzubeziehen.

Gemäß dem BFH-Urteil v. 14.6.2016 - IX R 15/15 (BStBl 2016 II S. 996) gehören zu den Aufwendungen i. S. des § 6 Abs. 1 Nr. 1a Satz 1 EStG sämtliche Aufwendungen für bauliche Maßnahmen, die im Rahmen einer im Zusammenhang mit der Anschaffung des Gebäudes vorgenommenen Instandsetzung und Modernisierung anfallen und die nicht gem. § 6 Abs. 1 Nr. 1a Satz 2 EStG ausdrücklich ausgenommen sind. Hierzu zählen auch die Kosten für die Herstellung der Betriebsbereitschaft.

Gemäß dem BFH-Urteil v. 14.6.2016 - IX R 25/14 (BStBl 2016 II S. 992) gehören zu den Aufwendungen i. S. des § 6 Abs. 1 Nr. 1a Satz 1 EStG sämtliche Aufwendungen für bauliche Maßnahmen, die im Rahmen einer im Zusammenhang mit der Anschaffung des Gebäudes vorgenommenen Instandsetzung und Modernisierung anfallen und die nicht gem. § 6 Abs. 1 Nr. 1a Satz 2 EStG ausdrücklich ausgenommen sind. Von einer Renovierung und Modernisierung im Zusammenhang mit der Anschaffung des Gebäudes kann im Regelfall nach wie vor ausgegangen werden, soweit bauliche Maßnahmen innerhalb von drei Jahren nach der Anschaffung durchgeführt werden.

6.4.2.9 Einzelfragen zu den Herstellungskosten eines Gebäudes

(vgl. H 6.4 EStH)

888 Zu den Herstellungskosten eines Gebäudes gehören u. a. auch:

- **Ausgleichsbeträge gem. § 154 BauGB** bei der erstmaligen Erschließung oder bei Maßnahmen zur Verbesserung der Bebaubarkeit. Diese Aufwendungen sind jedoch nur dann als Anschaffungs-/Herstellungskosten zu behandeln, wenn
  - die Bodenwerterhöhung 10 % überschreitet und
  - die Bodenwerterhöhung auf Verbesserungen der Erschließung und/oder der Bebaubarkeit beruht.
- **Baumaterial aus Enttrümmerung.**
- **Bauplanungskosten:** Auch vergebliche Planungskosten, wenn der Steuerpflichtige die ursprüngliche Planung zwar nicht verwirklicht, später aber ein die beabsichtigten Zwecke erfüllendes Gebäude herstellt.
- **Kosten zur Beseitigung von Baumängeln:**
  - Prozesskosten,
  - bei mangelhaften Bauleistungen sowie
  - Abtragung unselbständiger Gebäudeteile während der Bauphase.
- Aufwendungen für **Einbauten als unselbständige Gebäudeteile.**
- **Entschädigungszahlungen an Mieter oder Pächter** für die vorzeitige Räumung eines Grundstücks zur Errichtung eines Gebäudes.
- Aufwendungen für die Ablösung der Verpflichtung zur Errichtung von Stellplätzen.

- Aufwendungen für **Einfriedungen und Außenanlagen als unselbständige Gebäudeteile:**
  - Lebende Umzäunung oder
  - Maschendrahtzaun.
- Aufwendungen für übliche **Erdarbeiten:**
  - Hangabtragung und
  - Freimachen des Geländes von Buschwerk und Bäumen.
- **Fahrtkosten** zur Baustelle in tatsächlicher Höhe.
- **Hausanschlusskosten** für **Anlagen zur Ableitung von Abwässern.**
- **Hausanschlusskosten** für **Anschlüsse an Versorgungsnetze** (Strom, Gas, Wasser und Wärme).
- Aufwendungen für abgehängte **Kassettendecken mit integrierter Beleuchtungsanlage in Büroräumen.**
- Aufwendungen für die **Spüle** und den – nach der regionalen Verkehrsauffassung erforderlichen – **Kochherd.**
- Die Tätigkeitsvergütung i. S. des § 15 Abs. 1 Satz 1 Nr. 2 EStG, die dem Gesellschafter von der Gesellschaft im Zusammenhang mit der Herstellung eines Gebäudes gewährt wird.

Nicht zu den Herstellungskosten eines Gebäudes gehören: 889

- Der Wert der eigenen Arbeitsleistung,
- Beiträge für die **Bauzeitversicherung,**
- Aufwendungen für **Einfriedungen und Außenanlagen als unbewegliche Wirtschaftsgüter, die keine Gebäude oder Gebäudeteile sind,**
- Aufwendungen für **Gartenanlagen,**
- **Honorare** für nicht erbrachte Leistungen sowie
- Aufwendungen für **Waschmaschinen,** und zwar auch dann, wenn sie auf einem Zementsockel angeschraubt sind und den Mietern gegen Entgelt zur Verfügung stehen; vielmehr stellt die Waschmaschine auch in einem solchen Fall ein selbständiges bewegliches Wirtschaftsgut dar.

Nicht zu den Herstellungskosten des Gebäudes, sondern zu den Anschaffungskosten 890
des Grund und Bodens gehören:

- Erschließungs-, Straßenanlieger- und andere auf das Grundstückseigentum bezogene, kommunale Beiträge und Beiträge für sonstige Anlagen außerhalb des Grundstücks;
- der Ansiedlungsbeitrag;
- der Erschließungsbeitrag des Erbbauberechtigten;
- erstmalige Straßenausbau- und Kanalanschlussbeiträge; bei Ersetzung oder Modernisierung vorhandener Erschließungseinrichtungen nur dann, wenn das Grundstück durch die Maßnahme in seiner Substanz oder in seinem Wesen geändert wird, sowie
- Beiträge für Zweit- oder Zusatzerschließungen, wenn sich der Wert des Grundstücks erhöht.

6.4.2.10 Herstellungskosten beim Gebäudeabbruch

891 Die nachstehenden Regelungen ergeben sich aus H 6.4 EStH:

- Wird ein Gebäude oder Gebäudeteil abgerissen **und**
- hatte der Steuerpflichtige das Gebäude auf einem ihm bereits gehörenden Grundstück errichtet **oder**
- hat er das Gebäude in der Absicht erworben, es als Gebäude zu nutzen (d. h. er hatte beim Erwerb keine Abbruchabsicht),

sind **im Jahr des Abbruchs**

- die Abbruchkosten und
- der Restbuchwert des abgebrochenen Gebäudes (als AfaA)

als sofort abzugsfähige Betriebsausgaben zu erfassen.

Dies gilt auch bei einem in Teilabbruchabsicht erworbenen Gebäude für die Teile, deren Abbruch nicht geplant war. Die darauf entfallenden Abbruchkosten und der anteilige Restbuchwert sind regelmäßig im Wege der Schätzung zu ermitteln.

892 Wird jedoch ein Gebäude oder ein Gebäudeteil abgerissen, das der Steuerpflichtige **zum Zweck des Abbruchs erworben hat,** sind folgende Fälle zu unterscheiden:

1. **Das Gebäude war beim Abbruch technisch und wirtschaftlich nicht verbraucht.**

   – Dann gehören die Abbruchkosten und der Restbuchwert des abgebrochenen Gebäudes entweder zu den Herstellungskosten eines neu errichteten Gebäudes (oder ggf. zu den Herstellungskosten eines anderen neu errichteten Wirtschaftsguts, z. B. eines Parkplatzes); Voraussetzung hierfür ist jedoch, dass der Abbruch in engem wirtschaftlichen Zusammenhang mit der Herstellung des neuen Wirtschaftsguts steht.

   BEISPIEL: Ein Steuerpflichtiger reißt ein Wohnhaus ab, um eine neue Lagerhalle errichten zu können.

   oder

   – die Abbruchkosten und der Restbuchwert gehören zu den Anschaffungskosten des Grund und Bodens (ggf. den nachträglichen Anschaffungskosten des Grund und Bodens bei zeitlich verzögertem Abbruch nach dem Erwerb).

   BEISPIEL: Ein Steuerpflichtiger reißt ein Wohnhaus ab, ohne dass ein neues Gebäude (oder ein anderes Wirtschaftsgut) hergestellt wird.

   Eine solche steuerliche Behandlung ist also angezeigt, wenn das Ziel des Steuerpflichtigen beim Erwerb ausschließlich im Erwerb des Grund und Bodens liegt.

893 2. **Das Gebäude war beim Abbruch objektiv wertlos;** es war technisch und wirtschaftlich verbraucht. Wird in solchen Fällen in engem wirtschaftlichen Zusammenhang mit dem Abbruch ein neues Wirtschaftsgut hergestellt,

   – gehört der Gebäuderestwert des abgerissenen Gebäudes zu den Anschaffungskosten des Grund und Bodens und

- gehören die Abbruchkosten zu den Herstellungskosten des neu hergestellten Wirtschaftsguts.

Wird kein neues Wirtschaftsgut im Zusammenhang mit dem Abbruch hergestellt, sind sowohl der Gebäuderestwert als auch die Abbruchkosten als Teil der Anschaffungskosten des Grund und Bodens zu erfassen.

Ob ein Gebäude in Abbruchabsicht erworben wurde, ist häufig nicht leicht zu entschei- 894
den. Gemäß H 6.4 EStH spricht der Beweis des ersten Anscheins für einen **Erwerb in Abbruchabsicht, wenn mit dem Abbruch innerhalb von drei Jahren** nach dem Erwerb begonnen wurde.

Der Steuerpflichtige kann diesen Anscheinsbeweis durch den Gegenbeweis entkräften, z. B. dadurch, dass es zu dem Abbruch erst aufgrund eines ungewöhnlichen Geschehensablaufs gekommen ist. Damit ist nicht ausgeschlossen, dass in besonders gelagerten Fällen, z. B. bei großen Arrondierungskäufen, auch bei einem Zeitraum von mehr als drei Jahren zwischen Erwerb und Beginn des Abbruchs der Beweis des ersten Anscheins für einen Erwerb in Abbruchabsicht spricht.

Für den Beginn der Dreijahresfrist ist i. d. R. der Abschluss des **obligatorischen Rechtsgeschäfts** maßgebend.

Bei der Ermittlung des Gebäuderestwerts auf den Zeitpunkt des Abbruchs muss beach- 895
tet werden, dass sich die AfA bis zum Abbruch i. d. R. i. S. des § 7 Abs. 4 EStG bemisst. Die **Nutzungsdauer** aufgrund des beabsichtigten Abbruchs zu **verkürzen, ist nicht zulässig.**

Die Erlöse aus dem Verkauf von Abbruchmaterial mindern die Abbruchkosten, wenn die Abbruchkosten als Betriebsausgaben abzugsfähig sind. Gehören die Abbruchkosten zu den Herstellungskosten, werden die Herstellungskosten um den Erlös gekürzt.

Plant ein Steuerpflichtiger den Abbruch eines zum Privatvermögen gehörenden Gebäu- 896
des und die Errichtung eines zum Betriebsvermögen gehörenden Gebäudes, erfolgt damit **eine Einlage mit Abbruchabsicht.** In solchen Fällen gehören der Wert des abgebrochenen Gebäudes und die Abbruchkosten zu den Herstellungskosten des neu zu errichtenden Gebäudes. Der Einlagewert des Gebäudes ist nicht schon deshalb mit 0 € anzusetzen, weil der Abbruch beabsichtigt ist. Bei der Ermittlung des Teilwerts des Gebäudes (bei der Einlage) ist vielmehr die Abbruchabsicht nicht zu berücksichtigen.

BEISPIEL: Gewerbetreibender A stockte sein Verwaltungsgebäude um ein Geschoss auf. Der Bauantrag wurde am 1.4.08 gestellt. Das neue Geschoss wurde ab dem 1.8.14 an einen Arbeitnehmer des Betriebs aus betrieblichen Gründen zu Wohnzwecken vermietet.

Die Aufstockung wurde von einem Bauunternehmer zu einem Festpreis i. H. von 500.000 € zzgl. 95.000 € Umsatzsteuer durchgeführt und Ende Juli 14 abgeschlossen. Dabei musste der vorhandene Dachstuhl, der mit 60.000 € = 15 % in den ursprünglichen Herstellungskosten enthalten war, abgerissen und durch einen neuen Dachstuhl, der im Festpreis mit 50.000 € (netto) enthalten ist, ersetzt werden. Die Abbruchkosten beliefen sich auf 20.000 € (netto). Sie sind ebenfalls im Festpreis enthalten.

Das Gebäude wird ab der Fertigstellung am 1.8.14 wie folgt genutzt:

- 60 % für die Verwaltung des Gewerbebetriebs und
- 40 % für Wohnzwecke des Arbeitnehmers.

Es haben betragen:

- Die ursprünglichen Herstellungskosten des Gebäudes im Januar 00 = 400.000 €;
- zutreffender jährlicher AfA-Satz i. H. von 2 %.

Buchwert zum 31.12.13 = 288.000 €.

Die Nutzungsdauer des Gebäudes beträgt nach der Fertigstellung am 1.8.14 noch 60 Jahre.

Es liegen Rechnungen mit gesondertem Ausweis der Umsatzsteuer vor.

Aufgabe:

Die Buchwerte in den Steuerbilanzen zum 31.12.14 und zum 31.12.15 sind zu ermitteln.

Lösung:

Der Bilanzposten „Gebäude“ entwickelt sich wie folgt:

- Das gesamte Gebäude gehört zum notwendigen Betriebsvermögen.
- Der Abbruch des Dachstuhls ist handelsrechtlich eine außerplanmäßige Abschreibung (§ 253 Abs. 3 Satz 5 HGB) und steuerrechtlich eine AfA (§ 7 Abs. 4 EStG).
- Dabei wird die Höhe der AfA für das Jahr 14 nicht von der AfaA beeinflusst; die AfaA mindert erst ab dem Jahr 15 die AfA-Bemessungsgrundlage (§ 11c Abs. 2 EStDV).
- Die Aufstockungsarbeiten stellen nachträgliche Herstellungskosten dar, die so behandelt werden, als wären sie zu Beginn des Jahres angefallen (R 7.4 Abs. 9 Satz 3 EStR).
- Die entstandenen Abbruchkosten sind sofort abzugsfähige Betriebsausgaben.
- Die gesondert in Rechnung gestellte Umsatzsteuer ist als Vorsteuer nicht abziehbar, soweit die bezogenen Leistungen für steuerfreie Umsätze verwendet werden (§ 15 Abs. 2 UStG). Sie gehört dann zu den Herstellungskosten bzw. stellt Betriebsausgaben dar.
- Die handelsrechtlich planmäßige Abschreibung ist mit 1,67 % (= 60 Jahre) für fünf Monate anzusetzen.
- Die steuerliche AfA ist mit 2 % im Jahr der Fertigstellung berücksichtigt worden (§ 7 Abs. 4 Satz 1 Nr. 2 Buchst. b EStG), da das neue Geschoss einen neuen Wohnteil entstehen lässt (H 7.4 Neubau EStH).

Diese steuerrechtlichen Abschreibungen können handelsrechtlich nicht als außerplanmäßige Abschreibungen berücksichtigt werden.

Entwicklung des Bilanzpostens in der Steuerbilanz:

Betrieblicher Teil:

Buchwert zum 31.12.13	288.000 €
zzgl. 60 % von 50.000 € (anteilige Kosten für den Dachstuhl) =	+ 30.000 €
	318.000 €
abzgl. AfA 2 % von (400.000 € + 30.000 € =) 430.000 € =	- 8.600 €
	309.400 €
abzgl. AfaA 15 % von 288.000 € =	- 43.200 €
Buchwert zum 31.12.14	266.200 €
abzgl. AfA 2 % von (400.000 € + 30.000 € - 43.200 € =) 386.800 € =	- 7.736 €
Buchwert zum 31.12.15	258.464 €

Wohnteil:

Aufstockung (lt. Festpreis)		500.000 €
abzgl. Abbruchkosten	20.000 €	
Dachstuhl	+ 50.000 €	- 70.000 €
Kosten für die Aufstockung		430.000 €

zzgl. Anteil Dachstuhl	+ 20.000 €
zzgl. nicht abziehbare Vorsteuer (s. u.)	+ 85.500 €
	535.500 €
Handelsrechtlich mögliche AfA i. H. von 1,67 % für fünf Monate = 3.727 €, steuerlich gem. § 7 Abs. 4 Satz 1 Nr. 2 Buchst. b EStG 2 % von 535.500 € =	- 10.710 €
Buchwert zum 31.12.14	524.790 €
abzgl. AfA 2 % von 535.000 € =	- 10.710 €
Buchwert zum 31.12.15	514.080 €
Buchwert des Gebäudes zum 31.12.14:	
Betrieblicher Teil	266.200 €
zzgl. Wohnteil	+ 524.790 €
	790.990 €
Buchwert des Gebäudes zum 31.12.15:	
Betrieblicher Teil	258.464 €
zzgl. Wohnteil	+ 514.080 €
	772.544 €

Berechnung der nicht abzugsfähigen Vorsteuer:

Aufstockung	500.000 €
abzgl. Gesamtkosten für neuen Dachstuhl	- 50.000 €
abzgl. Abbruchkosten	- 20.000 €
zzgl. anteilige Kosten für den Dachstuhl 40 %	+ 20.000 €
	450.000 €
Umsatzsteuer = Vorsteuer als Herstellungskosten (19 % von 450.000 € =)	85.500 €

(Die Abbruchkosten entfallen zu 40 % auf den Wohnteil 20.000 € × 40 % = 8.000 € netto. Die darauf entfallende Umsatzsteuer i. H. von 1.520 € ist sofort als Betriebsausgabe abzugsfähig.)

6.4.3 Teilwert

6.4.3.1 Begriff des Teilwerts

Der Teilwert ist ein rein steuerlicher Begriff. Neben den Anschaffungs- und Herstellungskosten ist der **Teilwert** der dritte mögliche Bewertungsmaßstab **für die Steuerbilanz.** Er kann bei der Bewertung von Anlage- und Umlaufvermögen i. d. R. nur dann angesetzt werden, wenn er **niedriger** ist als die (fortgeführten) Anschaffungs- oder Herstellungskosten. 897

Die gesetzliche Definition des Teilwerts ergibt sich aus § 6 Abs. 1 Nr. 1 Satz 3 EStG: *„Teilwert ist der Betrag, den ein Erwerber des ganzen Betriebs im Rahmen des Gesamtkaufpreises für das einzelne Wirtschaftsgut ansetzen würde; dabei ist davon auszugehen, dass der Erwerber den Betrieb fortführt."*

Der Teilwert entspricht i. d. R. den Wiederbeschaffungskosten.

Der Teilwert ist grds. nach den in R 6.7 ff. EStR und den EStH enthaltenen Anweisungen zu ermitteln. Im BMF-Schreiben v. 16.7.2014 (BStBl 2014 I S. 1162) ist in Rz. 4 klargestellt, dass die Nachweispflicht für den niedrigeren Teilwert beim Steuerpflichtigen liegt.

6.4.3.2 Abgrenzung zum „Gemeinen Wert"

898 Häufig ist es schwierig, die Unterschiede zwischen „Teilwert" und „Gemeinem Wert" zu erfassen. Deshalb soll die Klarstellung hier mithilfe eines Beispiels erfolgen.

BEISPIEL: Ein Steuerpflichtiger will sein Unternehmen verkaufen. Zu seinem Unternehmen gehört auch ein unbebautes, als Lagerplatz genutztes Grundstück, das nach den am Ort üblichen Preisen für unbebaute Grundstücke einen Wert i. H. von 200.000 € hat. Wegen der außergewöhnlich günstigen Lage des Grundstücks – der Lagerplatz liegt nahe an den Produktionsanlagen – ist ein Erwerber des gesamten Betriebs bereit, 250.000 € für das Grundstück zu bezahlen.

Im vorliegenden Fall beträgt der „Gemeine Wert" 200.000 €. Er stellt den **Einzelveräußerungspreis** von Wirtschaftsgütern dar. Die besondere Verbindung des Grundstücks zum Betrieb bleibt hierbei ohne Beachtung.

899 Ganz anders ist es beim Teilwert. Hier soll gerade der Wert erfasst werden, den ein Erwerber für ein bestimmtes Wirtschaftsgut zu zahlen bereit ist, und zwar unter Berücksichtigung der Rolle, die dieses Wirtschaftsgut in der Wirtschaftseinheit „Betrieb" spielt. Im Beispielsfall würde sich der Teilwert wie folgt ermitteln:

Vom Erwerber des gesamten Betriebs angebotener Kaufpreis	250.000 €
zzgl. Erwerbsnebenkosten, wie z. B. Grunderwerbsteuer	+ 5.000 €
Notarkosten, Gerichtskosten etc.	+ 5.000 €
Teilwert	260.000 €

Das heißt also: 260.000 € müsste der gedachte Erwerber aufwenden, um das Grundstück im Rahmen des Erwerbs des gesamten Betriebs in seine Verfügungsgewalt zu bekommen.

Auf eine Besonderheit soll noch hingewiesen werden: Die **Umsatzsteuer** ist Teil des Einzelveräußerungspreises und damit auch Teil des „gemeinen Werts". Ist der Unternehmer zum Vorsteuerabzug berechtigt, muss er die an den Veräußerer zu zahlende Umsatzsteuer wirtschaftlich nicht tragen, denn er holt sie sich ja vom Finanzamt zurück.

Schematisch lässt sich der Unterschied zwischen „Gemeinem Wert" und „Teilwert" wie folgt darstellen:

ABB. 45: Unterschied Teilwert – Gemeiner Wert 900

Gemeiner Wert			
Einzelveräußerungspreis			
Abziehbare Vorsteuer	Nettopreis		
	Nettopreis bei Erwerb eines einzelnen Wirtschaftsguts	Mehrwert, der sich aus der besonderen Verwendbarkeit des Wirtschaftsguts im Betrieb ergibt	Erwerbsnebenkosten
	Teilwert		

6.4.3.3 Ermittlung des Teilwerts

Der Teilwert lässt sich nur im Wege der **Schätzung** ermitteln. Dabei ist vom **Gesamtkaufpreis des Unternehmens** auszugehen. Da auch hier der Grundsatz der Einzelbewertung gilt, ist für jedes Wirtschaftsgut ein eigener Teilwert zu ermitteln. 901

Eine Ermittlung des Teilwerts für ein einzelnes Wirtschaftsgut ist für den Betriebsinhaber praktisch nicht durchführbar, da i. d. R. weder der Gesamtkaufpreis für das Unternehmen bekannt ist noch eine Aufteilung eines Gesamtkaufpreises auf die einzelnen Wirtschaftsgüter einschließlich des Firmenwerts problemlos möglich ist.

Bei der Ermittlung des Teilwerts ist davon auszugehen, dass der Teilwert eines Wirtschaftsguts nicht höher sein kann als seine gewöhnlichen Wiederbeschaffungskosten und nicht niedriger als sein Einzelveräußerungspreis.

6.4.3.3.1 Wiederbeschaffungskosten als obere Grenze für die Teilwertermittlung

Die Wiederbeschaffungskosten für ein Wirtschaftsgut umfassen alle Kosten, die bei der Wiederbeschaffung aufzuwenden wären, und damit die bis zum Bilanzstichtag (oder ggf. bis zum Entnahme-/Einlagezeitpunkt) anfallenden **Selbstkosten** (vgl. Rz. 864 ff.). Somit ermitteln sich die Wiederbeschaffungskosten i. d. R. wie folgt: 902

- **Bei angeschafften Wirtschaftsgütern:** Anschaffungskosten für ein gleichartiges Wirtschaftsgut.
- **Bei selbst hergestellten Wirtschaftsgütern:**

  Wiederherstellungskosten

  \+ nicht im Rahmen der Herstellungskostenermittlung erfasste Fertigungs- und Verwaltungsgemeinkosten

  \+ Vertriebskosten

  = Selbstkosten, die bis zum Stichtag anfallen

903 ► Die Wiederbeschaffungskosten eines **gebrauchten Wirtschaftsguts** errechnen sich wie folgt:

	Wiederbeschaffungskosten eines neuen, gleichartigen Wirtschaftsguts
-	AfA für die bisherige Nutzungszeit des Wirtschaftsguts, wobei sich die AfA nach den Wiederbeschaffungskosten des neuen, baugleichen Wirtschaftsguts bemisst
=	Wiederbeschaffungskosten des gebrauchten Wirtschaftsguts

904 Soweit die **Umsatzsteuer abziehbar ist,** braucht sie vom Erwerber nicht aufgewandt zu werden und gehört deshalb **nicht zu den Wiederbeschaffungskosten.**

Erwerbsnebenkosten sind insoweit auch in die Ermittlung der Wiederbeschaffungskosten einzubeziehen, soweit sie beim Erwerber des Wirtschaftsguts ebenfalls anfallen würden. In welcher Höhe Erwerbsnebenkosten anfallen, lässt sich nur für den Einzelfall beantworten, da keine allgemeingültige Aussage über die Höhe von Nebenkosten gemacht werden kann.

Als Teilwert kommen die Wiederbeschaffungskosten i. d. R. für die Wirtschaftsgüter in Betracht, die im Betrieb regelmäßig Verwendung finden.

6.4.3.3.2 Einzelveräußerungspreis als untere Grenze für die Teilwertermittlung

905 Für im Betrieb nicht oder wenig genutzte Güter kommt als Teilwert der Nettoveräußerungspreis (ohne Umsatzsteuer), vermindert um die Veräußerungskosten, in Betracht. Dabei ist davon auszugehen, dass an einen Erwerber veräußert wird, der auf derselben Marktstufe steht.

6.4.3.3.3 Teilwertvermutungen

906 Folgende **Teilwertvermutungen** werden von den Finanzbehörden i. d. R. bei der Teilwertermittlung zugrunde gelegt, es sei denn, diese Teilwertvermutungen würden vom Betriebsinhaber widerlegt:

- ► Zum Zeitpunkt der Anschaffung oder Herstellung eines Wirtschaftsguts ist der Teilwert gleich den Anschaffungs- oder Herstellungskosten. Dies gilt auch für den Teilwert einer Beteiligung. Gleiches gilt auch für Zeitpunkte kurz nach dem Erwerb.
- ► Auch für spätere Bilanzstichtage gilt für nicht abnutzbare Wirtschaftsgüter des Anlagevermögens und für das Umlaufvermögen die vorgenannte Vermutung. Ändern sich die Beschaffungspreise, ist in diesen Fällen der Teilwert gleich den Wiederbeschaffungs- bzw. den Wiederherstellungskosten.
- ► Bei **abnutzbarem Anlagevermögen** ist der Teilwert an späteren Bilanzstichtagen gleich den um die AfA (Normal-AfA ohne Sonderabschreibungen) verminderten Anschaffungs- oder Herstellungskosten.

  Bei geänderten Wiederbeschaffungs- oder Wiederherstellungskosten werden diese vermindert um die Abschreibungen als Teilwert angesehen.

907 Will ein Betriebsinhaber diese **Teilwertvermutungen widerlegen,** muss er nachweisen, dass der betreffende Teilwert eines seiner Wirtschaftsgüter tatsächlich niedriger ist. Dies kann i. d. R. nicht mit dem Hinweis darauf geschehen, dass der Einzelveräuße-

rungspreis geringer sei als der vermutete Teilwert. Dem ist regelmäßig entgegenzuhalten, dass ein Kaufmann für ein Wirtschaftsgut keine größeren Aufwendungen tätigt, als ihm das Gut für seinen Betrieb wert ist, und somit der Teilwert höher ist als der Einzelveräußerungspreis.

Teilwertvermutungen können u. a. durch folgende Tatsachen **widerlegt** werden: 908

- Nachweis einer **Fehlmaßnahme** (z. B. ein als Lagerplatz erworbenes Grundstück ist zur Lagerung der im Betrieb hergestellten Produkte ungeeignet). Dann wird als Teilwert der Wert angesetzt, den der Erwerber bei sinnvollem Verhalten aufgewandt hätte.
- Bekannt werden **verborgener Mängel.**
- **Preisverfall** auf den Märkten für bestimmte Wirtschaftsgüter.
- Nachweis, dass die Ertragslage des Betriebs langfristig schlecht ist und
  - dass der Betrieb stillgelegt/liquidiert werden soll oder
  - dass die schlechte Ertragssituation auf technischen oder strukturellen Überalterungen beruht.

6.4.4 Gemeiner Wert

6.4.4.1 Bedeutung des Begriffs im Bilanzsteuerrecht

Während der gemeine Wert einer der wichtigsten Wertbegriffe im Bewertungsrecht 909 ist, spielt er im Bilanzsteuerrecht eine untergeordnete Rolle. In folgenden Fällen kommt der **gemeine Wert als Bewertungsmaßstab in Betracht:**

- Bei einer Betriebsaufgabe sind die nicht veräußerten Wirtschaftsgüter mit dem gemeinen Wert zum Zeitpunkt der Betriebsaufgabe anzusetzen (§ 16 Abs. 3 EStG).
- Bei der unentgeltlichen Übertragung eines Wirtschaftsguts von einem Betriebsvermögen in ein anderes Betriebsvermögen ist als fiktiver Anschaffungspreis der gemeine Wert anzusetzen (§ 6 Abs. 4 EStG; vgl. die Ausführungen unter Rz. 857).
- Werden Wirtschaftsgüter im Tausch erworben, ergeben sich die Anschaffungskosten des erworbenen Wirtschaftsguts aus dem gemeinen Wert des hierfür hingegebenen Gegenstands (§ 6 Abs. 6 EStG; siehe die Ausführungen unter Rz. 850).
- Bei Umwandlungen nach dem UmwStG ist der gemeine Wert maßgebend.
- Im Zusammenhang mit der Einführung eines allgemeinen Entstrickungstatbestands gem. § 4 Abs. 1 Satz 8 EStG ist gem. § 6 Abs. 1 Nr. 5a EStG der gemeine Wert ebenfalls als Bewertungsmaßstab von Bedeutung.

6.4.4.2 Begriff und Ermittlung

Eine Begriffsdefinition findet sich im EStG nicht, sie ist vielmehr dem **BewG** zu entnehmen. In § 9 Abs. 2 BewG heißt es: *„Der gemeine Wert wird durch den Preis bestimmt, der im gewöhnlichen Geschäftsverkehr nach der Beschaffenheit des Wirtschaftsgutes bei einer Veräußerung zu erzielen wäre. Dabei sind alle Umstände, die den Preis beeinflussen,* 910 *zu berücksichtigen. Ungewöhnliche oder persönliche Verhältnisse sind nicht zu berücksichtigen."*

Unter „gewöhnlichem Geschäftsverkehr" versteht man den Handel **am freien Markt,** bei dem sich die **Preise nach Angebot und Nachfrage** bestimmen. Nicht am freien Markt getätigt sind Verkäufe in einer Not- oder Zwangslage oder Verkäufe, die im Wege von Versteigerungen abgewickelt werden. Als preisbeeinflussende Umstände kommen insbesondere

- der Erhaltungszustand,
- der Grad der Verwendbarkeit und
- bei Grundstücken
  - die Lage,
  - der Zuschnitt,
  - die Erschließung und
  - das Alter sowie
  - der Zustand der aufstehenden Gebäude

in Betracht.

911 Bei dem gemeinen Wert handelt es sich damit um den Wert, den das **Wirtschaftsgut aus objektiver Sicht** für jeden Betrachter hat; dabei sind Zufälligkeiten, mit denen im normalen Geschäftsverkehr nicht gerechnet wird, außer Acht zu lassen. Anders ausgedrückt ist der gemeine Wert der Preis, der üblicherweise auf dem freien Markt erzielbar ist.

Zu den Abgrenzungen zwischen gemeinem Wert und Teilwert vgl. Rz. 900.

6.4.5 Sonstige handelsrechtliche Bewertungsmaßstäbe

912 So wie im Steuerrecht mithilfe des Teilwerts ein niedrigerer Wertansatz in der Steuerbilanz möglich bzw. verpflichtend wird, gibt es auch im Handelsrecht entsprechende Möglichkeiten:

- Gemäß § 253 Abs. 3 Satz 3 HGB sind Vermögensgegenstände des Anlagevermögens bei voraussichtlich dauernder Wertminderung mit dem niedrigeren Wert anzusetzen, der ihnen am Bilanzstichtag beizulegen ist.
- Bei Finanzanlagen kann der niedrigere Wert auch dann angesetzt werden, wenn die Wertminderung voraussichtlich nicht von Dauer ist (§ 253 Abs. 3 Satz 4 HGB).
- Gemäß § 253 Abs. 4 HGB müssen Vermögensgegenstände des Umlaufvermögens mit einem niedrigeren Wert angesetzt werden, wenn am Abschlussstichtag
  - entweder ein niedrigerer Wert existiert, der sich aus dem Börsen- oder Marktpreis ergibt, oder,
  - falls ein solcher nicht feststellbar ist, ein niedrigerer Zeitwert existiert.

Im Folgenden wird nun kurz auf die hier genannten Bewertungsmaßstäbe eingegangen.

6.4.5.1 Börsenpreis im Vergleich zum Teilwert

Unter „Börsenpreis" ist der an einer **anerkannten Börse amtlich oder im Freiverkehr festgestellte Preis zu verstehen.** Dabei kann es sich um eine Produkten- oder Wertpapierbörse handeln, deren gemeinsames Merkmal der organisierte Handel mit vertretbaren Sachen (z. B. Edelmetallen und Rohstoffen) oder Wertpapieren ist. 913

Ertragsteuerlich entspricht dieser Börsenpreis dem Teilwert, wenn Wirtschaftsgüter zu diesem Börsenpreis erworben werden können. Sind jedoch zusätzlich zum Börsenpreis üblicherweise noch Nebenkosten (u. a. Maklergebühren) zu entrichten, sind die Wiederbeschaffungskosten um diese Nebenkosten höher als der Börsenpreis.

BEISPIEL: Im Mai 01 hat ein Betriebsinhaber Wertpapiere zum Preis i. H. von 100.000 € erworben. An Bankgebühren sind 750 € zu entrichten. Die Anschaffungskosten betrugen 100.750 €. Am 31.12.01 beträgt der Börsenwert noch 90.000 €.

Der Teilwert beträgt nun:

Anschaffungspreis	90.000 €
zzgl. Erwerbsnebenkosten, die ein Erwerber bei diesem Börsenpreis hätte aufwenden müssen (90 % von 750 € =)	+ 675 €
Teilwert	90.675 €

Dieser Wert stellt i. d. R. auch den handelsrechtlichen Bewertungsmaßstab dar; im Gesetz ist hier nämlich von *„einem niedrigeren Wert . . ., der sich aus einem Börsenpreis . . . am Abschlusstag ergibt"*, die Rede.

6.4.5.2 Marktpreis im Vergleich zum Teilwert

Der „Marktpreis" ist der **Durchschnittspreis,** der für Waren einer bestimmten Gattung von durchschnittlicher Art und Güte zu einem bestimmten Zeitpunkt (hier: am Bilanzstichtag) an einem Handelsplatz gezahlt wird. Der „Handelsplatz" ist hierbei ein Ort, an dem Waren dieser Gattung regelmäßig umgesetzt werden. 914

Können Wirtschaftsgüter vergleichbarer Art und Güte am Markt tatsächlich erworben werden, entspricht der Marktpreis i. d. R. den Wiederbeschaffungskosten, die bei im Betrieb regelmäßig verwendeten Wirtschaftsgütern dem Teilwert entsprechen.

6.4.5.3 Zeitwert im Verhältnis zum Teilwert

Der „Zeitwert" ist im Wortlaut des HGB nicht als solcher bezeichnet, denn das HGB spricht vielmehr von einem Wert, der Vermögensgegenständen beizulegen ist. Dies entspricht jedoch der Definition des Begriffs „Zeitwert". Der Zeitwert ist der Wert, mit dem ein Vermögensgegenstand an einem bestimmten Stichtag zu beziffern ist. Bei dem Zeitwert handelt es sich um die **Wiederbeschaffungskosten,** wenn für die Bewertung der Beschaffungsmarkt maßgeblich ist (Roh-, Hilfs- und Betriebsstoffe betreffend), und um den **Verkaufswert** abzgl. der noch anfallenden absatzbedingten Aufwendungen, wenn sich die Bewertung nach dem Absatzmarkt richtet (Fertigerzeugnisse, unfer- 915 tige Erzeugnisse und Handelswaren betreffend). Zutreffenderweise spricht man in diesen Fällen von der sog. „verlustfreien Bewertung".

916 Da der Gewinnaufschlag unter Zugrundelegung der zweiten Zeitwertdefinition nicht vom voraussichtlichen Erlös abgezogen wird, ist der **Teilwert i. d. R. niedriger als der Zeitwert;** denn wird der Teilwert auf der Grundlage von Veräußerungserlösen ermittelt, sind diese Erlöse neben den Veräußerungskosten auch um die durchschnittliche Gewinnspanne zu mindern. Ansonsten würden im Ergebnis nicht realisierte Gewinne ausgewiesen werden.

6.4.6 Übersicht über die Bewertungsmaßstäbe

917 Die folgende Abbildung soll einen Gesamtüberblick über die Bewertungsmaßstäbe geben:

ABB. 46: Bewertungsmaßstäbe für Handels- und Steuerbilanz

Das Betriebsvermögen besteht regelmäßig weitgehend aus Sachwerten. Für die **Umrechnung der Sachwerte in Geldwerte (= Bewertung!)** sind **Maßstäbe** erforderlich. Die Bewertungsmaßstäbe des Handelsrechts ergeben sich aus § 255 HGB und die Bewertungsmaßstäbe für die Steuerbilanz aus § 6 EStG.

Bewertungsmaßstäbe für die Handelsbilanz
(soweit sie auch für die Steuerbilanz von Bedeutung sind)

I. Anschaffungskosten bzw. Herstellungskosten
Anschaffungskosten sind die Aufwendungen, die geleistet werden, um einen Vermögensgegenstand zu erwerben und ihn in einen betriebsbereiten Zustand zu versetzen, soweit sie einzeln zugeordnet werden können.

Herstellungskosten sind die Aufwendungen, die durch den Verbrauch von Gütern und die Inanspruchnahme von Diensten für die Herstellung eines Vermögensgegenstands, seine Erweiterung oder für eine über seinen ursprünglichen Zustand hinausgehende wesentliche Verbesserung entstehen. Dazu gehören die Einzelkosten. Gemeinkosten dürfen einbezogen werden (§ 255 Abs. 2 und 3 HGB).

Durch das BilMoG v. 25.5.2009 (BGBl 2009 I S. 1102) ist die handelsrechtliche Wertuntergrenze an die steuerrechtliche angeglichen worden. Gemäß § 255 Abs. 2 und 3 HGB müssen angemessene Teile der Materialgemeinkosten, der Fertigungsgemeinkosten und der Wertverzehr des Anlagevermögens – soweit durch die Fertigung veranlasst – als Herstellungskosten erfasst werden. Hinsichtlich weiterer Gemeinkosten bestehen zzt. Wahlrechte.

II. Wert, der sich aus dem Börsen- oder Marktpreis ergibt (§ 253 Abs. 4 HGB)

III. Zeitwert
Ist ein Börsen- oder Marktpreis nicht vorhanden, so erlangt der **Zeitwert** Bedeutung. Der Zeitwert (= Wert, der dem Wirtschaftsgut am Bilanzstichtag beizulegen ist) entspricht dem Marktpreis:

- Wiederbeschaffungskosten oder
- voraussichtlich erzielbarer Verkaufspreis abzgl. noch entstehender Kosten.

Anschaffungskosten

I. Begriff
Der Begriff der Anschaffungskosten deckt sich im Wesentlichen mit dem **handelsrechtlichen Begriff** (R 6.2 EStR).
Zu den Anschaffungskosten gehört auch die gem. § 15 Abs. 2 UStG nicht abziehbare Vorsteuer (§ 9b EStG).

II. Keine Anschaffungskosten
Alle Aufwendungen, die nicht unmittelbar durch den Erwerbsvorgang als solchen anfallen, sind keine Anschaffungskosten.

1. Finanzierungskosten
Finanzierungskosten (Zinsen, Damnum, Wechselspesen, -diskont) fallen unmittelbar durch die Geldbeschaffung an.

2. Eigene Gemeinkosten
Eigene Gemeinkosten des Beschaffungsbereichs sind keine Anschaffungskosten (z. B. Transportkosten).

3. Umsatzsteuer
Die Vorsteuer ist wegen der Abziehbarkeit gem. § 15 Abs. 1 UStG (= Vorsteuerabzug) wirtschaftlich ein durchlaufender Posten und gehört daher grds. nicht zu den Anschaffungskosten.

III. Minderung der Anschaffungskosten
Anschaffungskosten sind nur **tatsächlich geleistete** Beträge. Zahlungsabzüge (Skonti, Boni und Rabatte) mindern daher die Anschaffungskosten.

IV. Fiktive Anschaffungskosten
In einigen Fällen liegen Anschaffungskosten nicht vor bzw. es ist kraft Gesetzes von einem anderen Betrag auszugehen:

1. **Teilwert** im Falle der Einlagen gem. § 6 Abs. 1 Nr. 5 EStG, bei Betriebseröffnung gem. § 6 Abs. 1 Nr. 6 EStG oder bei entgeltlichem Betriebserwerb gem. § 6 Abs. 1 Nr. 7 EStG;
2. **gemeiner Wert** bei unentgeltlicher Übertragung gem. § 6 Abs. 4 bzw. Abs. 1 Nr. 5a EStG.

Bewertungsmaßstäbe für die Steuerbilanz
Die für die Steuerbilanz maßgebenden Bewertungsmaßstäbe ergeben sich aus § 6 EStG: Die **Anschaffungskosten, die Herstellungskosten** und der Teilwert.

Herstellungskosten

Begriff
Der Begriff der Herstellungskosten deckt sich im Wesentlichen mit dem handelsrechtlichen Begriff (R 6.3 EStR).
Der Unterschied besteht (vor Inkrafttreten des BilMoG v. 25.5.2009, a. a. O.) in der Erfassung der Gemeinkosten.
Zu den Herstellungskosten gehören:

1. Einzelkosten
   Einzelkosten sind alle dem einzelnen Erzeugnis unmittelbar zurechenbaren Aufwendungen. Diese setzen sich wie folgt zusammen:
   a) Materialeinzelkosten (= Anschaffungskosten der Rohstoffe),
   b) Fertigungseinzelkosten (Bruttolöhne) und
   c) Sondereinzelkosten.
2. Gemeinkosten
   Gemeinkosten sind alle Aufwendungen, die durch die Fertigung anfallen, aber dem einzelnen Erzeugnis nicht unmittelbar zugerechnet werden können. Hierzu gehören:
   a) Materialgemeinkosten (materialabhängig);
   b) Fertigungsgemeinkosten (lohnbezogen);
   c) Sondergemeinkosten;
   d) Verwaltungskosten; gem. § 6 Abs. 1 Nr. 1b Satz 1 EStG jedoch kein Aktivierungszwang für die allgemeinen Verwaltungskosten;
   e) Wertverzehr des der Fertigung dienenden Anlagevermögens (R 6.3 Abs. 4 EStR);
   f) Kosten der betrieblichen Altersvorsorge und freiwillige soziale Zuwendungen; gem. § 6 Abs. 1 Nr. 1b EStG besteht jedoch kein Aktivierungszwang;
   g) die Gewerbesteuer gehört nicht zu den steuerlich abziehbaren Betriebsausgaben und damit auch nicht zu den Herstellungskosten (R 6.3 Abs. 6 EStR).

Teilwert

I. Begriff
Teilwert ist der Betrag, den ein Erwerber des ganzen Betriebs im Rahmen des Gesamtkaufpreises für das einzelne Wirtschaftsgut aufwenden würde, wobei davon auszugehen ist, dass der Erwerber den Betrieb fortführen würde (§ 6 Abs. 1 EStG).

II. Teilwertermittlung
Der **Teilwert** kann regelmäßig nur im Wege der Schätzung ermittelt werden:

1. Grenz-, Hilfs- und Näherungswerte:
   a) Oberste Grenze für den Teilwert eines Wirtschaftsguts sind dessen Wiederbeschaffungskosten am Bewertungsstichtag.
   b) Unterste Grenze für den Teilwert eines Wirtschaftsguts ist dessen Einzelveräußerungspreis (= gemeiner Wert) am Bewertungsstichtag.
   c) Zum Zeitpunkt der Anschaffung oder Herstellung eines Wirtschaftsguts ist dessen Teilwert regelmäßig gleich den Anschaffungs- bzw. Herstellungskosten.
2. Teilwertvermutungen bei Anlagegütern:
   a) Teilwert gebrauchter Anlagegüter
   Der Teilwert älterer Anlagegüter ergibt sich daher regelmäßig aus den Wiederbeschaffungskosten vom Bewertungsstichtag abzgl. der AfA für die bisherige Nutzung.
   b) Teilwert technisch überholter Anlagegüter
   Die Teilwertminderung ergibt sich dabei regelmäßig aus der möglichen Kosteneinsparung durch ein neues Wirtschaftsgut gegenüber dem vorhandenen Wirtschaftsgut.
3. Teilwertvermutungen bei Umlaufgütern:
   a) Regelvermutung: Bei Umlaufgütern entspricht der Teilwert regelmäßig den Wiederbeschaffungskosten gleicher Wirtschaftsgüter.
   b) Teilwert bei sinkenden Verkaufspreisen:
   Bei konstanten Wiederbeschaffungskosten kann sich eine Teilwertminderung aus den gesunkenen erzielbaren Verkaufspreisen ergeben.

6.5 Bewertung des Anlagevermögens

6.5.1 Begriff

918 Beim Anlagevermögen sind nur die Gegenstände auszuweisen, die bestimmt sind, **dem Geschäftsbetrieb dauernd zu dienen** (§ 247 Abs. 2 HGB). Diese Güter werden im Betrieb gebraucht und nicht verbraucht bzw. veräußert. Für die Zuordnung ist damit die Zweckbestimmung entscheidend. Damit sind auch Veränderungen in der Zusammensetzung möglich.

BEISPIEL: Ein Fernsehgerätehändler vermietet im Laufe des Wirtschaftsjahres ein Fernsehgerät aus seinem Bestand für die Dauer von zwei Jahren.

Aus einem Wirtschaftsgut des Umlaufvermögens wird Anlagevermögen.

Umgekehrt kann ein Wirtschaftsgut, das üblicherweise zum Anlagevermögen gehört, Umlaufvermögen werden, wobei aber die Verkaufsabsicht allein noch nicht zu einer Änderung führt.

Die zutreffende Einordnung der Wirtschaftsgüter hat neben der formellen Bedeutung für die Bilanzgliederung gem. § 266 HGB noch erhebliche materielle Bedeutung für die Inventarisierung und Bewertung.

6.5.2 Einteilung des Anlagevermögens

919 Das **Anlagevermögen** kann eingeteilt werden in

- materielle und immaterielle Wirtschaftsgüter,
- Sach-, Rechts- und Finanzanlagen,
- bewegliche und unbewegliche Wirtschaftsgüter sowie
- zeitlich begrenzt und zeitlich unbegrenzt nutzbare Wirtschaftsgüter (abnutzbare und nicht abnutzbare Wirtschaftsgüter).

Die folgende Tabelle soll die Zusammenhänge verdeutlichen: 920

TAB. 4: Einteilung des Anlagevermögens

Einordnung →	Materielle Wirtschaftsgüter/ Sachanlagen		Immaterielle Wirtschaftsgüter	
Nutzungsdauer ↓	**Bewegliche Wirtschaftsgüter**	**Unbewegliche Wirtschaftsgüter**	**Rechtsanlagen**	**Finanzanlagen**
Zeitlich begrenzt (abnutzbar)	► Maschinen; ► Betriebsvorrichtung; ► Geschäftseinrichtung; ► Fuhrpark; ► Werkzeuge; ► Ein- oder Umbauten des Mieters, die Scheinbestandteile sind	► Gebäude; ► Ein- oder Umbauten des Mieters, die sonstige materielle Wirtschaftsgüter sind	► Patente; ► Lizenzen; ► Wettbewerbsverbote; ► Lieferungsrechte; ► Erbbaurecht; ► Firmenwert	
Zeitlich unbegrenzt (nicht abnutzbar)	► Kunstwerke anerkannter Meister	► Grund und Boden		► Beteiligungen; ► Wertpapiere, die dem Betrieb dauernd dienen sollen; ► längerfristige Ausleihungen

Gemäß § 247 Abs. 2 i. V. mit § 266 Abs. 2 A HGB wird das Anlagevermögen in drei Gruppen eingeteilt: 921

- Immaterielle Vermögensgegenstände,
- Sachanlagen und
- Finanzanlagen.

6.5.3 Darstellung des Anlagevermögens

922 Das Anlagevermögen ist in der Bilanz auszuweisen (§ 266 Abs. 2 HGB). Darüber hinaus haben Kapitalgesellschaften sowie diesen gleichgestellte Personengesellschaften im Anhang die Entwicklung des Anlagevermögens darzustellen (sog. „Anlagenspiegel").

Gemäß § 284 Abs. 3 HGB ist dabei die Entwicklung der einzelnen Posten des Anlagevermögens gesondert darzustellen. Ausgehend von den Anschaffungs- oder Herstellungskosten sind insbesondere die Zugänge, Abgänge, Umbuchungen sowie die Abschreibungen des Geschäftsjahres auszuweisen. Ferner sind die kumulierten Abschreibungen sowie die Buchwerte zum Abschlussstichtag anzugeben.

Das Anlagegitter kann danach wie folgt aussehen:

Anlagevermögen (Bilanzposten)	Anfangsbestand zu Anschaffungs- oder Herstellungskosten (kumuliert)	Zugänge des Geschäftsjahres zu Anschaffungs- oder Herstellungskosten	Abgänge des Geschäftsjahres	Umbuchungen des Geschäftsjahres	Zuschreibungen des Geschäftsjahres	Abschreibungen kumuliert einschließlich Abschreibungen des Geschäftsjahres	Restbuchwert am Abschlussstichtag

923 Außerdem ist in der Bilanz gem. § 265 Abs. 2 HGB zu jedem Posten der entsprechende Betrag (Restbuchwert) des vorhergehenden Geschäftsjahres anzugeben. Gemäß § 284 Abs. 3 HGB sind die Abschreibungen im Anhang gesondert darzustellen, wobei sowohl ihre Gesamtbestände zu Beginn und Ende des Geschäftsjahres als auch die im Geschäftsjahr vorgenommenen Abschreibungen und deren Veränderungen infolge von Zu- und Abgängen sowie Umbuchungen offenzulegen sind.

Für den Ausweis in den einzelnen Spalten gilt:

6.5.3.1 Zugänge

924 Hier sind mengenmäßige Vorgänge, wie Anschaffungen oder die Selbstherstellung von Anlagen oder Großreparaturen, zu erfassen.

Das gilt auch für den Zugang an geringwertigen Wirtschaftsgütern. Die Vollabschreibung ist dann in der Spalte „Abschreibungen" vorzunehmen.

Auch die Aufstockung eines Festwerts erfolgt über „Zugänge".

6.5.3.2 Umbuchungen

925 Hier werden Umbuchungen innerhalb des Anlagevermögens ausgewiesen, z. B. die Fertigstellung von im Bau befindlichen Anlagen oder der Ausweis von Wertpapieren, wenn sich durch Veränderungen eine mehr als 20 %ige Beteiligung ergeben würde.

6.5.3.3 Zuschreibungen

926 Durch Zuschreibungen werden wertmäßige Vorgänge dargestellt, die zu einer Aufstockung von Bilanzansätzen führen würden, wie z. B. die Übernahme berichtigter Bilanz-

ansätze aufgrund einer Außenprüfung, die erstmalige Aktivierung von bisher als Erhaltungsaufwand behandelten Beträgen oder das Rückgängigmachen einer außerplanmäßigen Abschreibung bis zur Höhe der Anschaffungskosten.

Bei den Zuschreibungen brauchen nur die Beträge des Geschäftsjahres angegeben zu werden, nicht der kumulierte Betrag. Damit auch eine durchgängige Berechnung des Anlagegitters möglich ist, müssen die Zuschreibungen aus den Vorjahren mit den kumulierten Abschreibungen verrechnet werden. 927

6.5.3.4 Abgänge

Das sind mengenmäßige Vorgänge, wie insbesondere das Ausscheiden von Wirtschaftsgütern. Sie werden zu ihren ursprünglichen Anschaffungs- oder Herstellungskosten ausgewiesen. Gleichzeitig werden die aufgelaufenen Abschreibungen auf diese Vorgänge aus dem Anlagegitter herausgenommen. 928

6.5.3.5 Abschreibungen

Hier werden die Wertminderungen in Form von planmäßigen und außerplanmäßigen Abschreibungen festgehalten. 929

BEISPIEL: Eine GmbH bilanziert zum 31.12.02 u. a.:

Grund und Boden	200.000 €
Gebäude	2.400.000 €
Im Bau befindliche Gebäude	300.000 €

Der Ansatz des Grund und Bodens setzt sich dabei aus folgenden Einzelgrundstücken zusammen:

Grund und Boden I (Anschaffungskosten)	120.000 €
Grund und Boden II (niedrigerer Wert)	80.000 €

Für den Grund und Boden II betragen die ursprünglichen Anschaffungskosten 200.000 €; im Jahr 01 ermittelt sich der Bilanzansatz nach Vornahme einer außerplanmäßigen Abschreibung. Die Gründe hierfür sind im Jahr 03 wieder entfallen; die GmbH nimmt deshalb eine entsprechende Zuschreibung vor. Die Herstellungskosten des Gebäudes haben 3 Mio. € betragen. Die jährlichen planmäßigen Abschreibungen sind mit 3 % = 90.000 € zu berücksichtigen.

Das im Bau befindliche Gebäude wird Mitte des Jahres 03 fertiggestellt. Die weiteren Herstellungskosten betragen im Jahr 03 1 Mio. €. Die AfA ist i. S. des § 7 Abs. 4 Satz 1 Nr. 1 EStG mit 3 % anzusetzen.

Die Grundstücke werden in einer Bilanzposition zusammengefasst. Dabei ergibt sich für das Anlagegitter folgende Darstellung: **Anfangsbestand zum 1.1.03** zu Anschaffungs-/Herstellungskosten = 3.320.000 € (kumuliert).

Zusammensetzung:

Gebäude (alt)	3.000.000 €
Grund und Boden I/II	320.000 €
Zugang im Jahr 03 (Herstellungskosten Gebäude neu)	1.000.000 €
Umbuchung im Jahr 03 (im Bau befindliches Gebäude)	300.000 €
Zuschreibung im Jahr 03 (Wertaufholung Grund und Boden II)	120.000 €
Abschreibungen im Jahr 03 (kumuliert)	829.500 €

Zusammensetzung der Abschreibungen im Jahr 03:		
Gebäude (alt) bis zum Jahr 02		600.000 €
Gebäude (alt) Jahr 03		+ 90.000 €
Gebäude (neu) Jahr 03 (3 % von (1.000.000 € + 300.000 € =) 1.300.000 €, für sechs Monate =)		+ 19.500 €
Außerplanmäßige Abschreibung im Jahr 01		+ 120.000 €
		829.500 €
Endbestand zum 31.12.03 (Restbuchwert)		3.910.500 €
Fortschreibung der Anschaffungs-/Herstellungskosten zum 1.1.04:		
1.1.03	3.320.000 €	
Zugang	+ 1.300.000 €	
1.1.04	4.620.000 €	
Abschreibungen im Jahr 03		109.500 €

Darstellung im Anlagegitter (Anlagenspiegel):

Bilanz-posten	Stand zum 1.1. (Anschaf-fungs- oder Herstel-lungskosten)	Zugänge	Ab-gänge	Umbuchun-gen	Abschrei-bungen (kumu-liert)	Zuschrei-bungen	Endbestand zum 31.12.	Endbestand Vorjahr	Abschreibun-gen Geschäfts-jahr
Grund und Boden I	120.000 €	–	–		–	–	120.000 €	120.000 €	–
Grund und Boden II	200.000 €	–	–		120.000 €	120.000 €	200.000 €	80.000 €	–
Gebäude	3.000.000 €	1.000.000 €	–	300.000 €	709.500 €	–	3.590.500 €	2.400.000 €	109.500 €
Im Bau befindliche Gebäude	300.000 €	–	–	- 300.000 €	–	–	–	300.000 €	–

6.5.4 Bewertung des Anlagevermögens nach Handelsrecht

6.5.4.1 Allgemeine Bewertungsgrundsätze

930 Die Bewertung der Wirtschaftsgüter richtet sich nach den für alle Kaufleute geltenden §§ 252–256 HGB. Mit Inkrafttreten des BilMoG v. 25.5.2009 (BGBl 2009 I S. 1102) sind die ergänzenden Bewertungsvorschriften für Kapitalgesellschaften aufgehoben worden.

Als allgemeine Bewertungsgrundsätze enthält § 252 HGB verschiedene **GoB:**

- **Grundsatz der formellen Bilanzkontinuität** (Bilanzidentität): Danach müssen die Wertansätze in der Eröffnungsbilanz des Geschäftsjahres mit denen der Schlussbilanz des vorhergehenden Geschäftsjahres übereinstimmen.

- **Going-concern-Prinzip:** Bei der Bewertung ist von der Fortführung der Unternehmenstätigkeit auszugehen, sofern dem nicht tatsächliche oder rechtliche Gegebenheiten entgegenstehen.
- **Grundsatz der Einzelbewertung.**
- **Grundsatz der Vorsicht:** Es ist vorsichtig zu bewerten. Namentlich sind alle vorhersehbaren Risiken und Verluste, die bis zum Abschlussstichtag entstanden sind, zu berücksichtigen, selbst wenn diese erst zwischen dem Abschlussstichtag und dem Tag der Aufstellung des Jahresabschlusses bekannt geworden sind. Gewinne sind nur zu berücksichtigen, wenn sie am Abschlussstichtag realisiert sind.
- **Grundsatz der Periodenabgrenzung:** Aufwendungen und Erträge sind unabhängig von der Zahlung im Jahr der wirtschaftlichen Verursachung zu erfassen.
- **Grundsatz der Bewertungsstetigkeit:** Die auf den vorhergehenden Jahresabschluss angewandten Bewertungsmethoden sind beizubehalten.

6.5.4.2 Bewertung des abnutzbaren Anlagevermögens

Für Wirtschaftsgüter, deren **Nutzung zeitlich begrenzt** ist, gelten folgende Grundsätze: 931

- Ansatz zum Zeitpunkt der Anschaffung oder Herstellung mit den Anschaffungs- oder Herstellungskosten.
- Zum Abschlussstichtag sind die Anschaffungs- oder Herstellungskosten um die **planmäßigen Abschreibungen** zu vermindern (§ 253 Abs. 3 Satz 1 und 2 HGB).
- Außerplanmäßige Abschreibungen müssen vorgenommen werden, um die Wirtschaftsgüter mit dem niedrigeren Wert anzusetzen, der ihnen am Abschlussstichtag beizulegen ist, wenn die Wertminderung am Abschlussstichtag voraussichtlich **von Dauer** ist (§ 253 Abs. 3 Satz 5 HGB). 932
- Außerplanmäßige Abschreibungen von Vermögensgegenständen des Anlagevermögens sind bei nur vorübergehender Wertminderung gem. § 253 Abs. 3 Satz 6 HGB lediglich bei Finanzanlagen möglich.

Nach Inkrafttreten des BilMoG v. 25.5.2009 (a. a. O.) können Abschreibungen nicht mehr vorgenommen werden, um die Wirtschaftsgüter mit dem niedrigeren Wert anzusetzen, der nur auf einer steuerrechtlich zulässigen Abschreibung beruht, da § 254 HGB a. F. durch das BilMoG v. 25.5.2009 (a. a. O.) aufgehoben wurde (Wegfall der umgekehrten Maßgeblichkeit).

Sind die Gründe für eine außerplanmäßige Abschreibung später weggefallen, gilt gem. § 253 Abs. 5 HGB ein umfassendes und rechtsformunabhängiges Wertaufholungsgebot bzgl. aller Formen von außerplanmäßigen Abschreibungen.

Daher müssen Zuschreibungen vorgenommen werden. Der Höchstwert dieser Zuschreibungen ergibt sich aus den ursprünglichen Anschaffungs- oder Herstellungskosten abzgl. planmäßiger Abschreibungen.

933 **Dabei gilt:** Wird eine allgemeine, ursprünglich zulässige, außerplanmäßige Abschreibung zurückgenommen, dann ergibt sich die Zuschreibung mit entsprechenden Gewinnauswirkungen in Handels- und Steuerbilanz.

934 Gemäß § 274 Abs. 1 Satz 1 HGB ist ein Bilanzposten „Passive latente Steuern" unter § 266 Abs. 3 E HGB immer dann zu bilden, wenn eine Differenz zwischen den handelsrechtlichen Wertansätzen der Vermögensgegenstände und Schulden und deren steuerlichen Wertansätzen besteht und sich diese Differenz in späteren Geschäftsjahren voraussichtlich umkehrt.

6.5.4.3 Bewertung des nicht abnutzbaren Anlagevermögens

935 Für Wirtschaftsgüter, deren Nutzung zeitlich nicht begrenzt ist, gelten bis auf die planmäßigen Abschreibungen dieselben Grundsätze wie beim abnutzbaren Anlagevermögen. Das bedeutet:

- Ansatz zum Zeitpunkt der Anschaffung mit den Anschaffungskosten;
- Ansatz zum Abschlussstichtag grds. mit den Anschaffungskosten;
- außerplanmäßige Abschreibungen müssen vorgenommen werden, wenn die Wertminderung am Abschlussstichtag voraussichtlich von Dauer ist (§ 253 Abs. 3 Satz 5 HGB);
- außerplanmäßige Abschreibungen können bei nicht dauernder Wertminderung **nur** bei Finanzanlagen vorgenommen werden, um die Wirtschaftsgüter mit dem niedrigeren Wert anzusetzen, der ihnen am Abschlussstichtag beizulegen ist, und
- steuerrechtlich zulässige Abschreibungen können nicht mehr vorgenommen werden (Aufhebung der umgekehrten Maßgeblichkeit).

936 Sind die Gründe für eine Wertminderung weggefallen, kann mit Inkrafttreten des BilMoG v. 25.5.2009 (a. a. O.) der niedrigere Wertansatz nicht mehr beibehalten werden (§ 253 Abs. 5 Satz 1 HGB).

Von diesem Grundsatz gibt es jedoch eine Ausnahme: Ein niedrigerer Wertansatz eines entgeltlich erworbenen Geschäfts- oder Firmenwerts ist beizubehalten (§ 253 Abs. 5 Satz 2 HGB).

6.5.5 Bewertung des abnutzbaren Anlagevermögens nach Steuerrecht

6.5.5.1 Bewertungsgrundsätze

937 Gemäß § 6 Abs. 1 Nr. 1 EStG sind die Wirtschaftsgüter des abnutzbaren Anlagevermögens mit den Anschaffungs- oder Herstellungskosten, vermindert um die AfA, erhöhte Absetzungen, Sonderabschreibungen, Abzüge gem. § 6b EStG u. ä. Abzüge anzusetzen.

Ist der Teilwert aufgrund einer **voraussichtlich dauernden Wertminderung** niedriger, kann dieser angesetzt werden. Der Grundsatz der Maßgeblichkeit der Handelsbilanz für die Steuerbilanz greift gem. § 5 Abs. 1 Satz 1 Halbsatz 2 EStG jedoch nicht, da in § 6 Abs. 1 Nr. 1 Satz 2 EStG ein eigenständig, unabhängig auszuübendes steuerliches

Wahlrecht formuliert ist (siehe BMF, Schreiben v. 12.3.2010, BStBl 2010 I S. 239, Rz. 13 und 15).

Der Betriebsinhaber hat für den niedrigeren Teilwert die Nachweispflicht.

Er muss auch darlegen, aus welchen Gründen eine Wertminderung voraussichtlich von Dauer ist. Dabei ist eine Wertminderung nur dann als voraussichtlich dauernd anzusehen, wenn der Wert des jeweiligen Wirtschaftsguts zum Bilanzstichtag mindestens für die halbe Restnutzungsdauer unter dem planmäßigen Restbuchwert liegt. Andernfalls ist die am Stichtag eingetretene Wertminderung als voraussichtlich vorübergehend anzusehen (vgl. Rz. 8 ff. des BMF-Schreibens v. 16.7.2014, BStBl 2014 I S. 1162).

BEISPIEL: X hat im Jahr 01 eine Maschine zu Anschaffungskosten i. H. von 100.000 € erworben. Die betriebsgewöhnliche Nutzungsdauer beträgt zehn Jahre und die jährliche AfA somit 10.000 €. Im Jahr 02 beträgt der Teilwert bei einer Restnutzungsdauer von acht Jahren nur noch 30.000 €.

Eine Teilwertabschreibung i. H. von 50.000 € auf 30.000 € ist zulässig. Die Minderung ist voraussichtlich von Dauer, da der Teilwert des Wirtschaftsguts zum Bilanzstichtag bei planmäßiger Abschreibung erst nach fünf Jahren – nach mehr als der Hälfte der achtjährigen Restnutzungsdauer – erreicht wird.

Buchwertermittlung ohne Teilwertabschreibung auf den 31.12.06 (nach Ablauf der Hälfte der Restnutzungsdauer):

31.12.02 (Buchwert ohne Teilwertabschreibung)	80.000 €
abzgl. AfA der Jahre 03–06 (4 × 10.000 € =)	- 40.000 €
Restbuchwert zum 31.12.06	40.000 €

Dieser Wert ist höher als der Teilwert zum 31.12.02 (40.000 € > 30.000 €), so dass der Teilwert des Wirtschaftsguts zum 31.12.02 innerhalb der Hälfte der Restnutzungsdauer nicht erreicht wird.

Wenn Wirtschaftsgüter schon am **Schluss des vorangegangenen Wirtschaftsjahres** 938
zum Anlagevermögen gehört haben, dann gilt:

- War die Wertminderung durch die Inanspruchnahme einer erhöhten Absetzung, Sonderabschreibung, Bewertungsfreiheit für geringwertige Wirtschaftsgüter oder durch die Übertragung eines Veräußerungsgewinns gem. § 6b EStG verursacht, **kann** der niedrigere Ansatz beibehalten werden.
- Soweit aber in einem folgenden Wirtschaftsjahr bei einem Wirtschaftsgut in der Jahresbilanz eine dieser steuerlichen Bewertungen rückgängig gemacht wird, erhöht der Betrag der Zuschreibung den Buchwert des Wirtschaftsguts (§ 6 Abs. 1 Nr. 1 Satz 4 EStG). Es besteht ein steuerliches Zuschreibungsgebot.

Durch das Wertaufholungsgebot (§ 6 Abs. 1 Nr. 1 Satz 4 EStG) ergibt sich der Wert- 939
ansatz eines Wirtschaftsguts für jeden Bilanzstichtag aus dem Vergleich der um die zulässigen Abzüge geminderten Anschaffungs- oder Herstellungskosten als der Bewertungsobergrenze und dem niedrigeren Teilwert als der Bewertungsuntergrenze. Hat sich der Wert nach einer vorangegangenen Teilwertabschreibung wieder erhöht, ist diese Erhöhung bis zum Erreichen der Bewertungsobergrenze steuerlich zu erfassen. Dabei kommt es **nicht darauf an,** ob die **konkreten Gründe** für die **vorangehende Teilwertabschreibung weggefallen** sind.

BEISPIEL: Am 3.1.00 erwarb der Gewerbetreibende eine Herstellungsmaschine für 200.000 € (netto). Die Nutzungsdauer betrug zehn Jahre. Es wurde linear abgeschrieben.

Zum 31.12.02 wurde neben der linearen AfA zutreffend eine außergewöhnliche technische AfA i. H. von 90.000 € vorgenommen, weil eine technisch verbesserte Maschine auf den Markt gekommen war. Zum 31.12.02 beträgt die Restnutzungsdauer sieben Jahre.

Wegen eines Konstruktionsfehlers musste diese Maschine aber bereits im Jahr 03 wieder vom Markt genommen werden.

Der Teilwert der im Jahr 00 angeschafften Maschine stieg deshalb zum 31.12.03 wieder auf

- Fall a) 140.000 €;
- Fall b) 100.000 €.

Lösung:

Fall a)

Die fortgeführten Anschaffungskosten betragen:

Anschaffung im Jahr 00	200.000 €
abzgl. AfA im Jahr 00	- 20.000 €
31.12.00	180.000 €
abzgl. AfA im Jahr 01	- 20.000 €
31.12.01	160.000 €
abzgl. AfA im Jahr 02	- 20.000 €
	140.000 €
abzgl. außergewöhnliche Abschreibung im Jahr 02	- 90.000 €
31.12.02	50.000 €
Die AfA für das Jahr 03 beträgt 7.143 € (Restbuchwert verteilt auf die Restnutzungsdauer von sieben Jahren)	- 7.143 €
Zuschreibung	+ 77.143 €
31.12.03	120.000 €

Aufgrund des Wegfalls der Gründe für die Teilwertabschreibung hat zum 31.12.03 eine Zuschreibung auf den Teilwert i. H. von 140.000 € zu erfolgen, höchstens jedoch auf die fortgeführten Anschaffungskosten, die sich ohne die Teilwertabschreibung ergeben hätten (200.000 € - (4 × 20.000 € =) 80.000 € = 120.000 €).

Fall b)

Liegt der Teilwert unter den fortgeführten Anschaffungskosten, darf im Jahr 03 nur bis zur Höhe des Teilwerts auf 100.000 € zugeschrieben werden.

Dann ergibt sich eine Zuschreibung i. H. von 57.143 €.

Abweichende Kontenentwicklung ab dem 31.12.02:

31.12.02	50.000 €
abzgl. AfA für das Jahr 03 wie im Fall a)	- 7.143 €
Zuschreibung	+ 57.143 €
31.12.03	100.000 €

940 Für das **abnutzbare Anlagevermögen** ist zu beachten:

- **Nicht realisierte Verluste** können ausgewiesen werden (Regelfall) und
- **nicht realisierte Gewinne** dürfen nicht ausgewiesen werden, wobei aber unter bestimmten Voraussetzungen in Vorjahren vorgenommene Abschreibungen rückgängig gemacht werden können bzw. müssen.

Die Bewertungsgrundsätze im Überblick: 941

Für Wirtschaftsgüter des abnutzbaren Anlagevermögens sind anzusetzen:

Zum Zeitpunkt der Anschaffung oder Herstellung	Zum nächsten Bilanzstichtag	Zu jedem weiteren Bilanzstichtag (soweit noch vorhanden)
Anschaffungs- oder Herstellungskosten.	1. Anschaffungs- oder Herstellungskosten abzgl. AfA; 2. niedrigerer steuerlicher Wert, soweit zulässig.	1. letzter Bilanzansatz abzgl. AfA; 2. niedrigerer steuerlicher Wert, soweit zulässig; 3. wieder gestiegener Wert durch Rückgängigmachung steuerlicher Abschreibungen (Wertaufholung).

Will der Kaufmann die Teilwertabschreibung vornehmen, muss er zunächst die normale AfA absetzen und dann den Differenzbetrag im Wege einer Teilwertabschreibung abschreiben. Im Jahr der Teilwertabschreibung ist der Teilwert immer die unterste Grenze. Erst im nächsten Jahr wird dieser Wert durch die Vornahme der AfA unterschritten werden.

Der Betrag der Teilwertabschreibung gehört nicht zur Bemessungsgrundlage für die Er- 942
mittlung der privatanteiligen Kfz-Kosten. Die Normal-AfA gehört jedoch immer dazu. Dies hat nur in den Fällen Bedeutung, in denen sich die private Nutzung **nicht** nach der sog. „1 %-Regel" ermittelt (§ 6 Abs. 1 Nr. 4 EStG).

6.5.5.2 Beispiele zur Bewertung von Wirtschaftsgütern des abnutzbaren Anlagevermögens nach Handels- und Steuerrecht

BEISPIEL 1: Erwerb eines Wirtschaftsguts des abnutzbaren beweglichen Anlagevermögens An- 943
fang Januar 01 für 200.000 € (netto). Die Nutzungsdauer beträgt zehn Jahre. Neben der linearen AfA (10 %) soll eine steuerlich zulässige Sonderabschreibung i. H. von 40 % der Anschaffungskosten vorgenommen werden.

a) **Grundsätze**

In der Handelsbilanz können Abschreibungen nicht vorgenommen werden, um Wirtschaftsgüter des Anlagevermögens mit dem niedrigeren Wert anzusetzen, der nur auf einer steuerrechtlich zulässigen Abschreibung beruht.

Gemäß § 6 Abs. 1 EStG kann die Sonderabschreibung nur in der Steuerbilanz vorgenommen werden.

b) **Entwicklung**

	Handelsbilanz	Steuerbilanz
Anschaffungskosten im Jahr 01	200.000 €	200.000 €
abzgl. Abschreibung/AfA im Jahr 01	- 20.000 €	- 20.000 €
	180.000 €	180.000 €

	Handelsbilanz	Steuerbilanz
abzgl. Sonderabschreibung	- 0 €	- 80.000 €
31.12.01	180.000 €	100.000 €
abzgl. Abschreibung/AfA (Restwert/Restnutzungsdauer)	- 20.000 €	- 11.111 €
31.12.02	160.000 €	88.889 €

944 **BEISPIEL 2:** Erwerb eines abnutzbaren beweglichen Wirtschaftsguts Anfang Januar 01 für 1 Mio. € netto. Die Nutzungsdauer soll zehn Jahre betragen.

Im selben Jahr wird ein Zuschuss aus öffentlichen Mitteln i. H. von 250.000 € für die Investition gezahlt.

Der Zuschuss soll erfolgsneutral behandelt werden.

a) Grundsätze

In der Handelsbilanz sind außerplanmäßige Abschreibungen nicht mehr möglich, um Wirtschaftsgüter des Anlagevermögens mit dem niedrigeren Wert anzusetzen, der nur auf einer steuerrechtlich zulässigen Abschreibung beruht.

Daher ergeben sich unterschiedliche Kontenentwicklungen in der Handels- und Steuerbilanz.

b) Entwicklung

	Steuerbilanz	Handelsbilanz
Anschaffung im Jahr 01	1.000.000 €	1.000.000 €
abzgl. Zuschuss	- 250.000 €	–
	750.000 €	1.000.000 €
abzgl. AfA (linear)	- 75.000 €	- 100.000 €
31.12.01	675.000 €	900.000 €

6.5.5.3 Steuerliche Abschreibungen

6.5.5.3.1 Allgemeines

945 Handels- und Steuerrecht unterscheiden zunächst zwischen **planmäßigen** und **außerplanmäßigen** Abschreibungen.

Die planmäßigen Abschreibungen sollen dabei den normalen technischen Verschleiß bzw. die Substanzverringerung erfassen. Die außerplanmäßigen Abschreibungen dienen dazu, einen niedrigeren Wertansatz zu ermöglichen, der sich aus Gründen einer unvorhergesehenen Abnutzung, aus technischen und wirtschaftlichen Veränderungen, aus Fehlinvestitionen u. ä. Vorgängen ergeben kann.

Außerdem sind aus **wirtschaftspolitischen Gründen** steuerrechtlich niedrigere Wertansätze erlaubt, die auch handelsrechtlich zu beachten sind.

Nur steuerrechtlich zulässige Abschreibungen sind in der Handelsbilanz nicht mehr möglich. Dadurch fallen Handels- und Steuerbilanzansätze oft unvermeidbar auseinander.

Das Handelsrecht kennt dabei nur den Begriff „Abschreibungen“, während das Steuerrecht folgende Unterscheidungen macht:

- Absetzungen für Abnutzung (§ 7 EStG):
  - lineare AfA (§ 7 Abs. 1 und 4 EStG);

- degressive AfA (§ 7 Abs. 2 und 5 EStG; § 7 Abs. 2 EStG ist anzuwenden für nach dem 30.6.2025 und vor dem 1.1.2028 angeschaffte bewegliche Wirtschaftsgüter; § 7 Abs. 5 EStG ist letztmalig für Gebäude, die Wohnzwecken dienen, anzuwenden, die aufgrund eines vor dem 1.1.2006 gestellten Bauantrags hergestellt oder aufgrund eines vor dem 1.1.2006 rechtswirksam abgeschlossenen obligatorischen Vertrags angeschafft wurden);
- arithmetisch-degressive AfA für Elektrofahrzeuge gem. § 7 Abs. 2a EStG (eingeführt durch das Gesetz für ein steuerliches Investitionssofortprogramm zur Stärkung des Wirtschaftsstandorts Deutschland v. 14.7.2025, BGBl 2025 I Nr. 161);
- Leistungs-AfA (§ 7 Abs. 1 Satz 6 EStG) und
- Absetzungen für außergewöhnliche Abnutzung wegen technischer oder wirtschaftlicher Abnutzung (§ 7 Abs. 1 Satz 7 EStG).

► Absetzung gem. § 6 Abs. 2a EStG (Sammelposten).

► Absetzung für Substanzverringerung (§ 7 Abs. 6 EStG).

► Sonderabschreibungen (zusätzlich zur normalen AfA), z. B.
- § 7c EStG;
- § 7g EStG;
- § 82f EStDV;
- § 82g EStDV und
- § 82i EStDV.

► Erhöhte Absetzungen (anstelle der normalen AfA, z. B. § 82a EStDV).

► Bewertungsfreiheiten (z. B. § 6 Abs. 2 EStG).

► Teilwertabschreibungen gem. § 6 EStG.

Eine **Teilwertabschreibung** kommt dabei in Betracht, wenn ein nicht durch den Produk- 946
tionsablauf bedingter Werteverzehr erfasst werden soll, der nicht von § 7 EStG berücksichtigt wird.

Die wichtigsten Unterschiede zwischen AfA, außergewöhnlicher AfA und Teilwertabschreibung bestehen in

1. **dem Kreis der Wirtschaftsgüter:**
   - Die AfA und außergewöhnliche AfA sind nur bei abnutzbaren Wirtschaftsgütern möglich.
   - Die Teilwertabschreibung ist bei Vorliegen der übrigen Voraussetzungen bei allen Wirtschaftsgütern möglich.
2. **der Gewinnermittlungsart:**
   - Die AfA und außergewöhnliche AfA sind bei allen Gewinnermittlungsarten zulässig.
   - Die Teilwertabschreibung gibt es nur bei der Gewinnermittlung gem. § 4 Abs. 1 und § 5 EStG.

3. **dem Zeitpunkt der Vornahme:**
   - Die AfA und außergewöhnliche AfA sind zwingend jährlich bzw. zum Zeitpunkt der Außergewöhnlichkeit vorzunehmen.
   - Die Teilwertabschreibung kann vorgenommen bzw., soweit die Voraussetzungen noch vorliegen, auch in späteren Jahren zum Bilanzstichtag nachgeholt werden.
   - Der Grundsatz der Maßgeblichkeit der Handelsbilanz für die Steuerbilanz greift gem. § 5 Abs. 1 Satz 1 Halbsatz 2 EStG jedoch nicht, da in § 6 Abs. 1 Nr. 1 Satz 2 EStG ein eigenständig, unabhängig auszuübendes steuerliches Wahlrecht formuliert ist (siehe BMF, Schreiben v. 12.3.2010, BStBl 2010 I S. 239, Rz. 13 und 15).

6.5.5.3.2 AfA-fähige Wirtschaftsgüter

947 Wirtschaftsgüter unterliegen der AfA, wenn sie

1. **abnutzbar**

Abnutzbar ist jedes Wirtschaftsgut, wenn es durch Verwendung, Nutzung oder durch bloßen Zeitablauf an Wert verliert.

Eine AfA kommt dabei aber nur in Betracht, wenn sich die Nutzung über einen Zeitraum von **mehr als einem Jahr** erstreckt; andernfalls sind die Anschaffungskosten sofort im Anschaffungsjahr in voller Höhe als Betriebsausgaben zu erfassen.

Abnutzbar können sein:

- Materielle und immaterielle Wirtschaftsgüter sowie
- bewegliche und unbewegliche Wirtschaftsgüter.

948 Nicht abnutzbar können sein:

- **Bewegliche körperliche Wirtschaftsgüter:** Hierzu zählen insbesondere Werke anerkannter Meister, wie z. B. Gemälde, Plastiken und alte Teppiche.
- **Unbewegliche körperliche und immaterielle Wirtschaftsgüter:** Das sind der Grund und Boden und Beteiligungen.

2. **zum Anlagevermögen gehörig**

949 Entscheidend für die Zugehörigkeit zum Anlagevermögen ist die Zweckbestimmung des Wirtschaftsguts, nicht seine Art.

Abzugrenzen sind dabei:

- **Unbewegliches abnutzbares Anlagevermögen:** Hierzu zählen insbesondere Gebäude, Mietereinbauten als sonstige materielle Wirtschaftsgüter und abnutzbare immaterielle Wirtschaftsgüter.
- **Bewegliches abnutzbares Anlagevermögen:** Bewegliche abnutzbare Wirtschaftsgüter können nur Sachen i. S. des § 90 BGB sein, das sind körperliche Gegenstände. Betriebsvorrichtungen gehören ebenfalls hierzu, auch wenn sie wesentliche Bestandteile eines Grundstücks sind. Dasselbe gilt für Mietereinbauten, soweit es sich um Scheinbestandteile handelt. Die Erstausstattung an Ersatz- und Reserveteilen, die bei der Lieferung oder Herstellung der Maschinen oder maschinellen

Anlagen mitgeliefert oder mithergestellt worden ist, sowie Maschinenwerkzeuge, die i. V. mit Werkzeugmaschinen oder anderen Maschinen bzw. Anlagen genutzt werden, sind Anlagevermögen.

3. **selbständig abnutzbar**

   Selbständig abnutzbar ist das **einzelne** Wirtschaftsgut. Gegenstände, die bürgerlichrechtlich eine Einheit darstellen, können hinsichtlich der AfA aus mehreren Wirtschaftsgütern bestehen, z. B. 950

   - der Grund und Boden und das Gebäude und
   - Gebäude mit festeingebauten maschinellen Anlagen.

Das Anlagegut ist grds. **einheitlich** abzuschreiben. Ausnahmen ergeben sich bei Gebäuden und selbständigen Gebäudeteilen. Das sind jeweils besondere Wirtschaftsgüter, die auch getrennt bilanziert und abgeschrieben werden (Hinweis unter Rz. 737 ff.). 951

Maschinenwerkzeuge sind nur i. V. mit den Maschinen abnutzbar, weshalb die Erstausstattung auch nur zusammen mit den Maschinen abgeschrieben werden kann.

6.5.5.3.3 Der AfA-Berechtigte

AfA-Berechtigter ist derjenige, der die **Abnutzung wirtschaftlich trägt.** Das ist i. d. R. der bürgerlich-rechtliche Eigentümer. Fallen aber bürgerlich-rechtliches Eigentum und wirtschaftliches Eigentum auseinander, ist der wirtschaftliche Eigentümer auch AfA-Berechtigter. Bei Miet- und Pachtverhältnissen steht das Recht, AfA in Anspruch zu nehmen, ausschließlich dem Verpächter zu. 952

Bei Einräumung eines Erbbaurechts sind die Aufwendungen für das Erbbaurecht (Eintragungsgebühren und übernommene Anliegerbeiträge) auf die **Laufzeit des Erbbaurechts** zu verteilen. Die Erbbauzinsen stellen Betriebsausgaben bzw. -einnahmen dar. Die AfA für das errichtete Gebäude steht dem Erbbauberechtigten zu.

Im Falle einer **Gesamtrechtsnachfolge** treten die Erben auch hinsichtlich der AfA in die Rechtsstellung des Erblassers ein.

Ein **Nießbraucher** kann die AfA für das mit dem Nießbrauchsrecht belastete Grundstück nur geltend machen, wenn er auch wirtschaftlicher Eigentümer des Grundstücks ist. 953

Zu den Besonderheiten siehe unter Rz. 799 ff.

6.5.5.3.4 Beginn der AfA und betriebsgewöhnliche Nutzungsdauer

„Abnutzbar" ist ein Wirtschaftsgut, wenn es durch Verwendung, Nutzung oder Zeitablauf für den Steuerpflichtigen an Wert verliert. Damit wird für den Beginn der AfA grds. auf den **Zeitpunkt der Anschaffung oder Herstellung** abgestellt und nicht auf den Zeitpunkt der Ingebrauchnahme. 954

Der Zeitpunkt der Anschaffung entspricht dabei dem Zeitpunkt, zu dem der Erwerber das wirtschaftliche Eigentum erlangt.

Unter **„Herstellung"** ist die Fertigstellung zu verstehen. „Fertiggestellt" ist ein Wirtschaftsgut, wenn die Herstellungsarbeiten so weit fortgeschritten sind, dass es bestimmungsgemäß genutzt werden kann. Unfertige Wirtschaftsgüter können deshalb nicht abgeschrieben werden.

955 Wird ein Anlagegut, das aus mehreren Einzelteilen besteht, erst im Betrieb des Steuerpflichtigen zusammengesetzt, liegt grds. ein **Herstellungsvorgang** vor. Dabei spielt es keine Rolle, ob diese Arbeiten durch den Lieferanten, einen Dritten oder den Steuerpflichtigen selbst ausgeführt werden.

Wird aber ein Wirtschaftsgut nur unter Verwendung von Zubehör im Betrieb des Steuerpflichtigen montiert, liegt eine **Lieferung** vor. Diese ist bereits dann erfolgt, wenn die Teile in den Betrieb des Steuerpflichtigen gelangt sind. Voraussetzung ist aber, dass die Montage durch einen Dritten (nicht den Lieferanten) oder den Steuerpflichtigen selbst durchgeführt wird. Werden diese Arbeiten dem Lieferanten übertragen, dann ist die Lieferung erst nach Abschluss der gesamten Arbeiten erfolgt. Die nachträglich für die Montage angefallenen Aufwendungen werden so behandelt, als wären sie zum Zeitpunkt des Erwerbs bzw. zu Beginn des Jahres angefallen.

BEISPIEL: Kaufmann A erwirbt am 20.12.01 eine Krananlage, die noch am 28.12.01 in zwei Einzelteilen angeliefert wird. Am 10.2.02 lässt Kaufmann A diese Anlage von eigenen Arbeitnehmern zusammensetzen. Erforderlich ist dabei nur eine einfache Verschraubung.

Die Lieferung ist bereits im Jahr 01 ausgeführt, so dass A die Anlage zum 31.12.01 bilanzieren und abschreiben muss. Die später angefallenen Aufwendungen werden als nachträgliche Anschaffungskosten – soweit es sich um Einzelkosten handelt – so behandelt, als wären sie zu Beginn des Jahres 02 angefallen.

956 Die AfA für im Laufe eines Jahres angeschaffte Wirtschaftsgüter kann nur anteilig in Anspruch genommen werden. Hierbei wird nicht der AfA-Satz, sondern der jeweilige AfA-Betrag aufgeteilt.

BEISPIEL: Ein Patent mit einer zehnjährigen betriebsgewöhnlichen Nutzungsdauer wurde am 15.4.01 für 10.000 € (netto) erworben.

Die zulässige AfA gem. § 7 Abs. 1 EStG beträgt 10 % = 1.000 €. Der AfA-Betrag kann aber nur anteilig für neun Monate = 750 € als Aufwand berücksichtigt werden (§ 7 Abs. 1 Satz 4 EStG).

957 Die Verteilung der Anschaffungs- oder Herstellungskosten erfolgt auf die Zeit der **betriebsgewöhnlichen Nutzungsdauer.** Soweit Wirtschaftsgüter gebraucht erworben worden sind, ist die Restnutzungsdauer maßgebend.

Zu unterscheiden sind die

- **technische Nutzungsdauer:** Hierunter versteht man die Zeit, in der das Wirtschaftsgut eine betrieblich nutzbare Leistung erbringt.
- **wirtschaftliche Nutzungsdauer:** Die wirtschaftliche Nutzungsdauer richtet sich danach, wie lange ein Wirtschaftsgut wirtschaftlich zu nutzen ist.

Ist die wirtschaftliche Nutzungsdauer kürzer (Regelfall), dann ist dieser Zeitraum für die Bemessung der AfA maßgebend.

Die Schätzung der betriebsgewöhnlichen Nutzungsdauer erfolgt i. d. R. nach Erfahrungssätzen (die in amtlichen AfA-Tabellen niedergelegt sind).

HINWEIS

Bei Gebäuden kann der Steuerpflichtige gem. § 7 Abs. 4 Satz 2 EStG eine der tatsächlichen Nutzungsdauer entsprechende, höhere AfA in Anspruch nehmen. Nach der ständigen Rechtsprechung des BFH (Urteile v. 28.7.2021 - IX R 25/19, BFH/NV 2022 S. 108, WAAAH-95921, und v. 23.1.2024 - IX R 14/23, BStBl 2025 II S. 956) steht dem Steuerpflichtigen dabei die Wahl der Nachweismethode frei. Jede Darlegungsmethode ist zulässig, die im Einzelfall geeignet ist, Rückschlüsse auf die maßgeblichen Determinanten — insbesondere den technischen Verschleiß, die wirtschaftliche Entwertung oder die rechtlichen Nutzungsbeschränkungen — zu ermöglichen. Die Finanzverwaltung hatte mit dem BMF-Schreiben v. 22.2.2023 (BStBl 2023 I S. 332) hiervon abweichend einschränkende Nachweisanforderungen formuliert, die Gutachten bestimmter Sachverständigenkategorien zwingend voraussetzten. Dieses Schreiben wurde durch das BMF-Schreiben v. 1.12.2025 (BStBl 2025 I S. 2038) vollständig aufgehoben. Es gilt damit wieder die BFH-Linie: Maßgeblich ist ein geeigneter, nachvollziehbarer Einzelnachweis ohne formale Beschränkungen auf bestimmte Gutachtenformen.

Sonderverhältnisse des Betriebs werden dabei nicht berücksichtigt. Soweit sich die Verhältnisse im Betrieb aber **längerfristig** ändern, bspw. wenn ein Wirtschaftsgut, mit dem bisher nur einschichtig produziert worden ist, nun mehrschichtig genutzt wird, rechtfertigt das eine entsprechend höhere AfA. Deshalb gelten bei

- doppelschichtiger Nutzung ein um 20 % höherer AfA-Satz und
- dreischichtiger Nutzung ein um 33 % höherer AfA-Satz.

Ist die AfA in einem Wirtschaftsjahr unterlassen worden, dann gilt: 958

- Bei **bewusster** Unterlassung durch den Steuerpflichtigen besteht ein Nachholverbot;
- bei **irrtümlich** unterlassener oder zu gering angesetzter AfA kann die Nachholung in der Weise erfolgen, dass der Restbuchwert auf die Restnutzungsdauer verteilt wird.

BEISPIELE:

1. Der Steuerpflichtige hatte im Januar 01 ein Anlagegut für 50.000 € (netto), Nutzungsdauer zehn Jahre, angeschafft und, weil er mit einem Verlust für das Jahr 01 rechnete, keine AfA vorgenommen.

   Hier wird im Jahr 02 der Bilanzenzusammenhang mit der Folge durchbrochen, dass die AfA für das Jahr 01 nicht nachgeholt wird.

   Buchung im Jahr 02:

Kapital	5.000 €	an	Wirtschaftsgut	5.000 €

   Ab dem Jahr 02 wird dann normal weiter abgeschrieben.

2. Wie oben, der Steuerpflichtige war jedoch zunächst von einer Nutzungsdauer von 20 Jahren ausgegangen und hatte daher in den Jahren 01 und 02 jeweils eine AfA i. H. von 2.500 € (= 5 % von 50.000 €) geltend gemacht. Sollte sich der Irrtum im dritten Jahr herausstellen, dann ist der Restbuchwert vom 31.12.02 auf die Restnutzungsdauer von acht Jahren zu verteilen. AfA ab dem Jahr 03 jährlich: (50.000 € - 5.000 € = 45.000 € / 8 =) 5.625 €.

959 In der Praxis wird häufig bis auf den sog. **„Erinnerungswert“** i. H. von 1 € abgeschrieben, auch wenn erfahrungsgemäß noch ein erheblicher Restwert verbleibt. Abschreibungen nach dem Wortlaut des § 7 Abs. 1 EStG führen jedoch zu einem „Restwert“ i. H. von 0 €.

Nur in den Fällen, in denen – wie im Allgemeinen bei Gegenständen von großem Gewicht (Schiffe) oder bei Gegenständen aus wertvollem Material – ein Schrottwert zu erwarten ist, der im Vergleich zu den Anschaffungs- oder Herstellungskosten erheblich ins Gewicht fällt, ist dieser bei der Verteilung der Anschaffungs- oder Herstellungskosten in der Weise zu berücksichtigen, dass lediglich der Unterschied zwischen den Anschaffungs- oder Herstellungskosten und dem Schrottwert verteilt wird.

6.5.5.3.5 AfA-Bemessungsgrundlage

960 Die **Bemessungsgrundlage** für die AfA sind grds. die **Anschaffungs- oder Herstellungskosten.**

Folgende **Besonderheiten** sind aber zu beachten:

- Bei der degressiven AfA gem. § 7 Abs. 2 EStG ist die Bemessungsgrundlage in den Folgejahren der jeweilige Restbuchwert;
- bei der Übertragung von steuerfreien Rücklagen (§ 6b EStG sowie R 6.5 und 6.6 EStR) gilt der Wert als AfA-Bemessungsgrundlage, der sich nach der Verminderung der Anschaffungs- oder Herstellungskosten um den Zuschuss oder den Abzugsbetrag ergibt;
- bei unentgeltlich erworbenen Wirtschaftsgütern sind die fiktiven Anschaffungskosten i. S. des § 6 Abs. 3 und 4 EStG vorgesehen;
- bei Einlagen gem. § 6 Abs. 1 Nr. 5 EStG ist die AfA-Bemessungsgrundlage i. d. R. der Teilwert, soweit nicht innerhalb von drei Jahren nach der Anschaffung oder Herstellung eingelegt wurde und soweit die AfA bisher nicht vorgenommen worden ist;
- soweit die Einlage innerhalb von drei Jahren nach der Anschaffung oder Herstellung erfolgte, ist die AfA-Bemessungsgrundlage ebenfalls der Teilwert, **höchstens jedoch die fortgeführten Anschaffungs- oder Herstellungskosten.**

961 Bei **nachträglichen** Anschaffungs- oder Herstellungskosten können diese Kosten bei der Bemessung der AfA für das Jahr der Entstehung so behandelt werden, als wären sie zu **Beginn des Jahres aufgewendet** worden bzw. zum Zeitpunkt der Anschaffung oder Herstellung, wenn diese im laufenden Jahr erfolgt sind.

6.5.5.3.6 Steuerliche AfA-Methoden

Gemäß § 7 EStG sind folgende **AfA-Methoden** vorgesehen:

6.5.5.3.6.1 Lineare AfA

962 Hier werden die Anschaffungs- oder Herstellungskosten eines Wirtschaftsguts gleichmäßig auf die Gesamtdauer der Verwendung oder Nutzung verteilt; für ein Jahr ist der Betrag abzusetzen, der bei gleichmäßiger Verteilung auf ein Jahr entfällt.

BEISPIEL: Anschaffungszeitpunkt 15.1.02, Anschaffungskosten 20.000 € (netto), Nutzungsdauer zehn Jahre.

Die jährliche AfA beträgt 10 % von 20.000 € = 2.000 €.

6.5.5.3.6.2 Leistungs-AfA

Wenn bei Wirtschaftsgütern die Leistung erheblich schwankt, kann die AfA nach Maß- 963
gabe der jeweiligen Leistung vorgenommen werden. Voraussetzung ist, dass der auf das einzelne Jahr entfallende Umfang der Leistung entsprechend nachgewiesen wird. Die Leistungs-AfA ist keine degressive AfA-Methode.

BEISPIEL: Anschaffungszeitpunkt 15.1.01; Anschaffungskosten 100.000 € (netto). Die voraussichtliche Gesamtleistung soll 200.000 Einheiten (z. B. km) betragen. Davon entfallen lt. Zähler auf das

- 1. Jahr: 100.000 Einheiten = 50 % der Gesamtleistung;
- 2. Jahr: 60.000 Einheiten = 30 % der Gesamtleistung und
- 3. Jahr: 40.000 Einheiten = 20 % der Gesamtleistung.

Damit sind in den Jahren 01–03 folgende Abschreibungen gem. § 7 Abs. 1 Satz 6 EStG vorzunehmen:

- AfA im Jahr 01 50 % von 100.000 € = 50.000 €;
- AfA im Jahr 02 30 % von 100.000 € = 30.000 € und
- AfA im Jahr 03 20 % von 100.000 € = 20.000 €.

6.5.5.3.6.3 Degressive AfA

Die degressive AfA für bewegliche Wirtschaftsgüter war ursprünglich nur für Wirt- 964
schaftsgüter anwendbar, die nach dem 31.12.2008 und vor dem 1.1.2011 angeschafft wurden. Durch das 2. Corona-Steuerhilfegesetz v. 29.6.2020 (BGBl 2020 I S. 1512) wurde zunächst eine befristete degressive AfA für bewegliche Wirtschaftsgüter wieder eingeführt. Der Anwendungszeitraum wurde durch das 4. Corona-Steuerhilfegesetz v. 19.6.2022 (BGBl 2022 I S. 911) für bewegliche Wirtschaftsgüter des Anlagevermögens, die nach dem 31.12.2019 und vor dem 1.1.2023 angeschafft oder hergestellt worden sind, verlängert.

Durch Art. 3 des Wachstumschancengesetzes v. 27.3.2024 (BGBl 2024 I Nr. 108) wurde erneut eine befristete degressive AfA eingefügt.

§ 7 Abs. 2 EStG erlaubte die degressive Abschreibung beweglicher Wirtschaftsgüter des Anlagevermögens für Anschaffungen oder Herstellungen in zwei Zeiträumen:

- Nach dem 31.12.2019 und vor dem 1.1.2023 sowie
- nach dem 31.3.2024 und vor dem 1.1.2025.

Die auch als „Buchwert-AfA" bezeichnete Methode berechnete die Abschreibung nach einem gleichbleibenden Prozentsatz vom jeweiligen Restbuchwert. Der maximal zulässige Satz war dabei der Höhe nach begrenzt:

- Für den ersten Zeitraum durfte er das 2,5-fache der linearen AfA und 25 % des Restwerts nicht übersteigen;
- für den zweiten Zeitraum war er auf das Zweifache der linearen AfA und maximal 20 % beschränkt.

Das Gesetz für ein steuerliches Investitionssofortprogramm zur Stärkung des Wirtschaftsstandorts Deutschland v. 14.7.2025 (BGBl 2025 I Nr. 161), das der Bundestag am 26.6.2025 beschlossen und dem der Bundesrat am 11.7.2025 zugestimmt hat, hat erneut eine befristete degressive AfA für bewegliche Wirtschaftsgüter des Anlagevermögens eingeführt.

Das Gesetz sieht eine erneute Einführung einer befristeten degressiven AfA für bewegliche Wirtschaftsgüter vor, die nach dem 30.6.2025 und vor dem 1.1.2028 angeschafft oder hergestellt werden. Der zulässige AfA-Satz beträgt dabei 30 %.

Der neue Gesetzestext von § 7 Abs. 2 EStG lautet: *„Bei beweglichen Wirtschaftsgütern des Anlagevermögens, die nach dem 30.6.2025 und vor dem 1.1.2028 angeschafft oder hergestellt worden sind, kann der Steuerpflichtige statt der Absetzung für Abnutzung in gleichen Jahresbeträgen die Absetzung für Abnutzung in fallenden Jahresbeträgen bemessen. Die Absetzung für Abnutzung in fallenden Jahresbeträgen kann nach einem unveränderlichen Prozentsatz vom jeweiligen Buchwert (Restwert) vorgenommen werden; der dabei anzuwendende Prozentsatz darf höchstens das Dreifache des bei der Absetzung für Abnutzung in gleichen Jahresbeträgen in Betracht kommenden Prozentsatzes betragen und 30 % nicht übersteigen. § 7 Abs. 1 Satz 4 und § 7a Abs. 8 EStG gelten entsprechend. Bei Wirtschaftsgütern, bei denen die Absetzung für Abnutzung in fallenden Jahresbeträgen bemessen wird, sind Absetzungen für außergewöhnliche technische oder wirtschaftliche Abnutzung nicht zulässig."*

Weiterhin ist seit dem 19.7.2025 für in diesem Zeitraum neu angeschaffte Elektrofahrzeuge eine **Staffelabschreibung** vorgesehen (75 % im ersten Jahr, anschließend 10 %, 5 %, 5 %, 3 % und 2 %) gem. § 7 Abs. 2a EStG.

Die Höhe der degressiven AfA wird regelmäßig aus wirtschafts- und finanzpolitischen Gründen angepasst oder vorübergehend ausgesetzt.

BEISPIEL: Anschaffungszeitpunkt 8.1.2020, Anschaffungskosten 100.000 € (netto), Nutzungsdauer 20 Jahre. Der gleichbleibende AfA-Satz beträgt 12,5 % (= 2,5 × 5 %).

Anschaffungskosten im Jahr 2020	100.000 €
abzgl. AfA 12,5 % von 100.000 € =	- 12.500 €
31.12.2020	87.500 €
abzgl. AfA 12,5 % von 87.500 € =	- 10.938 €
31.12.2021	76.562 €
abzgl. AfA 12,5 % von 76.562 € =	- 9.570 €
31.12.2022	66.992 €

965 Der Übergang von der degressiven AfA zur linearen AfA ist zulässig, aber nicht umgekehrt. Der Steuerpflichtige kann aber im Wege einer Bilanzänderung beantragen, dass vom Zeitpunkt der Anschaffung oder Herstellung an eine andere AfA-Methode berücksichtigt wird. Welche Voraussetzungen für eine Bilanzänderung vorliegen müssen, ist den Rz. 1194 ff. zu entnehmen.

966 Scheidet ein Wirtschaftsgut im Laufe eines Jahres aus, ist die AfA immer zeitanteilig zu verrechnen. Eine Vereinfachungsregelung ist hier nicht anwendbar. Die zeitanteilige Verrechnung der AfA ist insbesondere in folgenden Fällen von Bedeutung:

- Bei der Ermittlung der privatanteiligen Kfz-Kosten und
- bei der Anwendung der Vorschriften R 6.6 EStR und § 6b EStG.

Nachträgliche Anschaffungs- oder Herstellungskosten werden dem Restbuchwert hinzugerechnet und auf die Restnutzungsdauer verteilt (neuer AfA-Satz). Die Restnutzungsdauer ist hierbei neu zu schätzen.

6.5.5.3.6.4 Übersicht über die AfA-Methoden

Die nachfolgende Übersicht stellt die Voraussetzungen und die Besonderheiten heraus, die für die einzelnen AfA-Methoden zu beachten sind. 967

TAB. 5: AfA-Methoden (außer Gebäude)

	Lineare AfA	Leistungs-AfA	Degressive AfA
Art der Wirtschaftsgüter	abnutzbare körperliche und immaterielle	nur abnutzbare bewegliche	nur abnutzbare bewegliche
Bemessungsgrundlage	Anschaffungs- oder Herstellungskosten (auch fiktive)	Anschaffungs- oder Herstellungskosten (auch fiktive)	im Erstjahr Anschaffungs- oder Herstellungskosten (auch fiktive), dann jeweiliger Restbuchwert
AfA-Satz	gleichbleibend	je nach Leistung verschieden	gleichbleibend
Beschränkung in der Höhe	keine	keine	Mehrfaches der linearen AfA mit Höchstbegrenzung
Daneben zulässig	außergewöhnliche AfA und Teilwertabschreibung, Sonderabschreibungen	außergewöhnliche AfA und Teilwertabschreibung, Sonderabschreibungen	nur Teilwertabschreibung, Sonderabschreibungen
AfA nach Einlage (bisher keine Verwendung zur Erzielung von Einkünften)	Verteilung des Einlagewerts – Teilwert ggf. (fortgeführte) Anschaffungskosten – auf Restnutzungsdauer	Verteilung des Restwerts je nach Leistung	Verteilung des Einlagewerts – Teilwert ggf. (fortgeführte) Anschaffungskosten – mit entsprechendem Prozentsatz

	Lineare AfA	Leistungs-AfA	Degressive AfA
AfA nach Einlage (bisher Verwendung zur Erzielung von Einkünften; BMF, Schreiben v. 27.10.2010, BStBl 2010 I S. 1204)	Verteilung des Abschreibungsvolumens (Einlagewert abzgl. bisherige Abschreibungen oder fortgeführte Anschaffungs-/Herstellungskosten oder Einlagewert) auf Restnutzungsdauer; wenn Einlagewert größer als AfA-Bemessungsgrundlage: Unterschiedsbetrag nicht abschreibbar	Verteilung des Abschreibungsvolumens (Einlagewert abzgl. bisherige Abschreibungen oder fortgeführte Anschaffungs-/Herstellungskosten oder Einlagewert) je nach Leistung; wenn Einlagewert größer als AfA-Bemessungsgrundlage: Unterschiedsbetrag nicht abschreibbar	Verteilung des Abschreibungsvolumens (Einlagewert abzgl. bisherige Abschreibungen oder fortgeführte Anschaffungs-/Herstellungskosten oder Einlagewert) mit entsprechendem Prozentsatz; wenn Einlagewert größer als AfA-Bemessungsgrundlage: Unterschiedsbetrag nicht abschreibbar
Weitere AfA nach Teilwertabschreibung bzw. außergewöhnliche AfA	Verteilung des Teilwerts auf die Restnutzungsdauer	Verteilung des Restwerts je nach Leistung	Restwert × ursprünglicher AfA-Satz (keine außergewöhnliche AfA)
Weitere AfA bei nachträglichen Änderungen der Anschaffungs- oder Herstellungskosten	Restbuchwert erhöht oder vermindert um den Änderungsbetrag und verteilt auf die Restnutzungsdauer	Restbuchwert erhöht oder vermindert um den Änderungsbetrag und verteilt je nach Leistung	Restbuchwert erhöht oder vermindert um den Änderungsbetrag und verteilt mit ursprünglichem AfA-Satz bzw. Restnutzungsdauer
	Soweit aber ein neues Wirtschaftsgut durch nachträgliche Anschaffungs- oder Herstellungskosten entstanden ist (z. B. Generalüberholung), ist dann auch von der neuen Nutzungsdauer auszugehen.		

968 Auf eine wichtige Besonderheit ist noch hinzuweisen: In den Fällen, in denen Wirtschaftsgüter nach einer Verwendung zur Erzielung von Einkünften i. S. des § 2 Abs. 1 Satz 1 Nr. 4–7 EStG (von „Nicht-Gewinneinkünften“) in ein Betriebsvermögen eingelegt worden sind, ist das BMF-Schreiben v. 27.10.2010 (BStBl 2010 I S. 1204) zu beachten. In diesem Schreiben werden vier Fallgruppen unterschieden:

- **Fallgruppe 1:** Ist der Einlagewert des Wirtschaftsguts höher als oder gleich den historischen Anschaffungs- oder Herstellungskosten, bemisst sich die AfA ab dem Zeitpunkt der Einlage nach dem um die bisherigen Abschreibungsbeträge geminderten Einlagewert (Rz. 3 des o. g. BMF-Schreibens v. 27.10.2010).
- **Fallgruppe 2:** Ist der Einlagewert des Wirtschaftsguts geringer als die historischen Anschaffungs- oder Herstellungskosten, aber nicht geringer als die fortgeführten Anschaffungs- oder Herstellungskosten, bemisst sich die AfA ab dem Zeitpunkt der

Einlage nach den fortgeführten Anschaffungs- oder Herstellungskosten (Rz. 4 des o. g. BMF-Schreibens v. 27.10.2010).

- **Fallgruppe 3:** Ist der Einlagewert des Wirtschaftsguts geringer als die fortgeführten Anschaffungs- oder Herstellungskosten, bemisst sich die AfA ab dem Zeitpunkt der Einlage nach dem ungemilderten Einlagewert (Rz. 5 des o. g. BMF-Schreibens v. 27.10.2010). Die Grundsätze für die Fallgruppe 3 sind, da gegenüber der vorherigen Regelung eine Verschlechterung eingetreten ist, erst auf Einlagen anzuwenden, die nach dem 31.12.2010 vorgenommen werden (Rz. 7 des o. g. BMF-Schreibens v. 27.10.2010).
- **Fallgruppe 4:** Wird ein Wirtschaftsgut innerhalb von drei Jahren nach dessen Anschaffung oder Herstellung eingelegt, ist der Einlagewert gleichzeitig auch die AfA-Bemessungsgrundlage (Rz. 6 des o. g. BMF-Schreibens v. 27.10.2010).

6.5.5.3.7 AfA gem. § 7g EStG

Die AfA gem. § 7g EStG hat immer mehr an Bedeutung gewonnen. Deshalb wird aus 969 dem Bereich der Sonderabschreibungen (diese sind zusätzlich zur normalen AfA möglich) die Vorschrift des § 7g Abs. 5 und 6 EStG gesondert dargestellt. Kleine und mittlere Unternehmen können unter den folgenden Voraussetzungen im Jahr der Anschaffung oder Herstellung und in den folgenden vier Jahren eine Sonderabschreibung i. H. von insgesamt 40 % der Anschaffungs- oder Herstellungskosten abziehen:

- Der Gewinn muss i. S. der §§ 4 oder 5 EStG ermittelt werden und darf 200.000 € nicht übersteigen.
- Das Wirtschaftsgut muss „beweglich" sein. Es muss sich **nicht** um ein neues Wirtschaftsgut handeln.
- Das Wirtschaftsgut muss bis mindestens zum Ende des Folgejahres seiner Anschaffung vermietet werden oder in einer inländischen Betriebsstätte des Betriebs verbleiben.
- Das Wirtschaftsgut muss im Jahr der Inanspruchnahme von Sonderabschreibungen und im darauffolgenden Wirtschaftsjahr im Betrieb des Steuerpflichtigen ausschließlich oder fast ausschließlich betrieblich genutzt werden. Das bedeutet: Eine private Mitnutzung von mehr als 10 % ist schädlich.
- Für die Anschaffung oder Herstellung muss für das vorangegangene Wirtschaftsjahr kein Investitionsabzugsbetrag gem. § 7g Abs. 1 EStG in Anspruch genommen worden sein (zur Problematik des Investitionsabzugsbetrags gem. § 7g Abs. 1–4 EStG siehe Rz. 1192).

Durch Art. 3 des Wachstumschancengesetzes v. 27.3.2024 (BGBl 2024 I Nr. 108) wurde die Sonderabschreibung gem. § 7g Abs. 5 EStG deutlich verbessert: Der Satz wurde von bisher 20 % auf nunmehr 40 % der Anschaffungs- oder Herstellungskosten angehoben. Die erhöhte Sonderabschreibung gilt für Wirtschaftsgüter, die nach dem 31.12.2023 angeschafft oder hergestellt werden.

BEISPIEL: Ein Gewerbetreibender hat im Juli 01 eine fabrikneue Maschine für 220.000 € erwor- 970 ben. Die betriebsgewöhnliche Nutzungsdauer dieser Maschine beträgt acht Jahre. Im Jahr 01 soll ein möglichst niedriger Bilanzansatz erreicht werden.

Lösung:

Der lineare AfA-Satz gem. § 7 Abs. 1 EStG beträgt 12,5 %. Daneben ist die Sonderabschreibung gem. § 7g Abs. 5 und 6 EStG i. H. von 40 % der Anschaffungskosten absetzbar. Im Einzelnen:

Anschaffungskosten im Juli 01	220.000 €
abzgl. AfA gem. § 7 Abs. 1 EStG: $^6/_{12}$ von 12,5 % von 220.000 € =	- 13.750 €
abzgl. AfA gem. § 7g Abs. 5 EStG: 40 % von 220.000 € =	- 88.000 €
Bilanzansatz zum 31.12.01	118.250 €

971 In diesem Zusammenhang soll auch auf die Vorschrift des § 7a Abs. 9 EStG hingewiesen werden: Sind für ein Wirtschaftsgut Sonderabschreibungen vorgenommen worden, bemisst sich die AfA nach Ablauf des maßgebenden Begünstigungszeitraums nach dem Restwert und der Restnutzungsdauer. Im vorangehenden Beispiel endet der Begünstigungszeitraum zum Ende des vierten auf die Anschaffung folgenden Jahres, also zum 31.12.05. Die AfA ab dem Jahr 06 ist dann in der Weise zu ermitteln, dass der Restwert auf die verbleibende Restnutzungsdauer verteilt wird.

6.5.5.3.8 AfA bei Gebäuden

Die AfA bei **Gebäuden** ergibt sich aus § 7 Abs. 4, 5 und 5a EStG. Danach kommen in Betracht:

6.5.5.3.8.1 Lineare AfA

972 Die lineare AfA ist wie folgt zu berücksichtigen:

- Bei Gebäuden, die zu einem Betriebsvermögen gehören und nicht zu Wohnzwecken dienen und für die der Bauantrag nach dem 31.3.1985 gestellt worden ist = jährlich 3 %;
- bei den übrigen Gebäuden
  - bei Fertigstellung nach dem 31.12.2022 = jährlich 3 %.
  - bei Fertigstellung vor dem 1.1.2023 und nach dem 31.12.1924 = jährlich 2 %.
  - bei Fertigstellung vor dem 1.1.1925 = jährlich 2,5 %.

Niedrigere AfA-Sätze sind **nicht zulässig,** auch wenn die tatsächliche Nutzungsdauer wesentlich länger ist. Höhere AfA-Sätze können dagegen bei Vorliegen der Voraussetzungen jederzeit berücksichtigt werden, vgl. dazu auch Rz. 957.

6.5.5.3.8.2 Degressive AfA

973 Die degressive AfA kann bei Gebäuden, die in einem Mitgliedstaat der EU oder in einem anderen Staat, auf den das Abkommen über den Europäischen Wirtschaftsraum anzuwenden ist, belegen sind und die vom Steuerpflichtigen hergestellt oder bis zum Ende des Jahres der Fertigstellung angeschafft worden sind, wie folgt vorgenommen werden:

- Bei Gebäuden, die zu einem Betriebsvermögen gehören und nicht zu Wohnzwecken dienen (Bauantrag vor dem 1.1.1994):
  - jeweils 10 % im Jahr der Fertigstellung und den folgenden drei Jahren,

  - jeweils 5 % in den darauffolgenden drei Jahren und
  - jeweils 2,5 % in den darauffolgenden 18 Jahren;
- bei den übrigen Gebäuden (Bauantrag vor dem 1.1.1995):
  - jeweils 5 % im Jahr der Fertigstellung oder Anschaffung und in den folgenden sieben Jahren,
  - jeweils 2,5 % in den darauffolgenden sechs Jahren und
  - jeweils 1,25 % in den darauffolgenden 36 Jahren;
- bei den übrigen Gebäuden, die zu Wohnzwecken dienen (Bauantrag vor dem 1.1.1996):
  - jeweils 7 % im Jahr der Fertigstellung und den folgenden drei Jahren,
  - jeweils 5 % in den folgenden sechs Jahren,
  - jeweils 2 % in den folgenden sechs Jahren und
  - jeweils 1,25 % in den folgenden 24 Jahren;
- bei den übrigen Gebäuden, die zu Wohnzwecken dienen (Bauantrag nach dem 31.12.1995 und vor dem 1.1.2004):
  - jeweils 5 % im Jahr der Fertigstellung und den folgenden sieben Jahren,
  - jeweils 2,5 % in den folgenden sechs Jahren und
  - jeweils 1,25 % in den folgenden 36 Jahren;
- bei den übrigen Gebäuden, die zu Wohnzwecken dienen (Bauantrag nach dem 31.12.2003 und vor dem 1.1.2006):
  - jeweils 4 % im Jahr der Fertigstellung und den folgenden neun Jahren,
  - jeweils 2,5 % in den folgenden acht Jahren und
  - jeweils 1,25 % in den folgenden 32 Jahren.

An die Stelle des Bauantrags tritt bei Anschaffung der rechtswirksam abgeschlossene 974
obligatorische Vertrag.

Die lineare AfA kann dabei im Jahr der Anschaffung oder Herstellung nur **zeitanteilig erfasst werden;** die degressive AfA kann im Anschaffungsjahr jedoch in voller Höhe angesetzt werden (H 7.4 Neubau EStH). Ein **Wechsel** der einmal gewählten AfA-Methode **ist ausgeschlossen. Auch ein Wechsel von der ursprünglichen AfA gem. § 7 Abs. 5 EStG zu einer AfA gem. § 7 Abs. 4 Satz 2 EStG ist nicht zulässig (FG Baden-Württemberg, Urteil v. 27.10.2015 - 5 K 1909/12, EFG 2017 S. 25, MAAAF-89245).**

Durch Art. 1 des Wachstumschancengesetzes v. 27.3.2024 (BGBl 2024 I Nr. 108) wurde mit § 7 Abs. 5a EStG eine degressive AfA für Wohngebäude geschaffen. Das Gebäude muss in einem Mitgliedstaat der EU oder des Europäischen Wirtschaftsraums belegen sein und der Baubeginn muss nach dem 30.9.2023 und vor dem 1.10.2029 liegen. Gemäß § 7 Abs. 5a Satz 2 EStG gilt dabei das Datum der Baubeginnsanzeige als Beginn der Herstellung. Der AfA-Satz beträgt 5 % vom jeweiligen Restwert (§ 7 Abs. 5a Satz 4 EStG).

Folgende Besonderheiten sind bei der Gebäude-AfA zu beachten:

6.5.5.3.8.3 AfA nach Einlage eines Gebäudes

975 Wird ein Gebäude nach einer Verwendung zur Erzielung von Einkünften i. S. des § 2 Abs. 1 Satz 1 Nr. 4–7 EStG (von „Nicht-Gewinneinkünften") in ein Betriebsvermögen eingelegt, ist gem. § 7 Abs. 1 Satz 5 EStG eine vom Einlagewert abweichende AfA-Bemessungsgrundlage zu ermitteln. Die Abschreibung ermittelt sich nach dem BMF-Schreiben v. 27.10.2010, BStBl 2010 I S. 1204 (vgl. Rz. 968):

- **Fallgruppe 1:** Ist der Einlagewert des Wirtschaftsguts höher als oder gleich den historischen Anschaffungs- oder Herstellungskosten, bemisst sich die AfA ab dem Zeitpunkt der Einlage nach dem um die bisherigen Abschreibungsbeträge geminderten Einlagewert (Rz. 3 des o. g. BMF-Schreibens v. 27.10.2010).
- **Fallgruppe 2:** Ist der Einlagewert des Wirtschaftsguts geringer als die historischen Anschaffungs- oder Herstellungskosten, aber nicht geringer als die fortgeführten Anschaffungs- oder Herstellungskosten, bemisst sich die AfA ab dem Zeitpunkt der Einlage nach den fortgeführten Anschaffungs- oder Herstellungskosten (Rz. 4 des o. g. BMF-Schreibens v. 27.10.2010).
- **Fallgruppe 3:** Ist der Einlagewert des Wirtschaftsguts geringer als die fortgeführten Anschaffungs- oder Herstellungskosten, bemisst sich die AfA ab dem Zeitpunkt der Einlage nach dem ungemilderten Einlagewert (Rz. 5 des o. g. BMF-Schreibens v. 27.10.2010). Die Grundsätze für die Fallgruppe 3 sind, da gegenüber der vorherigen Regelung eine Verschlechterung eingetreten ist, erst auf Einlagen anzuwenden, die nach dem 31.12.2010 vorgenommen werden (Rz. 7 des o. g. BMF-Schreibens v. 27.10.2010).
- **Fallgruppe 4:** Wird ein Wirtschaftsgut innerhalb von drei Jahren nach dessen Anschaffung oder Herstellung eingelegt, ist der Einlagewert gleichzeitig auch die AfA-Bemessungsgrundlage (Rz. 6 des o. g. BMF-Schreibens v. 27.10.2010).

Wird ein Gebäude nach einer Verwendung zur Erzielung von Einkünften i. S. des § 2 Abs. 1 Satz 1 Nr. 4–7 EStG (von „Nicht-Gewinneinkünften") in ein Betriebsvermögen eingelegt, gilt: Gemäß § 7 Abs. 4 Satz 1 i. V. mit Abs. 1 Satz 5 EStG mindern sich die Anschaffungs- oder Herstellungskosten um die Absetzungen für Abnutzung oder Substanzverringerung, Sonderabschreibungen oder erhöhte Absetzungen, die bis zum Zeitpunkt der Einlage vorgenommen worden sind. Falls dieser „Restwert" geringer ist als der Einlagewert, stellt der „Restwert" das verbleibende Abschreibungsvolumen und die neue AfA-Bemessungsgrundlage dar. Gemäß R 7.3 Abs. 6 Satz 2 EStR darf in diesen Fällen die Summe der insgesamt in Anspruch genommenen Abschreibungen die Anschaffungs- oder Herstellungskosten nicht übersteigen. Daraus folgt, dass ein gem. § 7 Abs. 1 Satz 4 EStG nicht abschreibbarer Restwert verbleibt. Spätestens bei der Veräußerung oder einer Entnahme dieser Wirtschaftsgüter wirkt sich dieser Restwert gewinnmindernd aus.

976 **BEISPIEL 1:** Die Anschaffungskosten eines Gebäudes betragen im Januar 01 1 Mio. €. Das Gebäude war zehn Jahre lang zu Wohnzwecken vermietet. Die AfA wurde bisher mit 2 % jährlich ermittelt. Anfang des Jahres 11 wird das Gebäude mit dem Teilwert i. H. von 900.000 € eingelegt und anschließend als Bürogebäude genutzt.

Es handelt sich hier um einen Fall der Fallgruppe 2 (Einlagewert geringer als die historischen Anschaffungskosten und größer als die fortgeführten Anschaffungskosten).

Zum 31.12.10 ermittelt sich folgender Restwert:

Anschaffungskosten im Jahr 01	1.000.000 €
abzgl. bisherige AfA in den Jahren 01–10 (10 × 2 % von 1.000.000 € =)	- 200.000 €
Fortgeführte Anschaffungskosten	800.000 €
Der Einlagewert beträgt	900.000 €
abzgl. AfA im Jahr 11 (3 % von 800.000 € =)	- 24.000 €
Buchwert zum 31.12.11	876.000 €

Abgeschrieben werden darf jedoch nur so lange, bis das Abschreibungsvolumen i. H. von 800.000 € aufgebraucht ist. Ab dem 31.12.44 ist daher ein Restbuchwert i. H. von 100.000 € auszuweisen. Davon ist keine weitere AfA vorzunehmen. Bei Veräußerung oder Betriebsaufgabe wirkt sich der Restbuchwert gewinnmindernd aus.

BEISPIEL 2: Die Anschaffung eines Gebäudes erfolgt am 2.1.01 zu Anschaffungskosten i. H. von 300.000 €. Das Gebäude wird zum 1.7.03 eingelegt und ab diesem Zeitpunkt für eigenbetriebliche Zwecke genutzt.

Die Einlage erfolgt gem. § 6 Abs. 1 Nr. 5 Satz 1 und 2 EStG mit den fortgeführten Anschaffungskosten. Da hier der Einlagewert den fortgeführten Anschaffungskosten entspricht, kann der Einlagewert in den folgenden Jahren in voller Höhe abgeschrieben werden.

Anschaffungskosten im Jahr 01	300.000 €
abzgl. AfA im Jahr 01 (2 %)	- 6.000 €
	294.000 €
abzgl. AfA im Jahr 02 (2 %)	- 6.000 €
	288.000 €
abzgl. AfA im Jahr 03 (2 %, 6/12)	- 3.000 €
Verbleibendes AfA-Volumen	285.000 €
Einlagewert zum 1.7.03	285.000 €
abzgl. AfA im Jahr 03 (6/12 von 3 % von 285.000 € =)	- 4.275 €
Buchwert zum 31.12.03	280.725 €

Bleiben die Anschaffungs- oder Herstellungskosten als Bemessungsgrundlage der AfA maßgebend (z. B. beim unentgeltlichen Erwerb eines Betriebs), kann die AfA nur noch bis zu dem Betrag abgezogen werden, der von der Bemessungsgrundlage nach Abzug der AfA verbleibt. Die AfA-Bemessungsgrundlage bleibt jedoch unverändert. 977

BEISPIEL: Im Rahmen einer unentgeltlichen Betriebsübertragung zum 1.7.03 wird u. a. ein Gebäude, das zu eigenbetrieblichen Zwecken genutzt wird, übertragen. Das Gebäude wurde vom Rechtsvorgänger am 2.1.01 zu Anschaffungskosten i. H. von 300.000 € erworben.

Anschaffungskosten im Jahr 01	300.000 €
abzgl. AfA im Jahr 01 (3 %)	- 9.000 €
	291.000 €
abzgl. AfA im Jahr 02 (3 %)	- 9.000 €
	282.000 €
abzgl. AfA im Jahr 03 (3 %, 6/12)	- 4.500 €
Verbleibendes AfA-Volumen	277.500 €

Einbringungswert zum 1.7.03	277.500 €
abzgl. AfA im Jahr 03 (6/12 von 3 % von 300.000 € =)	- 4.500 €
Buchwert zum 31.12.03	273.000 €

6.5.5.3.8.4 AfA nach Teilwertabschreibung bzw. außergewöhnlicher AfA

978 Die AfA-Bemessungsgrundlage für das Folgejahr ist unter Berücksichtigung von § 11c Abs. 2 Satz 1 und 2 EStDV neu zu ermitteln. Während bei Wirtschaftsgütern eine Absetzung für außergewöhnliche technische oder wirtschaftliche Abnutzung neben der degressiven AfA nicht möglich ist, ist dies bei Gebäuden nicht zu beanstanden (R 7.4 Abs. 11 Satz 2 EStR).

BEISPIEL: Das für eigenbetriebliche Zwecke genutzte Gebäude wurde im Januar 01 hergestellt (Herstellungskosten 500.000 €). Die AfA erfolgt linear. Zum 31.12.06 sinkt der Teilwert auf 350.000 € (dauernde Wertminderung).

Herstellungskosten des Gebäudes im Januar 01	500.000 €
abzgl. AfA in den Jahren 01–05 (5 × 3 % von 500.000 € =)	- 75.000 €
Buchwert zum 31.12.05	425.000 €
abzgl. AfA im Jahr 06	- 15.000 €
Zwischenwert	410.000 €
abzgl. AfaA	- 60.000 €
Buchwert zum 31.12.06	350.000 €
abzgl. AfA im Jahr 07 (3 % von (500.000 € - 60.000 € =) 440.000 € =)	- 13.200 €
	336.800 €

6.5.5.3.8.5 AfA bei nachträglichen Änderungen der Anschaffungs- oder Herstellungskosten

979 Hat der Steuerpflichtige bisher die AfA gem. § 7 Abs. 4 Satz 1 oder Abs. 5 EStG angesetzt, ermittelt sich die neue AfA-Bemessungsgrundlage gem. H 7.3 Nachträgliche Anschaffungs- oder Herstellungskosten EStH wie folgt:

Anschaffungs- oder Herstellungskosten
+ nachträgliche Herstellungskosten
= neue AfA-Bemessungsgrundlage

Hierauf wird der bisherige AfA-Satz angewendet.

BEISPIEL: An dem im Jahr 01 für 500.000 € hergestellten Gebäude ergeben sich Anfang des Jahres 06 nachträgliche Herstellungskosten i. H. von 50.000 € (netto). Die tatsächliche Nutzungsdauer des Gebäudes beträgt im Jahr 06 noch 70 Jahre.

Restbuchwert zum 1.1.06	425.000 €
zzgl. Herstellungskosten	+ 50.000 €
	475.000 €
abzgl. AfA im Jahr 06 (s. u.)	- 16.500 €
Buchwert zum 31.12.06	458.500 €

AfA-Bemessungsgrundlage	500.000 €	
	+ 50.000 €	
	550.000 €	× 3 % = 16.500 €

Die nachträglichen Herstellungskosten können dabei so berücksichtigt werden, als wären sie zu Beginn des Jahres aufgewendet worden (R 7.4 Abs. 9 Satz 3 EStR). 980

Hat der Steuerpflichtige dagegen die AfA gem. § 7 Abs. 4 Satz 2 EStG bemessen (höhere AfA-Sätze wegen kürzerer Nutzungsdauer), dann hat er ein Wahlrecht. Er kann die weitere AfA gem. R 7.4 Abs. 9 Satz 2 EStR unter Anwendung des bisherigen AfA-Satzes ermitteln. Er kann aber auch i. S. des H 7.3 Nachträgliche Anschaffungs- oder Herstellungskosten EStH i. V. mit R 7.4 Abs. 9 Satz 1 EStR die weitere AfA wie folgt berechnen:

	Restbuchwert
+	nachträgliche Herstellungskosten
=	neue AfA-Bemessungsgrundlage verteilt auf die neu zu schätzende Restnutzungsdauer
=	neue AfA

6.5.5.3.8.6 AfA im Fall der Zuschreibung oder Wertaufholung

Die Bemessungsgrundlage erhöht sich für die AfA vom **folgenden** Wirtschaftsjahr an um den Betrag der Zuschreibung oder Wertaufholung (§ 11 Abs. 2 Satz 3 EStDV). 981

6.5.5.3.8.7 AfA bei selbständigen Gebäudeteilen

§ 7 Abs. 5b EStG ordnet an, dass § 7 Abs. 4–5a EStG auch auf Gebäudeteile, die selbstständige, unbewegliche Wirtschaftsgüter sind, anzuwenden ist. 982

6.5.5.3.9 Abschreibung geringwertiger Wirtschaftsgüter (Anschaffungskosten nicht größer als 800 €)

Gemäß § 6 Abs. 2 EStG können im Jahr der Anschaffung oder Herstellung die Anschaffungs- oder Herstellungskosten von beweglichen Wirtschaftsgütern des Anlagevermögens, die der Abnutzung unterliegen und die einer selbständigen Nutzung fähig sind, in **voller Höhe als Betriebsausgaben** abgesetzt werden, wenn sie, vermindert um einen darin enthaltenen Vorsteuerbetrag, für das einzelne Wirtschaftsgut **800 € nicht übersteigen.** 983

Folgende gesetzliche Voraussetzungen müssen vorliegen:

6.5.5.3.9.1 Anschaffungs- oder Herstellungsvorgang

Die Wirtschaftsgüter müssen angeschafft oder hergestellt worden sein. „Erwerb" bedeutet dabei entweder Kauf, Tausch oder auch Schenkung aus betrieblicher Veranlassung (§ 6 Abs. 4 EStG). Darüber hinaus sind auch Einlagen als Anschaffungsvorgang anzusehen. Maßgebend ist der Übergang des wirtschaftlichen Eigentums. 984

Nicht als Anschaffungs- oder Herstellungsvorgänge zählen

- die Überführung eines Wirtschaftsguts aus einem Betrieb des Steuerpflichtigen in einen anderen Betrieb desselben Steuerpflichtigen sowie
- die Überführung von Wirtschaftsgütern des Umlaufvermögens nach dem Jahr der Anschaffung oder Herstellung in das Anlagevermögen desselben Steuerpflichtigen.

6.5.5.3.9.2 Anschaffungs- oder Herstellungskosten von nicht mehr als 800 €

985 Für die Ermittlung der Anschaffungs- oder Herstellungskosten gelten dabei die üblichen Grundsätze. Auszugehen ist immer vom **Nettobetrag** (ohne Umsatzsteuer), ohne Rücksicht darauf, ob Vorsteuern abziehbar sind oder nicht. Voraussetzung ist jedoch, dass eine Rechnung mit **ordnungsmäßig gesondert ausgewiesener Umsatzsteuer** bzw. eine Kleinbetragsrechnung vorliegt.

BEISPIEL: Erwerb einer Büromaschine mit Rechnung über 850 € mit Vermerk „einschließlich 19 % Umsatzsteuer".

In dieser Rechnung ist weder abziehbare noch nichtabziehbare Umsatzsteuer enthalten. Da auch die Voraussetzungen für eine Kleinbetragsrechnung nicht vorliegen, betragen die Anschaffungskosten 850 €. Eine Sofortabschreibung gem. § 6 Abs. 2 EStG kommt nicht in Betracht. Vielmehr kann diese Anschaffung gem. § 6 Abs. 2a EStG in einen Sammelposten eingestellt werden.

Für eine Sofortabschreibung wäre eine Rechnung mit gesondertem Steuerausweis erforderlich gewesen.

Bei der Beurteilung der Frage, ob die Anschaffungs- oder Herstellungskosten für das einzelne Wirtschaftsgut 800 € nicht übersteigen, ist von folgenden Beträgen auszugehen:

- Wenn von den Anschaffungs- oder Herstellungskosten ein Betrag i. S. des § 6b EStG oder eine Rücklage für Ersatzbeschaffung abgesetzt wurde, von den um diese Beträge gekürzten Anschaffungs- oder Herstellungskosten;
- wenn das Wirtschaftsgut mit einem erfolgsneutral behandelten Zuschuss angeschafft oder hergestellt worden ist, von den um den Zuschuss gekürzten Anschaffungs- oder Herstellungskosten.

Das Wirtschaftsgut kann auch privatanteilig genutzt werden. Dann ist der Teil der Aufwendungen einschließlich anteiliger AfA, der dem privaten Nutzungsanteil entspricht, dem Gewinn wieder hinzuzurechnen.

BEISPIEL: Erwerb einer Büromaschine Anfang des Jahres für 150 € (netto) mit einer Nutzungsdauer von fünf Jahren. Das Wirtschaftsgut wird zu 30 % für private Zwecke genutzt. Die laufenden Kosten (ohne AfA) betragen jährlich 300 €.

Das Wirtschaftsgut kann gem. § 6 Abs. 2 EStG im Jahr der Anschaffung voll abgeschrieben werden. Die privatanteiligen Kosten sind dem Gewinn wieder hinzuzurechnen. Sie betragen:

Laufende Kosten	300,00 €
zzgl. AfA (20 % von 150 € =)	+ 30,00 €
Gesamt	330,00 €
davon 30 %	99,00 €
zzgl. Umsatzsteuer	18,81 €

6.5.5.3.9.3 Abnutzbare bewegliche Wirtschaftsgüter des Anlagevermögens

Zulässig ist eine Sofortabschreibung gem. § 6 Abs. 2 EStG nur für bewegliche körperliche abnutzbare Wirtschaftsgüter, nicht jedoch für immaterielle Wirtschaftsgüter und auch nicht für Wirtschaftsgüter des Umlaufvermögens. 986

6.5.5.3.9.4 Selbständige Nutzungsfähigkeit der einzelnen Wirtschaftsgüter

Eine selbständige Nutzungsfähigkeit liegt nicht vor, wenn das Wirtschaftsgut nach seiner betrieblichen Zweckbestimmung nur zusammen mit anderen Wirtschaftsgütern des Anlagevermögens genutzt werden kann und die in den Nutzungszusammenhang eingefügten Wirtschaftsgüter **technisch aufeinander abgestimmt sind.** Das gilt auch, wenn das Wirtschaftsgut aus dem betrieblichen Nutzungszusammenhang gelöst und in einen anderen betrieblichen Nutzungszusammenhang eingefügt werden kann. 987

BEISPIELE:

- Antriebsmotor für Maschinen oder
- aufeinander abgestimmte Gerüst-/Schalungsteile.

Sind die Wirtschaftsgüter zwar technisch und organisch aufeinander abgestimmt, können sie aber gem. ihrer allgemeinen Bestimmung genutzt werden, sind die Voraussetzungen für die Steuervergünstigung erfüllt.

BEISPIEL: Anschaffung einer komplett neuen Büroausstattung, bei der die einzelnen Teile holz- und farbmäßig aufeinander abgestimmt sind.

6.5.5.3.10 Absetzungen geringwertiger Wirtschaftsgüter (Anschaffungskosten größer als 250 € und nicht größer als 1.000 €)

Gemäß § 6 Abs. 2a EStG kann (für die Jahre 2008 und 2009: muss) im Jahr der Anschaffung, Herstellung oder Einlage für abnutzbare bewegliche Wirtschaftsgüter des Anlagevermögens ein Sammelposten gebildet werden, wenn die Anschaffungs- oder Herstellungskosten (oder ggf. der gem. § 6 Abs. 1 Nr. 5–6 EStG an deren Stelle tretende Wert) für das einzelne Wirtschaftsgut, vermindert um einen darin enthaltenen Vorsteuerbetrag, 250 €, aber nicht 1.000 € übersteigen. Die Bildung dieses Sammelpostens stellt ein Wahlrecht dar. 988

Unter folgenden gesetzlichen Voraussetzungen kann ein Sammelposten gebildet werden:

6.5.5.3.10.1 Anschaffungs- oder Herstellungsvorgang

Die Wirtschaftsgüter müssen angeschafft oder hergestellt worden sein. „Erwerb" bedeutet dabei entweder Kauf, Tausch oder auch Schenkung aus betrieblicher Veranlassung (§ 6 Abs. 4 EStG). Darüber hinaus sind auch Einlagen als Anschaffungsvorgang anzusehen. Maßgebend ist der Übergang des wirtschaftlichen Eigentums. 989

Nicht als Anschaffungs- oder Herstellungsvorgänge zählen

- die Überführung eines Wirtschaftsguts aus einem Betrieb des Steuerpflichtigen in einen anderen Betrieb desselben Steuerpflichtigen sowie
- die Überführung von Wirtschaftsgütern des Umlaufvermögens nach dem Jahr der Anschaffung oder Herstellung in das Anlagevermögen desselben Steuerpflichtigen.

6.5.5.3.10.2 Anschaffungs- oder Herstellungskosten von mehr als 250 € und nicht mehr als 1.000 €

990 Für die Ermittlung der Anschaffungs- oder Herstellungskosten gelten dabei die üblichen Grundsätze. Auszugehen ist immer vom **Nettobetrag** (ohne Umsatzsteuer), ohne Rücksicht darauf, ob Vorsteuern abziehbar oder nicht abziehbar sind. Voraussetzung ist jedoch, dass eine Rechnung mit **ordnungsmäßig gesondert ausgewiesener Umsatzsteuer** bzw. eine Kleinbetragsrechnung vorliegt.

6.5.5.3.10.3 Weitere Voraussetzungen

991 In den Sammelposten können nur bewegliche körperliche abnutzbare Wirtschaftsgüter des Anlagevermögens eingestellt werden, nicht jedoch immaterielle Wirtschaftsgüter und auch nicht Wirtschaftsgüter des Umlaufvermögens.

Weiterhin muss auch hier – wie für die Anwendung des § 6 Abs. 2 EStG – die selbständige Nutzungsfähigkeit der einzelnen Wirtschaftsgüter gegeben sein.

992 Der Sammelposten, der kein Wirtschaftsgut, sondern lediglich eine Rechengröße darstellt, ist im Wirtschaftsjahr der Bildung und in den folgenden vier Wirtschaftsjahren mit jeweils $^1/_5$ gewinnmindernd aufzulösen.

6.5.5.3.11 Übersicht über Abschreibungen nach Handels- und Steuerrecht

993 Die folgende Abbildung verdeutlicht die Abschreibungen nach Handels- und Steuerrecht:

ABB. 47: Abschreibungen nach Handels- und Steuerrecht

Die Abschreibung ist die buch- und bilanzmäßige Berücksichtigung des Wertverzehrs eines Wirtschaftsguts durch technische oder wirtschaftliche Entwertung.

Abschreibungen nach Steuerrecht

Absetzung für Abnutzung (AfA)

I. Lineare AfA (§ 7 Abs. 1 EStG)

1. Zeit-AfA:
   - Absetzung in gleichen Jahresbeträgen;
   - Bemessungsgrundlage sind die Anschaffungs- oder Herstellungskosten;
   - Anwendung für alle abnutzbaren Wirtschaftsgüter;
   - für Gebäude gelten die in § 7 Abs. 4 EStG festgelegten AfA-Sätze.
2. Leistungs-AfA:
   - Absetzung nach jeweiliger Leistung im Jahr;
   - zulässig nur für abnutzbare Wirtschaftsgüter des Anlagevermögens;
   - die AfA muss wirtschaftlich begründet sein und
   - die jeweilige Leistung muss nachgewiesen werden.
3. Besonderheit
   Für abnutzbare bewegliche Wirtschaftsgüter des Anlagevermögens, die einer selbständigen Nutzung fähig sind, kann im Wirtschaftsjahr der Anschaffung oder Herstellung ein Sammelposten gebildet werden, wenn die Anschaffungs- oder Herstellungskosten (ohne Umsatzsteuer) für das einzelne Wirtschaftsgut 250 €, aber nicht 1.000 € übersteigen.
   Der Sammelposten ist im Wirtschaftsjahr der Bildung und in den folgenden vier Wirtschaftsjahren mit jeweils ⅕ gewinnmindernd aufzulösen (§ 6 Abs. 2a EStG).

II. Degressive AfA (§ 7 Abs. 2, 5 und 5a EStG)

- Absetzung eines gleichbleibenden v. H.-Satzes vom jeweiligen Buchwert;
- nur für bewegliche abnutzbare Wirtschaftsgüter des Anlagevermögens im Rahmen der Gewinnermittlungsarten zulässig und in der Höhe beschränkt;
- § 7 Abs. 2a EStG: arithmetisch-degressive Abschreibung für rein elektrisch betriebene Fahrzeuge;
- für Gebäude (angeschafft mit Vertragsabschluss vor dem 1.1.2006 oder hergestellt aufgrund eines Bauantrags vor dem 1.1.2006) gelten die in § 7 Abs. 5 EStG festgelegten AfA-Sätze;
- für Wohngebäude (Baubeginn vor dem 1.10.2029) gelten die in § 7 Abs. 5a EStG festgelegten AfA-Sätze.

III. Absetzung für außerordentliche technische oder wirtschaftliche Abnutzung (AfaA)

Buch- und bilanzmäßige Erfassung eines außerordentlichen technischen oder wirtschaftlichen Wertverschleißes bei abnutzbaren Wirtschaftsgütern.

IV. Absetzung für Substanzverringerungen (§ 7 Abs. 6 EStG)

Absetzungsverfahren für Bergbauunternehmen, Steinbrüche u. ä. Unternehmen.

Abschreibungen

I. Teilwert-Abschreibung:

- Angleichung des Buchwerts eines Wirtschaftsguts an dessen niedrigeren Teilwert;
- eine Teilwertabschreibung ist nur bei Gewinnermittlungsarten gem. § 4 Abs. 1 und § 5 Abs. 1 EStG zulässig;
- bei allen Wirtschaftsgütern des Anlage- und Umlaufvermögens anwendbar.

II. Sonderabschreibungen

Gewollte wirtschaftspolitische Zielsetzungen sollen durch die Möglichkeit höherer steuerlicher Abschreibungen erreicht werden. In der Handelsbilanz können diese Abschreibungen nicht vorgenommen werden. Hierzu zählen z. B.:

- Sonderabschreibungen neben der planmäßigen Abschreibung für Wirtschaftsgüter des Anlagevermögens gem. § 7g EStG;
- erhöhte Abschreibungen gem. § 7h EStG für bestimmte Gebäude.

III. Sonstige Abschreibungen:

- Möglichkeit, die Sofortabschreibung der Anschaffungs-/Herstellungskosten von abnutzbaren beweglichen Wirtschaftsgütern des Anlagevermögens, deren Anschaffungs-/Herstellungskosten 250 € ohne Umsatzsteuer nicht übersteigen (§ 6 Abs. 2 EStG), vorzunehmen.
- Gemäß § 6 Abs. 2a EStG können abnutzbare bewegliche Wirtschaftsgüter des Anlagevermögens, deren Anschaffungs- oder Herstellungskosten für das einzelne Wirtschaftsgut 250 €, aber nicht 1.000 € (jeweils ohne Umsatzsteuer) übersteigen, im Jahr der Anschaffung, Herstellung oder Einlage in einen Sammelposten eingestellt werden. Dieser Sammelposten ist ab dem Jahr der Bildung mit 20 % gewinnmindernd aufzulösen.

Abschreibungen nach Handelsrecht

I. Grundsatz
Gemäß dem HGB sind alle Abschreibungsmethoden erlaubt, die den GoB entsprechen. Die steuerlichen Abschreibungsmethoden sind in der Handelsbilanz nicht anwendbar.

II. Planmäßige Abschreibungen
Gemäß § 253 Abs. 3 und 4 HGB sind planmäßige Abschreibungen bei Wirtschaftsgütern des Anlagevermögens zu berücksichtigen, deren Nutzung zeitlich begrenzt ist.

III. Außerplanmäßige Abschreibungen
Diese können bzw. müssen für Wirtschaftsgüter, deren Nutzung zeitlich begrenzt ist, und für Wirtschaftsgüter, deren Nutzung zeitlich nicht begrenzt ist, berücksichtigt werden, um den niedrigeren beizulegenden Wert auszuweisen.
Das entspricht i. d. R. der AfaA bzw. der Teilwertabschreibung im Steuerrecht.

6.5.6 Bewertung des nicht abnutzbaren Anlagevermögens nach Steuerrecht

6.5.6.1 Allgemeine Bewertungsgrundsätze

994 Gemäß § 6 Abs. 1 Nr. 2 EStG sind die Wirtschaftsgüter des nicht abnutzbaren Anlagevermögens mit den Anschaffungs- oder Herstellungskosten, vermindert um Abzüge i. S. des § 6b EStG u. ä. Abzüge anzusetzen. Ist der Teilwert aufgrund einer voraussichtlich dauernden Wertminderung niedriger, kann dieser angesetzt werden. Der Grundsatz der Maßgeblichkeit der Handelsbilanz für die Steuerbilanz greift gem. § 5 Abs. 1 Satz 1 Halbsatz 2 EStG hier nicht, da in § 6 Abs. 1 Nr. 2 Satz 2 EStG ein eigenständig, unabhängig auszuübendes steuerliches Wahlrecht formuliert ist (siehe BMF, Schreiben v. 12.3.2010, BStBl 2010 I S. 239, Rz. 13 und 15).

Bei einer nur vorübergehend eingetretenen Wertminderung darf steuerlich **keine** Teilwertabschreibung vorgenommen werden. Damit kann es zu Abweichungen zwischen Handels- und Steuerbilanz kommen.

Steuerrechtlich besteht gem. § 6 Abs. 1 Nr. 2 Satz 3 i. V. mit Nr. 1 Satz 4 EStG ein strenges Wertaufholungsgebot auf den höheren Teilwert, höchstens jedoch auf die ursprünglichen Anschaffungs- oder Herstellungskosten. Der niedrigere Teilwert darf bei Wirtschaftsgütern, die bereits am Schluss des vorangegangenen Wirtschaftsjahres zum Anlagevermögen gehört haben, nur dann beibehalten werden, wenn nachgewiesen wird, dass tatsächlich keine Wertsteigerung eingetreten ist.

995 **BEISPIELE:**

1. X ist Eigentümer eines mit Altlasten verseuchten Grundstücks. Die ursprünglichen Anschaffungskosten lagen bei 200.000 €. Laut Gutachten hat das Grundstück nur noch einen Wert i. H. von 10.000 €. Der Steuerpflichtige wäre verpflichtet, bei einer Nutzungsänderung die Altlast zu beseitigen. Eine Aufforderung zur Schadensbeseitigung ist jedoch in absehbarer Zeit nicht zu erwarten.

   Eine Teilwertabschreibung auf 10.000 € ist zulässig. Aus der Sicht am Bilanzstichtag ist von einer voraussichtlich dauernden Wertminderung des Grundstücks auszugehen. Wird die Altlast später beseitigt, ist eine entsprechende Zuschreibung vorzunehmen.

2. X hat Aktien der Y-AG zum Preis i. H. von 100 € pro Stück erworben. Die Aktien sind als langfristige Kapitalanlage dazu bestimmt, dauernd dem Geschäftsbetrieb zu dienen.

   Der Kurs der Aktien schwankt nach der Anschaffung zwischen 70 € und 100 €. Der Börsenpreis am Bilanzstichtag beträgt 90 €.

   Eine Teilwertabschreibung ist nicht zulässig. Der durch die Kursschwankung verursachte niedrigere Börsenpreis am Bilanzstichtag stellt eine nur vorübergehende Wertminderung dar.

HINWEIS

Besonderheit bei börsennotierten Aktien

Für die Beantwortung der Frage, in welchen Fällen bei der Bewertung von börsennotierten Anteilen an einer Kapitalgesellschaft von dauernder Wertminderung auszugehen ist, siehe BFH, Urteil v. 26.9.2007 - I R 58/06, BStBl 2009 II S. 294, und BMF, Schreiben v. 26.3.2009, BStBl 2009 I S. 514. Der BFH hat in zwei weiteren Urteilen zu der Voraussetzung einer voraussichtlich dauernden Wertminderung bei börsennotierten Aktien Stellung genommen und ist dabei noch weiter von der strengen Auffassung der Finanzverwaltung abgewichen (BFH, Urteile v. 21.9.2011 - I R 89/10, BStBl 2014 II S. 612, und I R 7/11, BStBl 2014 II S. 616). Gemäß dem BFH ist bei an der Börse gehandelten Aktien von einer voraussichtlich dauernden Wertminderung typisierend bereits dann auszugehen, wenn der Kurs am Bilanzstichtag unter den Kurs zum Zeitpunkt des Aktienerwerbs gesunken ist und die Kursdifferenz eine Bagatellgrenze i. H. von 5 % überschreitet. Auf die Kursentwicklung nach dem Bilanzstichtag kommt es grds. nicht an. Dieser Auffassung hat sich der BMF inzwischen angeschlossen (siehe Rz. 15 ff. des BMF-Schreibens v. 16.7.2014, BStBl 2014 I S. 1162).

Der Ansatz des wieder gestiegenen Teilwerts bis zu den Anschaffungskosten führt dabei nicht zum Ausweis eines nicht realisierten Gewinns, was sowohl nach Handels- als auch nach Steuerrecht verboten wäre, sondern in diesen Fällen wird nur eine in den Vorjahren vorgenommene Teilwertabschreibung rückgängig gemacht. 996

Ein nicht realisierter Gewinn würde erst entstehen, wenn der Steuerpflichtige einen Wert wählen würde, der über die ursprünglichen Anschaffungskosten hinausgehen würde.

Für das nicht abnutzbare Anlagevermögen gilt somit:

- Nichtrealisierte Verluste können ausgewiesen werden (Regelfall) und
- nichtrealisierte Gewinne dürfen nicht ausgewiesen werden.

Schematische Darstellung der möglichen Ansätze 997

Für Wirtschaftsgüter des nicht abnutzbaren Anlagevermögens sind anzusetzen:

Zeitpunkt der Anschaffung	Zum nächsten Bilanzstichtag	Zu jedem weiteren Bilanzstichtag (soweit das Wirtschaftsgut noch vorhanden ist)
Anschaffungskosten	1. Anschaffungskosten; 2. niedrigerer Teilwert, soweit zulässig.	1. letzter Bilanzansatz; 2. niedrigerer Teilwert, soweit zulässig; 3. ein wieder gestiegener Teilwert, höchstens die ursprünglichen Anschaffungskosten (Wertaufholungsgebot).

6.5.6.2 Besonderheiten bei Beteiligungen

6.5.6.2.1 Allgemeines

Die Beteiligungen sind den Finanzanlagen gem. § 266 Abs. 2 Aktivseite A III HGB zuzuordnen. Hierzu gehören insbesondere: 998

- Anteile an verbundenen Unternehmen,
- Beteiligungen und
- Wertpapiere des Anlagevermögens.

Hierbei handelt es sich um Finanzanlagen auf gesellschaftsrechtlicher Grundlage.

Eine Beteiligung gem. § 271 Abs. 1 HGB liegt bei Anteilen an anderen Unternehmen vor, die bestimmt sind, dem eigenen Geschäftsbetrieb durch Herstellung einer dauernden Verbindung zu jenen Unternehmen zu dienen.

Dabei beschränken sich Beteiligungen nicht nur auf Kapitalgesellschaften; denn gem. § 271 HGB ist es unerheblich, ob die Anteile in Wertpapieren verbrieft sind oder nicht. Deshalb sind auch Beteiligungen an **Personengesellschaften** des Handelsrechts als Beteiligungen anzusehen. Zu unterscheiden ist dabei aber wie folgt:

- Bei Anteilen an **Kapitalgesellschaften** besteht gem. § 271 Abs. 1 HGB die Vermutung einer Beteiligung, wenn die Anteile $^1/_5$ des Nennkapitals der Gesellschaft übersteigen.
- Bei **Personengesellschaften** des Handelsrechts ist dagegen ohne Rücksicht auf den Umfang immer eine Beteiligung anzunehmen.

6.5.6.2.2 Bilanzierung von Beteiligungen nach Handelsrecht

999 Beteiligungen an Kapitalgesellschaften und Personengesellschaften des Handelsrechts gehören zum **nicht abnutzbaren Anlagevermögen.** Sie sind mit den Anschaffungskosten zu bilanzieren.

Außerplanmäßige Abschreibungen auf Beteiligungen sind bei voraussichtlich dauernder Wertminderung rechtsformunabhängig vorzunehmen (§ 253 Abs. 3 Satz 5 HGB).

1000 Bei voraussichtlich nicht dauernder Wertminderung **können** außerplanmäßige Abschreibungen auf Beteiligungen rechtsformunabhängig vorgenommen werden (§ 253 Abs. 3 Satz 6 EStG).

1001 Die **Gewinnansprüche** aus Beteiligungen entstehen wie folgt:

- Bei Beteiligungen an **Kapitalgesellschaften** darf der beteiligte Gewerbetreibende Beteiligungserträge erst dann bilanzieren, wenn der Ausschüttungsbeschluss ergangen ist;
- bei Beteiligungen an **Personengesellschaften** des Handelsrechts entsteht der Gewinnanspruch grds. mit Ablauf des Wirtschaftsjahres der Personengesellschaft.

6.5.6.2.3 Bilanzierung von Beteiligungen nach Steuerrecht

1002 Die Beteiligung ist als Wirtschaftsgut grds. mit dem Wert lt. Handelsbilanz zu bilanzieren (§ 5 Abs. 1 Satz 1 Halbsatz 1 EStG). Beteiligungen sind Wirtschaftsgüter des nicht abnutzbaren Anlagevermögens. Die Bewertung richtet sich nach § 6 Abs. 1 Nr. 2 EStG; in dieser Vorschrift sind eigenständige steuerliche Wahlrechte dargelegt. Somit ist die Handelsbilanz gem. § 5 Abs. 1 Satz 1 Halbsatz 2 EStG für die Steuerbilanz nicht maßgebend.

Steuerrechtlich gilt:

- Rechtsformunabhängig **können** (steuerliches Wahlrecht!) bei voraussichtlich dauernder Wertminderung außerplanmäßige Abschreibungen auf Beteiligungen vorgenommen werden (§ 6 Abs. 1 Nr. 2 Satz 2 EStG). Die handelsrechtliche Abschreibungsnotwendigkeit (§ 253 Abs. 3 Satz 5 HGB) hat auf den Steuerbilanzansatz keine Auswirkung.
- Rechtsformunabhängig **dürfen** bei voraussichtlich nicht dauernder Wertminderung außerplanmäßige Abschreibungen auf Beteiligungen **nicht** vorgenommen werden (§ 6 Abs. 1 Nr. 2 EStG). Das handelsrechtliche Abschreibungswahlrecht (§ 253 Abs. 3 Satz 6 HGB) hat auf den Steuerbilanzansatz keine Auswirkung.

Es ergeben sich aber folgende Besonderheiten:

6.5.6.2.3.1 Beteiligungen an Kapitalgesellschaften

Wird die Beteiligung im **Betriebsvermögen** gehalten, dann stellen die Beteiligungs- 1003
erträge betriebliche Einnahmen dar.

Der Ansatz des Ertrags einschließlich der Kapitalertragsteuer erfolgt im Wirtschaftsjahr des Ausschüttungsbeschlusses. Die einbehaltene Kapitalertragsteuer stellt dabei grds. eine **Entnahme** dar, soweit die Beteiligungen von **Einzelunternehmern** gehalten werden oder sich im **Gesamthandsvermögen** einer Personengesellschaft befinden. Hier sind die Entnahmen den Mitunternehmern **anteilig** zuzurechnen.

BEISPIEL: Die Beteiligung an der X-AG befindet sich im Gesamthandsvermögen einer OHG, an der die Gesellschafter A und B mit jeweils 50 % beteiligt sind. In der Hauptversammlung der X-AG wurde am 15.10.03 die Ausschüttung einer Dividende für das Geschäftsjahr 02 beschlossen, die der OHG am 20.12.03 überwiesen wurde. Die Kapitalertragsteuer wurde i. H. von 6.000 € zutreffend einbehalten und abgeführt (aus Vereinfachungsgründen wird auf den Solidaritätszuschlag nicht eingegangen).

Der Anspruch auf Dividende entsteht mit der Beschlussfassung durch die Hauptversammlung der X-AG. Sie ist betrieblicher Ertrag für die OHG (§ 20 Abs. 3 EStG). Die Kapitalertragsteuer erhöht den Ertrag. Sie stellt gleichzeitig Entnahmen der Gesellschafter dar, weil die Kapitalertragsteuer auf der Ebene der Gesellschafter auf die Einkommensteuerzahllast angerechnet wird. Die OHG selbst hat keinen Anspruch auf Anrechnung der Kapitalertragsteuer.

Gewinn der OHG (6.000 € = 25 %), 100 % =	24.000 €
Entnahmen der Gesellschafter jeweils (6.000 € / 2 =)	3.000 €

Bei **verdeckten Gewinnausschüttungen** sind diese als gewerbliche Beteiligungserträge 1004
zu erfassen.

BEISPIELE:

- Der Steuerpflichtige (Einzelunternehmer) verkauft ein Wirtschaftsgut seines Betriebsvermögens an die Kapitalgesellschaft zu einem überhöhten Preis.

  Hinsichtlich des Differenzbetrags Buchwert/Netto-Verkaufswert ist der Gewinn beim Steuerpflichtigen bereits erfasst, so dass sich keine weiteren Gewinnauswirkungen ergeben.

  (Bei der Kapitalgesellschaft sind die Anschaffungskosten des erworbenen Wirtschaftsguts mit dem zutreffenden Wert zu erfassen; der zu viel gezahlte Betrag stellt Aufwand dar, der jedoch außerbilanziell als verdeckte Gewinnausschüttung bei der Ermittlung des zu versteuernden Einkommens dem Gewinn hinzuzurechnen ist.)

- Die Kapitalgesellschaft verkauft ein Wirtschaftsgut an den Steuerpflichtigen (Einzelunternehmer) zu einem um 50.000 € unter dem gemeinen Wert liegenden Preis. Der Erwerb erfolgt für das Betriebsvermögen des Steuerpflichtigen.

  Das Wirtschaftsgut ist im Betriebsvermögen mit dem Betrag anzusetzen, der bei voll entgeltlichem Erwerb hätte aufgewendet werden müssen. Die bisher erfassten Anschaffungskosten sind um 50.000 € zu erhöhen. Gleichzeitig sind diese 50.000 € als Beteiligungsertrag erfasst worden. Die Vorsteuer ist – unverändert – nur in der ausgewiesenen Höhe abziehbar.

  (Bei der Kapitalgesellschaft stellen diese 50.000 € eine verdeckte Gewinnausschüttung dar; der zu viel gezahlte Betrag ist außerbilanziell bei der Ermittlung des zu versteuernden Einkommens dem Gewinn hinzuzurechnen.)

1005 Für Beteiligungserträge gilt das Teileinkünfteverfahren. Die Rechtsfolge besteht darin, dass die in Betracht kommenden Einnahmen in voller Höhe als Beteiligungserträge gebucht werden. Die Folgen der Steuerbefreiung gem. § 3 Nr. 40 EStG werden außerhalb der Bilanz berücksichtigt: 40 % der Beteiligungserträge bleiben bei der Ermittlung des Einkommens außer Ansatz.

BEISPIEL: Die X-GmbH hat ein zu versteuerndes Einkommen i. H. von 2.000 € erzielt, das in voller Höhe ausgeschüttet werden soll. Die Körperschaftsteuer beträgt 15 % = 300 € (aus Vereinfachungsgründen wird auf den Solidaritätszuschlag nicht eingegangen).

Der Restgewinn i. H. von 1.700 € wird unter Abzug von 25 % Kapitalertragsteuer (= 425 €) an den alleinigen Gesellschafter A ausgeschüttet, der die Anteile im Betriebsvermögen seines Einzelunternehmens hält.

Im Einzelunternehmen ist zu buchen:

Geldkonto	1.275 €	an	Beteiligungserträge	1.275 €
Entnahmen	425 €	an	Beteiligungserträge	425 €

Außerhalb der Bilanz bleiben bei der Einkommensermittlung für A 40 % der Einnahmen und damit 680 € (= 40 % von 1.700 €) außer Ansatz.

6.5.6.2.3.2 Beteiligung an einer Personengesellschaft

1006 Für die Personengesellschaft wird i. S. der §§ 179 und 180 AO eine eigenständige Gewinnermittlung durchgeführt. Der Anteil am Gewinn wird dabei dem einzelnen Mitunternehmer bei der Ermittlung seiner Einkünfte außerhalb der eigenen Steuerbilanz (wenn z. B. ein Einzelunternehmer an einer Personengesellschaft beteiligt ist) hinzugerechnet.

Damit hat die Beteiligung an einer Personengesellschaft steuerrechtlich keine **selbständige** Bedeutung, sie stellt **kein Wirtschaftsgut** dar. Der Gewinnanspruch entsteht mit Ablauf des Wirtschaftsjahres der Personengesellschaft. Für die Höhe der Beteiligungserträge ist das Ergebnis der einheitlichen und gesonderten Gewinnfeststellung maßgebend.

1007 Für die bilanzielle Darstellung ergeben sich verschiedene Möglichkeiten:

- Die Beteiligung stellt kein Wirtschaftsgut dar und wird deshalb nicht in der Steuerbilanz des Beteiligungshalters ausgewiesen. Da diese Beteiligung in der Handelsbilanz zwingend auszuweisen ist, ist das steuerrechtliche niedriger als das handelsrechtliche Kapital. Die Zurechnung dieses Gewinnanteils erfolgt dann außerhalb der Steuerbilanz des Beteiligten.

- Der Wertansatz der Beteiligung in der Handelsbilanz wird auch in die Steuerbilanz übernommen. Abweichungen werden gem. § 60 Abs. 1 Satz 1 EStDV außerhalb der Bilanz vorgenommen.
- Es entspricht den Bedürfnissen der Praxis am meisten, wenn die sog. „Spiegelbildmethode“ angewandt wird. Hierbei wird die Beteiligung in der Steuerbilanz mit dem Wert angesetzt, der der Summe aus dem Kapitalkonto des Beteiligten in der Gesellschaftsbilanz, den Kapitalkonten in Sonderbilanzen und dem Kapitalkonto in der Ergänzungsbilanz entspricht. Das bedeutet: Jede Buchung in der Gesellschafts-, in der Sonder- und der Ergänzungsbilanz, die das Kapitalkonto des Beteiligten berührt, führt zu Buchungen in der Bilanz des Beteiligten, in denen das Konto „Beteiligungen“ verändert wird.

6.5.6.2.3.3 Gründe für eine Teilwertabschreibung

Teilwertabschreibungen bei Beteiligungen an Kapitalgesellschaften können sich ins- 1008
besondere ergeben aus:

- Anlaufverlusten, wenn sie erkennen lassen, dass sich das Unternehmen ohne grundlegende finanzielle Maßnahmen nicht rentieren wird und diese Maßnahmen unterbleiben;
- schlechten Ertragsaussichten, soweit der Kaufmann sie nicht schon bei Erwerb der Beteiligung kannte und sie bewusst in Kauf nahm, sowie
- Verlusten aus Schachtelbeteiligungen, wenn der Wert der Beteiligung infolge von Ausschüttungen unter den Buchwert gesunken ist.

Voraussetzung bleibt dabei, dass der Teilwert aufgrund einer voraussichtlich dauernden Wertminderung gesunken ist.

6.5.7 Übersicht über die Bewertung des Anlagevermögens nach Handels- und Steuerrecht

Die Grundsätze der Bewertung des Anlagevermögens sind aus der folgenden Abbil- 1009
dung zu entnehmen (siehe folgende Seiten):

ABB. 48: Bewertung der Wirtschaftsgüter des Anlagevermögens

Zum Anlagevermögen gehören alle Vermögenswerte, die am Bilanzstichtag dazu bestimmt sind, dem Betrieb dauernd zu dienen, deren Zweckbestimmung also auf den Gebrauch im Betrieb gerichtet ist.

Wirtschaftsgüter des abnutzbaren Anlagevermögens

Zum abnutzbaren Anlagevermögen gehören alle Vermögenswerte, deren Nutzung zeitlich begrenzt ist, die also einem laufenden Verschleiß unterliegen. Hierzu gehören neben den Sachen (körperliche Gegenstände) auch immaterielle Werte, wenn sich ihr Wert durch Zeitablauf verbraucht (z. B. zeitlich befristete Konzessionen oder der Firmenwert (Praxiswert)). Im Übrigen gehören immaterielle Werte wie auch Rechte regelmäßig zum nicht abnutzbaren Anlagevermögen.

Wertansatz der Vermögensgegenstände/ Wirtschaftsgüter	**nach Handelsrecht**	**nach Steuerrecht**
zum Zeitpunkt der Anschaffung oder Herstellung	grds. Wertansatz gem. § 253 Abs. 1 Satz 1 HGB mit den Anschaffungs- oder Herstellungskosten	grds. Wertansatz gem. § 6 Abs. 1 Nr. 1 EStG mit den Anschaffungs- oder Herstellungskosten
zum Abschlussstichtag bei planmäßiger AfA	Anschaffungs- oder Herstellungskosten abzgl. planmäßiger Abschreibungen (§ 253 Abs. 3 HGB)	Anschaffungs- oder Herstellungskosten abzgl. AfA (§ 6 Abs. 1 Nr. 1 EStG)
zum Abschlussstichtag bei außerplanmäßiger AfA		
a) bei vorübergehender Wertminderung	die Vornahme außerplanmäßiger Abschreibungen ist nur bei Finanzanlagen möglich (§ 253 Abs. 3 HGB)	Anschaffungs- oder Herstellungskosten abzgl. AfA (§ 6 Abs. 1 Nr. 1 EStG)
b) bei dauernder Wertminderung	die außerplanmäßige Abschreibung ist vorzunehmen (§ 253 Abs. 3 Satz 5 HGB)	der niedrige Wertansatz <u>kann</u> in die Steuerbilanz übernommen werden (eigenständiges steuerliches Wahlrecht)
zum Abschlussstichtag mit einem Wert, der sich aufgrund nur steuerlich zulässiger Abschreibungen ergibt	Ansatz nicht zulässig	dieser Wert darf grds. angesetzt werden
zum Abschlussstichtag mit einem Wert, der nach vernünftiger kaufmännischer Beurteilung möglich ist	Ansatz nicht zulässig	dieser Wert darf nicht angesetzt werden
Wertaufholung	Zuschreibungsgebot (§ 253 Abs. 5 Satz 1 HGB); Ausnahme: Beibehaltungspflicht bei entgeltlich erworbenem Geschäfts- oder Firmenwert (§ 253 Abs. 5 Satz 2 HGB)	Zuschreibungsgebot (§ 6 Abs. 1 Nr. 1 Satz 4 EStG)

Wirtschaftsgüter des nicht abnutzbaren Anlagevermögens

Zum nicht abnutzbaren Anlagevermögen gehören alle Vermögenswerte, deren Nutzung voraussichtlich zeitlich nicht begrenzt ist, die also nicht einem laufenden Verschleiß unterliegen. Hierzu gehören Grundstücke (Grund und Boden), Wertpapiere, Anteile sowie regelmäßig auch die Rechte (Forderungen) und immateriellen Werte.

nach Handelsrecht	nach Steuerrecht
grds. Wertansatz gem. § 253 Abs. 1 Satz 1 HGB mit den Anschaffungs- oder Herstellungskosten	grds. Wertansatz gem. § 6 Abs. 1 Nr. 2 EStG mit den Anschaffungs- oder Herstellungskosten
grds. Wertansatz gem. § 253 Abs. 1 Satz 1 HGB mit den Anschaffungs- oder Herstellungskosten	grds. Wertansatz gem. § 6 Abs. 1 Nr. 2 EStG mit den Anschaffungs- oder Herstellungskosten
die Vornahme außerplanmäßiger Abschreibungen ist nur bei Finanzanlagen möglich (§ 253 Abs. 3 Satz 3 und 4 HGB) die außerplanmäßige Abschreibung ist vorzunehmen (§ 253 Abs. 3 Satz 3 HGB)	Teilwertabschreibung nicht möglich (§ 6 Abs. 1 Nr. 2 EStG) der niedrige Wertansatz kann in die Steuerbilanz übernommen werden (eigenständiges steuerliches Wahlrecht)
Ansatz nicht zulässig	dieser Wert darf grds. angesetzt werden
Ansatz nicht zulässig	dieser Wert darf nicht angesetzt werden
Zuschreibungsgebot (§ 253 Abs. 5 Satz 1 HGB)	Zuschreibungsgebot (§ 6 Abs. 1 Nr. 2 Satz 3 i. V. mit Nr. 1 Satz 4 EStG)

6.6 Bewertung des Umlaufvermögens und der Verbindlichkeiten

6.6.1 Begriff des Umlaufvermögens

Der Begriff des Umlaufvermögens hat keine gesetzliche Definition erfahren. Negativ 1010 abgegrenzt rechnen alle Gegenstände dazu, die weder zum Anlagevermögen noch zu den Rechnungsabgrenzungsposten gehören. Positiv kann man formulieren: „Das Umlaufvermögen umfasst diejenigen Wirtschaftsgüter, die **nicht** dazu bestimmt sind, **dauernd** dem Geschäftsbetrieb zu dienen."

Das Umlaufvermögen zerfällt in **zwei Untergruppen,** nämlich die Vorräte und die anderen Gegenstände des Umlaufvermögens. Die Vorräte umfassen neben den Roh-, Hilfs- und Betriebsstoffen auch die Waren sowie die unfertigen und die fertigen Erzeugnisse. Zu den anderen Gegenständen des Umlaufvermögens rechnen vor allem Forderungen, Zahlungsmittel und Wertpapiere (soweit diese dem Betrieb nicht langfristig dienen sollen) einschließlich der Besitzwechsel.

6.6.2 Bewertung der Vorräte

6.6.2.1 Bewertung nach Handelsrecht

1011 Die Bewertungsgrundlage für die Vorräte sind, wie bei den Gegenständen des Anlagevermögens auch, die Anschaffungs- oder Herstellungskosten, soweit nicht ein niedrigerer Wertansatz gem. § 253 Abs. 4 HGB geboten erscheint. Zu beachten ist hier, dass der handelsrechtliche Herstellungskostenbegriff Anwendung findet (vgl. Rz. 863 ff.). Auch bei den Vermögensgegenständen des Umlaufvermögens bilden die Anschaffungs- bzw. Herstellungskosten die absolute Obergrenze der Bewertung. Zur Ermittlung dieser Anschaffungs- oder Herstellungskosten gibt es fünf Verfahren:

- Die Einzelbewertung,
- die Sammelbewertung,
- die Durchschnittsbewertung,
- die retrograde Bewertung oder
- den Festwertansatz.

1012 Zu den hier angesprochenen Verfahren siehe Rz. 803 ff. Die retrograde Wertermittlung wird anhand des folgenden Beispiels erläutert. Wenn sich in bestimmten Unternehmen, z. B. im Einzelhandel, die Anschaffungs- oder Herstellungskosten nicht direkt ermitteln lassen, da eine Auszeichnung mit den Verkaufspreisen bereits beim Einkauf erfolgt, besteht für diese Unternehmen die Möglichkeit der Wertermittlung durch Rückrechnung.

BEISPIEL:

Bestand zu Verkaufspreisen	23.800 €
abzgl. im Verkaufspreis enthaltene Umsatzsteuer	- 3.800 €
Bestand zu Netto-Verkaufspreisen	20.000 €
abzgl. Rohgewinnsatz (50 %)	- 10.000 €
	10.000 €
abzgl. erhaltene Preisnachlässe (Skonti, Boni, Rabatte; 3 %)	- 300 €
Durch die retrograde Wertermittlung errechnete Anschaffungskosten	9.700 €

1013 Als niedrige Wertansätze sind in der Handelsbilanz auszuweisen:

- Der aus dem Börsen- oder Marktpreis abgeleitete Wert (§ 253 Abs. 4 Satz 1 HGB) (vgl. die Ausführungen unter Rz. 912 ff.; dies gilt unabhängig davon, ob die Wertminderung von Dauer ist) oder

- der den Gegenständen am Abschlussstichtag beizulegende Wert (= Zeitwert), wenn ein Börsen- oder Marktpreis nicht feststellbar ist (§ 253 Abs. 4 Satz 2 HGB) (vgl. die Ausführungen unter Rz. 915 f.; dies gilt unabhängig davon, ob die Wertminderung von Dauer ist).

Von den genannten zwei Bewertungsmaßstäben und den Anschaffungs- bzw. Herstellungskosten muss stets der niedrigere Wert in der Handelsbilanz angesetzt werden. Es herrscht das **strenge Niederstwertprinzip:** Der niedrigere von zwei möglichen Werten, 1014

- auf der einen Seite die Anschaffungs- oder Herstellungskosten und
- auf der anderen Seite der aus dem Börsen- oder Marktpreis abgeleitete Wert (i. d. R. die Wiederbeschaffungskosten) oder der Zeitwert,

muss zwingend angesetzt werden.

Ein niedrigerer Wertansatz, der für **Zwecke der Steuerbilanz** gebildet werden kann, darf in der Handelsbilanz nicht erfasst werden (Aufgabe der umgekehrten Maßgeblichkeit mit Inkrafttreten des BilMoG v. 25.5.2009, BGBl 2009 I S. 1102). 1015

§ 253 Abs. 5 Satz 1 HGB sagt aus, dass ein niedrigerer Wertansatz rechtsformunabhängig gem. § 253 Abs. 4 HGB nicht beibehalten werden darf, wenn die Gründe dafür nicht mehr bestehen.

6.6.2.2 Bewertung nach Steuerrecht

In der Steuerbilanz wird das Umlaufvermögen gem. § 6 Abs. 1 Nr. 2 EStG nach denselben Grundsätzen bewertet wie das nicht abnutzbare Anlagevermögen. Ausgangswerte sind auch hier die Anschaffungs- oder Herstellungskosten. Auch in der Steuerbilanz bilden die Anschaffungs- bzw. Herstellungskosten die absolute Obergrenze der Bewertung. Zu den möglichen Bewertungsverfahren siehe Rz. 803 ff. 1016

Existiert am Bilanzstichtag jedoch ein niedrigerer Teilwert, **kann** dieser gem. § 6 Abs. 1 Nr. 2 Satz 2 EStG angesetzt werden, soweit dieser auf einer **voraussichtlich dauernden Wertminderung** beruht. Steuerrechtlich existiert also ein echtes **Bewertungswahlrecht,** das auch durch das Maßgeblichkeitsprinzip nicht eingeschränkt wird (§ 5 Abs. 1 Satz 1 Halbsatz 2 EStG). Dies hat auch das BMF deutlich zum Ausdruck gebracht (BMF, Schreiben v. 12.3.2010, BStBl 2010 I S. 239, Rz. 13 und 15). 1017

Wahlrechte, die nur steuerlich bestehen, können unabhängig vom handelsrechtlichen Wertansatz ausgeübt werden (§ 5 Abs. 1 Satz 1 Halbsatz 2 EStG). Die Ausübung des steuerlichen Wahlrechts wird insoweit nicht gem. § 5 Abs. 1 Satz 1 Halbsatz 1 EStG durch die Maßgeblichkeit der handelsrechtlichen GoB beschränkt.

Bei Wirtschaftsgütern des Umlaufvermögens ist eine voraussichtlich dauernde Wertminderung anzunehmen, wenn die Minderung bis zum Zeitpunkt der Aufstellung der Steuerbilanz oder dem vorangegangenen Verkaufs- oder Verbrauchszeitpunkt anhält. 1018

Bei Wirtschaftsgütern, die bereits am Schluss des vorangegangenen Wirtschaftsjahres zum Betriebsvermögen gehört haben, muss in den folgenden Wirtschaftsjahren der Teilwert auch dann angesetzt werden, wenn er höher ist als der letzte Bilanzansatz; es dürfen jedoch **höchstens** die Anschaffungs- oder Herstellungskosten angesetzt werden

(§ 6 Abs. 1 Nr. 2 Satz 3 i. V. mit Nr. 1 Satz 4 EStG). Die Rückgängigmachung ausgewiesener, nicht verwirklichter Verluste ist damit steuerrechtlich nicht vermeidbar.

1019 Dies gilt jedoch nicht in den Fällen einer nur vorübergehenden Wertminderung.

Da Wirtschaftsgüter des Umlaufvermögens nicht dazu bestimmt sind, dem Betrieb auf Dauer zu dienen und sie stattdessen regelmäßig für den Verkauf (oder den Verbrauch) gehalten werden, kommt dem Zeitpunkt der Veräußerung (oder Verwendung) für die Beantwortung der Frage, ob eine voraussichtlich dauernde Wertminderung vorliegt, eine entscheidende Bedeutung zu: Hält die Wertminderung bis zum Zeitpunkt der Bilanzaufstellung oder dem vorangegangenen Verkaufs- (oder Verbrauchszeitpunkt) an, liegt voraussichtlich eine **Wertminderung von Dauer** vor. Zu berücksichtigen sind jedoch auch noch die zusätzlichen Erkenntnisse bis zum Bilanzstichtag.

1020 Hier gilt der Bewertungsvorbehalt des § 5 Abs. 6 i. V. mit § 6 Abs. 1 Nr. 2 EStG. Das bedeutet, bei nicht dauerhafter Wertminderung wird vom handelsrechtlichen Ansatz des niedrigeren Teilwerts abgewichen.

BEISPIEL: ▶ Im September 01 hat der Gewerbetreibende Waren zu Anschaffungskosten i. H. von 10.000 € erworben. Zum 31.12.01 betragen die Wiederbeschaffungskosten 9.000 €. Ab dem 1.1.02 bis zum Tag der Bilanzaufstellung am 30.6.02 entwickeln sich die Wiederbeschaffungskosten wie folgt:

a) Höchster Wert am 30.3.02: 11.000 €; niedrigster Wert am 31.5.02: 9.500 €.

   Die Wertminderung ist nicht von Dauer. Zwar beträgt der Teilwert zum 31.12.01 9.000 €, der steuerliche Bilanzansatz erfolgt jedoch mit den Anschaffungskosten i. H. von 10.000 €.

b) Höchster Wert am 30.3.02: 9.000 €; niedrigster Wert am 31.5.02: 8.500 €.

   Die Wertminderung ist von Dauer. Der Teilwert zum 31.12.01 i. H. von 9.000 € entspricht dem Bilanzansatz.

c) Höchster Wert am 30.3.02: 9.500 €; niedrigster Wert am 31.5.02: 8.000 €.

   Die Wertminderung ist von Dauer, jedoch nur bis zu einem Wert i. H. von 9.500 €. Der steuerliche Bilanzansatz folgt diesem Wert, obwohl der Teilwert zum 31.12.01 unzweifelhaft 9.000 € beträgt.

d) Höchster Wert am 30.3.02: 9.500 €; niedrigster Wert am 31.5.02: 8.000 €. Zum Zeitpunkt der Bilanzaufstellung ist bekannt, dass die Wiederbeschaffungspreise in Kürze deutlich ansteigen werden.

   Die Wertminderung ist nicht von Dauer, obwohl die Wiederbeschaffungskosten bis zum Tag der Bilanzaufstellung unter den Anschaffungskosten lagen. Aufgrund der zusätzlichen Erkenntnisse steht jedoch fest, dass die Wertminderung nicht von Dauer ist. Der Bilanzansatz erfolgt daher mit den Anschaffungskosten i. H. von 10.000 €, obwohl der Teilwert zum 31.12.01 unzweifelhaft 9.000 € beträgt.

1021 Will man die wichtigsten Grundsätze, die bei der Bewertung von Umlaufvermögen gelten, nochmals hervorheben, kann formuliert werden:

- **Nicht realisierte Gewinne** dürfen nicht ausgewiesen werden; deshalb darf der höhere Teilwert nicht angesetzt werden, soweit er die Anschaffungskosten übersteigt.
- **Nicht realisierte Verluste** können bei dauernder Wertminderung ausgewiesen werden.
- **Nicht realisierte Verluste** dürfen nur bei vorübergehender Wertminderung nicht ausgewiesen werden.

- An späteren Bilanzstichtagen ist der Ansatz eines Wirtschaftsguts mit dem dann wieder gestiegenen Teilwert jedoch zwingend vorgeschrieben. Der Wertansatz darf aber höchstens mit den ursprünglichen Anschaffungs- bzw. Herstellungskosten erfolgen; sonst würden hierbei unzulässigerweise nicht realisierte Gewinne ausgewiesen.

6.6.2.3 Besonderheiten der Teilwertermittlung bei Vorräten

Im Regelfall sind Teilwertabschreibungen bei sinkenden Verkaufspreisen nicht zulässig; 1022
vielmehr wird davon ausgegangen, dass hierbei der Grund für die Senkung der Verkaufspreise darin liegt, dass ursprünglich überhöhte Gewinnaufschläge auf das normale Maß zurückgeschraubt werden. Ausgehend von der Frage, wie viel ein gedachter Erwerber für Waren, deren Verkaufspreis herabgesetzt wurde, aufwenden würde, ergeben sich folgende Überlegungen für die Teilwertermittlung:

- Der gedachte Erwerber will bei Veräußerung der Waren – zu dem gesenkten Verkaufspreis – noch den durchschnittlichen Unternehmergewinn erzielen.
- Hierbei ist dann zu berücksichtigen, dass er nach dem Erwerb und vor der Veräußerung noch Verwaltungs- und Vertriebskosten aufwenden muss, um die Ware zu veräußern. Das bedeutet aber: Will der gedachte Erwerber den durchschnittlichen Unternehmergewinn erzielen, darf er für die Ware nur folgenden Betrag aufwenden:

	Herabgesetzter Verkaufspreis
-	darin enthaltene Umsatzsteuer
=	herabgesetzter Netto-Verkaufspreis
-	nach Erwerb und vor Verkauf noch anfallende, durchschnittliche Verwaltungs- und Vertriebskosten, die nach dem Bilanzstichtag entstehen
=	Zwischenwert (Ermittlung nach dem Grundsatz der verlustfreien Bewertung: entspricht dem handelsrechtlichen Zeitwert)
-	betriebsüblicher, durchschnittlicher Unternehmensgewinn
=	Teilwert (= Wert, den ein gedachter Erwerber für die Ware aufwenden würde)

Im Rahmen der Bewertungsüberlegungen zum Bilanzstichtag ist der Teilwert unter Zu- 1023
grundelegung entsprechender Überlegungen festzustellen. Nach dem Bilanzstichtag noch anfallende Verwaltungs- und Vertriebskosten sowie der durchschnittliche Reingewinn sind unter Zugrundelegung von betriebsüblichen Werten (u. U. auch unter Beachtung von branchenüblichen Vergleichszahlen) zu ermitteln.

BEISPIEL: Eine Gefriertruhe ist im Preis herabgesetzt worden.

Teilwertermittlung:

Herabgesetzter Netto-Verkaufspreis	500 €
abzgl. nach dem Bilanzstichtag noch anfallende Verwaltungs- und Verkaufskosten	- 50 €
Zeitwert	450 €
abzgl. betriebsüblicher Reingewinn (10 % vom Netto-Verkaufspreis)	- 50 €
Teilwert	400 €

1024 Eine solche grds. Möglichkeit der Teilwertermittlung ist in R 6.8 Abs. 2 Satz 3 und 4 EStR i. V. mit H 6.8 EStH als sog. „Subtraktionsmethode" zugelassen; die Berechnungsmethode ist allerdings verfeinert worden.

Sind Wirtschaftsgüter des Vorratsvermögens durch Lagerung, Änderung des modischen Geschmacks oder auch anderen Gründen im Wert gemindert, ist als niedrigerer Teilwert der Wert anzusetzen, der von dem voraussichtlich erzielbaren Veräußerungserlös nach Abzug des durchschnittlichen Unternehmergewinns und des nach dem Bilanzstichtag noch anfallenden betrieblichen Aufwands verbleibt. Die Anwendung der sich daraus ergebenden Subtraktionsmethode setzt voraus, dass die nach dem Bilanzstichtag bei den einzelnen Kostenarten noch jeweils anfallenden Kosten aus der Betriebsabrechnung ersichtlich sind.

BEISPIEL: Ein Gewerbetreibender hat einen Warenbestand einer Warengruppe mit Anschaffungskosten i. H. von 10.000 € zunächst mit einem Aufschlagsatz i. H. von 50 % kalkuliert (daraus resultierender geplanter Verkaufspreis 150 % von 10.000 € = 15.000 €). Diese Waren sind auf 40 % des ursprünglichen Verkaufspreises = 6.000 € herabgesetzt worden. Der durchschnittliche Unternehmergewinn beträgt 5 % des Verkaufspreises. Aus dem Betriebsabrechnungsbogen geht hervor, dass 50 % der betrieblichen Kosten erst nach dem Bilanzstichtag anfallen.

Teilwertermittlung:

Herabgesetzter Netto-Verkaufspreis		6.000 €
abzgl. durchschnittlicher Unternehmergewinn 5 % von 6.000 € =		- 300 €
Noch anfallende Betriebskosten (nach dem Bilanzstichtag)		5.700 €
Berechnung der Betriebskosten, die auf diese Warengruppe entfallen:		
Geplante Verkaufserlöse	15.000 €	
abzgl. Einkaufspreis (Anschaffungskosten)	- 10.000 €	
abzgl. durchschnittlicher Unternehmergewinn 5 % von 15.000 € =	- 750 €	
(Die tatsächlichen Betriebskosten haben sich durch die Preisherabsetzung nicht verändert)		
Gesamte Betriebskosten	4.250 €	
davon 50 % (erst nach dem Bilanzstichtag anfallend)		- 2.125 €
Teilwert		3.575 €

1025 Soweit es dem Steuerpflichtigen aufgrund der tatsächlichen Gegebenheiten des Betriebs – i. d. R. wegen Fehlens eines geeigneten Betriebsabrechnungsbogens – nicht möglich ist, die für die Ermittlung des Teilwerts nach der Subtraktionsmethode notwendigen Daten bereitzustellen, kann der Teilwert nach der sog. „Formelmethode" ermittelt werden. Der Teilwert errechnet sich hierbei als Quotient aus dem erzielbaren Verkaufspreis und der Summe aus 1 + Durchschnittsunternehmergewinnprozentsatz + Produkt aus dem Rohgewinnaufschlagsrest und dem Kostenprozentsatz, der nach dem Bilanzstichtag anfällt.

BEISPIEL: Ein Gewerbetreibender hat einen Warenbestand einer Warengruppe mit Anschaffungskosten i. H. von 10.000 € zunächst mit einem Aufschlagsatz i. H. von 50 % kalkuliert (daraus resultierender geplanter Verkaufspreis 150 % von 10.000 € = 15.000 €). Diese Waren sind auf 40 % des ursprünglichen Verkaufspreises = 6.000 € herabgesetzt worden. Der durchschnittliche Unternehmergewinn beträgt 5 % des Verkaufspreises. Ein Betriebsabrechnungsbogen liegt nicht vor. Die nach dem Bilanzstichtag noch anfallenden betrieblichen Kosten, d. h. der dann noch anfallende Kostenanteil des ursprünglichen Rohgewinnaufschlagsatzes ohne den hierin enthaltenen Gewinnanteil, werden mit 50 % geschätzt.

Teilwertermittlung:

Herabgesetzter Netto-Verkaufspreis	6.000 €
Ermittlung des Nenners (der Zahl, durch die der Netto-Verkaufspreis zu teilen ist):	1,0000
Durchschnittsunternehmergewinnprozentsatz (Der durchschnittliche Unternehmergewinn beträgt 5 % des ursprünglichen Verkaufspreises i. H. von 15.000 €; das entspricht 7,5 % bezogen auf die Anschaffungskosten i. H. von 10.000 €)	+ 0,0750
Rohgewinnaufschlagsrest	
(Der gesamte Rohgewinnaufschlagsatz ohne den darin enthaltenen Gewinnanteil beträgt: 50 % - 7,5 % = 42,5 %; dies entspricht dem Rohgewinnaufschlagsrest. Dem Sachverhalt nach entstehen 50 % dieser Kosten nach dem Bilanzstichtag: 42,5 % × 50 % =)	+ 0,2125
Nenner	1,2875
Teilwert: 6.000 € / 1,2875 =	4.660 €

In den Bilanzen von Bauunternehmern/Bauhandwerkern sind noch die unfertigen Arbeiten/unfertigen Bauten anzusetzen, die fest mit dem Grund und Boden des Auftraggebers verbunden sind. Nach der BFH-Auffassung handelt es sich um **Forderungen aufgrund schwebender Geschäfte,** die grds. mit den Herstellungskosten bewertet werden müssen. Die Finanzverwaltung lässt es jedoch zu, dass die entstandenen Selbstkosten (= Herstellungskosten + entstandene anteilige Verwaltungs- und Vertriebskosten) anstelle der Herstellungskosten angesetzt werden. Die Gewinnverwirklichung tritt dann ein, wenn der Bau bzw. die Aufträge vom Auftraggeber abgenommen werden (hierzu genügt ein schlüssiges Verhalten des Auftraggebers, wenn keine förmliche Abnahme erfolgt). „Gewinnverwirklichung" bedeutet, dass nicht mehr die unfertigen Arbeiten/unfertigen Bauten in der Bilanz zu erfassen sind, sondern die Forderungen in der vereinbarten Höhe. 1026

Für dieses Wirtschaftsgut – teilfertige Bauten auf fremdem Grund und Boden (Forderungen aufgrund schwebender Geschäfte) – gelten die oben dargestellten Bewertungsregeln. Deshalb kann gem. § 6 Abs. 1 Nr. 2 Satz 2 EStG steuerlich ggf. ein niedrigerer Teilwert angesetzt werden. 1027

Gemäß der Rechtsprechung des BFH ist die Teilwertabschreibung auf teilfertige Bauten auf fremdem Grund und Boden nicht nur hinsichtlich des dem jeweiligen Stand der Fertigstellung entsprechenden, auf die Bauten entfallenden Anteils der vereinbarten Vergütung, sondern auch hinsichtlich des gesamten Verlusts aus dem noch nicht abgewickelten Bauauftrag zulässig (BFH, Urteil v. 7.9.2005 - VIII R 1/03, BStBl 2006 II S. 298).

Nach Auffassung der Finanzverwaltung begrenzt das Verbot der Rückstellung für drohende Verluste aus schwebenden Geschäften (§ 5 Abs. 4a EStG) die Höhe der möglichen Teilwertabschreibung. Die Finanzverwaltung wendet das o. a. BFH-Urteil nicht über den im Urteil entschiedenen Fall an.

6.6.2.4 Sonderregelungen

1028 Zur Inventur siehe Rz. 59 ff.

Besonderheiten für Wirtschaftsgüter des Vorratsvermögens ergeben sich insbesondere aus

- der Festbewertung für Roh-, Hilfs- und Betriebsstoffe (siehe unter Rz. 810 ff.) und
- der Anwendung der zeitlich verlegten oder der permanenten Inventur (§ 241 Abs. 3 HGB i. V. mit R 5.3 Abs. 2 EStR).

1029 Die Bewertung auf den abweichenden Zeitpunkt richtet sich nach den allgemeinen Grundsätzen, d. h. maßgebend sind die Wertverhältnisse **am Inventurstichtag** und nicht die zum Bilanzstichtag.

BEISPIEL: Ein Gewerbetreibender (Wirtschaftsjahr = Kalenderjahr) führt die Inventur abweichend zum 31.1.02 durch und rechnet auf den 31.12.01 zurück. Er hatte im November 01 zwei Wirtschaftsgüter für jeweils 1.000 € (netto) als Vorratsvermögen erworben. Diese Wirtschaftsgüter wurden

a) am 5.1.02;

b) am 27.12.01

im Lager leicht beschädigt, so dass der Teilwert nachweislich auf je 800 € gesunken ist.

Lösung:

a) Die Wirtschaftsgüter sind bei der zeitlich verlegten Inventur am 31.12.01 mit den Anschaffungskosten zu erfassen.

b) Die Wirtschaftsgüter sind bei der zeitlich verlegten Inventur am 31.12.01 mit dem niedrigeren Teilwert zu erfassen.

In diesen Fällen muss eine Fortschreibung des Warenbestands auf den Bilanzstichtag erfolgen. Diese kann dabei nach der folgenden Formel vorgenommen werden, wenn die Zusammensetzung des Warenbestands am Bilanzstichtag von der des Warenbestands am Inventurstichtag nicht wesentlich abweicht: Der Wert des Warenbestands am Inventurstichtag abzgl. Wareneingang zzgl. Wareneinsatz (= Umsatz abzgl. des durchschnittlichen Rohgewinns) ergibt den Wert des Warenbestands am Bilanzstichtag.

6.6.3 Bewertung der anderen Gegenstände des Umlaufvermögens, insbesondere der Forderungen aus Lieferungen und Leistungen

6.6.3.1 Allgemeines

1030 Für die anderen Gegenstände des Umlaufvermögens gelten die für die Bewertung des Vorratsvermögens aufgestellten Grundsätze entsprechend. Im Folgenden wird nur näher auf die Forderungen aus Lieferungen und Leistungen eingegangen.

Grundsätzlich sind Forderungen gem. § 252 Abs. 1 Nr. 4 HGB nur zu berücksichtigen, wenn sie am Abschlussstichtag realisiert sind. Diese Voraussetzung ist erfüllt, wenn eine Forderung entweder rechtlich bereits entstanden ist oder wenn die für die Entstehung wesentlichen wirtschaftlichen Ursachen bereits im abgelaufenen Wirtschaftsjahr gesetzt worden sind und der Kaufmann daher mit der künftigen rechtlichen Entstehung fest rechnen kann.

Forderungen entstehen in dem Augenblick, in dem die **Lieferung erfolgt oder die Leistung erbracht ist.** Auf den Zeitpunkt der Rechnungserteilung kommt es nicht an. Forderungen sind regelmäßig mit dem Rechnungsbetrag anzusetzen; damit erfolgt gleichzeitig die Gewinnrealisierung. 1031

Forderungen sind grds. mit ihren Anschaffungskosten, dem Nennwert, zu bewerten. Ist der Teilwert der Forderungen geringer, ist dieser in entsprechender Anwendung der bei der Bewertung von Vorräten dargestellten Grundsätze als Bilanzansatz zu erfassen.

6.6.3.2 Teilwertermittlung bei Forderungen

Bei der Teilwertermittlung einer Forderung ist stets die Grundfrage des Teilwertbegriffs zu beantworten: Welchen Betrag ist ein fiktiver Erwerber des Betriebs bereit, im Rahmen eines Gesamtkaufpreises für eine bestimmte Forderung aufzuwenden? 1032

Umstände, die dazu führen, dass einer Forderung ein unter dem Nennwert liegender Teilwert beizumessen ist, sind insbesondere

- **das Ausfallrisiko;**

  Der erdachte Erwerber hätte einen entsprechend geringeren Betrag für die damit behaftete Forderung gezahlt. Da der Unternehmer bei einem Forderungsausfall die bei Sollbesteuerung bereits an das Finanzamt entrichtete Umsatzsteuer gem. § 17 Abs. 2 UStG zurückerhält, bezieht sich das Ausfallrisiko bei Unternehmen mit Regelbesteuerung nur auf den Nettobetrag der Forderung.

- **das noch zu erwartende Mahnkosten- und Beitreibungskostenrisiko;**

  Auch hier hätte der gedachte Erwerber nur einen entsprechend geringeren Betrag zum Forderungserwerb aufgewandt.

- **die Unverzinslichkeit von Forderungen;**

  Der fiktive Erwerber eines Betriebs würde auch für eine unverzinsliche (niedrig verzinsliche) Forderung, die erst nach dem Stichtag beglichen wird, nicht den Nennwert aufwenden, sondern nur den abgezinsten Nennwert; er würde damit seinen zukünftigen Zinsausfall berücksichtigen. Da sich dieser Zinsausfall auf den gesamten Forderungsbetrag einschließlich der darin enthaltenen Umsatzsteuer bezieht, ist die Abzinsung vom Bruttobetrag vorzunehmen.

- **die voraussichtlichen Skonto- oder Rabattabzüge;**

  Der gedachte Erwerber wird auch dann nur einen geringeren Betrag als den Nennbetrag für die Forderung zu zahlen bereit sein, wenn damit gerechnet werden muss, dass Skonti- oder Rabattabzüge bei Zahlung der Forderungen vorgenommen werden. Auch hier wird der Teilwertabschlag nur vom Nettobetrag der Forderung ermittelt, da die in den Skonti und Rabatten enthaltene Umsatzsteuer dem Unternehmer gem. § 17 Abs. 1 UStG zurückerstattet wird.

Uneinbringliche Forderungen dürfen in der Bilanz nicht ausgewiesen werden, da ihr Teilwert 0 € beträgt. Sie müssen daher **voll** ausgebucht werden. In Höhe der Nettoforderung wirkt sich dies gewinnmindernd aus. Die hierauf entrichtete Umsatzsteuer wird gem. § 17 Abs. 2 UStG vom Finanzamt zurückerstattet. 1033

Eine solche Uneinbringlichkeit liegt z. B. vor, wenn

- der Schuldner eine Vermögensauskunft i. S. der §§ 802c und 807 ZPO abgegeben hat,
- der Schuldner für den Forderungsinhaber nicht auffindbar ist (z. B. unbekannt verzogen oder ausgewandert),
- der Schuldner – ohne Vermögenswerte zu hinterlassen – verstorben ist,
- ein Gericht eine Forderung für unberechtigt erklärt,
- der Schuldner zu Recht vom Recht der Einrede der Verjährung Gebrauch macht,
- aus der Insolvenzmasse keine Deckung zu erwarten ist oder
- eine Zwangsvollstreckung erfolglos verlaufen ist.

1034 Teilwerte von Forderungen sind grds. im Wege der **Einzelbewertung** zu ermitteln. Hierbei wird jede einzelne Forderung daraufhin untersucht, ob zum Bilanzstichtag wertmindernde Umstände vorliegen. Bei den so ermittelten Werten spricht man von einzelwertberichtigten Forderungen.

1035 Im Gegensatz hierzu wird oft das Verfahren der **Pauschalwertberichtigung** angewandt. Hier ist es wegen der Vielzahl von Kunden weder möglich noch für den Kaufmann zumutbar, die finanzielle und wirtschaftliche Lage der einzelnen Abnehmer genau zu untersuchen. Erfahrungsgemäß ist jedoch mit Forderungsausfällen zu rechnen. In diesen Fällen ist es zulässig, die Risiken von Forderungsausfällen pauschal nach einem **betrieblichen Erfahrungssatz** und der Summe der jeweiligen Forderungen zu ermitteln. Unternehmen müssen als Folge des Grundsatzes der Bewertungsstetigkeit den einmal ermittelten Pauschalsatz beibehalten, es sei denn, die Verhältnisse, die für die Ermittlung des Pauschalsatzes bestimmend waren, hätten sich erheblich geändert. Da im Bilanzgliederungsschema des § 266 HGB keine Position „Wertberichtigung" auf der Passivseite vorgesehen ist, ist davon auszugehen, dass auch die Bilanzposition „Forderungen" mit dem Teilwert auf der Aktivseite auszuweisen ist, auch wenn in der Praxis in den Bilanzen kleinerer Unternehmen hin und wieder noch ein Passivposten „Delkredere" als Wertberichtigung zu Forderungen ausgewiesen wird.

1036 Durch die Rechtsprechung wurde auch ein Verfahren der Wertermittlung für Forderungen zugelassen, das sich als Mischung von Einzelwertberichtigung und Pauschalwertberichtigung darstellt.

BEISPIEL: Ein Unternehmen, dessen Umsätze sämtlich dem umsatzsteuerlichen Regelsteuersatz unterliegen, hat Forderungen aus Lieferungen und Leistungen i. H. von 119.000 €. Davon steht bei einer Forderung i. H. von 11.900 € fest, dass mit einem Forderungsausfall i. H. von 50 % zu rechnen ist. Im Übrigen beträgt das betriebsübliche Ausfallrisiko nach den im Betrieb gewonnenen Erfahrungen der Vergangenheit 3 % der Nettoforderungen.

Der Bilanzansatz (= Teilwert der Forderungen) ermittelt sich wie folgt:

a) **Einzelwertberichtigte Forderungen:**

Nennbetrag	11.900 €	
abzgl. Ausfallrisiko (50 % des Nettobetrags)	- 5.000 €	6.900 €

b) **Pauschalwertberichtigte Forderungen:**

Nennbetrag (119.000 € - 11.900 € =)	107.100 €	
abzgl. Ausfallrisiko (3 % von 90.000 € =)	- 2.700 €	+ 104.400 €
Teilwert der Forderungen		111.300 €

Zur Klarstellung: Der zweite mögliche Bewertungsmaßstab für die Forderungen, die Anschaffungskosten (= Nennbetrag), beträgt 119.000 €; dieser Wert kann gem. § 6 Abs. 1 Nr. 2 EStG auch angesetzt werden.

Steuerrechtlich existiert ein echtes **Bewertungswahlrecht,** das auch durch das Maßgeb- 1037
lichkeitsprinzip nicht eingeschränkt wird (§ 5 Abs. 1 Satz 1 Halbsatz 2 EStG). Dies hat auch das BMF deutlich zum Ausdruck gebracht (BMF, Schreiben v. 12.3.2010, BStBl 2010 I S. 239, Rz. 13 und 15).

Wahlrechte, die nur steuerlich bestehen, können unabhängig vom handelsrechtlichen Wertansatz ausgeübt werden (§ 5 Abs. 1 Satz 1 Halbsatz 2 EStG). Die Ausübung des steuerlichen Wahlrechts wird insoweit nicht durch die Maßgeblichkeit der handelsrechtlichen GoB i. S. des § 5 Abs. 1 Satz 1 Halbsatz 1 EStG beschränkt.

6.6.4 Übersicht über die Bewertung des Umlaufvermögens nach Handels- und Steuerrecht

Die Grundsätze der Bewertung des Umlaufvermögens sind der folgenden Abbildung zu 1038
entnehmen:

ABB. 49: Bewertung der Wirtschaftsgüter des Umlaufvermögens

Zum Umlaufvermögen gehören alle Vermögenswerte, die am Bilanzstichtag dazu bestimmt sind, dem Betrieb nur für kurze Zeit zu dienen, deren Zweckbestimmung also auf den Verbrauch gerichtet ist, sei es als Rohstoff zur Verarbeitung, sei es als Hilfs- und Betriebsstoff zur Bearbeitung von Gegenständen, sei es als Handelsgut zur Veräußerung oder sei es zur sonstigen Verwertung, wie z. B. von Forderungen zum Einzug etc.

Bewertung nach Handelsrecht

Die für die Handelsbilanz maßgebenden Bewertungsvorschriften ergeben sich aus § 253 Abs. 1 Satz 1 und Abs. 4 HGB.

I. Erstmaliger Bilanzansatz

1. Regelwerte

   Ansatz gem. § 253 Abs. 1 Satz 1 HGB grds. mit den Anschaffungs- oder Herstellungskosten.

2. Andere Bewertungsmaßstäbe

   Ansatz des niedrigeren Börsen- oder Marktpreises bzw. des niedrigeren Zeitwerts (§ 253 Abs. 4 HGB).

   Auf den niedrigen Börsen- oder Marktpreis bzw. den niedrigen Zeitwert muss abgeschrieben werden (strenges Niederstwertprinzip).

II. Ansatz in Folgebilanzen

Anzusetzen sind die Anschaffungs- oder Herstellungskosten; zwingender Ansatz des niedrigeren Börsen- oder Marktpreises bzw. des niedrigeren Zeitwerts (strenges Niederstwertprinzip).

III. Zuschreibungsgebot

Gemäß § 253 Abs. 5 Satz 1 HGB gilt ein allgemeines Zuschreibungsgebot: Wenn an den folgenden Bilanzstichtagen die Gründe für die Abschreibung auf den niedrigeren Wert weggefallen sind, besteht bis zur Höhe der Anschaffungs- oder Herstellungskosten ein Zuschreibungsgebot.

Bewertung nach Steuerrecht

Die für die Steuerbilanz maßgebenden Bewertungsvorschriften ergeben sich aus § 6 Abs. 1 Nr. 2 EStG.
Für Gewerbetreibende mit Gewinnermittlung gem. § 5 EStG gelten darüber hinaus auch die Vorschriften des Handelsrechts.

I. Erstmaliger Bilanzansatz

1. Regelwerte
   Ansatz gem. § 6 Abs. 1 Nr. 2 EStG grds. mit den Anschaffungs- oder Herstellungskosten.
2. Andere Bewertungsmaßstäbe
   Ein niedrigerer Teilwert **kann** angesetzt werden, soweit eine voraussichtlich dauernde Wertminderung vorliegt.

II. Ansatz in Folgebilanzen

Regelansatz sind die Anschaffungs- oder Herstellungskosten (§ 6 Abs. 1 Nr. 2 Satz 3 i. V. mit Nr. 1 Satz 4 EStG). Der niedrigere Teilwert kann nur angesetzt bzw. beibehalten werden, wenn der Unternehmer nachweist, dass die voraussichtlich dauernde Wertminderung auch am aktuellen Bilanzstichtag fortbesteht; der Nachweis ist an jedem Bilanzstichtag erneut zu führen (BMF, Schreiben v. 2.9.2016, BStBl 2016 I S. 995).

III. Zuschreibungsgebot

Wenn an den folgenden Bilanzstichtagen die Gründe für die Abschreibung auf den niedrigeren Teilwert weggefallen sind, besteht bis zur Höhe der Anschaffungs- und Herstellungskosten ein Zuschreibungsgebot (§ 6 Abs. 1 Nr. 2 i. V. mit Nr. 1 Satz 4 EStG).

6.6.5 Bewertung der Verbindlichkeiten

6.6.5.1 Allgemeines

Handelsrechtlich steht der **Gläubigerschutzgedanke** im Vordergrund; deshalb kommt der vollständigen Erfassung der Verbindlichkeiten und deren „richtiger" Bewertung besondere Bedeutung zu. „Richtige" Bewertung bedeutet in diesem Zusammenhang: Verbindlichkeiten sind auf keinen Fall zu gering zu bewerten; die Vermögenslage darf auf keinen Fall zu günstig dargestellt werden. 1039

Verbindlichkeiten sind gem. § 253 Abs. 1 Satz 2 HGB mit ihrem Erfüllungsbetrag (i. d. R. = **Rückzahlungsbetrag**) anzusetzen.

HINWEIS

Dieser durch das BilMoG v. 25.5.2009 (BGBl 2009 I S. 1102) eingefügte Begriff „Rückzahlungsbetrag" bewirkt jedoch eine Klarstellung: Sämtliche Verbindlichkeiten – und nicht nur solche, die aus einem Geldzufluss entstanden sind – unterliegen der Bewertungsvorschrift des § 253 Abs. 1 Satz 2 HGB.

Da die Behandlung von Rentenverpflichtungen bereits unter Rz. 846 ff. besprochen wurde, geht es im Folgenden nur noch um die Bewertung von Verbindlichkeiten.

Steuerrechtlich erfolgt die Bewertung von Verbindlichkeiten gem. § 6 Abs. 1 Nr. 3 EStG.

Verbindlichkeiten sind unter sinngemäßer Anwendung der Vorschriften in § 6 Abs. 1 Nr. 2 EStG anzusetzen. Durch das 4. Corona-Steuerhilfegesetz v. 19.6.2022 (BGBl 2022 I S. 911) wurde die Abzinsungspflicht für Verbindlichkeiten aufgehoben. Die bisherige Regelung, dass Verbindlichkeiten, deren Laufzeit am Bilanzstichtag mehr als zwölf Monate beträgt und die weder verzinslich sind noch auf einer Anzahlung oder Vorausleistung beruhen, mit einem Zinssatz i. H. von 5,5 % abzuzinsen sind, ist für Wirtschaftsjahre, die nach dem 31.12.2022 enden, nicht mehr anzuwenden. Eine rückwirkende Anwendung auf vor dem 1.1.2023 endende, noch nicht bestandskräftige Wirtschaftsjahre ist auf formlosen Antrag möglich (§ 52 Abs. 12 Satz 3 EStG). Rückstellungen sind weiterhin mit einem Zinssatz i. H. von 5,5 % abzuzinsen.

1040 Damit sind Verbindlichkeiten wie **Umlaufvermögen** zu bewerten. Deshalb müssen die Anschaffungskosten und der Teilwert der Verbindlichkeit – denn dies sind ja die beiden möglichen Bewertungsmaßstäbe – ermittelt werden.

1041 Als Anschaffungskosten einer Verbindlichkeit gilt der **Nennwert** der Verbindlichkeit. Dieser Wert entspricht i. d. R. dem **Erfüllungsbetrag** (= **Rückzahlungsbetrag** des § 253 Abs. 1 Satz 2 HGB), der grds. auch dann als Schuld anzusetzen ist, wenn es sich um die Bewertung unverzinslicher oder niedrig verzinslicher Verbindlichkeiten handelt. Bei unverzinslichen Verbindlichkeiten mit längerer Laufzeit ist dagegen eine Abzinsung vorzunehmen. Dieser Rückzahlungsbetrag stellt auch dann die Anschaffungskosten der Verbindlichkeiten dar, wenn dem Schuldner der volle Rückzahlungsbetrag gar nicht zugeflossen ist; der Unterschiedsbetrag (Agio, Disagio, Damnum, Abschluss-, Bearbeitungs- oder Verwaltungsgebühren, soweit sie an den Kreditgeber gezahlt bzw. direkt vom Kreditgeber einbehalten wurden) ist als **Rechnungsabgrenzungsposten** auf die **Laufzeit des Kredits** zu verteilen. Zur buchtechnischen Abwicklung siehe Rz. 400 ff.

1042 Der zweite Bewertungsmaßstab, der hier in Betracht kommt, ist der Teilwert.

Teilwert einer Verbindlichkeit ist der Betrag, den ein Erwerber eines Betriebs mehr zahlen würde, wenn die Verbindlichkeit nicht bestünde.

An dieser Stelle sollten wir uns Folgendes verdeutlichen: Beim **Umlaufvermögen** wird der Ansatz eines niedrigeren Teilwerts deshalb gestattet (bzw. zwingend vorgeschrieben), weil nicht verwirklichte Verluste auszuweisen sind, soweit sie auf **voraussichtlich dauernder Wertminderung** beruhen. Da der Ausweis **nicht verwirklichter Gewinne** verboten ist, ist beim Umlaufvermögen der Ansatz eines höheren Teilwerts **verboten.**

Nun sollen die gleichen Ergebnisse,

- Ausweis nicht verwirklichter Verluste, soweit sie auf dauernder Wertminderung beruhen, und
- Verbot des Ausweises nicht verwirklichter Gewinne,

auch bei der Bewertung von Verbindlichkeiten erreicht werden.

Ein Ausweis nicht verwirklichter Verluste wird bei der Bewertung von Verbindlichkeiten 1043
durch den Ansatz **des höheren Teilwerts** erreicht.

Erforderliche Buchung: Sonstiger betrieblicher Aufwand an Verbindlichkeiten.

Der Ausweis nicht realisierter Gewinne wird dadurch verhindert, dass der Ansatz eines niedrigeren Teilwerts für Verbindlichkeiten unzulässig ist.

Jetzt ist noch die Frage zu beantworten, wann der Ansatz eines höheren Teilwerts zulässig oder geboten ist. Gemäß § 6 Abs. 1 Nr. 3 EStG ist die Vorschrift des § 6 Abs. 1 Nr. 2 EStG entsprechend anzuwenden. Das bedeutet: Der höhere Teilwert darf anstelle der Anschaffungskosten angesetzt werden, soweit die Erhöhung voraussichtlich dauerhaft ist (Wahlrecht).

Existiert am Bilanzstichtag jedoch ein höherer Teilwert, **kann** dieser gem. § 6 Abs. 1 Nr. 2 Satz 2 EStG angesetzt werden, soweit dieser auf einer **voraussichtlich dauernden Werterhöhung** beruht. Steuerrechtlich existiert also ein echtes **Bewertungswahlrecht,** das auch durch das Maßgeblichkeitsprinzip nicht eingeschränkt wird (§ 5 Abs. 1 Satz 1 Halbsatz 2 EStG). Dies hat auch das BMF deutlich zum Ausdruck gebracht (BMF, Schreiben v. 12.3.2010, BStBl 2010 I S. 239, Rz. 13 und 15).

Wahlrechte, die nur steuerlich bestehen, können unabhängig vom handelsrechtlichen Wertansatz ausgeübt werden (§ 5 Abs. 1 Satz 1 Halbsatz 2 EStG). Die Ausübung des steuerlichen Wahlrechts wird insoweit nicht durch die Maßgeblichkeit der handelsrechtlichen GoB i. S. des § 5 Abs. 1 Satz 1 Halbsatz 1 EStG beschränkt.

Bei Verbindlichkeiten, die bereits am Schluss des vorangegangenen Wirtschaftsjahres 1044
zum Betriebsvermögen gehörten, muss ein Teilwert auch dann angesetzt werden, wenn er niedriger ist als der letzte Bilanzansatz, vorausgesetzt, der Teilwert ist höher als die Anschaffungskosten der Verbindlichkeit. Der Ansatz eines niedrigeren Teilwerts, der geringer ist als die Anschaffungskosten der Verbindlichkeit, würde im Ergebnis zum Ausweis nicht realisierter Gewinne führen und ist damit untersagt. In einem solchen Fall müssen die Anschaffungskosten der Verbindlichkeit wieder angesetzt werden.

Bei Verbindlichkeiten müssen damit **nicht verwirklichte Verluste** rückgängig gemacht 1045
werden, soweit zu späteren Bilanzstichtagen eine Verpflichtung zum Ausweis des einmal gewählten höheren Teilwerts nicht mehr besteht.

Die Grundsätze der Bewertung von Verbindlichkeiten sollen nochmals anhand des folgenden Beispiels verdeutlicht werden:

BEISPIEL: Ein Steuerpflichtiger, der seinen Gewinn gem. § 5 EStG ermittelt, hat am 30.4.01 eine Maschine zum Preis i. H. von 10.000 $ erworben. Dieser Betrag ist am 30.4.03 zu entrichten. Die Verbindlichkeiten werden angemessen verzinst.

Die Wechselkurse für 1 $ betrugen

- am 30.4.01 1 €,
- am 31.12.01 1,10 €,
- am 31.12.02 0,90 € und
- am 30.4.03 (bei Zahlung) 0,80 €.

Zu den einzelnen Bilanzstichtagen ist davon auszugehen, dass es sich um voraussichtlich dauerhafte Wertveränderungen handelt.

Lösung:

Bilanzansätze zu den einzelnen Stichtagen:

- Die Anschaffungskosten der Verbindlichkeit betragen 10.000 $. Umgerechnet zum Wechselkurs zum Anschaffungszeitpunkt am 30.4.01 = 10.000 $ × 1 € = 10.000 €.
- Am 31.12.01 betragen die Anschaffungskosten der Verbindlichkeit unverändert 10.000 €. Der Teilwert der Verbindlichkeit beträgt jedoch 10.000 $ × 1,10 € = 11.000 €. Er ist damit höher als die Anschaffungskosten. Die Verbindlichkeiten können mit dem höheren Teilwert angesetzt werden. Somit kann im Jahr 01 eine Gewinnminderung i. H. von 1.000 € erfasst werden.
- Am 31.12.02 beträgt der Teilwert der Verbindlichkeiten 10.000 $ × 0,90 € = 9.000 €. Für den Steuerpflichtigen ergibt sich nun Folgendes: Er müsste den niedrigeren Teilwert (9.000 €) ansetzen, mindestens sind jedoch die Anschaffungskosten der Verbindlichkeit (10.000 €) anzusetzen. Die Verbindlichkeit muss daher mit 10.000 € angesetzt werden; andernfalls (beim Ansatz mit 9.000 €) würde ein nicht realisierter Gewinn i. H. von 1.000 € (Differenz zwischen niedrigerem Teilwert und den Anschaffungskosten) ausgewiesen, wenn die Verbindlichkeiten zum 31.12.01 mit 11.000 € angesetzt wurden.

  In diesem Fall wird im Jahr 02 ein Gewinn i. H. von 1.000 € ausgewiesen.
- Am 30.4.03 tilgt der Steuerpflichtige die Verbindlichkeiten mit 10.000 $ × 0,80 € = 8.000 €.

  Buchung:

Verbindlichkeiten	10.000 €	an	Geld	8.000 €
		an	Sonstiger betrieblicher Ertrag	2.000 €

  Hier ist deutlich zu sehen: Bei Begleichung der Schuld wird der Kursgewinn realisiert und im Rahmen der Gewinnermittlung des Jahres 03 erfasst.

Handelsrechtlich wird die Umrechnung von Vermögensgegenständen und Verbindlichkeiten am Abschlussstichtag in § 256a HGB geregelt.

6.6.5.2 Schuldübernahme

6.6.5.2.1 Allgemeines

1045a Mit dem AIFM-Steuer-Anpassungsgesetz v. 18.12.2013 (BGBl 2013 I S. 4318) versucht der Gesetzgeber, das Gestaltungspotenzial bei Übertragungen von Verpflichtungen einzuschränken.

Gemäß § 4f EStG werden dabei die Rechtsfolgen für den Veräußerer erfasst. Die Regelungen des § 4f EStG (Verteilung des Aufwands) betreffen nicht

- kleine und mittlere Betriebe, die die Grenzen des § 7g Abs. 1 EStG nicht überschreiten, und
- Übertragungen im Rahmen einer Veräußerung oder Aufgabe des ganzen Betriebs bzw. des gesamten Mitunternehmeranteils.

6.6.5.2.2 Auswirkungen für den Veräußerer

Dabei ist gem. § 4f EStG zu unterscheiden: 1045b

- Wenn die Verpflichtung nicht bilanzierungsfähig war, ist der entstehende Aufwand jährlich nur i. H. von $^1/_{15}$ als Betriebsausgabe abziehbar (als Korrekturposten außerhalb der Bilanz).
- Wenn aufgrund der Übertragung einer Verpflichtung ein Passivposten gewinnerhöhend aufzulösen ist, dann ist der Aufwand i. H. der bilanzierten Verpflichtung als Betriebsausgabe voll abziehbar, der überschießende Betrag jedoch nur jährlich i. H. von $^1/_{15}$.

6.6.5.2.3 Auswirkungen für den Erwerber

Für den Erwerber der Verpflichtung gelten die Regelungen des § 5 Abs. 7 EStG. In der Übernahmebilanz sind Ansatzverbote, Ansatzbeschränkungen und Bewertungsvorbehalte zu beachten, die für den Veräußerer gegolten haben. Es kommt zu einer erfolgsneutralen Übernahme in der Steuerbilanz. In der Folgebilanz ist die Verpflichtung aufzulösen. Wenn sich hierdurch ein Gewinn ergibt, ist dieser grds. im Wirtschaftsjahr der Übernahme zu versteuern. 1045c

Der entstandene Gewinn kann aber auch in eine Rücklage eingestellt und dann mit jährlich $^1/_{15}$ aufgelöst werden. Soweit ein Passivposten übernommen wird (z. B. „Pensionsverpflichtung"), ist dieser in der entsprechenden Höhe weiterzuführen (bei unterschiedlichen Auswirkungen in Handels- und Steuerbilanz sind dann ggf. latente Steuern zu berücksichtigen).

6.6.5.2.4 Beispiele

BEISPIEL 1: A überträgt die Pensionsverpflichtung – ein Wechsel der Arbeitnehmer findet nicht statt – i. H. von 100.000 € für 160.000 € zwecks Verwaltung an B. 1045d

Buchungen beim Veräußerer:

Verpflichtung	100.000 €			
Aufwand	60.000 €	an	Bank	160.000 €

Der Verlust i. H. von 60.000 € ist auf 15 Jahre zu verteilen.

Buchungen beim Erwerber:

Bank	160.000 €	an	Verpflichtung	100.000 €
		an	Ertrag	60.000 €

Dieser Gewinn kann auf 15 Jahre verteilt werden.

BEISPIEL 2: A überträgt an B einen Drohverlust i. H. von 45.000 € und zahlt hierfür 45.000 € an B. Der Drohverlust konnte in der Steuerbilanz gem. § 5 Abs. 4a EStG nicht bilanziert werden.

Buchungen beim Veräußerer:

Aufwand	45.000 €	an	Bank	45.000 €

Dieser Aufwand ist außerbilanziell zu korrigieren. Jährlich (15 Jahre) ist ein Verlust i. H. von 3.000 € zu berücksichtigen.

Buchungen beim Erwerber:

Bank	45.000 €	an	Verbindlichkeit	45.000 €

Verbindlichkeit	45.000 €	an	Sonstiger betrieblicher Ertrag	45.000 €

(auch hier gilt das Verbot der Bilanzierung der Drohverlust-Rückstellung)

Es besteht ein Wahlrecht zur Bildung einer Rücklage. Bei der Ausübung des Wahlrechts ergibt sich folgende Buchung:

Aufwand	42.000 €	an	Rücklage	42.000 €

Diese Rücklage ist jährlich mit 3.000 € aufzulösen. Daraus ergibt sich jährlich (15 Jahre) eine Gewinnerhöhung i. H. von 3.000 €.

6.7 Bewertung von Entnahmen und Einlagen

6.7.1 Bewertung von Entnahmen

6.7.1.1 Entnahmebegriff

1046 Entnahmen sind in § 4 Abs. 1 Satz 2 EStG definiert: *„Entnahmen sind alle Wirtschaftsgüter (Barentnahmen, Waren, Erzeugnisse, Nutzungen und Leistungen), die der Steuerpflichtige dem Betrieb für sich, für seinen Haushalt oder für andere betriebsfremde Zwecke im Laufe des Wirtschaftsjahres entnommen hat."*

Der BFH spricht dem Klammerzusatz des § 4 Abs. 1 Satz 2 EStG eine begriffsbestimmende Bedeutung ab und kommt zu dem Ergebnis, dass nur Wirtschaftsgüter (Vermögensgegenstände) Gegenstand einer Entnahme sein können. Danach könnten Nutzungen und Leistungen nicht Gegenstand einer Entnahme sein.

Dieser allgemeine Grundsatz tritt jedoch im Zweifelsfall hinter **vorrangige allgemeine Besteuerungsgrundsätze** zurück; danach müssen Nutzungs- und Leistungsentnahmen steuerlich erfasst werden, da die sachlich gebotene Gewinnauswirkung sonst nicht erreicht würde.

Es ist sicher einleuchtend, dass Geld, Waren, Fertig- oder Halbfertigfabrikate sowie Gegenstände des Anlagevermögens (Grundstücke oder Kraftfahrzeuge etc.) entnommen werden können. Unter der Entnahme von Nutzungen und Leistungen vermag man sich jedoch häufig nichts Rechtes vorzustellen. Deshalb wird dies mithilfe der folgenden Beispiele verdeutlicht:

BEISPIEL: Ein Steuerpflichtiger nutzt seinen betrieblichen Pkw teilweise für private Zwecke.

Hier wird dem Betrieb eine Leistung entnommen.

BEISPIEL: Ein Dachdecker lässt das Dach seines privaten Wohnhauses von eigenen Arbeitskräften reparieren.

Hierbei handelt es sich um eine Nutzungsentnahme.

Grundsätzlich können Wirtschaftsgüter entnommen werden. Das hat zur Folge:

- Ob ein Wirtschaftsgut in der Bilanz erfasst ist oder ob es aktivierungsfähig ist, ist ohne Bedeutung.

  BEISPIEL: Entnahme eines nicht entgeltlich erworbenen immateriellen Wirtschaftsguts.

- Entnahmen von „Nicht-Wirtschaftsgütern" sind nicht möglich.

BEISPIEL: Ein Rechtsanwalt verteidigt seine Ehefrau kostenlos in einem Strafverfahren.

Da die eigene Arbeitsleistung eines Unternehmers kein Wirtschaftsgut ist, liegt hier keine Entnahme vor.

Zu einer Entnahme gehört noch eine **Entnahmehandlung** des Steuerpflichtigen, aus der sich ergibt, dass das Wirtschaftsgut nicht mehr zum Betriebsvermögen gerechnet werden soll. Die Entnahmehandlung kann bestehen 1047

- aus einer Willensäußerung oder Willenserklärung

  BEISPIEL: Entnahmebuchung bei Gegenständen des gewillkürten Betriebsvermögens.

  oder

- aus einem schlüssigen Verhalten.

  BEISPIELE:

  - Ein Grundstück wird durch Nutzungsänderung zum notwendigen Privatvermögen.
  - Ein Kraftfahrzeug, das zum Betriebsvermögen gehört, wird nun ausschließlich privat genutzt (Nutzungsentnahme).
  - Einzahlung von Geld (aus der betrieblichen Kasse) auf ein privates Sparbuch.

Durch diese Entnahmehandlung wird gleichzeitig auch der **Zeitpunkt** der Entnahme festgelegt.

Gemäß § 4 Abs. 1 Satz 3 EStG steht einer Entnahme für betriebsfremde Zwecke der Ausschluss oder die Beschränkung des Besteuerungsrechts der Bundesrepublik Deutschland hinsichtlich des Gewinns aus der Veräußerung oder Nutzung eines Wirtschaftsguts gleich. Hier wird eine gesetzliche Entnahmefiktion formuliert, die insbesondere in den Fällen greift, in denen Wirtschaftsgüter von einem inländischen Betrieb in eine ausländische Betriebsstätte überführt werden. In diesen Fällen spricht man von einer „Entstrickung“, bei der die stillen Reserven, die dem deutschen Steuerrecht unterliegen, der deutschen Besteuerung entzogen werden.

Durch die Erfassung der fiktiven Entnahme wird die Besteuerung der stillen Reserven sichergestellt.

6.7.1.2 Bewertung

§ 6 Abs. 1 Nr. 4 Satz 1 Halbsatz 1 EStG lautet: *„Entnahmen des Steuerpflichtigen für sich, für seinen Haushalt oder für andere betriebsfremde Zwecke sind mit dem Teilwert anzusetzen.“* 1048

In den Fällen des § 4 Abs. 1 Satz 3 EStG ist die fiktive Entnahme jedoch mit dem **gemeinen** Wert anzusetzen.

Die Ermittlung des Teilwerts richtet sich bei Sachentnahmen nach den unter Rz. 897 ff. dargestellten Grundsätzen. Die für die Bewertung von Wirtschaftsgütern geltende Vorschrift, dass der Teilwert für die Bewertung nur dann herangezogen wird, wenn er niedriger ist als die (fortgeführten) Anschaffungs- oder Herstellungskosten, gilt hier nicht.

Sachentnahmen sind also **stets mit dem Teilwert** anzusetzen, auch wenn dieser über den Anschaffungs- oder Herstellungskosten liegt. 1049

Daher kommt es bei der Entnahme für die Höhe des Teilwerts auch nicht darauf an, ob und inwieweit die eigene Arbeitskraft des Betriebsinhabers bei der Herstellung des entnommenen Gegenstands im Betrieb verwendet worden ist.

BEISPIEL: Ein Bauunternehmer errichtet auf einem Betriebsgrundstück ein Gebäude, das er für betriebliche Zwecke (Büros und Sozialräume) nutzen will. Nach der Fertigstellung entschließt er sich, dieses Gebäude für eigene Wohnzwecke zu nutzen.

Hier werden die beiden Wirtschaftsgüter Grund und Boden und Gebäude entnommen. Der Bewertungsmaßstab für beide Wirtschaftsgüter ist der Teilwert. Die Teilwertermittlung für das Gebäude soll hier veranschaulicht werden. Wie viel ist ein erdachter Erwerber des Betriebs aufzuwenden bereit, um in den Besitz dieses Gebäudes zu kommen?

	Herstellungskosten (einschließlich der Material- und Fertigungsgemeinkosten)
+	entstandene Verwaltungs- und Vertriebsgemeinkosten
=	Selbstkosten
+	Wert der eigenen Arbeitsleistung des Betriebsinhabers
=	Teilwert des Gebäudes

Der gedachte Erwerber wird also nicht bereit sein, den üblichen Verkaufspreis für ein solches Gebäude zu bezahlen; denn er könnte es ja nach Erwerb des Betriebs zu den oben ermittelten Kosten errichten lassen.

1050 Wenn ein Steuerpflichtiger allerdings von vornherein einen Gegenstand für private Zwecke herstellt, dann entnimmt er nur das hierfür verwendete Material und ggf. die Leistung seiner Arbeitnehmer.

BEISPIEL: Ein Bauunternehmer errichtet auf einem Betriebsgrundstück ein für eigene Wohnzwecke bestimmtes Wohnhaus.

Hier wird spätestens bei Baubeginn der Grund und Boden zum Teilwert entnommen. Im Zusammenhang mit der Gebäudeerrichtung finden folgende Entnahmen statt:

- **Sachentnahmen:** Materialverbrauch einschließlich Materialgemeinkosten
- **Leistungsentnahmen:** Fertigungslöhne einschließlich Fertigungsgemeinkosten
  + Verwaltungsgemeinkosten

Der Wert der **eigenen Arbeitsleistung** bleibt außer Ansatz; die eigene Arbeitsleistung stellt kein Wirtschaftsgut dar und kann damit nicht Gegenstand einer Entnahme sein.

1051 Durch den Ansatz des Teilwerts bei der Entnahme werden die stillen Reserven, die im jeweiligen Wirtschaftsgut vorhanden sind, gewinnerhöhend aufgedeckt. Da auch die Umsatzsteuer zu berücksichtigen ist (§ 12 Nr. 3 EStG), ergibt sich bei Entnahmetatbeständen regelmäßig folgende Buchung:

Entnahme (privat)	an	Wirtschaftsgut (Buchwert)
	an	Sonstiger betrieblicher Ertrag
	an	Umsatzsteuer

BEISPIEL: Entnahme eines Pkws mit dem Teilwert i. H. von 10.000 € (Buchwert bei Entnahme 5.000 €).

Buchung:

Privatentnahme	11.900 €	an	Pkw	5.000 €
		an	Sonstiger betrieblicher Ertrag	5.000 €
		an	Umsatzsteuer	1.900 €

Bei der **Entnahme von Nutzungen,** die durch die private Nutzung eines zum Betriebs- 1052
vermögen gehörenden Wirtschaftsguts entstehen, ist der anzusetzende Wert der Nutzung nicht der Teilwert; die Entnahme ist vielmehr mit den tatsächlichen (anteiligen) Selbstkosten des Steuerpflichtigen zu bewerten (vgl. H 6.12 Nutzungen EStH). Dieser Wert wird grds. durch eine anteilige Aufteilung sämtlicher Aufwendungen für das privat genutzte Wirtschaftsgut nach dem Verhältnis der privaten zur betrieblichen Nutzung ermittelt. Ein Beispiel hierzu ist unter Rz. 204 ff. dargestellt.

HINWEISE

Bereits durch eine Änderung des § 6 Abs. 1 Nr. 4 EStG durch das Amtshilferichtlinie-Umsetzungsgesetz v. 26.6.2013 (BGBl 2013 I S. 1809) konnten die Mehrkosten, die bei der Anschaffung eines „Elektrofahrzeugs" entstehen, steuerlich abgemildert werden. Dazu ist bei der Ermittlung der Bemessungsgrundlage für die sog. „1 %-Regelung" wie folgt zu verfahren:

Bei der privaten Nutzung „von Fahrzeugen mit Antrieb ausschließlich durch Elektromotoren, die ganz oder überwiegend aus mechanischen oder elektrochemischen Energiespeichern oder aus emissionsfrei betriebenen Energiewandlern gespeist werden (Elektrofahrzeuge), oder von extern aufladbaren Hybridelektrofahrzeugen", ist der Listenpreis dieser Kraftfahrzeuge um die darin enthaltenen Kosten des Batteriesystems zum Zeitpunkt der Erstzulassung des Kraftfahrzeugs um pauschaliert ermittelte Beträge zu mindern.

Mit dem Gesetz zur Vermeidung von Umsatzsteuerausfällen beim Handel mit Waren 1052a
im Internet und zur Änderung weiterer steuerlicher Vorschriften v. 11.12.2018 (BGBl 2018 I S. 2338) hatte der Gesetzgeber eine Sonderregelung bei der Dienstwagenbesteuerung (§ 6 Abs. 1 Nr. 4 Satz 2 Nr. 2 und Satz 3 Nr. 2 EStG) geschaffen, nach der die private Nutzung eines betrieblichen Elektro- und Hybridelektrofahrzeugs monatlich mit pauschal 1 % des halbierten inländischen Bruttolistenpreises zu bewerten ist. Dabei kommt die Halbierung der Bemessungsgrundlage für von außen aufladbare Hybridelektrofahrzeuge (Plug-in-Hybride) nur in Betracht, sofern das Fahrzeug unter die Definition des § 3 Abs. 2 Nr. 1 oder 2 Elektromobilitätsgesetz fällt, also

- eine Kohlendioxidemission von höchstens 50 g je gefahrenen km hat, oder
- wenn die Reichweite unter ausschließlicher Nutzung der elektrischen Antriebsmaschine mindestens 40 km beträgt.

Diese Regelung war zunächst auf einen Zeitraum von drei Jahren begrenzt. Sie war auf Elektro- und Hybridelektrofahrzeuge anzuwenden, die die o. g. Voraussetzungen erfüllen und die im Zeitraum vom 1.1.2019 bis zum 31.12.2021 angeschafft oder geleast wurden. Diese Regelung wurde durch § 6 Abs. 1 Nr. 4 Satz 2 Nr. 4 und 5 EStG nunmehr mit gewissen Modifikationen in zwei Stufen bis zum Jahr 2030 verlängert:

- Vom 1.1.2022 bis zum 31.12.2024 galt eine Mindestreichweite mit reinem Elektroantrieb von 60 km oder ein maximaler CO_2-Ausstoß von 50 g/km (§ 6 Abs. 1 Nr. 4 Satz 2 Nr. 4 EStG).
- Vom 1.1.2025 bis zum 31.12.2030 gilt eine Mindestreichweite mit reinem Elektroantrieb von 80 km oder ein maximaler CO_2-Ausstoß von 50 g/km (§ 6 Abs. 1 Nr. 4 Satz 2 Nr. 5 EStG).

Bei völlig emissionsfreien Kfz wird für Fahrzeuge, die nach dem 31.12.2018 und vor dem 1.1.2031 angeschafft werden, aus der „1 %-Regelung" sogar eine „0,25 %-Regelung", wenn der Bruttolistenpreis nicht mehr als 100.000 € beträgt. Die Grenze für den Bruttolistenpreis wurde durch das Gesetz für ein steuerliches Investitionssofortprogramm zur Stärkung des Wirtschaftsstandorts Deutschland v. 14.7.2025 (BGBl 2025 I Nr. 161) von 70.000 € auf 100.000 € angehoben und gilt ab dem 19.7.2025.

Führt der Steuerpflichtige ein Fahrtenbuch, wird die Halbierung/die Viertelung der Bemessungsgrundlage – des Bruttolistenpreises – entsprechend auf die tatsächlich entstandenen Anschaffungs- oder Leasingkosten übertragen. Entsprechend der Halbierung/der Viertelung der Bemessungsgrundlage für die Anwendung der Listenpreisregelung sind die hier zu berücksichtigenden Aufwendungen (Absetzung für Abnutzung) zu halbieren/zu vierteln. Nutzt der Steuerpflichtige ein geleastes oder gemietetes Kraftfahrzeug, sind die Leasing- oder Mietkosten entsprechend nur zur Hälfte/zu einem Viertel zu berücksichtigen (§ 6 Abs. 1 Nr. 4 Satz 3 Nr. 3–5 EStG).

1053 Wird ein Wirtschaftsgut im **unmittelbaren Anschluss** an seine Entnahme

- einer gem. § 5 Abs. 1 Nr. 9 KStG von der Körperschaftsteuer befreiten Körperschaft, Personenvereinigung oder Vermögensmasse, die ausschließlich und unmittelbar der Förderung wissenschaftlicher Zwecke oder der Förderung der Erziehung, Volks- und Berufsbildung dient, oder
- einer Körperschaft, Anstalt oder Stiftung des öffentlichen Rechts, die ausschließlich und unmittelbar der Förderung wissenschaftlicher Zwecke oder der Förderung der Erziehung, Volks- und Berufsbildung dient,

unentgeltlich überlassen, kann die Entnahme mit dem **Buchwert** angesetzt werden. Das gilt nicht für die Entnahme von Nutzungen und Leistungen (§ 6 Abs. 1 Nr. 4 Satz 6 EStG).

Nach der Regelung des § 6 Abs. 1 Nr. 4 Satz 4 und 5 EStG sollen bestimmte **gesellschaftspolitische Ziele** dadurch gefördert werden, dass auf eine Gewinnrealisierung bei der Entnahme von Wirtschaftsgütern für die begünstigten Zwecke verzichtet wird.

6.7.1.3 Besonderheiten bei Personengesellschaften

An dieser Stelle wird nur ein kurzer Überblick über die Problematik gegeben. Siehe die ausführlichen Darstellungen in Teil C.

6.7.1.3.1 Möglichkeiten der Übertragung von Einzelwirtschaftsgütern innerhalb des Betriebsvermögens

Bei Übertragungen innerhalb des Betriebsvermögens einer Personengesellschaft muss unterschieden werden zwischen 1054

- Übertragungen gegen fremdübliches Entgelt,
- Übertragungen gegen Gewährung oder Minderung von Gesellschaftsrechten und
- unentgeltlichen Übertragungen (weder wird ein Entgelt vereinbart noch werden Gesellschaftsrechte berührt).

6.7.1.3.2 Übertragung eines Wirtschaftsguts innerhalb des Betriebsvermögens gegen fremdübliches Entgelt

Die Übertragungen einzelner Wirtschaftsgüter gegen fremdübliches Entgelt sind als normale Veräußerungsgeschäfte zwischen Gesellschaft und Gesellschafter(n) zu behandeln: Beim Veräußerer entsteht i. d. R. ein Veräußerungsgewinn und beim Erwerber entstehen Anschaffungskosten. Die Tatbestandsmerkmale des § 6 Abs. 5 Satz 3 EStG sind somit nicht erfüllt (vgl. auch H 6.15 EStH). 1055

Wird das Wirtschaftsgut zu einem **Überpreis** übertragen, ist der **Differenzbetrag** zwischen Teilwert und Erlös **als Entnahme** des Mitunternehmers anzusehen.

BEISPIEL: An einer OHG sind A und B mit jeweils 50 % beteiligt. Das im Gesamthandsvermögen enthaltene Grundstück mit einem Buchwert i. H. von 100.000 € und einem Teilwert i. H. von 150.000 € wird für 180.000 € auf Gesellschafter A übertragen, der es der OHG weiterhin zur Verfügung stellt.

Das Grundstück wird Sonderbetriebsvermögen des Gesellschafters A.

Die Buchungen lauten:

- **Bei der OHG:**

Geld	180.000 €	an	Grundstück	100.000 €
		an	Sonstiger betrieblicher Ertrag	50.000 €
		an	Einlagen A	30.000 €

- **Bei Gesellschafter A:**

Grundstück	150.000 €			
Entnahmen	30.000 €	an	Einlagen	180.000 €

Anmerkung: Im Sonderbereich existieren im Regelfall keine betrieblichen Geldkonten.

Wird ein Wirtschaftsgut zu einem **unter** dem Teilwert liegenden Preis übertragen, handelt es sich um eine teilentgeltliche Übertragung; diese Übertragungen sind in eine voll entgeltliche und eine unentgeltliche Übertragung aufzuteilen. Hierbei bestimmt sich der Umfang der Entgeltlichkeit nach dem Verhältnis des Kaufpreises zum Verkehrswert des übertragenen Wirtschaftsguts (H 6.15 EStH).

6.7.1.3.3 Übertragung eines Wirtschaftsguts innerhalb des Betriebsvermögens gegen Gewährung oder Minderung von Gesellschaftsrechten oder unentgeltliche Übertragung

1056 Hier lassen sich folgende Fälle unterscheiden:

- **Übertragung von Wirtschaftsgütern aus einem eigenen Betrieb des Steuerpflichtigen in das Sonderbetriebsvermögen desselben Steuerpflichtigen:**

  Hier erfolgt die Übertragung gem. § 6 Abs. 5 Satz 1 und 2 EStG zum Buchwert (und damit erfolgsneutral).

- **Übertragung von Wirtschaftsgütern aus dem Sonderbetriebsvermögen des Steuerpflichtigen in ein anderes Sonderbetriebsvermögen oder in das Betriebsvermögen eines eigenen Betriebs desselben Steuerpflichtigen:**

  Auch hier erfolgt die Übertragung gem. § 6 Abs. 5 Satz 1 und 2 EStG zum Buchwert (und damit erfolgsneutral).

- **Übertragung von Wirtschaftsgütern aus dem Betriebsvermögen eines eigenen Betriebs oder aus dem Sonderbetriebsvermögen des Steuerpflichtigen in das Gesellschaftsvermögen oder umgekehrt:**

  Hier erfolgt die Übertragung gem. § 6 Abs. 5 Satz 3 Nr. 1 und 2 EStG zum Buchwert (und damit erfolgsneutral).

- **Unentgeltliche Übertragung von Sonderbetriebsvermögen auf einen anderen Mitunternehmer:**

  Hier erfolgt die Übertragung gem. § 6 Abs. 5 Satz 3 Nr. 3 EStG zum Buchwert (und damit erfolgsneutral).

Allen diesen Fällen ist gemeinsam, dass die Übertragung **zwingend** zum Buchwert erfolgen muss.

6.7.1.3.4 Übertragung eines Wirtschaftsguts, durch dass das Privatvermögen eines Mitunternehmers berührt wird

1057 Hier sind folgende Fälle zu unterscheiden:

- **Wirtschaftsgüter des Gesamthandsvermögens oder eines Sonderbetriebsvermögens werden unentgeltlich in das Privatvermögen eines Mitunternehmers überführt:**

  Es liegen Entnahmen vor, die mit dem Teilwert anzusetzen sind.

- **Wirtschaftsgüter werden aus dem Sonderbetriebsvermögen in das Privatvermögen eines anderen Mitunternehmers überführt:**

  Es liegen ebenfalls Entnahmen vor, die mit dem Teilwert zu bewerten sind.

In beiden Fällen werden i. d. R. stille Reserven gewinnwirksam aufgedeckt.

6.7.1.3.5 Handelsrechtliche Überlegungen

1058 Im Handelsrecht existiert keine Regelung, die den Bereich der Entnahmen regelt. Die vorstehend dargestellten Überlegungen gelten jedoch auch für das Handelsrecht, denn aus der Sicht eines Unternehmens entspricht die Entnahme eines Wirtschaftsguts einem Verkauf des Wirtschaftsguts (= Vermögensgegenstands) an einen Teilnehmer am Wirtschaftsverkehr, der auf der gleichen Wirtschaftsstufe steht. Damit sind aber Entnahmen im Ergebnis mit dem steuerrechtlichen Teilwert zu erfassen.

6.7.1.3.6 Besonderheit

Eine fiktive Entnahme liegt bei der Beendigung oder Beschränkung des deutschen Be- 1059
steuerungsrechts vor (Entstrickungstatbestand gem. § 4 Abs. 1 Satz 3 EStG). Der Ansatz erfolgt hier zum gemeinen Wert (§ 6 Abs. 1 Nr. 4 Satz 1 EStG). Die Bildung eines Ausgleichspostens i. S. des § 4g EStG ist möglich.

6.7.2 Bewertung von Einlagen

6.7.2.1 Einlagebegriff

Einlagen sind in § 4 Abs. 1 Satz 8 Halbsatz 1 EStG definiert: *„Einlagen sind alle Wirt-* 1060
schaftsgüter (Bareinzahlungen und sonstige Wirtschaftsgüter), die der Steuerpflichtige dem Betrieb im Laufe des Wirtschaftsjahres zugeführt hat."

Auch hier können – entsprechend der Regelung bei den Entnahmen – Gegenstände des Umlauf- und des Anlagevermögens eingelegt werden.

Aber auch Nutzungen und Leistungen müssen dann als Einlage erfasst werden, da sonst die sachlich gebotene Gewinnauswirkung nicht erreicht würde.

BEISPIELE:
- Ein bisher voll privat genutzter Pkw wird überwiegend betrieblich genutzt.
- Verrechnung betrieblicher Steuern mit (privaten) Einkommensteuererstattungsansprüchen.
- Teilweise Nutzung eines zum Privatvermögen gehörenden Pkws für betriebliche Zwecke.
- Der Hausmeister des zum Privatvermögen gehörenden Grundstücks erledigt auch Arbeiten auf dem Betriebsgrundstück (wobei der Hausmeister privat angestellt ist und auch privat entlohnt wird).

Nicht einlagefähig sind „Nicht-Wirtschaftsgüter". 1061

BEISPIEL: Eigene Arbeitsleistung des Betriebsinhabers.

Nicht einlagefähig sind auch solche Wirtschaftsgüter, die dem Betrieb keinen Nutzen bringen können.

BEISPIEL: Ein Steuerpflichtiger möchte Wertpapiere, die er im Privatvermögen hält, in das Betriebsvermögen einlegen, da er damit rechnet, dass in naher Zukunft nicht mehr aufzuholende Kursverluste eintreten werden.

Hier ist erkennbar, dass die Einlage dieser Wertpapiere dem Betrieb nur Verluste bringen wird (nach einer Einlage würden Teilwertabschreibungen buchtechnisch den Gewinn in Zukunft mindern). Diese Wertpapiere können daher dem Betrieb keinen Nutzen bringen und sind demzufolge nicht einlagefähig.

Einlagen sind – entsprechend der Behandlung der Entnahmen – zum Einlagezeitpunkt mit dem Wert zu erfassen, der für Einlagen gem. § 6 Abs. 1 Nr. 5 EStG anzusetzen ist.

6.7.2.2 Bewertung

1062 Gemäß § 6 Abs. 1 Nr. 5 Satz 1 Halbsatz 1 EStG sind Einlagen mit dem **Teilwert** zum Zeitpunkt der Zuführung zum Betriebsvermögen anzusetzen. Die Ausführungen zur Bewertung von Entnahmen sind sinngemäß anzuwenden (vgl. Rz. 1046 ff.).

Dadurch soll verhindert werden, dass Wertschwankungen, die sich zwischen Anschaffungs- und Einlagezeitpunkt im Privatvermögen vollzogen haben, Einfluss auf den Gewinn haben können.

Gemäß § 6 Abs. 1 Nr. 5 Satz 1 Buchst. a EStG erfährt diese grds. Regelung jedoch eine **bedeutsame Einschränkung:** *„Wenn das zugeführte Wirtschaftsgut innerhalb der letzten drei Jahre vor dem Zeitpunkt der Zuführung angeschafft oder hergestellt worden ist, ist dieses Wirtschaftsgut bei der Einlage höchstens mit den Anschaffungs- oder Herstellungskosten anzusetzen."*

1063 Diese Vorschrift soll **Gewinnmanipulationen ausschließen,** die sich dadurch ergeben könnten, dass ein Wirtschaftsgut bei niedrigen Marktpreisen beschafft würde und bei nachfolgender Wertsteigerung mit einem wesentlich höheren Wert ins Betriebsvermögen eingebracht wird. Das Risiko einer nachfolgenden Wertminderung des Wirtschaftsguts würde dann voll zulasten des Gewinns erfasst.

BEISPIEL: Ein Steuerpflichtiger kauft in einer konjunkturell schlechten Lage zu einem einmalig günstigen Preis i. H. von 200.000 € ein unbebautes Grundstück. Erst ein Jahr später – als sich die Grundstückspreise aufgrund guter Konjunkturentwicklung auf nie erlebtem Preisniveau bewegen – entschließt er sich, dieses Grundstück als Lagerplatz betrieblich zu nutzen und bucht zum Teilwert ein:

Grundstück	500.000 €	an	Einlage	500.000 €

Ein solcher Einlagewert ist gem. § 6 Abs. 1 Nr. 5 Satz 1 Buchst. a EStG nicht zulässig; richtig hätte gebucht werden müssen:

Grundstück	200.000 €	an	Einlage	200.000 €

In diesem Fall werden die im Privatvermögen eingetretenen Wertsteigerungen bei späterer Realisierung (Verkauf oder Entnahme) versteuert.

1064 Bei **unentgeltlich** im Privatvermögen erworbenen Wirtschaftsgütern treten an die Stelle der tatsächlichen Anschaffungskosten die fiktiven Anschaffungskosten (Wie viel hätte der Steuerpflichtige zum Zeitpunkt des Erhalts dieses Wirtschaftsguts aufwenden müssen?).

Eine Sonderregelung gilt hierbei für Steuerpflichtige, die im Rahmen der **Gesamtrechtsnachfolge** einen Gegenstand erworben haben und diesen anschließend ins Betriebsvermögen einbringen. Da ein Gesamtrechtsnachfolger steuerrechtlich in die Rechtsstellung des Rechtsvorgängers eintritt, ist hier als maßgeblicher Anschaffungszeitpunkt der Zeitpunkt der Anschaffung durch den Rechtsvorgänger anzusehen (nicht der Zeitpunkt des Erwerbs des Wirtschaftsguts durch den Rechtsnachfolger). Hieraus folgt, dass auch nicht auf fiktive Anschaffungskosten, sondern auf die tatsächlichen Anschaffungskosten des Rechtsvorgängers abzustellen ist.

§ 6 Abs. 1 Nr. 5 Satz 1 Buchst. a i. V. mit Satz 2 EStG regelt die Fälle, in denen ein abnutzbares Wirtschaftsgut **innerhalb** von drei Jahren nach Erwerb eingelegt wird. In diesem Fall sind die Anschaffungs- oder Herstellungskosten um die AfA zu kürzen, die auf den Zeitraum zwischen der Anschaffung oder Herstellung des Wirtschaftsguts und der Einlage entfallen. 1065

Als AfA-Beträge sind hierbei zu erfassen:

- Die tatsächlich im Privatvermögen in Anspruch genommene AfA (auch erhöhte AfA und etwaige Sonderabschreibungen) sowie
- die lineare AfA gem. § 7 Abs. 1 EStG bzw. gem. § 7 Abs. 4 EStG.

An dieser Stelle soll darauf hingewiesen werden, dass Vorsteuer, die nicht abziehbar ist, zu den Anschaffungs- bzw. Herstellungskosten gehört; dies gilt insbesondere bei Anschaffungen bzw. Herstellungen im Privatbereich.

BEISPIEL: Ein Steuerpflichtiger erwirbt am 1.5.01 einen Pkw für 30.000 € zzgl. 19 % Umsatzsteuer. Dieser Pkw wird zunächst ausschließlich privat genutzt (für Zwecke, die außerhalb eines Unternehmens liegen). Dieser Pkw mit einem Teilwert i. H. von 25.000 € wird ab dem 1.3.03 ausschließlich als Firmenfahrzeug genutzt. Die Nutzungsdauer des Pkws beträgt sechs Jahre.

Die Einlage ist wie folgt zu bewerten:

Anschaffungskosten einschließlich der nichtabziehbaren Vorsteuer (30.000 € + 5.700 € =)	35.700 €
abzgl. AfA im Privatvermögen für die Zeit vom 1.5.01 bis zum 28.2.03 (für ein Jahr und zehn Monate):	
$^{22}/_{72}$ von 35.700 € =	- 10.908 €
Einlagewert (da der Teilwert höher ist)	24.792 €

Dieser Einlagewert stellt gleichzeitig die AfA-Bemessungsgrundlage dar (Rz. 6 des BMF-Schreibens v. 27.10.2010, BStBl 2010 I S. 1204).

Die anschließende AfA ist in der Weise zu ermitteln, dass der Einlagewert auf die Restnutzungsdauer wie folgt zu verteilen ist: 1066

Jahres-AfA: 24.792 € verteilt auf die Restnutzungsdauer von 50 Monaten:

► AfA im Jahr 03: 24.792 € × $^{10}/_{50}$ =	4.958 €
► AfA im Jahr 04–06: je 24.792 € × $^{12}/_{50}$ =	5.950 €
► AfA im Jahr 07: 24.792 € x $^{4}/_{50}$ =	1.983 €

Wird ein Wirtschaftsgut eingelegt, das **vor** der Zuführung aus einem Betriebsvermögen des Steuerpflichtigen entnommen worden ist, tritt gem. § 6 Abs. 1 Nr. 5 Satz 3 EStG an die Stelle der Anschaffungs- und Herstellungskosten der Wert, mit dem die Entnahme angesetzt worden ist, und an die Stelle des Zeitpunkts der Anschaffung oder Herstellung der Zeitpunkt der Entnahme. 1067

BEISPIEL: Ein Steuerpflichtiger hat am 1.4.01 ein unbebautes Grundstück entnommen, das er vor einem Jahr für 100.000 € erworben hatte. Der Teilwert zum Zeitpunkt der Entnahme betrug 110.000 €. Am 1.4.02 hat der Steuerpflichtige seinen Plan, auf dem Grundstück ein Einfamilienhaus errichten zu wollen, aufgrund behördlicher Interventionen aufgeben müssen. Er will das Grundstück daher wieder als Lagerplatz nutzen (Teilwert am 1.4.02: 120.000 €).

Erforderliche Buchungen:

- **Im Jahr 01:**

Entnahmen	110.000 €	an	Grundstück	100.000 €
		an	Sonstiger betrieblicher Ertrag	10.000 €

- **Im Jahr 02:**

Grundstück	110.000 €	an	Einlage	110.000 €

1068 Wird eine **Beteiligung** i. S. des § 17 Abs. 1 EStG in ein Betriebsvermögen eingebracht, ist die Einlage mit dem Teilwert, höchstens aber mit den Anschaffungskosten zu bewerten (§ 6 Abs. 1 Nr. 5 Satz 1 Buchst. b EStG). Diese Vorschrift soll die Erfassung von steuerpflichtigen Veräußerungsgewinnen der zum Privatvermögen gehörenden Beteiligungen i. S. des § 17 Abs. 1 EStG sicherstellen. Würde die Einlage einer solchen Beteiligung zum über den Anschaffungskosten liegenden Teilwert ermöglicht, könnte die Besteuerung der in Beteiligungen ruhenden stillen Reserven gem. § 17 EStG durch Einbringung dieser Beteiligung in ein Betriebsvermögen umgangen werden. Daher bilden hier die Anschaffungskosten in jedem Fall (auch wenn die Anschaffung der Beteiligung mehr als drei Jahre vor dem Einlagezeitpunkt erfolgte) die Höchstgrenze für die Bewertung der Einlage.

Bei einer Betriebseröffnung sind die vorstehend erläuterten Bewertungsvorschriften für die Bewertung von Einlagen (§ 6 Abs. 1 Nr. 5 EStG) entsprechend anzuwenden (siehe § 6 Abs. 1 Nr. 6 EStG).

6.7.2.3 Handelsrechtliche Überlegungen

1069 Handelsrechtlich ist die Bewertung von Einlagen nicht gesetzlich geregelt. Hierfür wird auch kein Regelungsbedürfnis bejaht, da aus der Sicht des Unternehmens den Anschaffungskosten der Wert entspricht, der den Gegenständen zum Zeitpunkt der Einlage zukommt. Dieser Wert ist i. d. R. mit dem Teilwert identisch. Auch handelsrechtlich sind daher die Einlagen mit dem Teilwert zu bewerten. Die Höchstgrenze für die Bewertung von Einlagen nach dem Steuerrecht – gem. § 6 Abs. 1 Nr. 5 EStG – hat im Handelsrecht keinen Platz. Einlagen sind immer mit dem Teilwert zu bewerten.

6.7.2.4 Besonderheit

1070 Eine fiktive Einlage liegt bei der erstmaligen Begründung des Besteuerungsrechts der Bundesrepublik Deutschland hinsichtlich des Gewinns aus der Veräußerung eines Wirtschaftsguts gem. § 4 Abs. 1 Satz 7 EStG vor (Verstrickungstatbestand). Der Ansatz erfolgt zum gemeinen Wert (§ 6 Abs. 1 Nr. 4 Satz 1 EStG).

6.7.3 Übersicht über sonstige Bewertungen gem. § 6 EStG

1071 Die folgende Abbildung verdeutlicht die Bewertung von Entnahmen, Einlagen und sonstigen Bewertungen gem. § 6 EStG:

ABB. 50: Entnahmen, Einlagen und sonstige Bewertungen gem. § 6 EStG

Entnahmen

I. Begriff

Entnahme ist jede Wertabgabe des Betriebs an den außerbetrieblichen Lebensbereich des Unternehmers (Privatsphäre).

II. Voraussetzungen

Eine Entnahme kommt nur unter folgenden Voraussetzungen zustande:

1. Außerbetrieblicher Lebensbereich des Unternehmers (= Privatsphäre!) neben dem Betrieb;
2. entnahmefähiges Wirtschaftsgut. Ein Wirtschaftsgut ist nur dann entnahmefähig, wenn es seiner Art nach den privaten Zwecken des Unternehmers dienen kann;
3. Entnahmehandlung des Unternehmers. Diese kann erfolgen durch
   a) ausdrückliche Erklärung, insbesondere entsprechende Buchung, oder
   b) schlüssige Entnahmehandlung, insbesondere Änderung in der Nutzung des betreffenden Wirtschaftsguts.

III. Gegenstand von Entnahmen

Gegenstand von Entnahmen können **Sachen, Rechte, immaterielle Werte, Nutzung betrieblicher** Gegenstände oder **Leistungen** des Betriebs sein.

IV. Keine Entnahme

Folgende Vorgänge führen nicht zu einer Entnahme:

1. Arbeitsleistung des Unternehmers für private Zwecke;
2. Überführung eines Wirtschaftsguts in einen anderen Betrieb desselben Unternehmers (§ 6 Abs. 5 EStG) und
3. i. S. des § 4 Abs. 5 und 7 EStG nicht abzugsfähige Betriebsausgaben.

V. Bewertung der Entnahmen

Gemäß § 6 Abs. 1 Nr. 4 EStG sind Entnahmen mit dem **Teilwert** des entnommenen Wirtschaftsguts zum Zeitpunkt der Entnahme anzusetzen.

Bei Nutzungs- oder Leistungsentnahmen wird der Teilwert regelmäßig den Selbstkosten (= Einzelkosten zzgl. Material- und Fertigungsgemeinkosten und anteilige Verwaltungs- und Vertriebskosten) entsprechen. Die Nutzungsentnahme bei gemischt genutzten Wirtschaftsgütern (insbesondere Pkw) wird durch Aufteilung der insgesamt angefallenen laufenden Aufwendungen einschließlich der sog. „fixen Kosten" erfasst. In den Fällen des § 6 Abs. 1 Nr. 4 EStG kann die Entnahme von Wirtschaftsgütern (nicht Nutzungen und Leistungen!) zum Buchwert erfolgen.

VI. Besonderheit (Entstrickungstatbestand)

Eine fiktive Entnahme liegt vor bei Beendigung oder Beschränkung des deutschen Besteuerungsrechts (§ 4 Abs. 1 Satz 3 EStG). Der Ansatz erfolgte hier zum gemeinen Wert (§ 6 Abs. 1 Nr. 4 Satz 1 EStG), Bildung eines Ausgleichspostens möglich (§ 4g EStG).

Einlagen

I. Begriff

Einlage ist jede Wertzuführung aus dem außerbetrieblichen Lebensbereich des Unternehmers (Privatsphäre) in den Betrieb.

II. Voraussetzungen

Eine Einlage kommt nur unter folgenden Voraussetzungen zustande:

1. Außerbetrieblicher Lebensbereich des Unternehmers neben dem Betrieb;
2. einlagefähiges Wirtschaftsgut. Ein Wirtschaftsgut ist einlagefähig, wenn es seiner Art nach den betrieblichen Zwecken des Unternehmers dienen kann;
3. Einlagehandlung des Unternehmers. Diese kann erfolgen durch
   a) ausdrückliche Erklärung, insbesondere entsprechende Buchung, oder
   b) schlüssige Einlagehandlung, insbesondere Änderung in der Nutzung des betreffenden Wirtschaftsguts.

III. Gegenstand von Einlagen

Gegenstand von Einlagen können **Sachen, Rechte, immaterielle Werte, Nutzungen privater** Gegenstände oder **Leistungen** der privaten Lebenssphäre sein.

IV. Keine Einlage

Folgende Vorgänge führen nicht zu einer Einlage:

1. Übernahme privater Gegenstände in das Betriebsvermögen bei Betriebsgründung. Da keine Einlage vorliegt, ist gem. § 6 Abs. 1 Nr. 6 EStG zu bewerten!
2. Aus **betrieblichen Gründen** erhaltene **Schenkungen.** Es liegt keine Einlage, sondern eine Betriebseinnahme vor!

V. Bewertung der Einlagen

Gemäß § 6 Abs. 1 Nr. 5 EStG sind Einlagen grds. mit dem Teilwert des eingelegten Wirtschaftsguts zum Zeitpunkt der Zuführung anzusetzen. Dabei dürfen jedoch höchstens die Anschaffungs- bzw. Herstellungskosten angesetzt werden, wenn das eingelegte Wirtschaftsgut

a) innerhalb der letzten drei Jahre vor der Einlage angeschafft oder hergestellt worden ist;
b) eine Beteiligung i. S. des § 17 Abs. 1 EStG ist oder
c) ein Wirtschaftsgut i. S. des § 20 Abs. 2 EStG (z. B. Kapitalforderung) ist.

Im Falle der Einlage eines früher entnommenen Wirtschaftsguts tritt dabei an die Stelle der Anschaffungs- bzw. Herstellungskosten der frühere Entnahmewert (= Teilwert) und im Falle der Einlage eines abnutzbaren Wirtschaftsguts dürfen dabei höchstens die fortgeführten (d. h. abgeschriebenen) Anschaffungs- bzw. Herstellungskosten angesetzt werden.

VI. Besonderheit (Verstrickungstatbestand)

Eine fiktive Einlage liegt vor bei Begründung des Besteuerungsrechts der BRD hinsichtlich des Gewinns aus einer Veräußerung eines Wirtschaftsguts (§ 4 Abs. 1 Satz 8 Halbsatz 2 EStG). Der Ansatz erfolgt ebenfalls zum gemeinen Wert (§ 6 Abs. 1 Nr. 5a EStG).

Sonstige Bewertungen

I. § 6 Abs. 1 Nr. 6 EStG: Betriebseröffnung

Bei Eröffnung eines Betriebs sind die einzelnen aus dem Privatvermögen stammenden Wirtschaftsgüter zwecks Erstellung der Eröffnungsbilanz unter sinngemäßer Anwendung der Vorschriften des § 6 Abs. 1 Nr. 5 EStG, also wie im Falle einer Einlage, zu bewerten.
Damit gilt die Begrenzung des Wertansatzes auf die Anschaffungs- bzw. Herstellungskosten gem. § 6 Abs. 1 Nr. 5 EStG auch für die Bewertung der einzelnen Wirtschaftsgüter zwecks Erstellung der Betriebseröffnungsbilanz.

II. § 6 Abs. 1 Nr. 7 EStG: Entgeltlicher Betriebserwerb

Im Falle eines **entgeltlichen Betriebserwerbs** hat der Erwerber die einzelnen übernommenen Wirtschaftsgüter mit ihrem **Teilwert** zum Zeitpunkt des Erwerbs, höchstens jedoch mit ihren Anschaffungs- bzw. Herstellungskosten anzusetzen.
Diese Vorschrift verhindert die Aktivierung der übernommenen Wirtschaftsgüter mit einem über ihren Teilwert hinausgehenden Betrag und erzwingt damit die Aktivierung eines Firmenwerts i. H. des über die Summe der Teilwerte der einzelnen Wirtschaftsgüter hinaus aufgewendeten Betrags.

III. § 6 Abs. 3 EStG: Unentgeltliche Übertragung eines Betriebs, Teilbetriebs oder Anteils an einem Betrieb

Im Falle einer solchen **unentgeltlichen Übertragung** hat der bisherige Inhaber die einzelnen Wirtschaftsgüter in seiner Schlussbilanz mit den sich aus § 6 EStG ergebenden Werten (= Buchwerte!) anzusetzen; der Erwerber ist an diese Werte gebunden, er hat also die bisherigen **Buchwerte** fortzuführen.

IV. § 6 Abs. 4 EStG: Unentgeltliche Übertragung einzelner Wirtschaftsgüter

Bei der unentgeltlichen Übertragung einzelner Wirtschaftsgüter aus betrieblichem Anlass in den Betrieb eines anderen Unternehmers gilt für den Erwerber der Betrag als Anschaffungskosten, den er sonst hätte aufwenden müssen (= **gemeiner Wert**).

V. UmwStG

1. Umwandlung einer Kapital- in eine Personengesellschaft:
   Gemäß § 3 UmwStG sind die Wirtschaftsgüter bei der übertragenden Körperschaft mit dem gemeinen Wert bzw. auf Antrag mit dem Buch- oder Zwischenwert anzusetzen. Die Personengesellschaft hat diese Werte zu übernehmen (§ 4 UmwStG).
2. Einbringung eines Betriebs, Teilbetriebs oder Anteils an einem Betrieb in eine Kapital- oder Personengesellschaft:
   Gemäß § 20 bzw. § 24 UmwStG Übernahme zum gemeinen Wert bzw. auf Antrag zum Buch- bzw. Zwischenwert.
   Der Einbringungswert gilt für den Einbringenden als Veräußerungspreis und bei einer Einbringung in eine Kapitalgesellschaft als Anschaffungskosten der erhaltenen Anteile.

6.8 Bewertung der Rückstellungen

1072 Nachdem Sie unter Rz. 729 ff. erfahren haben, was unter dem Begriff „Rückstellungen" zu verstehen ist, und Ihnen bekannt ist, dass es für das Handels- und Steuerrecht nur einen einheitlichen Rückstellungsbegriff gibt, wenden wir uns nun der Frage zu, welche Rückstellungen handelsrechtlich gebildet werden können oder gebildet werden müssen.

6.8.1 Rückstellungen nach Handelsrecht

6.8.1.1 Allgemeines

1073 § 249 Abs. 1 HGB schreibt **zwingend** vor, dass Rückstellungen

- für ungewisse Verbindlichkeiten (§ 249 Abs. 1 Satz 1 HGB),
- für drohende Verluste aus schwebenden Geschäften (§ 249 Abs. 1 Satz 1 HGB),
- für im Geschäftsjahr unterlassene Aufwendungen für Instandhaltung, die im folgenden Geschäftsjahr innerhalb von drei Monaten nachgeholt werden (§ 249 Abs. 1 Satz 2 Nr. 1 HGB),
- für im Geschäftsjahr unterlassene Aufwendungen für Abraumbeseitigung, die im folgenden Geschäftsjahr nachgeholt werden (§ 249 Abs. 1 Satz 2 Nr. 1 HGB), und
- für Gewährleistungen, die ohne rechtliche Verpflichtung erbracht werden (§ 249 Abs. 1 Satz 2 Nr. 2 HGB),

gebildet werden **müssen.**

1074 Gemäß § 249 Abs. 2 Satz 1 HGB dürfen für andere als die o. g. Zwecke keine Rückstellungen gebildet werden. Hiervon gibt es jedoch eine Ausnahme: § 274 Abs. 1 HGB – eine Sondervorschrift, die nur für **Kapitalgesellschaften** gilt – schreibt zwingend die Bildung einer Rückstellung für **latente Steuern** vor.

Besteht eine Differenz zwischen den handelsrechtlichen Wertansätzen der Vermögensgegenstände und Schulden und deren steuerlichen Wertansätzen und kehrt sich diese Differenz in späteren Geschäftsjahren voraussichtlich um, ist eine sich daraus insgesamt ergebende Steuerbelastung als passive latente Steuer (§ 266 Abs. 3 E HGB) auszuweisen (eine sich daraus insgesamt ergebende Steuerentlastung kann als aktiv latente Steuer in der Bilanz angesetzt werden (§ 266 Abs. 2 D HGB)). Darüber hinaus sind – auch wenn es sich nicht um Differenzen im eigentlichen Sinne handelt – auch Verlustvorträge zu berücksichtigen, sofern zu erwarten ist, dass die Verlustvorträge innerhalb der auf den Bilanzstichtag folgenden fünf Geschäftsjahre zur Verlustverrechnung herangezogen werden (§ 274 Abs. 1 Satz 4 HGB). Mit der Neufassung des § 274 Abs. 1 HGB sind latente Steuern in der Bilanz unter gesonderten Posten auszuweisen (§ 266 Abs. 3 E HGB bzw. § 266 Abs. 2 D HGB). Diese Posten sind als Sonderposten eigener Art zu klassifizieren. Da der Posten „Passive latente Steuern" Rückstellungselemente aufweisen kann, schließt § 274 Abs. 2 Satz 1 HGB die Abzinsung der latenten Steuern klarstellend aus. Zuvor bestehende Unsicherheiten und Unklarheiten beim Ausweis latenter Steuern sind damit beseitigt.

6.8.1.2 Bedeutung handelsrechtlicher Vorschriften für das Steuerrecht

1075 Die Bilanzierung von Rückstellungen in der Steuerbilanz richtet sich nach einer von der Rechtsprechung formulierten Auslegung des Maßgeblichkeitsgrundsatzes, *„bei der ihr*

Sinn und Zweck, der Zusammenhang mit den übrigen steuerrechtlichen Vorschriften über die Gewinnermittlung und schließlich auch verfassungsrechtliche Grundsätze zu berücksichtigen sind." Dieser Grundsatz hat jedoch dann keine Bedeutung, wenn besondere steuerrechtliche Vorschriften i. S. des § 5 Abs. 6 EStG bestehen.

Wie ist dann der Maßgeblichkeitsgrundsatz zweckentsprechend auszulegen? **Die Rechtsprechung** hat die folgenden Grundsätze aufgestellt:

- Ist handelsrechtlich eine Rückstellung vorgeschrieben, besteht auch für die Steuerbilanz die Verpflichtung zur Passivierung der Rückstellung (Ausnahme: Eine Rückstellung für latente Steuern darf in der Steuerbilanz nicht erfolgen).
- Besteht ein handelsrechtliches Wahlrecht zur Rückstellungsbildung, darf steuerrechtlich keine Rückstellung gebildet werden. Handelsrechtliche Passivierungswahlrechte existieren jedoch nach Inkrafttreten des BilMoG v. 25.5.2009 (BGBl 2009 I S. 1102) nicht mehr.
- Besteht ein handelsrechtliches Passivierungsverbot, besteht auch steuerrechtlich ein Passivierungsverbot.

Diese Grundsätze gelten entsprechend, wenn Steuerpflichtige ihren Gewinn gem. § 4 Abs. 1 EStG ermitteln; denn auch diese Steuerpflichtigen müssen in der Bilanz ihre Schulden – und Rückstellungen haben doch Schuldcharakter – vollständig erfassen. 1076

Steuerlich gelten für den Ausweis von Rückstellungen folgende verpflichtende Sondervorschriften: 1077

- Der Ausweis der Rückstellung für latente Ertragsteuern in der Handelsbilanz ist für die Steuerbilanz gem. dem Grundsatz des § 5 Abs. 1 EStG verboten, da das Betriebsvermögen zum Bilanzstichtag nicht gemindert wurde. Vielmehr entstehen diese Steuern erst in den Folgejahren.
- Gemäß § 5 Abs. 2a EStG sind Rückstellungen für Verpflichtungen, die nur zu erfüllen sind, soweit künftig Einnahmen oder Gewinne anfallen, erst dann anzusetzen, wenn die Einnahmen oder Gewinne angefallen sind.
- § 5 Abs. 3 EStG schränkt die Möglichkeit, Rückstellungen wegen der Verletzung fremder Patent-, Urheber- o. ä. Schutzrechte zu bilden, stark ein.
- § 5 Abs. 4 EStG schränkt die Möglichkeit, Rückstellungen für die Verpflichtung zu einer Zuwendung anlässlich eines Dienstjubiläums zu bilden, ein.
- Gemäß § 5 Abs. 4a EStG ist die Bildung von Rückstellungen für drohende Verluste aus schwebenden Geschäften verboten.
- Gemäß § 5 Abs. 4b EStG dürfen Rückstellungen für Aufwendungen, die in späteren Wirtschaftsjahren als Anschaffungs- oder Herstellungskosten zu aktivieren sind, nicht gebildet werden.

6.8.2 Bewertung

6.8.2.1 Bewertung nach Handelsrecht

Rückstellungen sind mit dem Erfüllungsbetrag unter Berücksichtigung künftiger Preis- und Kostensteigerungen anzusetzen (§ 253 Abs. 1 Satz 2 HGB). Da bei der Aufstellung 1078 der Bilanz nur der Kaufmann selbst in der Lage ist, die Höhe der bestehenden Risiken zu erfassen, kommt hierbei seiner Schätzung die entscheidende Bedeutung zu. Er muss jedoch die Grundlagen seiner Schätzung so darlegen, dass sie objektiv nachprüfbar sind. Nun gilt auch ein Abzinsungsgebot bei Laufzeiten von mehr als einem Jahr; die Abzinsung erfolgt mit dem ihrer Restlaufzeit entsprechenden durchschnittlichen Marktzinssatz der vergangenen sieben Geschäftsjahre (§ 253 Abs. 2 HGB).

6.8.2.2 Bewertung nach Steuerrecht

1079 Gemäß § 5 Abs. 1 Satz 1 EStG ist bei Gewerbetreibenden, die aufgrund gesetzlicher Vorschriften verpflichtet sind, Bücher zu führen und regelmäßig Abschlüsse zu machen, das Betriebsvermögen für den Schluss des Wirtschaftsjahres anzusetzen, das nach den handelsrechtlichen GoB auszuweisen ist (Maßgeblichkeitsprinzip). Ein anderer Wertansatz ist nur dann zulässig, wenn steuerrechtliche Ansatz- und Bewertungsvorbehalte bestehen oder im Rahmen der Ausübung eines steuerlichen Wahlrechts ein anderer Ansatz gewählt wurde (§ 5 Abs. 6 EStG, siehe auch BMF, Schreiben v. 12.3.2010, BStBl 2010 I S. 239, und v. 22.6.2010, BStBl 2010 I S. 597).

1080 In § 6 Abs. 1 Nr. 3a EStG sind Grundsätze dargelegt, nach denen die Höhe der Rückstellungen zu ermitteln ist:

- Unter § 6 Abs. 1 Nr. 3a Buchst. a EStG wird klargestellt, dass bei der Berechnung der Höhe von Rückstellungen für gleichartige Verpflichtungen die Erfahrungen der Vergangenheit berücksichtigt werden müssen. Insbesondere ist aus diesen Erfahrungen der Teil der Summe der Verpflichtungen ableitbar, für den voraussichtlich eine Inanspruchnahme erfolgen wird.

  BEISPIEL: Ein Hersteller eines Produkts gibt seinen Produktabnehmern eine einjährige Garantie. Bei pro Jahr 10.000 ausgelieferten Produkten sind in den vergangenen Jahren Garantieansprüche i. H. von 5 % der im Vorjahr ausgelieferten Produkte geltend gemacht worden. Pro Garantiefall wurden durchschnittlich 150 € (= Einzelkosten + angemessene Teile der notwendigen Gemeinkosten) aufgewandt.

  Hieraus ermittelt sich als zu erwartender Aufwand im Folgejahr:

  - 5 % von 10.000 Produkten = 500 erwartete Garantiefälle.
  - 500 Garantiefälle × 150 € = 75.000 €.

1081
- Unter § 6 Abs. 1 Nr. 3a Buchst. b EStG ist geregelt, dass Rückstellungen für Sachleistungsverpflichtungen mit den Einzelkosten und den angemessenen Teilen der notwendigen Gemeinkosten zu bewerten sind.

  Diese Regelung ist insbesondere bei der Wertermittlung für Garantie-Rückstellungen und für Rekultivierungsrückstellungen zu beachten.

1082
- § 6 Abs. 1 Nr. 3a Buchst. c EStG gebietet, dass künftige Vorteile, die mit der Erfüllung der Verpflichtung voraussichtlich verbunden sein werden, bei der Bewertung der Rückstellung wertmindernd zu berücksichtigen sind, soweit sie nicht als Forderung zu aktivieren sind.

  BEISPIEL: Aufgrund bestehender Garantieverpflichtungen ermittelt sich als zu erwartender Aufwand im Folgejahr:

  - 5 % von 10.000 Produkten = 500 erwartete Garantiefälle.
  - 500 Garantiefälle × 150 € = 75.000 €.

Auf der Grundlage bestehender Garantieversicherungen hat der Steuerpflichtige Ansprüche i. H. von 100 € pro Garantiefall.

Zum Bilanzstichtag bestehen keine Ansprüche gegen die Versicherung.

Da noch nicht realisierte Forderungen nicht aktiviert werden dürfen, ergibt sich folgende Rückstellung:

Voraussichtlicher Aufwand	75.000 €
abzgl. Ansprüche aus Garantieversicherungen (500 Garantiefälle × 100 € =)	- 50.000 €
	25.000 €

- § 6 Abs. 1 Nr. 3a Buchst. d EStG regelt die Ermittlung der Höhe von Rückstellungen für Verpflichtungen, für deren Entstehen im wirtschaftlichen Sinne der laufende Betrieb ursächlich ist. 1083

  In diesen Fällen sind die zur Erfüllung der Verpflichtung erforderlichen Beträge zeitanteilig linear anzusammeln.

- Unter § 6 Abs. 1 Nr. 3a Buchst. f EStG ist geregelt, dass bei der Bewertung die Wertverhältnisse am Bilanzstichtag maßgebend sind und künftige Preis- und Kostensteigerungen nicht berücksichtigt werden dürfen; dies dient lediglich der Klarstellung.

BEISPIEL: Ein Steuerpflichtiger hat Anfang des Jahres 01 auf einem gepachteten Grundstück einen befestigten Parkplatz errichtet. Das Grundstück ist bei Pachtende zum 31.12.25 in dem Zustand an den Verpächter zu übergeben, den es vor Pachtbeginn hatte. Um dies zu erreichen, müssen bei Pachtende sämtliche Veränderungen auf dem Grundstück entfernt werden. Die geschätzten Aufwendungen nach den Wertverhältnissen am jeweiligen Bilanzstichtag betragen:

- 31.12.01: 50.000 €
- 31.12.02: 53.000 €
- 31.12.03: 56.000 €

usw.

Als vorläufiger Rückstellungsbedarf ergibt sich zu den einzelnen Stichtagen:

- 31.12.01: Von 50.000 € = 2.000 €
- 31.12.02: Von 53.000 € = 4.240 €
- 31.12.03: Von 56.000 € = 6.720 €

usw.

Diese Rückstellungen sind in der Handelsbilanz mit dem Erfüllungsbetrag unter Berücksichtigung künftiger Preis- und Kostensteigerungen anzusetzen (§ 253 Abs. 1 Satz 2 HGB). Außerdem gilt ein Abzinsungsgebot (Laufzeiten > ein Jahr); hierbei ist der Marktzins zugrunde zu legen (§ 253 Abs. 2 HGB).

- Gemäß § 6 Abs. 1 Nr. 3a Buchst. e i. V. mit Nr. 3 Satz 2 EStG sind Rückstellungen für Verpflichtungen zwingend mit einem Zinssatz i. H. von 5,5 % (nicht mit dem Marktzins) abzuzinsen, wenn die Laufzeit mindestens ein Jahr beträgt. Damit weichen in diesen Fällen die Handels- und Steuerbilanzansätze i. d. R. voneinander ab. 1084

BEISPIEL: Aus dem vorherigen Beispiel ergab sich für die Handelsbilanz folgender Rückstellungsbedarf zu den einzelnen Stichtagen:

- 31.12.01: Von 50.000 € = 2.000 €
- 31.12.02: Von 53.000 € = 4.240 €
- 31.12.03: Von 56.000 € = 6.720 €

usw.

Die obigen Beträge sind jeweils mit dem Marktzins abzuzinsen. Als Marktzins werden hier 4 % angenommen.

Als handelsbilanzielle Wertansätze ergeben sich:

31.12.01: 2.000 €, fällig zum 31.12.25

Mathematisch exakt errechnet sich hieraus folgender abgezinster Wert:

2.000 € / $(1{,}04)^{24}$ = 781 €; dieser Wert ist als Rückstellung in der Handelsbilanz des Jahres 01 auszuweisen.

31.12.02: 4.240 €, fällig zum 31.12.25

Mathematisch exakt errechnet sich hieraus folgender abgezinster Wert:

4.240 € / $(1{,}04)^{23}$ = 1.721 €; dieser Wert ist als Rückstellung in der Handelsbilanz des Jahres 02 auszuweisen.

31.12.03: 6.720 €, fällig zum 31.12.25

Mathematisch exakt errechnet sich hieraus folgender abgezinster Wert:

6.720 € / $(1{,}04)^{22}$ = 2.836 €; dieser Wert ist als Rückstellung in der Handelsbilanz des Jahres 03 auszuweisen.

Die Rückstellungen lt. Handelsbilanz betragen demnach:

- 31.12.01: 781 €
- 31.12.02: 1.721 €
- 31.12.03: 2.836 €

usw.

In den Steuerbilanzen hat die Abzinsung mit 5,5 % pro Jahr zu erfolgen.

31.12.01: 2.000 €, fällig zum 31.12.25

Mathematisch exakt errechnet sich hieraus folgender abgezinster Wert:

2.000 € / $(1{,}055)^{24}$ = 554 €; dieser Wert ist als Rückstellung in der Steuerbilanz des Jahres 01 auszuweisen.

31.12.02: 4.240 €, fällig zum 31.12.25

Mathematisch exakt errechnet sich hieraus folgender abgezinster Wert:

4.240 € / $(1{,}055)^{23}$ = 1.238 €; dieser Wert ist als Rückstellung in der Steuerbilanz des Jahres 02 auszuweisen.

31.12.03: 6.720 €, fällig zum 31.12.25

Mathematisch exakt errechnet sich hieraus folgender abgezinster Wert:

6.720 € / $(1{,}055)^{22}$ = 2.070 €; dieser Wert ist als Rückstellung in der Steuerbilanz des Jahres 03 auszuweisen.

Die Rückstellungen lt. Steuerbilanz betragen demnach:

- 31.12.01: 554 €
- 31.12.02: 1.238 €
- 31.12.03: 2.070 €

usw.

Zu gleichen Ergebnissen kommt die Bewertung gem. § 12 Abs. 3 BewG. Auch hier ist ein Zinssatz i. H. von 5,5 % zugrunde gelegt.

HINWEIS

Für Verpflichtungen, die steuerrechtlich gem. § 6 Abs. 1 Nr. 3a Buchst. e Satz 2 EStG keiner bzw. einer Abzinsung nur bis zum Beginn der Erfüllung der Verpflichtung (Sachleistungsverpflichtungen) unterliegen, führt dies häufig dazu, dass der handelsrechtliche niedriger ist als der steuerrechtliche Wertansatz, denn handelsrechtlich erstreckt sich der Abzinsungszeitraum über den Zeitpunkt des Beginns der Erfüllung hinaus.

Das führt dazu, dass der handelsrechtlich anzusetzende abgezinste Wert niedriger ist als der nicht (oder geringer) abgezinste Wert bei Anwendung des § 6 Abs. 1 Nr. 3a Buchst. e Satz 2 EStG.

Die Finanzverwaltung vertritt hierzu folgende Auffassung (siehe OFD Münster, Vfg. v. 13.7.2012 - S 2170a - 234 - St 12 - 33, YAAAE-13323): „Entsprechend dem Wortlaut des Einleitungssatzes zu Nr. 3a des § 6 Abs. 1 EStG und der Erläuterung in der Gesetzesbegründung hierzu (BT-Drucks. 14/443 S. 23) ist der handelsrechtliche Rückstellungsbetrag für die steuerrechtliche Bewertung der Rückstellung nach § 6 Abs. 1 Nr. 3a EStG auch dann maßgeblich, wenn der Ausweis der Rückstellung in der Handelsbilanz niedriger als der sich nach § 6 Abs. 1 Nr. 3a EStG ergebende Wert ist."

6.8.3 Beispiele für Rückstellungen im Handels- und Steuerrecht

6.8.3.1 Allgemeines

Im Weiteren beschäftigen wir uns mit den wichtigsten Pflicht-Rückstellungen, die in Handels- und/oder Steuerbilanz gebildet werden müssen. 1085

6.8.3.2 Rückstellungen für ungewisse Verbindlichkeiten

Eine Rückstellung für **ungewisse Verbindlichkeiten** ist dann zu bilden, wenn ungewiss ist,

- ob der Betriebsinhaber aufgrund einer Verbindlichkeit überhaupt in Anspruch genommen werden kann, oder
- wenn zwar feststeht, dass er für eine Schuld bezahlen muss, die Höhe dieser Schuld aber noch ungewiss ist.

Auch wenn in diesen Fällen noch keine fest umrissene Verbindlichkeit vorliegt, muss der Betriebsinhaber trotzdem von einer Belastung ausgehen, die auf ihn zukommen wird. Dies gilt selbst dann, wenn der dem Dritten zustehende Anspruch weder fällig ist noch geltend gemacht wurde. Entscheidend ist, dass der Bilanzierende ernsthaft mit einer Inanspruchnahme rechnen konnte. Deshalb muss er hierfür eine Rückstellung bilden.

6.8.3.2.1 Gewerbesteuer-Rückstellung

Bei der Bilanzaufstellung muss der Kaufmann die voraussichtliche Gewerbesteuer-Abschlusszahlung als Rückstellung ausweisen. 1086

Die Gewerbesteuer (und die darauf entfallenden Nebenleistungen) sind **für nach dem 31.12.2007 endende Erhebungszeiträume gem. § 4 Abs. 5b EStG keine Betriebsausgaben** mehr (umgekehrt ist die erstattete Gewerbesteuer, die dem Betriebsausgabenabzugsverbot unterlegen hat, steuerlich nicht als Betriebseinnahme zu erfassen). Diese gesetzliche Vorschrift, durch die die zuvor gültige, wechselseitige Beeinflussung der ertragsteuerlichen Bemessungsgrundlagen entfällt, dient der Verbesserung der Belastungstransparenz.

Die Regelung stellt – wie die Regelungen des § 4 Abs. 5 EStG – eine Sonderregelung zu § 4 Abs. 4 EStG dar. Daraus folgt, dass mit § 4 Abs. 5b EStG ein Abzugsverbot für betrieblich veranlassten Aufwand statuiert werden soll, dass im Rahmen der steuerlichen Gewinnermittlung durch außerbilanzielle Hinzurechnung zu berücksichtigen ist. Nach dem Gesetzeswortlaut ist die Gewerbesteuer zwar keine Betriebsausgabe; das kann aber nicht dazu führen, dass sie als außerbetrieblicher Aufwand zu einer Privatentnahme i. S. des § 4 Abs. 1 EStG umzudeuten ist. Entnahmen gem. § 4 Abs. 1 Satz 2 EStG liegen nämlich nur vor, wenn der Steuerpflichtige für sich, für seinen Haushalt und für andere betriebsfremde Zwecke Verwendungen tätigt. Hierunter fallen mit Sicherheit nicht Gewerbesteuer-Aufwendungen.

Diese Auffassung wurde in R 5.7 Abs. 1 EStR aufgenommen, indem Abs. 1 folgender Satz 2 durch die EStÄR 2012 v. 25.3.2013 (BStBl 2013 I S. 276) angefügt wurde: „Ungeachtet des Abzugsverbotes des § 4 Abs. 5b EStG ist in der Steuerbilanz eine Gewerbesteuer-Rückstellung zu bilden; dadurch verursachte Gewinnauswirkungen sind außerbilanziell zu neutralisieren."

BEISPIEL: Erzielter Gewinn: 300.000 €. Darin sind Gewerbesteuer-Vorauszahlungen i. H. von 30.000 € enthalten.

Keine Zu- und Abrechnungen. Hebesatz 400 %.

Berechnung:

Vorläufiger Gewinn	300.000 €
zzgl. Gewerbesteuer-Vorauszahlungen	+ 30.000 €
	330.000 €
abzgl. Freibetrag	- 24.500 €
	305.500 €
Messbetrag nach Gewerbeertrag (3,5 % von 305.500 € =)	10.692 €
Messbetrag × Hebesatz (400 %) =	42.768 €
abzgl. Gewerbesteuer-Vorauszahlungen	- 30.000 €
Gewerbesteuer-Rückstellung (= Gewinnminderung)	12.768 €

Außerhalb der Bilanz ist der steuerliche Gewinn um die Gewerbesteuer-Aufwendungen i. H. von 42.768 € zu erhöhen.

6.8.3.2.2 Mehrsteuern aufgrund von Außenprüfungen

1087 Oft führen Außenprüfungen zu einer Nachforderung von Steuern, die als Betriebsausgaben abzugsfähig sind. Diese Mehrsteuern sind zulasten der Wirtschaftsjahre zu verrechnen, zu denen sie wirtschaftlich gehören, wenn eine Änderung der Veranlagungen für die betreffenden Veranlagungszeiträume möglich ist (H 4.9 Änderung von bestandskräftigen Veranlagungen EStH).

Ist ausnahmsweise eine nachträgliche Zurechnung der Mehrsteuern in die Jahre, in die sie wirtschaftlich gehören, aufgrund der Bestandskraft der Veranlagungen nicht mehr möglich, können sie zulasten des ersten Wirtschaftsjahres gebildet werden, das noch nicht bestandskräftig veranlagt ist.

Eine Rückstellung kann nicht mit dem Hinweis darauf gebildet werden, dass bei späteren Außenprüfungen erfahrungsgemäß mit Steuernachforderungen gerechnet werden müsse; in solchen Fällen kann der Steuerpflichtige am Tag der Bilanzaufstellung noch nicht mit einer Belastung rechnen, die auf ihn zukommt (H 4.9 Rückstellung für künftige Steuernachzahlungen EStH).

Eine Rückstellung für hinterzogene Mehrsteuern kann erst zu dem Bilanzstichtag gebildet werden, zu dem der Steuerpflichtige mit der Aufdeckung der Steuerhinterziehung rechnen musste, nicht jedoch zu den Bilanzstichtagen, die den Steuerhinterziehungen folgen (BFH, Urteil v. 22.8.2012 - X R 23/10, BStBl 2012 II S. 76).

HINWEIS

Nach dem einschlägigen Urteil des BFH v. 6.6.2012 - I R 99/10, BStBl 2013 II S. 196, hat das BMF mit Schreiben v. 7.3.2013, BStBl 2013 I S. 274, Folgendes geregelt: Großbetriebe, die der Anschlussprüfung unterliegen, können Rückstellungen für Kosten bilden, die in direktem Zusammenhang mit der Durchführung einer zu erwartenden Betriebsprüfung stehen.

6.8.3.2.3 Garantie-Rückstellungen

Bei der Erstellung von Ergebnissen sowie bei der Erbringung von Leistungen (z. B. Reparaturen) können Arbeits- oder Materialfehler auftreten, die spätere Nachteile für den Kunden mit sich bringen. Unter einer Garantieverpflichtung versteht man, dass der Lieferer bzw. der Leistende eine Gewähr für bestimmte Eigenschaften einer verkauften oder hergestellten Sache (oder Leistung) übernimmt; diese Gewährleistung bezieht sich regelmäßig nur auf einen bestimmten Zeitraum. 1088

Gewährleistungsverpflichtungen können auf **gesetzlichen oder vertraglichen Regelungen** beruhen. Danach muss der Verkäufer bzw. Hersteller dafür sorgen, dass innerhalb der Garantiezeit die Sache bzw. die erbrachte Leistung nicht mit Fehlern behaftet ist, die den Wert oder die Nutzbarkeit der Sache (der Leistung) zu ihrem gewöhnlichen oder im Vertrag versprochenen Gebrauch mindern.

Ist am **Bilanzstichtag eine Inanspruchnahme** aus einer solchen Garantieverpflichtung noch **nicht erfolgt,** ist diese ungewisse Verbindlichkeit (Grund und Höhe der Verbindlichkeit sind ungewiss) im Rahmen einer Garantie-Rückstellung zu erfassen, wenn die Inanspruchnahme **ernsthaft droht.** Folglich genügt für den Ansatz einer Rückstellung nicht die **entfernte Möglichkeit,** wegen solcher Garantieversprechen in Anspruch ge- 1089 nommen zu werden. Vielmehr muss sich die Verpflichtung, Garantieleistungen zu erbringen, am Bilanzstichtag zumindest erkennbar abzeichnen.

1090 Der Wert dieser Rückstellung ist zu schätzen, wie sie der Erwerber des ganzen Betriebs schätzen würde; die Rückstellung ist also mit dem **Teilwert** anzusetzen. Rückstellungen sind aufgrund der in der **Vergangenheit gemachten Erfahrungen** auch dann in gewissem Umfang zu bilden, wenn am Bilanzstichtag oder bis zum Tag der Bilanzaufstellung zwar keine Garantiefälle bekannt geworden sind, aber mit einer gewissen Regelmäßigkeit auf nach Grund und Höhe auftretende tatsächliche Inanspruchnahmen aus Garantieverpflichtungen hingewiesen werden kann. Selbst ohne solche Hinweise sind Rückstellungen (in geringerem Umfang) zu bilden, wenn es aus den Erfahrungen der Branche und/oder der individuellen Gestaltung des Betriebs wahrscheinlich ist, Garantieleistungen erbringen zu müssen. Die durchgeführte Schätzung des Kaufmanns darf das angemessene, der Lage des Einzelfalls entsprechende Maß nicht übersteigen. Hierbei sind insbesondere die Erfahrungen, die der Steuerpflichtige im eigenen Betrieb gemacht hat, zu berücksichtigen. Kann der Steuerpflichtige keine konkreten, im Einzelfall nachprüfbaren Tatsachen für seine Schätzung vorweisen, kann er aus der Vergangenheit Rückschlüsse ziehen.

1091 Für die Finanzverwaltung ist wichtig, dass die Schätzung des Kaufmanns einer objektiven Nachprüfung standhält. Die Frage, die hierzu beantwortet werden muss, ist: Welche Kosten sind im Rahmen einer Rückstellung passivierungsfähig?

1092 Für den Teilwert ist der Kostenbetrag maßgeblich, den der Kaufmann zur Erfüllung seiner Garantieverpflichtung aufwenden muss. Dieser Betrag entspricht den **Selbstkosten,** die die Garantieleistung mit sich bringt: Die Materialkosten einschließlich der Materialgemeinkosten sowie die Fertigungskosten (Lohnkosten) einschließlich der Lohngemeinkosten sowie die mit den Garantieleistungen zusammenhängenden Verwaltungs- und Vertriebsgemeinkosten (kalkulatorische Kosten sind nicht zu berücksichtigen).

1093 Grundsätzlich ist die Rückstellungshöhe im Rahmen einer **Einzelbewertung** zu ermitteln; dies ist jedoch nur möglich, wenn der Garantieverpflichtung wenige, aber umso risikoreichere Geschäfte zugrunde liegen (z. B. Bau einer Autobahnbrücke). Sobald es sich um eine Vielzahl von Einzelrisiken handelt, ist das Verfahren der Einzelbewertung praktisch unmöglich. Hier ist dann das Verfahren einer Pauschalbewertung zugelassen. Diese Pauschal-Rückstellung wird i. d. R. in der Weise ermittelt, dass auf den garantiebehafteten Sollumsatz ein bestimmter Prozentsatz angewandt wird. Dieser Prozentsatz ergibt sich als betrieblicher Erfahrungssatz (in Großbetrieben häufig auf der Grundlage von gesammeltem Datenmaterial durch Anwendung mathematisch-statistischer Zahlen ermittelt); für die Höhe des Prozentsatzes sind i. d. R. die Verluste der Vergangenheit bedeutsam.

BEISPIEL: Ein Unternehmen hat in den Jahren 01 und 02 Umsätze i. H. von je 1 Mio. € getätigt. Es hat Garantieversprechen für grds. alle Werklieferungen übernommen; die Garantiefrist beträgt jeweils zwei Jahre. Für Handelsgeschäfte besteht keine Garantieverpflichtung.

Der Umfang dieser Geschäfte beläuft sich im Jahr 01 auf 100.000 € und im Jahr 02 auf 200.000 €.

Außerdem hat das Unternehmen in den Jahren 01 und 02 Rückgriffsrechte gegenüber Subunternehmen für Umsätze i. H. von je 100.000 €; für im Zusammenhang mit diesen Umsätzen erbrachte Garantieleistungen müssen die Subunternehmen einstehen. Für Garantieleistungen sind nach betrieblichen Erfahrungen i. d. R. 5 % des garantiebehafteten Umsatzes aufzuwenden, wobei sich die Garantieaufwendungen ungefähr gleichmäßig auf die Garantiezeit verteilen. In den Jahren 01 und 02 wurden auf dem Aufwendungskonto „Garantieaufwendungen" je 40.000 € erfasst (aus Vereinfachungsgründen ist davon auszugehen, dass die Garantieleistungen erst in dem Jahr, das auf die Leistungserstellung folgt, in Anspruch genommen werden).

Die Höhe der Rückstellungen zum 31.12.02 errechnet sich wie folgt:

	Jahr 01	Jahr 02
Sollumsätze	1.000.000 €	1.000.000 €
- nicht garantiebehaftet	- 100.000 €	- 200.000 €
- Umsätze ohne wirtschaftliche Garantieverpflichtung (Rückgriffsrecht!)	- 100.000 €	- 100.000 €
Garantiebehafteter Umsatz	800.000 €	700.000 €
- Umsätze, für die schon Garantieleistungen in den Jahren 01 und 02 erbracht wurden (gleichmäßige Garantieinanspruchnahme!)	- 400.000 €	–
	400.000 €	700.000 €
davon 5 %	20.000 €	35.000 €
Garantie-Rückstellung am 31.12.02		55.000 €

Die Buchungen auf dem Aufwandskonto bleiben in voller Höhe bestehen. Wie sich Veränderungen des Passivpostens „Garantie-Rückstellung" auswirken, ist unter Rz. 275 ff. ersichtlich.

6.8.3.2.4 Rückstellungen wegen Patentverletzung

6.8.3.2.4.1 Rückstellung nach Handelsrecht

Das **objektive Vorliegen** einer Patentverletzung zwingt den Kaufmann dazu, eine Rückstel- 1094
lung zu bilden, selbst dann, wenn seit der Patentverletzung bereits mehrere Jahre vergangen sind und der Patentinhaber von der Verletzung seiner Patentrechte möglicherweise noch keine Kenntnis erlangt hat. Bildet der Kaufmann hier keine Rückstellung, würde er seine Vermögenslage günstiger darstellen als sie in Wirklichkeit ist. Unbedeutend ist in diesem Zusammenhang, ob konkrete Anhaltspunkte dafür vorliegen, dass der Patentinhaber von der Verletzung erfahren hat. Der Grund hierfür liegt in der besonders günstigen Rechtsstellung, die ein Patentinhaber bei der Verfolgung seiner Ansprüche aus einer Patentverletzung innehat. Denn nach dem Patentrecht verjähren diese Ansprüche wegen Verletzung des Patentrechts in **drei Jahren** vom Zeitpunkt der Kenntniserlangung durch den Berechtigten an; ohne Rücksicht auf die Kenntnisnahme verjähren die Ansprüche sogar erst in 30 Jahren. Daher hat der Berechtigte faktisch die Möglichkeit, die Geltendmachung seines Anspruchs auf den für ihn **günstigsten Zeitpunkt zu verschieben,** ohne eine Verjährung seiner Ansprüche zu riskieren; denn der Verpflichtete kann dem Berechtigten ja wohl kaum nachweisen, wann dieser Kenntnis von der Patentverletzung erhalten hat.

Die Höhe der Rückstellung richtet sich nach dem, was der Patentinhaber einfordern 1095
kann. Das ist entweder

- der ihm entgangene Gewinn oder
- eine angemessene Lizenzgebühr oder
- der gesamte durch die Patentverletzung vom „Verletzer" erzielte Gewinn.

Hierbei muss der „Verletzer" wohl den Betrag als Rückstellung erfassen, der höchstens von ihm gefordert werden kann (er darf sich doch nicht reicher machen, als er ist); es sei denn, der Patentinhaber hat seine Forderung bereits betragsmäßig konkretisiert. Dann wäre dieser Betrag anzusetzen.

6.8.3.2.4.2 Rückstellung nach Steuerrecht

1096 Diese Rückstellungsgrundsätze wären über den Maßgeblichkeitsgrundsatz auch für das Steuerrecht verbindlich; hier formuliert das Steuerrecht in § 5 Abs. 3 EStG jedoch einen **Bewertungsvorbehalt:** Rückstellungen wegen der Verletzung fremder Patent-, Urheber- o. ä. Schutzrechte dürfen erst gebildet werden, wenn

1. der Rechtsinhaber Ansprüche wegen der Patentverletzung geltend gemacht hat oder
2. mit der Inanspruchnahme wegen der Rechtsverletzung ernsthaft zu rechnen ist.

1097 Vor der Geltendmachung von Ansprüchen ist im Allgemeinen mit einer Inanspruchnahme zu rechnen, wenn ein fremdes Patent objektiv verletzt ist und der Inhaber des verletzten Rechts mit **Aussicht auf Erfolg** Ansprüche geltend machen kann. Für diesen Fall der Rückstellung sieht § 5 Abs. 3 Satz 2 EStG vor, dass sie spätestens in der Bilanz des dritten auf ihre erstmalige Bildung folgenden Wirtschaftsjahres gewinnerhöhend aufzulösen sind, wenn bis zu diesem Zeitpunkt keine Ansprüche geltend gemacht wurden.

Rückstellungen wegen Patentverletzungen sind im Steuerrecht daher gegenüber dem Handelsrecht nur in stark eingeschränktem Umfang möglich.

Die Höhe der Rückstellung ermittelt sich wie bei der handelsrechtlich zulässigen Rückstellung wegen Patentverletzungen.

6.8.3.2.5 Prozesskostenrückstellung

1098 Kosten für einen am Bilanzstichtag laufenden Prozess sind in einer Rückstellung zu erfassen. Da jeder, auch wenn er seine Prozessaussichten noch so optimistisch beurteilt, damit rechnen muss, den Prozess zu verlieren, hat er die Möglichkeit zu berücksichtigen, dass er die anfallenden Gerichts- und Anwaltskosten eventuell tragen muss. In dieser Höhe ist eine Rückstellung zu bilden.

Voraussetzung für eine Rückstellung ist, dass der Prozess **rechtsanhängig** geworden ist. Die Höhe der Rückstellung ist nur nach dem **Streitwert am Bilanzstichtag** unter Berücksichtigung der zu diesem Zeitpunkt angerufenen Instanzen zu berechnen. Dass für den Fall des Unterliegens geplant ist, höhere Instanzen anzurufen, kann für die Berechnung der Rückstellungshöhe **keine** Berücksichtigung finden.

6.8.3.2.6 Pensionsrückstellung

1099 Pensionsrückstellungen sind ungewisse Verbindlichkeiten i. S. des § 249 Abs. 1 Satz 1 HGB; somit sind diese Rückstellungen zwingend vorgeschrieben.

Die in der Handelsbilanz gebildeten Rückstellungen sind über den Maßgeblichkeitsgrundsatz auch in der Steuerbilanz auszuweisen (vgl. BMF, Schreiben v. 12.3.2010, BStBl 2010 I S. 239, Rz. 4). Deshalb ist faktisch aus dem in § 6a EStG verankerten Wahlrecht zur Bildung einer Pensionsrückstellung eine **Pflicht** zur Bildung einer solchen Rückstellung geworden.

Gemäß § 6a EStG darf eine Pensionsrückstellung jedoch nur dann gebildet werden, wenn

1. der Pensionsberechtigte einen Rechtsanspruch auf einmalige oder laufende Pensionsleistungen hat,
2. die Pensionszusage keinen Vorbehalt enthält, dass die Pensionsanwartschaft oder die Pensionsleistung gemindert oder entzogen werden kann, oder ein solcher Vorbehalt sich nur auf Tatbestände erstreckt, bei deren Vorliegen nach allgemeinen Rechtsgrundsätzen unter Beachtung billigen Ermessens eine Minderung oder ein Entzug der Pensionsanwartschaft oder der Pensionsleistung zulässig ist, und
3. die Pensionszusage schriftlich erteilt ist.

Unter der Position „Pensionsrückstellungen" sind Rückstellungen für **laufende Pensionen** und für **Anwartschaften auf Pensionen** auszuweisen. Hierbei handelt es sich um vertraglich zugesagte zukünftige Versorgungsleistungen an Arbeitnehmer und unter bestimmten Voraussetzungen auch um gleichartige zukünftige Leistungen an den Arbeitnehmer-Ehegatten. 1100

Bei der Berechnung der Pensionsrückstellungen ist jede Pensionszusage als **einzelnes Wirtschaftsgut** zu betrachten. Die hierfür erforderlichen Aufwendungen sind nach versicherungsmathematischen Grundsätzen (unter Zugrundelegung eines Rechnungszinsfußes i. H. von 6 %) zu ermitteln.

Begibt sich ein Arbeitnehmer in den Ruhestand, ist die für ihn gebildete Rückstellung allmählich aufzulösen; auch bei Tod des Rentenberechtigten und bei Arbeitnehmerfluktuation mit (teilweisem) Wegfall von Pensionsanwartschaften ist die Rückstellung (teilweise) aufzulösen.

Werden Pensionszusagen durch Rückstellungsversicherungen rückgedeckt, müssen die Pensionszusagen als Pensionsrückstellungen passiviert werden, während der Rückdeckungsanspruch in der Bilanz zu aktivieren ist. 1101

Wenn Pensionen über Versorgungskassen finanziert werden, ist eine gleichzeitige Bildung von Pensionsrückstellungen ausgeschlossen. In diesen Fällen sind die laufenden Zahlungen an die Versorgungskassen gewinnmindernd zu erfassen.

Für weiterführende Ausführungen hinsichtlich der Pensionsrückstellungen wird auf R 6a EStR verwiesen.

6.8.3.2.7 Wechselobligo

Gibt ein Steuerpflichtiger, z. B. zur Bezahlung betrieblicher Schulden, Kundenwechsel an Lieferanten weiter, hat er damit wirtschaftlich noch keine Schuldtilgung geleistet. Seine Schuld ist vielmehr erst getilgt, wenn die Kundenwechsel bei Vorlage vom Kun- 1102 den bezahlt werden. Zahlt der Kunde nicht, muss der Steuerpflichtige damit rechnen, vom Lieferanten (dem Wechselgläubiger) zur Zahlung des Wechselbetrags in Anspruch genommen zu werden.

1103 Aufgrund dieses Risikos kann (unter Beachtung des Maßgeblichkeitsgrundsatzes: muss) er eine Rückstellung bilden, die unter Berücksichtigung aller Umstände zu schätzen ist. Hierbei sind alle **wertaufhellenden** Umstände zu berücksichtigen, die bis zur Bilanzaufstellung bekannt werden und aus denen Schlüsse über das Bestehen oder Nichtbestehen des Risikos am Bilanzstichtag gezogen werden können.

1104 Häufig wird dieses Risiko durch eine **Pauschal-Rückstellung** abgedeckt, in der die Risiken aus allen weitergegebenen Kundenwechseln erfasst werden, für die keine Einzelrückstellung gebildet wurde. Das Risiko wird i. d. R. nach einem Vomhundertsatz der Nennbeträge der weitergegebenen Wechsel bemessen. Dieser Vomhundertsatz ergibt sich aus den betrieblichen Erfahrungen der vergangenen Wirtschaftsjahre.

Zu Besonderheiten im Zusammenhang mit dem Stichtagsprinzip bei der Bildung des Wechselobligos siehe Rz. 616 f.

6.8.3.2.8 Rückstellung für Jahresabschluss- und Prüfungskosten

1105 Für die sich aus Rechtsgeschäften ergebenden Kosten für die Aufstellung von Bilanzen und Gewinn- und Verlustrechnungen dürfen keine Rückstellungen gebildet werden. Solange die Arbeiten noch nicht ausgeführt sind, handelt es sich – sofern die Auftragsvergabe bereits erfolgt ist – um ein **schwebendes Geschäft** und nicht um ungewisse Verbindlichkeiten gegenüber Dritten (eine solche Verbindlichkeit liegt nur insoweit vor, als der Steuerberater im Rahmen der Bilanzerstellung vor dem Bilanzstichtag für Zwecke der Bilanzaufstellung tätig geworden ist).

1106 Für Unternehmen, die **gesetzlich verpflichtet** sind, den Jahresabschluss aufzustellen und diesen prüfen zu lassen, besteht jedoch bereits am Bilanzstichtag die Pflicht zum Ausweis einer Rückstellung. Zwar sind auch hier die Verbindlichkeiten am Bilanzstichtag noch nicht entstanden, sie sind jedoch wirtschaftlich verursacht. Die Verpflichtung zur Aufstellung und Prüfung des Jahresabschlusses hat ihre wirtschaftliche Ursache in dem Geschäftsjahr, für das der Jahresabschluss zu erstellen ist.

1107 Zu den rückstellungsfähigen Kosten gehören

- die Jahresabschlusskosten,
- die Kosten der Prüfung des Jahresabschlusses durch den Abschlussprüfer,
- die Kosten der Erstellung der Betriebssteuererklärungen,
- die Kosten der gesetzlich vorgeschriebenen Veröffentlichung des Jahresabschlusses und
- die Kosten der Erstellung des Geschäftsberichts.

1108 **Nicht** zu den rückstellungsfähigen Kosten gehören

- Kosten der Durchführung der Hauptversammlung und
- Kosten der Erklärung zur gesonderten und einheitlichen Ermittlung des gewerblichen Gewinns (= privat verursacht).

6.8.3.2.9 Rückstellungen für den Ausgleichsanspruch des Handelsvertreters

Selbständigen Handelsvertretern steht bei der Beendigung des Vertragsverhältnisses mit ihrem Geschäftsherrn unter bestimmten Voraussetzungen ein Ausgleichsanspruch gem. § 89b HGB zu. Dieser Ausgleichsanspruch wird für die Vorteile gezahlt, die dem Geschäftsherrn aus den fortbestehenden Geschäftsbeziehungen mit den vom Handelsvertreter geworbenen Kunden erwachsen. Der Ausgleichsanspruch entsteht damit – auch wirtschaftlich gesehen – erst zu dem Zeitpunkt, zu dem der Handelsvertreter aus dem Vertragsverhältnis mit dem Geschäftsherrn ausscheidet. Da vor dem Ausscheiden keine ungewisse Verbindlichkeit besteht, besteht auch **keine handelsrechtliche Verpflichtung** zur Bildung einer Rückstellung. 1109

6.8.4 Rückstellungen für drohende Verluste aus schwebenden Geschäften

Von schwebenden Geschäften spricht man, wenn **am Abschlussstichtag** ein Vertrag vorliegt und dieser **Vertrag von keiner Seite erfüllt ist.** Ein solcher Vertrag ist nach den GoB bei der Bilanzaufstellung grds. nicht zu berücksichtigen, weil davon ausgegangen wird, dass sich Leistung und Gegenleistung gleichwertig gegenüberstehen. 1110

6.8.4.1 Rückstellungen nach Handelsrecht

Eine Rückstellung für drohende Verluste aus schwebenden Geschäften ist nur zulässig und gleichzeitig auch zwingend vorgeschrieben, wenn aus einem schwebenden Geschäft **insgesamt** ein Verlust droht (§ 249 Abs. 1 Satz 1 HGB). 1111

Für **allgemeine Risiken,** wie Branchen- und Konjunkturrisiken, **darf keine Rückstellung** gebildet werden.

Wie ermittelt sich nun die Höhe solcher Rückstellungen in speziellen Fällen?

Bei **Einkaufsverträgen,** die noch von keiner Seite erfüllt sind, ist dann eine Rückstellung zu bilden, wenn die Wiederbeschaffungskosten zum Bilanzstichtag unter den zu entrichtenden Einkaufspreis gefallen sind. 1112

BEISPIEL: Am 3.12.01 hat ein Kaufmann Waren zu Anschaffungskosten i. H. von 10.000 € bestellt; für diese Waren müsste er am Bilanzstichtag nur noch 8.000 € aufwenden.

Wären diese Waren am Bilanzstichtag bereits geliefert gewesen, hätte die Ware am Bilanzstichtag mit 8.000 € bewertet werden müssen. Dies wäre mithilfe einer Teilwertabschreibung i. H. von 2.000 € erfolgt, die sich im Jahr 01 gewinnmindernd ausgewirkt hätte.

In Höhe dieser „künftigen Teilwertabschreibung" kommt, da die Lieferung noch nicht erfolgt ist, auf den Kaufmann ein drohender Verlust zu. Dies muss er durch die Bildung einer Rückstellung für drohende Verluste berücksichtigen, deren Höhe im Ergebnis die oben ermittelte Teilwertabschreibung vorwegnimmt.

Buchung im Jahr 01:

Sonstiger betrieblicher Aufwand	2.000 €	an	Rückstellung	2.000 €

Bei der Lieferung der Waren gegen Rechnung (mit 1.900 € ausgewiesener Mehrwertsteuer) muss im Jahr 02 wie folgt gebucht werden:

Wareneinkaufskonto	8.000 €			
Rückstellung	2.000 €			
Vorsteuer	1.900 €	an	Verbindlichkeiten	11.900 €

1113 Drohende Verluste aus **Verkaufsverträgen** entstehen dann, wenn der vereinbarte Verkaufspreis nicht ausreicht, um die nach den Verhältnissen am Bilanzstichtag zu erwartenden Selbstkosten (= aktivierungsfähige Herstellungs- bzw. Anschaffungskosten zzgl. anteilige Verwaltungs- und Vertriebskosten) zu decken, soweit die Selbstkosten nicht bereits vor dem Bilanzstichtag als Aufwand verrechnet wurden.

BEISPIEL: Ein Maschinenhersteller hat am 1.10.06 einen Verkaufsvertrag über eine Maschine abgeschlossen, die er selbst herstellt. Die Auslieferung der Maschine soll im Februar 07 erfolgen; der vereinbarte Netto-Verkaufspreis beträgt 90.000 €. An aktivierungsfähigen Herstellungskosten sind bis zum 31.12.06 90.000 € entstanden. Der Steuerpflichtige hat hiervon jedoch nur 80.000 € zulässigerweise aktiviert. Mit weiteren Herstellungskosten i. H. von 8.000 € ist noch zu rechnen. Außerdem sind bei der Auslieferung noch die Verpackungs- und Transportkosten i. H. von 6.000 € netto aufzuwenden.

Berechnung der Rückstellung:

Selbstkosten (90.000 € + 8.000 € + 6.000 € =)	104.000 €
abzgl. bereits im Jahr 06 als Aufwand verrechnet (90.000 € - 80.000 € =)	- 10.000 €
	94.000 €
abzgl. vereinbarter Netto-Verkaufspreis	- 90.000 €
Drohender Verlust nach dem 31.12.06 = Rückstellung	4.000 €

Buchungen beim Jahresabschluss 06:

Sonstiger betrieblicher Aufwand	4.000 €	an	Rückstellung	4.000 €

Buchungen bei der Auslieferung im Jahr 07:

Forderung	107.100 €	an	Warenerlöse	90.000 €
		an	Umsatzsteuer	17.100 €
Rückstellung	4.000 €	an	Sonstiger betrieblicher Ertrag	4.000 €

6.8.4.2 Rückstellungen nach Steuerrecht

1114 Gemäß § 5 Abs. 4a EStG ist es verboten, in der Steuerbilanz Rückstellungen für drohende Verluste aus schwebenden Geschäften zu bilden. Diese gesetzliche Regelung verhindert über § 5 Abs. 6 EStG die Anwendung des Maßgeblichkeitsgrundsatzes.

6.8.5 Rückstellungen für unterlassene Aufwendungen für Instandhaltung

1115 Unterlassene Aufwendungen für Instandhaltungen liegen begrifflich dann vor, wenn am Bilanzstichtag unaufschiebbare und umfangreiche Instandsetzungsarbeiten in Aussicht genommen sind. Dabei muss es sich um **Erhaltungsaufwand handeln** – also nicht um Herstellungsaufwand –, der bis zum Bilanzstichtag bereits erforderlich gewesen wäre. Die Erhaltungsarbeiten werden jedoch erst nach dem Bilanzstichtag ausgeführt.

Werden solche Instandhaltungsmaßnahmen **innerhalb** von drei Monaten nach dem Bilanzstichtag durchgeführt und abgeschlossen, sind i. H. der voraussichtlichen Kosten Rückstellungen zu bilden (§ 249 Abs. 1 Satz 2 Nr. 1 HGB).

Steuerrechtlich besteht für die unterlassenen Instandsetzungsaufwendungen, die in- 1116
nerhalb von drei Monaten nachgeholt werden, über das Maßgeblichkeitsprinzip ein Passivierungsgebot. Für später nachgeholte Instandsetzungen dürfen aufgrund des Maßgeblichkeitsgrundsatzes auch steuerrechtlich keine Rückstellungen gebildet werden.

6.8.6 Rückstellungen für unterlassene Abraumbeseitigung

Für im Geschäftsjahr unterlassene Aufwendungen für Abraumbeseitigung, die im fol- 1117
genden Wirtschaftsjahr nachgeholt werden, müssen Rückstellungen i. H. der Aufwendungen des Folgejahres in der Handels- und Steuerbilanz gebildet werden; handelsrechtlich ergibt sich die Verpflichtung zur Rückstellung aus § 249 Abs. 1 Satz 2 Nr. 1 HGB (vgl. R 5.7 Abs. 11 EStR).

Beim Abraumrückstand handelt es sich um noch nicht weggeschafftes Deckgebirge bei Unternehmen, die Bodensubstanz abbauen (z. B. bei Braunkohleförderunternehmen). Um weiter Bodenschätze abbauen zu können, muss das über der bereits abgebauten Substanz noch vorhandene Deckgebirge beseitigt werden. Der Aufwand hierfür, wenn er im nächsten Jahr nachgeholt wird, ist in eine Rückstellung einzustellen.

6.8.7 Rückstellungen für Gewährleistungen ohne rechtliche Verpflichtung

Diese sog. „Kulanzleistungen" führen zu einer Rückstellungspflicht, wenn sich ein Un- 1118
ternehmen zwar nicht rechtlich, aber **wirtschaftlich** zur Kulanz verpflichtet hat. Das ist i. d. R. dann anzunehmen, wenn Unternehmen mit Regelmäßigkeit Kulanzleistungen (= Garantieleistungen) ohne rechtliche Verpflichtung erbringen; handelsrechtlich ergibt sich die Verpflichtung zur Rückstellung aus § 249 Abs. 1 Satz 2 Nr. 2 HGB (vgl. auch R 5.7 Abs. 12 EStR).

Die Höhe dieser Rückstellungen ermittelt sich nach den gleichen Grundsätzen wie die Höhe der Rückstellungen bei Garantieleistungen (vgl. Rz. 1088 ff.).

6.8.8 Rückstellung für die Nachbetreuung von Versicherungsverträgen

Diese Rückstellung kann dann gebildet werden, wenn der Steuerpflichtige vertraglich 1118a
zur weiteren Betreuung der von ihm vermittelten Versicherungsverträge verpflichtet ist und auch tatsächlich entsprechende Nachbetreuungsleistungen erbracht hat.

Die Nachbetreuungsverpflichtung ist eine Sachleistungsverpflichtung i. S. des § 6 Abs. 1 Nr. 3a Buchst. b EStG.

Der BFH hat in einer Reihe von Urteilen – u. a. BFH, Urteil v. 12.12.2013 - X R 25/11, BStBl 2014 II S. 517 – dargelegt, nach welchen Kriterien die Höhe einer solchen Rückstellung zu ermitteln ist. An dieser Stelle wird nur auf einige Punkte hingewiesen:

- Der Steuerpflichtige hat konkrete und spezifizierte Aufzeichnungen zu führen, die eine angemessene Schätzung der Rückstellung ermöglichen.
- Die laufenden Aufzeichnungen sind vertragsbezogen zu führen.
- Die vom Steuerpflichtigen selbst zu erbringenden (und erbrachten) Leistungen können nicht berücksichtigt werden.
- Ist die Höhe der Rückstellung nicht mithilfe detaillierter Aufzeichnungen ermittelbar, führt dies dazu, dass nur eine Schätzung im unteren Rahmen erfolgen kann.
- Als Sachleistungsverpflichtung ist eine Rückstellung für einen Erfüllungsrückstand nach Maßgabe des § 6 Abs. 1 Nr. 3a Buchst. e Satz 2 EStG abzuzinsen.

6.8.9 Rückstellung für latente Steuern

6.8.9.1 Allgemeines

1119 Diese Rückstellung ist nur für **Kapitalgesellschaften** und **Personenhandelsgesellschaften i. S. des § 264a HGB** vorgeschrieben (§ 274 Abs. 1 HGB). Sie ist in den Fällen zu bilden, in denen das Steuerbilanzergebnis durch steuerlich mögliche Gewinnverlagerungen niedriger ist als das Handelsbilanzergebnis.

Für aktive latente Steuern besteht ein Ansatzwahlrecht. Passive latente Steuern müssen ausgewiesen werden.

BEISPIEL: In der Steuerbilanz für das Jahr 01 wurde ein im Januar 01 für 1 Mio. € errichtetes Bürogebäude zwingend mit 3 % von 1.000.000 € = 30.000 € abgeschrieben. In der Handelsbilanz erfolgt die Abschreibung zulässigerweise unter Zugrundelegung der tatsächlichen Nutzungsdauer von 50 Jahren. Die handelsrechtliche Abschreibung beträgt somit 2 % von 1.000.000 € = 20.000 €. Das Handelsbilanz- und das Steuerbilanzergebnis weichen um diese 10.000 € voneinander ab. Hierbei ist in beiden Bilanzen die Steuerbelastung nach dem Steuerbilanzgewinn ermittelt worden. Dabei ist aber außer Ansatz geblieben, dass der Steuerbilanzgewinn ab dem Jahr 34 höher sein wird als der Handelsbilanzgewinn.

Jahr	AfA lt. Steuerbilanz	AfA lt. Handelsbilanz	Summe der höheren AfA lt. Steuerbilanz
01	30.000 €	20.000 €	10.000 €
02	30.000 €	20.000 €	20.000 €
...			
33	30.000 €	20.000 €	330.000 €
34	10.000 € (Restwert)	20.000 €	320.000 €
35	0 €	20.000 €	300.000 €
...			
50	0 €	20.000 €	0 €

Die spätere Besteuerung der 10.000 € ist jedoch bereits bei der Aufstellung der Handelsbilanz zum 31.12.01 vorhersehbar. Deshalb schreibt das HGB (für Kapitalgesellschaften) vor, dass diese „latente" Steuer bereits im Jahr 01 gewinnmindernd durch die Einstellung in eine Rückstellung für latente Steuern berücksichtigt wird. Gleiches erfolgt für die Jahre bis einschließlich dem Jahr 33.

Der so gebildete Passivposten ist ab dem Jahr 34 bis einschließlich dem Jahr 50 aufzulösen, da dann die Steuerbelastung eintritt.

Die handelsrechtliche Pflicht-Rückstellung soll ihrem Wesen nach nur eine handelsrechtliche Gewinnkorrektur bewirken. Deshalb darf diese Rückstellung nicht in der Steuerbilanz ausgewiesen werden.

Gemäß § 274 Abs. 1 HGB sind latente Steuern unter gesonderten Posten in der Bilanz auszuweisen (§ 266 Abs. 3 E HGB). Dieser Posten ist als Sonderposten eigener Art zu klassifizieren. Da der Posten „Passive latente Steuern" Rückstellungselemente aufweisen kann, schließt § 274 Abs. 2 Satz 1 HGB die Abzinsung der latenten Steuern klarstellend aus. Zuvor bestehende Unsicherheiten und Unklarheiten beim Ausweis latenter Steuern sind damit beseitigt. Die Beträge der sich zukünftig ergebenden Steuerbelastung sind mit den unternehmensindividuellen Steuersätzen zum Zeitpunkt der Umkehrung der Differenz zu bewerten und im Anhang zu erläutern (§ 274 Abs. 2 HGB).

Seit Inkrafttreten des Gesetzes zur Umsetzung der Richtlinie (EU) 2022/2523 des Rates zur Gewährleistung einer globalen Mindestbesteuerung und weiterer Begleitmaßnahmen v. 21.12.2023 (BGBl 2023 I Nr. 397) sind bei der Berechnung latenter Steuern gem. § 274 HGB Differenzen, die aus der Anwendung des deutschen Mindeststeuergesetzes sowie vergleichbarer ausländischer Mindeststeuergesetze resultieren, ausdrücklich nicht zu berücksichtigen (§ 274 Abs. 3 HGB). Diese Ausnahme ist vor allem für größere Kapitalgesellschaften relevant, die dem globalen Mindestbesteuerungsregime (Pillar 2/GloBE) unterliegen.

HINWEIS

Erleichterungen bestehen für kleine Kapitalgesellschaften (§ 267 HGB). Diese sind komplett von der Anwendung des § 274 HGB befreit (§ 274a Nr. 4 HGB).

Bei der Berechnung der latenten Steuern müssen auch zukünftige Steuererstattungsansprüche und Verlustvorträge berücksichtigt werden.

6.8.9.2 Übersicht über die Vorschrift des § 274 HGB

In der folgenden Abbildung wird die Vorschrift des § 274 HGB im Überblick dargestellt: 1120

ABB. 51: Latente Steuern (§ 274 HGB)

I. Bedeutung: Latente Steuern grenzen zeitlich eingeschränkte Wertunterschiede von Vermögenswerten und Schulden zwischen der Handels- und der Steuerbilanz ab, die sich in einer zukünftigen Periode umkehren, mit der Folge einer Steuerbe- oder -entlastung (temporary-konzept).

II. Ziel: Im Vordergrund steht nicht die periodengerechte Gewinnermittlung, sondern die Darstellung der Vermögenslage. Damit sind sie Informationsmittel für wichtige Adressaten wie z. B. Banken, Kunden und Arbeitnehmer.

III. Anwendungsbereich: Latente Steuern sind von Kapital- und haftungsbeschränkten Personengesellschaften zu bilanzieren.

IV. Arten

Aktive latente Steuern

1. Entstehung
a) Vermögensgegenstand in Handelsbilanz niedriger bewertet als in Steuerbilanz;
b) Vermögensgegenstand in Steuerbilanz, aber nicht in Handelsbilanz angesetzt;
c) Schulden in Handelsbilanz höher ausgewiesen als in Steuerbilanz oder
d) Schulden in Handelsbilanz, aber nicht in Steuerbilanz ausgewiesen.

2. Folge
In einer späteren Periode Steuerentlastung.

Passive latente Steuern

1. Entstehung
a) Vermögensgegenstand in Handelsbilanz höher angesetzt als in Steuerbilanz;
b) Vermögensgegenstand in Handelsbilanz, aber nicht in Steuerbilanz angesetzt;
c) Schulden in Handelsbilanz niedriger bewertet als in Steuerbilanz oder
d) Schulden in Steuerbilanz, aber nicht in Handelsbilanz ausgewiesen.

2. Folge
In einer späteren Periode Steuerbelastung.

V. Bewertung
Bewertung gem. § 274 HGB mit den zukünftigen unternehmensindividuellen Steuersätzen zum Zeitpunkt der Umkehrung der Differenzen.

VI. Ausweis
Aktive und passive latente Steuern können saldiert oder auch getrennt bilanziert werden. Dabei gilt:

- Ein Aktivüberhang kann ausgewiesen werden und
- ein Passivüberhang muss ausgewiesen werden.

VII. Auflösung
Auflösung der aktiven und passiven latenten Steuern, wenn die entsprechende Steuerbe- bzw. -entlastung eingetreten ist. Erfassung der Auflösungserträge unter dem Posten „Steuern vom Einkommen und Ertrag".

VIII. Anhang
Die in der Bilanz ausgewiesenen aktiven und passiven latenten Steuern sind gem. § 285 Nr. 29 und 30 HGB im Anhang zu erläutern.

IX. Abzinsung
Eine Abzinsung latenter Steuern erfolgt nicht. Auch dann nicht, wenn der entsprechende Vermögenswert bzw. die entsprechende Schuld abzuzinsen ist.

X. Befreiung
Gemäß § 274a HGB sind kleine Kapitalgesellschaften von der Bildung latenter Steuern befreit.

Latente Steuerabgrenzung im IFRS-Abschluss (IAS 12)
Das BilMoG v. 25.5.2009 (BGBl 2009 I S. 1102) hat eine maßvolle Annäherung der handelsrechtlichen Rechnungslegungsvorschriften an die IFRS vorgenommen. In den wesentlichen Grundlagen entsprechen die Regelungen der internationalen Rechnungslegung den hier zu § 274 HGB dargestellten Grundsätzen, wobei latente Steuern gesondert von anderen Vermögenswerten und Schulden in der Bilanz auszuweisen sind. Eine Saldierung ist unter bestimmten Voraussetzungen möglich.

6.8.10 Übersicht über Rückstellungen nach Handels- und Steuerrecht

1121 Eine Übersicht über die Rückstellungen nach Handels- und Steuerrecht ist der nachfolgenden **Tabelle** zu entnehmen:

TAB. 6: Rückstellungen nach Handels- und Steuerrecht

Rückstellungen für	**Ansatz nach Handelsrecht**	**Ansatz nach Steuerrecht**
► ungewisse Verbindlichkeiten ► Gewerbesteuer-Rückstellung ► Mehrsteuern aufgrund von Außenprüfungen ► Garantie-Rückstellungen ► Prozesskostenrückstellung ► Wechselobligo ► Rückstellungen für Jahresabschlusskosten	Pflicht (§ 249 Abs. 1 Satz 1 HGB)	Pflicht (§ 5 Abs. 1 EStG)
► Pensionsrückstellungen	Pflicht (§ 249 Abs. 1 HGB)	Pflicht (§ 5 Abs. 1 und § 6a EStG)
► Rückstellungen für Patentverletzungen	Pflicht (§ 249 Abs. 1 HGB)	Pflicht (§ 5 Abs. 1 EStG), soweit § 5 Abs. 3 EStG eingreift: Verbot
► drohende Verluste aus schwebenden Geschäften	Pflicht (§ 249 Abs. 1 HGB)	Verbot (§ 5 Abs. 4a EStG)
► unterlassene Instandhaltung bei Nachholung		
– innerhalb von drei Monaten	Pflicht (§ 249 Abs. 1 HGB)	Pflicht (§ 5 Abs. 1 EStG)
– innerhalb von zwölf Monaten	Verbot (§ 249 Abs. 2 HGB)	Verbot (§ 5 Abs. 1 EStG)
► unterlassene Abraumbeseitigung innerhalb von zwölf Monaten	Pflicht (§ 249 Abs. 1 Satz 2 Nr. 1 HGB)	Pflicht (§ 5 Abs. 1 EStG)
► Kulanzleistungen	Pflicht (§ 249 Abs. 1 Satz 2 Nr. 2 HGB)	Pflicht (§ 5 Abs. 1 EStG)
► latente Steuern	Pflicht (für Kapitalgesellschaften) (§ 274 Abs. 1 HGB)	Verbot (§ 5 Abs. 6 EStG)

Rückstellungen für	Ansatz nach Handelsrecht	Ansatz nach Steuerrecht
► zu erwartende Großreparaturen	Verbot (§ 249 Abs. 2 HGB)	Verbot (§ 5 Abs. 1 EStG)
► übrige Veranlassung	Verbot (§ 249 Abs. 2 HGB)	Verbot (§ 5 Abs. 1 EStG)

Generell gilt: Aufwendungen, die in den Folgejahren beim Entstehen Anschaffungs- oder Herstellungskosten darstellen, können nicht Gegenstand einer Rückstellung sein (klarstellend: § 5 Abs. 4b EStG).

6.9 Erfassung „steuerfreier" Rücklagen

6.9.1 Begriff

Der Gesetzgeber hat aus Billigkeitserwägungen und/oder aus politischen Motiven die Bildung von Rücklagen zulasten des steuerpflichtigen Gewinns zugelassen. Da derartige steuerfreie Rücklagen in späteren Wirtschaftsjahren gewinnerhöhend aufgelöst werden müssen, bewirkt ihre Bildung **keine endgültige Steuerersparnis,** sondern nur eine **zinslose Steuerstundung.** Dadurch erhalten die Betriebe Zins- und Liquiditätsvorteile. 1122

Durch die Aufgabe des Grundsatzes der umgekehrten Maßgeblichkeit durch die Änderung des § 5 Abs. 1 Satz 2 EStG und die Aufhebung des § 254 HGB a. F. durch das BilMoG v. 25.5.2009 (BGBl 2009 I S. 1102) können steuerfreie Rücklagen in der Steuerbilanz gebildet werden, ohne dass ein Sonderposten in der Handelsbilanz gebildet wird. 1123

In der Handelsbilanz dürfen steuerfreie Rücklagen (früher: Sonderposten mit Rücklageanteil) nicht passiviert werden.

Werden die steuerfreien Rücklagen zulässigerweise auf erworbene Wirtschaftsgüter übertragen (**Buchungen:** „Rücklage an Sonstiger betrieblicher Ertrag" und „Sonstiger betrieblicher Aufwand an Wirtschaftsgut"), mindern sich dadurch die Anschaffungskosten der erworbenen Wirtschaftsgüter. Im Ergebnis werden dadurch die Rücklagen (= stille Reserven) des ausgeschiedenen Wirtschaftsguts zu **stillen Reserven des Wirtschaftsguts,** auf das die Rücklage übertragen wird. Eine Besteuerung wird in diesen Fällen erst dann nachgeholt, wenn die stillen Reserven des erworbenen Wirtschaftsguts aufzudecken sind (z. B. bei Entnahme oder Veräußerung). 1124

Als steuerfreie Rücklagen (Sonderposten mit Rücklageanteil) kommen insbesondere in Betracht:

- ► Die Rücklage für Ersatzbeschaffung (R 6.6 Abs. 4 EStR),
- ► die Rücklage gem. § 6b EStG und
- ► die Zuschussrücklage (R 6.5 Abs. 4 EStR).

6.9.2 Rücklage für Ersatzbeschaffung

6.9.2.1 Allgemeines

1125 Die Rücklage für Ersatzbeschaffung hat bisher keine gesetzliche Regelung erfahren; es handelt sich vielmehr um ein **steuerliches Gewohnheitsrecht.** Ihre Bildung dient dem Zweck, die Besteuerung der in dem ausgeschiedenen Wirtschaftsgut enthaltenen stillen Reserven für den Zeitraum zu verhindern, der zwischen dem Ausscheiden des alten Wirtschaftsguts und dem Zeitpunkt der Anschaffung des Ersatzwirtschaftsguts liegt.

1126 Gemäß der Auffassung des BFH – siehe H 6.6 Abs. 1 Aufdeckung stiller Reserven EStH – ist das Unterlassen der Aufdeckung stiller Reserven in bestimmten Fällen der Ersatzbeschaffung aus einer eingeschränkten Auslegung des Realisationsgrundsatzes herzuleiten; denn es gebe keinen durchgängigen Gewinnrealisierungszwang für sämtliche Veräußerungsvorgänge.

Das steuerliche Gewohnheitsrecht ist in R 6.6 EStR und H 6.6 EStH niedergelegt worden.

Die Bewertung der Wirtschaftsgüter des Betriebsvermögens gem. § 6 EStG schließt nicht aus, dass der Wertansatz einzelner Wirtschaftsgüter in der Bilanz nicht dem „wahren Wert" dieser Wirtschaftsgüter entspricht. Dann sind stille Reserven hinter diesen Bilanzansätzen verborgen; sie können durch zulässige Unterbewertungen von Wirtschaftsgütern oder durch Preissteigerungen bei Einhaltung der Höchstwertvorschriften entstanden sein. Diese stillen Reserven werden aufgelöst und damit erkennbar gemacht, wenn das Wirtschaftsgut veräußert oder aus dem Betriebsvermögen entnommen wird. Dann entsteht ein steuerpflichtiger Gewinn i. H. des Betrags, um den der Netto-Verkaufspreis oder der Teilwert (u. U. auch der gemeine Wert, vgl. § 16 Abs. 3 EStG) bei Entnahme den Buchwert des Wirtschaftsguts zum Zeitpunkt der Veräußerung bzw. der Entnahme übersteigt.

1127 Dieser Grundsatz – stille Reserven erhöhen zum Zeitpunkt ihrer Aufdeckung den steuerpflichtigen Gewinn – **wird mithilfe der Rücklage für Ersatzbeschaffung** (eines von der Rechtsprechung entwickelten Gewohnheitsrechts) **durchbrochen.**

Eine **Besteuerung** dieser stillen Reserven findet i. S. der R 6.6 EStR **nicht statt,** wenn aus dem Betrieb

- eines Steuerpflichtigen, der einem begünstigten Personenkreis angehört,
- irgendein Wirtschaftsgut,
- unfreiwillig, infolge höherer Gewalt oder
- zur Vermeidung eines behördlichen Eingriffs ausscheidet und
- ein Ersatzwirtschaftsgut (= ein funktionsgleiches Wirtschaftsgut)
- innerhalb eines bestimmten Zeitraums angeschafft wird.

6.9.2.2 Begünstigter Personenkreis

1128 Die Möglichkeit, die Rücklage für Ersatzbeschaffung bilden zu können, ist für folgende Steuerpflichtige gegeben:

- Für buchführende Land- und Forstwirte,
- für Gewerbetreibende, die ihren Gewinn durch Vermögensvergleich ermitteln, und
- für selbständig Tätige, die ihren Gewinn durch Vermögensvergleich ermitteln.

(Hier sei aber auch darauf hingewiesen, dass für Steuerpflichtige, die ihren Gewinn gem. § 4 Abs. 3 EStG – durch Einnahmenüberschussrechnung – ermitteln, ähnliche Regelungen existieren (§ 6c EStG); siehe hierzu ausführlich unter Rz. 1272.)

Grundsätzlich ist der **wirtschaftliche Eigentümer** berechtigt, die Rücklage für Ersatz- 1129
beschaffung zu bilden.

6.9.2.3 Begünstigte Wirtschaftsgüter

Grundsätzlich kommt die Rücklage für Ersatzbeschaffung **beim Ausscheiden** eines je- 1130
den Wirtschaftsguts aus dem Betriebsvermögen in Betracht, also auch bei Wirtschaftsgütern, die

- zum gewillkürten Betriebsvermögen,
- zu den immateriellen Wirtschaftsgütern,
- zum Umlaufvermögen oder
- zu den geringwertigen Wirtschaftsgütern

gehören.

Die Bildung einer Rücklage kann natürlich nur dann ins Auge gefasst werden, wenn stille Reserven durch das Ausscheiden aufgedeckt werden.

6.9.2.4 Unfreiwilliges Ausscheiden

6.9.2.4.1 Ausscheiden infolge höherer Gewalt

Die Bildung der Rücklage für Ersatzbeschaffung ist u. U. dann möglich, wenn ein Wirt- 1131
schaftsgut infolge **höherer Gewalt** aus dem Betriebsvermögen ausscheidet (vgl. R 6.6 Abs. 2 Satz 1 EStR i. V. mit H 6.6 Abs. 2 Höhere Gewalt EStH).

Unter „höherer Gewalt" sind in diesem Zusammenhang zu verstehen:

- Brand,
- Diebstahl,
- Explosion,
- Naturkatastrophen,
- unverschuldeter Unfall oder
- Abriss eines Gebäudes wegen erheblicher, kurze Zeit nach der Fertigstellung auftretender Baumängel.

Keine Fälle von „höherer Gewalt" liegen vor, wenn Wirtschaftsgüter aus dem Betriebs- 1132
vermögen ausscheiden infolge

- von Material- oder Konstruktionsfehlern (H 6.6 Abs. 2 Höhere Gewalt EStH),
- von Bedienungsfehlern (H 6.6 Abs. 2 Höhere Gewalt EStH),
- alltäglicher Zufallsschäden,
- Eigenverschulden oder
- von Entnahmen.

6.9.2.4.2 Ausscheiden infolge behördlichen Eingriffs

1133 Die Bildung einer Rücklage für Ersatzbeschaffung ist (bei Vorliegen der weiteren Voraussetzungen) auch dann möglich, wenn ein Wirtschaftsgut infolge **eines behördlichen Eingriffs** aus dem Betriebsvermögen ausscheidet (vgl. R 6.6 Abs. 2 Satz 2 EStR i. V. mit H 6.6 Abs. 2 Behördlicher Eingriff EStH). Ein „behördlicher Eingriff" ist gegeben bei

- zwangsweiser Veräußerung eines Wirtschaftsguts (z. B. eines Grundstücks) im Enteignungsverfahren,
- Veräußerung zur Vermeidung eines behördlichen Eingriffs (hier muss aber ernsthaft mit der Enteignung gerechnet werden), z. B. bei Ankündigung eines Enteignungs- oder eines Betriebsuntersagungsverfahrens, oder
- Beschlagnahme des Wirtschaftsguts.

1134 Auch der **mittelbare Zwang** durch behördliche Eingriffe reicht aus, um eine Rücklage zu bilden, z. B.:

- Wird ein Teilgrundstück enteignet und lässt sich das Restgrundstück nicht mehr sinnvoll nutzen, wird auch die Veräußerung dieses Restgrundstücks so angesehen, als sei sie unter Zwang erfolgt.
- Wird über ein Grundstück eine Bausperre verhängt und ist die wirtschaftliche Nutzung dieses Grundstücks nicht mehr möglich, führt dies häufig zur Veräußerung des Grundstücks. Die Veräußerung erfolgt hier durch mittelbaren behördlichen Zwang.
- Wird behördlich eine Betriebsunterbrechung angeordnet, führt dies häufig zur Veräußerung eines Grundstücks. Auch eine so bedingte Veräußerung erfolgt durch mittelbaren behördlichen Zwang.

6.9.2.4.3 Abgrenzung zum freiwilligen Ausscheiden

1135 Scheiden Wirtschaftsgüter freiwillig aus dem Betriebsvermögen aus, kommt eine Rücklage für Ersatzbeschaffung **nicht** in Betracht (H 6.6 Abs. 2 Behördlicher Eingriff EStH). Ein solches freiwilliges Ausscheiden von Wirtschaftsgütern liegt vor, wenn

- ein Wirtschaftsgut in einer wirtschaftlichen Zwangslage veräußert wird,
- die Gemeinde ein ihr zustehendes Wiederkaufsrecht ausübt,
- das Grundstück nach Aufstellung eines Bebauungsplans, der die bisherige Nutzung des Grundstücks wegen Bestandsschutzes unberührt lässt, veräußert wird, weil eine sinnvolle Betriebserweiterung oder -umstellung ausgeschlossen wird (hier sind ggf. die Voraussetzungen des § 6b EStG zu prüfen),
- ein Wirtschaftsgut durch Entnahme aus dem Betriebsvermögen ausscheidet (H 6.6 Abs. 1 Entnahme EStH) oder
- bei Tausch von Grundstücken oder Veräußerung eines Grundstücks und Erwerb eines Ersatzgrundstücks lediglich ein gewisses öffentliches Interesse an den Maßnahmen besteht (H 6.6 Abs. 2 Behördlicher Eingriff EStH).

Die Bildung einer Rücklage für Ersatzbeschaffung wird jedoch nicht dadurch ausgeschlossen, dass die Entschädigung für das ausgeschiedene Wirtschaftsgut in einem Sachwert besteht, der Privatvermögen wird (H 6.6 Abs. 1 Entschädigung EStH). Diese Fälle sind in der Praxis häufig bei Grundstückstauschgeschäften im Vorfeld von Enteignungen anzutreffen. 1136

6.9.2.5 Ersatzwirtschaftsgut

Eine Übertragung stiller Reserven darf nur auf ein **Ersatzwirtschaftsgut** erfolgen, das wirtschaftlich dieselbe oder eine entsprechende Aufgabe erfüllt wie das ausgeschiedene Wirtschaftsgut. Das Ersatzwirtschaftsgut muss also die Lücke schließen, die das ausgeschiedene Wirtschaftsgut hinterlassen hat. Zwischen dem Ersatzwirtschaftsgut und dem ausgeschiedenen Wirtschaftsgut muss **Aufgabenidentität sowie Funktionsgleichheit** bestehen (H 6.6 Abs. 1 Ersatzwirtschaftsgut EStH). 1137

BEISPIEL: Bei einer Explosion wird ein Lkw total zerstört; die Versicherungsentschädigung übersteigt den Buchwert des Lkws um 10.000 €. Die in dieser Höhe nun aufgedeckten stillen Reserven dürfen gewinnneutral auf einen neu beschafften Ersatz-Lkw übertragen werden.

Unter den o. g. Voraussetzungen können bei einem ausgeschiedenen Betriebsgrundstück mit aufstehendem Gebäude die in dem Bilanzansatz für den Grund und Boden und die in dem Bilanzansatz für das Gebäude enthaltenen stillen Reserven (= stillen Rücklagen) jeweils auf den neu angeschafften Grund und Boden oder auf ein neu angeschafftes oder hergestelltes Gebäude übertragen werden. Für Zwecke der Rücklagenbildung wird also ein Grundstück so betrachtet, als stelle es **bilanzsteuerrechtlich ein Wirtschaftsgut dar.** Voraussetzung für die Anwendung der folgenden Sätze ist, dass das neu beschaffte Grundstück (Gebäude + Grund und Boden) ein Ersatzgrundstück für das veräußerte Grundstück (Gebäude + Grund und Boden) darstellt. 1138

Soweit dann eine Übertragung der bei dem Grund und Boden aufgedeckten stillen Rücklagen auf die Anschaffungskosten des erworbenen Grund und Bodens nicht möglich ist, können die stillen Rücklagen auf die Anschaffungskosten des Gebäudes übertragen werden. Entsprechendes gilt für die bei dem Gebäude aufgedeckten stillen Rücklagen (R 6.6 Abs. 3 EStR).

BEISPIEL: Ein Kundenparkplatz mit Parkhausgebäude wird infolge behördlichen Zwangs gegen Zahlung i. H. von 1,5 Mio. € veräußert. Hierbei werden stille Reserven, die lediglich im Grund und Boden liegen, i. H. von 500.000 € aufgedeckt. Einen Monat später wird ein Grundstück erworben, auf dem sich ein Parkhaus befindet. Vom Kaufpreis entfallen 400.000 € auf den Grund und Boden und 1,7 Mio. € auf das Gebäude. Die aufgedeckten stillen Rücklagen können zu 400.000 € auf den neu beschafften Grund und Boden und zu 100.000 € auf das neu beschaffte Gebäude übertragen werden.

6.9.2.6 Ersatzbeschaffungsfrist

Eine Übertragung der stillen Rücklagen setzt voraus, dass das Ersatzwirtschaftsgut **innerhalb bestimmter Fristen** beschafft wird und dass nach dem Ausscheiden eine Ersatzbeschaffung **ernsthaft** geplant ist. 1139

Im Regelfall muss die Ersatzbeschaffung **nach der Veräußerung** vorgenommen werden.

Wird jedoch ein Ersatzwirtschaftsgut bereits **vor einer drohenden Enteignung** beschafft, ist auch in diesem Falle die Übertragung der stillen Rücklagen auf das Ersatzwirtschaftsgut möglich (H 6.6 Abs. 3 Vorherige Anschaffung EStH). Erforderlich ist hier jedoch ein ursächlicher Zusammenhang zwischen Veräußerung und Ersatzbeschaffung.

Die Anschaffung/Herstellung des Ersatzwirtschaftsguts erfolgt entweder im Jahr des unfreiwilligen Ausscheidens oder im Folgejahr; bei Grund und Boden und bei Gebäuden kann die Anschaffung oder Herstellung auch bis zum Ablauf des vierten auf das Jahr des Schadensereignisses folgenden Jahres getätigt werden; bei neu hergestellten Gebäuden verlängert sich die Frist auf sechs Jahre (R 6.6 Abs. 4 Satz 4 EStR). Die Frist von einem Jahr (bei beweglichen Wirtschaftsgütern) kann i. S. der R 6.6 Abs. 4 Satz 5 EStR im Einzelfall angemessen verlängert werden, wenn der Steuerpflichtige glaubhaft macht, dass die Ersatzbeschaffung noch ernsthaft geplant und zu erwarten ist, aber aus besonderen Gründen noch nicht durchgeführt werden konnte.

6.9.2.7 Ermittlung der stillen Rücklage

1140 Ist aus einem Betriebsvermögen einer begünstigten Person ein Wirtschaftsgut aus dem Betriebsvermögen unfreiwillig ausgeschieden und ist auch die Anschaffung eines Ersatzwirtschaftsguts ernsthaft geplant, ist zunächst die Berechnung der stillen Reserven durchzuführen:

	Höhe der Entschädigung
-	Buchwert des ausgeschiedenen Wirtschaftsguts
=	übertragungsfähige stille Reserve

Eine stille Reserve kann also nur dann vorhanden sein, wenn die Entschädigung **höher** ist als der Buchwert.

6.9.2.7.1 Ermittlung der Entschädigungshöhe

1141 Die Entschädigungshöhe (z. B. einer Versicherung) ist nur insoweit zu erfassen, wie sie als Entschädigung für das **ausgeschiedene Wirtschaftsgut** als solches entfällt (H 6.6 Abs. 1 Entschädigung EStH).

Der Ersatz von **Folgeschäden** (z. B. Aufräumungskosten, entgangener Gewinn oder Umzugskosten) hängt nicht direkt mit dem Ausscheiden des Ersatzwirtschaftsguts zusammen und damit auch nicht mit den im ausgeschiedenen Wirtschaftsgut vorhandenen stillen Reserven.

Werden jedoch die Mehrkosten, die für die beschleunigte Beschaffung des Ersatzwirtschaftsguts aufgewandt werden, ersetzt, werden diese in die Ermittlung der Entschädigungshöhe mit eingerechnet.

Erhält ein vorsteuerabzugsberechtigter Unternehmer von seiner Versicherung den Wiederbeschaffungswert einschließlich der Umsatzsteuer, ist auch diese Umsatzsteuer Teil der Entschädigung.

Die Entschädigung darf auch in einem Sachwert bestehen, der Privatvermögen wird.

6.9.2.7.2 Ermittlung des Buchwerts des ausgeschiedenen Wirtschaftsguts

Diese Ermittlung richtet sich nach H 6.6 Abs. 3 Buchwert EStH i. V. mit R 6b.1 Abs. 2 EStR: 1142

	Buchwert am Anfang des Wirtschaftsjahres
-	zeitanteilige AfA für den Zeitraum vom letzten Bilanzstichtag bis zum Ausscheiden des Wirtschaftsguts (bei abnutzbaren Wirtschaftsgütern)
+	ggf. Wertaufholung gem. § 6 Abs. 1 Nr. 1 Satz 4 EStG
+	ggf. Wertaufholung gem. § 7 Abs. 1 Satz 7 Halbsatz 2 EStG
=	Buchwert

Bei der AfA-Berechnung ist es nicht zu beanstanden, wenn angefangene Monate als **volle Nutzungsmonate** gerechnet werden.

6.9.2.8 Bilanztechnische Behandlung der Rücklage für Ersatzbeschaffung

Die stille Rücklage darf auf das Ersatzwirtschaftsgut übertragen werden. Zu diesem Zweck ist das Ersatzwirtschaftsgut in der Bilanz des Wirtschaftsjahres, in dem das Ersatzwirtschaftsgut angeschafft oder hergestellt worden ist, mit den Anschaffungs- oder Herstellungskosten abzgl. des Betrags anzusetzen, um den die Entschädigung den Buchwert des ausgeschiedenen Wirtschaftsguts übersteigt. Dies gilt auch dann, wenn die Entschädigung höher ist als der Teilwert des ausgeschiedenen Wirtschaftsguts. 1143

Der so ermittelte Bilanzansatz stellt die **Bemessungsgrundlage für die AfA** dar:

	Anschaffungs- bzw. Herstellungskosten des Ersatzwirtschaftsguts
-	übertragbare stille Reserven
=	Bemessungsgrundlage für die AfA
-	AfA (bei abnutzbaren Wirtschaftsgütern)
=	Bilanzansatz für das Ersatzwirtschaftsgut

6.9.2.8.1 Ersatzbeschaffung im Wirtschaftsjahr des Ausscheidens oder im Jahr zuvor

BEISPIEL 1: Ein Bürogebäude wird am 20.4.01 durch einen Brand völlig zerstört. Der Bilanzansatz am 31.12.00 betrug 300.000 €. Die zutreffend ermittelte jährliche AfA betrug in den Vorjahren 24.000 €. Die Versicherung zahlt 800.000 €; davon entfallen 10.000 € auf die Aufräumungskosten. Am 1.12.01 wird ein neu errichtetes Bürogebäude fertiggestellt (Herstellungskosten 1 Mio. €). Für das neue Gebäude soll die lineare AfA in Anspruch genommen werden (Nutzungsdauer 40 Jahre). 1144

Lösung:

1. **Berechnung der stillen Rücklage:**
   a) **Ermittlung der Entschädigungshöhe:**

Entschädigung insgesamt	800.000 €
abzgl. davon für Aufräumungskosten	- 10.000 €
Entschädigung für das zerstörte Bürogebäude	790.000 €

b) **Ermittlung des maßgeblichen Buchwerts:**

Bilanzansatz zum 31.12.00	300.000 €
abzgl. AfA bis zum 30.4.01 (angefangene Monate zählen voll): $^4/_{12}$ von 24.000 € =	- 8.000 €
Maßgeblicher Buchwert	292.000 €

c) **Höhe der Rücklage:**

Entschädigung	790.000 €
abzgl. Buchwert	- 292.000 €
Stille Reserve	498.000 €

2. Die technische Abwicklung erfolgt zur Verdeutlichung über ein Zwischenkonto „Rücklage für Ersatzbeschaffung". Die AfA für das neue Gebäude beträgt gem. § 7 Abs. 4 Satz 1 Nr. 1 EStG $^1/_{12}$ von 3 % von (1 Mio. € - 498.000 € =) 502.000 € = 1.255 €.

Buchungen beim Ausscheiden:

a)	AfA	8.000 €	an	Gebäude (alt)	8.000 €
b)	Sonstige Forderungen	800.000 €	an	Sonstiger betrieblicher Ertrag	10.000 €
			an	Gebäude	292.000 €
			an	Rücklage	498.000 €

Buchungen bei/nach Herstellung:

a)	Gebäude	1.000.000 €	an	Sonstige Verbindlichkeiten	1.000.000 €
b)	Rücklage	498.000 €	an	Gebäude	498.000 €
c)	AfA	1.255 €	an	Gebäude	1.255 €

Steuerrechtlich zutreffend wäre eigentlich folgende buchmäßige Abwicklung:

Buchungen beim Ausscheiden:

a)	AfA	8.000 €	an	Gebäude (alt)	8.000 €
b)	Außerplanmäßige Abschreibung	292.000 €	an	Gebäude (alt)	292.000 €
c)	Sonstige Forderungen	800.000 €	an	Sonstiger betrieblicher Ertrag	800.000 €
d)	Sonstiger betrieblicher Aufwand	498.000 €	an	Sonderposten mit Rücklageanteil	498.000 €

Buchungen bei/nach Herstellung:

a)	Gebäude	1.000.000 €	an	Sonstige Verbindlichkeiten	1.000.000 €
b)	Außerplanmäßige Abschreibungen	498.000 €	an	Gebäude	498.000 €
c)	Sonderposten mit Rücklageanteil	498.000 €	an	Sonstiger betrieblicher Ertrag	498.000 €
d)	AfA	1.255 €	an	Gebäude	1.255 €

BEISPIEL 2: Ein Bürogebäude wurde am 5.1.01 für 800.000 € auf einem zum Betriebsvermögen gehörenden Grundstück errichtet. Als jährliche AfA wurden ab dem Jahr 01 24.000 € jährlich in Anspruch genommen. Im Jahr 03 erging eine behördliche Anordnung, nach der das Gebäude nicht mehr betrieblich genutzt werden durfte. Daraufhin erfolgte zum 31.12.03 eine Abschreibung auf den zutreffend ermittelten Teilwert i. H. von 300.000 €. Am 2.4.04 erfolgte eine Aufhebung der im Jahr 03 verfügten Nutzungsbeschränkung durch die Gemeinde. Am 20.4.04 wird das Gebäude durch einen Brand völlig zerstört. Die Versicherung zahlt 800.000 €; davon entfallen 10.000 € auf die Aufräumungskosten. Am 1.12.04 wird ein neu errichtetes Büro-

gebäude fertiggestellt (Herstellungskosten 1 Mio. €). Für das neue Gebäude soll die lineare AfA in Anspruch genommen werden (Nutzungsdauer 40 Jahre).

Lösung:

1. **Berechnung der stillen Rücklage:**

   a) **Ermittlung der Entschädigungshöhe:**

Entschädigung insgesamt	800.000 €
abzgl. davon für Aufräumungskosten	- 10.000 €
Entschädigung für das zerstörte Bürogebäude	790.000 €

   b) **Ermittlung des Buchwerts zum 20.4.04, der sich ohne Vornahme der Teilwertabschreibung ergeben hätte:**

Herstellungskosten	800.000 €
AfA in den Jahren 01–03: 3 × 3 % von 800.000 € =	- 72.000 €
Anteilige AfA im Jahr 04: $^4/_{12}$ von 24.000 € =	- 8.000 €
Buchwert zum 20.4.04	720.000 €

   c) **Ermittlung des maßgeblichen Buchwerts:**

Herstellungskosten	800.000 €
AfA in den Jahren 01–03: 3 × 3 % von 800.000 € =	- 72.000 €
Zwischenwert	728.000 €
Teilwertabschreibung	- 428.000 €
Buchwert zum 31.12.03	300.000 €
AfA gem. § 11c Abs. 2 EStDV: $^4/_{12}$ von 3 % von (800.000 € - 428.000 € =) 372.000 € =	- 3.720 €
Zwischenwert	296.280 €
Wertaufholung gem. H 6.6 Abs. 3 Buchwert EStH i. V. mit R 6b.1 Abs. 2 Satz 3 EStR	+ 423.720 €
Maßgeblicher Buchwert	720.000 €

   d) **Höhe der Rücklage:**

Entschädigung	790.000 €
abzgl. Buchwert	- 720.000 €
Stille Reserve	70.000 €

2. Die technische Abwicklung erfolgt zur Verdeutlichung über ein Zwischenkonto „Rücklage für Ersatzbeschaffung". Die AfA für das neue Gebäude beträgt gem. § 7 Abs. 4 Satz 1 Nr. 1 EStG $^1/_{12}$ von 3 % von (1 Mio. € - 70.000 € =) 930.000 € = 2.325 €.

   Buchungen beim Ausscheiden:

a)	AfA	3.720 €	an	Gebäude (alt)	3.720 €
b)	Sonstige Forderungen	800.000 €	an	Sonstiger betrieblicher Ertrag	10.000 €
			an	Gebäude	720.000 €
			an	Rücklage	70.000 €

   Buchungen bei/nach Herstellung:

a)	Gebäude	1.000.000 €	an	Sonstige Verbindlichkeiten	1.000.000 €
b)	Rücklage	70.000 €	an	Gebäude	70.000 €
c)	AfA	2.325 €	an	Gebäude	2.325 €

6.9.2.8.2 Ersatzbeschaffung in einem späteren Wirtschaftsjahr

1145 Steuerpflichtige, die zum begünstigten Personenkreis gehören, können am Schluss des Wirtschaftsjahres, in dem das Wirtschaftsgut unfreiwillig aus dem Betriebsvermögen ausgeschieden ist, eine **steuerfreie Rücklage** für Ersatzbeschaffung bilden, wenn

- die Ersatzbeschaffung noch nicht vorgenommen wurde und
- die Ersatzbeschaffung zum Bilanzstichtag ernstlich geplant ist.

Die Rücklagenbildung bewirkt, dass die aufgedeckten stillen Reserven gewinnmäßig **neutralisiert** werden.

Die Buchungen beim Ausscheiden des Wirtschaftsguts und bei Anschaffung bzw. Herstellung eines Ersatzwirtschaftsguts entsprechen genau den unter Rz. 1144 dargestellten Buchungen.

6.9.2.8.3 Teilweise Übertragung der stillen Reserven

1146 Bei den bisherigen Ausführungen wurde immer impliziert, dass die gezahlte Entschädigung in **voller** Höhe zur Beschaffung des Ersatzwirtschaftsguts verwendet wurde. Dann mindert die gebildete Rücklage für Ersatzbeschaffung auch in voller Höhe die Anschaffungs- bzw. Herstellungskosten des Ersatzwirtschaftsguts. Eine Gewinnverwirklichung findet hierbei nicht statt.

Wird jedoch die erhaltene Entschädigung nicht in voller Höhe zur Ersatzbeschaffung benötigt, darf die Rücklage für Ersatzbeschaffung nur **anteilig** auf das Ersatzwirtschaftsgut übertragen werden; der Rest ist gewinnerhöhend aufzulösen (H 6.6 Abs. 3 Mehrentschädigung EStH). Hierbei wird nach der folgenden Formel gerechnet:

$$\frac{\text{Anschaffungskosten des Ersatzwirtschaftsguts}}{\text{Entschädigung}} \times \text{Rücklage} = \text{Übertragungsfähiger Teil der Rücklage}$$

BEISPIEL: Im Wirtschaftsjahr 01 wurde zulässigerweise eine Rücklage für Ersatzbeschaffung eines Lkws i. H. von 20.000 € gebildet. Die Entschädigung betrug 100.000 €. Im Jahr 02 wird ein neuer Lkw als Ersatzwirtschaftsgut für 80.000 € netto angeschafft. Hier ermittelt sich der übertragungsfähige Teil nach der o. a. Formel wie folgt:

$$\frac{80.000\ €}{100.000\ €} \times 20.000\ € = 16.000\ €.$$

Die Anschaffungskosten des Ersatzwirtschaftsguts sind also um 16.000 € zu mindern; die restlichen 4.000 € sind gewinnerhöhend aufzulösen.

Buchung bei Ersatzbeschaffung:

Wirtschaftsgut	80.000 €			
Vorsteuer	15.200 €			
Rücklage	20.000 €	an	Sonstige Verbindlichkeiten	95.200 €
		an	Wirtschaftsgut	16.000 €
		an	Sonstiger betrieblicher Ertrag	4.000 €

Steuerrechtlich zutreffender sind folgende Buchungen:

a) Sonderposten mit Rücklageanteil	20.000 €	an	Sonstiger betrieblicher Ertrag	20.000 €
b) Außerplanmäßige Abschreibung	16.000 €	an	Wirtschaftsgut	16.000 €

Wird bei einem ausgeschiedenen Wirtschaftsgut zusätzlich noch ein Schrotterlös erzielt (neben einer Versicherungsentschädigung), ist dieser Schrotterlös (ohne die ggf. darin enthaltene Umsatzsteuer) in die Entschädigung mit einzubeziehen. 1147

6.9.2.8.4 Gewinnerhöhende Auflösung der Rücklage für Ersatzbeschaffung

Soweit **keine** Übertragung auf ein Ersatzwirtschaftsgut erfolgt, ist die Rücklage **gewinnerhöhend** aufzulösen. Dazu folgende Beispiele, die zur gewinnerhöhenden Rücklageauflösung führen: 1148

- Der ursprüngliche Plan zur Ersatzbeschaffung wird aufgegeben. Am Ende des Wirtschaftsjahres, in dem der Plan aufgegeben worden ist, ist die Rücklage aufzulösen.

  Buchung: Rücklage an Sonstiger betrieblicher Ertrag.
- Wird das Ersatzwirtschaftsgut innerhalb der Fristen (u. U. nach Fristverlängerung) nicht beschafft, ist die Rücklage i. d. R. gewinnerhöhend aufzulösen; es sei denn, der Steuerpflichtige macht (bei beweglichen Wirtschaftsgütern) glaubhaft, dass die Ersatzbeschaffung noch ernstlich geplant und zu erwarten ist, aber aus besonderen Gründen noch nicht durchgeführt werden konnte.
- Ein Betrieb, in dessen Bilanz eine Rücklage für Ersatzbeschaffung ausgewiesen ist, wird veräußert. In diesem Fall werden die nun gewinnwirksam werdenden stillen Reserven Teil des tarifbegünstigten Veräußerungsgewinns.

6.9.2.9 Sonderfälle

Wird von den Anschaffungs- oder Herstellungskosten des Ersatzwirtschaftsguts eine Rücklage für Ersatzbeschaffung abgesetzt und ergeben sich dann gekürzte Anschaffungs- oder Herstellungskosten bei beweglichen Wirtschaftsgütern von nicht mehr als 800 €, kann der verbleibende Betrag sofort i. S. des § 6 Abs. 2 EStG abgeschrieben werden. 1149

Auf **eingelegte** Wirtschaftsgüter kann die Rücklage **nicht** übertragen werden. Da der Steuerpflichtige in solchen Fällen die Entschädigung nicht für die Ersatzbeschaffung verwenden muss, liegt auch keine Veranlassung vor, die Besteuerung der stillen Reserven hinauszuschieben (H 6.6 Abs. 1 Einlage EStH). 1150

6.9.2.10 Beschädigung von Wirtschaftsgütern

Wird ein Wirtschaftsgut infolge höherer Gewalt oder eines behördlichen Eingriffs beschädigt, darf auch in diesen Fällen eine Rücklage für Ersatzbeschaffung gebildet werden (R 6.6 Abs. 7 EStR), wenn die Reparatur des Wirtschaftsguts erst in einem späteren Wirtschaftsjahr erfolgt. 1151

Die Rücklage ist zum Zeitpunkt der Reparatur immer in voller Höhe aufzulösen.

Ist die Reparatur am Ende des vierten (bei Gebäuden) bzw. ersten (bei beweglichen Wirtschaftsgütern) auf die Bildung der Rücklage folgenden Wirtschaftsjahres noch nicht erfolgt, ist die Rücklage zu diesem Zeitpunkt aufzulösen.

BEISPIEL: Bei einem starken Sturm im Wirtschaftsjahr 01 ist ein Gebäude schwer beschädigt worden.

a) Der Schaden i. H. von 100.000 € wurde bis zum 30.3.02 behoben.

In der Bilanz zum 31.12.01 ist hier zwingend eine Rückstellung gem. § 249 Abs. 1 HGB i. V. mit § 5 Abs. 1 EStG zu bilden. Daher ist für eine Rücklage kein Platz.

b) Der Schaden i. H. von 100.000 € wurde bis zum 30.10.02 behoben.

Hier kann eine Rücklage i. S. der R 6.6 Abs. 7 EStR i. H. von 100.000 € gewinnmindernd gebildet werden, da die Voraussetzungen für die Bildung einer Rückstellung nicht gegeben sind. Im Jahr 02 – dem Jahr der Reparatur des Gebäudes – ist die Rücklage gewinnerhöhend aufzulösen.

6.9.2.11 Übersicht über die Rücklage für Ersatzbeschaffung

1152 Die folgende Abbildung gibt einen groben Überblick über die Regelungen der R 6.6 EStR/H 6.6 EStH, soweit Fälle des Ausscheidens von Wirtschaftsgütern betroffen sind:

ABB. 52: Rücklage für Ersatzbeschaffung

Begünstigtes Ausscheiden infolge

oder

höherer Gewalt
unverschuldetes Ausscheiden von Wirtschaftsgütern des Betriebsvermögens, z. B. durch
- Brand,
- Diebstahl,
- Explosion,
- Naturkatastrophen oder
- unverschuldeten Unfall.

zur Vermeidung eines behördlichen Eingriffs
Ausscheiden durch unmittelbaren behördlichen Eingriff wie z. B. drohende oder erfolgte Enteignung oder Beschlagnahme.

Ersatzwirtschaftsgut

Wirtschaftsgut muss entstandene Lücke schließen (Funktionsgleichheit).
Ausnahme:
Grund und Boden + Gebäude: übersteigende Beträge = wechselseitig übertragbar.

Ermittlung der aufgedeckten stillen Reserven

Entschädigung
für Wirtschaftsgut, nicht z. B. für Folgeschäden (Aufräumkosten, entgehender Gewinn, Umzugskosten etc.).

Buchwert
Buchwert zu Beginn des Wirtschaftsjahres - zeitanteilige AfA + ggf. Wertaufholung = Buchwert gem. R 6b.1 Abs. 2 EStR.

Zeitpunkt der Rücklagenbildung/ Auflösung der Rücklage

Zeitpunkt
Am **Ende** des Wirtschaftsjahres, in dem das Wirtschaftsgut ausgeschieden ist; eine Ersatzbeschaffung muss ernsthaft geplant sein.

Auflösung
Gemäß R 6.6 Abs. 4 EStR.

Übertragungsfähige Reserven

Unbeschränkt übertragbar
Gesamtbetrag der Entschädigung wird für die Anschaffung des Ersatzwirtschaftsguts verwendet.

Beschränkt übertragbar
Entschädigung wird nicht in voller Höhe für das Ersatzwirtschaftsgut aufgewendet.
Folge: Anteilige Übertragbarkeit, Rest als sonstiger betrieblicher Ertrag zu erfassen.
Formel: $\frac{\text{Anschaffungskosten Ersatzwirtschaftsgut}}{\text{Entschädigung}} \times \text{Rücklage}$

6.9.3 Reinvestitionsrücklage gem. § 6b EStG

6.9.3.1 Allgemeines

1153 Unter den in § 6b EStG genau beschriebenen Voraussetzungen brauchen aufgedeckte stille Reserven im Jahr der Veräußerung nicht der Besteuerung unterworfen zu werden. Vielmehr dürfen unter genau vorgegebenen Voraussetzungen die stillen Reserven auf bestimmte Wirtschaftsgüter übertragen werden. Ziel dieser Vorschrift ist es, bei der Veräußerung aufgedeckte stille Reserven nicht sofort zu besteuern, um volks- und/oder betriebswirtschaftlich erwünschte Veräußerungen nicht zu behindern.

6.9.3.2 Begünstigter Personenkreis

1154 Die Möglichkeit, eine Reinvestitionsrücklage gem. § 6b EStG zu bilden, ist i. S. des § 6b Abs. 4 Satz 1 Nr. 1 EStG gegeben

- für Steuerpflichtige, die ihren Gewinn gem. § 4 Abs. 1 oder § 5 EStG ermitteln (an dieser Stelle sei darauf hingewiesen, dass für Steuerpflichtige, die ihren Gewinn gem. § 4 Abs. 3 EStG ermitteln, ähnliche Regelungen existieren, die sich aus § 6c EStG ergeben; siehe auch Rz. 1272), und
- für Steuerpflichtige, die eine Handelsbilanz aufzustellen haben, war vor dem Inkrafttreten des BilMoG v. 25.5.2009, BGBl 2009 I S. 1102, (und der Aufgabe des Grundsatzes der umgekehrten Maßgeblichkeit) die Anwendung des § 6b EStG nur möglich, wenn in der Handelsbilanz entsprechend verfahren wurde (R 6b.2 Abs. 1 Satz 1 EStR). Nach der geltenden Rechtslage ist eine Passivierung in der Handelsbilanz nicht mehr möglich.

6.9.3.3 Veräußerung

1155 Gemäß § 6b Abs. 1 Satz 1 EStG **muss** ein Steuerpflichtiger begünstigte Wirtschaftsgüter **veräußern.**

Unter „Veräußerung" ist in diesem Zusammenhang die **entgeltliche Übertragung** des wirtschaftlichen Eigentums an einem Wirtschaftsgut zu verstehen (H 6b.1 Veräußerung EStH). Dabei ist ohne Bedeutung, ob die Veräußerung freiwillig oder unter Zwang (z. B. bei drohender oder erfolgter Beschlagnahme, Enteignung oder Zwangsversteigerung) erfolgte. Auch der **Tausch** von Wirtschaftsgütern stellt eine Veräußerung dar.

1156 **Keine Veräußerung** liegt in folgenden Fällen vor (R 6b.1 Abs. 1 Satz 4 EStR):

- Übertragung von Wirtschaftsgütern aus einem Betrieb in einen anderen Betrieb des Steuerpflichtigen,
- Ausscheiden von Wirtschaftsgütern aus dem Betriebsvermögen infolge höherer Gewalt oder
- Entnahme von Wirtschaftsgütern aus dem Betriebsvermögen in das Privatvermögen.

Eine solche nicht begünstigte Entnahme liegt auch vor, wenn ein Steuerpflichtiger ein Wirtschaftsgut des Betriebsvermögens abgibt und im Tauschwege ein Wirtschaftsgut des Privatvermögens erhält.

BEISPIEL: Ein Lagerplatz wird gegen ein unbebautes Grundstück, auf dem ein Einfamilienhaus errichtet werden soll, eingetauscht.

Gleiches gilt, wenn ein zum Betriebsvermögen gehörendes Wirtschaftsgut hingegeben wird, um hierdurch die Befreiung von einer privaten Schuld zu erreichen. 1157

6.9.3.4 Begünstigte Wirtschaftsgüter

Die Übertragung stiller Reserven ist nur möglich, **wenn begünstigte Wirtschaftsgüter** veräußert werden. In § 6b Abs. 1 Satz 1 EStG sind die begünstigten Wirtschaftsgüter abschließend aufgezählt. 1158

Begünstigte Wirtschaftsgüter sind im Einzelnen:

- Der Grund und Boden (zum Begriffsinhalt vgl. H 6b.1 Grund und Boden EStH);
- der Aufwuchs auf Grund und Boden oder die Anlagen im Grund und Boden, soweit der Aufwuchs und die Anlagen zum Betriebsvermögen eines land- und forstwirtschaftlichen Betriebs gehören (zum Begriffsinhalt vgl. H 6b.1 Aufwuchs auf Grund und Boden EStH);
- die Gebäude oder
- die Binnenschiffe.

Der Verkauf dieser begünstigten Wirtschaftsgüter ist jedoch nur für die Übertragung stiller Reserven ausreichend, wenn die veräußerten Wirtschaftsgüter mindestens sechs Jahre zum **Anlagevermögen** einer inländischen Betriebsstätte gehört haben (§ 6b Abs. 4 Satz 1 Nr. 2 EStG).

Die sechsjährige Zugehörigkeit i. S. des § 6b Abs. 4 Satz 1 Nr. 2 EStG ist nur gegeben, wenn das Wirtschaftsgut mindestens sechs Jahre **ununterbrochen** zum Betriebsvermögen einer inländischen Betriebsstätte des Veräußerers gehört hat.

In den Fällen, in denen eine Rücklagenbildung gem. § 6b Abs. 8 EStG (bei städtebaulichen Sanierungs- und Entwicklungsmaßnahmen) in Betracht kommt, gelten großzügigere Fristenregelungen.

Hierzu ist es ausreichend, dass das Wirtschaftsgut vor der Veräußerung sechs Jahre **ununterbrochen** zu **irgendeinem inländischen Betriebsvermögen** des Steuerpflichtigen gehörte. Die Zugehörigkeit zu verschiedenen inländischen Betriebsstätten wird zur Ermittlung der Sechsjahresfrist zusammengerechnet (R 6b.3 Abs. 1 Satz 3 EStR). 1159

Ist ein Ersatzwirtschaftsgut i. S. der R 6.6 Abs. 1 Satz 2 Nr. 2 EStR an die Stelle eines Wirtschaftsguts getreten, das infolge höherer Gewalt oder infolge oder zur Vermeidung eines behördlichen Eingriffs aus dem Betriebsvermögen ausgeschieden ist, ist die Sechsjahresfrist eingehalten, wenn das ausgeschiedene Wirtschaftsgut und das Ersatzwirtschaftsgut zusammen sechs Jahre zum Betriebsvermögen gehört haben (R 6b.3 Abs. 4 EStR). 1160

Werden beim Übergang eines Betriebs oder Teilbetriebs die Buchwerte fortgeführt, ist für die Berechnung der Sechsjahresfrist die **Besitzzeit des Rechtsvorgängers mitzuzählen** (R 6b.3 Abs. 5 EStR). Dies kommt z. B. in Betracht bei 1161

- unentgeltlicher Übertragung eines Betriebs (§ 6 Abs. 3 EStG) oder
- Einbringung eines Einzelunternehmens (oder einer Personengesellschaft) in eine Kapitalgesellschaft.

6.9.3.5 Begünstigter Gewinn

1162 Der begünstigte Gewinn errechnet sich durch die Gegenüberstellung des Veräußerungserlöses und des Buchwerts zum Zeitpunkt der Veräußerung, der sich ergeben würde, wenn für diesen Zeitpunkt eine Bilanz aufzustellen wäre. Daraus ergibt sich, dass bei abnutzbaren Anlagegütern die AfA gem. § 7 EStG, erhöhte Absetzungen und ggf. Sonderabschreibungen für den Zeitraum vom letzten Bilanzstichtag bis zum Veräußerungszeitpunkt vorgenommen werden können. Darüber hinaus ist ggf. eine Wertaufholung gem. § 6 Abs. 1 Nr. 1 Satz 4 und § 7 Abs. 1 Satz 7 EStG vorzunehmen.

	Buchwert am Anfang des Wirtschaftsjahres
-	zeitanteilige AfA für den Zeitraum vom letzten Bilanzstichtag bis zum Ausscheiden des Wirtschaftsguts (bei abnutzbaren Wirtschaftsgütern)
+	ggf. Wertaufholung gem. § 6 Abs. 1 Nr. 1 Satz 4 EStG
+	ggf. Wertaufholung gem. § 7 Abs. 1 Satz 7 Halbsatz 2 EStG
=	maßgeblicher Buchwert

Die so ermittelte stille Reserve (= Veräußerungserlös abzgl. Buchwert) ist zu 100 % begünstigt.

6.9.3.6 Begünstigte Reinvestitionen

1163 Die Besteuerung des begünstigten Gewinns wird dadurch vermieden, dass die stillen Reserven bei der Anschaffung/Herstellung bestimmter Wirtschaftsgüter auf die angeschafften/hergestellten Wirtschaftsgüter übertragen werden können.

Hierbei ist zu beachten, dass die begünstigten Reinvestitionen keine Ersatzwirtschaftsgüter betreffen müssen. Eine Funktionsgleichheit von Ersatzwirtschaftsgut und ausgeschiedenem Wirtschaftsgut ist hier – im Unterschied zur Rücklage für Ersatzbeschaffung – also nicht erforderlich.

§ 6b Abs. 1 Satz 2 EStG bestimmt, auf welche Wirtschaftsgüter die stillen Reserven übertragen werden können:

- **Auf den Grund und Boden,** soweit der Gewinn bei der Veräußerung von Grund und Boden entstanden ist;
- **auf den Aufwuchs auf Grund und Boden oder auf Anlagen im Grund und Boden,** soweit der Aufwuchs und die Anlagen zu einem land- oder forstwirtschaftlichen Betrieb gehören und soweit der Gewinn bei der Veräußerung von Grund und Boden oder von Aufwuchs oder Anlagen im Grund und Boden entstanden ist;
- **auf Gebäude,** soweit der Gewinn bei der Veräußerung von Grund und Boden, von Aufwuchs oder von Gebäuden entstanden ist. Der Anschaffung oder Herstellung von Gebäuden steht ihre Erweiterung, ihr Ausbau oder ihr Umbau gleich. In diesem Fall ist der Abzug aber nur von dem Aufwand für die Erweiterung, den Ausbau oder den Umbau zulässig (§ 6b Abs. 1 Satz 3 und 4 EStG), sowie
- **auf Binnenschiffe,** soweit der Gewinn bei der Veräußerung von Binnenschiffen entstanden ist.

Hieraus ist erkennbar, dass stille Reserven nur dann auf andere Wirtschaftsgüter übertragen werden dürfen, wenn die betriebsgewöhnliche Nutzungsdauer der ausgeschiedenen Wirtschaftsgüter mindestens so lang ist wie die Nutzungsdauer der neu beschafften Wirtschaftsgüter. 1164

Diese Zusammenhänge werden nochmals mithilfe der nachstehenden Übersicht verdeutlicht: 1165

Übertragungsmöglichkeiten gem. § 6b EStG

Übertragung von/auf	Grund und Boden	Aufwuchs	Gebäude
Grund und Boden	×	×	×
Aufwuchs		×	×
Gebäude			×

Als zusätzliche Voraussetzung muss erfüllt sein: Die angeschafften/hergestellten Wirtschaftsgüter mussten bisher **zum Anlagevermögen** einer **inländischen Betriebsstätte** gehören (§ 6b Abs. 4 Satz 1 Nr. 3 EStG). 1166

Seit dem Bürokratieentlastungsgesetz v. 28.7.2015 (BGBl 2015 I S. 1400) sind gem. § 6b Abs. 2a EStG auch Reinvestitionen in Wirtschaftsgüter einer ausländischen Betriebsstätte begünstigt. In diesen Fällen war der Gewinn aus dem veräußerten Wirtschaftsgut bisher sofort in voller Höhe zu versteuern.

Der EuGH hat mit Urteil v. 16.4.2015 - C-591/13, VAAAE-89472, entschieden, dass die Vorschrift des § 6b Abs. 4 Satz 1 Nr. 3 EStG sowohl gegen die Niederlassungsfreiheit i. S. des Art. 49 AEUV als auch gegen Art. 31 des EWR-Abkommens v. 2.5.1992 (ABl EU 1994 Nr. L 1 S. 3) verstößt. Die sofortige Besteuerung der Gewinne aus dem Verkauf des Wirtschaftsguts in den Fällen, in denen die Steuerpflichtigen in Ersatzwirtschaftsgüter einer ausländischen Betriebstätte investieren, löse eine Diskriminierung aus.

Durch den neu eingefügten § 6b Abs. 2a EStG wurden ab dem Jahr 2015 auch Reinvestitionen in einem EU-Mitgliedstaat sowie in Staaten des EWR-Wirtschaftsraums begünstigt. Mit der Neuregelung hat der Steuerpflichtige – wie bisher – das Wahlrecht, den Gewinn sofort zu versteuern, ihn im Wirtschaftsjahr der Veräußerung auf ein begünstigtes Reinvestitionsobjekt zu übertragen oder eine Rücklage für eine zukünftige Investition zu bilden. Zusätzlich besteht nunmehr die Möglichkeit, auf Antrag bei einer beabsichtigten Investition im EU-/EWR-Raum die auf den Veräußerungsgewinn entfallende Steuer über einen Zeitraum von fünf Jahren zu verteilen. Dies gilt ferner auch dann, wenn eine solche Investition im EU-/EWR-Raum bereits im der Veräußerung vorangegangenen Wirtschaftsjahr erfolgt ist. Gemäß § 6b Abs. 2a Satz 2 EStG kann ein entsprechender Antrag nur im Wirtschaftsjahr der Veräußerung der in § 6b Abs. 1 Satz 1 EStG bezeichneten Wirtschaftsgüter gestellt werden. 1166a

Die im Jahr 2015 eingeführte Möglichkeit der Begünstigung einer Reinvestition ein einem EU-Mitgliedstaat oder in Staaten des EWR-Wirtschaftsraums kommt wirtschaftlich einer Stundung über fünf Jahre gleich. Um hier eine vermeintliche Besteuerungslücke zu schließen, wurde § 6b Abs. 2a EStG durch das Gesetz zur Vermeidung von Umsatzsteuerausfällen beim Handel mit Waren im Internet und zur Änderung weiterer steuerlicher Vorschriften v. 11.12.2018 (BGBl 2018 I S. 2338) um Satz 4 ff. ergänzt. Danach müssen, wenn die versprochenen Investitionen nicht erfolgen oder nicht ausreichend erfolgen, die gewährten Raten oder bei zu niedrigen Investitionen Teile der Raten unter Anwendung des § 234 AO verzinst werden.

HINWEIS

Die Ergänzung des Abs. 2a in § 6b EStG soll zugunsten der Steuerpflichtigen rückwirkend in allen noch offenen Fällen anwendbar sein (§ 52 Abs. 14 Satz 1 EStG).

Einlagen sind **keine begünstigten Reinvestitionen** (der Anschaffungs- bzw. Herstellungsvorgang fehlt).

6.9.3.7 Bilanztechnische Behandlung der Reinvestitionsrücklage

1167 Das Verfahren, nach dem die stillen Reserven auf andere Wirtschaftsgüter durch Abzug von den Anschaffungs- bzw. Herstellungskosten übertragen werden, entspricht dem bei der Rücklage für Ersatzbeschaffung dargestellten Verfahren (vgl. Rz. 1125 ff.).

6.9.3.8 Zeitpunkt der Übertragung

6.9.3.8.1 Abzug des begünstigten Gewinns im Veräußerungsjahr

1168 Gemäß § 6b Abs. 1 Satz 1 EStG ist der Abzug von den Anschaffungs- oder Herstellungskosten von begünstigten Wirtschaftsgütern möglich, die im Wirtschaftsjahr der Veräußerung oder im vorangegangenen Wirtschaftsjahr angeschafft oder hergestellt worden sind.

6.9.3.8.1.1 Bei Aufdeckung der stillen Reserven im Reinvestitionsjahr

1169 Der Abzug von den Anschaffungs- oder Herstellungskosten eines Wirtschaftsguts kann in dem Wirtschaftsjahr vorgenommen werden, in dem das Wirtschaftsgut **angeschafft bzw. hergestellt** worden ist. Dabei ist unerheblich, ob die Anschaffung oder Herstellung **vor oder nach** der Veräußerung des begünstigten Wirtschaftsguts erfolgt ist.

BEISPIEL: Die begünstigte Veräußerung fand am 1.7.01 statt. Die Übertragung stiller Reserven ist auch auf Wirtschaftsgüter möglich, die bereits Anfang des Jahres 01 angeschafft wurden.

6.9.3.8.1.2 Bei Aufdeckung der stillen Reserven im Wirtschaftsjahr nach der Reinvestition

1170 Der Abzug von den Anschaffungs- oder Herstellungskosten eines Wirtschaftsguts kann auch dann vorgenommen werden, wenn das neue Wirtschaftsgut bereits im Jahr vor der begünstigten Veräußerung **angeschafft bzw. hergestellt** worden ist.

BEISPIEL: Im September 01 hat A einen unbebauten Lagerplatz für 250.000 € erworben. Am 1.1.02 veräußert A ein Bürogrundstück, das er vor zehn Jahren erworben hatte. Der Kaufpreis beläuft sich auf 450.000 €; davon entfallen 300.000 € auf den Grund und Boden und

150.000 € auf das Gebäude. Der Buchwert des Grund und Bodens zum Veräußerungszeitpunkt beträgt 200.000 € und der Buchwert des Gebäudes 100.000 €.

Bei der Veräußerung im Jahr 02 werden folgende stille Reserven aufgedeckt:

	Veräußerungspreis	Buchwert	Aufgedeckte stille Reserve
Grund und Boden	300.000 €	200.000 €	100.000 €
Gebäude	150.000 €	100.000 €	50.000 €

Im Jahr 02 kann die aufgedeckte stille Reserve aus der Veräußerung des Grund und Bodens i. H. von 100.000 € auf den neu angeschafften Lagerplatz übertragen werden; eine Übertragung der bei der Veräußerung des Gebäudes aufgedeckten stillen Reserven ist nicht möglich.

Im Ergebnis sind daher bei der Veräußerung folgende Buchungen vorzunehmen:

Geldkonto	450.000 €	an	Grund und Boden (alt)	200.000 €
		an	Gebäude (alt)	100.000 €
		an	Sonstiger betrieblicher Ertrag	150.000 €
Abschreibungen (§ 6b EStG)	100.000 €	an	Grund und Boden (Lagerplatz)	100.000 €

Bei der Anschaffung abnutzbarer Wirtschaftsgüter ermittelt sich die weitere AfA (ab dem Übertragungsjahr) gem. R 7.3 Abs. 4 EStR:

- Bei Gebäuden mindert sich die AfA-Bemessungsgrundlage um die übertragenen stillen Reserven; der AfA-Satz bleibt unverändert.
- Bei sonstigen abnutzbaren Wirtschaftsgütern (hier Binnenschiffe) ermittelt sich die AfA ab dem Übertragungsjahr nach der Formel „Restwert / Restnutzungsdauer". Bei der degressiven AfA wird der Restbuchwert (= Restbuchwert zum 31.12. des Vorjahres abzgl. übertragene stille Reserve) mit dem zutreffenden AfA-Satz multipliziert.

6.9.3.8.2 Rücklagenbildung

Soweit Steuerpflichtige den Abzug von den Anschaffungs- oder Herstellungskosten im 1171 Veräußerungsjahr nicht vorgenommen haben, können sie im Wirtschaftsjahr der Veräußerung eine den steuerlichen Gewinn mindernde Rücklage bilden (§ 6b Abs. 3 EStG).

Hierdurch wird im Ergebnis erreicht, dass die stillen Reserven auch auf die in den Jahren nach der Veräußerung angeschafften oder hergestellten Wirtschaftsgüter übertragen werden können.

Zwar können Rücklagen gem. § 6b Abs. 3 EStG in der Bilanz zu einem Posten zusam- 1172 mengefasst werden. In der Buchführung muss jedoch im Einzelnen nachgewiesen werden, bei welchen Wirtschaftsgütern der in die Rücklage gestellte Gewinn entstanden und auf welche Wirtschaftsgüter er übertragen worden ist (R 6b.2 Abs. 3 EStR; vgl. § 6b Abs. 4 Satz 1 Nr. 5 EStG).

6.9.3.8.3 Frist für die Reinvestition

Die Reinvestition muss i. d. R. in den folgenden vier Jahren nach der Rücklagenbildung 1173 vorgenommen werden. Diese Frist von vier Jahren verlängert sich bei neu hergestellten Gebäuden auf sechs Jahre, wenn mit ihrer Herstellung vor dem Schluss des vierten auf die Bildung der Rücklage folgenden Wirtschaftsjahres begonnen worden ist (§ 6b

Abs. 3 EStG). Diese Reinvestitionsfristen wurden im Rahmen der Corona-Krise durch die Änderung des § 52 Abs. 14 EStG um drei Jahre verlängert, wenn die Rücklage wegen § 6b Abs. 3 Satz 5 und Abs. 8 Satz 1 Nr. 1 i. V. mit Abs. 3 Satz 5 oder Abs. 10 Satz 8 EStG am Schluss des nach dem 29.2.2020 und vor dem 1.1.2021 endenden Wirtschaftsjahres aufzulösen wäre. Die Fristen für nach dem 31.12.2020 und vor dem 1.1.2022 endende Wirtschaftsjahre wurde auf zwei Jahre und die Fristen für nach dem 31.12.2021 und vor dem 1.1.2023 endende Wirtschaftsjahre um ein Jahr verlängert.

Der für die Verlängerung der Reinvestitionsfrist maßgebende Herstellungsbeginn kann bei einem Gebäude

- der Tag der Einreichung des Bauantrags oder
- der Tag des Gebäudeabbruchs sein, wenn der Abbruch zum Zweck der Errichtung eines Neubaus durchgeführt wurde (auch, wenn der Bauantrag erst nach Abbruch eingereicht wurde).

In den Fällen, in denen eine Rücklagenbildung gem. § 6b Abs. 8 EStG (städtebauliche Sanierungs- oder Entwicklungsmaßnahmen) in Betracht kommt, gelten längere Fristen.

6.9.3.9 Gewinnerhöhende Auflösung der Rücklage

1174 Ist innerhalb des Begünstigungszeitraums keine Reinvestition erfolgt, ist die Rücklage **gewinnerhöhend aufzulösen** (§ 6b Abs. 3 Satz 5 EStG).

Buchung: Rücklage an Sonstiger betrieblicher Ertrag.

6.9.3.10 Gewinnzuschlag gem. § 6b Abs. 7 EStG

1175 In den Fällen, in denen eine Rücklage gem. § 6b EStG gebildet worden war und in denen diese Rücklage gewinnerhöhend aufgelöst wurde, ohne dass ein Abzug von den Anschaffungs- oder Herstellungskosten eines Wirtschaftsguts erfolgte, ist ein **Gewinnzuschlag** gem. § 6b Abs. 7 EStG vorzunehmen.

Die Hinzurechnung dieses Gewinnzuschlags erfolgt **außerhalb der Bilanz.** Bei Einzelunternehmen oder Personengesellschaften ist zwar eine Buchung „Kapital an Ertrag" denkbar, aber nicht systemgerecht.

BEISPIEL: Ein Steuerpflichtiger hat im Jahr 01 zulässigerweise bei der Veräußerung von Grund und Boden eine Reinvestitionsrücklage i. H. von 100.000 € gebildet. Bis Ende des Jahres 05 wurden keine Investitionen getätigt. Daher ist die Rücklage im Jahr 05 gewinnerhöhend aufzulösen.

Als Gewinnzuschlag gem. § 6b Abs. 7 EStG errechnet sich: 4 × 6 % von 100.000 € = 24.000 €.

Hätte der Steuerpflichtige im Jahr 02 die Rücklage bereits freiwillig gewinnerhöhend aufgelöst, wäre im Jahr 02 ein Gewinnzuschlag i. H. von 6 % von 100.000 € = 6.000 € vorzunehmen gewesen, da auch in diesem Fall kein Abzug von den Anschaffungs- oder Herstellungskosten hätte vorgenommen werden können (§ 6b Abs. 3 Satz 2 EStG).

6.9.3.11 Übertragungsmöglichkeiten auf andere Betriebe

6.9.3.11.1 Rechtlicher Überblick

Ein Steuerpflichtiger kann den begünstigten Gewinn, der in einem Einzelunternehmen entstanden ist, auch auf Wirtschaftsgüter übertragen, die nicht im selben Betrieb angeschafft worden sind, wenn die Voraussetzungen des § 6b Abs. 4 Satz 2 EStG erfüllt sind. Die nachfolgende Übersicht verdeutlicht die Bedeutung dieser gesetzlichen Regelung: 1176

Gewinn realisiert bei Wirtschaftsgütern der Einkunftsart	Abzug zulässig bei Wirtschaftsgütern, die der Einkunftsart zuzurechnen sind		
	Land- und Forstwirtschaft	Gewerbebetrieb	Selbständige Arbeit
Land- und Forstwirtschaft	×	×	×
Gewerbebetrieb		×	
Selbständige Arbeit	×	×	×

Da die Anwendung des § 6b EStG personenbezogen ist, sind Übertragungen stiller Reserven grds. insoweit möglich, als die stillen Reserven des ausgeschiedenen Wirtschaftsguts einer berechtigten Person zu stillen Reserven eines anderen Wirtschaftsguts werden, soweit dieses Wirtschaftsgut derselben Person zugerechnet wird.

Im Einzelnen sind die Übertragungsmöglichkeiten aus R 6b.2 Abs. 6 und 7 EStR ersichtlich.

6.9.3.11.2 Buchmäßige Behandlung

Die buchmäßige Behandlung ergibt sich aus R 6b.2 Abs. 8 EStR: Wird der begünstigte Gewinn, der bei der Veräußerung eines Wirtschaftsguts entstanden ist, bei den Anschaffungs- oder Herstellungskosten eines Wirtschaftsguts eines anderen Betriebs des Steuerpflichtigen berücksichtigt, ist 1177

- im **veräußernden** Betrieb der begünstigte Gewinn dem Kapitalkonto erfolgsneutral zuzurechnen.

  Buchung: Rücklage an Kapital.

- i. H. des begünstigten Gewinns im **anschaffenden** Betrieb das Kapitalkonto erfolgsneutral zu mindern.

  Buchung: Kapital an Wirtschaftsgut.

6.9.3.11.3 Darstellung der Übertragungsmöglichkeiten

Folgende Fallgestaltungen können unterschieden werden: 1178

- Wird ein Wirtschaftsgut eines eigenen Betriebs des Steuerpflichtigen veräußert, können die darin enthaltenen stillen Reserven auf Wirtschaftsgüter

1. im selben oder in einem anderen Betrieb des Steuerpflichtigen,
2. in einem Sonderbetriebsvermögen bei einer Mitunternehmerschaft oder
3. des Gesellschaftsvermögens bei einer Mitunternehmerschaft, dann jedoch nur bis zur Höhe des eigenen Anteils an diesen Wirtschaftsgütern,

übertragen werden.

Dies gilt auch dann, wenn zuvor im Betrieb des Steuerpflichtigen eine Rücklage gem. § 6b Abs. 3 EStG gebildet wurde.

BEISPIEL: Kaufmann A hat aus der Veräußerung eines unbebauten Grundstücks in der Bilanz seines Einzelunternehmens zum 31.12.01 zulässigerweise eine Rücklage i. H. von 100.000 € gebildet. Diese Rücklage soll im Jahr 02 übertragen werden.

Im Jahr 02 wurden folgende Investitionen getätigt:

a) Im Sonderbetriebsvermögen von Kaufmann A bei der A und B-OHG, an der Kaufmann A mit 25 % beteiligt ist, ist ein unbebautes Grundstück erworben worden (Anschaffungskosten 240.000 €).

Lösung:

Da ihm dieses Wirtschaftsgut in voller Höhe zuzurechnen ist, darf die Rücklage in voller Höhe übertragen werden.

Buchungen im Jahr 02 im Einzelunternehmen:

Rücklage (vor Inkrafttreten des BilMoG v. 25.5.2009 (a. a. O.): Sonderposten mit Rücklageanteil)	100.000 €	an	Kapital	100.000 €

Buchungen im Jahr 02 im Sonderbetriebsvermögen:

Kapital	100.000 €	an	Grundstück	100.000 €

b) Im Gesellschaftsbetriebsvermögen der A und B-OHG, an der Kaufmann A mit 25 % beteiligt ist, ist ein unbebautes Grundstück erworben worden (Anschaffungskosten 240.000 €).

Lösung:

Da ihm dieses Wirtschaftsgut nur i. H. von 25 % von 240.000 € = 60.000 € zuzurechnen ist, darf die Rücklage auch nur bis zur Höhe von 60.000 € übertragen werden.

Buchungen im Jahr 02 im Einzelunternehmen:

Rücklage (vor Inkrafttreten des BilMoG v. 25.5.2009 (a. a. O.): Sonderposten mit Rücklageanteil)	60.000 €	an	Kapital	60.000 €

Buchungen im Jahr 02 im Ergänzungsbereich von Kaufmann A:

Kapital	60.000 €	an	Grundstück	60.000 €

1179 ► Wird ein Wirtschaftsgut aus einem Sonderbetriebsvermögen des Steuerpflichtigen (im Rahmen des Betriebsvermögens einer Personengesellschaft) veräußert, können die darin enthaltenen stillen Reserven auf Wirtschaftsgüter

1. des Sonderbetriebsvermögens bei dieser oder einer anderen Mitunternehmerschaft,
2. eines eigenen Betriebs des Steuerpflichtigen oder
3. des Gesellschaftsvermögens bei einer Mitunternehmerschaft, dann jedoch nur bis zur Höhe des eigenen Anteils an diesen Wirtschaftsgütern,

übertragen werden.

Dies gilt auch dann, wenn zuvor im Betrieb des Steuerpflichtigen eine Rücklage gem. § 6b Abs. 3 EStG gebildet wurde.

BEISPIEL: Kaufmann A hat aus der Veräußerung eines unbebauten Grundstücks aus seiner Sonderbilanz der A und B-OHG, an der er mit 25 % beteiligt ist, zum 31.12.01 zulässigerweise eine Rücklage i. H. von 100.000 € gebildet. Diese Rücklage soll im Jahr 02 übertragen werden.

Im Jahr 02 wurden folgende Investitionen getätigt:

a) In einem Sonderbetriebsvermögen von Kaufmann A an der A und C-KG, an der er mit 20 % beteiligt ist, ist ein unbebautes Grundstück erworben worden (Anschaffungskosten 240.000 €).

Lösung:

Da ihm dieses Wirtschaftsgut in voller Höhe zuzurechnen ist, darf die Rücklage in voller Höhe übertragen werden.

Buchungen im Jahr 02 im Sonderbetriebsvermögen:

Rücklage (vor Inkrafttreten des BilMoG v. 25.5.2009 (a. a. O.): Sonderposten mit Rücklageanteil)	100.000 €	an	Kapital	100.000 €

Buchungen im Jahr 02 im Einzelunternehmen:

Kapital	100.000 €	an	Grundstück	100.000 €

b) In einem Einzelunternehmen von Kaufmann A ist ein unbebautes Grundstück erworben worden (Anschaffungskosten 240.000 €).

Lösung:

Da ihm dieses Wirtschaftsgut in voller Höhe zuzurechnen ist, darf die Rücklage in voller Höhe übertragen werden.

Buchungen im Jahr 02 im Sonderbetriebsvermögen:

Rücklage (vor Inkrafttreten des BilMoG v. 25.5.2009 (a. a. O.): Sonderposten mit Rücklageanteil)	100.000 €	an	Kapital	100.000 €

Buchungen im Jahr 02 im Einzelunternehmen:

Kapital	100.000 €	an	Grundstück	100.000 €

c) Im Gesellschaftsbetriebsvermögen der A und C-OHG, an der Kaufmann A mit 20 % beteiligt ist, ist ein unbebautes Grundstück erworben worden (Anschaffungskosten 240.000 €).

Lösung:

Da ihm dieses Wirtschaftsgut nur i. H. von 20 % von 240.000 € = 48.000 € zuzurechnen ist, darf die Rücklage auch nur bis zur Höhe von 48.000 € übertragen werden.

Buchungen im Jahr 02 im Sonderbetriebsvermögen:

Rücklage (vor Inkrafttreten des BilMoG v. 25.5.2009 (a. a. O.): Sonderposten mit Rücklageanteil)	48.000 €	an	Kapital	48.000 €

Buchungen im Jahr 02 im Ergänzungsbereich von Kaufmann A:

Kapital	48.000 €	an	Grundstück	48.000 €

1180 ► Wird ein Wirtschaftsgut des Gesellschaftsvermögens veräußert, können die darin enthaltenen stillen Reserven auf Wirtschaftsgüter

1. des Gesellschaftsvermögens,
2. des Sonderbetriebsvermögens bei dieser oder einer anderen Mitunternehmerschaft (nur soweit die stillen Reserven dem Steuerpflichtigen zugerechnet werden),
3. eines eigenen Betriebs des Steuerpflichtigen (nur soweit die stillen Reserven dem Steuerpflichtigen zugerechnet werden) oder
4. des Gesellschaftsvermögens bei einer anderen Mitunternehmerschaft (nur soweit die stillen Reserven dem Steuerpflichtigen zugerechnet werden), dann jedoch nur bis zur Höhe des eigenen Anteils an diesen Wirtschaftsgütern,

übertragen werden.

Dies gilt auch, wenn zuvor im Betrieb des Steuerpflichtigen eine Rücklage gem. § 6b Abs. 3 EStG gebildet wurde.

BEISPIEL: ► Die A und B-OHG, an der A mit 25 % und B mit 75 % beteiligt ist, hat aus der Veräußerung eines unbebauten Grundstücks zum 31.12.01 zulässigerweise eine Rücklage i. H. von 100.000 € gebildet. Diese Rücklage soll im Jahr 02 übertragen werden.

Im Jahr 02 wurden folgende Investitionen getätigt:

a) Im Gesellschaftsbetriebsvermögen der A und B-OHG ist ein unbebautes Grundstück erworben worden (Anschaffungskosten 240.000 €).

Lösung:

Da dieses Wirtschaftsgut A und B wieder nach dem Beteiligungsverhältnis der A und B-OHG zuzurechnen ist, kann die Rücklage im Ergebnis in voller Höhe auf das neu erworbene Grundstück übertragen werden.

Buchungen im Jahr 02 im Gesellschaftsvermögen:

Rücklage (vor Inkrafttreten des BilMoG v. 25.5.2009 (a. a. O.): Sonderposten mit Rücklageanteil)	100.000 €	an	Sonstiger betrieblicher Ertrag	100.000 €
Abschreibungen	100.000 €	an	Grundstück	100.000 €

b) In einem Sonderbetriebsvermögen von A an der A und C-KG, an der A mit 20 % beteiligt ist, ist ein unbebautes Grundstück erworben worden (Anschaffungskosten 240.000 €).

Lösung:

Grundsätzlich darf die Rücklage nur in der Höhe übertragen werden, in der die stillen Reserven dem Beteiligten jeweils zuzurechnen sind. Hier ist A an den stillen Reserven des von der A und B-OHG veräußerten Grundstücks mit 25 % von 100.000 € = 25.000 € beteiligt. Daher sind von A auch nur höchstens 25.000 € übertragungsfähig. Da die Rücklage jedoch, soweit sie auf A entfällt, beibehalten werden kann, wird diese Rücklage zweckmäßigerweise in einer Ergänzungsbilanz für B bei der A und B-OHG ausgewiesen.

Buchungen im Jahr 02 im Gesellschaftsvermögen der A und B-OHG:

Rücklage (vor Inkrafttreten des BilMoG v. 25.5.2009 (a. a. O.): Sonderposten mit Rücklageanteil)	100.000 €	an	Kapital A	25.000 €
		an	Kapital B	75.000 €

Buchungen im Jahr 02 im Ergänzungsbereich von B:

Kapital	75.000 €	an	Rücklage (vor Inkrafttreten des BilMoG v. 25.5.2009 (a. a. O.): Sonderposten mit Rücklageanteil)	75.000 €

Buchungen im Jahr 02 im Sonderbetriebsvermögen von A bei der A und C-KG:

Kapital	25.000 €	an	Grundstück	25.000 €

c) In einem Einzelunternehmen von A ist ein unbebautes Grundstück erworben worden (Anschaffungskosten 240.000 €).

Lösung:

Diese Abwandlung ist genau wie der Fall b) zu lösen. Nur tritt hier an die Stelle des Sonderbetriebsvermögens das Einzelunternehmen.

d) Im Gesellschaftsbetriebsvermögen der A und C-KG, an der A mit 20 % beteiligt ist, ist ein unbebautes Grundstück erworben worden (Anschaffungskosten 100.000 €).

Lösung:

Grundsätzlich darf die Rücklage nur in der Höhe übertragen werden, in der die stillen Reserven dem Beteiligten jeweils zuzurechnen sind. Hier ist A an den stillen Reserven des von der A und B-OHG veräußerten Grundstücks mit 25 % von 100.000 € = 25.000 € beteiligt. Da A an dem von der A und C-KG erworbenen Wirtschaftsgut nur i. H. von 20 % von 100.000 € = 20.000 € beteiligt ist, darf die Rücklage auch nur bis zur Höhe von 20.000 € übertragen werden.

Buchungen im Jahr 02 im Gesellschaftsvermögen der A und B-OHG:

Rücklage (vor Inkrafttreten des BilMoG v. 25.5.2009 (a. a. O.): Sonderposten mit Rücklageanteil)	100.000 €	an	Kapital A	25.000 €
		an	Kapital B	75.000 €

Buchungen im Ergänzungsbereich von B bei der A und B-OHG:

Kapital	75.000 €	an	Rücklage (vor Inkrafttreten des BilMoG v. 25.5.2009 (a. a. O.): Sonderposten mit Rücklageanteil)	75.000 €

Buchungen im Ergänzungsbereich von A bei der A und B-OHG:

Kapital	5.000 €	an	Rücklage (vor Inkrafttreten des BilMoG v. 25.5.2009 (a. a. O.): Sonderposten mit Rücklageanteil)	5.000 €

Im Gesellschaftsbetriebsvermögen der A und C-KG erfolgt keine zusätzliche Buchung.

Buchungen im Ergänzungsbereich von A bei der A und C-KG:

Kapital	20.000 €	an	Grundstück	20.000 €

Wie Rücklagen bei Änderungen der Unternehmensformen behandelt werden, ist in 1181
R 6b.2 Abs. 9 EStR dargelegt:

1. Bei der Umwandlung eines Einzelunternehmens in eine Personengesellschaft kann der bisherige Einzelunternehmer eine von ihm gebildete Rücklage in einer Ergänzungsbilanz weiterführen.

2. Wird eine Mitunternehmerschaft in ein Einzelunternehmen umgewandelt, kann der den Betrieb fortführende Gesellschafter eine Rücklage der Gesellschaft insoweit weiterführen, als sie (anteilig) auf ihn entfällt.
3. Bei der Realteilung einer Mitunternehmerschaft unter Fortführung entsprechender Einzelunternehmen kann die Rücklage anteilig in den Einzelunternehmen fortgeführt werden, soweit die Realteilung auf die Übertragung von Teilbetrieben oder Mitunternehmeranteilen gerichtet ist.

6.9.3.12 Rücklage bei Betriebsveräußerung (vgl. R 6b.2 Abs. 10 EStR)

1182 Veräußert ein Steuerpflichtiger seinen Betrieb, zu dessen Betriebsvermögen eine Rücklage i. S. des § 6b Abs. 3 EStG gehört, kann er diese Rücklage auch **nach Betriebsveräußerung noch weiterführen,** wenn

- er die Absicht erkennen lässt, einen Betrieb mit dem Erlös aus der Veräußerung weiterzuführen, und
- er die bei Veräußerung erhaltenen Vermögenswerte sowie die Rücklage buch- und bestandsmäßig weiter nachweist.

Diese Rücklage kann er dann später – innerhalb der Reinvestitionsfristen – auf Wirtschaftsgüter übertragen, die ihm zuzurechnen sind.

1183 Wird eine Rücklage im Rahmen einer Betriebsveräußerung gewinnerhöhend aufgelöst, wird dieser Gewinn Teil des i. S. der §§ 16 und 34 EStG begünstigten Veräußerungsgewinns.

Wird eine Rücklage, die nicht anlässlich der Betriebsveräußerung gebildet worden ist, weitergeführt und später aufgelöst, kann auf den bei Auflösung entstehenden Gewinn **weder** die Vorschrift des § 16 Abs. 4 EStG **noch** der ermäßigte Steuersatz gem. § 34 EStG angewandt werden.

1184 Wird jedoch später eine Rücklage gewinnerhöhend aufgelöst, die erst bei der Betriebsveräußerung gebildet wurde, ist der entstehende Gewinn nur insofern i. S. der §§ 16 und 34 EStG begünstigt, soweit die Reinvestitionsrücklage stille Reserven aus der Veräußerung von Wirtschaftsgütern enthält, die **nicht** wesentliche Grundlagen des Betriebs waren. Soweit die Reinvestitionsrücklage stille Reserven aus der Veräußerung wesentlicher Betriebsgrundlagen enthält, ist eine Begünstigung i. S. der §§ 16 und 34 EStG nicht möglich.

6.9.3.13 Übersicht über die Regelungen des § 6b EStG

1185 Die folgende Übersicht soll einen erleichterten Überblick über die Vorschrift geben:

ABB. 53: Rücklage gem. § 6b EStG

Ein Steuerpflichtiger, der seinen Gewinn durch Betriebsvermögensvergleich ermittelt, hat

1. eine begünstigte Veräußerung getätigt.

Veräußerung = entgeltliche Übertragung eines Wirtschaftsguts auf eine andere Person.

Die Veräußerung umfasst sowohl freiwillige als auch unfreiwillige Veräußerungen (z. B. bei drohender oder erfolgter Enteignung oder bei Zwangsversteigerung) sowie Tauschgeschäfte.

Keine Veräußerung:
- Überführung in einen anderen Betrieb;
- Entnahme;
- Ausscheiden infolge höherer Gewalt (ohne Verkauf);
- Sonderfälle der Entnahme:
  - Tausch zum Erwerb eines Wirtschaftsguts des notwendigen Privatvermögens oder
  - Hingabe eines Wirtschaftsguts zur Begleichung einer privaten Schuld.

2. begünstigte Wirtschaftsgüter veräußert.

Begünstigte Wirtschaftsgüter:
- Grund und Boden;
- Aufwuchs oder Anlagen im Grund und Boden;
- Gebäude und
- Binnenschiffe.

Voraussetzung:
Veräußertes Wirtschaftsgut gehörte mindestens sechs Jahre lang zum Anlagevermögen:
- zu verschiedenen inländischen Betrieben;
- bei Betriebsübertragung mit Buchwertverknüpfung ist die Besitzzeit des Rechtsvorgängers mitzurechnen.

3. begünstigte Reinvestitionen getätigt.

Wirtschaftsgüter, auf die die stillen Reserven übertragen werden können:
- Grund und Boden;
- Aufwuchs oder Anlagen im Grund und Boden oder
- Gebäude.

Wichtig: Das neu beschaffte Wirtschaftsgut braucht keine Ersatzfunktion erfüllen.

4. bei der Bildung und Auflösung der Rücklage zu beachten:
- **Rücklagenbildung:**
  Verfahren wie bei der Rücklage für Ersatzbeschaffung.
- **Auflösung:**
  Auflösung am Ende des vierten der Bildung folgenden Wirtschaftsjahrs; Ausnahme: Bei Gebäuden beträgt die Reinvestitionsfrist sechs Jahre, falls mit der Herstellung des Gebäudes vor Ablauf der Regelfrist begonnen wurde.
- **Rücklagen können übertragen werden auf Wirtschaftsgüter**
  - in demselben Betrieb oder
  - in anderen Betrieben des Steuerpflichtigen.
- **Gewinnzuschlag:**
  Gemäß § 6b Abs. 7 EStG ist der Gewinn bei der Auflösung der Rücklage (ohne Übertragung von stillen Reserven) außerhalb der Bilanz um 6 v. H. je Wirtschaftsjahr zu erhöhen.

6.9.4 Rücklage gem. § 6b Abs. 10 EStG

1186 Gemäß § 6b Abs. 10 EStG dürfen Personenunternehmen (Einzelunternehmen und Personengesellschaften) – also keine Kapitalgesellschaften – auch Gewinne aus der Veräußerung von Anteilen an Kapitalgesellschaften, die seit mindestens sechs Jahren zum Betriebsvermögen gehört haben, bis zu einem Betrag i. H. von 2.000.000 €[2] auf folgende Wirtschaftsgüter übertragen:

- Im Wirtschaftsjahr der Veräußerung oder in den folgenden zwei Wirtschaftsjahren auf angeschaffte Anteile an Kapitalgesellschaften;
- im Wirtschaftsjahr der Veräußerung oder in den folgenden zwei Wirtschaftsjahren auf angeschaffte oder hergestellte abnutzbare bewegliche Wirtschaftsgüter oder
- im Wirtschaftsjahr der Veräußerung oder in den folgenden vier Wirtschaftsjahren auf angeschaffte oder hergestellte Gebäude.

1187 Da Gewinne aus der Veräußerung von Anteilen an Kapitalgesellschaften gem. § 3 Nr. 40 Satz 1 Buchst. a und b EStG zu 40 % steuerfrei sind, ist folgende Sonderregelung zu beachten:

- Werden Gewinne im Jahr der Veräußerung auf angeschaffte oder hergestellte abnutzbare bewegliche Wirtschaftsgüter oder Gebäude übertragen, können nur 60 % der Gewinne übertragen werden.
- Werden Gewinne im Jahr der Veräußerung auf angeschaffte Anteile an Kapitalgesellschaften übertragen, mindern sich die Anschaffungskosten der neu erworbenen Anteile um den gesamten Veräußerungsgewinn (einschließlich des steuerfreien Betrags).

1188 Soll die Übertragung erst in späteren Wirtschaftsjahren vorgenommen werden, kann eine Rücklage bis zu 2.000.000 € gebildet werden. Die Auflösung dieser Rücklage erfolgt dann nach den oben beschriebenen Kriterien.

BEISPIEL: Kaufmann A hat aus der Veräußerung eines Anteils an einer Kapitalgesellschaft in der Bilanz seines Einzelunternehmens zum 31.12.01 zulässigerweise eine Rücklage i. H. von 100.000 € gebildet. Diese Rücklage soll im Jahr 02 übertragen werden.

Im Jahr 02 wurden folgende Investitionen getätigt:

a) Kaufmann A hat Anteile an Kapitalgesellschaften erworben (Anschaffungskosten 200.000 €).

Lösung:

Da ihm dieses Wirtschaftsgut in voller Höhe zuzurechnen ist, darf die Rücklage in voller Höhe übertragen werden.

Buchungen im Jahr 02:

Rücklage (vor Inkrafttreten des BilMoG v. 25.5.2009 (a. a. O.): Sonderposten mit Rücklageanteil)	100.000 €	an	Sonstiger betrieblicher Ertrag	100.000 €

2 Der Höchstbetrag i. H. von ehemals 500.000 € wurde durch das Standortfördergesetz v. 4.2.2026 (BGBl 2026 I Nr. 33) auf 2.000.000 € angehoben (§ 6b Abs. 10 EStG). Die Neuregelung gilt erstmals für Veräußerungsgewinne, die in nach dem 10.2.2026 beginnenden Wirtschaftsjahren entstehen.

Abschreibungen	100.000 €	an	Anteile an Kapitalgesellschaft	100.000 €

b) Kaufmann A hat Anfang Januar 02 ein Grundstück zu Anschaffungskosten i. H. von 300.000 € erworben; davon entfallen auf den Grund und Boden 100.000 € und auf das Gebäude 200.000 €.

Lösung:

Die Anschaffung des Grund und Bodens stellt gem. § 6b Abs. 10 EStG keine begünstigte Reinvestition dar. Daher kann die Rücklage nicht auf dieses Wirtschaftsgut übertragen werden.

Die Anschaffung des Gebäudes stellt gem. § 6b Abs. 10 EStG eine begünstigte Reinvestition dar. Daher kann die Rücklage grds. auf das Gebäude übertragen werden. Zu beachten ist jedoch, dass eine Übertragung nur i. H. von 60 % des Rücklagebetrags möglich ist: 60 % von 100.000 € = 60.000 €. Die übrigen (steuerfreien) 40.000 € sind in der Buchführung gewinnerhöhend zu erfassen; außerhalb der Bilanz erfolgt eine Minderung des zu versteuernden Einkommens von A.

Buchungen im Jahr 02:

Rücklage (vor Inkrafttreten des BilMoG v. 25.5.2009 (a. a. O.): Sonderposten mit Rücklageanteil)	100.000 €	an	Sonstiger betrieblicher Ertrag	100.000 €
Abschreibungen	60.000 €	an	Gebäude	60.000 €

Zusätzlich ist außerbilanziell das zu versteuernde Einkommen von A um 40.000 € zu mindern.

Ist eine Rücklage am Schluss des vierten auf ihre Bildung folgenden Wirtschaftsjahres 1189 noch vorhanden, ist sie zu diesem Zeitpunkt gewinnerhöhend aufzulösen. Soweit die Auflösung nicht im Zusammenhang mit einer Reinvestition vorgenommen wurde, ist der Gewinn des Wirtschaftsjahres, in dem die Rücklage aufgelöst wird, für jedes volle Wirtschaftsjahr, in dem die Rücklage bestanden hat, um 6 % des nicht steuerbefreiten aufgelösten Rücklagenbetrags außerhalb der Bilanz zu erhöhen (§ 6b Abs. 10 Satz 9 EStG).

6.9.5 Zuschussrücklage

Werden Anlagegüter mit **Zuschüssen aus öffentlichen oder privaten Mitteln** ange- 1190 schafft oder hergestellt, hat der Steuerpflichtige grds. ein **Wahlrecht** (R 6.5 Abs. 2 EStR):

- Er kann die Zuschüsse entweder als Betriebseinnahmen ansetzen (**Buchung:** Geld an Sonstiger betrieblicher Ertrag) oder
- er kann die Zuschüsse erfolgsneutral behandeln, indem er die Anschaffungs- oder Herstellungskosten um die gewährten Zuschüsse mindert (**Buchung:** Geld an Anlagegut).

Werden jedoch zur Anschaffung eines Anlageguts Zuschüsse gewährt, die **erfolgsneu- 1191 tral** behandelt werden sollen, und werden diese Zuschüsse vor der Anschaffung bzw. Herstellung gewährt, kann die Buchung auf dem Anlagekonto so nicht vorgenommen werden. In diesem Fall ist es i. S. der R 6.5 Abs. 4 EStR zugelassen, i. H. der noch nicht verwendeten Zuschüsse eine steuerfreie Zuschussrücklage zu bilden. Vor dem Inkrafttreten des BilMoG v. 25.5.2009 (BGBl 2009 I S. 1102) war auch hier Voraussetzung, dass ein entsprechender Passivposten in der Handelsbilanz gebildet wurde.

Ein Ausweis dieser Rücklage in der Handelsbilanz ist nicht zulässig.

BEISPIEL: Im Jahr 01 wird ein Zuschuss i. H. von 5.000 € zum Kauf eines betrieblichen Pkws gewährt. Im Jahr 02 wird dieser Pkw für 20.000 € zzgl. Umsatzsteuer erworben und in bar bezahlt.

Buchungen:

► **Im Jahr 01:**

Geldkonto	5.000 €	an	Zuschussrücklage	5.000 €

► **Im Jahr 02:**

Pkw	20.000 €			
Vorsteuer	3.800 €	an	Geldkonto	23.800 €
Zuschussrücklage	5.000 €	an	Pkw	5.000 €

Anschließend wird die AfA ausgehend von der AfA-Bemessungsgrundlage i. H. von 15.000 € (= 20.000 € Netto-Kaufpreis - 5.000 € Zuschuss) errechnet.

6.9.6 Investitionsabzugsbetrag gem. § 7g Abs. 1–4 EStG

1192 Durch das Unternehmensteuerreformgesetz 2008 v. 14.8.2007 (BGBl 2007 I S. 1912) wurde § 7g EStG grundlegend geändert. In der Überschrift zu § 7g EStG wurde der Begriff „Ansparabschreibungen" durch den Begriff „Investitionsabzugsbeträge" ersetzt. Ab dem Jahr 2008 erfolgt die Gewinnminderung nicht mehr durch buchmäßige Passivierung von Rücklagen, sondern durch einen außerbilanziellen gewinnmindernden Abzug. Dieser systematische Wechsel von der bilanziellen Rücklagenbuchung zu einem außerbilanziellen Investitionsabzugsbetrag ändert jedoch nichts an der Zielsetzung, die Investitionstätigkeit der Unternehmen zu fördern, die mit § 7g EStG verfolgt wird. Die Vorschrift des § 7g EStG, soweit der Investitionsabzugsbetrag betroffen ist, wird daher folgerichtig in Teil B, Kapitel 8 „Gewinnkorrekturen außerhalb der Bilanz" dargestellt (Rz. 1213 ff.).

1193 FRAGEN

		Rz.
1.	Was versteht man unter dem Begriff der „Bewertung" und welche Vorschrift ist hierbei von zentraler Bedeutung?	803
2.	Auf welchen Zeitpunkt ist bei der Bewertung von Wirtschaftsgütern abzustellen?	804
3.	Erläutern Sie die wichtigsten Bewertungsverfahren mit den jeweiligen Hauptanwendungsgebieten!	805, 806
4.	Welche Voraussetzungen müssen vorliegen, damit eine Festbewertung durchgeführt werden darf und welche charakteristischen Merkmale kann man der Festbewertung zuordnen?	810, 817
5.	Welche Methoden der Bewertung nach Verbrauchs- und Veräußerungsfolgen gibt es und welche sind im Handels- und Steuerrecht anwendbar?	818

		Rz.
6.	Welche Wirtschaftsgüter können in einem Sammelposten erfasst werden und wie ermittelt sich diese Rechengröße?	823
7.	In welchen Fällen sind die Anschaffungskosten für die Bewertung von entscheidender Bedeutung und welche Arten von Aufwendungen gehören grds. zu den Anschaffungskosten?	828
8.	Unter welchen Voraussetzungen gehören Vorsteuern zu den Anschaffungskosten?	834–837
9.	Unter welchen Voraussetzungen mindern Preisnachlässe die Anschaffungskosten?	838
10.	Gehören Finanzierungskosten zu den Anschaffungskosten?	839, 840
11.	Häufig werden einzelne Wirtschaftsgüter auf Rentenbasis erworben. Welche grds. bilanzsteuerrechtlichen Überlegungen sind in solchen Fällen erforderlich?	846–848
12.	Einzelne Wirtschaftsgüter werden auch im Tauschwege erworben. Welche grds. bilanzsteuerrechtlichen Überlegungen sind in solchen Fällen erforderlich?	850
13.	Welche Arten von Zuschüssen kennen Sie und wie sind diese im Hinblick auf die Anschaffungskosten zu behandeln?	851, 854, 855
14.	Welche Folgen ergeben sich aus dem unentgeltlichen Erwerb von einzelnen Wirtschaftsgütern?	856, 858
15.	Wann ist der Fall eines unentgeltlichen Erwerbs eines Betriebs oder Teilbetriebs gegeben und welche Folgen ergeben sich hieraus?	859–862
16.	Entwickeln Sie ausgehend vom Begriff „Ausgabe", was unter dem Begriff „Kosten pro Periode" zu verstehen ist!	865, 866
17.	Definieren Sie den Begriff „Herstellungskosten" und erläutern Sie die grds. Gemeinsamkeiten und Unterschiede zwischen den Herstellungskosten in der Handels- und Steuerbilanz!	872, 876, 881
18.	Was ist unter „anschaffungsnahem Aufwand" zu verstehen?	882
19.	Wann liegen nachträgliche Herstellungskosten in Abgrenzung zu Erhaltungsaufwendungen vor?	883–887
20.	Welche grds. Fallgestaltungen sind beim Abbruch eines Gebäudes denkbar und welche bilanzsteuerrechtlichen Konsequenzen ergeben sich daraus?	891–896
21.	Definieren Sie den Begriff „Teilwert" und grenzen Sie diesen Wert gegenüber dem Begriff „Gemeiner Wert" ab!	900
22.	Nach welchen Kriterien erfolgt die Teilwertermittlung?	901–905
23.	Was verstehen Sie unter dem „Gemeinen Wert"?	910, 911
24.	Welche anderen handelsrechtlichen Bewertungsmaßstäbe kennen Sie? Erläutern Sie diese Begriffe!	912
25.	Definieren Sie den Begriff „Anlagevermögen"! In welche Gruppen wird das Anlagevermögen in der Handelsbilanz eingeteilt?	918, 921
26.	Was verstehen Sie unter einem „Anlagegitter" („Anlagenspiegel")?	927, 933
27.	Welche allgemeinen Bewertungsgrundsätze gelten für die Bewertung i. S. des Handelsrechts?	930
28.	Welche Vorgänge haben Einfluss auf die Entwicklung des Bilanzansatzes eines abnutzbaren Wirtschaftsguts in der Handelsbilanz?	931–933

	Rz.
29. Unter welchen Voraussetzungen müssen beim abnutzbaren Anlagevermögen steuerrechtlich Zuschreibungen vorgenommen werden?	938–940
30. Nennen Sie die Abschreibungsarten, die das Steuerrecht unterscheidet!	945
31. Welche Voraussetzungen müssen vorliegen, damit Abschreibungen bei Wirtschaftsgütern vorgenommen werden können?	947–951
32. Welche Werte kommen als Bemessungsgrundlage für die AfA-Ermittlung in Frage?	960, 961
33. Welche AfA-Methoden gibt es für Wirtschaftsgüter (ohne Gebäude) gem. § 7 EStG (aktuelle Rechtslage)?	962, 963
34. Wie wird die AfA bei einem Wirtschaftsgut (kein Gebäude) ermittelt, wenn im Jahr 01 nachträgliche Herstellungskosten entstanden sind?	966
35. Welche Voraussetzungen müssen für die Inanspruchnahme der Sonderabschreibung gem. § 7g EStG vorliegen?	969
36. Welche AfA-Methoden gibt es für Gebäude gem. § 7 EStG?	972, 973
37. Erläutern Sie, welche Besonderheiten bei der Einlage eines Gebäudes zu beachten sind!	975–977
38. Was ist bei einem Gebäude nach Vornahme einer Teilwertabschreibung und nach einer Zuschreibung oder Wertaufholung zu beachten?	979, 981
39. Wann spricht man von geringwertigen Wirtschaftsgütern und welche bilanzsteuerrechtlichen Folgen ergeben sich?	983–987
40. Verstößt der Ansatz eines wieder gestiegenen Teilwerts für ein nicht abnutzbares Wirtschaftsgut in der Bilanz gegen das Prinzip „Nicht realisierte Gewinne dürfen nicht ausgewiesen werden"?	994, 996
41. Wie werden Beteiligungen im Handels- und Steuerrecht bilanziert?	999, 1003, 1006
42. Erläutern Sie den Begriff des „Umlaufvermögens"!	1010
43. Welche Verfahren zur Ermittlung der Anschaffungs- oder Herstellungskosten für Wirtschaftsgüter des Umlaufvermögens (Vorräte) gibt es?	1011
44. Welche Folgen ergeben sich für die Warenbewertung in der Steuerbilanz, wenn ein niedriger Teilwert vorliegt, die Wertminderung jedoch nicht von Dauer ist?	1019, 1020
45. Formulieren Sie die wichtigsten Grundsätze, die bei der Bewertung von Umlaufvermögen gelten!	1021
46. Welche grds. Möglichkeiten der Teilwertermittlung bei Vorräten sind in den Verwaltungsanweisungen zugelassen? Erläutern Sie diese Möglichkeiten kurz!	1024, 1025
47. Ab wann sind Forderungen in der Bilanz zu erfassen?	1030, 1031
48. Wie werden Forderungen bewertet?	1033–1036
49. Was versteht man unter den „Anschaffungskosten einer Verbindlichkeit"? Erklären Sie den Begriff des „Teilwerts einer Verbindlichkeit"!	1039 ff.
50. Wie werden die Bewertungsregeln (Ausweis nicht verwirklichter Verluste, soweit sie auf dauernder Wertminderung beruhen; Verbot des Ausweises nicht verwirklichter Gewinne) beim Umlaufvermögen in der Steuerbilanz bei der Bewertung von Verbindlichkeiten umgesetzt?	1043
51. Was kann alles Gegenstand einer Entnahme sein?	1046
52. Wie definiert die Rechtsprechung den Begriff „Entnahme"?	1046
53. Wie sind Entnahmen zu bewerten?	1048 ff.

		Rz.
54.	Wie sind Entnahmen von Nutzungen zu bewerten?	1052
55.	Unter welchen Voraussetzungen kann die Übertragung eines Wirtschaftsguts innerhalb des Betriebsvermögens einer Personengesellschaft erfolgsneutral erfolgen?	1056
56.	Was kann alles Gegenstand einer Einlage sein?	1060 f.
57.	Wie sind Einlagen zu bewerten?	1062 ff.
58.	Welche Besonderheit gilt bei der Einlage von Beteiligungen? Warum ist eine solche Sonderregelung erforderlich?	1068
59.	Welche Rückstellungen müssen handelsrechtlich zwingend gebildet werden?	1073 f.
60.	Nach welchen grds. Kriterien sind im Steuerrecht Rückstellungen zu bilden?	1075
61.	Gibt es steuerrechtlich verpflichtende Sondervorschriften für den Ausweis von Rückstellungen?	1077
62.	Gibt es spezielle steuerrechtliche Bewertungsvorschriften, nach denen die Höhe der Rückstellungen zu ermitteln ist?	1080, 1083
63.	Unter welchen Voraussetzungen sind Garantie-Rückstellungen zu bilden und wie sind diese zu bewerten?	1088 ff.
64.	Unter welchen Voraussetzungen sind im Handels- und Steuerrecht Rückstellungen wegen Patentverletzung zu bilden?	1094, 1097
65.	Was ist unter „Wechselobligo" zu verstehen und warum sind hierfür i. d. R. Rückstellungen zu bilden?	1102, 1104
66.	Unter welchen Voraussetzungen können Rückstellungen für unterlassene Aufwendungen für Instandhaltung in der Handels- und Steuerbilanz gebildet werden?	1115 f.
67.	Was ist unter „steuerfreien Rücklagen" zu verstehen und welche steuerfreien Rücklagen sind insbesondere zu nennen?	1122–1124
68.	Unter welchen Voraussetzungen kann die Besteuerung stiller Reserven mithilfe des Instituts der Rücklage für Ersatzbeschaffung vermieden werden?	1127
69.	Das Ausscheiden welcher Wirtschaftsgüter kann i. S. der R 6.6 EStR begünstigt sein?	1130
70.	Was ist unter „höherer Gewalt" i. S. der R 6.6 EStR zu verstehen?	1131 f.
71.	Welche Bedingungen muss ein Wirtschaftsgut erfüllen, damit es als Ersatzwirtschaftsgut i. S. der R 6.6 EStR angesehen werden kann?	1137 f.
72.	Was gehört zu einer Entschädigung i. S. der R 6.6 EStR?	1141, 1147
73.	In welchen Fällen ist eine Rücklage für Ersatzbeschaffung gewinnerhöhend aufzulösen?	1148
74.	Welche Besonderheiten im Zusammenhang mit der Rücklage für Ersatzbeschaffung sind bei Beschädigungen von Wirtschaftsgütern zu beachten?	1151
75.	Unter welchen Voraussetzungen ist eine Übertragung von stillen Reserven gem. § 6b EStG möglich?	1153 ff.
76.	Was ist unter einer „Veräußerung" i. S. des § 6b EStG zu verstehen?	1155 f.
77.	Die Veräußerung welcher Wirtschaftsgüter ist gem. § 6b EStG begünstigt? Welche weiteren Voraussetzungen müssen hierzu noch erfüllt sein?	1158–1161
78.	Wann liegen „begünstigte Reinvestitionen" i. S. des § 6b Abs. 1 EStG vor? Welche weiteren Voraussetzungen müssen hierzu noch erfüllt sein?	1163, 1166

		Rz.
79.	Wohin können stille Reserven bei einer grds. begünstigten Veräußerung übertragen werden, wenn ein Wirtschaftsgut eines eigenen Betriebs des Steuerpflichtigen veräußert wird?	1176, 1178
80.	Wohin können stille Reserven bei einer grds. begünstigten Veräußerung übertragen werden, wenn ein Wirtschaftsgut aus einem Sonderbetriebsvermögen eines Steuerpflichtigen veräußert wird?	1179
81.	Wohin können stille Reserven bei einer grds. begünstigten Veräußerung übertragen werden, wenn ein Wirtschaftsgut aus einem Gesellschaftsvermögen einer Personengesellschaft veräußert wird?	1180
82.	Kann bei einer Betriebsveräußerung eine Rücklage gem. § 6b Abs. 3 EStG weitergeführt werden?	1182–1184
83.	Skizzieren Sie die wesentlichen Regelungen des § 6b Abs. 10 EStG!	1186 f.
84.	Welche Voraussetzungen sind für die Bildung einer Zuschussrücklage zu erfüllen?	1190 f.

Kapitel 7: Bilanzberichtigung und Bilanzänderung

7.1 Bilanzberichtigung

7.1.1 Allgemeines

Die Begriffsbestimmung sowie die Möglichkeiten einer Bilanzberichtigung ergeben 1194
sich gem. § 4 Abs. 2 Satz 1 EStG und R 4.4 Abs. 1 EStR.

Eine Bilanzberichtigung liegt dann vor, wenn ein **unrichtiger** Bilanzansatz durch einen **richtigen** Bilanzansatz ersetzt wird. Als „Bilanzansatz" gilt hierbei der Wertansatz für jedes einzelne bewertungsfähige Wirtschaftsgut und jeden einzelnen Rechnungsabgrenzungsposten (R 4.4 Abs. 3 EStR). Falsche Bilanzansätze können durch

- fehlerhafte Buchungen,
- unterlassene Buchungen,
- falsche Bewertung oder
- mangelhafte Inventur

entstehen.

Grundsätzlich ist ein solch unrichtiger Bilanzansatz bis zur **Fehlerquelle** hin zu berichtigen.

Da jedoch der Steuerbilanzgewinn als Besteuerungsgrundlage mit in die Steuerberech- 1195
nung einfließt und Steuerbescheide materiell bestandskräftig werden, kann dann auch in solchen Bescheiden das Besteuerungsmerkmal „Gewinn" nicht mehr geändert werden.

Das bedeutet: Die Steuerbilanz ist faktisch an die **materielle Bestandskraft** des betreffenden Steuerbescheids gebunden.

Diese Bindung der Steuerbilanz an die Bestandskraft des darauf aufbauenden Steuerbescheids verhindert die Durchführung der an sich gebotenen Bilanzberichtigung. Um trotzdem den richtigen Totalgewinn erfassen zu können, muss hier der **Grundsatz des Bilanzenzusammenhangs** streng beachtet werden. In den Fällen, in denen ein Steuerbescheid nicht mehr geändert werden kann oder in denen der sich bei einer Änderung der Veranlagung ergebende höhere Steueranspruch wegen Ablaufs der Festsetzungsfrist erloschen wäre, geht der Grundsatz des Bilanzenzusammenhangs der Pflicht zur Bilanzberichtigung vor.

7.1.2 Bilanzberichtigung bis zur Fehlerquelle

Das hat zur Folge, dass Bilanzberichtigungen dann **bis zur Fehlerquelle** zurück erfolgen, 1196

- wenn noch keine Steuerfestsetzung erfolgt ist.

  Hier muss der Steuerpflichtige dem Finanzamt nach vorheriger Abgabe der Steuererklärung nebst Bilanz einen Fehler anzeigen, wenn er ihn bemerkt.

  Das Finanzamt muss, nachdem es einen fehlerhaften Bilanzansatz entdeckt hat, zunächst (vor der Berichtigung) den Steuerpflichtigen anhören;

- wenn die Bilanzberichtigung ohne Auswirkung auf die Höhe der festzusetzenden Steuer bleibt;
- wenn die durchgeführten Steuerfestsetzungen noch geändert werden können, weil
  - Steuerfestsetzungen unter dem Vorbehalt der Nachprüfung (§ 164 AO) stehen;
  - vorläufige Steuerfestsetzungen erfolgten (§ 165 AO) oder
  - bestandskräftige Steuerbescheide geändert werden können (z. B. i. S. der §§ 173 und 175 AO).

1197 Andererseits muss in den Fällen, in denen eine Änderung einer unzutreffenden Schlussbilanz nicht mehr möglich ist, die unzutreffende Schlussbilanz auch als (unzutreffende) Anfangsbilanz des Folgejahres übernommen werden (Grundsatz des Bilanzenzusammenhangs). Dies kommt in Betracht

- bei Festsetzungsverjährung (§ 169 AO) oder
- beim Fehlen verfahrensrechtlicher Möglichkeiten zur Berichtigung der betreffenden Steuerbescheide.

7.1.3 Bilanzberichtigung im ersten offenen Veranlagungsjahr

7.1.3.1 Erfolgswirksame Berichtigung

1198 Ist eine Berichtigung der Steuerfestsetzung nicht mehr möglich, weil verfahrensrechtliche Vorschriften (insbesondere die Vorschriften der AO) dies nicht zulassen, ist i. d. R. eine (ggf. erfolgswirksame) Berichtigung der ersten noch nicht bestandskräftigen Schlussbilanz erforderlich, sofern der Fehler noch vorhanden ist (R 4.4 Abs. 1 Satz 3 EStR). Anzusetzen ist das Wirtschaftsgut dann mit dem Wert, mit dem es bei von vornherein zutreffender bilanzieller Behandlung – also bei Beachtung sämtlicher Gewinnermittlungsvorschriften – in dieser Bilanz erscheinen würde, denn eine Bilanz hat grds. das Vermögen nach Umfang und Höhe zutreffend auszuweisen. Deshalb darf eine Bilanz **nicht den gesetzlichen Bilanzierungsvorschriften** und/oder den **gesetzlichen Bewertungsvorschriften widersprechen.** Eine änderbare Schlussbilanz muss daher berichtigt werden. Eine solche Berichtigung hat **erfolgswirksam** zu erfolgen.

1199 Wird ein fehlerhafter Bilanzansatz der nicht berichtigungsfähigen Vorjahresbilanz durch einen Geschäftsvorfall des laufenden Jahres beseitigt, ist ein fehlerhafter Bilanzansatz in der Schlussbilanz nicht mehr vorhanden und die Fehlerbeseitigung (der Geschäftsvorfall) ist erfolgswirksam zu erfassen.

BEISPIEL: Ein Schadensersatzanspruch wegen Patentverletzung wurde i. H. von 50.000 € durch ein rechtskräftiges Urteil im Jahr 01 festgestellt. Der Steuerpflichtige hat diesen Anspruch in den Bilanzen zum 31.12.01 und zum 31.12.02 nicht aktiviert. Der Schadensersatz wird im Jahr 03 geleistet. Die Einkommensteuerbescheide bis zum Jahr 01 sind bestandskräftig. Für das Jahr 02 steht der Einkommensteuerbescheid unter dem Vorbehalt der Nachprüfung.

Die Bilanz zum 31.12.01 ist objektiv falsch. Im Jahr 01 ist eine Gewinnrealisierung i. H. von 50.000 € eingetreten. Daher liegt in der Bilanz ein unrichtiger Bilanzansatz vor, der grds. eine Bilanzberichtigung erforderlich macht. Da jedoch im vorliegenden Fall eine Änderung dieser Bilanz wegen der eingetretenen Bestandskraft der Steuerfestsetzung für das Jahr 01 nicht möglich ist, hat die Berichtigung in der ersten noch änderbaren Bilanz zum 31.12.02 gewinnwirksam zu erfolgen, da der fehlerhafte Bilanzansatz auch zum 31.12.02 noch gegeben ist.

Buchung im Jahr 02:

Sonstige Forderungen	50.000 €	an	Sonstige betriebliche Erträge	50.000 €

Abwandlung: Die Zahlung ist im Jahr 02 erfolgt, wurde privat vereinnahmt und nicht gebucht.

Hier wird zum 31.12.02 kein Bilanzansatz geändert. Somit liegt kein Fall einer Bilanzberichtigung vor. Vielmehr ist der Schadensersatz als Geschäftsvorfall des Jahres 02 (private Vereinnahmung von Betriebseinnahmen) zu erfassen; eine Veränderung einer Position „Forderung" ist nicht möglich, da eine solche in der Vorjahresbilanz nicht ausgewiesen wurde.

Buchung im Jahr 02:

Entnahmen	50.000 €	an	Sonstige betriebliche Erträge	50.000 €

Auf eine solche erfolgswirksame Berichtigung wird verzichtet, wenn die Fehler geringfügig sind oder sich von selbst ausgleichen, z. B. bei Inanspruchnahme von zu hoher oder zu niedriger AfA (vgl. H 7.4 Unterlassene oder überhöhte AfA EStH; hierbei wird der Totalgewinn nicht berührt). 1200

7.1.3.2 Reaktivierung

Ob auch in den Fällen der sog. **„Reaktivierung"** eine erfolgswirksame Berichtigung der ersten berichtigungsfähigen Schlussbilanz erfolgen muss, war umstritten. 1201

Von „Reaktivierung" spricht man, wenn Aktivierungen in den nicht mehr berichtigungsfähigen Vorjahren nicht oder nicht zutreffend erfasst wurden und stattdessen ein zu hoher Aufwand gebucht wurde.

BEISPIEL: Im Jahr 03 wurde eine Maschine (Nutzungsdauer 20 Jahre) selbst hergestellt. Zutreffend hätte die Maschine zum 31.12.03 mit 200.000 € aktiviert werden müssen. In der Bilanz sind jedoch nur 100.000 € aktiviert worden. Die Bilanz zum 31.12.03 ist nicht mehr berichtigungsfähig. Eine Reaktivierung bedeutet, dass die bisher nicht aktivierten Herstellungskosten (vermindert um die planmäßige AfA) in der ersten berichtigungsfähigen Bilanz aktiviert werden, und zwar erfolgswirksam.

Für eine solche (erfolgswirksame) Reaktivierung spricht, dass der Umfang und die zutreffende Bewertung des Betriebsvermögens zu jedem Bilanzstichtag erneut sichergestellt sein sollen; denn andernfalls würde die Bilanz ein unzutreffend bewertetes Vermögen ausweisen. Hierfür spricht auch der Wortlaut des § 6 Abs. 1 Nr. 1 Satz 4 EStG. Danach ergibt sich der Wertansatz eines Wirtschaftsguts für jeden Bilanzstichtag aus dem Vergleich der um die zulässigen Abzüge (Abschreibungen oder Übertragung stiller Reserven) geminderten Anschaffungs- oder Herstellungskosten als Bewertungsobergrenze und dem aufgrund einer dauernden Wertminderung niedrigeren Teilwert als Bewertungsuntergrenze. 1202

Gegen eine solche Reaktivierung spricht, dass eine solch unzutreffende Behandlung von Aufwand (statt Herstellungskosten) in den bestandskräftigen Jahren lediglich zu unzutreffenden Periodengewinnen führt, den Totalgewinn jedoch unberührt lässt. Eine Gewinnkorrektur in dem ersten noch nicht bestandskräftigen Jahr würde nur dazu führen, dass dieser Periodengewinn dann auch noch falsch ausgewiesen würde. Weiter würde die Bestandskraft der Vorjahre materiell durchbrochen. Ob ein Betriebsprüfer eine Aktivierung im Jahr 01 vornehmen kann oder nicht, wäre in solchen Fällen ohne 1203

Bedeutung, da die Aktivierung in jedem Fall im ersten noch berichtigungsfähigen Jahr vorgenommen werden kann (beim Bejahen der erfolgswirksamen Reaktivierung).

Eine solche Behandlung widerspricht den Grundsätzen der Rechtssicherheit, denn hierdurch würden die Vorschriften, die die Berichtigung von Steuerfestsetzungen nicht zulassen, materiell (durch eine zu hohe Steuerfestsetzung für das erste noch nicht bestandskräftige Jahr) unterlaufen und damit wirkungslos.

1204 Unseres Erachtens hat im Regelfall eine Reaktivierung zu erfolgen; nur in den Fällen, in denen die Fehler geringfügig sind oder sich von selbst ausgleichen, z. B. bei Inanspruchnahme von zu hoher oder zu niedriger AfA, wird auf eine Berichtigung verzichtet. Dies kann jedoch nicht für die Fälle gelten, in denen Wirtschaftsgüter gar nicht bilanziert wurden oder in denen die Herstellungs- oder Anschaffungskosten von Wirtschaftsgütern in erheblichem Umfang nicht aktiviert wurden.

Diese Auffassung ist inzwischen vom BFH (Urteil v. 9.5.2012 - X R 38/10, BStBl 2012 II S. 725) bestätigt worden. Der Grundsatz, dass wegen reiner AfA-Fehler keine Nachaktivierung stattfindet, gilt lt. BFH nicht bei fehlerhafter Aktivierung, sondern offensichtlich nur bei Fehlern in der AfA-Berechnung.

7.1.3.3 Erfolgsneutrale Bilanzberichtigung

1205 Hat sich ein fehlerhafter Bilanzansatz auf die Höhe der festgesetzten Steuer **noch nicht** ausgewirkt, hat eine **erfolgsneutrale** Bilanzkorrektur zu erfolgen. Dies könnte auch in der Bilanz des Jahres geschehen, in der die Fehlerquelle liegt, obwohl die Steuerfestsetzung für das betreffende Jahr bereits bestandskräftig geworden ist. In solchen Fällen hätte der richtige Bilanzansatz nicht zu einer Änderung der festgesetzten Steuer geführt und damit stünde die bestandskräftige Steuerfestsetzung einer Bilanzberichtigung nicht entgegen. Aus Zweckmäßigkeitsgründen werden in solchen Fällen jedoch nicht sämtliche fehlerhaften Bilanzen korrigiert. Da eine Bilanzberichtigung hier technisch nicht in der Form vorgenommen wird, dass die Bilanzen berichtigt werden, die bestandskräftigen Veranlagungen zugrunde gelegen haben (dies wäre zu aufwändig), wird eine erfolgsneutrale Berichtigung im **ersten berichtigungsfähigen** Wirtschaftsjahr erfasst (Kapitalangleichungen sind im Rahmen der Rechnungslegung von Kapitalgesellschaften erfolgswirksam zu erfassen. Damit sich indes keine steuerliche Doppelbesteuerung ergibt, ist der Betrag der gewinnerhöhenden Kapitalangleichung bei der Ermittlung des zu versteuernden Einkommens wieder abzuziehen).

Dies müsste in der Form erfolgen, dass die Eröffnungsbilanz des Berichtigungsjahres (erfolgsneutral) berichtigt wird (Buchung: „Wirtschaftsgut an Kapital" oder umgekehrt). Es ist jedoch auch möglich, dass im Berichtigungsjahr selbst eine Ausbuchung zulasten oder eine Einbuchung zugunsten des Kapitals erfolgt. Beide Wege führen zum gleichen Ergebnis: Der erfolgsneutralen Berichtigung im ersten berichtigungsfähigen Wirtschaftsjahr.

1206 Die Fälle, in denen eine solche steuerneutrale Bilanzberichtigung in Betracht kommt, sind u. a.

- der Nichtansatz von notwendigem Betriebsvermögen, ohne zuvor Aufwand erfasst zu haben,

- der Ansatz von notwendigem Privatvermögen in der Bilanz sowie
- die unrichtige Bewertung von Wirtschaftsgütern.

Voraussetzung ist hier, dass die falschen Bilanzansätze keine Auswirkungen auf die Steuerfestsetzungen der **nicht berichtigungsfähigen** Veranlagungen haben.

7.1.3.4 Durchbrechung des Bilanzenzusammenhangs

Eine **Durchbrechung** des Bilanzenzusammenhangs kommt gem. H 4.4 Berichtigung einer Bilanz, die einer bestandskräftigen Veranlagung zugrunde liegt EStH in Betracht, wenn 1207

- der Steuerpflichtige einen Aktivposten zu hoch oder einen Passivposten zu niedrig ausgewiesen hat,
- der Steuerpflichtige diesen Fehler bewusst gemacht hat und
- der Steuerpflichtige sich dadurch einen beachtlichen, ungerechtfertigten Steuervorteil verschaffen wollte.

Ein solcher Fall ist insbesondere gegeben, wenn die Vornahme der AfA bei abnutzbaren Wirtschaftsgütern in bestandskräftigen Jahren willkürlich unterlassen wurde. Hier wird die Nachholung dieser AfA im ersten (oder in den weiteren) noch nicht bestandskräftigen Jahr(en) durch die Durchbrechung des Bilanzenzusammenhangs verhindert. 1208

BEISPIEL: In den bestandskräftigen Jahren 01 und 02 wurde eine AfA i. H. von je 10.000 € für eine Maschine nicht angesetzt, da für die folgenden Jahre mit deutlich größeren Gewinnen gerechnet wurde und aus diesem Grund der Effekt der Steuerersparnis sehr viel größer sein würde. Ab dem Jahr 03 will der Steuerpflichtige nun den Restbuchwert auf die Restnutzungsdauer verteilen.

Hier wird der Bilanzenzusammenhang durchbrochen, da der Steuerpflichtige sich durch sein Handeln einen beachtlichen, ungerechtfertigten Steuervorteil verschaffen wollte. Die Eröffnungsbilanz 03 weist für die Maschine nur den Wert aus, der sich bei richtiger Inanspruchnahme der AfA in den Jahren 01 und 02 ergeben hätte.

7.2 Bilanzänderung

Was „Bilanzänderung" bedeutet, ergibt sich aus § 4 Abs. 2 Satz 2 EStG und R 4.4 Abs. 2 EStR. 1209

Wenn steuerlich – für Steuerpflichtige, die ihren Gewinn gem. § 5 EStG ermitteln, auch handelsrechtlich – **verschiedene Wertansätze** für ein Wirtschaftsgut zulässig sind, kann der Steuerpflichtige bei der Bilanzaufstellung zwischen verschiedenen möglichen Bilanzansätzen wählen.

Will er später seine Entscheidung zugunsten eines anderen zulässigen Ansatzes ändern, ist das grds. nicht möglich.

Eine solche Bilanzänderung ist gem. § 4 Abs. 2 Satz 2 EStG ausnahmsweise nur dann zulässig, wenn ein solcher Antrag auf Bilanzänderung in einem engen sachlichen und zeitlichen Zusammenhang mit einer erforderlichen Bilanzberichtigung (§ 4 Abs. 2 Satz 1 EStG; R 4.4 Abs. 1 EStR) steht. 1210

Dieser enge sachliche Zusammenhang kann auch zwischen der Gesamthandsbilanz und der Ergänzungs- oder Sonderbilanz sowie zwischen den Ergänzungs- und Sonderbilanzen der einzelnen Mitunternehmer bestehen. Subjekt der Gewinnermittlung ist nach der sog. „Einheitsbetrachtung" nicht der einzelne Mitunternehmer, sondern die Mitunternehmerschaft selbst. Bei der Auslegung des § 4 Abs. 2 Satz 2 EStG ist daher auf die Gesamtbilanz der Mitunternehmerschaft abzustellen. Auf eine gesellschafterbezogene Betrachtungsweise, die nur in eng begrenzten Einzelfällen, z. B. bei der Anwendung des § 6b EStG stattfindet, ist zu verzichten. Hierdurch eintretende Gewinnverschiebungen zwischen den Mitunternehmern stehen dem nicht entgegen.

Enger zeitlicher Zusammenhang

Ein enger zeitlicher Zusammenhang mit einer Bilanzberichtigung gem. § 4 Abs. 2 Satz 1 EStG ist gegeben, wenn die Bilanz unverzüglich nach einer Bilanzberichtigung geändert wird.

Ist die Bilanzberichtigung Streitgegenstand eines außergerichtlichen oder gerichtlichen Rechtsbehelfsverfahrens, ist der zeitliche Zusammenhang gewahrt, wenn die Bilanzänderung im Laufe des Rechtsbehelfsverfahrens begehrt wird. Andernfalls ist der Bilanzänderungsantrag innerhalb der Einspruchsfrist zu stellen.

Ein enger zeitlicher Zusammenhang mit einer Bilanzberichtigung gem. § 4 Abs. 2 Satz 1 EStG ist gegeben, wenn sich die Bilanzberichtigung und die Bilanzänderung auf dieselbe Bilanz beziehen. Auf welche Wirtschaftsgüter im Einzelnen sich die Bilanzberichtigung bezieht, ist unerheblich.

Eine Änderung ist bis zur Höhe des gesamten Berichtigungsbetrags aller Wirtschaftsgüter zulässig.

Ein enger zeitlicher Zusammenhang mit einer Bilanzberichtigung gem. § 4 Abs. 2 Satz 1 EStG ist nach der Rechtsprechung auch dann gegeben, wenn sich die Gewinnänderungen im Rahmen einer Bilanzberichtigung aus fehlender oder fehlerhafter Verbuchung von Entnahmen und Einlagen ergeben.

Ein enger zeitlicher Zusammenhang ist auch dann gegeben, wenn eine Bilanzberichtigung vorliegt, wodurch sich Gewinnänderungen im Rahmen der bilanziellen Gewinnermittlungen ergeben haben (siehe BMF-Schreiben v. 13.8.2008, BStBl 2008 I S. 845: Hierin wird auch klargestellt, dass im Zusammenhang mit außerbilanziellen Zu- und Abrechnungen Bilanzänderungen nicht zulässig sind).

BEISPIEL 1: Das Finanzamt beabsichtigt, vom erklärten Gewinn um 100.000 € nach oben abzuweichen: Eine Rücklage gem. § 6b EStG i. H. von 100.000 € ist am Ende des Wirtschaftsjahres nämlich gewinnerhöhend aufzulösen (Fristablauf).

Als der Steuerpflichtige von der Absicht des Finanzamts erfährt, beantragt er, 50.000 € der aufzulösenden Rücklage auf eine neu angeschaffte Maschine zu übertragen. Die Voraussetzungen des § 6b EStG für die erfolgsneutrale Übertragung der stillen Reserven sind erfüllt. In diesem Fall sind die Voraussetzungen für eine Bilanzänderung erfüllt.

BEISPIEL 2: Im Rahmen einer Betriebsprüfung hat das Finanzamt für das Jahr 01 (die Einkommensteuerveranlagung für das Jahr 01 ist bestandskräftig) nicht erklärte Warenerlöse (brutto) i. H. von 119.000 € festgestellt. Der Steuerberater beantragt, sachlich gerechtfertigt, Abschreibungen i. S. des § 7g Abs. 1 EStG i. H. von 50.000 € zu berücksichtigen.

Eine Bilanzänderung durch Minderung des Bilanzansatzes „Betriebsvorrichtungen" um 50.000 €, vorzunehmen durch die Berücksichtigung zusätzlicher Abschreibungen i. S. des § 7g Abs. 1 EStG, kann erfolgen, da die Voraussetzungen für eine Bilanzänderung vorliegen. Es liegt ein enger zeitlicher und sachlicher Zusammenhang mit der Änderung des bilanziell ermittelten Gewinns vor.

BEISPIEL 3: Im Rahmen einer Betriebsprüfung hat das Finanzamt für das Jahr 01 (die Einkommensteuerveranlagung für das Jahr 01 ist bestandskräftig) Feststellungen getroffen, die außerbilanzielle Gewinnerhöhungen gem. § 4 Abs. 5 Satz 1 Nr. 4 EStG i. H. von 100.000 € notwendig machen. Der Steuerberater beantragt, sachlich gerechtfertigt, Abschreibungen i. S. des § 7g Abs. 1 EStG i. H. von 50.000 € zu berücksichtigen.

Eine Bilanzänderung durch Minderung des Bilanzansatzes „Betriebsvorrichtungen" um 50.000 €, vorzunehmen durch die Berücksichtigung zusätzlicher Abschreibungen i. S. des § 7g Abs. 1 EStG, kann **nicht** erfolgen, da die Voraussetzungen für eine Bilanzänderung **nicht** vorliegen. Es liegt kein enger zeitlicher und sachlicher Zusammenhang mit der Änderung des bilanziell ermittelten Gewinns vor.

7.3 Übersicht über Bilanzänderung und Bilanzberichtigung

Die folgende Übersicht soll deutlich machen, unter welchen Voraussetzungen Bilanz- 1211
änderungen und Bilanzberichtigungen durchgeführt werden können:

ABB. 54: Bilanzänderung und Bilanzberichtigung

Bilanzänderung
(§ 4 Abs. 2 Satz 2 EStG und R 4.4 Abs. 2 EStR)
(nur ausnahmsweise möglich)

Voraussetzung:
Antrag auf Bilanzänderung muss in einem engen sachlichen und zeitlichen Zusammenhang mit einer erforderlichen Bilanzberichtigung (einer Berichtigung des bilanziell ermittelten Gewinns) stehen.

Bilanzberichtigung
(§ 4 Abs. 2 Satz 1 EStG und R 4.4 Abs. 1 EStR)

→ Vor der Steuerfestsetzung

- Der Steuerpflichtige muss den Fehler anzeigen, wenn er ihn bemerkt (§ 153 AO).
- Bemerkt das Finanzamt den Fehler, muss es den Steuerpflichtigen gem. § 91 AO vor der Berichtigung anhören.

Die Bilanzberichtigung ist in beiden Fällen zwingend vorgeschrieben!

→ Nach der Steuerfestsetzung ist die Bilanzberichtigung vorgeschrieben, soweit

- die Steuerfestsetzung berichtigt werden kann (z. B. gem. §§ 164, 165 und 173 AO).
- die Höhe der festgesetzten Steuer sich durch die Berichtigung nicht ändert.

Ist eine Berichtigung der Steuerfestsetzung nicht mehr möglich, weil die Vorschriften der AO dieser entgegenstehen, ist

- eine (ggf. erfolgswirksame) Berichtigung der ersten noch nicht bestandskräftigen Schlussbilanz erforderlich, sofern der Fehler noch vorhanden ist (R 4.4 Abs. 1 Satz 3 EStR).
- ausnahmsweise die erste noch nicht bestandskräftige Anfangsbilanz zu berichtigen (Durchbrechung des Bilanzenzusammenhangs, H 4.4 (Berichtigung einer Bilanz ...) EStH). Dabei müssen folgende Voraussetzungen sämtlich erfüllt sein:
  1. Der Steuerpflichtige hat einen **Aktivposten zu hoch** oder einen **Passivposten zu niedrig** ausgewiesen.
  2. Der Steuerpflichtige hat diesen Fehler bewusst gemacht.
  3. Der Steuerpflichtige wollte damit einen beachtlichen ungerechtfertigten Steuervorteil erreichen (z. B. durch willkürlich unterlassene AfA).

LITERATURHINWEIS

Gerke/Kirchner/Kühn/Steiner, Fallsammlung Bilanzsteuerrecht, 21. Aufl. 2026, Fall 155–165.

FRAGEN 1212

		Rz.
1.	Welche Voraussetzungen müssen für eine Bilanzberichtigung vor der Steuerfestsetzung erfüllt sein?	1196
2.	Welche Konsequenzen ergeben sich, wenn eine Berichtigung der Steuerfestsetzung bis zur Fehlerquelle nicht mehr möglich ist?	1198, 1205
3.	Wie lässt sich der Begriff „Bilanzänderung“ definieren und unter welchen Voraussetzungen sind Bilanzänderungen möglich?	1209 f.
4.	Unter welchen Voraussetzungen liegt ein enger sachlicher Zusammenhang mit der Bilanzberichtigung der zu ändernden Bilanz vor?	1210

Kapitel 8: Gewinnkorrekturen außerhalb der Bilanz

8.1 Allgemeines

1213 Gemäß § 4 Abs. 4a–7 EStG dürfen bestimmte Betriebsausgaben den steuerlichen Gewinn nicht oder nur eingeschränkt mindern. Andere Vorschriften (u. a. § 6b Abs. 7 EStG) regeln, dass außerbilanziell ein Gewinnzuschlag zu erfolgen hat. Diese Normen führen zu außerbilanziellen Zurechnungen bei der Ermittlung des steuerlichen Gewinns.

Andererseits gibt es auch außerbilanzielle Gewinnminderungen bei der Ermittlung des steuerlichen Gewinns.

Die wichtigsten Vorschriften werden im Folgenden kurz dargestellt.

8.2 Gewinnerhöhungen außerhalb der Bilanz

1214 Zunächst soll auf die Vorschrift des § 4 Abs. 5 EStG eingegangen werden:

- Aufwendungen für Geschenke an Personen, die nicht Arbeitnehmer des Steuerpflichtigen sind: Übersteigen die Anschaffungskosten des Geschenks insgesamt 50 € pro Empfänger, sind die Kosten in voller Höhe außerbilanziell dem Gewinn hinzuzurechnen (§ 4 Abs. 5 Satz 1 Nr. 1 EStG).
- Aufwendungen für die Bewirtung von Personen aus geschäftlichem Anlass – soweit die Kosten nach der allgemeinen Verkehrsauffassung angemessen sind – sind zu 70 % abzugsfähig; damit sind die Kosten zu 30 % außerbilanziell dem Gewinn hinzuzurechnen (§ 4 Abs. 5 Satz 1 Nr. 2 EStG).
- Aufwendungen für Gästehäuser, die nicht am Ort des Betriebs liegen, sind außerbilanziell in voller Höhe dem Gewinn hinzuzurechnen, soweit sie nicht eigene Arbeitnehmer betreffen (§ 4 Abs. 5 Satz 1 Nr. 3 EStG).
- Aufwendungen für Jagdtourismus, Fischerei und Yachten sind außerbilanziell in voller Höhe dem Gewinn hinzuzurechnen, soweit es sich hierbei nicht um eine mit Gewinnerzielungsabsicht ausgeführte Tätigkeit handelt (§ 4 Abs. 5 Satz 1 Nr. 4 EStG).
- Mehraufwendungen für Verpflegung bei Geschäftsreisen sind lediglich im Rahmen der in § 4 Abs. 5 Satz 1 Nr. 5 EStG genannten Pauschalen abzugsfähig. Die übersteigenden Beträge sind außerbilanziell in voller Höhe dem Gewinn hinzuzurechnen (§ 4 Abs. 5 Satz 1 Nr. 5 EStG).
- Aufwendungen für Fahrten des Steuerpflichtigen zwischen seiner Wohnung und der Betriebsstätte können sich nur in der Höhe steuerlich auswirken, in der ein Werbungskostenabzug bei Arbeitnehmern möglich ist. Die übersteigenden Beträge sind dem Gewinn außerbilanziell hinzuzurechnen (§ 4 Abs. 5 Satz 1 Nr. 6 EStG). Die Berechnung des nicht abziehbaren Betrags hat gem. § 4 Abs. 5 Satz 1 Nr. 6 Satz 3 EStG zu erfolgen.
- Aufwendungen für ein häusliches Arbeitszimmer, wenn dieses nicht den Mittelpunkt der gesamten betrieblichen und beruflichen Tätigkeit bildet, sind dem Gewinn außerbilanziell in voller Höhe hinzuzurechnen (§ 4 Abs. 5 Satz 1 Nr. 6b EStG).

- Aufwendungen, die nach allgemeiner Verkehrsauffassung als unangemessen anzusehen sind, sind dem Gewinn in voller Höhe außerbilanziell hinzuzurechnen (§ 4 Abs. 5 Satz 1 Nr. 7 EStG).
- Geldbußen, Ordnungs- und Verwarnungsgelder sind dem Gewinn in voller Höhe außerbilanziell hinzuzurechnen (§ 4 Abs. 5 Satz 1 Nr. 8 EStG).
- Hinterziehungszinsen sind dem Gewinn in voller Höhe außerbilanziell hinzuzurechnen (§ 4 Abs. 5 Satz 1 Nr. 8a EStG).
- Bestechungs- und Schmiergelder sind, soweit eine Ahndung zumindest mit Bußgeld möglich ist, dem Gewinn in voller Höhe außerbilanziell hinzuzurechnen (§ 4 Abs. 5 Satz 1 Nr. 10 EStG).

Als weitere Vorschriften sind in diesem Zusammenhang hervorzuheben: 1215

- § 4 Abs. 4a EStG regelt, dass Schuldzinsen den steuerlichen Gewinn nicht mindern dürfen, soweit Überentnahmen getätigt worden sind. Unter „Überentnahmen" versteht das Gesetz den Betrag, um den die Entnahmen die Summe des Gewinns und der Einlagen des Wirtschaftsjahres übersteigen. Die Überentnahmen des Wirtschaftsjahres und die Überentnahmen vorangegangener Wirtschaftsjahre werden zusammengezählt. Hiervon abgezogen werden die Unterentnahmen, d. h. die die Entnahmen übersteigenden Gewinne und Einlagen der Vorjahre.

  Die nicht abzugsfähigen Schuldzinsen werden typisiert mit 6 % des so ermittelten Betrags ermittelt und dem steuerlichen Gewinn außerbilanziell hinzugerechnet, höchstens jedoch mit dem um 2.050 € verminderten Betrag der in dem Wirtschaftsjahr angefallenen Schuldzinsen.

  Anmerkung: Zinsen für Investitionsdarlehen sind ohne Einschränkungen abzugsfähig (§ 4 Abs. 4a Satz 5 EStG).

  Die komplexe gesetzliche Norm hat das BMF in einem Schreiben ausführlich erläutert (BMF, Schreiben v. 2.11.2018, BStBl 2018 I S. 1207).

- § 4h EStG beschränkt in bestimmten Fällen den Betriebsausgabenabzug für Zinsaufwendungen (sog. „Zinsschranke"). Damit soll eine übermäßige Fremdkapitalfinanzierung verhindert werden. Durch das Kreditzweitmarktförderungsgesetz v. 22.12.2023 (BGBl 2023 I Nr. 411) wurde die Zinsschranke ab dem Veranlagungszeitraum 2024 grundlegend geändert, insbesondere der Zinsbegriff wurde erheblich ausgeweitet (§ 52 Abs. 8b EStG). Zur neuen Fassung hat sich das BMF in einem umfangreichen Schreiben geäußert (BMF, Schreiben v. 24.3.2025, BStBl 2025 I S. 683); für Wirtschaftsjahre vor 2024 gilt weiterhin das BMF-Schreiben v. 4.7.2008 (BStBl 2008 I S. 718). Nicht abzugsfähige Zinsen werden dem steuerlichen Gewinn außerbilanziell hinzugerechnet. 1216

  Anmerkung: Der BFH hat mit Beschluss v. 14.10.2015 - I R 20/15, BStBl 2017 II S. 1240, dem BVerfG die Frage vorgelegt, ob die sog. „Zinsschranke" (und damit der § 4h EStG) wegen Verstoßes gegen den Gleichheitssatz verfassungswidrig ist. Eine Entscheidung steht noch aus; das Verfahren betrifft die alte Fassung des § 4h EStG.

1217 ► Gemäß § 4 Abs. 5b EStG sind die Gewerbesteuer und die darauf entfallenden Nebenleistungen keine Betriebsausgaben. Der steuerliche Gewinn ist daher außerbilanziell um die gesamten Beträge zu erhöhen.

1218 ► Gemäß § 6b Abs. 7 EStG ist der Gewinn des Wirtschaftsjahres, in dem eine gem. § 6b Abs. 3 EStG gebildete Rücklage aufgelöst wird, ohne dass die stillen Reserven auf ein Wirtschaftsgut übertragen werden können, für jedes volle Wirtschaftsjahr, in dem die Rücklage bestanden hat, um 6 % des aufgelösten Rücklagenbetrags außerbilanziell zu erhöhen.

1219 ► Gemäß § 160 AO ist der Betriebsausgabenabzug zu versagen, wenn der Steuerpflichtige der Aufforderung der Finanzverwaltung, den Empfänger einer Betriebsausgabe genau zu benennen, nicht nachkommt. Auch in diesem Fall ist der steuerliche Gewinn außerbilanziell um die gesamten Beträge zu erhöhen.

8.3 Gewinnminderungen außerhalb der Bilanz

1220 § 7g Abs. 1–4 EStG regelt die Vorverlagerung von Abschreibungspotenzial in ein Wirtschaftsjahr vor der Anschaffung oder Herstellung eines begünstigten Wirtschaftsguts.

Diese Vorverlagerung erfolgt jedoch nicht durch Bildung einer Rücklage in der Bilanz (wie z. B. in den Fällen des § 6b EStG), sondern **außerbilanziell** durch **Bildung eines Investitionsabzugsbetrags.**

1221 Die **Voraussetzungen** für die Bildung des Investitionsabzugsbetrags für **künftige** Anschaffungen/Herstellungen sind:

- ► Bei Steuerpflichtigen, die ihren Gewinn gem. § 4 Abs. 1 oder § 5 EStG ermitteln, darf der Gewinn am Schluss des Wirtschaftsjahres, in dem der Abzug vorgenommen wird, 200.000 € nicht übersteigen.
- ► Der Steuerpflichtige beabsichtigt die Anschaffung oder Herstellung eines beweglichen abnutzbaren Wirtschaftsguts des Anlagevermögens – auch gebrauchte Wirtschaftsgüter sind begünstigt – in den folgenden drei Wirtschaftsjahren nach Abzug des Investitionsbetrags.
- ► Das Wirtschaftsgut wird bis mindestens zum Ende des auf das Wirtschaftsjahr der Anschaffung/Herstellung folgenden Wirtschaftsjahres in einer inländischen Betriebsstätte des Steuerpflichtigen ausschließlich oder fast ausschließlich betrieblich genutzt (über 90 %) oder vermietet.
- ► Bis zum Jahr 2015 musste der Steuerpflichtige das begünstigte Wirtschaftsgut seiner Funktion nach in den beim Finanzamt einzureichenden Unterlagen benennen und die Höhe der voraussichtlichen Anschaffungskosten angeben. Ab dem Jahr 2016 entfällt diese Voraussetzung.
- ► Der Begünstigungshöchstbetrag pro Betrieb darf 200.000 € nicht übersteigen (genauer: Die Summe der Beträge, die im Wirtschaftsjahr des Abzugs und in den drei vorangegangenen Wirtschaftsjahren gem. § 7g Abs. 1 Satz 1 EStG insgesamt abgezogen und nicht gem. § 7g Abs. 2 EStG hinzugerechnet oder gem. § 7g Abs. 3 oder 4 EStG rückgängig gemacht wurden, darf je Betrieb 200.000 € nicht übersteigen).

Liegen die o. a. Voraussetzungen vor, kann ein Investitionsabzugsbetrag i. H. von bis zu **50 % der künftigen Anschaffungs- oder Herstellungskosten** abgezogen werden. 1222

Eine schädliche Nutzung liegt vor, wenn das Wirtschaftsgut privat oder in einem anderen Betrieb des Steuerpflichtigen genutzt wird.

Durch § 7g Abs. 7 EStG wird sichergestellt, dass ein Beteiligter, der wirtschaftlich nicht an der Investition beteiligt ist, auch nicht von der Begünstigung des § 7g EStG profitiert.

HINWEISE

Investitionsabzugsbeträge können nachträglich in Anspruch genommen werden. Sie müssen also nicht schon im Rahmen der mit der Steuererklärung eingereichten Gewinnermittlung in Anspruch genommen werden.

Hierbei ist auf den Zeitpunkt der Antragstellung (z. B. im Einspruchsverfahren oder bei einer Betriebsprüfung) abzustellen. Dabei gilt Folgendes: Die Investitionsfrist darf noch nicht abgelaufen sein und die Investition muss noch ausstehen. Ein im Vorjahr für ein bestimmtes Wirtschaftsgut gebildeter Investitionsabzugsbetrag kann in einem Folgejahr innerhalb des dreijährigen Investitionszeitraums bis zum gesetzlichen Höchstbetrag aufgestockt werden (BFH, Urteil v. 12.11.2014 - X R 4/13, BStBl 2016 II S. 38; gegen BMF, Schreiben v. 15.6.2022, BStBl 2022 I S. 945).

Dieser Investitionsabzugsbetrag mindert den Gewinn **außerbilanziell.** Weder die Handels- noch die Steuerbilanz noch der handelsrechtliche Gewinn werden davon berührt. Durch den Investitionsabzugsbetrag darf sich auch ein steuerlicher Verlust ergeben. 1223

Zum Zeitpunkt der Anschaffung/Herstellung des begünstigten Wirtschaftsguts ist der Investitionsabzugsbetrag zwingend **außerbilanziell gewinnerhöhend hinzuzurechnen.** Der Hinzurechnungsbetrag beträgt 50 % der Anschaffungs-/Herstellungskosten, höchstens jedoch den gebildeten Investitionsabzugsbetrag. 1224

Mit der Hinzurechnung des Investitionsabzugsbetrags kann der Steuerpflichtige gleichzeitig folgende Wahlrechte ausüben: 1225

- Die Anschaffungs- oder Herstellungskosten des begünstigten Wirtschaftsguts können gewinnwirksam (durch außerplanmäßige Abschreibung) innerhalb der Bilanz gemindert werden. Der Abschreibungsbetrag beträgt 50 %, höchstens jedoch den Investitionsabzugsbetrag. Dann mindert sich die Bemessungsgrundlage für weitere Abschreibungen entsprechend (§ 7g Abs. 2 Satz 2 EStG).
- Weiter können – auch ohne vorherige Geltendmachung eines Investitionsabzugsbetrags – Sonderabschreibungen i. H. von bis zu 40 % (verteilbar über die ersten fünf Nutzungsjahre) der (ggf. geminderten) Bemessungsgrundlage in Anspruch genommen werden (§ 7g Abs. 5 EStG). Hierzu müssen lediglich folgende Voraussetzungen erfüllt sein:

- Bei Steuerpflichtigen, die ihren Gewinn gem. § 4 Abs. 1 oder § 5 EStG ermitteln, darf der Gewinn vor Abzug des Investitionsabzugsbetrags 200.000 € nicht übersteigen.
- Das Wirtschaftsgut wird bis mindestens zum Ende des auf das Wirtschaftsjahr der Anschaffung/Herstellung folgenden Wirtschaftsjahres vermietet oder in einer inländischen Betriebsstätte des Steuerpflichtigen ausschließlich oder fast ausschließlich betrieblich genutzt.

An dieser Stelle soll nochmals darauf hingewiesen werden, dass die Sonderabschreibung auch in Anspruch genommen werden kann, wenn vorher **kein** Investitionsabzugsbetrag gebildet wurde.

1226 Erfolgt die geplante Investition nicht, ist der Investitionsabzugsbetrag rückwirkend im Jahr des Abzugs rückgängig zu machen. Hierfür formuliert § 7g Abs. 3 EStG eine selbständige Berichtigungsvorschrift. Das Gleiche gilt für die Teile des Investitionsabzugsbetrags, der nicht gem. § 7g Abs. 2 EStG hinzugerechnet werden konnte, da die tatsächlichen Anschaffungskosten unter den bei Beantragung des Investitionsabzugsbetrags geplanten Anschaffungs- oder Herstellungskosten lagen. Werden die Verbleibensvoraussetzungen nicht erfüllt, sind sämtliche gem. § 7g EStG erfolgten bilanziellen und außerbilanziellen Gewinnauswirkungen rückwirkend im jeweiligen Jahr der erstmaligen Auswirkung rückgängig zu machen. Hierfür formuliert § 7g Abs. 4 EStG (hinsichtlich der Sonderabschreibungen gem. § 7g Abs. 6 Nr. 2 i. V. mit Abs. 4 EStG) eine selbständige Berichtigungsvorschrift.

BEISPIEL: Der Einzelkaufmann A plant im Jahr 01 die Anschaffung einer Maschine zur Herstellung von Schmuckvasen zum Preis i. H. von 100.000 €.

a) Am 1.8.03 erwirbt er eine solche Maschine zum Preis i. H. von 105.000 € netto. Die betriebsgewöhnliche Nutzungsdauer der Maschine beträgt zehn Jahre.
b) Wie Fall a): Der Netto-Kaufpreis der Maschine beträgt jedoch lediglich 95.000 €.
c) Wie Fall a): Zusätzlich überführt Einzelkaufmann A die Maschine im Jahr 04 in seine ausländische Betriebsstätte.
d) Anfang des Jahres 04 gibt Einzelkaufmann A seine Investitionsabsicht auf. Er hat die Investition auch bis zum 31.12.04 nicht getätigt.

Für Einzelkaufmann A soll die jeweils steuerlich günstigste Lösung dargestellt werden.

Lösung:

Für das Jahr 01 kann ein Investitionsabzugsbetrag i. H. von 50 % von 100.000 € = 50.000 € geltend gemacht werden. Dies führt für das Jahr 01 zu einer Gewinnminderung i. H. von 50.000 € außerhalb der Bilanz (§ 7g Abs. 1 EStG).

a) Der Gewinn des Jahres 03 erhöht sich außerhalb der Bilanz um den Investitionsabzugsbetrag i. H. von 50 % der Anschaffungskosten von 105.000 € (= 52.500 €), höchstens jedoch um den im Jahr 01 gebildeten Investitionsabzugsbetrag i. H. von 50.000 € (§ 7g Abs. 2 Satz 1 EStG). Damit erhöht sich der Gewinn des Jahres 03 um 50.000 €.

   In der Bilanz hat Einzelkaufmann A die Maschine wie folgt zu erfassen:

Anschaffungskosten	105.000 €
Außerplanmäßige Abschreibung gem. § 7g Abs. 2 Satz 2 EStG	- 50.000 €
Bemessungsgrundlage für Abschreibungen etc.	55.000 €

Sonderabschreibung gem. § 7g Abs. 5 EStG:	
40 % von 55.000 € =	- 22.000 €
AfA gem. § 7 Abs. 1 EStG:	
$^{5}/_{12}$ von 10 % von 55.000 € =	- 2.292 €
Bilanzansatz zum 31.12.03	30.708 €

b) Der Gewinn des Jahres 03 erhöht sich außerhalb der Bilanz um den Investitionsabzugsbetrag i. H. von 50 % der Anschaffungskosten von 95.000 € (= 47.500 €), höchstens jedoch um den im Jahr 01 gebildeten Investitionsabzugsbetrag i. H. von 50.000 € (§ 7g Abs. 2 Satz 1 EStG). Damit erhöht sich der Gewinn des Jahres 03 um 47.500 €.

Da hier jedoch der Investitionsabzugsbetrag nicht in voller Höhe gem. § 7g Abs. 2 EStG hinzugerechnet wurde, greift die Regelung des § 7g Abs. 3 EStG. Der Gewinn des Jahres 01 ist außerbilanziell um 2.500 € (= 50.000 € - 47.500 €) zu erhöhen (mit der Folge der Verzinsung gem. § 233a AO).

In der Bilanz hat Einzelkaufmann A die Maschine wie folgt zu erfassen:

Anschaffungskosten	95.000 €
Außerplanmäßige Abschreibung gem. § 7g Abs. 2 Satz 2 EStG	- 47.500 €
Bemessungsgrundlage für Abschreibungen etc.	47.500 €
Sonderabschreibung gem. § 7g Abs. 5 EStG:	
40 % von 47.500 € =	- 19.000 €
AfA gem. § 7 Abs. 1 EStG:	
$^{5}/_{12}$ von 10 % von 47.500 € =	- 1.979 €
Bilanzansatz zum 31.12.03	26.521 €

c) Hier greift die Vorschrift des § 7g Abs. 4 EStG. Im Jahr 04 steht fest, dass die Maschine nicht bis zum Ende des auf die Anschaffung folgenden Wirtschaftsjahres in einer inländischen Betriebsstätte verbleibt. Damit ergeben sich folgende Konsequenzen: Die in den Jahren 01–03 erfolgte Gewinnminderung und -erhöhung sowie die Minderung der Abschreibungsbemessungsgrundlage sind in den Jahren rückgängig zu machen, in denen sie vorgenommen wurden:

- Für das Jahr 01: Rückgängigmachung der Minderung des steuerlichen Gewinns um 50.000 € (außerbilanziell).
- Für das Jahr 03: Rückgängigmachung der Erhöhung des steuerlichen Gewinns um 50.000 € (außerbilanziell).

  Rückgängigmachung der Minderung der Abschreibungsbemessungsgrundlage um 50.000 € (innerhalb der Bilanz: Rückgängigmachung der außerplanmäßigen Abschreibung).

  Gemäß § 7g Abs. 6 Nr. 2 i. V. mit Abs. 4 EStG ist auch die Sonderabschreibung für das Jahr 03 rückgängig zu machen.

d) Hier greift die Vorschrift des § 7g Abs. 4 EStG. Im Jahr 04 steht fest, dass die Maschine nicht bis zum Ende des dritten Wirtschaftsjahres nach Abzug des Investitionsabzugsbetrags angeschafft wird. Damit ergibt sich folgende Konsequenz:

Für das Jahr 01: Rückgängigmachung der Minderung des steuerlichen Gewinns um 50.000 € (außerbilanziell). Auch hier greift die Vorschrift des § 233a AO („Verzinsung").

HINWEIS

Die Verzinsung gem. § 233a AO beginnt in den Fällen des § 7g Abs. 3 EStG 15 Monate nach Ablauf des Kalenderjahres, das i. S. des § 7g Abs. 4 EStG berichtigt wird, da § 233a Abs. 2a AO durch die Einfügung des Satzes 4 in § 7g Abs. 4 EStG nicht anzuwenden ist.

8.4 Übersicht über die Besonderheiten bei der steuerlichen Gewinnermittlung

1227 Die folgende Abbildung verdeutlicht die Besonderheiten bei der steuerlichen Gewinnermittlung:

ABB. 55: Besonderheiten bei der steuerlichen Gewinnermittlung

Abzugsverbot für Privataufwendungen (§ 12 Nr. 1 EStG)

Sämtliche Aufwendungen, die ganz oder teilweise privat verursacht sind, gleichzeitig aber der Förderung des Berufs dienen, wie z. B.

- Informationsreisen und
- Spenden an politische Parteien (§ 4 Abs. 6 EStG).

↓

Folge:
Keine Betriebsausgabe i. S. des § 4 Abs. 4 EStG.

Ausnahmen:

Aufteilung in privaten und betrieblichen Anteil möglich bei

- Pkw-Kosten;
- betrieblichen/privaten Zinsen auf Kontokorrentkonto und
- Computern.

Abzugsverbot für grds. betrieblich veranlasste Aufwendungen (§ 3c, § 4 Abs. 4a–8 und § 12 Nr. 3 und 4 EStG)

Bei diesen Aufwendungen handelt es sich um Betriebsausgaben i. S. des § 4 Abs. 4 EStG, die jedoch den steuerlichen Gewinn nicht mindern dürfen.

Wichtige Anwendungsfälle:

- Betriebsausgaben im Zusammenhang mit steuerfreien Einnahmen (§ 3c EStG);
- auf den Gewinn entfallende Einkommensteuer (§ 12 Nr. 3 EStG);
- Strafen (§ 12 Nr. 4 EStG);
- Aufwendungen bei Nicht-Benennung des Empfängers einer Betriebsausgabe (§ 160 AO);
- Schuldzinsen bei sog. „Überentnahme" (§ 4 Abs. 4a EStG);
- Geschenke > 50 € (§ 4 Abs. 5 Satz 1 Nr. 1 EStG);
- 30 % der Bewirtungskosten (§ 4 Abs. 5 Satz 1 Nr. 2 EStG);
- Aufwendungen für Gästehäuser (§ 4 Abs. 5 Satz 1 Nr. 3 EStG);
- Aufwendungen für Jagd, Fischerei, Yachten u. ä. (§ 4 Abs. 5 Satz 1 Nr. 4 EStG);
- Verpflegungsmehraufwand (Pauschalierungsgebot, § 4 Abs. 5 Satz 1 Nr. 5 EStG);
- Fahrten von der Wohnung zur Arbeitsstätte (Pauschalierungsgebot, § 4 Abs. 5 Satz 1 Nr. 6 EStG);
- Aufwendungen für häusliches Arbeitszimmer (§ 4 Abs. 5 Satz 1 Nr. 6b EStG);
- unangemessene Aufwendungen (§ 4 Abs. 5 Satz 1 Nr. 7 EStG);
- Geldbußen, Ordnungs- und Verwarnungsgelder (§ 4 Abs. 5 Satz 1 Nr. 8 EStG);
- Hinterziehungszinsen (§ 4 Abs. 5 Satz 1 Nr. 8a EStG);
- Bestechungs- und Schmiergelder (§ 4 Abs. 5 Satz 1 Nr. 10 EStG) und
- Gewerbesteuer einschließlich Nebenleistungen (§ 4 Abs. 5b EStG).

Hinweis:

Bei Körperschaften ist zusätzlich § 10 KStG zu beachten.

↓

Folge:
Zurechnung zum Gewinn außerhalb der Bilanz.

Weitere Zu- und Abrechnungen zum Gewinn außerhalb der Bilanz:

- „Zinszuschlag" gem. § 6b Abs. 7 EStG;
- Zurechnungen gem. § 7g Abs. 2 und 4 EStG;
- Zurechnung gem. § 7g Abs. 3 EStG (Rückgängigmachung vorheriger Abrechnungen gem. § 7g Abs. 1 EStG) und
- Investitionsabzugsbetrag gem. § 7g Abs. 1 EStG (Abrechnung).

1228 FRAGEN

		Rz.
1.	Was versteht man unter „Gewinnkorrekturen außerhalb der Bilanz“?	1213
2.	Nennen Sie die wichtigsten einschlägigen Vorschriften!	1214 ff.

Kapitel 9: Die Gewinnermittlungsarten des Einkommensteuerrechts

9.1 Allgemeines

Das Einkommensteuerrecht kennt folgende Gewinnermittlungsarten: 1229

1. Den Betriebsvermögensvergleich gem. § 4 Abs. 1 und § 5 EStG,
2. die Gewinnermittlung (Einnahmenüberschussrechnung) gem. § 4 Abs. 3 EStG und
3. die Gewinnermittlung nach Durchschnittssätzen für die Land- und Forstwirtschaft gem. § 13a EStG.

Die folgende Darstellung beschränkt sich nur auf die Gewinnermittlungsarten i. S. der §§ 4 und 5 EStG.

9.2 Gewinnermittlung durch Betriebsvermögensvergleich

9.2.1 Allgemeines

Der Gewinn wird gem. § 4 Abs. 1 bzw. § 5 EStG durch **Betriebsvermögensvergleich** ermittelt. Dabei wird der in § 4 Abs. 1 Satz 1 EStG formulierte Gewinnbegriff bei beiden Gewinnermittlungsarten zugrunde gelegt. Dennoch handelt es sich um selbständige Gewinnermittlungsvorschriften, die sich 1230

- nach dem Personenkreis, für den sie gelten, und
- durch eine sachlich abweichende Regelung der Gewinnermittlung selbst

unterscheiden.

9.2.2 Der persönliche Geltungsbereich von § 4 Abs. 1 und § 5 EStG

Gemeinsame Voraussetzung für beide Gewinnermittlungsarten ist, dass sie zunächst einmal Personen betreffen, die aufgrund **gesetzlicher Vorschriften** verpflichtet sind, Bücher zu führen und regelmäßig Abschlüsse zu machen. 1231

Die Vorschrift des § 5 EStG gilt dabei nur für Gewerbetreibende, während § 4 Abs. 1 EStG für alle übrigen Steuerpflichtigen gilt, wie

- Land- und Forstwirte (§ 141 AO),
- freiwillig Bücher führende selbständig Tätige (§ 18 EStG) und
- Gewerbetreibende, die weder zur ordnungsmäßigen Buchführung verpflichtet sind noch freiwillig Bücher führen noch die für eine Einnahmenüberschussrechnung erforderlichen Aufzeichnungen besitzen (Schätzung gem. § 4 Abs. 1 EStG).

Bei einem gewerblichen Betrieb, für den die Verpflichtung besteht, Bücher zu führen und aufgrund jährlicher Bestandsaufnahmen Abschlüsse zu machen oder für den freiwillig Bücher geführt und regelmäßig Abschlüsse gemacht werden, muss der Gewerbetreibende den Gewinn durch Betriebsvermögensvergleich gem. § 5 EStG ermitteln (R 4.1 Abs. 2 EStR).

1232 Aufzeichnungs- und Buchführungspflichten für das steuerliche Sonderbetriebsvermögen einer Personengesellschaft gem. § 141 Abs. 1 AO obliegen nicht dem einzelnen Gesellschafter, sondern der Personengesellschaft (H 4.1 EStH). Die Gewinnermittlung für das Sonderbetriebsvermögen hat hierbei für denselben Gewinnermittlungszeitraum und nach derselben Gewinnermittlungsart wie bei der Personengesellschaft zu erfolgen (BFH, Urteil v. 11.3.1992 - XI R 38/89, BStBl 1992 II S. 797).

9.2.3 Der sachliche Geltungsbereich von § 4 Abs. 1 und § 5 EStG

1233 Das Schema der Gewinnermittlung ist bei beiden Arten gleich. Bei Anwendung des § 5 EStG ist dabei jedoch das Betriebsvermögen anzusetzen, das sich nach den GoB in der Handelsbilanz ergibt. Daraus folgt, dass bei Kaufleuten grds. die Bilanzansätze der Handelsbilanz für die steuerliche Gewinnermittlung maßgebend sind. Bei der Gewinnermittlung gem. § 4 Abs. 1 EStG gilt dieser Maßgeblichkeitsgrundsatz nicht. Unterschiede bestehen weiterhin beim **gewillkürten Betriebsvermögen.** Die Bildung ist bei § 4 Abs. 1 EStG eingeschränkt. Das gilt insbesondere für Angehörige der freien Berufe, weil hier Geschäfte, die diesen Berufen nach Standesauffassung fremd sind, nicht zu gewillkürtem Betriebsvermögen führen können. Allgemeine Regeln der kaufmännischen Buchführung, wie sie in den R 5.2–5.4 EStR niedergelegt sind, gelten auch für § 4 Abs. 1 EStG (R 4.1 Abs. 5 EStR).

1234 Wird ein Betrieb eröffnet oder erworben, tritt bei der Ermittlung des Gewinns an die Stelle des Betriebsvermögens am Schluss des vorangegangenen Wirtschaftsjahres das Betriebsvermögen zum Zeitpunkt der Eröffnung oder des Erwerbs des Betriebs (vgl. R 4.5 Abs. 1 EStR).

1235 Die Angehörigen der freien Berufe, die ihren Gewinn gem. § 4 Abs. 1 EStG aufgrund ordnungsmäßiger Buchführung ermitteln, müssen bei der Buchung der Geschäftsvorfälle die allgemeinen Regeln der kaufmännischen Buchführung befolgen. Das in § 252 Abs. 1 Nr. 4 HGB geregelte Realisationsprinzip findet auch für die Gewinnermittlung bilanzierender Freiberufler Anwendung (BFH, Urteil v. 10.9.1998 - IV R 80/96, BStBl 1999 II S. 21).

1236 Ein Wirtschaftsgut kann nur dann zum freiberuflichen Betriebsvermögen gehören, wenn zwischen dem Betrieb oder Beruf und dem Wirtschaftsgut eine objektive Beziehung besteht; das Wirtschaftsgut muss bestimmt und geeignet sein, dem Betrieb zu dienen bzw. ihn zu fördern. Der Umfang des Betriebsvermögens wird durch die Erfordernisse des Berufs begrenzt und auch ein bilanzierender Freiberufler kann nicht in demselben Umfang gewillkürtes Betriebsvermögen bilden wie ein Gewerbetreibender (BFH, Urteil v. 24.8.1989 - IV R 80/88, BStBl 1990 II S. 17). Das gilt insbesondere für Geldgeschäfte. Diese sind bei Angehörigen der freien Berufe i. d. R. nicht betrieblich veranlasst, weil sie nicht dem Berufsbild eines freien Berufs entsprechen. Ein Geldgeschäft ist selbst dann nicht dem Betriebsvermögen eines Freiberuflers zuzuordnen, wenn es ein eigenes wirtschaftliches Gewicht hat.

Zur Buchführungspflicht eines gewerblichen Grundstückshandels siehe das Urteil des FG Berlin-Brandenburg v. 21.6.2011 - 5 K 5148/07, EFG 2012 S. 217, EAAAD-88811.

9.3 Gewinnermittlung gem. § 4 Abs. 3 EStG

9.3.1 Personenkreis

Bei Steuerpflichtigen, die nur geringe Umsätze und Gewinne erzielen und/oder kein 1237 nennenswertes Betriebsvermögen haben, steht der mit einer ordnungsmäßigen Buchführung und jährlichen Abschlussarbeiten verbundene zeitliche und finanzielle Aufwand vielfach in keinem vertretbaren Verhältnis zum Erfolg. Das EStG gibt diesen Steuerpflichtigen mit der Einnahmenüberschussrechnung gem. § 4 Abs. 3 EStG die Möglichkeit, den Gewinn auf einfache Weise durch **Gegenüberstellung von Betriebseinnahmen und Betriebsausgaben** zu ermitteln.

Der Vorteil besteht darin, dass **Bestände des Betriebsvermögens nicht berücksichtigt** werden und **jährliche Inventuren entfallen.** Die Einnahmenüberschussrechnung ist, bis auf bestimmte Ausnahmen (vgl. die folgenden Abschnitte), eine reine Geldrechnung.

Die vereinfachte Gewinnermittlung kann damit bei Kleingewerbetreibenden, Land- 1238 und Forstwirten, Angehörigen der freien Berufe, bei Aufsichtsräten u. ä. Beziehern von Einkünften aus den ersten drei Einkunftsarten in Betracht kommen. Soweit aber **freiwillig Bücher geführt und Abschlüsse erstellt werden,** ist die Anwendung des § 4 Abs. 3 EStG ausgeschlossen.

Seit dem **Bilanzrechtsmodernisierungsgesetz (BilMoG)** v. 25.5.2009 (BGBl 2009 I S. 1102) sind **Einzelkaufleute** gem. § 241a Satz 1 HGB von der handelsrechtlichen Buchführungspflicht befreit, wenn sie an den Abschlussstichtagen von zwei aufeinander folgenden Geschäftsjahren nicht mehr als **800.000 € Umsatzerlöse** und **80.000 € Jahresüberschuss** erzielt haben. Diese Schwellenwerte wurden durch das Wachstumschancengesetz v. 27.3.2024 (BGBl 2024 I Nr. 108) zum 1.1.2024 angehoben. In diesen Fällen kann steuerlich eine **Einnahmenüberschussrechnung gem. § 4 Abs. 3 EStG** – vorbehaltlich der Regelungen der AO (§ 141 AO) – zulässig sein.

Das Wahlrecht hat dabei der nicht buchführungspflichtige Steuerpflichtige und nicht 1239 das Finanzamt. Die Wahl der Gewinnermittlungsart kann – das Vorliegen entsprechender wirtschaftlicher Gründe vorausgesetzt – grds. für jedes Wirtschaftsjahr neu erfolgen (siehe auch Rz. 1286).

Ist der Steuerpflichtige davon ausgegangen, nicht gewerblich tätig und demgemäß auch nicht verpflichtet gewesen zu sein, für Zwecke der Besteuerung einen Gewinn aus Gewerbebetrieb ermitteln und erklären zu müssen, ist eine Wahl zwischen den Gewinnermittlungsarten nicht denkbar. Der Gewinn ist in diesen Fällen durch Betriebsvermögensvergleich zu ermitteln (BMF, Schreiben v. 26.3.2004, BStBl 2004 I S. 434, Rz. 33).

Dabei ist aber zu beachten, dass ein bisher nicht buchführungspflichtiger Steuerpflichtiger, der künftig den Gewinn durch Betriebsvermögensvergleich gem. § 4 Abs. 1 bzw. § 5 EStG ermitteln will, sein Wahlrecht erst dann wirksam ausgeübt hat, wenn er zeitnah und aufgrund einer Bestandsaufnahme

- die Eröffnungsbilanz aufgestellt und
- für das laufende Wirtschaftsjahr eine ordnungsmäßige Buchführung eingerichtet hat

(BFH, Urteil v. 19.10.2005 - XI R 4/04, BStBl 2006 II S. 509).

Das Wahlrecht kann nach der Rechtsprechung (BFH, Urteil v. 19.3.2009 - IV R 57/07, BStBl 2009 II S. 659) bis zur Aufstellung des Jahresabschlusses ausgeübt werden.

Nach dem Urteil des Niedersächsischen FG v. 17.2.2011 - 10 K 258/10, EFG 2011 S. 1605, PAAAD-82880, steht einem nicht buchführungspflichtigen Steuerpflichtigen das Wahlrecht zwischen der Gewinnermittlung gem. § 4 Abs. 1 und 3 EStG grds. unbefristet zu.

Erzielt ein Steuerpflichtiger Gewinneinkünfte und hat er die Gewinnermittlung gem. § 4 Abs. 3 EStG gewählt, ist er daran auch gebunden, wenn seine Einkünfte nicht mehr als freiberuflich, sondern als gewerblich eingestuft werden (BFH, Urteil v. 8.10.2008 - VIII R 74/05, BStBl 2009 II S. 238).

Das Wahlrecht zur Gewinnermittlung gem. § 4 Abs. 3 EStG ist nicht dadurch ausgeübt, dass der Steuerpflichtige die vermeintlichen Überschusseinkünfte durch Gegenüberstellung der Einnahmen und Werbungskosten ermittelt hat (BFH, Urteil v. 30.1.2013 - III R 72/11, BStBl 2013 II S. 684).

9.3.2 Aufzeichnungspflichten

1240 Die Entscheidung eines Steuerpflichtigen, seinen Gewinn durch Einnahmenüberschussrechnung gem. § 4 Abs. 3 EStG zu ermitteln, muss nach außen dokumentiert worden sein. Das Sammeln der maßgebenden Einnahmenbelege bspw. reicht hierfür aus (BFH, Urteil v. 13.10.1989 - III R 30/85 31/85, BStBl 1990 II S. 287).

1241 § 4 Abs. 3 EStG enthält keine ausdrückliche Aufzeichnungspflicht. Diese kann sich jedoch z. B. ergeben aus

- § 4 Abs. 4a EStG (Aufzeichnung von Entnahmen und Einlagen),
- § 4g EStG (Ausgleichsposten),
- § 6 Abs. 2 EStG (bei geringwertigen Wirtschaftsgütern),
- § 6c EStG (Veräußerung bestimmter Wirtschaftsgüter),
- § 7a Abs. 8 EStG (erhöhte Absetzungen und Sonderabschreibungen),
- § 7g Abs. 1 EStG (Investitionsabzugsbetrag),
- § 41 EStG (Lohnsteuerabzug),
- § 22 UStG (Aufzeichnungen zur Feststellung und Berechnung der Umsatzsteuer),
- § 140 AO (Aufzeichnungspflichten nach dem Sozialgesetzbuch gelten auch für das Steuerrecht),
- § 143 Abs. 1 AO (Wareneingang) oder
- § 144 Abs. 1 AO (Warenausgang).

Das EStG und die AO enthalten im Zusammenhang mit der Gewinnermittlung gem. § 4 Abs. 3 EStG keine Verpflichtung zur Führung eines Kassenbuchs. Die Aufzeichnungen, die allein nach den Steuergesetzen (§ 22 UStG) geführt werden müssen, sind so zu führen, dass sie dem konkreten Besteuerungszweck genügen. Sie können auch in der geordneten Belegablage bestehen (BFH, Beschluss v. 16.2.2006 - X B 57/05, BFH/NV 2006 S. 940, KAAAB-80831).

Der Steuerpflichtige kann seine Einnahmen durch Erstellung und Aufbewahrung der 1242
Kassenendsummenbons nachweisen, wenn er bei der Gewinnermittlung eine Registrierkasse verwendet. Für die Vollständigkeit und Richtigkeit der Kassenführung spricht dann die Beweisvermutung des § 158 AO (FG Köln, Urteil v. 6.5.2009 - 15 K 1154/05, EFG 2009 S. 1261, QAAAD-23562). Dabei ist zu beachten, dass elektronische Aufzeichnungen, die ohne gesetzliche Verpflichtung im Zusammenhang mit § 4 Abs. 3 EStG erstellt werden, nicht der Befugnis zu einer digitalen Außenprüfung gem. § 147 Abs. 6 AO unterliegen. Das Zugriffsrecht umfasst nur Unterlagen, für die eine Aufbewahrungspflicht i. S. des § 147 Abs. 1 AO gilt (BFH, Urteil v. 24.6.2009 - VIII R 80/06, BStBl 2010 II S. 452).

Wegen der Zulässigkeit des Zugriffs der Finanzverwaltung auf die Einzelverkaufsdaten einer PC-Kasse siehe BFH, Urteil v. 16.12.2014 - X R 42/13, BStBl 2015 II S. 519.

Nach dem Kleinunternehmerförderungsgesetz v. 31.7.2003 (BGBl 2003 I S. 1550) i. V. mit § 60 Abs. 4 EStDV ist der Steuererklärung im Falle der Anwendung der Gewinnermittlung gem. § 4 Abs. 3 EStG eine Gewinnermittlung nach amtlich vorgeschriebenem Vordruck beizufügen (sog. „Anlage EÜR“, siehe Rz. 1808 ff.).

Seit dem Veranlagungszeitraum 2017 sind alle Steuerpflichtigen, die ihren Gewinn durch Einnahmenüberschussrechnung (§ 4 Abs. 3 EStG) ermitteln, verpflichtet, die standardisierte Anlage EÜR mit ihren Anlagen elektronisch an die Finanzverwaltung zu übermitteln (§ 60 Abs. 4 EStDV; BMF, Schreiben v. 9.10.2017, BStBl 2017 I S. 1381).

Eine frühere Vereinfachungsregelung für Betriebseinnahmen unter 17.500 € besteht nicht mehr.

Von der elektronischen Übermittlung kann das Finanzamt nur noch **auf Antrag in Härtefällen** (§ 150 Abs. 8 AO) absehen.

Werden freiwillig Bücher geführt und regelmäßig Abschlüsse gemacht, ist der Gewinn 1243
gem. § 4 Abs. 1 EStG zu ermitteln. Ein nicht buchführungspflichtiger Steuerpflichtiger, der nur Aufzeichnungen über Einnahmen und Ausgaben fertigt, kann nicht verlangen, dass sein Gewinn gem. § 4 Abs. 1 EStG ermittelt wird.

Die Anschaffungskosten eines Gesellschafters für den Erwerb einer Beteiligung als Mitunternehmer sind bei der Gewinnermittlung gem. § 4 Abs. 3 EStG in einer steuerlichen Ergänzungsrechnung zu erfassen, die nach den Grundsätzen über die Aufstellung von Ergänzungsbilanzen aufzustellen ist (BFH, Urteil v. 24.6.2009 - VIII R 13/07, BStBl 2009 II S. 993).

Das gilt, wenn sie in der Einnahmenüberschussrechnung der Gesamthand nicht berücksichtigt werden können.

9.3.3 Schätzung des Gewinns

1244 Bei einem gewerblichen Betrieb, für den keine Buchführungspflicht besteht und für den freiwillig keine Bücher geführt werden und für den nicht festgestellt werden kann, dass der Steuerpflichtige die Gewinnermittlung gem. § 4 Abs. 3 EStG gewählt hat, ist der Gewinn gem. § 4 Abs. 1 EStG unter Berücksichtigung der Verhältnisse des Einzelfalls zu schätzen (H 4.1 EStH).

Auch die Gewinnermittlung gem. § 4 Abs. 3 EStG verlangt eine korrekte und leicht nachprüfbare Aufzeichnung der Geschäftsvorfälle, denn sonst darf das Finanzamt den Gewinn schätzen (FG Nürnberg, Urteil v. 8.5.2012 - 2 K 1122/2009, GAAAE-11064).

Die steuerlichen Aufbewahrungsvorschriften i. S. des § 147 AO gelten auch, wenn bestimmte Berufsgruppen spezifische Aufzeichnungspflichten beachten müssen (Hinweis auf § 140 AO). Wenn diese Unterlagen im Rahmen einer Außenprüfung nicht vorgelegt werden, erfolgt eine Hinzuschätzung gem. § 162 AO (FG Rheinland-Pfalz, Urteil v. 1.4.2014 - 5 K 1227/13, EFG 2014 S. 1320, XAAAE-65834, und BMF, Schreiben v. 14.11.2014, BStBl 2014 I S. 1450).

9.3.4 Gesamtgewinngleichheit

1245 Die Gewinnermittlung gem. § 4 Abs. 3 EStG stellt eine eigenständige Methode der steuerlichen Gewinnermittlung dar und ist nicht lediglich eine Unterart des Betriebsvermögensvergleichs gem. § 4 Abs. 1 EStG. Sie basiert jedoch auf dem gleichen steuerlichen Gewinnbegriff, weshalb sich der identische Totalgewinn über die Gesamtdauer der betrieblichen Tätigkeit ergeben muss. Unterschiede können sich allerdings in den einzelnen Jahren der Gewinnermittlung ergeben, weil sich die zeitliche Zurechnung der Betriebseinnahmen und der Betriebsausgaben bei der Einnahmenüberschussrechnung nach § 11 EStG richtet und nicht nach den wirtschaftlichen Kriterien wie beim Betriebsvermögensvergleich. Diese befristete Verschiebung wird in Kauf genommen, weil der Gedanke der Vereinfachung im Vordergrund steht.

1246 Die Grundsätze beider Gewinnermittlungsarten dürfen nicht vermischt werden. Damit ergeben sich bei der Einnahmenüberschussrechnung **keine Gewinnauswirkungen** von

- Forderungsausfällen,
- Teilwertabschreibungen und
- Vermögensminderungen durch
  - Diebstahl,
  - Schwund oder
  - Verderb von Waren.

Ein durch Diebstahl eingetretener Geldverlust führt nur dann zu einer Betriebsausgabe, wenn der betriebliche Zusammenhang anhand konkreter und objektiv greifbarer Anhaltspunkte festgestellt ist (BFH, Urteil v. 28.11.1991 - XI R 35/89, BStBl 1992 II S. 343).

Veruntreut ein Gesellschafter einer Personengesellschaft, die ihren Gewinn gem. § 4 Abs. 3 EStG ermittelt, Einnahmen, stellen diese Sonderbetriebseinnahmen des Gesellschafters dar. Bei der Personengesellschaft entsteht zum selben Zeitpunkt ein Ersatzanspruch gegen den Gesellschafter, der dann als Betriebseinnahme zu erfassen ist, wenn der Anspruch befriedigt wird (BFH, Urteil v. 14.12.2000 - IV R 16/00, BStBl 2001 II S. 238).

9.3.5 Gewillkürtes Betriebsvermögen bei § 4 Abs. 3 EStG

Die Gewinnermittlung durch Einnahmenüberschussrechnung steht der Bildung gewill- 1247
kürten Betriebsvermögens nicht entgegen (BFH, Urteil v. 2.10.2003 - IV R 13/03, BStBl 2004 II S. 985). Nach Auffassung des BFH ist die bisherige unterschiedliche Behandlung von notwendigem und gewillkürtem Betriebsvermögen bei den einzelnen Gewinnermittlungsarten nicht durch Gesetz gerechtfertigt, denn § 4 Abs. 3 EStG ordnet keinen anderen Betriebsvermögensbegriff an als den des § 4 Abs. 1 EStG. Wird nämlich dem Einnahmenüberschussrechner die Möglichkeit untersagt, gewillkürtes Betriebsvermögen zu bilden, ergibt sich zwangsläufig ein anderer Gesamtgewinn und damit eine unterschiedliche Steuerbelastung der laufenden Einkünfte.

Die Regelung des Gesetzgebers macht nach Auffassung des BFH deutlich, dass es nach dem Willen des Gesetzgebers auch bei der Einnahmenüberschussrechnung gewillkürtes Betriebsvermögen geben soll, weil das gewillkürte Betriebsvermögen bei einem Übergang von § 4 Abs. 1 EStG zur Gewinnermittlung gem. § 4 Abs. 3 EStG fortgeführt werden kann.

Bei der Einnahmenüberschussrechnung ist die Zuordnung eines Wirtschaftsguts zu gewillkürtem Betriebsvermögen in unmissverständlicher Weise durch entsprechende, zeitnah erstellte Aufzeichnungen auszuweisen.

Dabei müssen Zweifel hinsichtlich der Zuordnung und des Zeitpunkts der erstmaligen Behandlung als gewillkürtes Betriebsvermögen ausgeschlossen sein. Eine rückwirkende Zuordnung scheidet aus. Unterlagen, aus denen sich die notwendigen Nachweise für die Zuordnung ergeben, sind mit der Einnahmenüberschussrechnung beim Finanzamt einzureichen, wobei die Zuordnung aber auch schon zum entsprechenden Zeitpunkt durch schriftliche Erklärung dem Finanzamt gegenüber erfolgen kann.

Eine Zuordnung zum gewillkürten Betriebsvermögen scheidet aber aus, wenn das Wirtschaftsgut nur in geringfügigem Umfang betrieblich genutzt wird und daher zum notwendigen Privatvermögen gehört; das gilt, wenn der betriebliche Anteil weniger als 10 % der gesamten Nutzung beträgt. Wichtigstes Kriterium für die Bildung gewillkürten Betriebsvermögens bleibt auch weiterhin, dass das Wirtschaftsgut objektiv dazu geeignet und erkennbar dazu bestimmt ist, den Betrieb zu fördern (siehe hierzu auch das BMF-Schreiben v. 17.11.2004, BStBl 2004 I S. 1064).

Wird ein zulässigerweise als gewillkürtes Betriebsvermögen behandelter Pkw vorübergehend zu weniger als 10 % betrieblich genutzt, so führt das allein nicht zwangsläufig zu einer Entnahme (BFH, Urteil v. 21.8.2012 - VIII R 11/11, BStBl 2013 II S. 117).

Aktien können bei einer Anwaltssozietät als gewillkürtes Betriebsvermögen behandelt werden, wenn sie objektiv geeignet und subjektiv dazu bestimmt sind, der Sozietät zu dienen oder sie zu fördern.

Merkmale hierfür können sein:

- Die Anschaffung aus betrieblichen Mitteln,
- die Dividenden werden als Betriebseinnahmen behandelt oder
- der Eigentümer des Aktiendepots ist die Sozietät.

Dagegen kann ein Wertpapierdepot bei einem Arzt kein gewillkürtes Betriebsvermögen sein, wenn es gleichzeitig der Sicherung der privaten Liquidität dient.

Wertpapiere können aber dann zum gewillkürten Betriebsvermögen eines Freiberuflers gehören, wenn ihr Erwerb, ihr Halten und ihr Verkauf als Hilfsgeschäft zur freiberuflichen Tätigkeit anzusehen ist (BFH, Urteil v. 17.5.2011 - VIII R 1/08, BStBl 2011 II S. 862).

Die Einbeziehung von Wirtschaftsgütern in das gewillkürte Betriebsvermögen hat aber zur Folge, dass alle mit dem Wirtschaftsgut zusammenhängenden Aufwendungen und Erträge zu Betriebsausgaben und Betriebseinnahmen führen.

BEISPIEL: Ein Pkw, Listenpreis einschließlich Umsatzsteuer 58.000 €, wird lt. Fahrtenbuch zu 20 % betrieblich und zu 80 % privat genutzt. Der Steuerpflichtige führt nur steuerfreie Umsätze aus. Fahrten zwischen Wohnung und Arbeitsstätte fallen nicht an. Die Aufwendungen einschließlich AfA i. H. von 12.000 € stellen Betriebsausgaben dar. Der private Kostenanteil ist gem. § 6 Abs. 1 Nr. 4 EStG mit 80 % von 12.000 € = 9.600 € anzusetzen, so dass im Ergebnis abzugsfähige Betriebsausgaben i. H. von 2.400 € verbleiben.

1248 Auch eine Versicherungsentschädigung, die für einen zum Betriebsvermögen gehörenden Pkw im Falle eines Diebstahls gezahlt wird, ist in vollem Umfang eine Betriebseinnahme, auch wenn das Fahrzeug vor Beginn einer Privatfahrt gestohlen wurde (BFH, Urteil v. 20.11.2003 - IV R 31/02, BStBl 2006 II S. 7).

9.3.6 Pflichten zur Verwendung der Anlage EÜR

1249 Zum Jahresabschluss müssen Steuerpflichtige, die ihren Gewinn oder Verlust durch Einnahmenüberschussrechnung gem. § 4 Abs. 3 EStG ermitteln, die Anlage EÜR verwenden (BFH, Urteil v. 16.11.2011 - X R 18/09, BStBl 2012 II S. 129).

9.3.7 Betriebseinnahmen und Betriebsausgaben bei der Einnahmenüberschussrechnung

1250 Die Begriffsinhalte sind abzuleiten aus § 4 Abs. 4 und § 8 Abs. 1 EStG. Danach sind **Betriebseinnahmen** alle in Geld bestehenden oder geldwerten Güter, die dem Steuerpflichtigen im Rahmen seines Betriebs zufließen. **Betriebsausgaben** sind alle Aufwendungen, die durch den Betrieb veranlasst sind.

Der Zufluss von geldwerten Gütern (Sachleistungen) im Wege des Tauschs stellt zugleich Betriebseinnahme und Betriebsausgabe dar, wobei der Zeitpunkt des Abzugs als Betriebsausgabe nach allgemeinen Grundsätzen zu bestimmen ist.

1251 Für die **Umsatzsteuer,** die Teil des Kaufpreises ist, gilt Folgendes:

- Sie ist kein durchlaufender Posten,
- die Umsatzsteuerzahllast ist eine Betriebsausgabe,

- die Vorsteuererstattung ist eine Betriebseinnahme und
- die Umsatzsteuer für Umsätze, die Entnahmen sind, darf den Gewinn nicht mindern.

Das bedeutet für die Einnahmenüberschussrechnung:

a) Die bezahlte Umsatzsteuer ist – gekürzt um die Umsatzsteuer für Umsätze, die Entnahmen sind – als Betriebsausgabe abzuziehen oder

b) die bezahlte Umsatzsteuer ist in voller Höhe als Betriebsausgabe abzuziehen; die Umsatzsteuer für Umsätze, die Entnahmen sind, ist als fiktive Betriebseinnahme wieder hinzuzurechnen.

Beide Verfahren sind zulässig. Zu beachten ist dabei, dass die Hinzurechnung der Umsatzsteuer zum Zeitpunkt der Entnahme erfolgen muss (BFH, Urteil v. 7.12.2010 - VIII R 54/07, BStBl 2011 II S. 451).

BEISPIEL:

Wareneinkauf gegen bar im Jahr 01:	20.000 €	+ 3.800 € Umsatzsteuer =	23.800 €
Warenverkauf gegen bar im Jahr 01:	30.000 €	+ 5.700 € Umsatzsteuer =	35.700 €
Warenentnahme im Jahr 01:	5.000 €	+ 950 € Umsatzsteuer =	5.950 €

Zahlung der Umsatzsteuer an das Finanzamt im Jahr 01: 2.850 €.

Für die Umsatzsteuer ergeben sich:

Betriebseinnahmen		Betriebsausgaben	
Warenverkauf	5.700 €	Wareneinkauf	3.800 €
Entnahmen	+ 950 €	Zahllast	+ 2.850 €
	6.650 €		6.650 €

Die Umsatzsteuer wirkt sich im Regelfall – wie auch beim Betriebsvermögensvergleich – erfolgsneutral aus.

Die gem. § 15 UStG nicht abziehbare Vorsteuer gehört zu den Anschaffungs- oder Herstellungskosten des Wirtschaftsguts und wirkt sich deshalb über die AfA als Betriebsausgabe aus. Die gem. § 15 Abs. 1a UStG nicht abziehbare Vorsteuer im Zusammenhang mit Aufwendungen i. S. des § 4 Abs. 5 EStG darf nicht als Betriebsausgabe abgezogen werden (§ 12 Nr. 3 EStG). 1252

9.3.8 Ausnahmen vom Grundsatz der Berücksichtigung von Betriebseinnahmen und Betriebsausgaben

Für durchlaufende Posten, Darlehen, Erschließungskosten sowie Entnahmen und Einlagen ergeben sich folgende Besonderheiten: 1253

9.3.8.1 Durchlaufende Posten

Bei der Einnahmenüberschussrechnung scheiden Betriebseinnahmen und Betriebsausgaben, die in fremdem Namen und auf fremde Rechnung vereinnahmt bzw. verausgabt werden, aus (§ 4 Abs. 3 Satz 2 EStG).

Hat ein Steuerpflichtiger Gelder in fremdem Namen und für fremde Rechnung verausgabt, ohne dass er entsprechende Gelder vereinnahmt, kann er in dem Wirtschaftsjahr, in dem er nicht mehr mit einer Erstattung der verausgabten Gelder rechnen kann, eine Betriebsausgabe i. H. des nicht erstatteten Betrags absetzen. Soweit der nicht erstattete Betrag in einem späteren Wirtschaftsjahr erstattet wird, ist er als Betriebseinnahme zu erfassen (R 4.5 Abs. 2 EStR).

9.3.8.2 Darlehen

1254 Darlehensaufnahme und Darlehenshingabe werden bei der Einnahmenüberschussrechnung nicht berücksichtigt. Der Verlust einer betrieblich veranlassten Darlehensforderung darf auch bei der Einnahmenüberschussrechnung berücksichtigt werden, wenn er sicher feststeht.

1255 Darlehensverluste und der Verlust von Beteiligungen an Kapitalgesellschaften können nur dann als Betriebsausgaben abgesetzt werden, wenn besondere Umstände ihre ausschließliche Zugehörigkeit zur betrieblichen Sphäre ergeben (BFH, Urteil v. 23.11.1978 - IV R 146/75, BStBl 1979 II S. 109). Für den Zeitpunkt und den Umfang einer etwaigen Berücksichtigung derartiger Verluste ist maßgeblich, wann und in welcher Höhe die für das Darlehen oder die Beteiligung aufgewendeten Mittel endgültig verloren gegangen sind.

1256 Die Mehrausgaben, die sich bei der Tilgung eines Fremdwährungsdarlehens nach einer Kurssteigerung der ausländischen Währung ergeben, sind zum Zeitpunkt der Zahlung als Betriebsausgabe – umgerechnet in € – abzuziehen. Wird infolge eines Kursrückgangs der ausländischen Währung eine geringere als der ursprünglich zugeflossene Betrag zurückgezahlt, ist der Unterschiedsbetrag – umgerechnet in € – als Betriebseinnahme zu erfassen (BFH, Urteil v. 15.11.1990 - IV R 103/89, BStBl 1991 II S. 228).

Wird ein Darlehensabgeld (Damnum oder Disagio) gezahlt, ist grds. der volle Betrag zum Zeitpunkt der Auszahlung des Kapitals als Betriebsausgabe abzusetzen, soweit die Zinsbindungsfrist nicht mehr als fünf Jahre beträgt. Sonst gelten die Regelungen i. S. des § 11 Abs. 1 und 2 Satz 3 EStG (vgl. auch Rz. 1267). Geldbeschaffungskosten sind im Jahr der Zahlung zu berücksichtigen.

1257 Vom Darlehen abzugrenzen sind Vorschüsse. Hierbei handelt es sich um Vorauszahlungen für eine noch vom Auftraggeber zu erbringende Leistung. Die Vereinnahmung führt bei der Gewinnermittlung gem. § 4 Abs. 3 EStG zu einer Betriebseinnahme. Sollte es ausnahmsweise nicht zu einer Leistungserbringung kommen, ist die Rückzahlung des Vorschusses als Betriebsausgabe zu behandeln (FG Berlin-Brandenburg, Urteil v. 24.10.2013 - 4 K 4311/10, LAAAE-68900).

9.3.8.3 Erschließungskosten

Ermitteln Grundstückseigentümer und Erbbauverpflichteter den Gewinn gem. § 4 Abs. 3 EStG und gehört das mit einem Erbbaurecht belastete Grundstück zum Betriebsvermögen, dann liegt in der Übernahme der Erschließungskosten durch den Erbbauberechtigten ein Wertzuwachs für den Erbbauverpflichteten, der aber erst zum Zeitpunkt des Heimfalls oder der Beendigung des Erbbaurechts zufließt (BFH, Urteil v. 21.11.1989 - IX R 170/85, BStBl 1990 II S. 310). 1258

9.3.8.4 Betrieblich veranlasste Schuldzinsen

Auch bei § 4 Abs. 3 EStG gelten die Grundsätze für den Schuldzinsenabzug gem. § 4 Abs. 4a EStG. Deshalb müssen die Entnahmen und Einlagen gesondert aufgezeichnet werden. Werden aber diese Aufzeichnungen nicht geführt, sind zumindest die i. S. des § 4 Abs. 4a EStG privilegierten Schuldzinsen für Investitionsdarlehen sowie tatsächlich entstandene, nicht begünstigte Schuldzinsen bis zum Sockelbetrag i. H. von 2.050 € als Betriebsausgabe abziehbar (vgl. § 4 Abs. 4a Satz 4 und 5 EStG). 1259

Der Vordruck „Ermittlung der nicht abziehbaren Schuldzinsen" ist beizufügen, wenn die Schuldzinsen 2.050 € übersteigen.

9.3.8.5 Entnahmen und Einlagen

Auch bei der Gewinnermittlung gem. § 4 Abs. 3 EStG müssen Entnahmen und Einlagen berücksichtigt werden. 1260

Soweit es sich hierbei aber um Geld handelt, bleiben sie außer Ansatz.

Dagegen sind Sachentnahmen und Sacheinlagen zu erfassen. Das gilt auch für Betriebsausgaben durch Nutzung von Wirtschaftsgütern des Privatvermögens und für Leistungen aus dem privaten für den betrieblichen Bereich. 1261

Die Bewertung der Sachentnahmen und Sacheinlagen sowie der Nutzungen und Leistungen richtet sich dabei nach § 6 Abs. 1 Nr. 4 und 5 EStG.

Die Anschaffungskosten von Wirtschaftsgütern des abnutzbaren Anlagevermögens wirken sich erst über die AfA i. S. des § 7 EStG auf die Einnahmenüberschussrechnung aus. Bei der Einlage derartiger Wirtschaftsgüter ist deshalb eine fiktive Betriebsausgabe nicht abzuziehen. Der Wert des eingelegten Wirtschaftsguts bildet die Bemessungsgrundlage für die AfA (Hinweis auf BMF, Schreiben v. 27.10.2010, BStBl 2010 I S. 1204). Bei der Einlage von Wirtschaftsgütern des nicht abnutzbaren Anlagevermögens ist § 4 Abs. 3 Satz 4 EStG zu beachten.

BEISPIEL 1: Der Unternehmer entnimmt Waren für private Zwecke. Es betragen:

Anschaffungskosten	900 €
Teilwert	1.000 €
Betriebseinnahme	1.000 € + 190 € Umsatzsteuer = 1.190 €

BEISPIEL 2: Der Unternehmer entnimmt einen bisher nur betrieblich genutzten PC für private Zwecke. Es betragen:

Buchwert	1.000 €
Teilwert	1.500 €
Betriebseinnahme	1.500 € + 285 € Umsatzsteuer = 1.785 €
Betriebsausgabe	1.000 € (Restbuchwert)

Hier liegt ein Umsatz vor, der eine Entnahme ist.

Die Bemessungsgrundlage bestimmt sich nach § 10 Abs. 4 Satz 1 Nr. 1 UStG = Einkaufspreis zzgl. der Nebenkosten zum Zeitpunkt der Entnahme. Dieser Wert entspricht dem Teilwert.

Wird ein abnutzbares Wirtschaftsgut entnommen, das ursprünglich mit einem falschen Wert in das Betriebsvermögen eingelegt wurde, ist bei der Gewinnermittlung gem. § 4 Abs. 3 EStG der Entnahmegewinn wie folgt zu berechnen:

- Vom zutreffenden Einlagewert ist die als Betriebsausgabe verrechnete AfA abzuziehen.
- Der sich hierbei ergebende Restbuchwert ist vom Teilwert der Entnahme abzuziehen.

Es spielt dabei keine Rolle, ob die AfA zu hoch oder zu niedrig berücksichtigt wurde.

Dabei können sich ergeben:

- Ein höherer Entnahmegewinn, wenn der ursprüngliche Einlagewert zu hoch angesetzt worden war, oder
- ein niedrigerer Entnahmegewinn, wenn der ursprüngliche Einlagewert zu niedrig angesetzt worden war

(BFH, Urteil v. 14.11.2007 - XI R 37/06, BFH/NV 2008 S. 365, KAAAC-70411).

9.3.9 Ausnahmen vom Grundsatz der Zurechnung von Betriebseinnahmen und Betriebsausgaben i. S. des § 11 EStG

9.3.9.1 Allgemeine Grundsätze

1262 Bei der Gewinnermittlung gem. § 4 Abs. 3 EStG sind die Betriebseinnahmen in dem Jahr anzusetzen, in dem sie dem Steuerpflichtigen zugeflossen sind, und die Betriebsausgaben in dem Wirtschaftsjahr abzusetzen, in dem sie geleistet worden sind (§ 11 EStG). Das gilt auch für Vorschüsse und Abschlagszahlungen.

Dabei bedeutet „Zufluss" oder „Abfluss" aber nicht, dass der Steuerpflichtige den Betrag auch tatsächlich erhalten bzw. geleistet hat. Maßgebend ist, dass der Berechtigte **wirtschaftlich über den Betrag verfügen kann.** Wechsel werden zahlungshalber gegeben, die Einnahmen fließen erst bei der Einlösung oder Diskontierung zu. Entsprechendes gilt für den Abfluss.

Bei Scheckübermittlung reicht die Übergabe an die Post bzw. der Einwurf in den Briefkasten des Zahlungsempfängers aus (BFH, Urteil v. 24.9.1985 - IX R 2/80, BStBl 1986 II S. 284). 1263

Bei Steuerzahlungen per Scheck gilt die Zahlung gem. § 224 Abs. 2 Nr. 1 AO erst drei Tage nach dem Eingang als bewirkt.

Bei Überweisungen liegt der Abfluss zum Zeitpunkt des Eingangs des Überweisungsauftrags bei der Überweisungsbank, wenn das Konto die nötige Deckung aufweist oder ein entsprechender Kreditrahmen vorhanden ist, andernfalls zum Zeitpunkt der Lastschrift (BFH, Urteil v. 6.3.1997 - IV R 47/95, BStBl 1997 II S. 509).

Eine Gutschrift fließt beim Steuerpflichtigen zum Zeitpunkt der Gutschrift in den Büchern des Verpflichteten (Schuldners) zu, wenn eine eindeutige und unbestrittene Leistungsverpflichtung des Schuldners besteht und der Schuldner zu diesem Zeitpunkt zur Zahlung des Betrags in der Lage gewesen wäre (BFH, Urteil v. 30.10.2001 - VIII R 15/01, BStBl 2002 II S. 138). 1264

Bei Zahlung mit einer Kreditkarte fließt der Betrag beim Karteninhaber mit Leisten der Unterschrift ab. Die Kreditkarte wird vorwiegend als Zahlungsmittel genutzt und ersetzt damit die Hingabe von Bargeld.

Es spielt deshalb keine Rolle, wann der Betrag vom Girokonto des Kreditkarteninhabers abgebucht wird (FG Rheinland-Pfalz, Urteil v. 18.3.2013 - 5 K 1875/10, EFG 2013 S. 1029, BAAAE-35912).

Bei der Gewinnermittlung gem. § 4 Abs. 3 EStG sind Provisionen auch dann zugeflossen, wenn sie auf einem Kautionskonto zur Sicherung von Gegenforderungen des Versicherungsunternehmens gutgeschrieben werden (BFH, Urteil v. 24.3.1993 - X R 55/91, BStBl 1993 II S. 499). Auch wenn feststeht, dass erhaltene Provisionsvorschüsse in späteren Jahren zurückzuzahlen sind, ändert dies nichts daran, dass zunächst ein Zufluss anzunehmen ist (BFH, Urteil v. 13.10.1989 - III R 30/85 31/85, BStBl 1990 II S. 287). 1265

Gemäß dem BFH, Urteil v. 11.2.2014 - VIII R 25/12, BStBl 2014 II S. 461, setzt der Zufluss i. S. des § 11 EStG nicht voraus, dass der Steuerpflichtige die Leistung auch endgültig behalten darf.

Betriebsausgaben, deren Abzug im Jahr der Verausgabung unterblieben ist, können nicht in einem späteren Wirtschaftsjahr abgezogen werden. Soweit Anschaffungskosten für ein Wirtschaftsgut des Umlaufvermögens irrtümlich nicht berücksichtigt wurden und der entsprechende Steuer- oder Feststellungsbescheid bestandskräftig ist, mindern sie den Gewinn des Wirtschaftsjahres der Veräußerung oder Entnahme dieses Wirtschaftsguts (BFH, Urteil v. 30.6.2005 - IV R 20/04, BStBl 2005 II S. 758). 1266

Die Vorschriften über die Bilanzänderung (§ 4 Abs. 2 EStG) sind auf die Einnahmenüberschussrechnung nicht anwendbar (BFH, Urteil v. 30.8.2001 - IV R 30/99, BStBl 2002 II S. 49).

Das gilt auch, wenn bei der Einnahmenüberschussrechnung Aufwendungen nicht als Betriebsausgaben, sondern irrtümlich als Herstellungskosten behandelt wurden (BFH, Urteil v. 21.6.2006 - XI R 49/05, BStBl 2006 II S. 712). Der unterlassene Betriebsausgabenabzug kann nicht in späteren Jahren nachgeholt werden. Eine Teilwertabschreibung kann ebenfalls nicht auf die überhöhten Herstellungskosten vorgenommen werden, weil eine solche bei der Gewinnermittlung gem. § 4 Abs. 3 EStG nicht zulässig ist.

Bei Preisgeldern ist zu unterscheiden:

- Für einen Wettbewerb erzielte Preisgelder stellen Betriebseinnahmen dar.
- Dagegen sind Preise, die für eine Lebensleistung verliehen werden, privat veranlasst, weil sie in erster Linie für die Persönlichkeit und nicht für die berufliche Leistung verliehen werden (FG Münster, Urteil v. 16.9.2009 - 10 K 4647/07 F, EFG 2010 S. 27, XAAAD-33271).

Privatärztliche Honorare, die durch entsprechende Verrechnungsstellen eingezogen werden, sind dem Arzt zum Zeitpunkt des Eingangs bei der Verrechnungsstelle zugeflossen.

9.3.9.2 Nutzungsüberlassungen

1267 Gemäß § 11 Abs. 2 Satz 3 EStG werden Ausgaben für eine Nutzungsüberlassung von mehr als fünf Jahren, die im Voraus geleistet worden sind, auf den Zeitraum, für den die Vorauszahlung bestimmt ist, insgesamt gleichmäßig verteilt.

Auf der Einnahmenseite kann der Steuerpflichtige diese Einnahmen, die auf einer Nutzungsüberlassung beruhen, auf den Zeitraum, für den die Vorauszahlung geleistet wird, insgesamt gleichmäßig verteilen (§ 11 Abs. 1 Satz 3 EStG).

Die Regelung des § 11 Abs. 1 Satz 3 und Abs. 2 Satz 3 EStG wird nicht auf ein Damnum oder Disagio angewendet, wenn diese marktüblich sind.

Davon ist auszugehen, wenn für ein Darlehen mit einem Zinsfestsetzungszeitraum von mindestens fünf Jahren ein Disagio i. H. von bis zu höchstens 5 % vereinbart worden ist.

9.3.9.3 Abnutzbares Anlagevermögen

1268 Bei der Einnahmenüberschussrechnung sind die Vorschriften über die AfA i. S. des § 7 EStG zu beachten.

Damit kann nicht der Kaufpreis, sondern nur die **anteilige AfA** als Betriebsausgabe angesetzt werden. Deshalb spielt es auch keine Rolle, wenn der Kaufpreis nicht im selben Jahr entrichtet wird. Lediglich die jeweilige Umsatzsteuer wirkt sich zum Zeitpunkt der Zahlung als Betriebsausgabe aus, soweit sie als Vorsteuer abziehbar ist.

BEISPIEL: Der Unternehmer erwirbt im Juli 01 eine Maschine mit einer Nutzungsdauer von fünf Jahren für 30.000 € zzgl. 5.700 € Umsatzsteuer = 35.700 €. Die Zahlung erfolgt Anfang des Jahres 02.

Betriebsausgaben:

- Im Jahr 01 = AfA ($^1/_2$) 3.000 €;
- im Jahr 02 = Umsatzsteuer 5.700 €;
- in den Jahren 02–05 = AfA je 6.000 € und
- im Jahr 06 = AfA 3.000 €.

Soweit Anschaffungs- oder Herstellungskosten für abnutzbare Wirtschaftsgüter des Anlagevermögens bis zur Veräußerung noch nicht im Wege der AfA berücksichtigt worden sind, sind sie grds. im Wirtschaftsjahr der Veräußerung als Betriebsausgabe abzusetzen, soweit die AfA nicht willkürlich unterlassen worden ist (BFH, Urteil v. 7.10.1971 - IV R 181/66, BStBl 1972 II S. 271).

Eine Nachholung unterlassener AfA-Beträge kommt dagegen für Zeiträume, in denen das Wirtschaftsgut zu Unrecht nicht als Betriebsvermögen erfasst worden war, nicht in Betracht (BFH, Urteil v. 22.6.2010 - VIII R 3/08, BStBl 2010 II S. 1035).

Auch bei der Gewinnermittlung gem. § 4 Abs. 3 EStG sind die Regelungen für geringwertige Wirtschaftsgüter anzuwenden. 1269

Danach können

- geringwertige Wirtschaftsgüter mit Anschaffungs- oder Herstellungskosten bis zu 800 € (netto) sofort in voller Höhe als Betriebsausgaben abgeschrieben werden;
- Wirtschaftsgüter mit Anschaffungs- oder Herstellungskosten von bis zu 250 € (netto) sofort abgeschrieben oder in einen Sammelposten eingestellt werden und
- Wirtschaftsgüter mit Anschaffungs- oder Herstellungskosten von mehr als 250 € bis 1.000 € (netto) in einen Sammelposten eingestellt und über fünf Jahre abgeschrieben werden.

Zu weiteren Einzelheiten siehe Rz. 983 ff.

BEISPIEL: Der Unternehmer erwirbt Ende des Jahres 01 ein Mobiltelefon für 150 € zzgl. 28,50 € Umsatzsteuer. Die Zahlung erfolgt Anfang des Jahres 02. Die Vorsteuer ist abzugsfähig.

Betriebsausgaben:

- Im Jahr 01 = Anschaffungskosten 150 € und
- im Jahr 02 = Umsatzsteuer 28,50 €.

Auch Anzahlungen auf geringwertige Wirtschaftsgüter können bereits zum Zeitpunkt der Zahlung als Betriebsausgaben angesetzt werden.

9.3.9.4 Nicht abnutzbares Anlagevermögen

Gemäß § 4 Abs. 3 Satz 4 EStG können die Anschaffungs- oder Herstellungskosten für Wirtschaftsgüter des nicht abnutzbaren Anlagevermögens erst dann abgezogen werden, wenn diese Wirtschaftsgüter wieder veräußert oder entnommen werden. Dabei ist der Zeitpunkt des Zuflusses des Veräußerungserlöses oder bei Entnahmen der Zeitpunkt der Entnahme maßgebend. 1270

BEISPIEL: Der Unternehmer erwirbt im Jahr 01 für 50.000 € ein unbebautes Grundstück für betriebliche Zwecke. Dieses Grundstück wird Ende des Jahres 05 für 60.000 € wieder veräußert. Der Kaufpreis wird im Jahr 06 entrichtet.

- Betriebsausgabe im Jahr 06 = 50.000 € und
- Betriebseinnahme im Jahr 06 = 60.000 €.

9.3.9.5 Umlaufvermögen

1271 Die Anschaffungs- oder Herstellungskosten von Wirtschaftsgütern des Umlaufvermögens sind grds. sofort als Betriebsausgaben abziehbar. Für Wirtschaftsgüter des Umlaufvermögens gilt das reine Abflussprinzip des § 11 EStG.

Gemäß § 4 Abs. 3 Satz 4 und 5 EStG werden hiervon aber Einschränkungen für die Anschaffungs- oder Herstellungskosten von

- Anteilen an Kapitalgesellschaften,
- Wertpapieren,
- nichtverbrieften Forderungen und Rechten,
- dem Grund und Boden sowie
- Gebäuden

gemacht.

In diesen Fällen gilt, dass die Anschaffungs- oder Herstellungskosten erst zum Zeitpunkt des Zuflusses der Veräußerungserlöse oder bei Entnahmen zum Zeitpunkt der Entnahme als Betriebsausgaben berücksichtigt werden können.

Diese Regelung gilt erstmalig für Wirtschaftsgüter, die nach dem 5.6.2006 angeschafft, hergestellt oder in das Betriebsvermögen eingelegt worden sind (§ 52 Abs. 10 Satz 2 und 3 EStG).

Wird die Einlage von Umlaufvermögen im Jahr der Einlage nicht gewinnmindernd berücksichtigt, kann die Gewinnminderung bei einer späteren Veräußerung nicht nachgeholt werden. Für die Fälle des § 4 Abs. 3 Satz 4 EStG gilt diese Regelung nicht (FG Köln, Urteil v. 13.9.2012 - 10 K 3185/11, EFG 2013 S. 588, BAAAE-30384).

Gemäß § 15b Abs. 3a EStG dürfen Verluste weder mit Einkünften aus Gewerbebetrieb noch mit anderen Einkunftsarten ausgeglichen werden, wenn ein nicht buchführungspflichtiger Steuerpflichtiger aufgrund des Erwerbs von Wirtschaftsgütern des Umlaufvermögens sofort abziehbare Betriebsausgaben tätigt, sofern deren Übereignung ohne körperliche Übergabe durch Besitzkonstitut gem. § 930 BGB oder durch Abtretung des Herausgabeanspruchs gem. § 931 BGB erfolgt. In diesen Fällen liegen Verluste im Zusammenhang mit Steuerstundungsmodellen vor (siehe auch BMF, Schreiben v. 17.7.2007, BStBl 2007 I S. 542).

9.3.9.6 Übertragung von stillen Reserven

9.3.9.6.1 Rücklage für Ersatzbeschaffung

1272 Scheidet ein Wirtschaftsgut infolge höherer Gewalt aus dem Betriebsvermögen aus, können auch bei der Gewinnermittlung gem. § 4 Abs. 3 EStG die zwangsweise aufgedeckten stillen Reserven erfolgsneutral auf ein Ersatzwirtschaftsgut übertragen werden. Sie ergeben sich als Differenz zwischen dem Buchwert des Wirtschaftsguts zum Zeitpunkt des Ausscheidens und der Entschädigungsleistung. Gleichzeitig mindern die übertragenen stillen Reserven die Anschaffungs- oder Herstellungskosten des Ersatzwirtschaftsguts.

Dabei ergeben sich i. S. der R 6.6 Abs. 5 EStR folgende Möglichkeiten: 1273

- **Ausscheiden, Entschädigungsleistung und Ersatzbeschaffung im selben Jahr:**
  - Restbuchwert = Betriebsausgabe;
  - Entschädigung = Betriebseinnahme;
  - stille Reserve = Betriebsausgabe und
  - AfA Ersatzwirtschaftsgut = Betriebsausgabe.
- **Ausscheiden und Ersatzbeschaffung im laufenden Jahr, Entschädigungsleistung im Folgejahr:** 1274
  a) Laufendes Jahr:
    - AfA bis zum Ausscheiden = Betriebsausgabe und
    - AfA Ersatzwirtschaftsgut = Betriebsausgabe;

  b) Folgejahr:
    - Restbuchwert ausgeschiedenes Wirtschaftsgut = Betriebsausgabe;
    - Entschädigung = Betriebseinnahme und
    - stille Reserve = Betriebsausgabe.
- **Ausscheiden und Entschädigung im laufenden Jahr, Ersatzbeschaffung im Folgejahr:** 1275
  a) Laufendes Jahr: AfA bis zum Ausscheiden = Betriebsausgabe;

  b) Folgejahr:
    - Restbuchwert ausgeschiedenes Wirtschaftsgut = Betriebsausgabe;
    - Entschädigung = Betriebseinnahme;
    - stille Reserve = Betriebsausgabe und
    - AfA Ersatzwirtschaftsgut = Betriebsausgabe.

BEISPIEL: Ein betrieblicher Pkw (Buchwert am 1.1.01 = 6.000 €, jährliche AfA 3.600 €) scheidet am 30.9.01 durch höhere Gewalt aus. Die Versicherung zahlt noch im Jahr 01 eine Entschädigung i. H. von 10.000 €. Die Ersatzbeschaffung wird erst Anfang des Jahres 02 durchgeführt (Anschaffungskosten 20.000 €, Nutzungsdauer fünf Jahre).

Es ergibt sich:

- Im Jahr 01: AfA (alt) 2.700 € = Betriebsausgabe;
- im Jahr 02:
  - AfA (neu) 2.660 € = Betriebsausgabe;
  - Entschädigung 10.000 € = Betriebseinnahme;
  - Restbuchwert 3.300 € = Betriebsausgabe und
  - stille Reserve 6.700 € = Betriebsausgabe.

9.3.9.6.2 Übertragung stiller Reserven gem. § 6c EStG

Soweit gem. § 6b Abs. 3 EStG eine Rücklage gebildet werden kann, ist ihre Bildung als Betriebsausgabe und ihre Auflösung als Betriebseinnahme zu behandeln. 1276

Danach ist bei der Veräußerung eines gem. § 6c EStG begünstigten Wirtschaftsguts ohne Rücksicht auf den Zeitpunkt des Zufließens des Veräußerungspreises der Betrag als Gewinn begünstigt, um den der Veräußerungspreis nach Abzug der Veräußerungskosten die Aufwendungen für das veräußerte Wirtschaftsgut übersteigt, die bis zu seiner Veräußerung noch nicht als Betriebsausgaben abgesetzt sind. Der Veräußerungspreis ist also in voller Höhe zum Veräußerungszeitpunkt als Betriebseinnahme zu behandeln, auch wenn er nicht gleichzeitig zufließt. Ein gem. § 6c EStG vorgenommener Abzug von den Anschaffungs- oder Herstellungskosten begünstigter Investitionen ist als Betriebsausgabe zu erfassen. Soweit ein Abzug des begünstigten Gewinns im Veräußerungsjahr nicht erfolgt, kann im Jahr der Veräußerung eine entsprechende fiktive Betriebsausgabe abgesetzt werden. Der am Ende der Übertragungsfrist verbleibende Betrag ist als Betriebseinnahme zu erfassen (R 6c EStR).

BEISPIEL: Ein Steuerpflichtiger mit Gewinnermittlung gem. § 4 Abs. 3 EStG hat im Jahr 04 eine Lagerhalle für 30.000 € veräußert. Der Restbuchwert der Lagerhalle beträgt 6.000 €. § 6c EStG soll in Anspruch genommen werden. Begünstigte Investitionen werden im Jahr 04 i. H. von 8.000 €, im Jahr 05 i. H. von 2.000 € und im Jahr 06 i. H. von 4.000 € durchgeführt.

Der Veräußerungserlös ist ohne Rücksicht auf die tatsächliche Zahlung abzgl. des Restbuchwerts im Jahr 04 als Betriebseinnahme (24.000 €) zu erfassen.

Aus der begünstigten Investition im Jahr 04 ergibt sich eine Betriebsausgabe im Jahr 04 i. H. von 8.000 €. Daraus errechnet sich eine fiktive Betriebsausgabe im Jahr 04 i. H. von 16.000 €. Damit ist der Gewinn i. H. von 24.000 € im Jahr 04 neutralisiert.

Die begünstigten Investitionen im Jahr 05 mit 2.000 € und im Jahr 06 mit 4.000 € sind mit entsprechenden fiktiven Betriebseinnahmen auszugleichen. Der Restbetrag kann weiter übertragen werden bzw. ist am Ende der Übertragungszeit gewinnerhöhend aufzulösen.

1277 Wenn der Steuerpflichtige seinen Gewinn gem. § 4 Abs. 3 EStG ermittelt und einen Antrag auf eine Rücklage gem. § 6b EStG gestellt hat, dann ist der Antrag dahin auszulegen, dass ein Abzug gem. § 6c EStG begehrt wird (BFH, Urteil v. 30.1.2013 - III R 72/11, BStBl 2013 II S. 684).

Kommt es während des Zeitraums, in dem eine Rücklage gem. § 6b EStG fortgeführt wird, zu einem Wechsel der Gewinnermittlungsart, dann gilt Folgendes:

- Beim Übergang von § 4 Abs. 1 oder § 5 EStG zu § 4 Abs. 3 EStG:

  Für die Fortführung bzw. Übertragungsmöglichkeiten gelten die Regelungen des § 6c EStG.

- Beim Übergang von § 4 Abs. 3 EStG zu § 4 Abs. 1 oder § 5 EStG:

  Begünstigte Gewinne gem. § 6c EStG werden nicht aufgelöst. In Höhe der noch nicht übertragenen Gewinne ist eine entsprechende Rücklage in der Übergangsbilanz auszuweisen. Es gelten die Regelungen des § 6b EStG.

Das Wahlrecht gem. § 6c EStG wird durch den Ansatz einer entsprechenden Betriebsausgabe im Rahmen der Gewinnermittlung gem. § 4 Abs. 3 EStG ausgeübt. Dieses Wahlrecht kann bis zur formellen Bestandskraft der Steuerfestsetzung ausgeübt werden. Soweit der Steuerpflichtige dieses Wahlrecht rückgängig machen will, ist Voraussetzung, dass eine geänderte Einnahmenüberschussrechnung eingereicht wird (BFH, Beschluss v. 11.6.2014 - IV B 46/13, BFH/NV 2014 S. 1369, JAAAE-69835).

9.3.9.7 Erwerb von Wirtschaftsgütern gegen Rentenzahlungen

Erwirbt ein Steuerpflichtiger mit Gewinnermittlung gem. § 4 Abs. 3 EStG ein Wirtschaftsgut des Anlagevermögens gegen eine Leibrente, ergeben sich die Anschaffungskosten für dieses Wirtschaftsgut aus dem Barwert der Leibrentenverpflichtung. Die einzelnen Rentenzahlungen sind i. H. ihres Zinsanteils Betriebsausgaben. Der Zinsanteil ergibt sich aus dem Unterschiedsbetrag zwischen Rentenzahlungen einerseits und dem jährlichen Rückgang des Barwerts der Rentenverpflichtung andererseits. Aus Vereinfachungsgründen ist es nicht zu beanstanden, wenn die einzelnen Rentenzahlungen in voller Höhe mit dem Barwert der ursprünglichen Rentenverpflichtung verrechnet werden. Sobald die Summe der Rentenzahlungen diesen Wert übersteigt, sind die darüber hinausgehenden Rentenzahlungen in vollem Umfang als Betriebsausgaben abzusetzen. 1278

Bei vorzeitigem Fortfall der Rentenverpflichtung ist der Betrag als Betriebseinnahme anzusetzen, der von dem ursprünglichen Barwert nach Abzug aller bis zum Fortfall geleisteten Rentenzahlungen verbleibt.

Erwirbt ein Steuerpflichtiger Wirtschaftsgüter des Umlaufvermögens gegen eine Leibrente, stellen die Rentenzahlungen zum Zeitpunkt ihrer Verausgabung in voller Höhe Betriebsausgaben dar. Der Fortfall der Rentenverpflichtungen führt in diesen Fällen nicht zu einer Betriebseinnahme.

BEISPIEL: Erwerb eines Betriebs auf Rentenbasis am 1.4.01. Die monatliche Rentenzahlung beträgt 2.000 €.

Die Rentenbarwerte belaufen sich am 1.4.01 auf 200.000 € und zum 31.12.01 auf 185.000 €.

Folgende Wirtschaftsgüter werden übernommen:

Grund und Boden	30.000 €	
Gebäude	135.000 €	(AfA 4 %)
Maschinen	10.000 €	(AfA 20 %)
Geringwertige Wirtschaftsgüter	5.000 €	(Sammelposten)
Vorräte	20.000 €	
	200.000 €	

Für das Jahr 01 ergeben sich aus dem Erwerb folgende Betriebsausgaben:

► Zinsanteil Rente: 9 × 2.000 € =	18.000 €	
Minderung Rentenbarwert	- 15.000 €	3.000 €
► Tilgungsanteil Vorräte:		
Barwertminderung = Tilgung	15.000 €	
davon entfallen 10 % auf die Vorräte		1.500 €
► Geringwertige Wirtschaftsgüter (20 % AfA)		1.000 €
► AfA Gebäude (für neun Monate)		4.050 €
► AfA Maschinen (Rumpfwirtschaftsjahr neun Monate)		1.500 €
		11.050 €

Der Fortfall der Rentenverpflichtung führt zu einer Betriebseinnahme i. H. des noch vorhandenen Rentenbarwerts.

9.3.9.8 Raten und Veräußerungsrenten

1279 Veräußert der Steuerpflichtige Wirtschaftsgüter i. S. des § 4 Abs. 3 Satz 4 EStG gegen einen in Raten zu zahlenden Kaufpreis oder gegen eine Veräußerungsrente, ist in jedem Wirtschaftsjahr i. H. der in demselben Wirtschaftsjahr zufließenden Kaufpreisraten oder Rentenzahlungen ein Teilbetrag der Anschaffungs- oder Herstellungskosten als Betriebsausgaben abzusetzen. Bei der Veräußerung abnutzbarer Wirtschaftsgüter des Anlagevermögens kann der Steuerpflichtige hinsichtlich der noch nicht im Wege der AfA als Betriebsausgaben berücksichtigten Anschaffungs- oder Herstellungskosten, abweichend von den allgemeinen Grundsätzen, entsprechend verfahren. Wird die Kaufpreisforderung uneinbringlich, ist der noch nicht abgesetzte Betrag in dem Wirtschaftsjahr als Betriebsausgabe zu berücksichtigen, in dem der Verlust eintritt.

9.3.9.9 Tauschvorgänge

1280 Einnahmen für betriebliche Leistungen können auch in Sachen oder anderen Gegenleistungen bestehen. Bei Tauschgeschäften stellt der gemeine Wert des hingegebenen Wirtschaftsguts die Anschaffungskosten für das erworbene Wirtschaftsgut dar.

Beim Tausch von Wirtschaftsgütern sind zu unterscheiden:

- Tausch von Umlaufvermögen:

  Hier liegen gleichzeitig eine Betriebseinnahme und eine Betriebsausgabe vor; eine Änderung des Gewinns tritt grds. nicht ein.

- Tausch von abnutzbaren Wirtschaftsgütern:

  Der im Tauschweg erworbene Gegenstand ist als Betriebseinnahme zu erfassen. Zu einer Betriebsausgabe kommt es erst im Wege der AfA. Ein ggf. vorhandener Restbuchwert des hingegebenen Gegenstands stellt eine Betriebsausgabe dar.

- Tausch von nicht abnutzbarem Anlagevermögen:

  Auch hier ist der gemeine Wert des im Tauschweg erworbenen Wirtschaftsguts eine Betriebseinnahme. Zu einer Betriebsausgabe kommt es erst bei der Veräußerung.

Werden die im Tauschweg erworbenen Wirtschaftsgüter unmittelbar Privatvermögen, liegt nur eine Betriebseinnahme, aber keine Betriebsausgabe vor.

BEISPIELE:

1. Unternehmer A und B tauschen Waren (= Umlaufvermögen) aus.

   Die empfangene Ware stellt bei Unternehmer A eine Betriebseinnahme und die hingegebene Ware zugleich eine Betriebsausgabe dar. Anzusetzen ist jeweils der gemeine Wert der hingegebenen Ware.

2. Unternehmer A liefert Waren und erhält von Unternehmer B ein Wirtschaftsgut des abnutzbaren Anlagevermögens.

   Das empfangene Wirtschaftsgut ist als Betriebseinnahme mit dem gemeinen Wert der hingegebenen Ware anzusetzen (für Unternehmer A). Als Betriebsausgabe darf Unternehmer A nur die entsprechende AfA berücksichtigen.

3. Unternehmer A liefert Waren und erhält von Unternehmer B ein Wirtschaftsgut des nicht abnutzbaren Anlagevermögens.

   Das empfangene Wirtschaftsgut ist als Betriebseinnahme mit dem gemeinen Wert der hingegebenen Ware anzusetzen (für Unternehmer A). Eine Betriebsausgabe würde sich bei Unternehmer A erst zum Zeitpunkt der Veräußerung des nicht abnutzbaren Wirtschaftsguts ergeben.

9.3.9.10 Erlass von Forderungen und Schulden

Forderungen und Schulden beeinflussen den Gewinn bei der Gewinnermittlung gem. § 4 Abs. 3 EStG grds. nicht. Erst die jeweilige Zahlung kann zu Betriebseinnahmen bzw. Betriebsausgaben führen. Hier gelten die üblichen Grundsätze. Werden aber Forderungen oder Schulden erlassen, dann gelten folgende Grundsätze: 1281

- Eine betriebliche Forderung/Schuld wird aus betrieblichen Gründen erlassen:
  - Wenn die Bezahlung der Forderung/Schuld zu einer Betriebseinnahme/Betriebsausgabe führen würde (= beim Umlaufvermögen), ergeben sich keine Betriebseinnahmen/Betriebsausgaben.
  - Wenn die Bezahlung aber nicht zu einer Betriebseinnahme/Betriebsausgabe führen würde (= beim Anlagevermögen), löst der Erlass eine Betriebsausgabe/Betriebseinnahme aus.
- Eine betriebliche Forderung/Schuld wird aus privaten Gründen erlassen:
  - Auswirkungen müssen sich auch hier wie bei der Gewinnermittlung durch Betriebsvermögensvergleich ergeben.
  - Der Erlass einer betrieblichen Forderung (z. B. Honorarforderung) führt zu einer Entnahme der Forderung, mit der Folge, dass die Betriebseinnahmen entsprechend zu erhöhen sind.

9.3.9.11 Regelmäßig wiederkehrende Betriebseinnahmen und Betriebsausgaben

Für regelmäßig wiederkehrende Einnahmen und Ausgaben gilt eine Ausnahme vom Zufluss- bzw. Abflussprinzip. 1282

Diese Einnahmen bzw. Ausgaben, die dem Steuerpflichtigen kurze Zeit vor Beginn oder kurze Zeit nach Beendigung des Kalenderjahres, zu dem sie wirtschaftlich gehören, zufließen bzw. geleistet werden, gelten als in diesem Kalenderjahr bezogen bzw. geleistet.

Als „kurze Zeit" gilt ein Zeitraum von höchstens zehn Tagen. Nach Auffassung des BFH (Urteil v. 23.9.1999 - IV R 1/99, BStBl 2000 II S. 121) ist gem. § 11 Abs. 1 Satz 2 EStG nicht die Fälligkeit, sondern nur der tatsächliche Zufluss maßgebend. Daraus folgt, dass eine Einnahme dem Jahr ihrer wirtschaftlichen Zugehörigkeit zuzurechnen ist, auch wenn sie erst im folgenden Kalenderjahr fällig wird.

Eine Umsatzsteuer-Vorauszahlung, die das Vorjahr betrifft, aber erst innerhalb der ersten zehn Tage des neuen Jahres bezahlt wird, ist eine regelmäßig wiederkehrende Ausgabe i. S. des § 11 Abs. 2 Satz 2 EStG. Sie ist damit nicht im neuen, sondern noch im vergangenen Jahr als Betriebsausgabe abzugsfähig. Dasselbe gilt für eine entsprechende Umsatzsteuer-Erstattung (BFH, Urteil v. 1.8.2007 - XI R 48/05, BStBl 2008 II S. 282).

Wenn der nächste Werktag zeitlich hinter dem 10.1. liegt, dann ist die Umsatzsteuer-Vorauszahlung eine Betriebsausgabe des laufenden Jahres und nicht des Vorjahres

(Bayerisches Landesamt für Steuern, Vfg. v. 20.2.2013 - S 2226.2.1-5/4 St 32, DStR 2013 S. 653, PAAAE-30605).

Nach der Rechtsprechung (BFH, Urteil v. 11.11.2014 - VIII R 34/12, BStBl 2015 II S. 285) gilt § 108 Abs. 3 AO nicht für den Zeitraum von zehn Tagen, weil es sich hier um eine Frist handelt.

Beim Lastschrifteinzug soll die Umsatzsteuer-Vorauszahlung bei fristgerechter Abgabe der Umsatzsteuer-Voranmeldung bereits zum Zeitpunkt der Fälligkeit als abgeflossen anzusehen sein, wenn das betreffende Konto ausreichend Deckung aufweist (OFD Rheinland, Vfg. v. 29.6.2009 - S 2142 - 2009/0003 - St 142, AAAAD-24856). Bei Verschieben der Fälligkeit gem. § 108 Abs. 3 AO soll diese Regelung aber nicht gelten.

Bei Forderungen hat die Fälligkeit grds. keinen Einfluss auf den Zufluss (BFH, Urteil v. 15.5.2013 - VI R 24/12, BStBl 2014 II S. 495).

9.3.10 Wechsel der Gewinnermittlungsart

9.3.10.1 Allgemeines

1283 Der Totalgewinn, d. h. der Gewinn, der sich während des Bestehens des gewerblichen Betriebs ergeben würde, muss grds. bei allen Gewinnermittlungsarten gleich sein. Bei einem Wechsel der Gewinnermittlungsart könnte es aber vorkommen, dass aufgrund der Besonderheiten bei der jeweiligen Gewinnermittlungsart Betriebsvorgänge nicht oder aber doppelt erfasst würden.

BEISPIELE:

a) Eine während des Betriebsvermögensvergleichs bereits erfolgswirksam gebuchte Mietforderung i. H. von 5.000 € wird nach Wechsel zur Einnahmenüberschussrechnung bezahlt und damit als Betriebseinnahme erfasst.

b) Eine Versicherungsprämie i. H. von 10.000 € wird während des Betriebsvermögensvergleichs im Voraus gezahlt und deshalb aktiv abgegrenzt. Dieser Vorgang hat sich noch nicht als Aufwand ausgewirkt. Nach Übergang zur Einnahmenüberschussrechnung fehlt die Betriebsausgabe ebenfalls, weil nicht mehr gezahlt wird.

c) Während der Einnahmenüberschussrechnung wurde Ware für 20.000 € zzgl. 3.800 € Umsatzsteuer = 23.800 € auf Ziel verkauft. Eine Betriebseinnahme lag somit noch nicht vor. Nach Übergang zum Betriebsvermögensvergleich erfolgt, weil die Forderung in der Eröffnungsbilanz auszuweisen ist, eine erfolgsneutrale Buchung des eingehenden Betrags. Damit würde ein gewinnwirksamer Vorgang überhaupt nicht erfasst.

1284 Um zu einem einheitlichen Totalgewinn zu kommen, ist deshalb **beim Übergang** eine Gewinnkorrektur vorzunehmen. Diese erfolgt in der Weise, dass Betriebsvorgänge, die bisher nicht berücksichtigt worden sind, beim ersten Betriebsvermögensvergleich bzw. bei der ersten Einnahmenüberschussrechnung berücksichtigt werden (R 4.6 Abs. 1 EStR).

Die Gewinnkorrekturen betragen deshalb aus

- Beispielsfall a) im Jahr des Übergangs - 5.000 €;
- Beispielsfall b) im Jahr des Übergangs - 10.000 € und
- Beispielsfall c) im Jahr des Übergangs + 23.800 €.

Ein sich beim Übergang zum Betriebsvermögensvergleich ergebender Übergangsgewinn kann, auf Antrag des Steuerpflichtigen, gem. R 4.6 Abs. 1 EStR **außerhalb der Bilanz** auf bis zu **drei Jahre gleichmäßig** verteilt werden. Beim Übergang vom Betriebsvermögensvergleich zur Einnahmenüberschussrechnung sind die sich ergebenden Hinzu- und Abrechnungen im ersten Jahr nach dem Übergang vorzunehmen (R 4.6 Abs. 2 EStR).

Ein Übergangsverlust kann nach dem Urteil des FG Berlin-Brandenburg nicht auf drei Jahre verteilt werden (Urteil v. 23.9.2009 - 14 K 925/05, AAAAE-02036). Ebenso BFH, Urteil v. 23.7.2013 - VIII R 17/10, BStBl 2013 II S. 820.

Eine Verteilung des Übergangsgewinns ist nicht vorzunehmen, 1285

- beim Übergang von der Gewinnermittlung durch Betriebsvermögensvergleich zur Gewinnermittlung gem. § 4 Abs. 3 EStG,
- bei Betriebsveräußerung oder Betriebsaufgabe (BFH, Urteil v. 13.9.2002 - IV R 13/01, BStBl 2002 II S. 287) oder
- bei Einbringung eines Betriebs in eine Personengesellschaft (BFH, Urteil v. 13.9.2002 - IV R 13/01, a. a. O.).

Nach einem Wechsel der Gewinnermittlungsart ist der Steuerpflichtige grds. für drei 1286 Wirtschaftsjahre an diese Wahl gebunden. Nur bei Vorliegen eines besonderen wirtschaftlichen Grundes (z. B. eine Einbringung gem. § 24 UmwStG) kann er vor Ablauf dieser Frist zurückwechseln (BFH, Urteil v. 9.11.2000 - IV R 60/99, BStBl 2001 II S. 101).

Eine bei einem früheren Übergang vom Betriebsvermögensvergleich zur Gewinnermitt- 1287 lung gem. § 4 Abs. 3 EStG oder umgekehrt zu Unrecht unterbliebene Gewinnkorrektur darf bei der aus Anlass eines erneuten Wechsels in der Gewinnermittlungsart erforderlich gewordenen Gewinnkorrektur nicht berücksichtigt werden, soweit der Fehler nicht mehr berichtigt werden kann (BFH, Urteil v. 23.7.1970 - IV 270/65, BStBl 1970 II S. 745).

9.3.10.2 Wechsel von der Gewinnermittlung durch Einnahmenüberschussrechnung zu der durch Betriebsvermögensvergleich

Ein Wechsel der Gewinnermittlungsart kann verpflichtend (z. B. durch Eintritt der Buch- 1288 führungspflicht) oder aber auch freiwillig sein, wenn dem Steuerpflichtigen eine bestimmte Gewinnermittlungsart gesetzlich nicht vorgeschrieben ist.

Die Gewinnkorrektur erfolgt mit dem Ziel, den Steuerpflichtigen so zu stellen, als habe er seinen Gewinn **von Beginn seines Betriebs an** durch Betriebsvermögensvergleich ermittelt.

Übergang zum Betriebsvermögensvergleich

muss erfolgen
- Buchführungspflicht;
- Betriebsaufgabe;
- Betriebsveräußerung oder
- Schätzung des Gewinns gem. § 4 Abs. 1 EStG.

kann erfolgen
Übergang ist freiwillig.

9.3.10.3 Gewinnschätzung

1289 Soweit bei einem gewerblichen Betrieb, für den keine Buchführungspflicht besteht, mangels brauchbarer Unterlagen eine Gewinnermittlung gem. § 4 Abs. 3 EStG nicht möglich ist, ist der Gewinn gem. § 4 Abs. 1 EStG zu schätzen (z. B. nach Richtsätzen). Hier kommt es dann zu einem Wechsel der Gewinnermittlungsarten, wenn der Steuerpflichtige den Gewinn im Vorjahr gem. § 4 Abs. 3 EStG ermittelt hat. Das Gleiche gilt umgekehrt, wenn der Gewinn nach Richtsätzen geschätzt wurde und der Steuerpflichtige in Zukunft die Einnahmenüberschussrechnung anwendet.

Hat der Steuerpflichtige dagegen für den Betrieb zulässigerweise die Gewinnermittlung gem. § 4 Abs. 3 EStG gewählt, ist ggf. auch eine Gewinnschätzung in dieser Gewinnermittlungsart durchzuführen (BFH, Urteil v. 2.3.1982 - VIII R 225/80, BStBl 1984 II S. 504; H 4.1 EStH). Ein Wechsel der Gewinnermittlungsart liegt in diesem Fall nicht vor.

9.3.10.4 Aufstellung einer Eröffnungsbilanz zum 1.1.

9.3.10.4.1 Ansätze der einzelnen Wirtschaftsgüter

1290 Die einzelnen Wirtschaftsgüter sind beim Übergang zum Betriebsvermögensvergleich mit den Werten anzusetzen, mit denen sie zu Buch stehen würden, wenn der Gewinn von Anfang an durch Betriebsvermögensvergleich ermittelt worden wäre (BFH, Urteil v. 23.11.1961 - IV 98/60 S, BStBl 1962 III S. 199).

Dabei sind anzusetzen:

- Wirtschaftsgüter des **nicht abnutzbaren Anlagevermögens** mit den Anschaffungskosten, die sich aus dem gem. § 4 Abs. 3 Satz 5 EStG zu führenden Verzeichnis ergeben; das gilt ebenso für die in § 4 Abs. 3 Satz 4 EStG genannten Wirtschaftsgüter des Umlaufvermögens.
- Wirtschaftsgüter des **abnutzbaren Anlagevermögens** mit den Anschaffungs- oder Herstellungskosten abzgl. der AfA.
- Wirtschaftsgüter des **Umlaufvermögens** mit den Anschaffungs- oder Herstellungskosten; der Ansatz des niedrigeren Teilwerts erfolgt, wenn dieser handels- und steuerrechtlich bereits zum Zeitpunkt der Erstellung der Eröffnungsbilanz vorgeschrieben ist.

9.3.10.4.2 Ermittlung des Korrekturpostens zum 1.1.

Der Gewinn gem. § 4 Abs. 3 EStG unterscheidet sich zum 1.1. vom Gewinn gem. § 4 Abs. 1 und § 5 EStG um den Betrag der Änderung des Betriebsvermögens seit Eröffnung des Betriebs abzgl. der Kassenbestände und der Geldkonten. Bei der Eröffnung des Betriebs können sich Vorgänge, die sich noch nicht als Betriebseinnahme oder Betriebsausgabe ausgewirkt haben, grds. nicht ergeben. 1291

Der Übergang von der Gewinnermittlung gem. § 4 Abs. 3 EStG zur Gewinnermittlung durch Betriebsvermögensvergleich erfordert, dass Betriebsvorgänge, die bisher nicht berücksichtigt worden sind, beim ersten Betriebsvermögensvergleich berücksichtigt werden (BFH, Urteil v. 24.1.1985 - IV R 155/83, BStBl 1985 II S. 255).

9.3.10.4.3 Prüfung der Ansätze beim Übergang

Beim Übergang von der Gewinnermittlung gem. § 4 Abs. 3 EStG zur Gewinnermittlung durch Betriebsvermögensvergleich muss geprüft werden, ob 1292

- Betriebseinnahmen bei der Einnahmenüberschussrechnung
  - noch nicht erfasst sind und auch beim Betriebsvermögensvergleich nicht mehr erfasst werden können (z. B. Forderungen aus Warenlieferungen) oder
  - bereits erfasst sind und ebenfalls beim Betriebsvermögensvergleich nochmals als Erträge auszuweisen sind (z. B. Rechnungsabgrenzungsposten).
- Betriebsausgaben bei der Einnahmenüberschussrechnung
  - sich noch nicht ausgewirkt haben und auch nach dem Übergang nicht mehr auswirken können (z. B. Verbindlichkeiten aus Warenlieferungen) oder
  - bereits erfasst worden sind und nach dem Übergang noch einmal als Aufwendungen in Erscheinung treten (z. B. Rechnungsabgrenzungsposten).
- Vorgänge, die sich nicht gewinnmäßig auswirken dürfen, sich aber durch den Wechsel der Gewinnermittlungsart entweder
  - als Betriebsausgabe bzw. Aufwand oder
  - als Betriebseinnahme bzw. Ertrag

  ausgewirkt haben (z. B. Vorsteuern oder Umsatzsteuer auf Entnahmen).

Deshalb müssen die einzelnen Bilanzposten beim Übergang von der Gewinnermittlung gem. § 4 Abs. 3 EStG zur Gewinnermittlung durch Betriebsvermögensvergleich daraufhin untersucht werden, ob eine Hinzu- oder Abrechnung vorzunehmen ist:

- **Nicht abnutzbares Anlagevermögen:** 1293

  Gemäß § 4 Abs. 3 EStG dürfen die Anschaffungs- oder Herstellungskosten erst zum Zeitpunkt der Veräußerung oder Entnahme der betreffenden Wirtschaftsgüter als Betriebsausgaben angesetzt werden. Damit wird ein sich bei einem späteren Verkauf ergebender Gewinn oder Verlust auch nach dem Übergang erfasst. Hinzu- oder Abrechnungen sind deshalb nicht erforderlich.

1294 ► **Abnutzbares Anlagevermögen:**

Anschaffungs- oder Herstellungskosten können sowohl bei der Einnahmenüberschussrechnung als auch beim Betriebsvermögensvergleich nur in Form der jährlichen AfA als Aufwand geltend gemacht werden. Der Restbuchwert ist in die Eröffnungsbilanz einzustellen, eine Zu- oder Abrechnung ergibt sich nicht.

Das gilt auch für die in einem Sammelposten erfassten geringwertigen Wirtschaftsgüter.

Dieser Sammelposten ist nur eine Rechengröße und damit kein Wirtschaftsgut.

Eine Besonderheit ergibt sich bei den geringwertigen Wirtschaftsgütern:

Aus Vereinfachungsgründen können Anzahlungen bei der Einnahmenüberschussrechnung im Jahr des Geldabflusses als Betriebsausgabe angesetzt werden. Dann muss beim Übergang i. H. dieser Anzahlungen eine Zurechnung erfolgen.

1295 ► **Geldbestände aller Art:**

Die Bestände sind mit ihren jeweiligen Werten zu bilanzieren. Zu- oder Abrechnungen ergeben sich nicht.

1296 ► **Warenbestände:**

Der Ansatz erfolgt grds. mit den Anschaffungs- oder Herstellungskosten. Sind die Bestände zum Zeitpunkt des Übergangs mit einem niedrigeren Teilwert zu bewerten (§ 6 Abs. 1 Nr. 2 EStG), dann ist dieser anzusetzen (Wahlrecht). Sind die Waren bereits während der Einnahmenüberschussrechnung bezahlt worden, dann haben sie als Betriebsausgaben bereits den Gewinn gemindert und dürfen sich nach dem Übergang über den Wareneinsatz nicht noch einmal auswirken. Deshalb erfolgt ein Zuschlag i. H. des Bilanzansatzes.

Dasselbe gilt, wenn bereits Anzahlungen auf den Erwerb der Waren geleistet worden sind.

Entsprechend ist bei Roh-, Hilfs- und Betriebsstoffen zu verfahren.

1297 ► **Kundenforderungen:**

Der Übergang würde dazu führen, dass sich die Erlöse bei der Einnahmenüberschussrechnung mangels Zuflusses nicht gewinnerhöhend auswirken konnten. Beim Betriebsvermögensvergleich würden sie sich wegen der erfolgsneutralen Buchung ebenfalls nicht auswirken.

Deshalb ist eine Zurechnung i. H. des bilanzierten Werts vorzunehmen.

1298 ► **Darlehensforderungen:**

Die Auswirkungen sind bei beiden Gewinnermittlungsarten gleich. Deshalb ergibt sich weder eine Zu- noch Abrechnung.

Zur Behandlung des Disagios siehe Rz. 1267.

- **Sonstige Forderungen und Rechnungsabgrenzungsposten:** 1299

  Beim Übergang ist i. H. der bilanzierten Werte sowohl bei sonstigen Forderungen als auch bei einem aktiven Rechnungsabgrenzungsposten eine Zurechnung zu erfassen.

  Dagegen ist für einen passiven Rechnungsabgrenzungsposten eine entsprechende Abrechnung vorzunehmen.

  Wenn die Zahlung jedoch gem. § 11 Abs. 1 bzw. Abs. 2 EStG dem Vorjahr bzw. dem Übergangsjahr zuzurechnen ist, müssen Zu- oder Abrechnungen unterbleiben.

- **Rücklage für Ersatzbeschaffung und Rücklage i. S. der §§ 6b und 6c EStG:** 1300

  Die Rücklage wird bei beiden Gewinnermittlungsarten gleich behandelt. Zu- oder Abrechnungen ergeben sich insoweit nicht.

  Geht der Steuerpflichtige zum Betriebsvermögensvergleich über und sind zum Zeitpunkt des Wechsels gem. § 6c EStG begünstigte Gewinne noch nicht aufzulösen, ist in der Übergangsbilanz i. H. der noch nicht übertragenen Gewinne eine Rücklage gem. § 6b EStG auszuweisen. Zu- oder Abrechnungen ergeben sich nicht (Hinweis auf Rz. 1277).

- **Rückstellungen:** 1301

  In Höhe der in der Eröffnungsbilanz gebildeten Rückstellungen (gleiches gilt auch für Wertberichtigungen) sind Abrechnungen vorzunehmen.

- **(Sonstige) Verbindlichkeiten:** 1302

  Stehen diese im Zusammenhang mit dem Erwerb von abnutzbaren oder nicht abnutzbaren Wirtschaftsgütern, ergeben sich keine Gewinnkorrekturen.

  Lediglich hinsichtlich der abzugsfähigen Vorsteuer ist eine Abrechnung vorzunehmen.

  Rückständige betriebliche Aufwendungen können bei der Einnahmenüberschussrechnung nicht als Betriebsausgaben in Erscheinung treten, ihre Bezahlung im Übergangsjahr ist ebenfalls gewinnneutral zu erfassen. Deshalb ist beim Übergangsgewinn eine entsprechende Abrechnung vorzunehmen. Das gilt auch für die zum Zeitpunkt des Übergangs noch an das Finanzamt abzuführende Umsatzsteuer (Zahllast).

- **Darlehensschulden:**

  Bei beiden Gewinnermittlungsarten haben Darlehenshingabe und -rückfluss keine Auswirkungen auf den Gewinn. Deshalb ergeben sich auch keine Zu- oder Abrechnungen.

BEISPIEL: Ein Gewerbetreibender, der seine Umsätze nach den allgemeinen Bestimmungen des UStG versteuert, geht am 1.1.02 von der Einnahmenüberschussrechnung zum Betriebsvermögensvergleich über. Sein Betriebsvermögen zum 1.1.02 setzt sich wie folgt zusammen:

1. Unbebautes Grundstück, angeschafft vor fünf Jahren für 30.000 €;
2. Gebäude, fertiggestellt vor fünf Jahren für 100.000 €, jährliche AfA i. H. von 3 %;
3. Warenbestand, Anschaffungskosten 40.000 €;
4. Kundenforderungen 23.000 € (einschließlich Umsatzsteuer);
5. Geldbestände 10.000 €;

6. Darlehensverbindlichkeit 20.000 €;
7. Verbindlichkeiten aus Warenlieferungen 34.500 € (einschließlich Umsatzsteuer) und
8. Umsatzsteuerschuld 2.000 €.

Bei der Betriebseröffnung vor zehn Jahren waren nur Geldbestände vorhanden.

Die Eröffnungsbilanz zum 1.1.02 sieht wie folgt aus:

Aktiva	**Eröffnungsbilanz zum 1.1.02**		**Passiva**
Grund und Boden	30.000 €	Darlehensverbindlichkeit	20.000 €
Gebäude	85.000 €	Verbindlichkeiten aus Warenlieferungen	34.500 €
Waren	40.000 €	Umsatzsteuer	2.000 €
Forderungen	23.000 €	Kapital	131.500 €
Geld	10.000 €		
	188.000 €		188.000 €

Gewinnkorrekturen:

1. Grund und Boden: Bei der Einnahmenüberschussrechnung bisher keine Betriebsausgabe, beim Betriebsvermögensvergleich ebenfalls kein Aufwand, keine Gewinnkorrektur.
2. Gebäude: Bei beiden Gewinnermittlungsarten ergibt sich nur hinsichtlich der AfA eine Auswirkung, keine Gewinnkorrektur.
3. Waren: Bei der Einnahmenüberschussrechnung hat sich die Anschaffung bereits als Betriebsausgabe ausgewirkt.

   Durch den Übergang ergibt sich beim Betriebsvermögensvergleich über den Wareneinsatz noch einmal eine Gewinnminderung, Hinzurechnungsbetrag 40.000 €.
4. Forderungen: Bei der Einnahmenüberschussrechnung keine Auswirkung des Warenverkaufs auf Ziel. Nach dem Übergang ergibt sich beim Betriebsvermögensvergleich eine erfolgsneutrale Erfassung des Betrags, Hinzurechnungsbetrag 23.000 €.
5. Geldbestände: Keine Gewinnauswirkungen bei beiden Gewinnermittlungsarten.
6. Darlehensverbindlichkeit: Keine Gewinnauswirkungen bei beiden Gewinnermittlungsarten.
7. Verbindlichkeiten aus Warenlieferungen: Bei der Einnahmenüberschussrechnung keine Auswirkung des Wareneinkaufs auf Ziel. Nach dem Übergang ergibt sich beim Betriebsvermögensvergleich ebenfalls keine Gewinnauswirkung, Kürzungsbetrag 34.500 €.
8. Umsatzsteuer: Bei der Einnahmenüberschussrechnung bisher keine Betriebsausgabe, nach dem Übergang ebenfalls nicht, Kürzungsbetrag 2.000 €.

Übergangsgewinn insgesamt 26.500 €.

9.3.10.5 Folgen fehlerhafter Bilanzierung

1303 Soweit eine Verbindlichkeit, die zu einer Gewinnminderung führen würde, aus Versehen nicht in die Übergangsbilanz übernommen wurde, ist eine spätere Übernahme nicht gewinnwirksam möglich. Die Grundsätze des formellen Bilanzenzusammenhangs gelten nicht für die Übergangsbilanz. Die spätere Einbuchung ist damit keine Einlage, sondern eine berichtigende erfolgsneutrale Einbuchung über das Kapitalkonto (FG München, Urteil v. 30.9.2009 - 9 K 1693/07, EFG 2010 S. 1678, XAAAD-45230).

9.3.10.6 Betriebsveräußerung und Betriebsaufgabe

1304 Veräußert ein Steuerpflichtiger, der den Gewinn gem. § 4 Abs. 3 EStG ermittelt, den Betrieb, ist er so zu behandeln, als wäre er im Augenblick der Veräußerung zunächst zur Gewinnermittlung durch Betriebsvermögensvergleich gem. § 4 Abs. 1 EStG übergegangen. Dies gilt auch bei der Veräußerung eines Teilbetriebs oder eines Mitunternehmeranteils, bei der Aufgabe eines Betriebs und in den Fällen der Einbringung (R 4.5 Abs. 7 EStR). Die sich ergebenden Zu- und Abrechnungen gehören zum laufenden Gewinn und werden nicht als Veräußerungsgewinn erfasst. Der Übergangsgewinn darf auch nicht auf drei Jahre verteilt werden (H 4.5 Abs. 7 EStH).

Der Gewinn im Jahr der Veräußerung bzw. Aufgabe setzt sich zusammen aus:

- Dem laufenden Gewinn gem. § 4 Abs. 3 EStG,
- dem Übergangsgewinn, der ebenfalls zum laufenden Gewinn gehört, und
- dem Veräußerungsgewinn.

Behält der Einbringende Forderungen zurück, die er nicht ausdrücklich in sein Privatvermögen überführt, dann muss er diese erst zum Zeitpunkt der Zahlung versteuern (BFH, Urteil v. 4.12.2012 - VIII R 41/09, BStBl 2014 II S. 288).

Die Realteilung einer GbR ohne Spitzenausgleich führt bei der Gewinnermittlung gem. § 4 Abs. 3 EStG nicht zu der Verpflichtung, eine Realteilungsbilanz aufzustellen und einen eventuellen Übergangsgewinn zu ermitteln. Voraussetzungen sind:

- Kein Spitzenausgleich an den Gesellschafter, der ausscheidet, und
- Fortführung der Buchwerte in der jeweiligen Einzelpraxis

(BFH, Urteil v. 11.4.2013 - III R 32/12, BStBl 2014 II S. 242).

9.3.10.7 Gründung von Personengesellschaften

Hier können sich folgende Möglichkeiten ergeben: 1305

- Die Gründung der Personengesellschaft erfolgt durch unentgeltliche Aufnahme eines Gesellschafters in den Betrieb eines Einzelunternehmers. Die bisherigen Werte können unverändert fortgeführt werden. Soweit die Personengesellschaft weder gem. § 140 AO noch gem. § 141 AO buchführungspflichtig ist, ist eine Eröffnungsbilanz nicht zu erstellen. Ein Übergangsgewinn ergibt sich daher nicht.
- Wird dagegen die Personengesellschaft durch Einbringung eines Betriebs gegründet, kann die Personengesellschaft das eingebrachte Betriebsvermögen mit dem Buchwert oder einem höheren Wert, höchstens jedoch mit dem gemeinen Wert ansetzen (§ 24 UmwStG).

  Werden Buchwerte angesetzt und ist die Personengesellschaft nicht buchführungspflichtig, ist keine Eröffnungsbilanz zu erstellen. Ein Übergangsgewinn ist nicht zu ermitteln.

  Setzt die Personengesellschaft das eingebrachte Betriebsvermögen mit zulässigen höheren Werten an, ergibt sich beim Einbringenden ein Veräußerungsvorgang, mit der Folge, dass am Schluss der einzelunternehmerischen Tätigkeit der Übergang zum Betriebsvermögensvergleich erforderlich ist. Der Übergangsgewinn ist zu ermitteln, der dem Einbringenden als laufender Gewinn zuzurechnen ist. Eine Verteilung auf die folgenden drei Jahre kann nicht erfolgen.

9.3.10.8 Wechsel von der Gewinnermittlung durch Betriebsvermögensvergleich zur Einnahmenüberschussrechnung

1306 Der Steuerpflichtige ist so zu stellen, als habe er von Beginn an seinen Gewinn durch Einnahmenüberschussrechnung ermittelt. Korrekturen erfolgen im ersten Jahr nach dem Übergang. Eine Verteilung auf drei Jahre kommt hier grds. nicht in Frage. Außerdem sind alle Wirtschaftsgüter in die bei der Einnahmenüberschussrechnung vorgeschriebenen Verzeichnisse aufzunehmen.

1307 Soweit sich die Betriebsvorgänge, die sich korrekturbedingt durch den Wechsel von der Gewinnermittlung durch Betriebsvermögensvergleich zur Gewinnermittlung gem. § 4 Abs. 3 EStG ergeben, noch nicht im ersten Jahr nach dem Übergang ausgewirkt haben, können diese auf Antrag in dem Jahr vorgenommen werden, in dem sich die Betriebsvorgänge auswirken (BFH, Urteil v. 17.1.1963 - IV 66/62 U, BStBl 1963 III S. 228).

1308 Die Gewinnermittlung gem. § 4 Abs. 3 EStG kann angewendet werden, wenn der Steuerpflichtige nicht aufgrund von gesetzlichen Vorschriften verpflichtet ist, Bücher zu führen und regelmäßig Abschlüsse zu machen und dies auch freiwillig nicht tut.

Ein Übergang zur Einnahmenüberschussrechnung kommt also nicht in Betracht, wenn die Buchführungspflicht i. S. der §§ 140 und 141 AO besteht.

1309 Der Wechsel von der Gewinnermittlung durch Betriebsvermögensvergleich zur Einnahmenüberschussrechnung gem. § 4 Abs. 3 EStG führt zu einem Abweichen vom richtigen Totalgewinn. Deshalb ist ein Ausgleich durch Zu- und Abrechnungen zum laufenden Gewinn erforderlich, wobei sich im Ergebnis i. d. R. ein Übergangsverlust ergibt.

BEISPIEL: Ein Handwerksmeister, der seine Umsätze nach den allgemeinen Bestimmungen des UStG versteuert, geht am 1.1.04 vom Betriebsvermögensvergleich gem. § 5 Abs. 1 EStG zulässigerweise zur Gewinnermittlung gem. § 4 Abs. 3 EStG über. Zum 31.12.03 hat er folgende Bilanz erstellt:

Aktiva	Bilanz zum	31.12.03	Passiva
Grund und Boden	6.000 €	Darlehen	40.000 €
Lagerhalle	80.000 €	Rücklage für Ersatzbeschaffung	2.000 €
Maschinen	20.000 €	Lieferantenverbindlichkeiten	15.000 €
Waren	15.000 €	Umsatzsteuer	3.000 €
Kundenforderungen	30.000 €	Passiver Rechnungsabgrenzungsposten	1.000 €
Geldbestände	5.000 €	Kapital	99.000 €
Aktiver Rechnungsabgrenzungsposten	4.000 €		
	160.000 €		160.000 €

Anmerkungen zu den einzelnen Bilanzposten:

1. Grund und Boden: Die Anschaffungskosten betrugen im Jahr 00 6.000 € und der Teilwert zum 31.12.03 20.000 €.
2. Lagerhalle: Sie wurde vor zwei Jahren errichtet und seitdem regelmäßig abgeschrieben.

3. Maschinen: Die Maschinen zum Buchwert i. H. von 24.000 € wurden auf den Teilwert i. H. von 20.000 € abgeschrieben.
4. Waren: Der Ansatz erfolgt mit den ursprünglichen Anschaffungskosten.
5. Kundenforderungen: Der Ansatz erfolgt mit dem Nennwert.
6. Aktiver Rechnungsabgrenzungsposten: Es handelt sich um im Voraus bezahlte Kfz-Versicherungsprämien für ein bereits abgeschriebenes Fahrzeug.
7. Darlehen: Der Ansatz erfolgt mit dem Nennwert.
8. Rücklage für Ersatzbeschaffung: Diese wurde für einen betrieblichen Schaden im Jahr 03 gebildet für
   a) ein abnutzbares Anlagegut;
   b) vernichtete Waren.

   Die Entschädigungszahlung erfolgte im Jahr 03 und die Ersatzbeschaffung im Jahr 04.
9. Lieferantenverbindlichkeiten: Diese stehen im Zusammenhang mit Wareneinkäufen. Der Ansatz erfolgt mit dem Nennwert.
10. Umsatzsteuer: Die Umsatzsteuer hängt mit ausgeführten Lieferungen und sonstigen Leistungen im Jahr 03 zusammen und wird am 15.1.04 an das Finanzamt überwiesen.
11. Passiver Rechnungsabgrenzungsposten: Hierbei handelt es sich um im Voraus vereinnahmte Mieten für ein überlassenes Anlagegut.

Der laufende Gewinn des Jahres 04 ist wegen des Übergangs wie folgt zu korrigieren:

Nr.	Begründung	Zurechnung	Abrechnung
1–3	Die Wirtschaftsgüter werden bei beiden Gewinnermittlungsarten gleich behandelt.	–	–
4	Buchung bei Wareneinkauf im Jahr 03:		
	Wareneinkauf und Vorsteuer an Lieferantenverbindlichkeiten		
	Zum Jahresabschluss Umbuchung:		
	Schlussbilanzkonto an Wareneinkauf	–	15.000 €
	Es ergibt sich somit keine Gewinnauswirkung im Jahr 03. Die Erlöse aus dem Verkauf im Jahr 04 sind eine Betriebseinnahme.		
	Es fehlt die Betriebsausgabe.		
5	Buchung bei Entstehung:		
	Forderungen an Erlöse und Umsatzsteuer	–	30.000 €
	Damit Gewinnerhöhung im Jahr 03. Nach dem Übergang im Jahr 04 ebenfalls Betriebseinnahme bei Geldeingang und damit doppelte Erfassung.		
6	Buchung im Jahr 03:		
	Aktiver Rechnungsabgrenzungsposten an Geld	–	4.000 €
	Keine Gewinnauswirkung im Jahr 03. Nach dem Übergang ebenfalls keine Gewinnauswirkung, da kein Geldabfluss; es fehlt die Betriebsausgabe.		
7	Siehe Erläuterungen zu Nr. 1–3.	–	–

Nr.	Begründung	Zurechnung	Abrechnung
8 Buchst. a)	Die Rücklage für Ersatzbeschaffung kann auch nach dem Übergang fortgeführt werden. Die Anschaffungs- oder Herstellungskosten des Ersatzwirtschaftsguts werden entsprechend gekürzt. Die Gewinnauswirkungen sind bei beiden Gewinnermittlungsarten gleich.	–	–
8 Buchst. b)	Die Rücklage für Ersatzbeschaffung kann auch nach dem Übergang fortgeführt werden. Buchung im Jahr 03: Geld an Waren und Rücklage für Ersatzbeschaffung Bei der Ersatzbeschaffung im Folgejahr würden die vollen Wiederbeschaffungskosten als Betriebsausgabe erfasst, obwohl i. H. der Rücklage für Ersatzbeschaffung eine entsprechende Minderung eintreten müsste.	2.000 €	–
9	Buchung im Jahr 03: Wareneinkauf und Vorsteuer an Lieferantenverbindlichkeiten Und beim Jahresabschluss: Lieferantenverbindlichkeiten an Schlussbilanzkonto Es bleibt also beim Aufwand im Jahr 03. Bei der Zahlung im Jahr 04 ist die Betriebsausgabe damit doppelt.	15.000 €	–
10	Bei der Entstehung der Steuerschuld wurde erfolgsneutral gebucht: Forderung an Erlöse und Umsatzsteuer Bei der Zahlung im Jahr 04 ergibt sich eine Betriebsausgabe.	3.000 €	–
11	Buchung im Jahr 03: Geld an Passiver Rechnungsabgrenzungsposten Nach dem Übergang keine Zahlung und damit keine Betriebseinnahme.	1.000 €	–
	Zwischensummen	21.000 €	49.000 €
	Übergangsverlust	28.000 €	
		49.000 €	49.000 €

(Lösung ohne Fall 8 Buchst. b = Übergangsverlust 30.000 €)

1310 Ein Wirtschaftsgut wird nicht dadurch entnommen, dass der Steuerpflichtige zur Gewinnermittlung gem. § 4 Abs. 3 EStG übergeht. Eine Änderung der Nutzung des Wirtschaftsguts, die bei der Gewinnermittlung gem. § 4 Abs. 1 EStG keine Entnahme ist, ist auch bei der Gewinnermittlung gem. § 4 Abs. 3 EStG keine Entnahme.

BEISPIEL 1: Ein Gewerbetreibender mit Gewinnermittlung gem. § 5 Abs. 1 EStG bilanziert ein Mietwohngrundstück zulässigerweise als gewillkürtes Betriebsvermögen. Wenn er zur Gewinnermittlung gem. § 4 Abs. 3 EStG übergeht, bleibt das Grundstück ohne eindeutige Entnahmehandlung weiterhin Betriebsvermögen.

BEISPIEL 2: Ein Freiberufler ermittelt seinen Gewinn gem. § 4 Abs. 3 EStG. Seine bisher ausschließlich eigenbetrieblich genutzte Eigentumswohnung vermietet er an einen Dritten zur Nutzung als Büroräume.

Die Nutzungsänderung führt ohne ausdrücklich Entnahmeerklärung nicht zu einer Entnahme.

9.3.10.9 Sonstige Übergangsmöglichkeiten

Beim Übergang von der Gewinnermittlung gem. § 4 Abs. 1 EStG zur Gewinnermittlung 1311
gem. § 5 EStG und umgekehrt ergeben sich keine Zurechnungs- und Kürzungsprobleme.

9.3.11 Widerrufsrecht

Der Steuerpflichtige kann seinen Wechsel der Gewinnermittlungsart bis zum Eintritt 1312
der Bestandskraft widerrufen und zur ursprünglichen Gewinnermittlungsart zurückkehren. Tut er das und widerruft er damit seinen Wechsel zur Einnahmenüberschussrechnung, muss er zu Beginn des Wirtschaftsjahres aber eine Eröffnungsbilanz erstellt, eine kaufmännische Buchführung eingerichtet und auf der Grundlage einer Inventur einen Jahresabschluss erstellt haben (Niedersächsisches FG, Urteil v. 16.10.2013 - 9 K 124/12, EFG 2014 S. 243, ZAAAE-53293).

LITERATURHINWEISE

- Bilke/Heining, Fallsammlung Buchführung, Bilanzen, Berichtigungstechnik, 12. Aufl. 2021, Teil A V, Fall 22 und 23.
- Edinger/Jauch/Schoor, Fallsammlung Einkommensteuer, 27. Aufl. 2025, Fall 135 und 137.
- Gerke/Kirchner/Kühn/Steiner, Fallsammlung Bilanzsteuerrecht, 21. Aufl. 2026, Fall 177 und 178.

9.3.12 Investitionsabzugsbetrag – Investitionszuschüsse

Die Vorschrift des § 7g EStG gilt für Steuerpflichtige mit Gewinneinkünften unabhän- 1313
gig von der Gewinnermittlungsart.

Für die künftigen Anschaffungs- oder Herstellungskosten neuer oder auch gebrauchter abnutzbarer beweglicher Wirtschaftsgüter des Anlagevermögens können bis zu 50 % der voraussichtlichen Anschaffungs- oder Herstellungskosten gewinnmindernd abgezogen werden. Dieser Investitionsabzugsbetrag ist dann im Jahr der Investition von den Anschaffungs- oder Herstellungskosten des begünstigten Wirtschaftsguts abzuziehen. Damit wird eine erfolgsneutrale Übertragung erreicht. Die Bemessungsgrundlage für die AfA und die Sonderabschreibung mindert sich entsprechend (zu den Voraussetzungen siehe Rz. 1221).

Erhält ein Steuerpflichtiger, der seinen Gewinn gem. § 4 Abs. 3 EStG ermittelt, für die Anschaffungs- oder Herstellungskosten bestimmter Wirtschaftsgüter öffentliche Investitionszuschüsse, mindern diese die Anschaffungs- oder Herstellungskosten bereits im Jahr der Bewilligung und nicht erst im Jahr der Auszahlung. Will der Steuerpflichtige den Zuschuss sofort als Betriebseinnahme versteuern, muss er das entsprechende Wahlrecht im Jahr der Zusage ebenfalls ausüben (BFH, Urteil v. 29.11.2007 - IV R 81/05, BStBl 2008 II S. 561).

9.3.13 Ausgleichsposten i. S. des § 4g EStG

1314 Im Falle der Beendigung oder Beschränkung des deutschen Besteuerungsrechts ist bei Wirtschaftsgütern des Anlagevermögens gem. § 4 Abs. 1 EStG eine fiktive Entnahme anzusetzen, die gem. § 6 Abs. 1 Nr. 4 EStG mit dem gemeinen Wert zu bewerten ist. Ein sich dabei ergebender Gewinn kann über einen Ausgleichsposten i. S. des § 4g EStG im Jahr der Bildung und in den vier folgenden Wirtschaftsjahren zu jeweils $^{1}/_{5}$ gewinnerhöhend aufgelöst werden. Diese Regelung gilt gem. § 4g Abs. 4 EStG auch für die Gewinnermittlung gem. § 4 Abs. 3 EStG.

Bildung und Auflösung des Ausgleichspostens

Bildung
- unbeschränkte Steuerpflicht des Steuerpflichtigen;
- Wirtschaftsgut muss zum Anlagevermögen gehört haben;
- Überführung in eine Betriebsstätte des Steuerpflichtigen in einem EU-Mitgliedstaat.

Auflösung

a) anteilsmäßige Auflösung: Jährlich $^{1}/_{5}$ gewinnerhöhend;

b) volle gewinnmäßige Auflösung:
- Wenn das Wirtschaftsgut aus dem Betriebsvermögen des Steuerpflichtigen ausscheidet;
- wenn das Wirtschaftsgut aus der Besteuerungshoheit des EU-Mitgliedstaats ausscheidet oder
- wenn die stillen Reserven des Wirtschaftsguts im Ausland aufgedeckt werden.

Die Wirtschaftsgüter, für die ein Ausgleichsposten gebildet wird, sind in ein laufend zu führendes Verzeichnis aufzunehmen. Außerdem sind Aufzeichnungen zu führen, aus denen die Bildung und Auflösung der Ausgleichsposten hervorgehen. Diese Aufzeichnungen sind der Steuererklärung beizufügen.

9.4 Übersicht über die Gewinnermittlungsarten des Einkommensteuerrechts

1315 Die folgende Abbildung stellt die Gewinnermittlungsarten tabellarisch dar:

ABB. 58: Gewinnermittlungsarten

Das EStG definiert den Gewinnbegriff in § 4 Abs. 1 EStG. Für bestimmte Fälle schreibt es jedoch eine Gewinnermittlung nach einer anderen Regel vor bzw. lässt die Gewinnermittlung nach einer anderen Regel zu, so dass sich folgende Gewinnermittlungsarten ergeben:

Betriebsvermögensvergleich

I. Wesen des Betriebsvermögensvergleichs

Gemäß § 4 Abs. 1 EStG wie auch gem. § 5 EStG ist der Gewinn der Unterschiedsbetrag zwischen dem Betriebsvermögen am Ende eines Wirtschaftsjahres und dem Betriebsvermögen am Ende des vorangegangenen Wirtschaftsjahres, vermehrt um den Wert der Entnahmen und vermindert um den Wert der Einlagen.

Weil bei der Gewinnermittlung vom Betriebsvermögen am Ende des vorangegangenen Wirtschaftsjahres auszugehen ist, besteht volle Identität zwischen dem Betriebsvermögen am Ende eines Wirtschaftsjahres und dem Betriebsvermögen zu Beginn des folgenden Wirtschaftsjahres (= Bilanzenzusammenhang).

Weil nur betrieblich verursachte Betriebsvermögensänderungen Gewinn sind, werden die durch private Vorgänge herbeigeführten Betriebsvermögensänderungen durch Hinzurechnung der Privatentnahmen und die Abrechnung der Einlagen ausgeglichen.

Betriebsvermögensvergleich gem. § 4 Abs. 1 EStG

Für die Gewinnermittlung gem. § 4 Abs. 1 EStG gelten die rein steuerlichen Vorschriften, insbesondere also die §§ 6 und 7 EStG. Die Bestimmungen des Handelsrechts haben keine Bedeutung.

II. Anwendungsbereich

Den Gewinn haben gem. § 4 Abs. 1 EStG (= Grundregel!) zu ermitteln:

1. Land- und Forstwirte (§ 13 EStG)
   a) wenn Buchführungspflicht besteht oder
   b) auf Antrag gem. § 13a Abs. 2 EStG.
2. Gewerbetreibende (§ 15 EStG), die weder zu ordnungsmäßiger Buchführung verpflichtet sind noch freiwillig Bücher führen noch die für die Einnahmenüberschussrechnung erforderlichen Aufzeichnungen besitzen (Schätzung gem. § 4 Abs. 1 EStG).

Betriebsvermögensvergleich gem. § 5 EStG

Hier bestehen folgende Besonderheiten:

1. Geltung des Handelsrechts
   Neben den rein steuerlichen Vorschriften (insbesondere die §§ 6 und 7 EStG) gelten auch die handelsrechtlichen GoB (§§ 238 ff. HGB).
2. Maßgeblichkeit der Handelsbilanz
   Ein Ansatz in der Handelsbilanz ist auch für die Steuerbilanz verbindlich, es sei denn, dass steuerliche Vorschriften andere Regelungen bzw. Wahlrechte vorsehen.

II. Anwendungsbereich

Folgende Unternehmer haben ihren Gewinn gem. § 5 EStG zu ermitteln:

1. Gewerbetreibende (§ 15 EStG), die aufgrund gesetzlicher Vorschriften zu ordnungsmäßiger Buchführung verpflichtet sind.
2. Gewerbetreibende (§ 15 EStG), die freiwillig ordnungsmäßige Bücher führen und aufgrund jährlicher Bestandsaufnahmen regelmäßig Abschlüsse erstellen.

Siehe auch Rz. 1229 ff.

Nach Durchschnittssätzen	Einnahmenüberschussrechnung
I. Wesen dieser Gewinnermittlungsart 1. Für Land- und Forstwirte kann der Gewinn gem. § 13a EStG nach Durchschnittssätzen zu ermitteln sein, wenn keine Verpflichtung zur Führung von Büchern besteht. 2. Der Durchschnittssatzgewinn setzt sich aus verschiedenen Faktoren zusammen, die in § 13a Abs. 3 EStG aufgezählt sind.	**I. Wesen der Einnahmenüberschussrechnung** 1. Begriff Gemäß § 4 Abs. 3 EStG kann der Gewinn unter Verzicht auf Inventur und Bilanz vereinfacht als Überschuss der Betriebseinnahmen über die Betriebsausgaben ermittelt werden. 2. Betriebseinnahmen und -ausgaben Betriebseinnahmen und -ausgaben sind alle Zu- bzw. Abflüsse von Geld oder Gütern in Geldeswert aus betrieblichem Anlass. 3. Zeitpunkt der Erfassung aus Betriebseinnahmen und -ausgaben Der Zeitpunkt der Erfassung ergibt sich aus § 11 EStG. 4. Vergleich mit der Gewinnermittlung gem. § 4 Abs. 1 und § 5 EStG Weil Betriebseinnahmen und Erträge sowie Betriebsausgaben und Aufwand sachlich identisch sind, führt die Gewinnermittlung gem. § 4 Abs. 3 EStG durch Einnahmenüberschussrechnung letztlich zum gleichen Gewinn wie der Bestandsvergleich gem. § 4 Abs. 1 bzw. § 5 EStG. Die sich für die einzelnen Wirtschaftsjahre ergebenden Unterschiede gleichen sich auf Dauer aus, da auch bei der Gewinnermittlung gem. § 4 Abs. 3 EStG gewillkürtes Betriebsvermögen zugelassen ist.
II. Anwendungsbereich Nicht buchführungspflichtige Land- und Forstwirte, soweit sie den Gewinn nicht gem. § 4 Abs. 3 EStG ermitteln.	**II. Anwendungsbereich** Der Gewinn aus Land- und Forstwirtschaft (§ 13 EStG), aus Gewerbebetrieb (§ 15 EStG) sowie aus selbständiger Arbeit (§ 18 EStG) kann gem. § 4 Abs. 3 EStG durch Einnahmenüberschussrechnung ermittelt werden, wenn folgende Voraussetzungen gegeben sind: 1. Der Unternehmer darf nicht zur Führung von Büchern verpflichtet sein, 2. der Unternehmer darf auch freiwillig keine Bücher führen und 3. die Betriebseinnahmen und -ausgaben müssen aufgezeichnet bzw. durch Belegsammlung nachgewiesen werden.

(Einstweilen frei) 1316–1330

FRAGEN

		Rz.
1.	Welche Vorschriften enthält das EStG hinsichtlich der Gewinnermittlungsarten?	1229
2.	Bei welchen Gewinnermittlungsarten wird der Gewinn durch Betriebsvermögensvergleich ermittelt?	1230
3.	Welche Personenkreise müssen den Gewinn durch Betriebsvermögensvergleich ermitteln?	1231
4.	Worin unterscheiden sich diese Gewinnermittlungsarten?	1233
5.	Bei welcher Gewinnermittlungsart wird der Gewinn durch Gegenüberstellung von Betriebseinnahmen und Betriebsausgaben ermittelt?	1237
6.	Welcher Personenkreis kann diese Gewinnermittlungsart in Anspruch nehmen?	1238
7.	Besteht für die Steuerpflichtigen ein Wahlrecht, zu einer anderen Gewinnermittlungsart zu wechseln? Wenn ja, unter welchen Voraussetzungen?	1239
8.	Bestehen Aufzeichnungspflichten auch bei der Einnahmenüberschussrechnung?	1240 ff.
9.	Kann gewillkürtes Betriebsvermögen auch bei der Einnahmenüberschussrechnung gebildet werden?	1247
10.	Wie und in welcher Form muss ein Steuerpflichtiger, der seinen Gewinn gem. § 4 Abs. 3 EStG ermittelt, dem Finanzamt seinen Jahresabschluss mitteilen?	1249
11.	Gibt es von dieser vorgeschriebenen Form Ausnahmen?	1249
12.	Was sind nach dem Gesetz „Betriebseinnahmen" und „Betriebsausgaben"?	1250
13.	Wie werden in diesem Zusammenhang die Umsatzsteuer und die Vorsteuer behandelt?	1251
14.	Was versteht man unter dem Begriff „Durchlaufende Posten" und wie werden diese steuerlich behandelt?	1253
15.	Darlehenshingabe und -aufnahme werden bei der Einnahmenüberschussrechnung nicht erfasst. Wie verfährt man mit eventuellen Darlehensverlusten?	1254
16.	Schränkt das Einkommensteuerrecht den Abzug von Schuldzinsen auch im Zusammenhang mit der Einnahmenüberschussrechnung ein?	1259
17.	Bareinlagen und -entnahmen werden bei der Einnahmenüberschussrechnung nicht erfasst. Was geschieht mit Sachentnahmen und -einlagen?	1260 f.
18.	Bei der Einnahmenüberschussrechnung gilt das Zufluss- und Abflussprinzip. Muss der Steuerpflichtige die Beträge deshalb zu diesen Zeitpunkten auch tatsächlich erhalten haben?	1262 ff.
19.	Der Steuerpflichtige erwarb am 1.10.2012 mit ordnungsmäßiger Rechnung ein abnutzbares Wirtschaftsgut für seinen Betrieb für 10.000 € zzgl. 1.900 € Umsatzsteuer = 11.900 €. Die Nutzungsdauer beträgt fünf Jahre. Der Betrag wurde am 1.2.2013 überwiesen. Welche Auswirkungen ergeben sich bei der Einnahmenüberschussrechnung durch diesen Vorgang?	1268
20.	Welche Besonderheiten ergeben sich bei der Einnahmenüberschussrechnung im Zusammenhang mit der Anschaffung von nicht abnutzbaren Wirtschaftsgütern?	1270
21.	Wie ist bei der Anschaffung von Wirtschaftsgütern des Umlaufvermögens zu verfahren?	1271
22.	Welche rechtlichen Möglichkeiten gibt es zur erfolgsneutralen Übertragung von stillen Reserven bei der Einnahmenüberschussrechnung?	1272

		Rz.
23.	Wenn ein Wirtschaftsgut zwangsweise ausscheidet und Entschädigung und Ersatzbeschaffung in verschiedenen Jahren erfolgen, wie ist damit bei der Einnahmenüberschussrechnung zu verfahren?	1274 f.
24.	Die Voraussetzungen für die Inanspruchnahme des § 6c EStG liegen vor. Der Steuerpflichtige will die Begünstigung für den erzielten Veräußerungsgewinn in Anspruch nehmen. Welche Auswirkungen ergeben sich bei der Einnahmenüberschussrechnung?	1276
25.	Wie ist zu verfahren, wenn Forderungen oder Verbindlichkeiten aus betrieblichen oder privaten Gründen erlassen werden?	1281
26.	Was versteht man unter „regelmäßig wiederkehrenden Betriebseinnahmen und Betriebsausgaben" und wie werden sie bei der Einnahmenüberschussrechnung behandelt?	1282
27.	Unter welchen Voraussetzungen kann es zu einem Wechsel der Gewinnermittlungsart kommen?	1283
28.	Wodurch kommt es beim Übergang von der Einnahmenüberschussrechnung zum Betriebsvermögensvergleich gem. § 5 EStG zu einem Übergangsgewinn und wie kann dieser steuerlich behandelt werden?	1284 ff.
29.	Mit welchen Werten sind die einzelnen Wirtschaftsgüter anzusetzen, wenn der Steuerpflichtige von der Einnahmenüberschussrechnung zum Betriebsvermögensvergleich übergeht?	1290 ff.
30.	Welche Auswirkungen können sich ergeben, wenn ein Bilanzposten beim Übergang zum Betriebsvermögensvergleich in der Übergangsbilanz irrtümlich nicht berücksichtigt wurde?	1303
31.	Was muss ein Steuerpflichtiger, der bisher seinen Gewinn gem. § 4 Abs. 3 EStG ermittelt hat, durchführen, wenn er seinen Betrieb veräußert?	1304
32.	Ein Steuerpflichtiger mit Einnahmenüberschussrechnung unterhält in einem anderen EU-Land eine Betriebsstätte und überführt dorthin ein Wirtschaftsgut des abnutzbaren Anlagevermögens. Welche Auswirkungen ergeben sich in seinem inländischen Betrieb?	1314

TEIL C: BESONDERHEITEN BEI PERSONENGESELLSCHAFTEN

Teil C: Besonderheiten bei Personengesellschaften

Kapitel 1: Handelsrechtliche Grundlagen

1.1 Allgemeines

1331 Für Personengesellschaften gelten grds. die gleichen Buchführungsregeln wie für Einzelunternehmen. Unterschiede ergeben sich jedoch aus der Rechtsform, bei denen natürlich auch handelsrechtliche Besonderheiten Berücksichtigung finden müssen. Folgende Personengesellschaften sollen in diesem Teil besprochen werden:

- Die GbR (Gesellschaft bürgerlichen Rechts) als Grundfall,
- die OHG (offene Handelsgesellschaft),
- die KG (Kommanditgesellschaft),
- die GmbH & Co. KG und
- die stille Gesellschaft.

Darüber hinaus sind weitere Gesellschaftsformen (z. B. die Partnerschaftsgesellschaft nach dem PartGG) denkbar, die hier nicht weiter besprochen werden sollen. Die genannten Gesellschaften können Grundlage für eine Mitunternehmerschaft nach den steuerrechtlichen Vorschriften des EStG sein.

1.2 Die GbR

1332 Die GbR (auch „BGB-Gesellschaft" genannt) ist in den §§ 705–740c BGB geregelt. Diese Rechtsform gilt als Grundtyp einer Personengesellschaft. Daher gelten diese Vorschriften grds. auch für die anderen Gesellschaftsformen.

1.2.1 Rechtsfähigkeit einer GbR

1333 Die GbR hatte nach der bis zum 31.12.2023 geltenden Rechtslage keine volle Rechtsfähigkeit. Dennoch war sie mit gewissen Rechtspflichten ausgestattet. So konnte sie z. B. selbst vor Gericht klagen, aber auch verklagt werden (vgl. auch BGH, Urteil v. 29.1.2001 - II ZR 331/00, BFH/NV Beilage 2002 S. 77, UAAAB-98014, und BGH, Urteil v. 25.9.2006 - II ZR 218/05, TAAAC-19216). Ebenso konnte sie unter ihrem eigenen Namen Schecks und Wechsel ausstellen, Mitglied einer juristischen Person werden, selbst Gesellschafter einer GbR sein oder Kommanditist einer KG werden.

1333a Mit Inkrafttreten des Gesetzes zur Modernisierung des Personengesellschaftsrechts (MoPeG) v. 10.8.2021 (BGBl 2021 I S. 3436) zum 1.1.2024 hat die GbR eine grundlegende Neuregelung erfahren. Zentral ist dabei die ausdrückliche Anerkennung ihrer Rechtsfähigkeit in § 705 Abs. 2 BGB n. F. Die bis dahin von Rechtsprechung und Literatur entwickelte „Teilrechtsfähigkeit" der Außen-GbR wurde damit gesetzlich festgeschrieben und weiterentwickelt. Die GbR ist nun eindeutig Trägerin von Rechten und Pflichten, kann Eigentum und andere dingliche Rechte erwerben und ist im Prozessrecht parteifähig.

Daneben gibt es aber auch weiterhin eine nicht rechtsfähige GbR i. S. der §§ 740–740c BGB. Sie liegt vor, wenn die Gesellschaft nicht nach außen auftritt, sondern lediglich zur Verfolgung eines internen Zwecks gegründet wird, wie etwa bei einer Spiel- oder Fahrgemeinschaft. In diesem Fall bleibt die Gesellschaft auf das schuldrechtliche Innenverhältnis beschränkt; Träger von Rechten und Pflichten sind ausschließlich die Gesellschafter selbst. Die nicht rechtsfähige GbR ist daher nicht vermögensfähig. Für das Bilanzsteuerrecht ist sie daher nicht von Bedeutung. 1333b

Eine weitere wesentliche Neuerung betrifft das Gesellschaftsregister (§§ 707 ff. BGB n. F.), in das sich die rechtsfähige GbR eintragen lassen kann. Die Eintragung ist zwar grds. fakultativ, entfaltet aber erhebliche Wirkungen: Die eingetragene Gesellschaft führt den Namenszusatz „eingetragene Gesellschaft bürgerlichen Rechts" (eGbR), wodurch ihre Rechtsfähigkeit nach außen dokumentiert wird. Für bestimmte Geschäfte, insbesondere für die Eintragung ins Grundbuch oder ins Handelsregister als Gesellschafterin, ist die vorherige Registrierung zwingend. 1333c

Ferner wurden die Vorschriften über den Sitz und die Vertretung der GbR modernisiert. § 706 BGB n. F. legt fest, dass die Gesellschaft einen Verwaltungssitz hat, der im Gesellschaftsvertrag bestimmt oder mangels Bestimmung am Ort der Geschäftsführung vermutet wird. Die Vertretungsbefugnis richtet sich nach den §§ 720 ff. BGB n. F. und orientiert sich am bisherigen System, wurde aber systematisch neu gefasst. 1333d

Schließlich ermöglicht das MoPeG v. 10.8.2021 (a. a. O.) auch eine leichtere Umwandlung der GbR in andere Gesellschaftsformen. Über die Verweisungen im UmwG kann eine eingetragene GbR nunmehr beispielsweise in eine OHG oder Partnerschaftsgesellschaft übergehen, ohne dass ihre Rechtsbeziehungen vollständig neu begründet werden müssten. 1333e

Damit wird die GbR von einer „einfachen" Gesellschaft, die früher vielfach als bloßes schuldrechtliches Band zwischen den Gesellschaftern verstanden wurde, zu einer modernen, voll anerkannten Rechtsträgerin im deutschen Gesellschaftsrecht. 1333f

1.2.2 Gründung einer GbR

Anders als bei juristischen Personen ist die Gründung einer GbR nur durch mehrere Personen möglich. Diese verpflichten sich in einem Gesellschaftsvertrag, einen gemeinsamen Zweck zu fördern. Das bedeutet in der Folge, dass die Personengesellschaft bei Ausscheiden des vorletzten Gesellschafters aufhört zu existieren und dass das Unternehmen vom verbleibenden Gesellschafter als Einzelunternehmen fortgeführt werden muss (sog. „Anwachsung" gem. § 712a BGB). 1334

Personen in diesem Sinne, die Mitglied einer GbR werden können, können sowohl natürliche Personen, juristische Personen oder auch andere Personengesellschaften sein. Sogar die Gesellschafterstellung einer GbR innerhalb einer GbR gilt heute als möglich.

Der Abschluss des Gesellschaftsvertrags ist an keinerlei Form gebunden. Auch eine mündliche Vereinbarung wäre damit anzuerkennen. Diese Formfreiheit findet dort ihre Grenzen, wo Einzelvorschriften etwas anderes regeln. Wenn z. B. Minderjährige in eine GbR aufgenommen werden sollen, bedarf es einer vormundschaftlichen Genehmigung 1335

(§ 1852 Nr. 2 i. V. mit § 1643 BGB). Sollen bei der Gründung einer GbR Grundstücke eingebracht werden, bedarf der Gesellschaftsvertrag der notariellen Beurkundung (§§ 311b, 873 und 925 BGB).

1336 Eine GbR kann niemals kraft Gesetzes entstehen. Ein Gesellschaftsvertrag ist ein Rechtsgeschäft, das freiwillig zwischen den Beteiligten abgeschlossen wird. Ein typisches negativ abzugrenzendes Beispiel für eine GbR ist daher die Erbengemeinschaft. Sie entsteht kraft Gesetzes (§ 2032 Abs. 1 BGB) zum Zeitpunkt des Todes des Erblassers. Auf eine solche Erbengemeinschaft sind die Vorschriften für eine GbR daher nie anzuwenden.

Denkbar ist jedoch, dass die Gemeinschafter im Rahmen der Beendigung der Erbengemeinschaft beschließen, das geerbte Vermögen in Zukunft gemeinsam zu verwalten. Mit diesem Beschluss (Gesellschaftsvertrag) ist eine GbR entstanden.

1337 Der bei der Gründung einer GbR erforderliche Gesellschaftszweck kann unterschiedlichster Art sein. So ist z. B. eine häufige Erscheinungsform der GbR die sog. „Sozietät mehrerer Freiberufler", die sich in einer Gemeinschaftspraxis oder Gemeinschaftskanzlei zusammenschließen. Auch Gewerbetreibende, die nicht die Kaufmannseigenschaft erfüllen, können sich zur Erreichung ihres gemeinsamen gewerblichen Zwecks zu einer GbR zusammenschließen. Zufallsgemeinschaften, wie Tipp- oder Fahrgemeinschaften, erfüllen die Vorschriften einer GbR aber ebenfalls und unterliegen, insbesondere im Streitfall, deren Regeln.

Im Einzelfall kann es jedoch sein, dass die Annahme einer GbR durch Vorschriften anderer Gesetze verhindert wird. So bestimmen z. B. die Vorschriften der §§ 105 und 161 HGB, dass, wenn sich mehrere Personen zum Betreiben eines Handelsgewerbes zusammenschließen, sie dieses Gewerbe entweder in der Rechtsform einer OHG oder KG betreiben.

1338 Die GbR entsteht im Außenverhältnis mit Aufnahme ihrer Geschäftstätigkeit, im Innenverhältnis ist sie jedoch bereits mit dem Abschluss des Gesellschaftsvertrags entstanden.

1.2.3 Gesellschaftsvermögen

1339 Gesellschaftsvermögen kann bereits bei der Gründung der GbR durch die Beiträge der Gesellschafter entstehen oder aber durch die laufende Geschäftstätigkeit gebildet werden. Der einzelne Gesellschafter kann gem. § 711 Abs. 2 BGB nur mit Zustimmung der anderen Gesellschafter über seinen Anteil am Gesellschaftsvermögen verfügen. Gemäß § 709 Abs. 3 BGB richten sich die Stimmkraft und der Anteil am Gewinn und Verlust vorrangig nach den vereinbarten Beteiligungsverhältnissen.

1.2.4 Geschäftsführung und Vertretung

1340 Gemäß § 715 Abs. 3 BGB steht die Führung der Geschäfte der Gesellschaft den Gesellschaftern grds. nur gemeinschaftlich zu. Für jedes Geschäft ist somit die Zustimmung aller Gesellschafter erforderlich. Diese gesetzliche Regelung erweist sich im Wirtschaftsleben regelmäßig als sehr hinderlich. Deshalb ist es üblich, dass die Geschäftsführung im Gesellschaftsvertrag einem oder mehreren Gesellschaftern übertragen wird. Diese Geschäftsführungsbefugnis bestimmt im Innenverhältnis, d. h. im Verhältnis der Gesellschafter untereinander, wer die Geschäftsführung wahrnehmen darf. Wer zur Geschäftsführung befugt ist, ist regelmäßig auch befugt, die Gesellschaft nach außen hin zu vertreten.

1.2.5 Haftung für Schulden der GbR

Alle Gesellschafter einer GbR haften gem. § 721 BGB für die Verbindlichkeiten, die im Rahmen der Gesellschaftstätigkeit entstanden sind, als Gesamtschuldner persönlich. Gegenüber den Gläubigern haftet daher nicht nur das Gesellschaftsvermögen, sondern das Privatvermögen und das übrige Vermögen der Gesellschafter. Gläubiger der GbR können jeden Gesellschafter in voller Höhe der jeweiligen Forderung in Anspruch nehmen. Es erfolgt keine Begrenzung auf die Höhe der Beteiligung des einzelnen Gesellschafters. Außerdem darf sich der Gläubiger an einen Gesellschafter wenden, von dem er erwartet, dass er seine Forderung befriedigen kann, ohne vorher eine Vollstreckung in das Gesellschaftsvermögen versucht zu haben. 1341

Scheidet ein Gesellschafter aus einer GbR aus und reicht der Wert des Gesellschaftsvermögens zur Deckung der Verbindlichkeiten der Gesellschaft nicht aus, so hat er der Gesellschaft für den Fehlbetrag nach dem Verhältnis seines Anteils am Gewinn und Verlust aufzukommen (§ 728a BGB). Die Bedingungen für die Haftung richten sich nach § 728b BGB. Es gilt in diesem Fall grds. eine Nachhaftungsfrist i. H. von fünf Jahren, was ein erhebliches Risiko für den ausscheidenden Gesellschafter darstellt. 1342

1.2.6 Gewinnverteilung und Entnahmerechte

Gemäß dem bis zum 1.1.2024 geltenden Recht hatte ein jeder Gesellschafter einen gleichen Anspruch auf einen Anteil am Gewinn oder Verlust der Gesellschaft. Dies galt unabhängig davon, welche Gesellschafterleistungen der einzelne Mitgesellschafter erbracht hat. Da diese gesetzliche Regelung häufig zu unbefriedigenden Ergebnissen führte, wurde die Gewinn- oder Verlustverteilung im Gesellschaftsvertrag abweichend geregelt. § 709 Abs. 3 BGB bestimmt seit der Änderung, dass sich der Anteil am Gewinn und Verlust vorrangig nach den vereinbarten Beteiligungsverhältnissen richtet. Sollten keine Beteiligungsverhältnisse vereinbart worden sein, richtet sich die Gewinn- bzw. Verlustbeteiligung nach dem Verhältnis der vereinbarten Werte der Beiträge. Sind auch die Werte der Beiträge nicht vereinbart worden, hat jeder Gesellschafter ohne Rücksicht auf den Wert seines Beitrags die gleiche Stimmkraft und einen gleichen Anteil am Gewinn und Verlust. 1343

Die Frage, ob zu erwartende Gewinnanteile während des laufenden Jahres bereits entnommen werden dürfen, ist im Gesetz selbst nicht geregelt. Eine entsprechende gesellschaftsrechtliche Absprache ist jedoch in der Praxis üblich und statthaft. 1343a

1.3 Die offene Handelsgesellschaft (OHG)

1.3.1 Allgemeines

1344 Die OHG ist in den §§ 105 ff. HGB geregelt. Daneben gelten auch die Vorschriften der §§ 705 ff. BGB. Die Vorschriften der §§ 105 ff. HGB gehen als spezielle Vorschriften den Vorschriften der §§ 705 ff. BGB vor. Weiteren Vorrang haben für die Regelung der Rechtsverhältnisse der Gesellschafter untereinander die Vereinbarungen im Gesellschaftsvertrag (siehe § 109 HGB).

1.3.2 (Teil-)Rechtsfähigkeit

1345 Obwohl die OHG bis zum 1.1.2024 der Gruppe der sog. „nicht rechtsfähigen Personenvereinigungen" zuzurechnen war, hatte der Gesetzgeber sie mit einer gewissen rechtlichen Selbständigkeit ausgestattet. Gemäß § 124 HGB konnte die OHG unter ihrer Firma Rechte erwerben und Verbindlichkeiten eingehen, Eigentum und andere dingliche Rechte an Grundstücken erwerben, vor Gericht klagen und verklagt werden. Durch die gesetzlichen Änderungen im Rahmen des MoPeG v. 10.8.2021 (BGBl 2021 I S. 3436) war die ausdrückliche Anordnung der Teilrechtsfähigkeit nicht mehr notwendig. Vielmehr ergibt sich der Umfang der Rechtsfähigkeit für die OHG bereits aus § 705 BGB.

1.3.3 Gründung einer OHG

1346 Die OHG unterscheidet sich von der GbR dadurch, dass sie auf den Betrieb eines Handelsgewerbes unter gemeinschaftlicher Firma gerichtet ist. Der Gründungsvorgang geschieht daher ähnlich formfrei wie bei der GbR. Gesellschafter können alle natürlichen Personen, Personenhandelsgesellschaften wie die OHG und die KG sowie juristische Personen sein. Dagegen sind nach h. M. BGB-Gesellschaften neben Erbengemeinschaften sowie nicht rechtsfähigen Vereinen nicht als Gesellschafter zuzulassen.

Wie bei der GbR bedarf der Gesellschaftsvertrag keiner besonderen Form. Aber auch hier kann es erforderlich werden, dass der Vertrag notariell beglaubigt werden muss, weil andere Einzelvorschriften dies so vorschreiben. Insbesondere bei einem Grundstücksbezug ist gem. § 311b BGB eine notarielle Beurkundung erforderlich.

1347 Der Gesellschaftszweck ist bereits durch § 105 Abs. 1 HGB vorgegeben. Er besteht im Betrieb eines Handelsgewerbes unter einer gemeinschaftlichen Firma. „Handelsgewerbe" in diesem Sinne ist jeder Gewerbebetrieb, der nach Art und Umfang einen in kaufmännischer Weise eingerichteten Geschäftsbetrieb erfordert.

1348 Anders als die GbR, die fakultativ im Gesellschaftsregister eingetragen werden kann, muss die OHG gem. § 106 Abs. 1 HGB zur Eintragung ins Handelsregister angemeldet werden. Die Anmeldung ist von allen Gesellschaftern zu betreiben. Die Gesellschaft entsteht im Innenverhältnis mit Abschluss des Gesellschaftsvertrags. Für das Außenverhältnis ist grds. die Eintragung ins Handelsregister maßgebend. Beginnt die OHG ihre Geschäfte aber schon vor der Eintragung, entsteht die Gesellschaft im Verhältnis zu diesen Dritten bereits mit Aufnahme der Geschäftstätigkeit. Dieser Zeitpunkt ist für die OHG auch regelmäßig der Zeitpunkt des Beginns der Buchführungspflicht.

1.3.4 Gesellschaftsvermögen, Geschäftsführung und Vertretung

Auch hier gelten grds. die Vorschriften für die GbR. § 116 HGB regelt, dass alle Gesellschafter zur Führung der Geschäfte berechtigt und verpflichtet sind. Steht die Geschäftsführung allen zu, ist jeder von ihnen allein zu handeln berechtigt. Auch zu diesem Punkt ist es aber üblich und zugelassen, im Gesellschaftsvertrag anderweitige Regelungen zu treffen. 1349

1.3.5 Haftung für Schulden der OHG

Gemäß § 126 Satz 1 HGB haften die Gesellschafter einer OHG für die Verbindlichkeiten 1350
der Gesellschaft den Gläubigern gegenüber persönlich. Sie haften also kraft Gesetzes. Die Haftung ist wie bei der GbR persönlich unbeschränkt, unmittelbar und gesamtschuldnerisch.

Die Haftung verjährt spätestens nach Ablauf von fünf Jahren nach der Auflösung der Gesellschaft, sofern der Anspruch gegen die Gesellschaft nicht einer kürzeren Verjährung unterliegt. Neu eintretende Gesellschafter haften gem. § 127 HGB für die vor ihrem Eintritt begründeten Verbindlichkeiten der OHG. Die Haftung richtet sich daher grds. nach den Vorschriften der GbR für den neu eintretenden Gesellschafter.

1.3.6 Gewinn- und Verlustbeteiligung, Entnahmerecht

Mit dem MoPeG v. 10.8.2021 (a. a. O.) ist die i. S. des § 121 HGB vorgesehene 4 %ige 1351
Verzinsung des jeweiligen Kapitalanteils weggefallen. Seitdem richtet sich die Gewinnverteilung nach § 709 Abs. 3 BGB (vgl. § 120 HGB und Rz. 1343).

(Einstweilen frei) 1352–1354

Entnahmerechte der Gesellschafter sind auch bei der OHG gesetzlich geregelt (§ 122 1355
HGB). Grundsätzlich hat jeder Gesellschafter aufgrund des festgestellten Jahresabschlusses Anspruch auf Auszahlung seines ermittelten Gewinnanteils.

1.3.7 Kapitalkonten der OHG

Gemäß § 120 Abs. 2 HGB hat der Gesellschafter einer OHG nur einen variablen Kapital- 1356
anteil. Der Anteil ist deswegen variabel, weil er sich während des Wirtschaftsjahres ständig durch Gewinne oder Verluste verändert. „Kapitalanteil" in diesem Sinne ist das auf dem Kapitalkonto des Gesellschafters ausgewiesene Guthaben des Gesellschafters. Anders ausgedrückt: Das Kapitalkonto stellt die wertmäßige Beteiligung des einzelnen Gesellschafters an der Gesellschaft im Verhältnis zu den anderen Gesellschaftern dar. Im Sinne einer handelsrechtlich ordnungsmäßigen Buchführung reicht also ein einheitliches Kapitalkonto pro Gesellschafter aus.

In der Praxis ist diese Darstellung allerdings die extreme Ausnahme. Hier werden für 1357
jeden Gesellschafter i. d. R. mindestens zwei Kapitalkonten geführt. Diese werden als Kapitalkonto I und Kapitalkonto II geführt. Auf dem Kapitalkonto I wird üblicherweise die Beteiligungsquote des Gesellschafters dargestellt. Das Kapitalkonto II nimmt alle

variablen Größen, die das Eigenkapital des Gesellschafters ändern, auf. Diese variablen Größen sind die Entnahmen und die Einlagen, die der Gesellschafter aus dem oder in das Gesamthandsvermögen tätigt. Darüber hinaus werden auf dem Kapitalkonto II nach Ablauf des Wirtschaftsjahres die anteilig ermittelten Gewinne oder Verluste gutgeschrieben.

Dieses Kapitalkonto II darf keinesfalls mit einem Darlehenskonto des Gesellschafters bei seiner OHG verwechselt werden. Gewährt der Gesellschafter seiner Gesellschaft ein Darlehen, ist dieses in der Gliederung der Bilanz eindeutig als Fremdkapital außerhalb der Eigenkapitalkonten auszuweisen.

Ein solches Fremdkapitalkonto (Verbindlichkeiten gegenüber dem Gesellschafter) ist z. B. regelmäßig anzunehmen, wenn bei einem Drei-Konten-Modell neben den Kapitalkonten I und II ein Kapitalkonto III geführt wird, auf dem die entnahmefähigen Gewinnanteile des Gesellschafters erfasst sind. Wenn diese Kapitalteile laufend oder bei Ausscheiden des Gesellschafters oder bei Auflösung der Gesellschaft nicht für Verrechnungen mit ggf. vorhandenen Verlustvorträgen bestimmt sind, sind die hier dokumentierten Kapitalteile aus Sicht der Gesellschaft Fremdkapital. Sie stehen dann auch nicht für Verrechnungen i. S. des § 15a EStG zur Verfügung.

1.4 Die Kommanditgesellschaft (KG)

1.4.1 Allgemeines

1358 Die KG ist eine Sonderform der OHG. Sie ist ebenfalls auf den Betrieb eines Handelsgewerbes unter gemeinschaftlicher Firma gerichtet. Der Unterschied zur OHG besteht darin, dass nur ein Gesellschafter der KG (der Komplementär) mit seinem gesamten, also auch mit seinem privaten Vermögen haftet. Weitere Gesellschafter, die sog. „Kommanditisten“, sind in ihrer Haftung gegenüber den Gesellschaftsgläubigern auf die Höhe ihrer Vermögenseinlage beschränkt. Durch dieses beschränkte Risiko ist die KG in der Praxis eine beliebte Rechtsform.

1.4.2 Rechtsgrundlagen der KG

1359 Die §§ 161 ff. HGB regeln rechtsformspezifische Probleme der KG. Ansonsten gelten die allgemeinen Regeln für die GbR (§§ 705 ff. BGB) und die Vorschriften für die OHG (§§ 120 ff. HGB) sinngemäß. Für die Rechtsfähigkeit und die Gründung einer KG, einschließlich der Anmeldung zur Eintragung ins Handelsregister, gelten die Vorschriften für die OHG weitgehend entsprechend.

1.4.3 Die Besonderheit des Kommanditisten

1360 Der entscheidende Unterschied zur OHG liegt in der Rechtsstellung des Kommanditisten. Dadurch, dass er nicht das Risiko einer unbeschränkten Haftung trägt, besteht für viele Interessierte die Möglichkeit, sich an einem Gewerbebetrieb zu beteiligen, ohne nicht überschaubare Risiken einzugehen. Damit haben die Kommanditisten in vielen

Fällen die Stellung eines Geldgebers. Dieser Stellung entsprechend sind sie auch vom Gesetzgeber her nur mit eingeschränkten Rechten versehen.

Die Haftungshöhe des Kommanditisten muss genau beziffert werden. Sie wird als Hafteinlage ins Handelsregister eingetragen.

1.4.4 Geschäftsführung der KG

Gemäß der gesetzlichen Regelung des § 164 Satz 1 HGB ist der Kommanditist von der Geschäftsführung ausgeschlossen. Sie erfolgt demnach durch den Komplementär oder die Komplementäre. Auf diese sind für die Fragen der Geschäftsführung die bei der OHG geltenden Vorschriften und Regelungen anwendbar. Im Gesellschaftsvertrag kann aber jederzeit vereinbart sein, dass auch der Kommanditist die Stellung eines Geschäftsführers erhält. In der Praxis wird dies auch häufig, abweichend von der gesetzlichen Grundregel, vorgenommen. 1361

Dem Kommanditisten steht kraft Gesetzes lediglich ein Widerspruchsrecht bei ungewöhnlichen Geschäften des Komplementärs zu. Damit sind Geschäfte gemeint, die über den gewöhnlichen Betrieb eines Handelsgeschäfts hinausgehen. Das sind z. B. die Errichtung einer Zweigniederlassung, bauliche Veränderungen an Betriebsgrundstücken oder die Übertragung von Gesellschaftsvermögen. 1362

Außerdem werden dem Kommanditisten gem. § 166 Abs. 1 HGB Kontrollrechte zugestanden. Er kann eine Abschrift des Jahresabschlusses verlangen und dessen Richtigkeit unter Einsicht in die Bücher und Papiere überprüfen.

1.4.5 Gewinn- und Verlustbeteiligung, Entnahmerechte

Grundsätzlich bestimmt sich die gesetzliche Gewinnverteilung nach den Vorschriften für die OHG (vgl. Rz. 1351). 1363

Von dem ihm zustehenden Gewinnanteil darf der Komplementär gem. § 169 Abs. 1 HGB grds. eine Auszahlung fordern. Dies gilt nur, soweit sein Kapitalanteil durch den ihm zugewiesenen Verlust unter den auf die vereinbarte Einlage geleisteten Betrag herabgemindert ist oder durch die Auszahlung des Gewinns unter diesen Betrag herabgemindert werden würde. 1364

1.4.6 Kapitalkonten der Gesellschafter

Für den Komplementär gelten hinsichtlich der Kapitalkonten grds. die Ausführungen zur OHG (vgl. Rz. 1356 ff.). Hier reicht handelsrechtlich ein einheitliches Kapitalkonto aus. In der Praxis wird jedoch wie bei der OHG für den eingezahlten Beteiligungsanteil ein sog. „Kapitalkonto I" und für die verbleibenden variablen Größen wie Entnahmen, Einlagen, Gewinne und Verluste ein Kapitalkonto II geführt. 1365

Der eingezahlte Beteiligungsanteil des Kommanditisten wird handelsrechtlich seinem einheitlichen Kapitalkonto gutgeschrieben. Weitere Gewinnanteile des Kommanditisten sollen gem. § 167 Abs. 2 HGB nur dann diesem Kapitalkonto gutgeschrieben wer- 1366 den, solange die vereinbarte Kapitaleinlage noch nicht erbracht ist. Für den übersteigenden Betrag hat der Kommanditist eine Forderung gegen die KG auf Auszahlung des fraglichen Betrags. Entsprechend muss die KG handelsrechtlich eine Verbindlichkeit gegen den Kommanditisten auf Auszahlung des Gewinnanteils passivieren.

1367 Verluste der KG dürfen beim Kommanditisten nur solange verrechnet werden, bis sein Kapitalkonto aufgezehrt ist. An darüber hinausgehenden Verlusten nimmt er nicht teil.

1368 Handelsrechtlich werden für den Kommanditisten demnach auch zwei Konten geführt. Das zweite Konto hat aus der Sicht der KG jedoch den Charakter von Fremdkapital.

1369 Diese stark differenzierte handelsrechtliche Sichtweise wird in der Praxis nur sehr selten nachvollzogen. Vielmehr wird auch für den Kommanditisten wie bei den Gesellschaftern einer OHG oder einem Komplementär ein Kapitalkonto I und II geführt. Auf diesem Kapitalkonto II werden ebenfalls die Entnahmen, Einlagen, Gewinne und Verluste dargestellt. Gemäß h. M. hat ein solches Kapitalkonto II auch beim Kommanditisten Eigenkapitalcharakter. Sollten dem Kommanditisten jedoch seine Gewinnanteile auf einem Kapitalkonto III in Anlehnung an § 167 HGB gutgeschrieben werden, gelten für diese Kapitalanteile die gleichen Regelungen wie unter Rz. 1357 beschrieben. Das Konto hat aus der Sicht der KG Fremdkapitalcharakter.

1.5 Die GmbH & Co. KG

1.5.1 Allgemeines

1370 Durch das Kapitalgesellschaften- und Co-Richtlinie-Gesetz (KapCoRiLiG) v. 24.2.2000 (BGBl 2000 I S. 154) werden Personenhandelsgesellschaften, bei denen nicht wenigstens ein persönlich haftender Gesellschafter als natürliche Person beteiligt ist, den ergänzenden Vorschriften für Kapitalgesellschaften (§§ 264–330 HGB) unterworfen. Die typische GmbH & Co. KG fällt u. a. unter diesen Anwendungsbereich.

Die für Kapitalgesellschaften geltende Eigenkapitalgliederung des § 266 HGB ist durch § 264c HGB an die Bedürfnisse der GmbH & Co. KG angepasst worden.

§ 264c Abs. 2 Satz 1 HGB lautet: „*§ 266 Abs. 3 Buchstabe A ist mit der Maßgabe anzuwenden, dass als Eigenkapital die folgenden Posten gesondert auszuweisen sind:*

I. Kapitalanteile

II. Rücklagen

III. Gewinnvortrag/Verlustvortrag

IV. Jahresüberschuss/Jahresfehlbetrag.“

1.5.2 Die einzelnen Kapitalanteile der GmbH & Co. KG

1.5.2.1 Kapitalanteile

Unter „Kapitalanteile" sind die Kapitalanteile der Komplementäre und Kommanditisten auszuweisen. Regelmäßig sind die Komplementäre nicht vermögensmäßig beteiligt, so dass unter der Position „Kapitalanteile" nur die der Kommanditisten auszuweisen sind. 1371

1.5.2.2 Rücklagen

Als „Rücklagen" sind nur solche Beträge auszuweisen, die aufgrund einer gesellschaftsrechtlichen Vereinbarung gebildet worden sind. Eine Unterscheidung nach Gewinn- oder Kapitalrücklagen erfolgt nicht. Regelmäßig handelt es sich um nicht entnahmefähige Gewinnanteile. Die Rücklagen dienen der langfristigen Innenfinanzierung der Gesellschaft und stellen Eigenkapital dar. 1372

1.5.2.3 Gewinnausweis

Die allgemeinen Grundsätze für Personengesellschaften gelten auch hier. Nach h. A. steht der Gewinnanteil dem Gesellschafter regelmäßig bereits am Abschlussstichtag zu. Dies entspricht bei Kapitalgesellschaften einer Bilanzierung nach vollständiger Ergebnisverwendung i. S. des § 268 Abs. 1 HGB. 1373

Die Gesellschafter können aber auch bestimmen, dass die Gesellschafterversammlung über die Verwendung des Jahresüberschusses beschließt. In diesen Fällen ist der Jahresüberschuss in der Bilanz auszuweisen.

Wird nur über einen Teil des Jahresüberschusses ein Verwendungsbeschluss gefasst und/oder bei Aufstellung des Jahresabschlusses ein Teil des Jahresüberschusses in den Rücklagen thesauriert, ist der dann verbleibende Jahresüberschuss als Bilanzgewinn auszuweisen.

Die Gewinn- und Verlustrechnung ist in diesen Fällen um die folgenden Positionen zu verlängern:

	Jahresüberschuss
+	Gewinnvortrag
+/-	Gutschrift/Belastung auf Rücklagenkonto
+/-	Gutschrift/Belastung auf Kapitalkonten
+/-	Gutschrift/Belastung auf Verbindlichkeitskonten
=	Bilanzgewinn (Ergebnis nach Verwendung)

1.5.2.4 Verlustausweis

Grundsätzlich werden Verluste handelsrechtlich unmittelbar vom Kapitalanteil abgebucht. Für Komplementäre gibt es keine gesetzliche Verpflichtung, Verlustanteile auszugleichen (vgl. § 105 Abs. 3 und § 161 Abs. 2 HGB i. V. mit § 710 BGB). 1374

§ 264c Abs. 2 Satz 3–5 HGB regelt daher den Verlustausweis wie folgt: *„Der auf den Kapitalanteil eines persönlich haftenden Gesellschafters für das Geschäftsjahr entfallende*

Verlust ist von dem Kapitalanteil abzuschreiben. Soweit der Verlust den Kapitalanteil übersteigt, ist er auf der Aktivseite unter der Bezeichnung „Einzahlungsverpflichtungen persönlich haftender Gesellschafter“ unter den Forderungen gesondert auszuweisen, soweit eine Zahlungsverpflichtung besteht. Besteht keine Zahlungsverpflichtung, so ist der Betrag als „Nicht durch Vermögenseinlagen gedeckter Verlustanteil persönlich haftender Gesellschafter“ zu bezeichnen und gemäß § 268 Abs. 3 HGB auszuweisen.“

Auch den Kommanditisten trifft keine Nachschusspflicht (§ 167 HGB).

Ist der Kapitalanteil eines Kommanditisten durch die Verrechnung von Verlustanteilen unter den Betrag der Hafteinlage gemindert, führt die Entnahme zukünftiger Gewinnanteile vor entsprechender Auffüllung des Kapitalkontos zum Wiederaufleben der Außenhaftung (§ 172 Abs. 4 HGB). Durch diese zulässige Entnahme entsteht insoweit kein gesetzlicher Anspruch der Gesellschaft gegen den Kommanditisten (§ 264c Abs. 2 Satz 7 HGB).

Soweit Verlustanteile bzw. die Entnahmen den Kapitalanteil des Kommanditisten ohne Zahlungsverpflichtung übersteigen, ist der Saldo auf der Aktivseite als „Nicht durch Vermögenseinlagen gedeckter Fehlbetrag der Kommanditisten“ auszuweisen. Besteht jedoch eine Zahlungsverpflichtung, erfolgt die Aktivierung unter den Forderungen als „Einzahlungsverpflichtungen der Kommanditisten“.

1.5.3 Sonderposten für aktivierte Anteile an der Komplementärgesellschaft

1375 Die sog. „Einheits-GmbH & Co. KG“ muss für die von ihr aktivierten Anteile an der Komplementärgesellschaft auf der Passivseite nach dem Posten „Eigenkapital“ einen Sonderposten mit der Bezeichnung „Ausgleichsposten für aktivierte eigene Anteile“ bilden. Der Sonderposten ist entweder aus den Rücklagen oder dem Jahresüberschuss zu speisen (Ausschüttungssperre). Reichen diese beiden Beträge nicht aus, muss der Restbetrag von den Kapitalanteilen abgebucht werden, ohne dass dadurch eine Einzahlungsverpflichtung der Kommanditisten wiederauflebt.

1.6 Die stille Gesellschaft

1.6.1 Die typisch stille Gesellschaft

1376 Die stille Gesellschaft ist ebenfalls eine Personengesellschaft, aber keine Handelsgesellschaft. Sie entsteht, wenn sich jemand durch eine Vermögensanlage an einem Handelsgewerbe beteiligt. Der sich so Beteiligende wird als „stiller Gesellschafter“ bezeichnet. Stille Gesellschafter sind mit Beteiligungen an einem Einzelunternehmen, an einer OHG, KG oder GmbH möglich. Dabei handelt es sich jedoch um eine reine Innengesellschaft, die nach außen nicht in Erscheinung tritt.

1377 Der stille Gesellschafter leistet nur eine Vermögenseinlage, ist aber nicht am Gesellschaftsvermögen beteiligt. Also entsteht auch kein Gesamthandsvermögen. Er hat i. S.

des § 233 HGB nur eingeschränkte Kontrollrechte und muss am Gewinn beteiligt sein. Eine Beteiligung am Verlust ist ebenfalls möglich, aber nicht zwingend (§ 231 HGB).

Eine Haftung des still Beteiligten gegenüber Dritten (Außenhaftung) scheidet aus, da 1378
der still Beteiligte nach außen hin überhaupt nicht in Erscheinung tritt. Im Innenverhältnis ist er nur seinem Geschäftsherrn gegenüber verpflichtet, seine Einlage zu leisten.

1.6.2 Die atypisch stille Gesellschaft

Wenn die stille Gesellschaft wie oben beschrieben ausgestaltet ist, spricht man von ei- 1379
ner „typisch stillen Gesellschaft". Sobald der still Beteiligte aber neben einer Beteiligung am Verlust auch an den stillen Reserven und am Firmenwert beteiligt ist, wird er regelmäßig als Mitunternehmer anzusehen sein. Die so ausgestaltete stille Gesellschaft wird dann als „atypisch stille Gesellschaft" bezeichnet. Der Beteiligte an dieser atypisch stillen Gesellschaft erzielt Einkünfte aus Gewerbebetrieb. Die atypisch stille Gesellschaft wird steuerlich ähnlich wie eine KG behandelt (s. u.).

Dagegen erzielt der typisch still Beteiligte Einkünfte i. S. des § 20 Abs. 1 Nr. 4 EStG.

FRAGEN 1380

		Rz.
1.	Welche handelsrechtlichen Gesellschaftsformen können Grundlage einer steuerlichen Mitunternehmerschaft sein?	1331
2.	Mit welcher Rechtsfähigkeit ist eine GbR ausgestattet?	1333 ff.
3.	Wie wird eine GbR gegründet?	1334
4.	Welche Formvorschriften gelten für einen Gründungsvertrag einer GbR?	1334 ff.
5.	Wie entsteht das Gesellschaftsvermögen einer GbR und wie kann der einzelne Gesellschafter darüber verfügen?	1339 ff.
6.	Wie wird der Gewinn einer GbR verteilt und welche Entnahmerechte hat der einzelne Gesellschafter?	1343
7.	Welche Kapitalkonten werden bei einer KG geführt?	1365 ff.
8.	Wo liegt der Unterschied zwischen einer typischen und einer atypisch stillen Gesellschaft?	1376 ff.

(Einstweilen frei) 1381–1389

Kapitel 2: Mitunternehmerschaften

2.1 Allgemeines

1390 Gemäß § 15 Abs. 1 Satz 1 Nr. 2 EStG sind die Gewinnanteile der Gesellschafter einer OHG, einer KG oder einer anderen Gesellschaft, bei der die Gesellschafter als Mitunternehmer des Betriebs anzusehen sind, Einkünfte aus Gewerbebetrieb. Daraus ist zu erkennen, dass, obwohl der GbR, der OHG und der KG zivilrechtlich eine Rechtsfähigkeit zugestanden wird, die Gesellschaften für Zwecke der Einkommensbesteuerung kein Steuersubjekt sind. Nicht die Personengesellschaft, sondern die Gesellschafter unterliegen der Einkommensbesteuerung.

Aus dieser gesetzlichen Formulierung ergibt sich aber auch, dass der steuerliche Begriff „Mitunternehmerschaft" weiter gefasst wird als der handelsrechtliche Begriff „Gesellschaft". Als Mitunternehmer ist derjenige anzusehen, der ein gewerbliches Unternehmen gemeinsam mit anderen mit eigenem Unternehmerrisiko und eigener Unternehmerinitiative betreibt.

1391 Das heißt, folgende Tatbestandsmerkmale müssen erfüllt sein:

- Gesellschaftsverhältnis (oder Gemeinschaftsverhältnis) liegt vor;
- Gesellschafterstellung (oder Gemeinschafterstellung) der betroffenen Person;
- Mitunternehmereigenschaft des Gesellschafters (Gemeinschafters);
- Gewinnerzielungsabsicht und
- Einkünfte aus Gewerbebetrieb.

1392 Ein Gesellschaftsverhältnis liegt zweifelsfrei vor, wenn die Mitunternehmereigenschaft bei Gesellschaftern einer OHG, KG oder GbR geprüft werden soll. Diese Personen haben unstreitig auch eine Gesellschafterstellung. Personen in diesem Sinne können sowohl natürliche Personen, Personengesellschaften oder juristische Personen sein. Mit Wirkung v. 1.1.2024 stellt § 39 Abs. 2 Nr. 2 Satz 2 AO klar, dass rechtsfähige Personengesellschaften für Zwecke der Ertragsbesteuerung als Gesamthand und deren Vermögen als Gesamthandsvermögen gelten. Die Abschaffung des Gesamthandsprinzips durch das MoPeG v. 10.8.2021 (BGBl 2021 I S. 3436) ist daher für die Zwecke des Ertragssteuerrechts unbeachtlich. Für die Einkommensbesteuerung ergeben sich daher prinzipiell keine Änderungen durch das MoPeG v. 10.8.2021 (a. a. O.). Für andere Steuerarten bleibt dies allerdings abzuwarten. Für die Grunderwerbsteuer ist noch nicht endgültig entschieden, ob diese Konsequenz dauerhaft gelten soll. Gemäß § 24 GrEStG gilt auch hier eine Gesamthandsfiktion, die allerdings nach dem momentanen Stand der Gesetzgebung zum 31.12.2026 ausläuft.

2.2 Begriff „Mitunternehmereigenschaft"

1393 Die Vokabel „Mitunternehmereigenschaft" ist eine Wortschöpfung des Steuerrechts (H 15.8 Abs. 1 EStH). Sie ist gegeben, wenn mehrere Personen gemeinsam Initiative entwickeln, um einen gemeinsamen Zweck zu erreichen und dabei gemeinsam das Risiko tragen. Mitunternehmerinitiative hat derjenige, der Geschäftsführungs- oder Vertretungsbefugnis besitzt und Stimm-, Widerspruchs- oder Kontrollrechte ausüben kann. Unternehmerrisiko trägt derjenige, der am Vermögen und an den stillen Reserven sowie am Gewinn und Verlust beteiligt ist. Auch zu übernehmende Haftung und Entnahmerechte sind typische Hinweise für übernommenes Unternehmerrisiko.

Unternehmerrisiko und Unternehmerinitiative müssen nicht gleich ausgeprägt sein. 1394
Denkbar ist, dass ein Wenig an Initiative durch ein Mehr an Risiko ausgeglichen wird oder umgekehrt.

Einkünfte einer Mitunternehmerschaft müssen solche aus Gewerbebetrieb sein. Zur 1395
Definition der gewerblichen Einkünfte gehören i. S. des § 15 Abs. 2 EStG auch die Gewinnerzielungsabsicht und die Teilnahme am allgemeinen wirtschaftlichen Verkehr. Die Gewerblichkeit der Einkünfte gem. § 15 Abs. 3 Nr. 1 oder 2 EStG reicht aus.

ABB. 59: Steuerliches Betriebsvermögen einer Mitunternehmerschaft

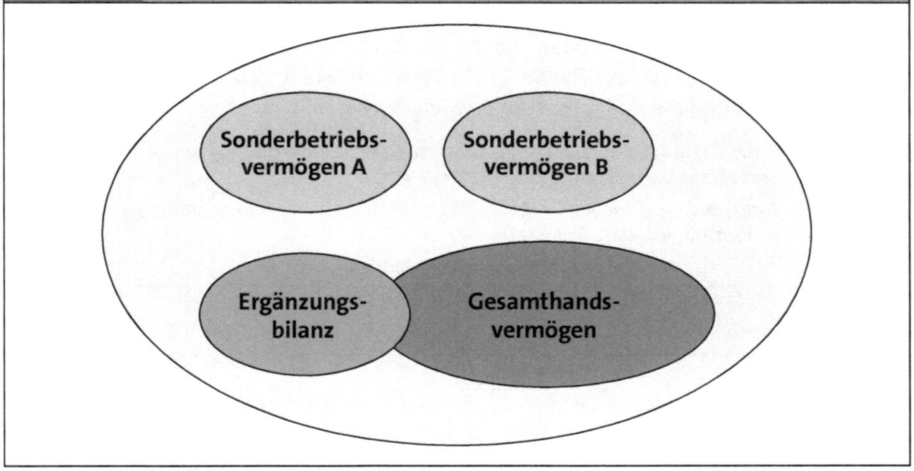

FRAGEN 1396

		Rz.
1.	Wann spricht das Steuerrecht von einer Mitunternehmerschaft?	1390 ff.
2.	Welche Vermögen gehören zum steuerlichen Betriebsvermögen einer Mitunternehmerschaft?	1395

(Einstweilen frei) 1397–1409

Kapitel 3: Gründung von Mitunternehmerschaften

3.1 Allgemeines

1410 Die Gründung einer Mitunternehmerschaft kann sich auf verschiedene Art und Weise vollziehen. Man unterscheidet:

- Die Bargründung;
- die Sachgründung
  - aus dem Privatvermögen oder
  - aus dem Betriebsvermögen sowie
- die Einbringung eines Betriebs, Teilbetriebs oder Mitunternehmeranteils.

3.2 Die Bargründung

1411 Bei einer Bargründung vereinbaren die Gesellschafter, ihre Gesellschafterbeiträge in Geld zu erbringen. Die aufzustellende Eröffnungsbilanz stellt sich so dar, dass der Geldbestand aktiviert und die Kapitalkonten passiviert werden.

BEISPIEL: A und B gründen zum 1.1. eine GbR. Ihr Gesellschafterbeitrag soll jeweils 20.000 € betragen. Die Beträge werden am 1.1. in bar eingelegt.

Unter der Vorgabe, dass für jeden Gesellschafter ein einheitliches Kapitalkonto geführt werden soll, sieht die Eröffnungsbilanz wie folgt aus:

Aktiva	**Eröffnungsbi-**	**lanz GbR zum 1.1.**	**Passiva**
Kasse	40.000 €	Kapital A	20.000 €
		Kapital B	20.000 €
	40.000 €		40.000 €

Unter der Vorgabe, dass ein geteiltes Kapitalkonto für jeden Gesellschafter geführt werden soll, sieht die Eröffnungsbilanz wie folgt aus:

Aktiva	**Eröffnungsbi-**	**lanz GbR zum 1.1.**	**Passiva**
Kasse	40.000 €	Kapital I A	20.000 €
		Kapital II A	0 €
		Kapital I B	20.000 €
		Kapital II B	0 €
	40.000 €		40.000 €

Bei der Abwandlung, dass A seine Einlage noch nicht geleistet hat, sieht die Eröffnungsbilanz bei geteiltem Kapitalkonto wie folgt aus:

Aktiva	**Eröffnungsbi-**	**lanz GbR zum 1.1.**	**Passiva**
Kasse	20.000 €	Kapital I A	20.000 €
Noch ausstehende Einlage von A	20.000 €	Kapital II A	0 €
		Kapital I B	20.000 €
		Kapital II B	0 €
	40.000 €		40.000 €

3.3 Die Sachgründung

3.3.1 Die Sachgründung aus dem Privatvermögen

Die Gesellschafter können ihre Einlage bei der Gründung der Gesellschaft auch ganz oder teilweise in Sachwerten erbringen. Dieser Vorgang wird nicht als Einlage, sondern als Tauschvorgang gewertet. Der Einbringung eines Pkws bspw. in die zu gründende Gesellschaft steht die Gewährung von Gesellschaftsrechten vonseiten der Gesellschaft gegenüber. Der Pkw ist in der Gesamthandsbilanz mit dem gemeinen Wert zu bewerten (§ 6 Abs. 6 EStG). Auf der Seite des Einbringenden ist ein Veräußerungsvorgang zu beurteilen, der aber nur in den Fällen der §§ 17 und 23 EStG steuerpflichtig ist. Eine Besteuerung des Pkws dürfte im Regelfall an § 23 Abs. 1 Satz 1 Nr. 2 EStG scheitern, da es sich um einen Gegenstand des täglichen Gebrauchs handelt. 1412

Gemäß der Auffassung des BFH (vgl. Urteile v. 29.7.2015 - IV R 15/14, BStBl 2016 II S. 593, und v. 4.2.2016 - IV R 46/12, BStBl 2016 II S. 607) sind Einbringungen in Personengesellschaften gegen Buchung auf einem Gesellschafterkonto nur dann entgeltliche Vorgänge und führen nur dann zur Gewährung von Gesellschaftsrechten, wenn ein Kapitalkonto angesprochen wird, nach dem sich die maßgebenden Gesellschaftsrechte, insbesondere das Gewinnbezugsrecht, richten (das ist i. d. R. das Kapitalkonto I). Danach führt jedenfalls die ausschließliche Buchung auf dem Kapitalkonto II nicht zu einem entgeltlichen Vorgang und damit nicht zur Gewährung von Gesellschaftsrechten, sondern ist als Einlage zu behandeln (vgl. im Einzelnen BMF, Schreiben v. 26.7.2016, BStBl 2016 I S. 684).

BEISPIEL: Wie oben, jedoch erbringt B seine Einlageverpflichtung durch die Übertragung seines Pkws (gemeiner Wert 20.000 €) auf die Gesellschaft. Unter der Vorgabe, dass ein geteiltes Kapitalkonto für jeden Gesellschafter geführt werden soll, sieht die Eröffnungsbilanz wie folgt aus: 1413

Aktiva	**Eröffnungsbilanz GbR zum 1.1.**		**Passiva**
Pkw	20.000 €	Kapital I A	20.000 €
Kasse	20.000 €	Kapital II A	0 €
		Kapital I B	20.000 €
		Kapital II B	0 €
	40.000 €		40.000 €

3.3.1.1 Sonstige Auswirkungen

Sollte im Rahmen einer Gesellschaftsgründung vereinbart sein, dass einer der Gesellschafter der Gesellschaft zur Erfüllung seiner Einlage ein Grundstück überträgt, ist die Frage der Entstehung von Grunderwerbsteuer zu prüfen. 1414

Die Personengesellschaft hat für grunderwerbsteuerliche Zwecke Rechtsfähigkeit, d. h., zwischen ihr und dem Einbringenden ist ein grunderwerbsteuerlicher Vorgang gegeben. Die Grunderwerbsteuer wird jedoch regemäßig nicht erhoben, soweit es dem Anteil des Gesellschafters an dem Grundstück und der Gesellschaft entspricht (vgl. § 5 GrEStG).

3.3.1.2 Einbringung eines Grundstücks

1415 **BEISPIEL:** A und B gründen zum 1.1. eine OHG. A soll mit 80 % und B mit 20 % am Vermögen und am Gewinn und Verlust beteiligt sein. Während B seine Einlageverpflichtung durch eine zeitgerechte Überweisung i. H. von 20.000 € auf das Bankkonto der Gesellschaft erbringt, überträgt A vereinbarungsgemäß ein unbebautes Grundstück aus seinem Privatvermögen mit einem gemeinen Wert (zugleich Grundbesitzwert) i. H. von 80.000 € auf die OHG. Die Grunderwerbsteuer und die Notarkosten i. H. von 2.000 € zzgl. 19 % Umsatzsteuer übernimmt die OHG.

Die Einbringung des Grundstücks ist gem. § 1 Abs. 1 Nr. 1 GrEStG steuerbar und steuerpflichtig. Die Bemessungsgrundlage ist gem. § 8 Abs. 2 Satz 1 Nr. 2 GrEStG der Grundbesitzwert i. S. des § 151 Abs. 1 Satz 1 Nr. 1 i. V. mit § 157 Abs. 1–3 BewG. Der Steuersatz beträgt je nach Bundesland 3,5 %–6,5 %. Für diese Lösung wird 3,5 % unterstellt. Da A nur zu 80 % an der OHG beteiligt ist, greift § 5 Abs. 2 GrEStG. Danach werden 80 % der Grunderwerbsteuer nicht erhoben, weil B zu 80 % an der Gesamthand beteiligt ist.

Die Eröffnungsbilanz stellt sich bei Ausweis getrennter Kapitalkonten wie folgt dar:

Aktiva	Eröffnungsbilanz A und B OHG		Passiva
Grund und Boden	82.560 €	Kapital I A	80.000 €
Vorsteuer	380 €	Kapital II A	0 €
Bank	20.000 €	Kapital I B	20.000 €
		Kapital II B	0 €
		Verbindlichkeiten Finanzamt	560 €
		Sonstige Verbindlichkeiten	2.380 €
	102.940 €		102.940 €

3.3.2 Die Sachgründung aus dem Betriebsvermögen

1416 Während es bei der Einbringung von Sachwerten aus dem Privatvermögen in den seltenen Fällen der §§ 17 und 23 EStG zu einer Versteuerung stiller Reserven kommt, regelt § 6 Abs. 5 Satz 3 Nr. 1 EStG, dass die Wirtschaftsgüter, die aus einem Betriebsvermögen eines Steuerpflichtigen in das Gesamthandsvermögen „seiner" Gesellschaft gegen die Gewährung von Gesellschaftsrechten überführt werden, bei der Gesellschaft mit dem Buchwert anzusetzen sind (kein Wahlrecht).

1417 Daraus ergeben sich aber buchtechnische Probleme bei der Gesellschaft. Wird nur der Buchwert des eingebrachten Wirtschaftsguts in der Gesellschaftsbilanz ausgewiesen, muss zum Ausgleich der Bilanz natürlich auch das Kapitalkonto nur i. H. des Buchwerts dargestellt werden. Der betroffene Gesellschafter wäre in verschiedener Hinsicht benachteiligt. So wäre die Bemessungsgrundlage für eine vereinbarte Kapitalkontenverzinsung ggf. nicht korrekt und auch bei einer späteren Auseinandersetzung würde ihm ein zu geringer Kapitalanteil zugerechnet.

1418 **BEISPIEL:** A und B gründen zum 1.7.01 eine OHG. A leistet eine Bareinlage i. H. von 300.000 €. B legt ein bebautes Grundstück aus seinem Betriebsvermögen ein, dessen Werte zum 1.7.01 wie folgt lauten:

	Buchwert	Teilwert
Grund und Boden	70.000 €	100.000 €
Gebäude	140.000 €	200.000 €

Buchtechnisch bieten sich folgende Möglichkeiten an:

a) Ansatz in der OHG-Bilanz mit den Buchwerten:

Aktiva	**Eröffnungsbilanz OHG zum 1.7.01**		**Passiva**
Grund und Boden	70.000 €	Kapital A	300.000 €
Gebäude	140.000 €	Kapital B	210.000 €
Bank	300.000 €		
	510.000 €		510.000 €

Gesellschafter B ist bei dieser Darstellung insofern benachteiligt, als sein Kapitalkonto zu niedrig ist.

b) Ansatz in der OHG-Bilanz mit den tatsächlichen Werten (Teilwerten). Die Unterschiede zwischen Teilwert und Buchwert werden in einer zusätzlichen steuerlichen Ergänzungsbilanz von Gesellschafter B ausgewiesen.

Aktiva	**Eröffnungsbilanz OHG zum 1.7.01**		**Passiva**
Grund und Boden	100.000 €	Kapital A	300.000 €
Gebäude	200.000 €	Kapital B	300.000 €
Bank	300.000 €		
	600.000 €		600.000 €

Aktiva	**Ergänzungsbilanz für B zum 1.7.01**		**Passiva**
Minderkapital	90.000 €	Minderwerte:	
		Grund und Boden	30.000 €
		Gebäude	60.000 €
	90.000 €		90.000 €

Im Ergebnis wird für Gesellschafter B in der OHG-Bilanz das richtige (d. h. den tatsächlich eingebrachten Werten entsprechende) Kapitalkonto ausgewiesen. Trotzdem muss er die stillen Reserven nicht versteuern, denn insgesamt wurden die Buchwerte fortgeführt (Saldierung von OHG- und Ergänzungsbilanz).

Buchungen in der OHG-Buchführung: 1419

Bank	300.000 €			
Grund und Boden	100.000 €			
Gebäude	200.000 €	an	Kapital A	300.000 €
		an	Kapital B	300.000 €

Zusätzliche Buchung in der Ergänzungsbuchführung für Gesellschafter B: 1420

Minderkapital	90.000 €	an	Minderwert Grund und Boden	30.000 €
		an	Minderwert Gebäude	60.000 €

Buchung in der Buchführung der Einzelfirma von B:

Beteiligung OHG	210.000 €	an	Grund und Boden	70.000 €
		an	Gebäude	140.000 €

3.4 Gründung einer Personengesellschaft durch Einbringung eines Betriebs, Teilbetriebs oder Mitunternehmeranteils in eine Personengesellschaft

3.4.1 Allgemeines

1421 Eine Personengesellschaft kann auch in der Weise gegründet werden, dass ein bisheriges Einzelunternehmen in die neue Gesellschaft eingebracht wird. Zivilrechtliche Vorschriften ergeben sich aus dem UmwG.

Handelsrechtlich ergibt sich eine Betriebsveräußerung und damit eine Betriebseinstellung bzw. Auflösung des übertragenen Einzelunternehmens.

1422 Für die übernehmende Personengesellschaft ist damit ein Anschaffungsvorgang gegeben, was zur Folge hat, dass die eingebrachten Wirtschaftsgüter handelsrechtlich mit den Werten auszuweisen sind, die sich unter Beachtung der Bilanzierungs- und Bewertungsvorschriften (§§ 253 und 255 HGB, Anschaffungskosten) ergeben.

Steuerlich finden sich Regelungen zur Einbringung in § 24 UmwStG. Hierunter fällt auch die Einbringung eines freiberuflichen Betriebs bzw. Teilbetriebs.

1423 Dabei ist für die Anwendung der vorgenannten Norm die Erfüllung folgender Tatbestandsmerkmale erforderlich:

- Es muss sich um einen Betrieb, Teilbetrieb oder Mitunternehmeranteil handeln,
- dieser muss in eine bestehende oder zu errichtende Personengesellschaft eingebracht werden und
- der Einbringende muss durch die Sacheinlage Mitunternehmer der Gesellschaft werden.

1424 Soweit die vorgenannten Voraussetzungen erfüllt sind, erfasst § 24 UmwStG folgende Fälle:

- Aufnahme eines Gesellschafters in ein bisheriges Einzelunternehmen gegen Geldeinlage oder Einlage anderer Wirtschaftsgüter. Dieser Vorgang ist gleichbedeutend mit der Einbringung eines Einzelunternehmens in eine neu gegründete Personengesellschaft.
- Einbringung eines Einzelunternehmens in eine bestehende Personengesellschaft.
- Zusammenschluss von mehreren Einzelunternehmen zu einer Personengesellschaft.
- Eintritt eines weiteren Gesellschafters in eine bestehende Personengesellschaft gegen Geldeinlage oder Einlage anderer Wirtschaftsgüter. Die bisherigen Gesellschafter der Personengesellschaft bringen in diesem Fall – wirtschaftlich betrachtet – ihre Mitunternehmeranteile an der bisherigen Personengesellschaft in eine neue, durch den neu hinzutretenden Gesellschafter vergrößerte Personengesellschaft ein. Der bloße Gesellschafterwechsel bei einer bestehenden Personengesellschaft – ein Gesellschafter scheidet aus, ein anderer erwirbt seine Anteile und tritt an seine Stelle – fällt nicht unter § 24 UmwStG.
- Verschmelzung von zwei Personengesellschaften. In diesem Fall bringen die Gesellschafter der Personengesellschaft, die mit einer anderen Personengesellschaft verschmolzen werden soll, ihre Gesellschaftsanteile (Mitunternehmeranteile) in die

aufnehmende Personengesellschaft gegen Gewährung von Mitunternehmeranteilen an dieser Gesellschaft ein. Die aufnehmende Personengesellschaft wird damit Gesellschafterin der einbringenden Personengesellschaft. Die beiden Personengesellschaften können dann zusammengelegt werden.

3.4.2 Voraussetzungen für die Anwendbarkeit des § 24 UmwStG

Nur die Einbringung eines Betriebs, Teilbetriebs oder eines Mitunternehmeranteils ist 1425 gem. § 24 UmwStG begünstigt. Dabei ist die Einbringung eines Mitunternehmeranteils in diesem Sinne auch dann gegeben, wenn ein Mitunternehmer nicht seinen gesamten Anteil, sondern nur einen Teil hiervon einbringt.

Die Einbringung eines Betriebs oder Teilbetriebs liegt nur dann vor, wenn die wesentlichen Betriebsgrundlagen eines Betriebs eingebracht werden. Nur dann werden die Rechtsfolgen des § 24 UmwStG herbeigeführt. Werden wesentliche Betriebsgrundlagen zurückbehalten (kein Sonderbetriebsvermögen), sind hinsichtlich der eingebrachten Wirtschaftsgüter die Grundsätze zur Einbringung einzelner Wirtschaftsgüter zu beachten. Werden im Rahmen der Einbringung eines Betriebs einzelne Wirtschaftsgüter zurückbehalten, die keine wesentlichen Betriebsgrundlagen darstellen, sind diese Wirtschaftsgüter noch so lange als zum Betriebsvermögen gehörend anzusehen, bis eine Verwertung oder eindeutige Überführung in das Privatvermögen erfolgt.

Werden wesentliche Betriebsgrundlagen zwar zurückbehalten, der Personengesell- 1426 schaft aber zur Nutzung überlassen, sind diese Wirtschaftsgüter im Sonderbetriebsvermögen des Einbringenden auszuweisen.

§ 24 UmwStG kommt auch dann zur Anwendung, wenn im Rahmen einer Einbringung 1427 eines Betriebs etc. Vermögen in das Sonderbetriebsvermögen eines Gesellschafters übertragen wird; damit besteht auch hier das Wahlrecht, die Wirtschaftsgüter mit Buchwerten, gemeinen Werten oder Zwischenwerten anzusetzen.

Der Begriff des Teilbetriebs in § 24 UmwStG war bisher identisch mit dem des § 16 1428 EStG. Danach war ein Teilbetrieb ein mit einer gewissen Selbständigkeit ausgestatteter, organisch geschlossener Teil des Gesamtbetriebs, der für sich allein lebensfähig ist. Gemäß § 16 Abs. 1 EStG ist auch eine 100 %ige Beteiligung an einer Kapitalgesellschaft ein Teilbetrieb im vorgenannten Sinne. Der BFH hat dieser Auffassung widersprochen (BFH, Urteil v. 17.7.2008 - I R 77/06, BStBl 2009 II S. 464). Die Finanzverwaltung hat allerdings darauf mit einem Nichtanwendungserlass reagiert (BMF, Schreiben v. 20.5.2009, BStBl 2009 I S. 671, und v. 18.11.2011, BStBl 2011 I S. 1278).

Weiterhin ist Voraussetzung, dass der Einbringende, der sowohl eine natürliche Person 1429 als auch eine Kapitalgesellschaft oder Mitunternehmergemeinschaft sein kann, Gesellschaftsrechte als Gegenleistung für seine Einbringung erhalten muss; er muss also die Stellung eines Mitunternehmers erhalten.

Für die Frage des Einbringungszeitpunkts ist der Übergang des wirtschaftlichen Eigentums an dem eingebrachten Betrieb etc. auf die Personengesellschaft maßgeblich.

3.4.3 Rechtsfolgen der Einbringung

3.4.3.1 Ertragsteuerliche Folgerungen

1430 Liegen die Tatbestandsmerkmale des § 24 UmwStG vor, hat die Personengesellschaft das Wahlrecht, den eingebrachten Betrieb, Teilbetrieb oder Mitunternehmeranteil in der Gesamthandsbilanz einschließlich der Ergänzungsbilanzen mit dem Buchwert, gemeinen Wert oder mit Zwischenwerten in Ansatz zu bringen. Auf Antrag kann das übernommene Betriebsvermögen mit dem Buchwert oder einem höheren Wert, höchstens mit dem gemeinen Wert, angesetzt werden. Der Wert, mit dem das eingebrachte Betriebsvermögen in der Bilanz der Personengesellschaft einschließlich der Ergänzungsbilanzen für ihre Gesellschafter angesetzt wird, gilt für den Einbringenden als Veräußerungspreis. Er ist maßgeblich für die Entstehung eines Veräußerungsgewinns und die zu gewährende Tarifbegünstigung.

3.4.3.2 Umsatzsteuerliche Behandlung

1431 Die Umsätze im Rahmen einer Geschäftsveräußerung an einen anderen Unternehmer für dessen Unternehmen unterliegen nicht der Umsatzsteuer (vgl. § 1 Abs. 1a UStG). Eine Geschäftsveräußerung in diesem Sinne liegt auch vor, wenn ein Unternehmen oder ein in der Gliederung eines Unternehmens gesondert geführter Betrieb im Ganzen entgeltlich in eine Gesellschaft eingebracht wird.

3.4.3.3 Grunderwerbsteuerliche Behandlung

1432 Soweit im Rahmen einer Einbringung eine Eigentumsübertragung von Grundstücken auf die Personengesellschaft erfolgt, unterliegt dieser Vorgang der Grunderwerbsteuer. Der Gesellschaftsvertrag unterliegt der Besteuerung, da er das Verpflichtungsgeschäft ist, das den Anspruch auf die Übereignung des Grundstücks begründet (§ 1 Abs. 1 Nr. 1 GrEStG). Gemäß § 5 Abs. 2 i. V. mit § 24 GrEStG ist der Erwerbsvorgang aber i. H. des Anteils befreit, mit dem der Veräußerer am Vermögen der Personengesellschaft beteiligt ist. Dadurch wird berücksichtigt, dass sich das Alleineigentum des veräußernden Gesamthänders als gesamthänderisch gebundene Mitberechtigung am Grundstück wirtschaftlich fortsetzt.

3.4.4 Ansatz mit Buchwerten

1433 Entscheidet sich die Personengesellschaft, die eingebrachten Wirtschaftsgüter mit Buchwerten in Ansatz zu bringen, erfolgt beim Einbringenden keine Versteuerung der stillen Reserven. In der Gesamthandsbilanz und den Ergänzungsbilanzen ist darauf zu achten, dass der Grundsatz der Buchwertverknüpfung gewahrt bleibt. Hieraus ergeben sich folgende Konsequenzen:

- Die Personengesellschaft tritt voll in die Rechtsstellung des Einbringenden ein. Sie hat die AfA, erhöhte AfA, Sonder-AfA und die den steuerlichen Gewinn mindernden Rücklagen des Rechtsvorgängers weiterzuführen.

- Ist die Dauer der Zugehörigkeit eines Wirtschaftsguts zum Betriebsvermögen bedeutsam, ist der Zeitraum der Zugehörigkeit zum Betriebsvermögen des einbringenden Gesellschafters der übernehmenden Personengesellschaft anzurechnen.

Hieraus folgt weiterhin, dass das aus der Gesellschafts- und Ergänzungsbilanz zusammengefasste AfA-Volumen identisch sein muss mit den Buchwerten der eingebrachten Wirtschaftsgüter zum Zeitpunkt der Einbringung, ggf. erhöht um nachträgliche Anschaffungskosten (Nebenkosten). Da die stillen Reserven nicht realisiert werden, kommt es auch nicht zur Entstehung eines Veräußerungsgewinns und damit auch nicht zur Anwendung der §§ 16 und 34 EStG. 1434

3.4.5 Einbringung zum gemeinen Wert

Einbringungen können auch zum gemeinen Wert erfolgen, wobei dieser die Wertobergrenze darstellt. Ein solcher Tatbestand ist nur dann gegeben, wenn die in der Gesamthandsbilanz ausgewiesenen gemeinen Werte nicht in einer Ergänzungsbilanz (negativ) korrigiert werden. Außerdem liegt diese Möglichkeit der Einbringung nur dann vor, wenn auch ein in der Einzelfirma geschaffener (originärer) Firmenwert (soweit vorhanden) in der Bilanz der Personengesellschaft ausgewiesen wird. Das heißt, dass für die aufnehmende Personengesellschaft hinsichtlich der abnutzbaren Wirtschaftsgüter ein ganz neues AfA-Volumen entsteht. Die Personengesellschaft hat die Möglichkeit, die betriebsgewöhnliche Nutzungsdauer und die AfA-Methode neu zu bestimmen. Für die jeweiligen Wirtschaftsgüter beginnt eine ganz neue Besitzzeit zu laufen. 1435

3.4.6 Einbringung zu Zwischenwerten

Eine Einbringung zu Zwischenwerten ist gegeben, wenn die Sacheinlage in den Gesamthands- und Ergänzungsbilanzen zu Werten über dem Buchwert, aber unter dem gemeinen Wert in Ansatz gebracht wird. 1436

In der Praxis ist eine derartige Gestaltung i. d. R. nicht anzutreffen. Sie kann in den Fällen sinnvoll sein, in denen Verluste aus anderen Einkunftsarten durch die Aufdeckung von stillen Reserven (bis zur Höhe dieser Verluste) kompensiert werden sollen.

Bei der Einbringung zu Zwischenwerten sind die Buchwerte des eingebrachten Betriebsvermögens aufzustocken. Dabei kommt eine Aufstockung nur in Betracht, soweit in den Buchwerten stille Reserven enthalten sind, da die gemeinen Werte der einzelnen Wirtschaftsgüter nicht überschritten werden dürfen. Die Aufstockung ist, soweit das eingebrachte Betriebsvermögen nicht insgesamt mit seinem gemeinen Wert angesetzt wird, gleichmäßig vorzunehmen. 1437

„Gleichmäßige Aufstockung“ bedeutet, dass die in den Buchwerten der Wirtschaftsgüter des eingebrachten Betriebsvermögens enthaltenen stillen Reserven prozentual gleichmäßig aufzulösen sind. Zu diesem Zweck muss zunächst festgestellt werden, in welchen Wirtschaftsgütern stille Reserven enthalten sind und wie viel sie insgesamt betragen. Diese stillen Reserven sind dann gleichmäßig um den Vomhundertsatz aufzulösen, der dem Verhältnis des aufzustockenden Betrags (Unterschied zwischen dem

Buchwert des eingebrachten Betriebsvermögens und dem Wert, mit dem es angesetzt wird) zum Gesamtbetrag der vorhandenen stillen Reserven des eingebrachten Betriebsvermögens entspricht. Dabei ist es nicht zu beanstanden, wenn sich die Aufstockung nur auf das Anlagevermögen beschränkt. Ein originärer Geschäftswert ist nur zu berücksichtigen, wenn die übrigen Wirtschaftsgüter bereits bis zu ihren Teilwerten aufgestockt sind und dann immer noch ein Restbetrag verbleibt.

3.4.7 Beispiel zur Verdeutlichung

1438 Das nachfolgende Beispiel soll die Ausführungen verdeutlichen:

BEISPIEL: A und B gründen eine OHG, an der beide jeweils sowohl am Gesellschaftsvermögen als auch am Gewinn und Verlust sowie an den stillen Reserven zu 50 % beteiligt sein sollen. Gesellschafter A erbringt eine Bareinlage i. H. von 450.000 € und Gesellschafter B bringt sein Einzelunternehmen mit allen Aktiven und Passiven mit Ablauf des 31.12.04 in die OHG ein. Soweit Umsatzsteuer durch die Einbringung anfällt, zahlt die OHG diese an Gesellschafter B. Außerdem hat sich die OHG verpflichtet, alle im Zusammenhang mit der Einbringung anfallenden Nebenkosten zu tragen. Bisher sind Notarkosten i. H. von 3.570 € (einschließlich 570 € Umsatzsteuer) für die Grundstücksübertragung (s. u.) angefallen. Gesellschafter B verzichtet nicht auf Umsatzsteuerbefreiungen i. S. des § 4 Nr. 9 Buchst. a UStG. Der Grundbesitzwert für das Grundstück beträgt 270.000 €.

Auf den 31.12.04 ergibt sich für Gesellschafter B folgende Bilanz:

Einzelunternehmen von B
Bilanz zum 31.12.04

Aktiva			**Passiva**
Grundstück	150.000 €	Kapital	300.000 €
Maschine	70.000 €	Schulden	100.000 €
Forderungen	180.000 €		
	400.000 €		400.000 €

Stille Reserven sind in den folgenden Wirtschaftsgütern enthalten:

- Grundstück 120.000 € und
- Maschine 30.000 €.

Im Folgenden wird die umsatzsteuerliche, grunderwerbsteuerliche und ertragsteuerliche Behandlung dieses Sachverhalts dargestellt.

Dabei soll die Einbringung sowohl zu Buchwerten als auch zu gemeinen Werten erfolgen.

1439 **Umsatzsteuerliche Behandlung**

Gemäß § 1 Abs. 1a UStG stellt die Einbringung des Einzelunternehmens eine Geschäftsveräußerung dar, die nicht steuerbar ist. Es entsteht für Gesellschafter B insoweit keine Umsatzsteuer und die OHG hat folgerichtig keinen Vorsteuerabzug.

1440 **Grunderwerbsteuerliche Behandlung**

Die im Rahmen der Einbringung erfolgte Eigentumsübertragung des Grundstücks auf die OHG unterliegt der Grunderwerbsteuer. Gemäß § 5 Abs. 2 GrEStG ist der Erwerbsvorgang aber i. H. des Anteils befreit, mit dem der Veräußerer am Vermögen der Personengesellschaft beteiligt ist (hier $^1/_2$).

Die Bemessungsgrundlage ist der Grundbesitzwert (§ 8 Abs. 2 GrEStG). Der Steuersatz beträgt je nach Bundesland 3,5 %–6,5 %. Für die Lösung wird 3,5 % unterstellt.

Bei nicht umsatzsteuerbarer Übertragung des Grundstücks auf die OHG ergibt sich dann eine Grunderwerbsteuer i. H. von 4.725 € (= 270.000 € Grundbesitzwert x 3,5 %, davon 50 % steuerfrei).

Ertragsteuerliche Behandlung 1441

► **Buchwertfortführung**

Soll in der Personengesellschaft der Buchwert des eingebrachten Betriebs fortgeführt werden, ergeben sich mehrere Möglichkeiten der Darstellung. So ist z. B. ein Ausweis mit und ohne Ergänzungsbilanzen bzw. mit positiven und negativen Ergänzungsbilanzen möglich.

Wenn in der Personengesellschaft keine Ergänzungsbilanzen dargestellt, aber dennoch die Buchwerte fortgeführt werden sollen, ergibt sich hier folgendes Bild:

Aktiva	**Bilanz der OHG**	**zum 1.1.05**	**Passiva**
Grundstück	157.725 €	Kapital A	450.000 €
Maschine	70.000 €	Kapital B	300.000 €
Forderungen	180.000 €	Schulden	100.000 €
Vorsteuer	570 €	Notar	3.570 €
Bank	450.000 €	Grunderwerbsteuer	4.725 €
	858.295 €		858.295 €

Erläuterungen:

- Vorsteuer = 570 € Notar und
- Grundstück = 150.000 € + 3.000 € Notar + 4.725 € Grunderwerbsteuer.

Der Nachteil dieser Darstellungsweise besteht darin, dass die tatsächlichen Beteiligungsverhältnisse (50 %:50 %) in der Gesellschaftsbilanz nicht ausgewiesen werden.

Darüber hinaus werden zusätzliche Gewinnverteilungsabreden erforderlich, da – wirtschaftlich betrachtet – in der Gesamthandsbilanz eine zu niedrige AfA verrechnet wird und die stillen Reserven bei Veräußerung der Wirtschaftsgüter beiden Gesellschaftern zugewiesen werden.

Aufgrund der vorgenannten Nachteile werden in der Praxis regelmäßig Ergänzungsbilanzen aufgestellt, um so die zutreffende Beteiligungsquote in der Gesamthandsbilanz auszuweisen und eine unter wirtschaftlichen Gesichtspunkten richtige Gewinnverteilung zu erreichen. Dabei ist es möglich, mit positiven und negativen Ergänzungsbilanzen zu arbeiten.

► **Positive und negative Ergänzungsbilanzen** 1442

Hierbei lautet die Darstellung wie folgt:

Aktiva	**Bilanz der OHG**	**zum 1.1.05**	**Passiva**
Grundstück	157.725 €	Kapital A	375.000 €
Maschine	70.000 €	Kapital B	375.000 €
Forderungen	180.000 €	Schulden	100.000 €
Vorsteuer	570 €	Notar	3.570 €
Bank	450.000 €	Grunderwerbsteuer	4.725 €
	858.295 €		858.295 €

Gesellschafter A hatte vereinbarungsgemäß eine Einlage i. H. von 450.000 € zu erbringen. Dies sind 75.000 € mehr als ihm als Kapital in der Gesellschaftsbilanz gutgeschrieben wurden. Wirtschaftlich betrachtet hat Gesellschafter A dem Gesellschafter B die hälftigen stillen Reserven abgekauft. Gesellschafter A hat damit ein Mehr an Kapital gegenüber dem Handelsbilanzausweis. Dieser Mehrbetrag ist in einer positiven Ergänzungsbilanz, ebenso wie die erworbenen stillen Reserven, darzustellen.

Aktiva	Positive Ergänzungsbilanz für A		Passiva
Grundstück	60.000 €	Mehrkapital	75.000 €
Maschine	15.000 €		
	75.000 €		75.000 €

Unter Berücksichtigung der Gesamthandsbilanz und der positiven Ergänzungsbilanz wäre nun das eingebrachte Betriebsvermögen mit 375.000 € in Ansatz gebracht worden. Dies würde dazu führen, dass Gesellschafter B einen Veräußerungsgewinn (nicht begünstigt) i. H. von 75.000 € zu versteuern hätte. Die Versteuerung eines Veräußerungsgewinns kann nur dadurch vermieden werden, dass für Gesellschafter B eine negative Ergänzungsbilanz aufgestellt wird. Damit kommt es unter Berücksichtigung der Gesamthandsbilanz und den Ergänzungsbilanzen zum Buchwertansatz.

Aktiva	Negative Ergänzungsbilanz für B		Passiva
Minderkapital	75.000 €	Grundstück	60.000 €
		Maschine	15.000 €
	75.000 €		75.000 €

Die Ergänzungsbilanzen sind nun in den folgenden Wirtschaftsjahren fortzuführen. Dabei würde sich für Gesellschafter A i. H. der AfA für den anteiligen Mehrwert an den stillen Reserven im Rahmen der Ermittlung des einheitlich und gesondert festzustellenden Gewinns eine Verlustzuweisung ergeben (Buchung: AfA an Maschine); für Gesellschafter B ergäbe sich hingegen ein Mehrgewinn (Buchung: Maschine an Ertrag). Insgesamt können jedoch das AfA-Volumen und der AfA-Betrag in der Gesamthands- sowie in den Ergänzungsbilanzen nicht höher sein als die Beträge, die sich bei der Fortführung des Einzelunternehmens ergeben würden.

1443 ► **Buchwertausweis**

Die in der Praxis wohl gebräuchlichste Form der Darstellung ist aber die dritte Möglichkeit des Buchwertausweises.

Hierbei wird in der Gesamthandsbilanz der Personengesellschaft der gemeine Wert der jeweils einzelnen Wirtschaftsgüter in Ansatz gebracht. Der Ausgleich erfolgt dann nur im Rahmen einer negativen Ergänzungsbilanz für den Einbringenden.

Aktiva	Bilanz der OHG zum 1.1.05		Passiva
Grundstück	277.725 €	Kapital A	450.000 €
Maschine	100.000 €	Kapital B	450.000 €
Forderungen	180.000 €	Schulden	100.000 €
Vorsteuer	570 €	Notar	3.570 €
Bank	450.000 €	Grunderwerbsteuer	4.725 €
	1.008.295 €		1.008.295 €

Erläuterungen:

- Grundstück = Buchwert 150.000 € + stille Reserven 120.000 € + Notar 3.000 € + Grunderwerbsteuer 4.725 € und
- Maschine = Buchwert 70.000 € + stille Reserven 30.000 €.

Bei dieser Form der Darstellung müsste Gesellschafter B nun einen Veräußerungsgewinn i. H. von 150.000 € (= 450.000 € Gesellschaftsrechte - 300.000 € Buchwert des Betriebs) versteuern.

Zur Vermeidung ist deshalb eine negative Ergänzungsbilanz für Gesellschafter B aufzustellen, in der das Minderkapital und die stillen Reserven auszuweisen sind.

Aktiva	Negative Ergänzungsbilanz für B		Passiva
Minderkapital	150.000 €	Grundstück	120.000 €
		Maschine	30.000 €
	150.000 €		150.000 €

Diese negative Ergänzungsbilanz wäre nun ebenfalls in der Weise fortzuführen, dass ein anteiliger Ertrag i. H. der AfA-Differenz zwischen der Absetzung vom Teilwert (in der Gesamthand) und der bei Buchwertfortführung (höchstmögliche AfA) bei der Maschine jährlich auszuweisen wäre (Buchung: Maschine an Ertrag). Beim Grundstück ergibt sich der Ertrag erst bei der Entnahme oder Veräußerung.

► **Einbringung zu gemeinen Werten** 1444

Gemäß § 24 Abs. 2 UmwStG kann die Personengesellschaft die Wirtschaftsgüter auch mit ihren gemeinen Werten bewerten. In diesem Fall gelten die eingebrachten Wirtschaftsgüter als zum Zeitpunkt der Einbringung zum gemeinen Wert von der Personengesellschaft angeschafft (§ 22 Abs. 3 UmwStG sinngemäß).

Bei der Betriebseröffnung treten die Beschaffungskosten an die Stelle der Wiederbeschaffungskosten. Diese stimmen i. d. R. mit dem Preis überein, den der Markt als Veräußerungspreis verlangt, also mit dem gemeinen Wert, jedoch auf jeden Fall mit der Differenz der abzugsfähigen Vorsteuer.

Aktiva	Bilanz der OHG zum 1.1.05		Passiva
Grundstück	277.725 €	Kapital A	450.000 €
Maschine	100.000 €	Kapital B	450.000 €
Forderungen	180.000 €	Schulden	100.000 €
Vorsteuer	570 €	Notar	3.570 €
Bank	450.000 €	Grunderwerbsteuer	4.725 €
	1.008.295 €		1.008.295 €

Eine Ergänzungsbilanz ist in diesem Fall nicht aufzustellen, was dazu führt, dass beim einbringenden Gesellschafter B ein Veräußerungsgewinn entsteht.

Dieser Veräußerungsgewinn ist i. S. der §§ 16 und 34 EStG begünstigt.

Der Veräußerungsgewinn errechnet sich wie folgt: 1445

Übertragung der Gesellschaftsrechte	450.000 €
- eingebrachte Buchwerte	300.000 €
= Veräußerungsgewinn	150.000 €

Der Einbringungsgewinn ist in einen laufenden und einen begünstigten Gewinn aufzuspalten. Maßgeblich ist hierfür i. d. R. die Beteiligungsquote des Einbringenden an der neuen Personengesellschaft. 1446

Da Gesellschafter B zu 50 % an der OHG beteiligt ist, wäre die Hälfte des Einbringungsgewinns als laufender Gewinn zu behandeln, der auch der Gewerbesteuer unterliegt (hier 75.000 €). Für den Restbetrag i. H. von ebenfalls 75.000 € können die Steuervergünstigungen i. S. der §§ 16 und 34 EStG in Anspruch genommen werden.

1447 FRAGEN

		Rz.
1.	Wie können steuerliche Mitunternehmerschaften gegründet werden?	1410
2.	Was verstehen Sie unter einer „Bargründung"?	1411
3.	Schildern Sie den Umfang und den Inhalt der Kapitalkonten der einzelnen Mitunternehmer!	1416 ff.
4.	Welches Wahlrecht besteht für wen bei der Einbringung eines Betriebs, eines Teilbetriebs oder eines Mitunternehmeranteils? Welche Konsequenzen ergeben sich dadurch für den Einbringenden?	1421 ff.
5.	Welche Möglichkeiten des Buchwertansatzes hat die aufnehmende Gesellschaft bei der Einbringung eines Betriebs? Welche Vor- und Nachteile ergeben sich bei den jeweiligen Wahlmöglichkeiten?	1433 ff.

1448–1459 *(Einstweilen frei)*

Kapitel 4: Betriebsvermögen der Mitunternehmerschaften

4.1 Gesamthandsvermögen

4.1.1 Notwendiges Gesamthandsvermögen

Der Kaufmann, hier die Handelsgesellschaften, haben ihr Vermögen zu bilanzieren (§ 242 HGB). Damit sind alle Wirtschaftsgüter, die ihr zuzurechnen sind, also im zivilrechtlichen oder wirtschaftlichen Eigentum der Personengesellschaft stehen, in der Handelsbilanz der Gesellschaft auszuweisen. Wegen der Maßgeblichkeit der Handelsbilanz für die Steuerbilanz sind diese Werte auch in die Steuerbilanz zu übernehmen. 1460

Aus diesem Grund zählen i. d. R. alle Wirtschaftsgüter, die der Gesellschaft zuzurechnen sind, auch zum notwendigen Betriebsvermögen.

4.1.2 Gewillkürtes Betriebsvermögen in der Gesamthand

Gewillkürtes Betriebsvermögen ist demnach im Handelsrecht nicht denkbar. Nach rein steuerlichen Kriterien wäre gewillkürtes Betriebsvermögen dagegen sehr wohl möglich. Würde eine OHG z. B. ein ihr gehörendes Gebäude vermieten, könnte dieses Gebäude sehr wohl dazu geeignet und auch bestimmt sein, dem Betrieb der OHG zu dienen und diesen zu fördern. Bei einer Bilanzierung des Gebäudes mit dem dazugehörenden Grund und Boden würden sich die Beleihungsmöglichkeiten für die OHG verbessern. Außerdem tragen die Mieteinnahmen zu einer Verbesserung des betrieblichen Ergebnisses bei. 1461

Würde man aber die Möglichkeit gewillkürten Betriebsvermögens bejahen, bliebe auch die Wahlmöglichkeit, die fraglichen Wirtschaftsgüter nicht als sonstiges Privatvermögen zu bilanzieren. Das widerspräche aber den handelsrechtlichen GoB. Wie oben erwähnt gehören alle Wirtschaftsgüter, die einer Gesellschaft gehören, zum notwendigen Betriebsvermögen und sind in der Handelsbilanz auszuweisen. Selbst wenn sich nach dem Steuerrecht ein Wahlrecht für gewillkürtes Betriebsvermögen ergeben würde, darf dieses nicht ausgeübt werden, weil die fraglichen Wirtschaftsgüter wegen der Maßgeblichkeit der Handelsbilanz für die Steuerbilanz (§ 5 Abs. 1 EStG) zwingend in der Steuerbilanz auszuweisen sind. 1462

Man kann also zusammenfassen: Bei Personengesellschaften ist gewillkürtes Betriebsvermögen zugunsten des notwendigen Betriebsvermögens nicht denkbar.

4.1.3 Steuerliches Privatvermögen der Gesamthand

Mit gleicher Argumentation ist grds. auch das „Privatvermögen" der Personengesellschaften, das nicht bilanziert werden soll, abzulehnen. Eine Ausnahme von diesem Grundsatz findet sich jedoch in H 4.2 Abs. 11 Ausnahme bei privater Nutzung EStH. Danach gehört ein Grundstück nicht zum steuerlichen Betriebsvermögen der Gesellschaft, wenn es zwar der Gesellschaft gehört, es jedoch einem oder allen Gesellschaf- 1463 ter(n) unentgeltlich zur Nutzung für private (Wohn-)Zwecke überlassen wird. Es ist dann anteiliges Privatvermögen des Gesellschafters/der Gesellschafter.

1464 Wird jedoch einem Gesellschafter ein Wirtschaftsgut, z. B. ein Gebäude, lediglich vorübergehend unentgeltlich zur Nutzung überlassen, liegt eine Nutzungsentnahme vor. Dabei stellt sich die Frage, wem diese Entnahme zuzurechnen ist. Üblicherweise sollten hierzu Vereinbarungen im Gesellschaftsvertrag vorhanden sein. Fehlen diese, sind die Entnahmegewinne den Gesellschaftern nach der Restgewinnverteilungsquote zuzurechnen.

1465 Wenn der Gesellschafter das Wirtschaftsgut jedoch ohne Zustimmung der anderen Gesellschafter nutzt, liegt keine Nutzungsentnahme vor. Die Gesellschaft muss ihre Schadensersatzforderung gegen den unbefugt Nutzenden bilanzieren.

1466 Wird das Wirtschaftsgut dem Gesellschafter jedoch entgeltlich überlassen, gehört es wegen der Maßgeblichkeit der Handelsbilanz für die Steuerbilanz weiterhin zum steuerlichen Betriebsvermögen.

4.2 Sonderbetriebsvermögen

4.2.1 Allgemeines

1467 Zum steuerlichen Betriebsvermögen der Mitunternehmerschaften gehört neben dem Gesamthandsvermögen einschließlich des Vermögens, das in Ergänzungsbilanzen ausgewiesen ist, auch das Sonderbetriebsvermögen. Zum Sonderbetriebsvermögen können Wirtschaftsgüter gehören, die einem, mehreren oder allen Gesellschaftern einer Mitunternehmerschaft zuzurechnen sind. Dienen solche Wirtschaftsgüter unmittelbar dem Betrieb der Personengesellschaft, gehören sie zum notwendigen Sonderbetriebsvermögen I. Dienen sie unmittelbar der Begründung oder Stärkung der Beteiligung des Mitunternehmers, sind sie notwendiges Sonderbetriebsvermögen II.

4.2.2 Notwendiges Sonderbetriebsvermögen I

1468 Zum notwendigen Sonderbetriebsvermögen I gehören insbesondere Wirtschaftsgüter, die einem, mehreren oder allen Mitunternehmer(n) gehören und von der Gesellschaft genutzt werden. Dabei ist es unerheblich, ob die Wirtschaftsgüter aufgrund eines Miet- oder Pachtvertrags oder unentgeltlich überlassen werden.

Gehört dem Gesellschafter ein Wirtschaftsgut nur zum Teil, gehört nur sein Miteigentumsanteil zum Sonderbetriebsvermögen I.

BEISPIEL: Gesellschafter A und seine Ehefrau sind zu je $^1/_2$ Eigentümer eines Grundstücks. Das Grundstück ist in vollem Umfang für betriebliche Zwecke an die Gesellschaft vermietet. Nur A ist als Gesellschafter mit $^1/_2$ an der Gesellschaft beteiligt.

Zum Sonderbetriebsvermögen I gehört nur der Grundstücksanteil von Gesellschafter A mit $^1/_2$.

4.2.3 Sonderbetriebsvermögen II

Zum notwendigen Sonderbetriebsvermögen II sind Wirtschaftsgüter zu rechnen, die unmittelbar zur Begründung oder Stärkung der Beteiligung an der Personengesellschaft zu dienen bestimmt sind. Dazu gehören z. B. 1469

- ein Darlehen, das ein Gesellschafter zum Erwerb seiner Beteiligung an der Personengesellschaft aufgenommen hat oder
- der GmbH-Anteil eines Kommanditisten bei einer GmbH & Co. KG.

4.2.4 Gewillkürtes Sonderbetriebsvermögen

Zum gewillkürten Sonderbetriebsvermögen gehören Wirtschaftsgüter, die objektiv dazu geeignet und subjektiv dazu bestimmt sind, dem Betrieb der Gesellschaft (Sonderbetriebsvermögen I) und der Beteiligung des Gesellschafters (Sonderbetriebsvermögen II) zu dienen. Die Kriterien sind dafür dieselben wie bei Einzelunternehmern (siehe dazu auch Rz. 751 ff.). 1470

4.2.5 Buch- und bilanzmäßige Behandlung des Sonderbetriebsvermögens

Gemäß der Rechtsprechung des BFH ist das Sonderbetriebsvermögen in einer Sonderbilanz für den Gesellschafter auszuweisen. Diese Sonderbilanz erfasst somit nur Wirtschaftsgüter, die zwar steuerlich zum Betriebsvermögen der Personengesellschaft zählen, aber kein Gesamthandsvermögen darstellen und deshalb nicht in die Gesellschaftsbilanz aufgenommen werden können. 1471

Die Sonderbilanz eines Gesellschafters ist damit eine reine Steuerbilanz, die nicht von einer Handelsbilanz abgeleitet ist, weil es keine Handelsbilanz gibt. Buchführungsverpflichteter ist die Personengesellschaft. Die Gewinnermittlungsmethode im Sonderbereich muss immer der Gewinnermittlungsmethode in der Gesamthand entsprechen (H 4.1 Aufzeichnungs- und Buchführungspflichten EStH). 1472

Die Bewertung des Sonderbetriebsvermögens erfolgt im Falle der unmittelbaren Anschaffung für die Nutzungsüberlassung gem. § 6 Abs. 1 Nr. 1 oder 2 EStG mit den (fortgeführten) Anschaffungskosten/Herstellungskosten (§ 255 Abs. 1 HGB und § 5 Abs. 1 EStG). Wird das Wirtschaftsgut aus einem anderen Betriebsvermögen des Steuerpflichtigen in das Sonderbetriebsvermögen überführt (z. B. bei Nutzungsänderung zwingend), sind gem. § 6 Abs. 5 Satz 2 EStG die Buchwerte zwingend fortzuführen. 1473

Wurde das Wirtschaftsgut vor der Überlassung an die Gesellschaft im Privatvermögen des Gesellschafters genutzt, hat die Einlage in das Sonderbetriebsvermögen zum Teilwert zu erfolgen (§ 6 Abs. 1 Nr. 5 EStG). Wie auch bei Einzelunternehmern ist der Teilwert bei der Einlage auf die (fortgeführten) Anschaffungskosten zu begrenzen, wenn die Anschaffung im Privatvermögen weniger als drei Jahre zurückliegt. Wurden bei der bisherigen Privatnutzung Einkünfte aus einer Überschusseinkunftsart i. S. des § 2 Abs. 1 Satz 1 Nr. 4–7 EStG durch das Wirtschaftsgut erzielt, gelten die Besonderheiten des § 7 Abs. 1 Satz 5 EStG. Bei diesen Wirtschaftsgütern bemisst sich die weitere AfA 1474 im Sonderbereich nach den fortgeführten Anschaffungs- oder Herstellungskosten. Dabei darf die Summe der insgesamt in Anspruch genommenen AfA die historischen Anschaffungs- oder Herstellungskosten nicht übersteigen (R 7.3 Abs. 6 EStR).

1475 Buchungen im Zusammenhang mit den Wirtschaftsgütern des Sonderbetriebsvermögens werden laufend in einer Sonderbuchführung erfasst, aus der sich die entsprechende Sonderbilanz zum Schluss des Geschäftsjahres der Personengesellschaft herleitet.

BEISPIEL: An einer OHG sind A und B mit je 50 % beteiligt. A hat der OHG ab dem 1.1.01 ein Grundstück zur Nutzung für eine jährliche Miete i. H. von 10.000 € überlassen. Die Miete wurde bei der OHG gebucht:

Mietaufwand	10.000 €	an	Bank	10.000 €

Den Grundstücksaufwand (ohne AfA) hat A mit 1.200 € selbst zu tragen. Die AfA beträgt jährlich 1.600 €. Der Wert des Grundstücks beträgt am 1.1.01 100.000 €. Davon entfallen 20.000 € auf den Grund und Boden und 80.000 € auf das Gebäude.

Die Sonderbilanz für das Sonderbetriebsvermögen zum 1.1.01 (Mietbeginn) zeigt folgendes Bild:

Aktiva	Sonderbilanz für A zum 1.1.01		Passiva
Grund und Boden	20.000 €	Kapital	100.000 €
Gebäude	80.000 €		
	100.000 €		100.000 €

Buchungen im Jahr 01 in der Sonderbuchführung von A:

- **Miete:**

Entnahme	10.000 €	an	Mietertrag	10.000 €

- **Grundstücksaufwendungen:**

Grundstücksaufwand	1.200 €	an	Einlage	1.200 €

- **AfA:**

AfA	1.600 €	an	Gebäude	1.600 €

1476 **Anmerkung:** Nachdem in der Sonderbuchführung üblicherweise sowohl in der Theorie als auch in der Praxis kein Bankkonto geführt wird, können alle Einnahmen, hier die Mieteinnahmen, als privat entnommen und alle Ausgaben, hier die Grundstücksaufwendungen, als mit privaten Mitteln bezahlt (Einlage) angenommen werden.

Soll	Sonder-GuV		Haben
Grundstücksaufwendungen	1.200 €	Mieterträge	10.000 €
AfA	1.600 €		
Gewinn	7.200 €		
	10.000 €		10.000 €

Aktiva	Sonderbilanz zum 31.12.01		Passiva
Grund und Boden	20.000 €	Kapital	100.000 €
Gebäude	78.400 €	- Entnahmen	10.000 €
		+ Einlage	1.200 €
		+ Gewinn	7.200 €
	98.400 €		98.400 €

4.2.6 Abgrenzung zu Ergänzungsbilanzen

Von der Sonderbilanz für das Sonderbetriebsvermögen ist die **Ergänzungsbilanz** für den Gesellschafter zu unterscheiden (siehe auch Rz. 1412 ff. **zu Sachgründungen**). 1477

In einer Ergänzungsbilanz werden Wirtschaftsgüter ausgewiesen, die zwar zum Gesamthandsvermögen gehören, deren Bilanzansatz in der Gesellschaftsbilanz aber nicht dem steuerlichen Bilanzansatz entspricht. Ergänzungsbilanzen wirken daher wie **steuerliche Korrekturposten** (Wertberichtigungsposten), die den Ansatz in der Gesellschaftsbilanz auf den steuerlichen Bilanzansatz nach oben oder unten korrigieren.

Zum Ausscheiden eines Gesellschafters siehe Rz. 1620 ff.

(Einstweilen frei) 1478–1489

Kapitel 5: Sonderbetriebseinnahmen und -ausgaben

5.1 Allgemeines

1490 Gemäß § 15 Abs. 1 Satz 1 Nr. 2 EStG gehören neben den Gewinnanteilen aus der Gesellschaft auch die Vergütungen, die ein Mitunternehmer für die Überlassung von Wirtschaftsgütern oder Darlehen und für die Tätigkeit für seine Gesellschaft erhält, zu den Einkünften aus Gewerbebetrieb. Sonderbetriebsausgaben sind nach allgemeiner Anlehnung an § 4 Abs. 4 EStG Aufwendungen, die mit dem Sonderbetriebsvermögen oder mit dem Bezug von Vergütungen im Zusammenhang stehen, oder Aufwendungen, die im Zusammenhang mit der Beteiligung stehen.

5.2 Vergütungen für die Überlassung von Wirtschaftsgütern

5.2.1 Allgemeines

1491 Auch wenn der Wortlaut des § 15 Abs. 1 Satz 1 Nr. 2 Halbsatz 2 EStG nicht eindeutig ist, werden nur Vergütungen für die Überlassung zur Nutzung der Wirtschaftsgüter als Sonderbetriebseinnahmen erfasst. Auch der Kaufpreis für die Überlassung eines Wirtschaftsguts im Rahmen einer Veräußerung stellt sicherlich eine Vergütung dar, dieser Vorgang wird aber unstreitig nicht durch die Vorschrift besteuert. Die Wirtschaftsgüter, die zur Nutzung überlassen werden, können im Alleineigentum eines Mitunternehmers oder im (Bruchteils-)Eigentum mehrerer oder aller Mitunternehmer stehen. Außerdem ist denkbar, dass auch Nichtbeteiligte Miteigentümer der zur Nutzung überlassenen Gegenstände sind.

1492 Von den Nutzungsentgelten zählen aber nur die Teile zu den Einkünften aus Gewerbebetrieb dieser Mitunternehmerschaft, soweit sie auf Mitunternehmer entfallen.

BEISPIEL: **(zum Alleineigentum)**

Der Gesellschafter A der A + B OHG überlässt seiner OHG ein seit Jahren im Privatvermögen genutztes unbebautes Grundstück als Lagerplatz für eine monatliche Pacht i. H. von 1.000 €. Der Teilwert des Grundstücks beträgt 50.000 €.

Das Grundstück wird ab dem Beginn der Nutzung durch die A + B OHG notwendiges Sonderbetriebsvermögen I von Gesellschafter A. Es ist mit dem Teilwert i. H. von 50.000 € in das Sonderbetriebsvermögen einzulegen. Die Pachtzahlungen sind betrieblicher Aufwand der A + B OHG und als solcher zu buchen. Gleichzeitig stellen die Pachtzahlungen Vergütungen i. S. des § 15 Abs. 1 Satz 1 Nr. 2 Satz 1 Halbsatz 2 EStG dar, die in einer Sonder-Gewinn- und Verlustrechnung zu erfassen sind.

Buchungen im Gesamthandsbereich:

Grundstücksaufwand monatlich	1.000 €	an	Bank	1.000 €

Buchungen im Sonderbereich:

Grundstück	50.000 €	an	Einlage	50.000 €
Entnahme monatlich	1.000 €	an	Mieterträge	1.000 €

Sollten die Nutzungsvergütungen einmal verspätet gezahlt werden, muss eine sonstige Verbindlichkeit in der Gesamthand und eine sonstige Forderung im Sonderbereich gem. den allgemeinen Bilanzierungsregeln ausgewiesen werden.

5.2.2 Nutzungsvergütungen und Umsatzsteuer

Die Personengesellschaft kann also offensichtlich mit einem oder mehreren Gesellschafter(n) in Leistungsbeziehungen treten. Die gewerblich tätige Gesellschaft wird dabei regelmäßig als Unternehmer i. S. des § 2 UStG anzusehen sein. Aber auch der Mitunternehmer kann, bedingt durch seine Leistungen an die Gesellschaft, zum weiteren Unternehmer werden. Allein die Stellung als Mitunternehmer macht ihn jedoch unstreitig noch nicht zum Unternehmer im umsatzsteuerlichen Sinne. Hierzu bedarf es insbesondere der Selbständigkeit des Mitunternehmers. 1493

Bei dem oben im Beispiel beschriebenen Sachverhalt wird der Gesellschafter A nachhaltig zur Erzielung von (Miet-)Einnahmen tätig. Er erbringt **sonstige Leistungen** im Leistungsaustausch. Der Vorgang ist daher im umsatzsteuerlichen Sinne steuerbar, jedoch gem. § 4 Nr. 12 Satz 1 Buchst. a UStG steuerfrei. Gesellschafter A könnte für diese Leistung gem. § 9 UStG zur Steuerpflicht optieren, sofern die A + B OHG keine Ausschlussumsätze tätigt (§ 9 Abs. 2 UStG). Bei der Vermietung beweglicher Sachen wie Pkws käme es unabhängig von einer Option zu steuerbaren und steuerpflichtigen Umsätzen. 1494

Das bedeutet, dass der Gesellschafter verpflichtet ist, eine **ordnungsgemäße Rechnung** i. S. des § 14 Abs. 4 UStG zu stellen. Er schuldet die Umsatzsteuer für seine Leistungen. Die Gesamthand hat unter den allgemeinen Voraussetzungen des § 15 UStG den Vorsteuerabzug. 1495

Abwandlung zu vorstehendem Beispiel: 1496

BEISPIEL: Gleicher Sachverhalt, jedoch hat Gesellschafter A für seine Vermietungsumsätze zur Steuerpflicht optiert. Die monatliche Miete beträgt folgerichtig 1.000 € zzgl. 190 € Umsatzsteuer. Gesellschafter A hat die Umsatzsteuer als Monatszahler pünktlich ans Finanzamt abgeführt. Die Vermietung hat zum 1.1. begonnen.

Buchungen im Gesamthandsbereich: 1497

Grundstücksaufwand monatlich	1.000 €			
Vorsteuer monatlich	190 €	an	Bank	1.190 €

Buchungen im Sonderbereich:

Grundstück	50.000 €	an	Einlage	50.000 €
Entnahmen monatlich	1.190 €	an	Mieterträge	1.000 €
		an	Umsatzsteuer	190 €
Umsatzsteuer (11 x)	190 €	an	Einlage	190 €

1498 Die Sonderbilanz sähe in diesem Fall wie folgt aus:

Aktiva	Sonderbilanz für A zum 31.12.		Passiva
Grundstück	50.000 €	Kapital zum 1.1.	0 €
		+ Einlage zum 1.1.	50.000 €
		- Entnahmen	14.280 €
		+ Einlage	2.090 €
		+ Gewinn	12.000 €
		Kapital zum 31.12.	49.810 €
		Umsatzsteuerschuld	190 €
	50.000 €		50.000 €

5.2.3 Beispiel zu Miteigentum

1499 Wird einer Personengesellschaft ein Wirtschaftsgut überlassen, das im Miteigentum mehrerer Personen steht, die selbst nicht gewerblich tätig sind, gehört dieses Wirtschaftsgut nur insoweit zum Sonderbetriebsvermögen der nutzenden Mitunternehmerschaft, als es einem der Mitunternehmer zuzurechnen ist. Entsprechendes gilt dann auch für die Nutzungsentgelte.

1500 **BEISPIEL:** Wie oben unter Rz. 1492 ff., jedoch gehört das Grundstück A und seiner Ehefrau (sie treten als GbR auf), die keine Gesellschafterin der A + B OHG ist.

Buchungen im Gesamthandsbereich:

Grundstücksaufwand monatlich	1.000 €			
Vorsteuer monatlich	190 €	an	Bank	1.190 €

Buchungen im Sonderbereich:

Grundstück	25.000 €	an	Einlage	25.000 €
Entnahmen monatlich	595 €	an	Mieterträge	500 €
		an	Umsatzsteuer*)	95 €
Umsatzsteuer*) (11 x)	95 €	an	Einlage	95 €

1501 Die Sonderbilanz sähe in diesem Fall wie folgt aus:

Aktiva	Sonderbilanz für A zum 31.12.		Passiva
Grundstück	25.000 €	Kapital zum 1.1.	0 €
		+ Einlage zum 1.1.	25.000 €
		- Entnahmen	7.140 €
		+ Einlage	1.045 €
		+ Gewinn	6.000 €
		Kapital zum 31.12.	24.905 €
		Umsatzsteuerschuld*)	95 €
	25.000 €		25.000 €

1502 *) Die Buchung auf dem Konto „Umsatzsteuer" und die Bilanzierung einer Umsatzsteuerschuld sind etwas problematisch. Exakter wäre die Kontenbezeichnung „Verbindlichkeiten wegen Umsatzsteuer". Der Steuerschuldner der Umsatzsteuer aus der Vermietungsleistung ist der Vermietungsunternehmer. Dies ist aber die GbR „A + Ehefrau". Die Eheleute treten hier als

GbR mit entsprechenden vertraglichen Vereinbarungen auf. In der Theorie und Praxis wird deshalb besser nur der Anteil von A an der Schuld der Umsatzsteuer als „Verbindlichkeiten wegen Umsatzsteuer" ausgewiesen.

5.2.3.1 Mehrere Sonderbilanzen für ein Wirtschaftsgut

Sind mehrere oder alle Miteigentümer des vermieteten Gegenstands gleichzeitig auch 1503
Gesellschafter der nutzenden Personengesellschaft, ist für jeden der Gesellschafter eine Sonderbilanz zu führen. Hier sind die vermieteten Wirtschaftsgüter jeweils insoweit zu bilanzieren, als sie den jeweiligen Gesellschaftern zugerechnet werden. Das bedeutet, wenn eine Grundstücksgemeinschaft A, B und C ihr Grundstück an eine Personengesellschaft überlässt, an der A, B und C in beliebiger Höhe beteiligt sind, sind sowohl für A als auch für B und C Sonderbilanzen zu erstellen, in denen der jeweils entsprechende Grundstücksanteil von A, B oder C an der Grundstücksgemeinschaft (z. B. je $^1/_3$) ausgewiesen wird.

5.2.3.2 Allgemeine Ansatz- und Bewertungsvorschriften

Ansonsten gelten für Fragen des Ansatzes und der Bewertung von Sonderbetriebsver- 1504
mögen die allgemeinen **steuerlichen** Ansatz- und Bewertungsvorschriften (siehe hierzu insbesondere Rz. 803 ff.). Da das Handelsrecht keine Sonderbilanzen kennt, entfällt zwangsläufig auch die Maßgeblichkeit der Handelsbilanz für die steuerliche Sonderbilanz.

5.3 Vergütungen für die Hingabe von Darlehen

5.3.1 Allgemeines

Wenn ein Gesellschafter seiner gewerblich tätigen Personengesellschaft ein Darlehen 1505
gewährt, muss dieses zunächst bei der Personengesellschaft als Darlehensverbindlichkeit passiviert werden. Gleichzeitig muss der Gesellschafter in seiner Sonderbilanz eine Darlehensforderung aktivieren. Auch dieses Wirtschaftsgut „Forderung" ist ein Wirtschaftsgut i. S. der R 4.2 Abs. 2 EStR, das unmittelbar der Personengesellschaft dient (Sonderbetriebsvermögen I).

5.3.2 Erträge aus der Hingabe von Darlehen

Wenn ein solches Darlehen marktüblich verzinst wird, sind die Zinsaufwendungen, un- 1506
abhängig von der Zahlung, Betriebsausgaben bei der Gesellschaft. Sind Zinsaufwendungen im Wirtschaftsjahr bereits entstanden, aber noch nicht fällig oder rückständig, sind bei der Gesellschaft zusätzlich entsprechende Zinsverbindlichkeiten zu passivieren. Auch hier gilt, dass wegen des Wortlauts des § 15 Abs. 1 Satz 1 Nr. 2 Satz 1 Halbsatz 2 EStG entsprechende Zinserträge im Sonderbereich (Sonder-Gewinn- und Verlustrechnung) des jeweiligen Gesellschafters und entsprechende Zinsforderungen wegen der korrespondierenden Bilanzierung im Sonderbereich (Sonderbilanz) des Gesellschafters zu erfassen sind. Werden bei der Darlehensgewährung Auszahlungsverluste vereinbart,

ist bei der Gesellschaft ein aktiver Rechnungsabgrenzungsposten i. H. des Damnums, Disagios o. ä. zu bilden, der der Laufzeit und den jeweiligen Darlehensständen entsprechend aufzulösen ist. Korrespondierend ist wieder in der Sonderbilanz des Gesellschafters ein passiver Rechnungsabgrenzungsposten zu bilden, der in der gleichen Höhe wie bei der Gesellschaft gewinnerhöhend aufzulösen ist.

5.3.3 Aufwendungen im Zusammenhang mit der Hingabe von Darlehen

1507 Wenn der Gesellschafter für die Hingabe des Darlehens selbst ein Darlehen (zur Refinanzierung) aufgenommen hat oder ihm sonst wie Aufwendungen in diesem Zusammenhang entstehen, sind diese Beträge als Sonderbetriebsausgaben in der Sonder-Gewinn- und Verlustrechnung zu erfassen. Gegenkonto für eine entsprechende Buchung muss das Konto „Einlage" sein. Wie oben bereits dargestellt, wird im Sonderbereich regelmäßig auf die Darstellung eines Bank- oder Kassenkontos verzichtet. Deshalb können diese Sonderbetriebsausgaben nur aus privaten Mitteln gezahlt worden sein (Einlage).

5.3.4 Beispiel zur Hingabe von Darlehen

1508 Der Gesellschafter A der A + B KG gewährt seiner KG am 1.9.01 ein Darlehen i. H. von 100.000 €, das am selben Tag mit einem Auszahlungsverlust i. H. von 5.000 € ausgezahlt wird. Als Verzinsung sind marktübliche Zinsen i. H. von 5 % vereinbart, die nachschüssig zu zahlen sind. Die A + B KG hat die ersten Zinsen pünktlich am 31.8.02 i. H. von 5.000 € gezahlt und als Zinsaufwand gebucht. Das Darlehen ist nach fünf Jahren in einer Summe zurückzuzahlen. Weitere Buchungen sind nicht erfolgt.

Um seiner KG das Darlehen gewähren zu können, musste Gesellschafter A eine Grundschuld auf sein privates Einfamilienhaus i. H. von 80.000 € aufnehmen. Dieses Darlehen ist ebenfalls fünf Jahre tilgungsfrei und wird nachschüssig, jedoch mit 6 % verzinst. Die Zahlungen sind pünktlich erfolgt.

Aufgabe:

Stellen Sie die Auswirkungen für die Jahre 01 und 02 für die A + B KG und den Sonderbereich dar und erstellen Sie die Sonderbilanzen für A für die Jahre 01 und 02.

Lösung:

Auswirkungen im Gesamthandsbereich:

Die A + B KG muss das Darlehen mit dem Rückzahlungsbetrag i. H. von 100.000 € passivieren. Der Auszahlungsverlust i. H. von 5.000 € ist in einen aktiven Rechnungsabgrenzungsposten einzustellen und linear auf fünf Jahre aufzulösen. Die Zinsaufwendungen i. H. von 1.666 € für das Jahr 01 und i. H. von 5.000 € für das Jahr 02 sind als Betriebsausgaben der A + B KG zu erfassen.

Auswirkungen im Sonderbereich von Gesellschafter A:

Das Darlehen i. H. von 100.000 € ist als Darlehensforderung in einer Sonderbilanz für Gesellschafter A zu aktivieren und der Auszahlungsgewinn in einen passiven Rechnungsabgrenzungsposten mit 5.000 € einzustellen. Der passive Rechnungsabgrenzungsposten ist linear über fünf Jahre aufzulösen. Die Zinserträge sind periodengerecht in der Sonder-Gewinn- und Verlustrechnung zu erfassen.

Gleichzeitig ist das von Gesellschafter A aufgenommene Darlehen in seiner Sonderbilanz zu passivieren. Die entstandenen Schuldzinsen sind in seiner Sonder-Gewinn- und Verlustrechnung als Betriebsausgaben zu erfassen. Alle Geldbewegungen stammen aus dem Privatvermögen oder gehen in das Privatvermögen und sind somit als Entnahmen oder Einlagen darzustellen.

Buchungen im Gesamthandsbereich: 1509

► **Jahr 01:**

Bank	95.000 €			
Rechnungsabgrenzungsposten	5.000 €	an	Darlehen	100.000 €
Zinsaufwand	1.666 €	an	Sonstige Verbindlichkeiten	1.666 €
Zinsähnlicher Aufwand	333 €	an	Rechnungsabgrenzungsposten	333 €

► **Jahr 02:**

Zinsähnlicher Aufwand	1.000 €	an	Rechnungsabgrenzungsposten	1.000 €

Durch die vorgenommene Aufwandsbuchung im Jahr 02 (5.000 €) ist der Zinsaufwand der A + B KG zutreffend erfasst. Wenn keine weitere Buchung (Auflösung der sonstigen Verbindlichkeiten) erfolgt, bleiben diese in zutreffender Höhe von 1.666 € auch für das Jahr 02 ausgewiesen.

Buchungen im Sonderbereich: 1510

► **Jahr 01:**

Darlehensforderung	100.000 €	an	Einlage	95.000 €
		an	Passiver Rechnungsabgrenzungsposten	5.000 €
Zinsforderungen	1.666 €	an	Zinserträge	1.666 €
Passiver Rechnungsabgrenzungsposten	333 €	an	Sonstige betriebliche Erträge	333 €
Einlage	80.000 €	an	Darlehen	80.000 €
Zinsaufwendungen	1.600 €	an	Sonstige Verbindlichkeiten	1.600 €

► **Jahr 02:**

Entnahme	5.000 €	an	Zinsforderungen	1.666 €
		an	Zinserträge	3.334 €
Zinsforderungen	1.666 €	an	Zinserträge	1.666 €
Passiver Rechnungsabgrenzungsposten	1.000 €	an	Sonstige betriebliche Erträge	1.000 €

Zinsaufwendungen	3.200 €			
Sonstige Verbindlichkeiten	1.600 €	an	Einlage	4.800 €
Zinsaufwendungen	1.600 €	an	Sonstige Verbindlichkeiten	1.600 €

1511 Die Sonderbilanzen und -Gewinn- und Verlustrechnungen ergeben sich wie folgt:

Aktiva	**Sonderbilanz zum 31.12.01**		**Passiva**
Darlehensforderung	100.000 €	Einlage	95.000 €
Zinsforderungen	1.666 €	- Einlage	80.000 €
		+ Gewinn	399 €
		Kapital zum 31.12.01	15.399 €
		+ Darlehen	80.000 €
		+ Sonstige Verbindlichkeiten	1.600 €
		+ Passiver Rechnungsabgrenzungsposten	5.000 €
		- Passiver Rechnungsabgrenzungsposten	333 €
	101.666 €		101.666 €

Soll	**Sonder-GuV im Jahr 01**		**Haben**
Zinsaufwendungen	1.600 €	Zinserträge	1.666 €
Gewinn	399 €	Sonstige betriebliche Erträge	333 €
	1.999 €		1.999 €

Aktiva	**Sonderbilanz zum 31.12.02**		**Passiva**
Darlehensforderung	100.000 €	Kapital zum 1.1.02	15.399 €
Zinsforderungen zum 1.1.02	1.666 €	- Entnahme	5.000 €
- Zahlung	1.666 €	+ Einlage	4.800 €
+ Zinsforderung 09/02–12/02	1.666 €	+ Gewinn	1.200 €
		Kapital zum 31.12.02	16.399 €
		+ Darlehen	80.000 €
		+ Sonstige Verbindlichkeiten	1.600 €
		+ Passiver Rechnungsabgrenzungsposten zum 1.1.02	4.667 €
		- Auflösung passiver Rechnungsabgrenzungsposten	1.000 €
	101.666 €		101.666 €

Soll	**Sonder-GuV im Jahr 02**		**Haben**
Zinsaufwendungen	3.200 €	Zinserträge	3.334 €
Zinsaufwendungen	1.600 €	Zinserträge	1.666 €
Gewinn	1.200 €	Sonstige betriebliche Erträge	1.000 €
	6.000 €		6.000 €

5.4 Vergütungen für die Tätigkeit im Dienst der Gesellschaft

5.4.1 Allgemeines

Die Abgeltung der Tätigkeiten eines Gesellschafters für die Gesellschaft führt immer wieder sowohl in der Theorie als auch in der Praxis zu Schwierigkeiten und Verwechslungen. Einerseits ist es denkbar, dass ein Gesellschafter wegen seiner Tätigkeit für die Gesellschaft, z. B. als Geschäftsführer, bei der Gewinnverteilung einen bestimmten Betrag (vorab) zugedacht bekommt. Andererseits sind auch feste Anstellungsverträge, Geschäftsführerverträge u. ä. schuldrechtliche Vereinbarungen zwischen Gesellschaft und Gesellschafter denkbar. Diese beiden Gestaltungen sind grundlegend unterschiedlich zu behandeln. 1512

5.4.2 Vorabvergütungen für die Tätigkeit im Dienst der Gesellschaft

In allen Rechtsformen der Personengesellschaften ist es denkbar und auch gängige Praxis, dass im Gesellschaftsvertrag vereinbart ist, dass einem, mehreren oder allen Gesellschafter(n) für ihre Tätigkeit im Dienst der Gesellschaft bestimmte, im Gesellschaftsvertrag festgelegte Beträge bei der Gewinnverteilung vorab zugerechnet werden. Eine solche Vereinbarung hat ausschließlich den Charakter einer Gewinnverteilungsabrede, die bei der Gesellschaft keinerlei Verpflichtung auf Zahlung der Beträge auslöst. Wenn diese Vorgänge für die Gesellschaft aber keine Verbindlichkeit darstellen, können Zahlungen infolge solcher Vereinbarungen bei der Gesellschaft auch keine Betriebsausgaben sein. Zahlungen auf der Grundlage dieser Gewinnverteilungsabreden sind nichts anderes als Entnahmen der jeweils begünstigten Gesellschafter. 1513

BEISPIEL: Im Gesellschaftsvertrag ist unter § 9 „Gewinnverteilung" vereinbart, dass Gesellschafter A wegen seiner Tätigkeit als Geschäftsführer in der Gesellschaft einen Betrag i. H. von 60.000 € vorab erhalten soll. Zur Bestreitung seines privaten Lebensunterhalts lässt er sich von seiner Gesellschaft monatlich einen Betrag i. H. von 5.000 € per Dauerauftrag auf sein Privatkonto überweisen. Aufgrund einer Kontenumstellung bei seiner Bank wurde der Dauerauftrag für Dezember 01 erst am 5.1.02 gemeinsam mit der Überweisung für Januar 02 ausgeführt. Die Gesellschaft buchte im Jahr 01 11 x: 1514

Entnahme von A	5.000 €	an	Bank	5.000 €

Für Dezember 01 buchte sie:

Entnahme von A	5.000 €	an	Sonstige Verbindlichkeiten	5.000 €

Die Behandlung der elf Überweisungen für Januar–November 01 seitens der Gesellschaft sind nicht zu beanstanden. Insbesondere handelt es sich bei dieser Vereinbarung nicht um eine Gehaltsvereinbarung. Der Gesellschaft sind keinerlei Verpflichtungen entstanden. Deshalb ist auch der Verzicht auf die Buchung als Betriebsausgaben korrekt.

Aus dem gleichen Grund ist der Gesellschaft aber auch zum 31.12.01 keine sonstige Verbindlichkeit entstanden. Gleichzeitig hat auch noch keine Entnahme stattgefunden, so dass die gesamte Buchung zu stornieren ist.

Korrekturen:

- Entnahmen: - 5.000 € und
- Sonstige Verbindlichkeiten: - 5.000 €.

1515 Damit bleiben diese vorab zuzurechnenden Gewinne Bestandteil des Gesamthandsgewinns der Gesellschaft und sind im Rahmen der Gewinnverteilung beim Gesellschafter A Teil des Gewinns gem. § 15 Abs. 1 Satz 1 Nr. 2 Satz 1 Halbsatz 1 EStG. Zwangsläufig entfällt auch der Ansatz einer entsprechenden Sonderbetriebseinnahme im Sonderbereich von Gesellschafter A.

5.4.3 Besonderheiten bei der KG

1516 Auf den Komplementär einer KG trifft das oben zu Tz. 5.4.2 Geschilderte bzgl. einer Vergütung für seine Tätigkeit bei der Gesellschaft uneingeschränkt zu. Im Rahmen des Gesellschaftsvertrags einer KG ist es aber auch üblich, dem Komplementär für seine den Kommanditisten gegenüber höhere Haftungsübernahme einen zusätzlichen (Vorab-)Anteil am Gewinn der Gesellschaft zuzusprechen. Die Praxis bezeichnet diesen Vorteil häufig als „Haftungsvergütung". Dabei ist die Bezeichnung als „Vergütung" jedoch irreführend. Wäre es nämlich eine echte Vergütung für eine Leistung des Komplementärs, müsste die Behandlung als Vorabgewinn wie unter Tz. 5.4.2 in Frage gestellt werden. Besser erscheint uns daher die Bezeichnung als „Haftungsprämie" (wegen Besonderheiten siehe aber auch unter Tz. 5.4.5.3).

1517 Bezüglich dieser Haftungsprämie entsteht der Gesellschaft wieder keinerlei Verpflichtung zur Zahlung. Daher kann die Auszahlung dieser Haftungsprämie nicht als Betriebsausgabe erfasst werden.

BEISPIEL: Der Komplementär einer KG lässt sich am 30.12.01 für einen geplanten Winterurlaub bereits die Hälfte seiner ihm für das Jahr 02 zugedachten Haftungsvergütung auszahlen.

Die KG bucht:

Forderung an Gesellschafter	an	Bank

Wenn der KG wegen der zugesagten Vorwegvergütung wegen Haftungsübernahme des Kommanditisten keine Verbindlichkeit entsteht, kann sich auch keine Forderung begründen, wenn sich der Gesellschafter diese bereits vor Beginn des Wirtschaftsjahres, für das die Haftungsvergütung wirken soll, auszahlen lässt. Die KG hätte am 30.12.01 eine Entnahme des Kommanditisten buchen müssen.

Korrekturen:

- Entnahmen Kommanditist: + und
- Forderung an Gesellschafter: -.

5.4.4 Vergütungen aufgrund schuldrechtlicher Vereinbarungen

1518 Die andere Möglichkeit, Tätigkeiten im Dienst der Gesellschaft abzugelten, besteht in der Vereinbarung von Vergütungen für die Tätigkeit. Solche Vergütungen sind als sog. „Sonderbetriebseinnahme" i. S. des § 15 Abs. 1 Satz 1 Nr. 2 Satz 1 Halbsatz 2 EStG als gewerbliche Einkünfte des jeweiligen Gesellschafters aus der Mitunternehmerschaft zu besteuern. Für solche Sonderbetriebseinnahmen sind regelmäßig Sonderbilanzen mit Sonder-Gewinn- und Verlustrechnungen aufzustellen.

1519 Eine Sondervergütung liegt vor, wenn sich der Gesellschafter aufgrund eines Vertrags mit seiner Gesellschaft zu einer Tätigkeit verpflichtet hat und die Gesellschaft verpflichtet ist, hierfür ein Entgelt zu zahlen. Verträge dieser Art können auf unterschiedliche Art und Weise zustande kommen und abgeschlossen werden. Neben dem typischen Arbeits- oder Anstellungsvertrag sind auch konkludente Vereinbarungen denkbar. Darüber hinaus ist es auch üblich, im Gesellschaftsvertrag selbst eine Regelung außerhalb der Gewinnverteilung aufzunehmen, die für sich die Qualität eines Geschäftsführungsvertrags besitzt.

Allen diesen Vereinbarungen ist gemeinsam, dass sich die Beteiligten gegenseitig zu 1520
Leistungen verpflichten.

Zahlungen vonseiten der Gesellschaft aufgrund dieser Vereinbarungen sind zwingend Betriebsausgaben der Gesamthand. Auf Empfängerseite muss der Gesellschafter seine Vergütungen als Sonderbetriebseinnahmen i. S. des § 15 Abs. 1 Satz 1 Nr. 2 Satz 1 Halbsatz 2 EStG in seinem Sonderbereich ansetzen. Erst dadurch wird die Neutralität dieser Vergütungen in der Mitunternehmerschaft gewährleistet. Der Betriebsausgabe in der Gesamthand steht eine Betriebseinnahme im Sonderbereich des Gesellschafters gegenüber. Die Gewinnauswirkung in der Mitunternehmerschaft ist also identisch mit der Gewinnauswirkung wie oben unter Tz. 5.4.2 beschrieben.

5.4.5 Umsatzsteuerliche Behandlung der Sonderentgelte

Die Finanzverwaltung hat die umsatzsteuerliche Behandlung der Geschäftsführungs- 1521
und Vertretungsleistungen eines Gesellschafters an die Gesellschaft gegen Entgelt in Abschnitt 1.6 UStAE wie folgt geregelt:

Zwischen Personengesellschaften und ihren Gesellschaftern ist ein Leistungsaustausch 1522
möglich (vgl. BFH, Urteile v. 23.7.1959 - V 6/58 U, BStBl 1959 III S. 379, und v. 5.12.2007 - V R 60/05, BStBl 2009 II S. 486); das gilt natürlich auch für Leistungen zwischen Kapitalgesellschaften und ihren Anteilseignern. Unentgeltliche Leistungen von Gesellschaften an ihre Gesellschafter werden durch § 3 Abs. 1b und 9a UStG erfasst. An einem Leistungsaustausch fehlt es i. d. R., wenn eine Gesellschaft Geldmittel nur erhält, damit sie in die Lage versetzt wird, sich in Erfüllung ihres Gesellschaftszwecks zu betätigen (vgl. BFH, Urteil v. 20.4.1988 - X R 3/82, BStBl 1988 II S. 792). Das ist z. B. der Fall, wenn ein Gesellschafter die Verluste seiner Gesellschaft aus Gründen, die im Gesellschaftsverhältnis begründet sind, übernimmt, um ihr die weitere Tätigkeit zu ermöglichen (vgl. BFH, Urteil v. 11.4.2002 - V R 65/00, BStBl 2002 II S. 782).

5.4.5.1 Gründung von Gesellschaften, Eintritt neuer Gesellschafter

Eine Personengesellschaft erbringt bei der Aufnahme eines Gesellschafters an diesen 1523
keinen steuerbaren Umsatz (vgl. BFH, Urteil v. 1.7.2004 - V R 32/00, BStBl 2004 II S. 1022). Dies gilt auch für Kapitalgesellschaften bei der erstmaligen Ausgabe von Anteilen (vgl. EuGH, Urteil v. 26.5.2005 - C-465/03, EuGHE 2005 I S. 4357, MAAAB-72833). Dagegen sind Sacheinlagen eines Gesellschafters umsatzsteuerbar, wenn es sich um Lieferungen und sonstige Leistungen im Rahmen seines Unternehmens handelt und keine Geschäftsveräußerung i. S. des § 1 Abs. 1a UStG vorliegt. Die Einbringung von Wirtschaftsgütern durch den bisherigen Einzelunternehmer in die neu gegründete Gesellschaft ist auf die Übertragung der Gesellschaftsrechte gerichtet (vgl. BFH, Urteile

v. 8.11.1995 - XI R 63/94, BStBl 1996 II S. 114, und v. 15.5.1997 - V R 67/94, BStBl 1997 II S. 705). Als Entgelt für die Einbringung von Wirtschaftsgütern in eine Gesellschaft kommt neben der Verschaffung der Beteiligung an der Gesellschaft auch die Übernahme von Schulden des Gesellschafters durch die Gesellschaft in Betracht, wenn der einbringende Gesellschafter dadurch wirtschaftlich entlastet wird (vgl. BFH, Urteil v. 15.5.1997 - V R 67/94, a. a. O.).

5.4.5.2 Leistungsaustausch oder nicht steuerbarer Gesellschafterbeitrag

1524 Ein Gesellschafter kann an die Gesellschaft sowohl Leistungen erbringen, die ihren Grund in einem gesellschaftsrechtlichen Beitragsverhältnis haben, als auch Leistungen, die auf einem gesonderten schuldrechtlichen Austauschverhältnis beruhen. Die umsatzsteuerrechtliche Behandlung dieser Leistungen richtet sich danach, ob es sich um Leistungen handelt, die als Gesellschafterbeitrag durch die Beteiligung am Gewinn oder Verlust der Gesellschaft abgegolten werden, oder um Leistungen, die gegen Sonderentgelt ausgeführt werden und damit auf einen Leistungsaustausch gerichtet sind. Entscheidend ist die tatsächliche Ausführung des Leistungsaustauschs und nicht allein die gesellschaftsrechtliche Verpflichtung. Dabei ist es unerheblich, dass der Gesellschafter zugleich seine Mitgliedschaftsrechte ausübt. Umsatzsteuerrechtlich ist für das Vorliegen eines Leistungsaustauschs maßgebend, dass ein Leistender und ein Leistungsempfänger vorhanden sind und der Leistung eine Gegenleistung gegenübersteht. Die Steuerbarkeit der Geschäftsführungs- und Vertretungsleistungen eines Gesellschafters an die Gesellschaft setzt das Bestehen eines unmittelbaren Zusammenhangs zwischen der erbrachten Leistung und dem empfangenen Sonderentgelt voraus (vgl. BFH, Urteil v. 6.6.2002 - V R 43/01, BStBl 2003 II S. 36, und BFH, Beschluss v. 16.1.2003 - V R 92/01, BStBl 2003 II S. 732).

Auf die Bezeichnung der Gegenleistung, z. B. als „Gewinnvorab/Vorabgewinn", „Vorwegvergütung", „Aufwendungsersatz", „Umsatzbeteiligung" oder „Kostenerstattung", kommt es nicht an.

1525 **BEISPIELE:**

- Den Gesellschaftern einer OHG obliegen die Führung der Geschäfte und die Vertretung der OHG. Diese Leistungen werden am Ergebnis (Gewinn und Verlust) der OHG mit dem nach der Anzahl der beteiligten Gesellschafter und ihrem Kapitaleinsatz bemessenen Anteil abgegolten.

  Die Ergebnisanteile sind kein Sonderentgelt; die Geschäftsführungs- und Vertretungsleistungen werden nicht im Rahmen eines Leistungsaustauschs ausgeführt, sondern als Gesellschafterbeitrag erbracht.

- Der Gesellschafter einer OHG erhält für die Führung der Geschäfte und die Vertretung der OHG neben seinem nach der Anzahl der Gesellschafter und ihrem Kapitaleinsatz bemessenen Gewinnanteil eine zulasten des Geschäftsergebnisses verbuchte Vorwegvergütung i. H. von 120.000 € jährlich als Festbetrag.

  Die Vorwegvergütung ist Sonderentgelt; der Gesellschafter führt seine Geschäftsführungs- und Vertretungsleistungen im Rahmen eines Leistungsaustauschs aus.

- Der Gesellschafter einer OHG erhält für die Führung der Geschäfte und die Vertretung der OHG im Rahmen der Gewinnverteilung neben seinem nach der Anzahl der Gesellschafter und ihrem Kapitaleinsatz bemessenen Gewinnanteil auch im Verlustfall einen festen Betrag i. H. von 120.000 € vorab zugewiesen (Vorabvergütung).

Der vorab zugewiesene Gewinn ist Sonderentgelt; der Gesellschafter führt seine Geschäftsführungs- und Vertretungsleistungen im Rahmen eines Leistungsaustauschs aus.

- Der Gesellschafter einer OHG erhält für die Führung der Geschäfte und die Vertretung der OHG im Rahmen der Gewinnverteilung 25 % des Gewinns, mindestens jedoch 60.000 € vorab zugewiesen.

  Der Festbetrag i. H. von 60.000 € ist Sonderentgelt und wird im Rahmen eines Leistungsaustauschs gezahlt; im Übrigen wird der Gesellschafter aufgrund eines gesellschaftsrechtlichen Beitragsverhältnisses tätig.

5.4.5.3 Besonderheit bei Haftungsvergütungen

Auch andere gesellschaftsrechtlich zu erbringende Leistungen der Gesellschafter an die Gesellschaft können bei Zahlung eines Sonderentgelts als Gegenleistung für diese Leistung einen umsatzsteuerbaren Leistungsaustausch begründen. Sowohl die Haftungsübernahme als auch die Geschäftsführung und Vertretung besitzen ihrer Art nach Leistungscharakter und können daher auch im Fall der isolierten Erbringung Gegenstand eines umsatzsteuerbaren Leistungsaustausches sein. 1526

BEISPIEL: Der geschäftsführungs- und vertretungsberechtigte Komplementär einer KG erhält für die Geschäftsführung, Vertretung und Haftung eine Festvergütung.

Die Festvergütung ist als Entgelt für die einheitliche Leistung, die Geschäftsführung, Vertretung und Haftung umfasst, umsatzsteuerbar und umsatzsteuerpflichtig (vgl. BFH, Urteil v. 3.3.2011 - V R 24/10, BStBl 2011 II S. 950). Weder die Geschäftsführung und Vertretung noch die Haftung i. S. der §§ 161 und 128 HGB haben den Charakter eines Finanzgeschäfts i. S. des § 4 Nr. 8 Buchst. g UStG.

5.4.5.4 GmbH & Co. KG

Die Komplementär-GmbH ist mit ihrer Geschäftsführertätigkeit selbständig tätig (s. o.). Gemäß Abschnitt 2.8 Abs. 2 Satz 3 UStAE kann sie nicht als Organgesellschaft in das Unternehmen der KG eingegliedert sein. Inzwischen wird die Organschaft jedoch für die „Einheitsgesellschaft" (KG hält die Mehrheit der Anteile an der Komplementär-GmbH) bejaht. 1527

Steht ein Kommanditist in einem Dienstverhältnis zur Komplementär-GmbH, ist er ihr gegenüber nicht selbständig. Erhält die GmbH Kostenersatz von der KG, bewirkt die GmbH eine steuerbare Leistung an die KG. Dies gilt auch dann, wenn die KG die Vergütung zur Abkürzung des Zahlungswegs unmittelbar an den Kommanditisten auszahlt. 1528

Der Gesellschafter-Geschäftsführer einer GmbH führt weiterhin grds. keine steuerbaren Umsätze aus, da er im Rahmen eines Dienst- oder Arbeitsvertrags und somit als Arbeitnehmer tätig ist. Der BFH hält es jedoch in zwei Urteilen für möglich, dass auch der Geschäftsführer der GmbH dieser gegenüber selbständig tätig werden kann (BFH, Urteil v. 10.3.2005 - V R 29/03, BStBl 2005 II S. 730). 1529

5.4.6 Zusammenfassendes Beispiel zu gewinnunabhängigen Tätigkeitsvergütungen

1530 A ist Komplementär einer KG und B ist Kommanditist.

Komplementär A erhält von der KG für seine Geschäftsführungstätigkeit seit vielen Jahren ein monatliches Geschäftsführergehalt i. H. von zurzeit 5.950 €. Die Beträge wurden jeweils zum Ende des Monats pünktlich ausgezahlt. Die KG buchte jeweils:

Gehälter	5.950 €	an	Bank	5.950 €

Kommanditist B ist seit Beginn des Jahres angestellter Gärtner mit einer Beschäftigungsdauer von 20 Stunden/Woche. Sein Gehalt beträgt 1.000 € monatlich. Da Kommanditist B mit dieser Beschäftigung sozialversicherungspflichtig ist, buchte die KG monatlich wie folgt:

- Jeweils am Monatsletzten:

Gehälter	900 €	an	Bank	900 €

- Bei gesetzlicher Fälligkeit der Sozialversicherungsabgaben:

Sozialer Aufwand	200 €	an	Bank	200 €

Lohnsteuer wurde von der KG nicht einbehalten. Kommanditist B erklärte beim Finanzamt Einkünfte aus § 19 EStG.

Komplementär A erhält für seine Tätigkeit bei der KG ein gewinnunabhängiges Entgelt i. H. von 5.950 € monatlich. Er übt seine Geschäftsführungstätigkeit selbständig i. S. des § 2 UStG aus, da er als Komplementär gesetzlich mit entsprechenden Vollmachten ausgestattet und auch tatsächlich niemandem gegenüber weisungsgebunden ist. Seine sonstige Leistung i. S. des § 3 Abs. 9 UStG findet gegen Entgelt, also im Leistungsaustausch statt. Die Leistung ist demnach steuerbar und mangels Steuerbefreiung auch steuerpflichtig. Die Bemessungsgrundlage gem. § 10 Abs. 1 UStG ist alles, was die KG aufwendet, jedoch abzgl. der Umsatzsteuer, also 5.000 € monatlich. Die Umsatzsteuer beträgt 950 € monatlich.

Kommanditist B erhält ebenfalls ein gewinnunabhängiges Entgelt i. H. von 1.000 €. Als Kommanditist und angestellter Gärtner hat er aber weder gesetzlich noch tatsächlich eine Position, die ihn weisungsungebunden erscheinen lässt. Er ist daher nicht selbständig i. S. des § 2 UStG. Dennoch sind die Vergütungen, die er von der KG erhält, Sonderbetriebseinnahmen i. S. des § 15 Abs. 1 Satz 1 Nr. 2 Satz 1 Halbsatz 2 EStG.

1531 **Behandlung in der Gesamthand**

Der Nettoaufwand der Vergütungen für die Geschäftsführertätigkeit stellt Betriebsausgaben bei der KG dar.

In Höhe der entstehenden Umsatzsteuer von 950 € monatlich = 11.400 € jährlich hat die KG gegen ihren Geschäftsführer einen Anspruch auf Erteilung einer ordnungsgemäßen Rechnung i. S. des § 14 Abs. 4 UStG. Bis diese Rechnung vorliegt, muss sie eine Bilanzposition „Noch nicht verrechenbare Vorsteuer“ aktivieren.

Umbuchungen in der KG:

Noch nicht verrechenbare Vorsteuer	11.400 €	an Gehälter	11.400 €

Die Behandlung der Vergütung von Kommanditist B ist i. H. des Nettogehalts und der Sozialversicherungsbeiträge in der KG korrekt.

Behandlung in den Sonderbereichen 1532

Komplementär

Vergütungen i. S. des § 15 Abs. 1 Satz 1 Nr. 2 Satz 1 Halbsatz 2 EStG für die Tätigkeit im Dienst der Gesellschaft sind i. H. der Nettovergütungen, ohne die gesetzliche Umsatzsteuer, anzunehmen. Die gesetzlich geschuldete Umsatzsteuer ist, soweit noch nicht bezahlt, in der Sonderbilanz als Schuld auszuweisen. Die in den Sonderbereich geflossenen Beträge i. H. von insgesamt 71.400 € können nur als Entnahme erfasst werden, weil im Sonderbereich typischerweise kein Finanzkonto geführt wird.

Kommanditist

Die Vergütungen, die Kommanditist B von der KG erhält, sind ebenfalls Sonderbetriebseinnahmen i. S. des § 15 Abs. 1 Satz 1 Nr. 2 Satz 1 Halbsatz 2 EStG. Dazu gehören auch die Arbeitnehmerbeiträge zur Sozialversicherung. Nach langjähriger Verwaltungspraxis gehörten die Arbeitgeberbeiträge bisher ebenfalls zu den Vergütungen in diesem Sinne, weil die steuerbefreiende Vorschrift des § 3 Nr. 62 EStG nur für Einkünfte aus § 19 EStG gelten soll. Der BFH hat zur Lohnsteuer dann zwischenzeitlich entschieden, dass diese Arbeitgeberbeiträge kein Bestandteil des Arbeitslohns sind, weil es bei sachgerechter Würdigung des sog. „Generationenvertrags" am konkreten Vorteil auf der Seite des Arbeitnehmers mangelt (BFH, Urteil v. 6.6.2002 - VI R 178/97, BStBl 2003 II S. 34). Das muss dann auch für Gesellschafter einer Personengesellschaft gelten. Der BFH hat jedoch mit einem weiteren Urteil diese Auffassung wieder aufgegeben, so dass der Ansatz des Arbeitgeberanteils i. H. von 100 € monatlich als Sonderbetriebseinnahme wieder erforderlich wird (BFH, Urteil v. 30.8.2007 - IV R 14/06, BStBl 2007 II S. 942).

Aktiva		**Sonderbilanz für A zum 31.12.01**	**Passiva**
		Kapital zum 1.1.01	0 €
		- Entnahmen	71.400 €
		+ Gewinn im Jahr 01	60.000 €
		Kapital zum 31.12.01	- 11.400 €
		Umsatzsteuer im Jahr 01	11.400 €
	0 €		0 €

Soll		**Sonder-GuV für A im Jahr 01**	**Haben**
Gewinn	60.000 €	Ertrag (Nettogehalt)	60.000 €

Aktiva	Sonderbilanz für B zum 31.12.01		Passiva
		Kapital zum 1.1.01	0 €
		- Entnahme	13.200 €
		+ Gewinn	13.200 €
		Kapital zum 31.12.01	0 €
	0 €		0 €

Soll	Sonder-GuV für B im Jahr 01		Haben
Gewinn	13.200 €	Ertrag (Gehalt)	13.200 €

5.4.7 Besonderheiten zu Tätigkeitsvergütungen/Sonderbetriebseinnahmen

5.4.7.1 Bilanzierungskonkurrenz zugunsten der Personengesellschaft

1533 Denkbar sind Fälle, in denen ein Gesellschafter einer Personengesellschaft auch gleichzeitig noch ein Einzelunternehmen betreibt. Wenn die Gesellschaft den Einzelunternehmer beauftragt, eine Dienstleistung oder Werkleistung gegen Entgelt an sie zu erbringen, erhält der Gesellschafter von seiner Gesellschaft eine Vergütung für eine Tätigkeit für seine Gesellschaft. Damit erfüllt dieses Entgelt den Wortlaut des § 15 Abs. 1 Satz 1 Nr. 2 Satz 1 Halbsatz 2 EStG und muss ebenfalls als Sonderbetriebseinnahme in einer Sonder-Gewinn- und Verlustrechnung erfasst werden. Nach h. A. geht der § 15 Abs. 1 Satz 1 Nr. 2 EStG dem § 15 Abs. 1 Satz 1 Nr. 1 EStG vor. Der gesamte Auftrag ist im Einzelunternehmen des Gesellschafters nicht als betrieblicher Vorgang zu erfassen.

1534 War die Leistung des Einzelunternehmers umsatzsteuerbar und umsatzsteuerpflichtig, wird in der Praxis die entstandene Umsatzsteuer mit der laufenden Umsatzsteuer-Voranmeldung der Einzelfirma angemeldet und abgeführt werden. Insoweit liegt im Sonderbereich des Gesellschafters eine Einlage vor.

BEISPIEL: Ein Gesellschafter einer OHG ist gleichzeitig als Rechtsanwalt niedergelassen. Er berät die OHG aufgrund eines Einzelauftrags in einer Rechtsfrage. Das fremdübliche Honorar beträgt 1.000 € zzgl. Umsatzsteuer.

In der Buchführung der Rechtsanwaltskanzlei ist nichts zu veranlassen.

Im Sonderbereich des Gesellschafters ist wie folgt zu buchen:

Entnahme	1.190 €	an	Erlöse	1.000 €	
		an	Umsatzsteuer	190 €	
Umsatzsteuer	190 €	an	Einlage	190 €	(bei Zahlung durch die Rechtsanwaltskanzlei)

5.4.7.2 Sonstige Sonderbetriebseinnahmen

1535 Über den reinen Wortlaut des § 15 Abs. 1 Satz 1 Nr. 2 EStG hinaus gehören noch weitere Einnahmen zu den Einkünften aus Gewerbebetrieb. Das sind insbesondere Veräußerungserlöse für Wirtschaftsgüter des notwendigen oder gewillkürten Betriebsvermögens nach Verrechnung mit den Buchwerten und Entnahmegewinne.

Sachbezüge, die der Gesellschafter im Rahmen seiner Tätigkeit für die Gesellschaft erhält, sind bereits nach den oben dargestellten Grundsätzen als Vergütungen für die Tätigkeit bei der Gesellschaft anzusetzen.

5.4.8 Sonderbetriebsausgaben

Sonderbetriebsausgaben sind Aufwendungen, die mit 1536

- den Sonderbetriebseinnahmen,
- dem bilanzierten Sonderbetriebsvermögen oder
- der Beteiligung an der Personengesellschaft

zusammenhängen. Sie müssen im Rahmen der einheitlichen und gesonderten Feststellung der Einkünfte der Mitunternehmerschaft mit festgestellt werden. Eine erstmalige Berücksichtigung im Rahmen der Veranlagung des Gesellschafters ist verfahrensrechtlich nicht möglich.

5.4.8.1 Aufwendungen im Zusammenhang mit Sonderbetriebseinnahmen

Wenn ein Mitunternehmer seiner Gesellschaft Wirtschaftsgüter entgeltlich zur Nutzung überlässt, sind die Nutzungsentgelte Sonderbetriebseinnahmen des Gesellschafters (siehe Rz. 1491 ff.). Alle Aufwendungen, die mit den überlassenen Wirtschaftsgütern zusammenhängen, sind Sonderbetriebsausgaben. Typische Ausgaben sind 1537

- die AfA,
- Finanzierungskosten sowie
- Reparatur- und Instandsetzungskosten u. a.

5.4.8.2 Aufwendungen im Zusammenhang mit bilanziertem Sonderbetriebsvermögen

Es reicht aber auch aus, wenn die Wirtschaftsgüter vom Gesellschafter unentgeltlich an die Gesellschaft überlassen werden. Auch hier sind die Aufwendungen, die durch die Wirtschaftsgüter entstehen, als Sonderbetriebsausgaben beim Gesellschafter abzugsfähig. In Frage kommen dieselben Aufwendungen wie unter Tz. 5.4.8.1 dargestellt. 1538

5.4.8.3 Aufwendungen, die mit der Beteiligung an der Personengesellschaft zusammenhängen

Hat ein Gesellschafter seine Beteiligung an einer Personengesellschaft z. B. durch Kredit finanziert, ist zum einen das aufgenommene Darlehen als Sonderbetriebsvermögen II zu passivieren (siehe Rz. 1469). Zum anderen sind die Finanzierungskosten für dieses Darlehen als Sonderbetriebsausgabe abzugsfähig. 1539

5.4.8.4 Nichtabzugsfähigkeit von Sonderbetriebsausgaben gem. § 4 Abs. 5 EStG

Auch im Rahmen von Sonderbetriebsvermögen ist es denkbar, dass dem Grunde nach Betriebsausgaben gegeben sind, die aber unter Berücksichtigung des § 4 Abs. 5 EStG den Gewinn der Mitunternehmerschaft nicht in voller Höhe mindern dürfen. Typisches 1540

Beispiel hierfür ist die Zurverfügungstellung eines Pkws im Eigentum des Mitunternehmers für seine Gesellschaft. Die betrieblich veranlassten Kosten des Pkws sind in voller Höhe Sonderbetriebsausgaben. Sind aber in den Kosten auch die Aufwendungen für die Fahrten zwischen Wohnung und Betriebsstätte enthalten, sind die nicht abzugsfähigen Beträge außerhalb des Sonderbereichs (also bei der Gewinnverteilung) wie beim Einzelunternehmer wieder hinzuzurechnen.

1541 FRAGEN

Zu den Kapiteln 4 und 5	**Rz.**
1. Welche Wirtschaftsgüter zählen zum Gesamthandsvermögen einer Mitunternehmerschaft?	1460 ff.
2. Warum ist der Ausweis von gewillkürtem Betriebsvermögen bei einer Mitunternehmerschaft grds. nicht denkbar?	1461 f.
3. Welche Vermögensgegenstände zählen ausnahmsweise zum steuerlichen Privatvermögen der Gesellschafter?	1463 ff.
4. Welche Wirtschaftsgüter zählen zum notwendigen oder gewillkürten Betriebsvermögen eines Mitunternehmers?	1467 f.
5. Erläutern Sie den Unterschied zwischen Sonderbetriebsvermögen I und II und nennen Sie typische Wirtschaftsgüter des Sonderbetriebsvermögens II!	1468 f.
6. Erläutern Sie den Unterschied zwischen Sonderbilanzen und Ergänzungsbilanzen! Nennen Sie typische Beispiele für deren Notwendigkeit.	1475 ff.
7. Welche Einnahmen bzw. Ausgaben sind als Sonderbetriebseinnahmen bzw. -ausgaben zu erfassen?	1490
8. Welche Rolle spielt die Umsatzsteuer im Zusammenhang mit Vergütungen für die Überlassung von Wirtschaftsgütern?	1493 ff.
9. Was ist zu beachten, wenn die zur Nutzung überlassenen Wirtschaftsgüter nicht im Alleineigentum eines Mitunternehmers stehen?	1499 ff.
10. Nennen Sie mögliche Sonderbetriebseinnahmen und -ausgaben, wenn ein Mitunternehmer „seiner“ Gesellschaft ein Darlehen entgeltlich zur Verfügung stellt!	1506 ff.
11. Was ist der Unterschied zwischen einer sog. „Vorabvergütung“ und einer „Vergütung für die Tätigkeit im Dienst der Gesellschaft“?	1512 ff.
12. Was verstehen Sie unter „Bilanzierungskonkurrenz zugunsten der Personengesellschaft“?	1533 f.
13. Welche Einnahmen rechnen über den reinen Wortlaut des § 15 Abs. 1 Satz 1 Nr. 2 EStG hinaus noch zu den Sonderbetriebseinnahmen?	1535

1542–1559 *(Einstweilen frei)*

Kapitel 6: Gewinnermittlung und Gewinnverteilung bei einer Mitunternehmerschaft

6.1 Gewinnermittlung

6.1.1 Allgemeines

1560 Ausgangsbasis für den Gewinn einer Mitunternehmerschaft ist der Gewinn der Personengesellschaft lt. Handelsbilanz. Dieser Gewinn ist zunächst, soweit erforderlich, auf einen Steuerbilanzgewinn umzurechnen. Dies ist dann erforderlich, wenn handelsrechtliche Ansatz- oder Bewertungsvorschriften denen des Steuerrechts widersprechen. Hat z. B. eine Personengesellschaft ein anderes Unternehmen übernommen und dabei für den „Firmenwert" einen Betrag i. H. von 15.000 € bezahlt, muss dieser Betrag nach der Einführung des BilMoG v. 25.5.2009 (BGBl 2009 I S. 1102) mit 15.000 € aktiviert und wohl auf fünf Jahre (§ 285 Nr. 13 HGB a. F.) abgeschrieben werden. Der Bewertungsvorbehalt des § 5 Abs. 6 EStG gebietet jedoch, diesen erworbenen Firmenwert als immaterielles Wirtschaftsgut zu bilanzieren (§ 5 Abs. 2 EStG im Umkehrschluss) und ihn gem. § 7 Abs. 1 Satz 3 EStG auf **15 Jahre** abzuschreiben.

Darüber hinaus ist auch denkbar, dass das Handelsrecht zwingend Bilanzansätze vorschreibt, die steuerlich verboten sind (z. B. Rückstellungen für drohende Verluste aus schwebenden Geschäften oder Warenbewertungen nach dem Niederstwertprinzip ohne dauernde Wertminderung). Nach diesen erforderlichen Korrekturen ergibt sich der Steuerbilanzgewinn der Gesellschaft i. S. des § 4 Abs. 1 i. V. mit § 5 EStG.

1561 Die Aufstellung einer sog. „Einheitsbilanz" ist in der Praxis bei der heutigen Rechtslage nur noch in ganz seltenen Fällen möglich.

1562 Der sich so ergebende Wert muss jetzt u. U. noch wertberichtigt werden, indem eine Ergänzungsbilanz für einen oder mehrere Gesellschafter aufzustellen ist. Die Ergänzungsbilanzen beinhalten Gesellschaftsvermögen (Gesamthandsvermögen), das aufgrund besonderer Umstände nur einem oder mehreren Gesellschaftern zuzurechnen ist (typisch beim Eintritt oder Wechsel eines Gesellschafters, wenn der Eintretende mehr als den Wert des Kapitalkontos bezahlt).

1563 Im Rahmen der additiven Gewinnermittlung müssen dann die Ergebnisse der Sonderbilanzen der einzelnen Gesellschafter zum Gewinn der Personengesellschaft hinzuaddiert werden. Sowohl im Gesamthandsbereich als auch in den Sonderbereichen können dabei aber Betriebsausgaben abgezogen worden sein, die i. S. des § 4 Abs. 4 EStG auch Sonderausgaben darstellen, die aber der Höhe nach ganz oder teilweise den steuerlichen Gewinn nicht mindern dürfen. Unabhängig davon, ob die Betriebsausgaben den Gesamthandsgewinn oder einen Sonderbilanzgewinn gemindert haben, sind die nicht abzugsfähigen Teile bei der Ermittlung des steuerlichen Gewinns der Mitunternehmerschaft wieder hinzuzurechnen.

1564 In einer Übersicht stellt sich die steuerliche Gewinnermittlung bei einer Mitunternehmerschaft wie folgt dar:

- 1. Schritt: Ermittlung des Handelsbilanzgewinns
- 2. Schritt: Gegebenenfalls Umrechnung auf einen Steuerbilanzgewinn
- 3. Schritt: Hinzurechnung der Gewinne aus Ergänzungsbilanzen
- 4. Schritt: Vornahme der außerhalb der Gesamthandsbilanz vorzunehmenden Korrekturen (z. B. gem. § 4 Abs. 5 EStG oder InvZulG)
- 5. Schritt: Hinzurechnung der Gewinne aus Sonderbilanzen
- 6. Schritt: Vornahme der außerhalb der Sonderbereiche vorzunehmenden Korrekturen

Summe: Steuerlicher Gewinn der Mitunternehmerschaft gem. § 15 Abs. 1 Satz 1 Nr. 2 EStG

Dieser Gewinn ist auch gleichzeitig die Ausgangsgröße zur Ermittlung des Gewerbeertrags (§ 7 Abs. 1 GewStG).

6.1.2 Korrespondierende Bilanzierung

6.1.2.1 Definition

1565 Unter „korrespondierender Bilanzierung“ versteht man die sich im Gesamthandsbereich und in den Sonderbereichen wechselseitig beeinflussende Bilanzierung desselben Sachverhalts. Ausgangspunkt dieser Überlegungen ist, dass sich das Betriebsvermögen und der Gewinn einer Mitunternehmerschaft nach Würdigung eines Sachverhalts in der Gesamtheit aus Gesamthandsvermögen und Sonderbetriebsvermögen nicht anders darstellen dürfen als bei einem Einzelunternehmer.

6.1.2.2 Beispiel und Anwendung

1566 Folgender Sachverhalt ist beispielhaft unter dem Gesichtspunkt der korrespondierenden Bilanzierung zu behandeln:

BEISPIEL: Die Darlehensgewährung des Gesellschafters an eine Gesellschaft ist in der Sonderbilanz des Gesellschafters als Darlehensforderung und in der Gesamthandsbilanz der Gesellschaft als Darlehensverbindlichkeit zu bilanzieren.

1567 Gerät nun im vorgenannten Beispielsfall die Gesellschaft in Zahlungsschwierigkeiten, wird der Gesellschafter darüber nachdenken wollen, ob er seine Forderung, die offensichtlich nicht mehr voll werthaltig ist, abschreiben kann. Dies ist i. S. einer korrespondierenden Bilanzierung nicht möglich, da die Gesellschaft ihre Verbindlichkeit weiterhin mit dem Rückzahlungsbetrag passivieren muss und die Forderung deshalb im Sonderbereich mit gleichem Wert aktiviert bleiben muss.

6.2 Gewinnverteilung

Der gem. Tz. 6.1 ermittelte steuerliche Gewinn der Mitunternehmerschaft ist dann auf die einzelnen Mitunternehmer zu verteilen. 1568

Zunächst sind die Gewinnanteile am Gesamthandsgewinn der Gesellschaft zu bestimmen (§ 15 Abs. 1 Satz 1 Nr. 2 Satz 1 Halbsatz 1 EStG). Die Ausgangsbasis ist die gesetzliche Gewinnverteilung (siehe Teil C, Kapitel 1 für die jeweilige Gesellschaftsform). In der Praxis wird allerdings nur sehr selten auf diese gesetzliche Gewinnverteilung zurückzugreifen sein, weil häufig anderslautende Vereinbarungen im Gesellschaftsvertrag getroffen wurden, die damit die gesetzliche Gewinnverteilung sofort ausschließen. Häufig werden in der Praxis sog. „Vorabverfügungen" vom Gesamthandsgewinn getroffen.

Das ist typischerweise der Fall bei

- Vereinbarungen einer Kapitalverzinsung,
- der Abgeltung einer Haftungsübernahme,
- der Abgeltung von Tätigkeiten für die Gesellschaft und
- der besonderen Zurechnung von Entnahmegewinnen eines Gesellschafters.

Der danach verbleibende Restgewinn ist nach dem vereinbarten Gewinnverteilungs- 1569
schlüssel auf die einzelnen Gesellschafter zu verteilen. Der sich so für jeden einzelnen Mitunternehmer ergebende Betrag ist für jeden Gesellschafter gleichzeitig der Zugang des anteiligen Gewinns am Gesamthandsgewinn auf seinem Kapitalkonto II. Die Summe der Einzelbeträge muss identisch sein mit dem oben zur Verteilung anstehenden Ausgangsbetrag des steuerlichen Gewinns der Mitunternehmerschaft.

Für jeden Mitunternehmer ist zu diesen Teilbeträgen der Gewinn aus einer für ihn ggf. 1570
geführten Ergänzungsbilanz hinzuzurechnen. Außerdem sind an dieser Stelle die außerbilanziellen Kürzungen und Hinzurechnungen aus dem Gesamthandsbereich zu erfassen. Jeder Mitunternehmer wird nach dem Restgewinnverteilungsschlüssel mit den anteiligen Zu- oder Abrechnungen belastet. Die sich an dieser Stelle ergebende Zwischensumme ist der Gewinnanteil i. S. des § 15 Abs. 1 Satz 1 Nr. 2 Satz 1 Halbsatz 1 EStG. Hierzu werden i. S. der oben beschriebenen additiven Gewinnermittlung noch die Sonderbilanzgewinne bei den Mitunternehmern addiert und ggf. außerbilanzielle Zu- und Abrechnungen, bezogen auf die Sonderbereiche, berücksichtigt.

Die Summe dieser Einzelbeträge ist der einheitlich festzustellende Gewinn der Mitunternehmerschaft, der dann noch gesondert für jeden Mitunternehmer festzustellen ist (§§ 179 und 180 AO).

6.3 Besonderheiten bei bestimmten Entnahmegewinnen

Gewinne, die durch die Entnahme eines oder mehrerer Gesellschafter entstehen, sind 1571
in die Restgewinnverteilung grds. mit einzubeziehen. In der Praxis werden in den Gesellschaftsverträgen jedoch gerade für solche Sachverhalte individuelle Regelungen getroffen. So werden z. B. regelmäßige Gewinne, die aus der Entnahme eines Wirtschafts-

guts (Pkw oder Gebäude) durch einen oder mehrere Gesellschafter entstehen, nur diesen zugerechnet.

Unabhängig von der Entnahmegewinnzurechnung wird die Entnahme aber immer dem entnehmenden Gesellschafter auf seinem Kapitalkonto II angelastet.

6.4 Zusammenfassendes Beispiel zur Gewinnermittlung und -verteilung

1572 An einer KG sind A mit 80 % und B mit 20 % am Gewinn und Verlust und am Vermögen der Gesellschaft beteiligt. A ist Komplementär bei einer festen Kapitaleinlage i. H. von 80.000 € und B hält als Kommanditist Kapital i. H. von 20.000 €. Diese Beträge sind eingezahlt und werden seit Jahren unverändert auf einem Kapitalkonto I ausgewiesen. Gemäß den Vereinbarungen im Gesellschaftsvertrag sind diese Kapitalien I mit dem jeweiligen Kontostand zum 1.1. des Wirtschaftsjahres mit 6 % zu verzinsen. Der Gewinn der KG beträgt bisher 150.000 €.

Die KG betreibt seit Jahren einen Groß- und Einzelhandel mit Zweirädern aller Art. Komplementär A ist Geschäftsführer. Gemäß § 6 des Gesellschaftsvertrags steht ihm für diese Tätigkeit eine Vergütung i. H. von 6.000 € monatlich zu, die ihm am 5. des jeweiligen Monats mit folgender Buchung überwiesen wird:

Gehälter	6.000 €	an	Bank	6.000 €

Seit dem 1.1.01 ist Kommanditist B stundenweise bei der KG angestellt. Sein der Höhe nach angemessenes Gehalt beträgt 2.000 € brutto. Es wurden Sozialversicherungsbeträge (Arbeitnehmeranteil) i. H. von 300 € einbehalten. Das Gehalt wurde vereinbarungsgemäß immer am 5. des folgenden Monats ausgezahlt und wie folgt gebucht:

Gehälter	1.700 €			
Soziale Aufwendungen	600 €	an	Bank	2.300 €

Außerdem gewährte Kommanditist B der KG am 1.7.00 ein vorläufig tilgungsfreies Darlehen über 100.000 €. Das Darlehen wird mit 8 % angemessen verzinst. Die Zinsen sind jährlich nachschüssig zahlbar und wurden jeweils pünktlich überwiesen. Die KG buchte im Jahr 01 ausschließlich wie folgt:

30.6.01:

Zinsaufwendungen	8.000 €	an	Bank	8.000 €

Bezüglich der vereinbarten Kapitalverzinsung des Kapitalkontos I buchte die KG in den Abschlussbuchungen für Kommanditist B wie folgt:

31.12.01:

Zinsaufwendungen	1.200 €	an	Zinsverbindlichkeiten	1.200 €

Die Buchungen für das Jahr 00 sind unstreitig korrekt!

Außerdem hat die KG im Jahr 00 einen Investitionsabzugsbetrag gem. § 7g Abs. 1 EStG i. H. von 40.000 € geltend gemacht. Die KG plante nachweislich die Anschaffung eines neuen Firmenwagens im Wert i. H. von ca. 100.000 €, der dem Komplementär A ab Herbst des Jahres 01 zur Verfügung gestellt werden sollte. Aufgrund von Lieferschwierigkeiten konnte der Pkw jedoch erst am 18.1.02 an die KG ausgeliefert werden.

Die KG wünscht für das Jahr 01 das steuerlich günstigste Ergebnis.

Der **Gesamthandsgewinn** ist wie folgt zu berichtigen: 1573

1. Komplementär A steht aufgrund der Vereinbarung im Gesellschaftsvertrag ein gewinnunabhängiges Sonderentgelt i. H. von 72.000 € brutto zu. Die Vergütung ist umsatzsteuerbar und umsatzsteuerpflichtig. Die monatlich gezahlten 6.000 € sind in ein Nettoentgelt und Umsatzsteuer aufzuteilen. Bis zum Vorliegen einer ordnungsgemäßen Rechnung von A hat die KG noch nicht verrechenbare Vorsteuer zu aktivieren.

   Umbuchung:

Noch nicht verrechenbare Vorsteuer	11.495 €	an	Gehälter	11.495 €

2. B bezieht Gehalt von seiner KG. Die Aufwandsbuchungen sind insoweit richtig. Für die Gehaltszahlung „Dezember 01" ist jedoch noch eine Verbindlichkeit einschließlich des Arbeitgeberanteils an der Sozialversicherung einzubuchen.

   Umbuchung:

Gehälter	1.700 €			
Soziale Aufwendungen	600 €	an	Verbindlichkeiten	2.300 €

3. Die Darlehenszinsen (8.000 €) bewirken zu Recht einen Aufwand der KG. Dieser wurde durch die Buchung am 30.6.01 erreicht. Gleichzeitig muss jedoch eine Zinsverbindlichkeit i. H. von 4.000 € zum 31.12.01 ausgewiesen werden. Dies ist aber offensichtlich in der Bilanz der KG erfolgt. Laut Sachverhalt ist die buchmäßige Behandlung im Jahr 00 unstreitig korrekt. Das heißt, dass für das 2. Halbjahr 00 eine entsprechende Zinsverbindlichkeit ausgewiesen wurde. Da sie nicht ausgebucht wurde, ist sie in der Bilanz zum 31.12.01 noch ausgewiesen.

   Umbuchung:

   Keine.

4. Für die vereinbarte Kapitalverzinsung der Kapitalkonten I gilt dasselbe wie z. B. für die Haftungsvergütung. Hier ist im Rahmen der Gewinnverteilung verabredet, den jeweiligen Gesellschaftern einen bestimmten Betrag des Gewinns vorab zuzurechnen. Dies führt nicht zu Aufwand der KG und es entsteht keine Verbindlichkeit der KG.

   Umbuchung:

Zinsverbindlichkeiten	1.200 €	an	Zinsaufwendungen	1.200 €

5. **Zusammenstellung:**

Gewinn lt. Gewinn- und Verlustrechnung bisher	150.000 €
Gewinnerhöhung wegen Vorsteueranspruch	+ 11.495 €

Dezember-Gehalt von Kommanditist B	- 2.300 €
Zinsen für Darlehen von Kommanditist B	–
Kapitalverzinsung von Kommanditist B	+ 1.200 €
Berichtigter Gewinn	160.395 €

1574 Für den Komplementär A ist eine **Sonderbilanz** auf den 31.12.01 zu erstellen.

Sein Nettogehalt stellt eine Sonderbetriebseinnahme dar. Die noch abzuführende Umsatzsteuer ist zu passivieren und die insgesamt vereinnahmten Beträge sind als Entnahme zu erfassen.

Danach ergibt sich folgende Sonderbilanz:

Aktiva	Sonderbilanz für A zum 31.12.01		Passiva
		Kapital zum 1.1.01	0 €
		+ Gewinn	60.505 €
		- Privateinlage	72.000 €
		Kapital zum 31.12.01	- 11.495 €
		Umsatzsteuer	11.495 €
	0 €		0 €

1575 Für den Kommanditisten B ist ebenfalls eine **Sonderbilanz** auf den 31.12.01 zu erstellen.

Er hat eine Forderung auf Zahlung des Dezember-Gehalts einschließlich des Arbeitgeberanteils an der Sozialversicherung i. H. von 2.300 € gegen die KG, eine Darlehensforderung aufgrund des Darlehensvertrags i. H. von 100.000 € und eine Zinsforderung i. H. von 4.000 € für die Zinsen für das 2. Halbjahr 01. Diese Wirtschaftsgüter sind notwendiges Sonderbetriebsvermögen I und als solches zu bilanzieren.

Das Bruttogehalt von Kommanditist B ohne den Arbeitgeberanteil zur Sozialversicherung (siehe BFH, Urteil v. 6.6.2002 - VI R 178/97, BStBl 2003 II S. 34) stellt eine Sonderbetriebseinnahme dar (24.000 €). Das Gleiche gilt für die Zinserträge i. H. von 8.000 €. Diese Zinsen i. H. von 8.000 € und die elf Gehälter einschließlich des Arbeitgeberanteils zur Sozialversicherung sind vereinnahmt und werden in Sonderbilanzen üblicherweise als Privatentnahmen dargestellt.

Danach ergibt sich folgende Sonderbilanz:

Aktiva	Sonderbilanz für B zum 31.12.01		Passiva
Forderung	2.300 €	Kapital zum 1.1.01	104.000 €
Darlehen	100.000 €	+ Gewinn	27.600 €
Zinsforderung	4.000 €	- Privateinlage	8.000 €
		- Privateinlage	25.300 €
		+ Gewinn	8.000 €
	106.300 €		106.300 €

Der verzögerte Liefertermin des Firmenwagens hat keinen Einfluss auf die bisherige oder zukünftige Behandlung des Investitionsabzugsbetrags.

Nach diesen Korrekturen verteilt sich der Gewinn der Mitunternehmerschaft wie folgt:

	Vorab	A	B	Summe
Berichtigter Gewinn	**160.395 €**			
Kapitalverzinsung	- 4.800 €	+ 4.800 €		+ 4.800 €
	- 1.200 €		+ 1.200 €	+ 1.200 €
Restgewinn	154.395 €			
Verteilung 80:20	- 154.395 €	+ 123.516 €	+ 30.879 €	+ 154.395 €
	0 €			**160.395 €**
Sonderbilanzgewinne		+ 60.505 €	+ 35.600 €	+ 96.105 €
		188.821 €	**67.679 €**	**256.500 €**

FRAGEN 1576

		Rz.
1.	Was verstehen Sie unter „additiver Gewinnermittlung"?	1560 ff.
2.	Nennen Sie mindestens drei Einzelprobleme, die eine abweichende Steuerbilanz von der Handelsbilanz erforderlich machen!	1560
3.	Wie kann man die Gewinnermittlung bei einer Mitunternehmerschaft schematisch darstellen?	1564
4.	Was verstehen Sie unter „korrespondierender Bilanzierung"?	1565 ff.

(Einstweilen frei) 1577–1589

Kapitel 7: Besonderheiten

7.1 Besonderheiten beim Abschluss einer GmbH & Co. KG

7.1.1 Allgemeines

1590 Bei dieser Gesellschaftsform handelt es sich rechtlich um eine KG, bei der eine GmbH der Komplementär ist und die einen oder mehrere Kommanditisten hat. In der Praxis sind die Gesellschafter der GmbH gleichzeitig auch häufig die Kommanditisten der KG.

7.1.2 Die Besteuerung der GmbH & Co. KG

1591 Einkommensteuerlich wird die GmbH & Co. KG als Personengesellschaft behandelt, d. h., es ist eine einheitliche und gesonderte Gewinnfeststellung i. S. der §§ 179 und 180 AO für alle Gesellschafter, also auch für die GmbH, durchzuführen.

Diese Gewinnanteile sind bei allen Gesellschaftern Einkünfte aus Gewerbebetrieb.

Die GmbH hat als Komplementärin ihren Gewinnanteil der Körperschaftsteuer zu unterwerfen. Die Ausschüttungen an ihre Gesellschafter unterliegen den körperschaftsteuerlichen Vorschriften.

Die Kommanditisten haben ihre Gewinnanteile als Einkünfte aus Gewerbebetrieb i. S. des § 15 EStG zu versteuern.

In der Regel sind sie zugleich Gesellschafter der GmbH; ihre GmbH-Anteile gehören sodann als Sonderbetriebsvermögen zum steuerlichen Betriebsvermögen der KG. Die Folge ist, dass auch die Ausschüttungen der GmbH an ihre Gesellschafter bei diesen als Einkünfte aus Gewerbebetrieb i. S. des § 20 Abs. 3 EStG zu versteuern sind.

7.1.3 Die Behandlung der Geschäftsführervergütung

1592 Grundsätzlich ist gem. § 164 HGB nur der Komplementär zur Geschäftsführung befugt. Im vorliegenden Fall ist der Komplementär aber eine GmbH, die mangels eigener Geschäftsfähigkeit eine natürliche Person als Geschäftsführer benötigt.

Damit wird der Geschäftsführer der GmbH zugleich Geschäftsführer der KG, denn die GmbH hat i. d. R. nur die Aufgabe, die Geschäfte der KG zu führen.

Im Normalfall ist der Geschäftsführer der GmbH gleichzeitig Kommanditist der KG; sodann gilt die Tätigkeitsvergütung als von der GmbH an den Geschäftsführer ausbezahlt. Dabei wird unterstellt, dass die GmbH diesen Betrag von der KG erstattet bekommt.

1593 Bei der KG ist der Betrag handelsrechtlich eine Betriebsausgabe. Steuerlich handelt es sich aber um einen Vorabgewinn für die GmbH.

Bei der GmbH ist der Betrag ein Vorabgewinn bei der Erstattung durch die KG, gleichzeitig aber eine Sonderbetriebsausgabe bei der Auszahlung an den Geschäftsführer. Damit wird der Betrag bei der GmbH praktisch zum durchlaufenden Posten.

Beim Geschäftsführer selbst ist der Betrag, den er von der GmbH erhält, eine Vergütung i. S. des § 15 Abs. 1 Satz 1 Nr. 2 EStG, denn als Geschäftsführer der GmbH führt er tatsächlich die Geschäfte der KG.

BEISPIEL: An einer GmbH & Co. KG sind die GmbH mit 20 % und die Kommanditisten A und B mit je 40 % beteiligt. 1594

Die Kommanditisten A und B sind gleichzeitig Gesellschafter der GmbH mit je 50 %.

Nach den vertraglichen Vereinbarungen ist Kommanditist A Geschäftsführer der GmbH und der KG. Für diese Tätigkeit erhält er eine angemessene Vergütung i. H. von 60.000 € von der GmbH ausgezahlt. Dieser Betrag wird der GmbH von der KG ersetzt.

Bei der KG ist der Betrag handelsrechtlich eine Betriebsausgabe, der bei der Zahlung an A als Lohnaufwand gebucht wird. Steuerlich darf dieser Betrag dagegen den Gewinn nicht mindern, sondern er erhöht den Gewinnanteil der GmbH.

Bei der GmbH wird bei der Zahlung an A wie folgt gebucht:

Lohnaufwand	60.000 €	an	Bank	60.000 €

Bei der Erstattung von der KG wird gebucht:

Bank	60.000 €	an	Sonstige betriebliche Erträge	60.000 €

Bei Kommanditist A erfolgt i. d. R. keine Buchung. Bei ihm wird der Betrag i. S. des § 15 Abs. 1 Satz 1 Nr. 2 EStG als Einkünfte aus Gewerbebetrieb erfasst.

7.1.4 Das Betriebsvermögen der GmbH & Co. KG

Handelsrechtlich können nur die Vermögensgegenstände bilanziert werden, die zum Gesamthandsvermögen gehören. Dabei spielt die betriebliche Nutzung grds. keine Rolle. 1595

Das **steuerliche Betriebsvermögen** umfasst dagegen:

- Das Gesamthandsvermögen der KG;
- das Sonderbetriebsvermögen der Kommanditisten;
- das Sonderbetriebsvermögen der GmbH als Komplementärin und
- die Anteile der Kommanditisten an der GmbH.

7.1.4.1 Gesamthandsvermögen der KG

Das Gesamthandsvermögen der GmbH & Co. KG ist grds. als notwendiges Betriebsvermögen anzusehen; ausgenommen, es fehlt jeglicher betriebliche Anlass. 1596

7.1.4.2 Sonderbetriebsvermögen der Kommanditisten

Das sind Wirtschaftsgüter, die einem oder mehreren Kommanditisten gehören und der KG zur betrieblichen Nutzung überlassen sind. Diese Wirtschaftsgüter sind in steuerlichen Sonderbetriebsvermögensbilanzen für den jeweiligen Kommanditisten auszuweisen. 1597

7.1.4.3 Sonderbetriebsvermögen der GmbH als Komplementärin

1598 Auch die GmbH kann eigene Wirtschaftsgüter besitzen, die sie der KG zur betrieblichen Nutzung überlässt. Auch diese Wirtschaftsgüter sind in steuerlichen Sonderbetriebsvermögensbilanzen für die GmbH auszuweisen.

7.1.4.4 Die Anteile der Kommanditisten an der GmbH

1599 Nach ständiger Rechtsprechung des BFH zählen auch diese Anteile zum notwendigen Sonderbetriebsvermögen II der KG, die ebenfalls in Sonderbetriebsvermögensbilanzen für die Kommanditisten auszuweisen sind, denn der GmbH-Anteil ermöglicht dem Kommanditisten seinen Einfluss auf die Geschäftsführung der KG.

Dies gilt immer dann, wenn die GmbH neben der Geschäftsführung für die KG keinen eigenen Gewerbebetrieb führt oder nur Wirtschaftsgüter an die KG vermietet.

7.1.5 Besonderheiten der Buchführung bei der GmbH & Co. KG

7.1.5.1 Buchführung bei der KG

1600 Die KG ist als Personengesellschaft zur kaufmännischen Buchführung verpflichtet. In ihrer Buchführung dürfen jedoch nur die Geschäftsvorfälle erfasst werden, die das Gesamthandsvermögen betreffen. Über § 264a HGB hat sie seit dem 1.1.2002 die Vorschriften der §§ 264–330 HGB zu beachten.

Geschäftsvorfälle im Zusammenhang mit dem Sonderbetriebsvermögen der Gesellschafter sind nicht bei der KG, sondern in Sonderbuchführungen für die Gesellschafter zu erfassen.

7.1.5.2 Buchführung bei der GmbH

1601 Die GmbH ist als Handelsgesellschaft zur kaufmännischen Buchführung verpflichtet. In ihrer Buchführung hat sie ihre Beteiligung an der KG, ihre jährlichen Gewinnanteile von der KG und die vereinnahmten und ausgezahlten Tätigkeitsvergütungen zu erfassen.

Für die Aufstellung des Jahresabschlusses hat sie die allgemeinen Grundsätze für Kapitalgesellschaften gem. § 266 HGB und des Steuerrechts zu beachten.

Hat die GmbH daneben noch Sonderbetriebsvermögen, muss dies in einer getrennten Sonderbilanz ausgewiesen werden, weil es sich dabei um steuerliches Betriebsvermögen der KG handelt.

7.1.5.3 Buchführung der Kommanditisten

1602 Die Gewinnanteile der Kommanditisten an der KG werden bei der einheitlichen und gesonderten Gewinnfeststellung für die KG ermittelt und vom Finanzamt den einzelnen Gesellschaftern zugerechnet. Allein dafür ist eine gesonderte Buchführung bei dem einzelnen Gesellschafter nicht erforderlich.

Hat ein Kommanditist Sonderbetriebsvermögen, müssen dafür eine Sonderbuchführung eingerichtet und regelmäßig Jahresabschlüsse erstellt werden. Zum Sonderbetriebsvermögen gehören auch die Anteile des Kommanditisten an der GmbH.

Auch für diese Sonderbuchführungen gelten die Grundsätze kaufmännischer Buchführung nach dem HGB, da es sich um steuerliches Betriebsvermögen der KG handelt. Eine Einnahmenüberschussrechnung gem. § 4 Abs. 3 EStG ist also nicht zulässig.

7.1.6 Übungsfall zur GmbH & Co. KG

Die Vogel-GmbH & Co. KG wurde am 1.1.01 gegründet. Komplementärin ist die gleich- 1603
zeitig gegründete Vogel-GmbH mit 20 %. Die Kommanditisten sind Fink und Star mit Anteilen i. H. von je 40 %.

Fink und Star sind auch die Gesellschafter der GmbH mit Anteilen i. H. von je 50 %.

Fink und Star haben als Kommanditisten am 1.1.01 eine Einlage i. H. von je 80.000 € in die KG geleistet und je 25.000 € in bar als Gesellschafter in die GmbH eingelegt. Beide halten alle Beteiligungen in ihrem Privatvermögen.

Die GmbH hat als Komplementärin am 1.1.01 40.000 € in bar in die KG eingebracht.

Fink ist Geschäftsführer der GmbH und der KG. Er erhält ein angemessenes Gehalt i. H. von 5.000 € monatlich zzgl. Umsatzsteuer von der GmbH ausgezahlt, das die KG der GmbH erstattet.

Star vermietet ab dem 1.1.01 ein bebautes Grundstück für 1.000 € monatlich umsatzsteuerfrei an die KG. Dieses Grundstück hatte Star vor 30 Jahren für 500.000 € erworben. Die Teilwerte betrugen am 1.1.01 für den Grund und Boden 200.000 € und für das Gebäude 400.000 €. Die Jahres-AfA beträgt 8.000 €.

Die Mietzahlungen wurden pünktlich geleistet und bei der KG als Aufwand gebucht.

Der Jahresüberschuss der KG für das Jahr 01 beträgt lt. Handelsbilanz 600.000 €. Bereits bei der Aufstellung dieser Handelsbilanz haben Fink und Star für das Jahr 01 eine Gewinnausschüttung der GmbH i. H. von je 42.000 € beschlossen, die im Mai 02 mit je 33.600 € (nach Abzug der Kapitalertragsteuer) an Fink und Star ausgezahlt wurde.

Die GmbH hat im Jahr 01 keine Körperschaftsteuer-Vorauszahlungen geleistet.

Lösung 1604

(Ohne Soli): Der steuerliche Gewinn der KG berechnet sich wie folgt:

Jahresüberschuss lt. Handelsbilanz	600.000 €
Gehaltszahlung bei der GmbH:	
+ 60.000 € - 60.000 € =	0 €
Gehalt Fink gem. § 15 Abs. 1 Satz 1 Nr. 2 EStG	+ 60.000 €
Miete Star	+ 12.000 €
AfA Gebäude, da Sonderbetriebsvermögen	- 8.000 €
GmbH-Gewinnanteile Fink und Star 42.000 € × 2 =	+ 84.000 €
	748.000 €

1605 Dieser Gewinn verteilt sich wie folgt:

	Vorab	Restgewinn	Summe
GmbH (20 %)	+ 60.000 €		
	- 60.000 €	+ 120.000 €	+ 120.000 €
Fink (40 %)	+ 60.000 €		
	+ 42.000 €	+ 240.000 €	+ 342.000 €
Star (40 %)	+ 12.000 €		
	- 8.000 €		
	+ 42.000 €	+ 240.000 €	+ 286.000 €
	148.000 €	**600.000 €**	**748.000 €**

1606 Buch- und bilanzmäßige Behandlung bei den Gesellschaftern der KG:

Fink hat seinen GmbH-Anteil als Sonderbetriebsvermögen in einer Sonderbetriebsvermögensbilanz auszuweisen.

Aktiva	**Sonderbetriebsvermögensbilanz für Fink zum 1.1.01**		**Passiva**
GmbH-Anteil	25.000 €	Kapital	25.000 €

Im Jahr 01 ist in seiner Sonderbuchführung zu buchen:

► **Gehaltszahlung:**

Entnahmen	71.400 €	an	Beteiligungserträge	60.000 €
		an	Umsatzsteuer	11.400 €
Umsatzsteuer	10.450 €	an	Neueinlage	10.450 €

► **Gewinnanteil GmbH:**

Sonstige Forderungen	42.000 €	an	Beteiligungserträge	42.000 €

Danach ergibt sich zum 31.12.01 folgende Sonderbetriebsvermögensbilanz:

Aktiva	**Sonderbetriebsvermögensbilanz für Fink zum 31.12.01**		**Passiva**
GmbH-Anteil	25.000 €	Kapital Anfangsbestand	25.000 €
Sonstige Forderungen	42.000 €	- Entnahmen	71.400 €
		+ Neueinlage	10.450 €
		+ Gewinn	102.000 €
		Kapital Endbestand	66.050 €
		Umsatzsteuer	950 €
	67.000 €		67.000 €

1607 **Star** hat seinen GmbH-Anteil und sein bebautes Grundstück gem. § 6 Abs. 1 Nr. 5 EStG mit dem Teilwert in einer Sonderbetriebsvermögensbilanz zum 1.1.01 auszuweisen.

Aktiva	**Sonderbetriebsvermögensbilanz für Star zum 1.1.01**		**Passiva**
GmbH-Anteil	25.000 €	Kapital	625.000 €
Grund und Boden	200.000 €		
Gebäude	400.000 €		
	625.000 €		625.000 €

Im Jahr 01 ist in seiner Sonderbuchführung zu buchen:

- **Miete:**

Entnahmen	12.000 €	an	Mieterträge	12.000 €

- **AfA:**

AfA	8.000 €	an	Gebäude	8.000 €

- **Gewinnanteil:**

Sonstige Forderungen	42.000 €	an	Beteiligungserträge	42.000 €

Danach ergibt sich folgende Sonderbetriebsvermögensbilanz:

Aktiva	Sonderbetriebsvermögensbilanz für Star zum 31.12.01		Passiva
GmbH-Anteil	25.000 €	Kapital Anfangsbestand	625.000 €
Grund und Boden	200.000 €	- Entnahmen	12.000 €
Gebäude	392.000 €	+ Gewinn	46.000 €
Sonstige Forderungen	42.000 €	Kapital Endbestand	659.000 €
	659.000 €		659.000 €

Die **GmbH** hat in ihrer Gesellschaftsbilanz zum 1.1.01 die Einlagen von ihren Gesellschaftern und ihre eigene Beteiligung an der KG auszuweisen. 1608

Eine Sonderbetriebsvermögensbilanz ist für die GmbH nicht zu erstellen, da sie kein Sonderbetriebsvermögen hat.

Aktiva	Bilanz der GmbH zum 1.1.01		Passiva
Beteiligung KG	40.000 €	Gezeichnetes Kapital	50.000 €
Bank	10.000 €		
	50.000 €		50.000 €

Sie hat im Jahr 01 folgende Vorgänge zu buchen:

- **Geschäftsführer-Gehalt:**

Erstattung:

Bank	71.400 €	an	Sonstige betriebliche Erträge	60.000 €
		an	Umsatzsteuer	11.400 €

Auszahlung:

Lohn	60.000 €			
Vorsteuer	11.400 €	an	Bank	71.400 €

- **Gewinnanteil von der KG für das Jahr 01:**

Sonstige Forderungen	120.000 €	an	Beteiligungserträge	120.000 €

- **Körperschaftsteuer-Rückstellung (keine Gewerbesteuer aufgrund von § 9 Nr. 2 GewStG):**

Zu versteuerndes Einkommen 120.000 €, Tarifbelastung 25 % =	30.000 €
Körperschaftsteuer-Rückstellung, da keine Vorauszahlungen	30.000 €

Buchung:

Steueraufwand	30.000 €	an	Körperschaftsteuer-Rückstellung	30.000 €

Danach erstellt die GmbH zum 31.12.01 folgende Gesellschaftsbilanz:

Aktiva	**Bilanz der GmbH zum 31.12.01**		**Passiva**
Beteiligung KG	40.000 €	Gezeichnetes Kapital	50.000 €
Bank	10.000 €	Jahresüberschuss	90.000 €
Sonstige Forderungen	120.000 €	Körperschaftsteuer-Rückstellung	30.000 €
	170.000 €		170.000 €

Außerhalb der Bilanz sind sowohl bei Fink als auch bei Star je 21.000 € zur Ermittlung des steuerlichen Gewinns abzuziehen (§ 3 Nr. 40 EStG).

1609–1619 *(Einstweilen frei)*

7.2 Eintritt und Austritt eines Gesellschafters

7.2.1 Allgemeines

1620 Ein Wechsel im Beteiligungsverhältnis der Personengesellschaft kann dadurch ausgelöst werden, dass ein Gesellschafter ersatzlos ausscheidet, mit der Folge, dass die verbleibenden Gesellschafter seinen Anteil übernehmen.

Für den ausscheidenden Gesellschafter kann aber auch ein neuer Gesellschafter eintreten, so dass das Beteiligungsverhältnis unverändert bleibt.

7.2.2 Ersatzloses Ausscheiden eines Gesellschafters

1621 Steuerrechtlich ist das Ausscheiden die Veräußerung der anteiligen Wirtschaftsgüter, mit der Folge, dass beim ausscheidenden Gesellschafter ein Veräußerungsgewinn i. H. des Unterschieds zwischen seinem Kapitalkonto und der Abfindung entsteht.

Die übernehmenden Gesellschafter haben i. H. der Abfindung Anschaffungskosten für die anteilig erworbenen Wirtschaftsgüter.

Eine Ergänzungsbilanz ist nicht aufzustellen, da es sich um einen Erwerb der Gesamtheit der verbleibenden Gesellschafter für das Gesamthandsvermögen handelt. Jedoch sind die bisherigen Bilanzansätze in der OHG-Bilanz um die erworbenen anteiligen stillen Reserven aufzustocken.

1622 **BEISPIEL:** An einer OHG sind die Gesellschafter A, B und C mit je $^1/_3$ beteiligt. Zum 31.12.01 wird folgende Schlussbilanz aufgestellt:

Aktiva	**OHG-Bilanz zum 31.12.01**		**Passiva**
Grundstücke	120.000 €	Kapital A	120.000 €
Sonstige Aktiva	240.000 €	Kapital B	120.000 €
		Kapital C	120.000 €
	360.000 €		360.000 €

Der Teilwert der Grundstücke beträgt 180.000 € und der der sonstigen Aktiva 270.000 €. Die stillen Reserven betragen bei den Grundstücken 60.000 € und bei den sonstigen Aktiva 30.000 €, wovon der Anteil von Gesellschafter C je $^1/_3$ beträgt.

Mit Ablauf des Jahres 01 scheidet Gesellschafter C gegen eine Abfindung i. H. von 150.000 € (= $^1/_3$ der stillen Reserven = 30.000 € + Kapitalkonto mit 120.000 €) in bar ersatzlos aus der Gesellschaft aus.

Die Aufstockung ist bei der OHG zu buchen:

Grundstücke	20.000 €			
Sonstige Aktiva	10.000 €	an	Kapital C (Veräußerungsgewinn)	30.000 €

Anschließend wird gebucht:

Kapital C	150.000 €	an	Abfindungsschuld	150.000 €

Damit ergibt sich folgende OHG-Anfangsbilanz zum 1.1.02:

Aktiva	**OHG-Bilanz zum 1.1.02**		**Passiva**
Grundstücke	140.000 €	Kapital A	120.000 €
Sonstige Aktiva	250.000 €	Kapital B	120.000 €
		Abfindungsschuld	150.000 €
	390.000 €		390.000 €

Für Gesellschafter C ist im Jahr 01 ein Veräußerungsgewinn i. H. von 30.000 € entstanden. Die Gesellschafter A und B sind ab dem 1.1.02 mit je 50 % an der OHG beteiligt.

7.2.3 Veräußerung des Gesellschaftsanteils an einen Dritten

Liegt die Abfindung über dem Kapitalkonto des bisherigen Gesellschafters, kann in diesem Fall keine Aufstockung in der OHG-Bilanz vorgenommen werden, da es sich nicht um eine Anschaffung der Gesamtheit aller Gesellschafter für das Gesamthandsvermögen handelt, sondern nur um eine Anschaffung des neuen Gesellschafters. Die Folge ist, dass die durch die Veräußerung aufgedeckten, anteiligen stillen Reserven in einer Ergänzungsbilanz für den neuen Gesellschafter auszuweisen sind. 1623

BEISPIEL: Fortführung des vorherigen Beispiels. Gesellschafter C verkauft seinen Gesellschaftsanteil i. H. von 120.000 € jedoch gegen eine Abfindung i. H. von 150.000 € an den neu eintretenden Gesellschafter D. 1624

Bei der OHG ist lediglich eine Umbuchung des Kapitals C auf das Kapital D vorzunehmen. Eine Schuld ist nicht auszuweisen, denn die Abfindung betrifft nur den Gesellschafter D, nicht jedoch das Gesamthandsvermögen.

Für Gesellschafter D ist folgende Ergänzungsbilanz aufzustellen:

Aktiva	**Ergänzungsbilanz für D zum 1.1.02**		**Passiva**
Mehrwert:		Mehrkapital D	30.000 €
Grundstück	20.000 €		
Aktiva	10.000 €		
	30.000 €		30.000 €

Für die Fortentwicklung der Bilanzansätze in der Ergänzungsbilanz ist zu beachten, dass der Gesellschafter D an die Bewertungsmethoden und Bewertungsmaßstäbe der Gesellschaft gebunden ist. 1625

Die AfA bemisst sich nach den gesamten anteiligen Anschaffungskosten des Gesellschafters D, nicht nur nach dem in der Ergänzungsbilanz ausgewiesenen Mehrwert.

7.3 Übertragung von Wirtschaftsgütern bei Personengesellschaften

1626 Bedingt durch die Tatsache, dass das steuerliche Betriebsvermögen einer Personengesellschaft nicht nur das Gesamthandsvermögen, sondern auch das Sonderbetriebsvermögen umfasst, ergeben sich folgende Möglichkeiten für die Übertragung von Wirtschaftsgütern:

7.3.1 Übertragung eines Wirtschaftsguts aus dem Gesamthandsvermögen

1627 Ein Wirtschaftsgut, das bisher zum Gesamthandsvermögen gehört hat, kann in das **Sonderbetriebsvermögen** oder **in ein anderes Betriebsvermögen** eines Mitunternehmers überführt werden.

Möglich ist auch die Übernahme in **das Privatvermögen** eines Mitunternehmers.

7.3.1.1 Übertragung in das Sonderbetriebsvermögen

1628 Bei der Übertragung aus dem Gesamthandsvermögen **in das Sonderbetriebsvermögen** eines Mitunternehmers bleibt das Wirtschaftsgut im steuerlichen Betriebsvermögen der Mitunternehmerschaft. Erfolgt die Übertragung gegen ein angemessenes Entgelt, ist der Vorgang steuerlich wie eine Veräußerung zwischen Fremden zu behandeln.

Bei der Gesellschaft tritt in vollem Umfang die Gewinnrealisierung ein. Beim Mitunternehmer ist das Wirtschaftsgut in seiner Sonderbilanz mit den tatsächlichen Anschaffungskosten anzusetzen.

1629 **BEISPIEL:** Aus dem Gesamthandsvermögen einer OHG, an der Gesellschafter A mit 50 % beteiligt ist, erwirbt A ein bebautes Grundstück, das er der OHG weiterhin zur Nutzung überlässt. Die Buchwerte zum Zeitpunkt des Erwerbs betragen für den Grund und Boden 50.000 € und für das Gebäude 100.000 €. Die Teilwerte betragen zum selben Zeitpunkt für den Grund und Boden 80.000 € und für das Grundstück 150.000 €.

Wenn Gesellschafter A das Grundstück mit den Teilwerten 80.000 € + 150.000 € = 230.000 € erwirbt, ist bei der OHG zu buchen:

Sonstige Forderungen	230.000 €	an	Grund und Boden	50.000 €
		an	Gebäude	100.000 €
		an	Sonstige betriebliche Erträge	80.000 €

Gesellschafter A bucht in seiner Sonderbuchführung:

Grund und Boden	80.000 €			
Gebäude	150.000 €	an	Sonstige Verbindlichkeiten	230.000 €

1630 Als Folge berechnet sich die AfA bei Gesellschafter A künftig aus 150.000 €.

Würde Gesellschafter A einen unangemessen hohen Preis, z. B. 300.000 €, bezahlen, liegt hinsichtlich des Mehrbetrags i. H. von 70.000 € eine Einlage des Gesellschafters A vor. Die OHG hätte in diesem Fall zu buchen:

Bank	300.000 €	an	Grund und Boden	50.000 €
		an	Gebäude	100.000 €
		an	Sonstige betriebliche Erträge	80.000 €
		an	Kapital A	70.000 €

Erfolgt die Übertragung gegen die Minderung von Gesellschaftsrechten, hat der erwerbende Mitunternehmer gem. § 6 Abs. 6 EStG das Wirtschaftsgut im Sonderbetriebsvermögen mit dem gemeinen Wert ansetzen. Eine Gewinnrealisierung tritt bei der Personengesellschaft nur insoweit ein, als der Ansatz im Sonderbetriebsvermögen den bisherigen Buchwert übersteigt. 1631

BEISPIEL: Im vorherigen Beispiel übernimmt Gesellschafter A das bebaute Grundstück gegen die Minderung eines Gesellschaftsanteils um 230.000 €. 1632

Buchung bei der OHG:

Kapital A	230.000 €	an	Grund und Boden	50.000 €
		an	Gebäude	100.000 €
		an	Sonstige betriebliche Erträge	80.000 €

Buchung in der Sonderbuchführung des Gesellschafters A:

Grund und Boden	80.000 €			
Gebäude	150.000 €	an	Kapital	230.000 €

7.3.1.2 Übertragung in einen anderen Betrieb

Die Übertragung aus dem Gesamthandsvermögen **in einen anderen Betrieb** eines Mitunternehmers hat zur Folge, dass das Wirtschaftsgut aus dem Betriebsvermögen der Gesellschaft ausscheidet. 1633

Für die steuerliche Beurteilung und die buchmäßige Behandlung gelten die vorstehenden Ausführungen sinngemäß.

Daraus folgt, dass bei einer angemessenen entgeltlichen Übertragung für die Personengesellschaft in vollem Umfang die Gewinnrealisierung eintritt, wenn der Buchwert stille Reserven enthält. Bezahlt der Erwerber ein überhöhtes Entgelt, ist der Mehrpreis als eine Einlage des Mitunternehmers in das Gesellschaftsvermögen zu behandeln.

Erfolgt die Übertragung eines Wirtschaftsguts aus dem Gesamthandsvermögen **in ein anderes Betriebsvermögen** eines Mitunternehmers gegen die Minderung von Gesellschaftsrechten, liegt auch hier ein tauschähnlicher Vorgang vor, der gem. § 6 Abs. 6 EStG mit dem gemeinen Wert anzusetzen ist.

7.3.1.3 Übertragung in das Privatvermögen

Die Übertragung eines Wirtschaftsguts aus dem Gesamthandsvermögen **in das Privatvermögen** eines Mitunternehmers ist wie ein Veräußerungsgeschäft unter Fremden mit voller Gewinnrealisierung zu behandeln, vorausgesetzt, der Mitunternehmer bezahlt ein angemessenes Entgelt. 1634

Erfolgt die Übertragung aus dem Gesamthandsvermögen in das Privatvermögen dagegen unentgeltlich, liegt stets eine Entnahme vor, die gem. § 6 Abs. 1 Nr. 4 EStG mit dem Teilwert anzusetzen ist.

1635 **BEISPIEL:** Der Gesellschafter A soll im vorherigen Beispiel das Grundstück gegen die Minderung seines Gesellschaftsanteils übernehmen und es der OHG künftig nicht mehr zur Nutzung überlassen.

Die Folge ist, dass das Grundstück Privatvermögen des Gesellschafters A wird und die Entnahme mit dem Teilwert erfolgen muss.

Buchung bei der OHG:

Kapital A	230.000 €	an	Grund und Boden	50.000 €
		an	Gebäude	100.000 €
		an	Sonstige betriebliche Erträge	80.000 €

Bei Gesellschafter A erfolgt keine Buchung, da sich das Grundstück nicht im Betriebsvermögen befindet.

1636 Die Frage, ob und inwieweit die Übertragung mit einer Minderung der Gesellschaftsrechte verbunden ist, bleibt der Vereinbarung unter den Gesellschaftern überlassen. Buchtechnisch ist lediglich zu beachten, dass eine Minderung der Gesellschaftsrechte über das Kapitalkonto I zu buchen ist, das als unveränderliches Konto das Beteiligungsverhältnis ausweist, während eine Entnahme, die ohne Wirkung auf das Beteiligungsverhältnis bleiben soll, über das variable Kapitalkonto II verbucht wird.

7.3.2 Übertragung eines Wirtschaftsguts aus dem Sonderbetriebsvermögen eines Mitunternehmers

1637 Wirtschaftsgüter, die zum Sonderbetriebsvermögen gehören, können **in das Gesamthandsvermögen** der Personengesellschaft, in ein **Sonderbetriebsvermögen** eines anderen Gesellschafters, **in ein anderes Betriebsvermögen** eines Gesellschafters oder **in das Privatvermögen** überführt werden.

7.3.2.1 Übertragung ins Gesamthandsvermögen

1638 Die Übertragung aus dem Sonderbetriebsvermögen **in das Gesamthandsvermögen** der Personengesellschaft hat zur Folge, dass das Wirtschaftsgut Betriebsvermögen der Gesellschaft bleibt.

Überträgt der Mitunternehmer das Eigentum an dem Wirtschaftsgut aufgrund eines schuldrechtlichen Vertrags gegen ein angemessenes Entgelt auf die Gesellschaft, tritt i. H. des Unterschieds zwischen dem Veräußerungserlös und dem Buchwert die volle Gewinnrealisierung ein.

Zahlt die Gesellschaft dem Mitunternehmer einen unangemessen hohen Preis, liegt hinsichtlich des Mehrbetrags eine Entnahme des Mitunternehmers vor.

1639 **BEISPIEL:** Gesellschafter B überträgt einen Lagerplatz, der ausschließlich dem Betrieb der OHG dient und zu Recht als Sonderbetriebsvermögen in der Sonderbilanz geführt wird, in das Gesamthandsvermögen der OHG. Der Buchwert beträgt 100.000 € und der Teilwert 160.000 €. Die OHG bezahlt 200.000 €.

Buchung bei der OHG:

Grundstück	160.000 €			
Kapital II B	40.000 €	an	Bank	200.000 €

Buchung in der Sonderbuchführung des Gesellschafters B:

Entnahmen	160.000 €	an	Grundstück	100.000 €
		an	Sonstige betriebliche Erträge	60.000 €

Die restlichen 40.000 € sind privat verursacht und daher nicht zu buchen.

Erfolgt dagegen die Übertragung gegen Gewährung von Gesellschaftsrechten, liegt ein tauschähnlicher Vorgang vor, bei dem die Personengesellschaft das Wirtschaftsgut in ihrer steuerlichen Gesamtbilanz (= Gesellschaftsbilanz einschließlich Sonderbilanz) gem. § 6 Abs. 6 EStG mit dem gemeinen Wert des hingegebenen Wirtschaftsguts anzusetzen hat. In Höhe der Differenz zwischen dem Ansatz in der steuerlichen Gesamtbilanz der OHG und dem Buchwert in der Sonderbuchführung entsteht ein Gewinn des Gesellschafters B. 1640

BEISPIEL: Im vorherigen Beispiel überträgt Gesellschafter B seinen Lagerplatz an die OHG gegen die Gewährung von zusätzlichen Gesellschaftsrechten i. H. von 160.000 €. 1641

Buchung bei der OHG:

Grundstück	160.000 €	an	Kapital I B	160.000 €

Buchung in der Sonderbuchführung des Gesellschafters B:

Kapital	160.000 €	an	Grundstück	100.000 €
		an	Sonstige betriebliche Erträge	60.000 €

Bei dieser Buchung erhöhen sich zwar die Gesellschaftsrechte des Gesellschafters B in der OHG-Bilanz um den tatsächlichen Wert des eingebrachten Wirtschaftsguts, gleichzeitig hat er aber auch die stillen Reserven (60.000 €) zu versteuern.

7.3.2.2 Übertragung ins Sonderbetriebsvermögen eines anderen Gesellschafters

Überträgt ein Mitunternehmer ein Wirtschaftsgut seines Sonderbetriebsvermögens an einen anderen Mitunternehmer, der es ebenfalls der Gesellschaft zur betrieblichen Nutzung überlässt, bleibt dieses Wirtschaftsgut im steuerlichen Betriebsvermögen der Gesellschaft. Es gelangt lediglich **in das Sonderbetriebsvermögen eines anderen Gesellschafters.** 1642

Erfolgt die Veräußerung gegen ein angemessenes Entgelt, erzielt der Veräußerer einen Gewinn i. H. des Unterschieds zwischen dem Veräußerungserlös und dem Buchwert.

BEISPIEL: Der Gesellschafter B aus dem vorherigen Beispiel verkauft seinen Lagerplatz zum angemessenen Preis i. H. von 160.000 € an den Gesellschafter C, der diesen der OHG weiterhin zur Nutzung überlässt. 1643

Buchung in der Sonderbuchführung des Gesellschafters B:

Sonstige Forderungen	160.000 €	an	Grundstück	100.000 €
		an	Sonstige betriebliche Erträge	60.000 €

Buchung in der Sonderbuchführung des Gesellschafters C:

Grundstück	160.000 €	an	Sonstige Verbindlichkeiten	160.000 €

Die Anschaffungskosten des Gesellschafters C betragen somit 160.000 €. Mit diesem Wert wird das Grundstück in der Gesamtbilanz der OHG jetzt ausgewiesen.

1644 Wird das Wirtschaftsgut dagegen unentgeltlich auf einen Mitunternehmer übertragen, der es der Gesellschaft weiterhin zur betrieblichen Nutzung überlässt, liegt keine gewinnrealisierende Entnahme vor. Es ändert sich lediglich die Zurechnung.

Erfolgt die Übertragung nur teilweise unentgeltlich, entsteht beim Veräußerer ein Gewinn i. H. des Unterschieds zwischen dem Veräußerungserlös und dem darauf anteilig entfallenden Buchwert.

Der Erwerber hat das Wirtschaftsgut mit dem Kaufpreis zzgl. dem anteilig unentgeltlich erworbenem Buchwert anzusetzen.

1645 **BEISPIEL:** Der Gesellschafter B aus dem vorherigen Beispiel verkauft seinen Lagerplatz für 80.000 € (= 50 % des tatsächlichen Werts) an Gesellschafter C, der ihn der OHG weiterhin zur Nutzung überlässt.

Buchung in der Sonderbuchführung des Gesellschafters B:

Sonstige Forderungen	80.000 €			
Privatentnahme	50.000 €	an	Grundstück	100.000 €
		an	Sonstige betriebliche Erträge	30.000 €

Das Grundstück wurde zur Hälfte unentgeltlich und zur Hälfte entgeltlich übertragen. Der Gewinn berechnet sich wie folgt: Veräußerungserlös 80.000 € - entgeltlich übertragener Teil des Buchwerts 50.000 € = 30.000 €.

Buchung in der Sonderbuchführung des Gesellschafters C:

Grundstück	130.000 €	an	Sonstige Verbindlichkeiten	80.000 €
		an	Einlage	50.000 €

7.3.2.3 Übertragung in ein anderes Betriebsvermögen

1646 Eine Übertragung aus dem Sonderbetriebsvermögen **in ein anderes Betriebsvermögen** des Mitunternehmers liegt vor, wenn ein Wirtschaftsgut nicht mehr den betrieblichen Zwecken der Personengesellschaft, sondern dem Einzelunternehmen des Gesellschafters dient. In diesen Fällen ist grds. keine gewinnrealisierende Entnahme mit dem Teilwert anzunehmen, es sei denn, die spätere Versteuerung stiller Reserven ist nicht sichergestellt.

7.3.2.4 Übertragung in das Privatvermögen

1647 Eine Übertragung aus dem Sonderbetriebsvermögen **in das Privatvermögen** des Mitunternehmers liegt vor, wenn ein Wirtschaftsgut der Personengesellschaft nicht mehr zur Nutzung überlassen wird, oder wenn der Gesellschafter, dem das Wirtschaftsgut gehört, aus der Personengesellschaft ausscheidet. In diesen Fällen liegt eine gewinnrealisierende Entnahme vor.

1648 **BEISPIEL:** Gesellschafter B aus dem vorherigen Beispiel legt auf dem bisher von der OHG genutzten Lagerplatz einen Gemüsegarten an, der ausschließlich dem eigenen privaten Bedarf des Gesellschafters B dient.

Buchung in der Sonderbuchführung des Gesellschafters B:

Kapital	160.000 €	an	Grundstück	100.000 €
		an	Sonstige betriebliche Erträge	60.000 €

7.3.3 Übertragung eines Wirtschaftsguts aus einem anderen Betrieb eines Mitunternehmers

Wirtschaftsgüter, die bisher zum Betriebsvermögen eines anderen Betriebs eines Mitunternehmers gehörten, können **in das Gesamthandsvermögen** der Personengesellschaft oder **in das Sonderbetriebsvermögen** des Mitunternehmers überführt werden. 1649

7.3.3.1 Übertragung ins Gesamthandsvermögen

Erfolgt die Übertragung gegen ein angemessenes Entgelt **in das Gesamthandsvermögen** der Gesellschaft, dann ergibt sich im Betrieb des veräußernden Mitunternehmers ein Veräußerungsgewinn i. H. des Unterschieds zwischen dem Verkaufserlös und dem Buchwert. 1650

Die Gesellschaft hat das Wirtschaftsgut mit dem Kaufpreis zu aktivieren.

BEISPIEL: Gesellschafter A verkauft ein bisher zu seinem Einzelbetrieb gehörendes unbebautes Grundstück zu einem angemessenen Preis i. H. von 200.000 € an die Gesellschaft, die es betrieblich nutzt (Buchwert 80.000 €). 1651

Buchung im Einzelunternehmen von Gesellschafter A:

Sonstige Forderungen	200.000 €	an	Grundstück	80.000 €
		an	Sonstige betriebliche Erträge	120.000 €

Buchung bei der Gesellschaft:

Grundstück	200.000 €	an	Sonstige Verbindlichkeiten	200.000 €

Zahlt die Personengesellschaft einen überhöhten Preis, liegt hinsichtlich des Mehrpreises eine Entnahme des Gesellschafters vor. 1652

Erfolgt die Übertragung dagegen gegen die Gewährung von zusätzlichen Gesellschaftsrechten, liegt ein tauschähnlicher Vorgang vor. Die Personengesellschaft hat das Wirtschaftsgut in ihrer Gesamtbilanz (= OHG-Bilanz und Ergänzungsbilanz) mit dem gemeinen Wert anzusetzen.

Vom Ansatz in der Gesamtbilanz hängt es ab, ob bzw. inwieweit bei der Einzelfirma des Gesellschafters ein Veräußerungsgewinn entsteht.

BEISPIEL: Der Gesellschafter A aus dem vorherigen Beispiel überträgt sein unbebautes, bisher zu seinem Einzelunternehmen gehörendes Grundstück gegen die Gewährung von zusätzlichen Gesellschaftsrechten i. H. von 200.000 € in das Gesamthandsvermögen der Personengesellschaft. 1653

Die Personengesellschaft bucht:

Grundstück	200.000 €	an	Kapital A	200.000 €

Keine Buchung in der Ergänzungsbuchführung des Gesellschafters A. In diesem Fall hat Gesellschafter A in der Buchführung seiner Einzelfirma zu buchen:

Beteiligung	200.000 €	an	Grundstück	80.000 €
		an	Sonstige betriebliche Erträge	120.000 €

Damit hat Gesellschafter A zwar eine Erhöhung seiner Gesellschaftsanteile in der Personengesellschaft erreicht, die dem tatsächlichen Wert des eingebrachten Wirtschaftsguts entsprechen, er muss aber die Versteuerung der stillen Reserven mit 120.000 € in Kauf nehmen.

7.3.3.2 Übertragung in das Sonderbetriebsvermögen

1654 Bei der Überführung eines Wirtschaftsguts aus einem anderen Betrieb eines Mitunternehmers **in sein Sonderbetriebsvermögen** liegt dagegen kein tauschähnlicher Vorgang vor, sondern eine Übertragung aus einem Betrieb in einen anderen Betrieb.

Diese Übertragung erfolgt zum Buchwert, wenn die Versteuerung der stillen Reserven gesichert ist (§ 6 Abs. 5 Satz 2 EStG).

7.3.4 Übertragung eines Wirtschaftsguts aus dem Privatvermögen eines Mitunternehmers

1655 Wirtschaftsgüter des Privatvermögens können **in das Gesamthandsvermögen** der Gesellschaft oder **in das Sonderbetriebsvermögen** des Gesellschafters übertragen werden.

7.3.4.1 Übertragung ins Gesamthandsvermögen

1656 Ein privates Wirtschaftsgut kann von der Gesellschaft entgeltlich erworben werden oder durch die Gewährung von Gesellschaftsanteilen **in das Gesamthandsvermögen** gelangen.

Überträgt der Mitunternehmer sein privates Grundstück gegen ein angemessenes Entgelt an die Gesellschaft, dann liegt beim Gesellschafter in vollem Umfang ein Veräußerungsgeschäft vor, dessen Versteuerung sich nach den Vorschriften des EStG richtet (z. B. § 23 EStG). Die Gesellschaft hat das Wirtschaftsgut mit den tatsächlichen Anschaffungskosten anzusetzen.

7.3.4.2 Zuvor privat genutztes Grundstück

1657 Überlässt der Gesellschafter der Gesellschaft sein bisher privat genutztes Grundstück zur betrieblichen Nutzung, ist es ab diesem Zeitpunkt **zum Sonderbetriebsvermögen** zu rechnen.

Auch für den Ansatz im Sonderbetriebsvermögen gilt § 6 Abs. 1 Nr. 5 EStG.

7.3.5 Bilanzmäßige Auswirkungen der Vererbung von Mitunternehmeranteilen

1658 Stirbt der Gesellschafter einer Personengesellschaft, dann wird gem. § 727 BGB sowie der §§ 131 und 161 HGB die Gesellschaft aufgelöst.

Diese gesetzliche Regelung wird i. d. R. den Interessen der Gesellschafter nicht gerecht. Deshalb können im Gesellschaftervertrag abweichende Vertragsklauseln vereinbart werden.

In der nachfolgenden Übersicht sind die wichtigsten Vertragsklauseln und ihre bilanzmäßigen Auswirkungen dargestellt: 1659

TAB. 7: Vererbung von Mitunternehmeranteilen			
Art der Vertragsklausel	**Einfache Nachfolgeklausel**	**Qualifizierte Nachfolgeklausel**	**Eintrittsklausel**
Inhalt der Vertragsklausel	Der Gesellschaftsvertrag bestimmt, dass die Gesellschaft mit den Erben des verstorbenen Gesellschafters fortgesetzt werden soll.	Der Gesellschaftsvertrag bestimmt, dass bei mehreren Erben die Gesellschaft nur mit einem Miterben fortgesetzt werden soll.	Der Gesellschaftsvertrag bestimmt, dass einzelnen Erben (oder auch Nichterben) ein Recht zum Beitritt in die Gesellschaft eingeräumt wird.
Folgen	Die Erben treten in die Rechtsstellung des verstorbenen Gesellschafters ein.	Der Gesellschaftsanteil geht im Wege der Sonderrechtsnachfolge unmittelbar auf den Erben über. Damit wird auch nur dieser Rechtsnachfolger des Erblassers. Eine etwaige Erbengemeinschaft wird nicht Gesellschafter der Personengesellschaft.	Das Wahlrecht führt dazu, dass die Erben die Aufnahme in die Gesellschaft verlangen können. Der Anteil des Erblassers an der Gesellschaft wächst deshalb zunächst den übrigen Gesellschaftern zu. Erst mit der Ausübung des Wahlrechts geht der entsprechende Anteil auf die neu eintretenden Gesellschafter über.

Art der Vertragsklausel	Einfache Nachfolgeklausel	Qualifizierte Nachfolgeklausel	Eintrittsklausel
Bilanzmäßige Auswirkungen	Die Gesellschafter erwerben ihre Anteile unmittelbar und unentgeltlich vom Erblasser. Deshalb führen sie das Kapitalkonto des Erblassers i. H. ihrer Erbquote fort (§ 6 Abs. 3 EStG). Soweit Sonderbetriebsvermögen vorhanden war, ändert sich an dieser Zuordnung nichts, wenn die Wirtschaftsgüter der Gesellschaft weiterhin zur Nutzung überlassen werden. Auch hier führen die Erben die Buchwerte anteilsmäßig fort.	Der begünstigte Miterbe führt das Kapitalkonto des Erblassers unverändert fort. Das Sonderbetriebsvermögen des Erblassers wird gesamthänderisches Eigentum der Erbengemeinschaft. Da nur ein Erbe Mitunternehmer wird, wird auch nur sein Anteil an der Erbquote Sonderbetriebsvermögen, während der übrige Teil des Sonderbetriebsvermögens Privatvermögen wird.	Machen die Erben von ihrem Wahlrecht auf Eintritt einheitlich keinen Gebrauch, entsteht noch in der Person des Erblassers ein begünstigter Veräußerungsgewinn. Die bisherigen Gesellschafter erwerben entgeltlich die dem Erblasser anteilsmäßig zuzurechnenden Wirtschaftsgüter. Sie passivieren die Abfindung als Betriebsschuld in der Bilanz der Personengesellschaft und stocken die Buchwerte der vorhandenen Wirtschaftsgüter um die realisierten stillen Reserven auf. Bei einem späteren Eintritt (innerhalb von sechs Monaten) mit Rückbeziehung auf den Erbfall wird dann die einfache Nachfolgeklausel angewendet.

1660 FRAGEN

		Rz.
1.	Wie ist eine GmbH & Co. KG typischerweise aufgebaut?	1590
2.	Wie wird die Vergütung für den GmbH-Gesellschafter-Geschäftsführer steuerlich behandelt, wenn die GmbH auch die Geschäfte der KG führt?	1592 ff.
3.	Welchen Umfang hat das steuerliche Betriebsvermögen bei der GmbH & Co. KG?	1596 ff.
4.	Welche buchführungstechnischen Erfordernisse ergeben sich, wenn ein Gesellschafter ausscheidet und die verbleibenden Gesellschafter seinen Anteil übernehmen? Der Ausscheidende soll dabei über seinen Kapitalkontostand abgefunden werden.	1621 ff.

		Rz.
5.	Welche buchführungstechnischen Erfordernisse ergeben sich, wenn ein Gesellschafter ausscheidet und ein neuer Gesellschafter seinen Anteil übernimmt? Der Ausscheidende soll dabei über seinen Kapitalkontostand abgefunden werden.	1623 ff.
6.	In welchen Fällen ist die Übertragung von Wirtschaftsgütern zu Buchwerten innerhalb einer Mitunternehmerschaft denkbar?	1626 ff.

(Einstweilen frei) 1661–1700

TEIL D: BESONDERHEITEN BEI KAPITALGESELLSCHAFTEN

Teil D: Besonderheiten bei Kapitalgesellschaften

Kapitel 1: Zivilrechtliche Grundlagen der GmbH

1.1 Allgemeines

1701 Die Körperschaftsteuer ist die Ertragsteuer der juristischen Personen. Sie ist eine direkte Steuer, da die Körperschaft als Steuerschuldner auch der Steuerträger ist. Sie ist auch eine Personensteuer. Die Körperschaft kann die von ihr zu zahlende Körperschaftsteuer nicht von der Bemessungsgrundlage für die Körperschaftsteuer abziehen. Sie ist daher vergleichbar mit der Einkommensteuer, mit der die natürlichen Personen besteuert werden.

Die GmbH ist die zahlenmäßig mit weitem Abstand am häufigsten verwendete Rechtsform der Kapitalgesellschaften. Aus diesem Grund beschränken wir uns bei der Darstellung der zivilrechtlichen Grundlagen der Körperschaften im Wesentlichen auf diese Rechtsform.

1.1.1 Wesen der GmbH

1702 Der Begriff der „GmbH" ist im GmbHG nicht selbständig definiert. Er lässt sich aber wohl wie folgt definieren: *„Die Gesellschaft mit beschränkter Haftung (GmbH) ist eine aus einer Person oder mehreren Personen bestehende Gesellschaft (§ 1 GmbHG) mit eigener Rechtspersönlichkeit (§ 13 GmbHG), die ein in Geschäftsanteile zerlegtes Stammkapital hat (§ 5 GmbHG). Sie gilt als Handelsgesellschaft i. S. des HGB."*

Der Zusatz „mit beschränkter Haftung", der auch im Geschäftsverkehr zu verwenden ist, hat insbesondere für Gläubiger dieser GmbH eine Warnfunktion. Gläubiger sollen nämlich darauf hingewiesen werden, dass bei dieser Gesellschaftsform nur das Gesellschaftsvermögen als Haftungsmasse zur Verfügung steht (§ 13 Abs. 2 GmbHG).

Die Gesellschafter haften dagegen nach Erbringung ihrer Stammeinlage nicht. Die Bezeichnung „Gesellschaft mit beschränkter Haftung" ist also missverständlich: Nicht die Gesellschaft haftet beschränkt, sondern die Gesellschafter. Sie müssen der Gesellschaft nur das Stammkapital zur Verfügung stellen.

Die GmbH hat gem. § 13 GmbHG Rechte und Pflichten. Sie kann z. B.

- Eigentum und andere dingliche Rechte an Grundstücken erwerben oder
- vor Gericht klagen und verklagt werden.

Daraus ist zu entnehmen, dass die GmbH selbst volle Rechtsfähigkeit i. S. des Zivilrechts besitzt. Sie ist eine **juristische Person.**

1.1.2 Stammkapital der GmbH

1703 Jede GmbH muss gem. § 5 Abs. 1 GmbHG ein sog. „Stammkapital" haben. Das Stammkapital einer GmbH ist der Betrag, auf den sich die Haftung *der Gesellschafter* der

GmbH beschränkt. Dieses Stammkapital ist von den Gesellschaftern primär bei der Gründung durch ihre Geschäftsanteile aufzubringen.

Die GmbH dagegen haftet nicht nur mit dem Stammkapital, sondern mit ihrem gesamten Vermögen!

Der Nennbetrag jedes Geschäftsanteils muss auf volle € lauten. Ein Gesellschafter kann bei der Errichtung der Gesellschaft mehrere Geschäftsanteile übernehmen. Die Höhe der Nennbeträge der einzelnen Geschäftsanteile kann verschieden bestimmt werden. Die Summe der Nennbeträge aller Geschäftsanteile muss mit dem Stammkapital übereinstimmen (§ 5 Abs. 2 und 3 GmbHG). 1704

1.1.3 Die Unternehmergesellschaft

Eine Gesellschaft, die mit einem Stammkapital gegründet wird, das den Betrag des Mindeststammkapitals i. H. von 25.000 € gem. § 5 Abs. 1 GmbHG unterschreitet, muss in der Firma abweichend von § 4 GmbHG die Bezeichnung „Unternehmergesellschaft (haftungsbeschränkt)" oder „UG (haftungsbeschränkt)" führen (§ 5a Abs. 1 GmbHG). 1705

Abweichend von § 7 Abs. 2 GmbHG darf die Anmeldung erst erfolgen, wenn das Stammkapital in voller Höhe eingezahlt ist. Sacheinlagen sind ausgeschlossen (§ 5a Abs. 2 GmbHG).

In der Bilanz des i. S. der §§ 242 und 264 HGB aufzustellenden Jahresabschlusses ist eine gesetzliche Rücklage zu bilden, in die $1/4$ des um einen Verlustvortrag aus dem Vorjahr geminderten Jahresüberschusses einzustellen ist (§ 5a Abs. 3 GmbHG).

1.2 Die Gründung der GmbH

1.2.1 Die Gründungsphasen der GmbH

Im Unterschied zu den Personengesellschaften erfordert die Entstehung der GmbH als konstitutiven Akt gem. § 11 Abs. 1 GmbHG **stets** die Eintragung in das Handelsregister. 1706

Das Handelsregister wird bei den Amtsgerichten geführt. Die GmbH wird in Abteilung B des Handelsregisters eingetragen (abgekürzt: HRB). Einzelkaufleute und Personengesellschaften werden in Abteilung A des Handelsregisters eingetragen (abgekürzt: HRA).

Die Gründung einer GmbH erfolgt in folgenden Phasen: 1707

- Die **Vorgründungsgesellschaft:**

  So bezeichnet man den Zeitraum vor dem Abschluss des notariell beurkundeten Gesellschaftsvertrags.

- Die **Gründungsgesellschaft:**

  So bezeichnet man den Zeitraum zwischen Abschluss des notariell beurkundeten Gesellschaftsvertrags und der Eintragung in das Handelsregister.

- Die Entstehung der GmbH durch die **Eintragung** im Handelsregister.

1.2.2 Allgemeine Voraussetzungen für die Errichtung einer GmbH

1.2.2.1 Überblick (§§ 1–5 GmbHG)

1708 Die allgemeinen zivilrechtlichen Voraussetzungen, unter denen eine GmbH errichtet wird, sind in § 1 GmbHG geregelt und werden durch die §§ 2, 3 und 5 GmbHG erläutert. Gemäß § 1 GmbHG müssen folgende **Voraussetzungen** erfüllt sein:

- Gesellschaft: privatrechtliche Gesellschaft;
- Gesellschaftsvertrag (Satzung der GmbH);
- Förderungs-, insbesondere Beitragspflicht;
- ein oder mehrere Gesellschafter;
- Beschränkung der Haftung auf das Gesellschaftsvermögen;
- jeder beliebige gesetzlich zulässige Zweck.

1.2.2.2 Begriff der Gesellschaft

1709 Unter einer „Gesellschaft" versteht man eine **privatrechtliche** Personenvereinigung, deren Mitglieder sich durch einen **Gesellschaftsvertrag (= rechtsgeschäftlich)** zusammengeschlossen haben, um einen bestimmten (nach h. M. erlaubten) Zweck gemeinsam zu verfolgen. Aus dem Begriff der „Gesellschaft" in § 1 GmbHG ist also im Wesentlichen Folgendes zu entnehmen:

- Die GmbH ist eine privatrechtliche Gesellschaftsform.
- Für die Errichtung einer GmbH muss ein Gesellschaftsvertrag vorliegen.

Für den Gesellschaftsvertrag bei einer GmbH gelten besondere Formerfordernisse (§ 2 GmbHG) und inhaltliche Mindestanforderungen (§ 3 Abs. 1 GmbHG). Dabei ist auch ein vereinfachtes Verfahren i. S. des § 2 Abs. 1a GmbHG möglich. Die Gesellschaft darf dann höchstens drei Gesellschafter und einen Geschäftsführer haben. Für die Gründung im vereinfachten Verfahren ist das in der Anlage zum GmbHG bestimmte Musterprotokoll zu verwenden. Darüber hinaus dürfen keine vom Gesetz abweichenden Bestimmungen getroffen werden.

1.2.2.3 Gesellschafter einer GmbH

1710 Gemäß § 1 GmbHG kann eine GmbH durch eine oder mehrere Person(en) errichtet werden. Das bedeutet, dass auch eine „Ein-Mann-GmbH" möglich ist.

Als mögliche Gesellschafter einer GmbH kommen neben natürlichen Personen in Betracht:

1711
- Jede juristische Person (des öffentlichen Rechts oder des Privatrechts);
- jede Gesamthandsgemeinschaft:
  - OHG und KG oder
  - GbR (BGH, Beschluss v. 3.11.1980 - II ZB 1/79, DB 1981 S. 466);
- die eheliche Gütergemeinschaft;
- die Erbengemeinschaft (§§ 2032 ff. BGB), obwohl diese auf Auseinandersetzung gerichtet ist, sowie
- der nichtrechtsfähige Verein (§ 54 BGB).

1.2.2.4 Haftungsbeschränkung

Bei der GmbH steht Gläubigern das Gesellschaftsvermögen der GmbH als Haftungsmasse zur Verfügung. Darüber hinaus haften die Gesellschafter nur, wenn ihre Einlage noch nicht eingezahlt ist. 1712

Vor der Eintragung des Sitzes der Gesellschaft in das Handelsregister besteht die GmbH als solche nicht. Ist vor der Eintragung im Namen der Gesellschaft gehandelt worden, so haften die Handelnden persönlich und solidarisch (§ 11 GmbHG).

1.2.2.5 Eintragungsvoraussetzungen (§§ 6–9c GmbHG)

Bis zu ihrer Eintragung existiert die GmbH als solche rechtlich nicht (§ 11 Abs. 1 GmbHG). Die GmbH wird erst mit ihrer Eintragung in das Handelsregister rechtlich existent. 1713

Für die Eintragung der GmbH in das Handelsregister müssen weitere Voraussetzungen erfüllt sein (sog. „Eintragungsvoraussetzungen"). Diese Voraussetzungen sind in den §§ 6–9c GmbHG geregelt.

1.2.2.6 Anmeldung zum Handelsregister (§ 7 Abs. 1 GmbHG)

Der Anmeldung sind die in § 8 GmbHG aufgeführten Unterlagen, Versicherungen und Unterschriften beizufügen. 1714

Vorherige (Teil-)Einzahlung auf das Stammkapital (§ 7 Abs. 2 GmbHG)

Die Anmeldung darf gem. § 7 Abs. 2 GmbHG nur erfolgen, wenn ein bestimmter Anteil des Gesellschaftskapitals der späteren GmbH eingezahlt, also in den Verfügungsbereich der „GmbH" gelangt ist.

Vorherige Bestellung von Geschäftsführern (§§ 6 und 35 GmbHG)

Da die GmbH nicht selbst mit den Anmeldeunterlagen zum zuständigen Amtsgericht gehen bzw. die Einzahlungen auf das Stammkapital überwachen kann, muss dieser Vorgang durch ein Organ der GmbH, einen Menschen, geschehen. Das zuständige Organ ist in diesem Fall der/die Geschäftsführer/in (§§ 6 und 35 GmbHG). Das bedeutet, dass vor der Anmeldung der GmbH zur Eintragung in das Handelsregister noch der/die Geschäftsführer/in bestellt werden muss.

1.2.2.7 Wichtige Rechtsfolgen der Eintragung der GmbH in das Handelsregister

Die GmbH entsteht durch die Eintragung ins Handelsregister (§ 11 Abs. 1 GmbHG). 1715

Die GmbH **gilt** kraft Gesetzes als Handelsgesellschaft (§ 13 Abs. 3 GmbHG) und ist damit Kaufmann (§ 6 HGB), und zwar unabhängig davon, ob sie tatsächlich ein Handelsgewerbe betreibt.

Firmenname einer GmbH (§ 4 GmbHG)

Da die GmbH ein Kaufmann ist, hat sie eine Firma.

Diese Firma hat insbesondere zum Gläubigerschutz den Zusatz „Gesellschaft mit beschränkter Haftung" oder „GmbH" zu enthalten (Ausnahmen siehe § 5a GmbHG).

1.2.3 Stammkapital der GmbH

1716 Zur Finanzierung der GmbH muss jeder Gesellschafter eine Einlage auf seinen Geschäftsanteil leisten (§ 14 GmbHG). Dabei muss das Stammkapital mindestens 25.000 € betragen.

Der Geschäftsanteil des einzelnen GmbH-Gesellschafters kann als **Bar- und/oder Sacheinlage** erfolgen. Wird die Stammeinlage in Form von Sachwerten erbracht, muss im Gesellschaftsvertrag geregelt sein, welchen „Geldwert" die Sacheinlage hat (§ 5 Abs. 4 Satz 1 GmbHG).

1717 Aus Gründen des Gläubigerschutzes sind die Gründe für die Werthaltigkeit in einem **Sachgründungsbericht** festzuhalten (§ 5 Abs. 4 Satz 2 GmbHG). Bei der Anmeldung zum Handelsregister ist die Werthaltigkeit in der im Sachgründungsbericht angenommenen Höhe durch Unterlagen (z. B. Wertgutachten durch einen Sachverständigen) zu belegen (§ 8 Abs. 1 Nr. 5 GmbHG). Vorsätzlich falsche Angaben im Sachgründungsbericht werden strafrechtlich verfolgt (§ 82 Abs. 1 Nr. 2 GmbHG).

Kommt das Handelsregistergericht zu der Überzeugung, dass Sacheinlagen überbewertet worden sind, so muss es die Eintragung ablehnen (§ 9c Abs. 1 Satz 2 GmbHG).

1718 Nach h. M. ist es nicht zulässig, die Besonderheiten einer Sacheinlage dadurch zu umgehen, dass man eine Bareinlage vereinbart und im Anschluss an ihre Erbringung diese Bareinlage sofort dadurch zurückerhält, dass man ein Wirtschaftsgut an die GmbH veräußert (sog. „verschleierte Sacheinlage"/„verschleierte Sachgründung"). Die o. g. Gläubigerschutzvorschriften, die die Werthaltigkeit von Sacheinlagen durch die Gesellschafter sicherstellen sollen, könnten so leicht umgangen werden.

Liegt eine solche verschleierte Sachgründung vor, ist der zwischen Gesellschaft und Gesellschafter abgeschlossene Kaufvertrag über das Wirtschaftsgut gem. § 134 BGB i. V. mit § 5 Abs. 4 GmbHG nichtig. Der Gesellschafter hat dann einen Anspruch auf Rückübereignung des Wirtschaftsguts und die Gesellschaft einen Anspruch auf Rückzahlung des Kaufpreises.

1719 Vor der Eintragung in das Handelsregister müssen die Stammeinlagen bereits **in einem bestimmten Umfang** erbracht worden sein. Hierbei ist bei Bareinlagen zwischen Mehr-Personen-GmbH und der Ein-Mann-GmbH zu unterscheiden. Außerdem ist zwischen Bar- und Sacheinlagen zu unterscheiden.

Die Anmeldung darf erst erfolgen, wenn auf jede Stammeinlage – soweit nicht Sacheinlagen vereinbart sind – $1/4$ eingezahlt ist (§ 7 Abs. 2 GmbHG). Diese Regelung gilt für den einzelnen Gesellschafter. Insgesamt muss aber auf das Stammkapital so viel eingezahlt sein, dass einschließlich der Sacheinlagen die Hälfte des Mindeststammkapitals gem. § 5 Abs. 1 GmbHG erreicht ist.

1.3 Organe der GmbH

Da die GmbH nur ein künstliches rechtliches Gebilde ist, wird sie erst durch real existierende Personen – ihre sog. „Organe" – handlungsfähig. Die Organe bei jeder GmbH sind obligatorisch (zwingend) der Geschäftsführer und die Gesellschafterversammlung und fakultativ (freiwillig) bzw. bei manchen GmbH obligatorisch der Aufsichtsrat/Beirat. 1720

1.3.1 Die Gesellschafterversammlung (§§ 48 ff. GmbHG)

Die Gesellschafterversammlung ist das **oberste Willensbildungsorgan** der GmbH. 1721

Der Zuständigkeitsbereich der Gesellschafterversammlung ist insbesondere in den §§ 45 ff. GmbHG niedergelegt, kann jedoch durch den Gesellschaftsvertrag in wesentlichen Punkten eingeschränkt oder erweitert werden. Die gesetzlichen Regelungen sind also überwiegend dispositiv.

Die Entscheidungen der Gesellschafterversammlung werden vom Geschäftsführer umgesetzt.

1.3.2 Der Geschäftsführer (§§ 35 ff. GmbHG)

Der Geschäftsführer vertritt die GmbH gem. § 35 GmbHG gerichtlich und außergerichtlich (Außenverhältnis). 1722

Darüber hinaus ist er auch intern für die Willensbildung zuständig, sofern dies nicht durch Gesetz oder Vertrag oder Beschluss der Gesellschafterversammlung der Gesellschafterversammlung vorbehalten ist (vgl. § 37 GmbHG). Der Geschäftsführer ist auch für die Erfüllung der steuerrechtlichen Pflichten der GmbH zuständig und verantwortlich.

Jede GmbH muss mindestens einen Geschäftsführer haben (§ 6 Abs. 1 GmbHG). Die genaue Anzahl der Geschäftsführer wird im Gesellschaftsvertrag geregelt.

Geschäftsführer einer GmbH kann nur eine **natürliche** und unbeschränkt geschäftsfähige Person sein (§ 6 Abs. 2 GmbHG). Juristische Personen und andere Gesellschaften können die Geschäftsführung einer GmbH daher nicht übernehmen.

Als Geschäftsführer kommen Gesellschafter, aber auch Dritte in Betracht.

1.3.3 Aufsichtsrat oder Beirat (§ 52 GmbHG)

Dieses Organ **kann** bei der GmbH bestellt werden, wenn eine entsprechende Vereinbarung im Gesellschaftsvertrag getroffen wurde (§ 52 Abs. 1 GmbHG). 1723

Ein Aufsichtsrat ist bei mehr als 500 Arbeitnehmern nach dem DrittelbG zwingend einzurichten; ab mehr als 2.000 Arbeitnehmern gilt das MitbestG (paritätische Mitbestimmung).

Hintergrund hierfür ist, dass die Arbeitnehmer durch diese Maßnahme zumindest ein gewisses Maß an Aufsicht über die Unternehmenspolitik der GmbH haben.

1.4 Haftung bei der GmbH für Gesellschaftsschulden

1.4.1 Begriffsbestimmung

1724 Unter der „Haftung" versteht man allgemein, dass das Vermögen einer natürlichen oder juristischen Person oder Personenvereinigung zur Begleichung von Schulden eingesetzt wird. „Gesellschaftsschulden" sind Schulden, die durch die Tätigkeit der GmbH begründet werden.

1.4.2 Haftung der Gesellschafter

1725 Gemäß § 13 Abs. 2 GmbHG haftet ausschließlich die **GmbH** mit ihrem Vermögen für die Schulden der GmbH.

Die **GmbH-Gesellschafter** müssen also den Gläubigern der GmbH gegenüber nicht mit ihrem sonstigen Vermögen für die Verbindlichkeiten der GmbH haften.

Eine Haftung der GmbH-Gesellschafter besteht allenfalls gegenüber der GmbH und nicht gegenüber Gläubigern der GmbH.

BEISPIEL: Eine GmbH erwirbt eine Maschine. Der Kaufpreis wird gestundet. Alleiniger Gesellschafter der GmbH ist A, der zugleich auch Geschäftsführer ist.

Die GmbH schuldet den Kaufpreis gem. § 433 Abs. 2 BGB. Gesellschafter A kann nicht in Haftung genommen werden.

1726 Auch der GmbH gegenüber haften die **GmbH-Gesellschafter** nur, wenn und soweit

- sie ihre Stammeinlage wertmäßig noch nicht erbracht haben oder
- gesellschaftsvertraglich geregelt ist, dass die GmbH-Gesellschafter über die Verpflichtung zur Erbringung der Stammeinlage hinaus verpflichtet sind, weitere Einzahlungen zu leisten (sog. **„Nachschusspflicht"** gem. § 26 GmbHG).

1.5 Gewinnverteilung bei der GmbH (§ 29 GmbHG)

1727 Jeder GmbH-Gesellschafter will natürlich nicht nur Geld oder Sachwerte in eine GmbH einbringen, sondern letztlich auch am Gewinn der GmbH partizipieren. Dies geschieht durch die **Ausschüttung** des Gewinns.

1.5.1 Grundsatz (§ 29 Abs. 1 Satz 1 Halbsatz 1 GmbHG)

1728 Die Gesamtheit der GmbH-Gesellschafter hat gem. § 29 Abs. 1 Satz 1 GmbHG grds. einen Anspruch auf den Jahresüberschuss (Gewinn lt. handelsrechtlicher Gewinn- und Verlustrechnung der GmbH) zzgl. des Gewinnvortrags bzw. abzgl. des Verlustvortrags.

1.5.2 Ausschluss/Einschränkung (§ 29 Abs. 1 Satz 1 Halbsatz 2 und Abs. 2 GmbHG)

Dieser Anspruch kann gem. § 29 Abs. 1 Satz 1 Halbsatz 2 GmbHG ausgeschlossen sein durch 1729

- Gesetz (Ausschüttungssperren),
- Gesellschaftsvertrag oder
- Gewinnverwendungsbeschlüsse gem. § 29 Abs. 2 GmbHG.

Der Gesellschaftsvertrag kann vorsehen, dass Teile des Jahresüberschusses nur unter bestimmten Umständen ausgeschüttet werden dürfen. Findet keine Ausschüttung statt, so ist der entsprechende Teil in eine Gewinnrücklage oder in einen Gewinnvortrag einzustellen (vgl. § 266 Abs. 3 A III HGB). Eine gesetzliche Gewinnrücklage gibt es bei der GmbH nicht.

Neben den gesetzlichen oder gesellschaftsvertraglichen Minderungen des Gewinnanspruchs können die GmbH-Gesellschafter durch einen sog. „Gewinnverwendungsbeschluss" (i. d. R. mit einfacher Mehrheit, § 47 Abs. 1 GmbHG) den verbliebenen Jahresüberschuss der GmbH in eine Gewinnrücklage einstellen oder als Gewinn vortragen.

1.5.3 Berechnungsschema für den Gewinnanspruch gem. § 29 GmbHG

	Jahresüberschuss lt. Gewinn- und Verlustrechnung des Wirtschaftsjahres 1730
+	Gewinnvortrag vorheriger Wirtschaftsjahre bzw.
-	Verlustvortrag vorheriger Wirtschaftsjahre
-	gesetzlich vorgeschriebene Einstellung in Rücklagen (Kapitalrücklage/Rücklagen eigener Anteile)
-	gesellschaftsvertraglich vorgeschriebene Einstellung in Rücklagen
-	Einstellung in Gewinnrücklage oder Gewinnvortrag durch Gesellschafterbeschluss
=	Gewinnanspruch gem. § 29 GmbHG aller GmbH-Gesellschafter

1.5.4 Gewinnanspruch des einzelnen GmbH-Gesellschafters (§ 29 Abs. 3 GmbHG)

Der Gewinnanspruch des einzelnen GmbH-Gesellschafters erfolgt nach dem Verhältnis der Geschäftsanteile, soweit sich aus dem Gesellschaftsvertrag nicht eine abweichende Reglung ergibt (§ 29 Abs. 3 GmbHG). Das Verhältnis der Geschäftsanteile entspricht der Stammeinlage (vgl. § 14 GmbHG). 1731

1.6 Beendigung der GmbH

Die **GmbH endet** nicht mit der Einstellung des laufenden Geschäftsbetriebs. Sie endet grds. mit der **Löschung** (§ 74 GmbHG) der GmbH im Handelsregister. 1732

Kapitel 2: Handelsrechtliche Grundlagen

2.1 Allgemeines

1733 Ausgangspunkt für die Ermittlung des Einkommens und der Körperschaftsteuer ist der handelsrechtliche Jahresabschluss der Kapitalgesellschaft. Die Rechnungslegungsvorschriften sind im dritten Buch des HGB geregelt. Danach sind natürlich vorab die Regelungen für alle Kaufleute aus den §§ 238–261 HGB anzuwenden und zusätzlich die ergänzenden Vorschriften der §§ 264–335 HGB zu beachten.

Der Abschluss eines Einzelunternehmers umfasst die Bilanz und die Gewinn- und Verlustrechnung. Beim Abschluss einer Kapitalgesellschaft sind zusätzlich ein sog. „Anhang" beizufügen und ein Lagebericht zu erstellen. Der Anhang soll – soweit erforderlich – die einzelnen Positionen der Bilanz und der Gewinn- und Verlustrechnung erläutern. Kleine Kapitalgesellschaften sind von der Erstellung des Lageberichts gem. § 264 Abs. 1 Satz 4 HGB befreit. Sie dürfen ihre Bilanz auch in einer im Verhältnis zu § 266 HGB verkürzten Form aufstellen. Das bedeutet, dass die arabischen Ziffern der Gliederung des § 266 HGB entfallen dürfen.

1734 Ausgehend von diesem handelsrechtlichen Jahresüberschuss ist dann der Gewinn zu ermitteln, der der Besteuerung zugrunde gelegt wird. Dazu kann wahlweise eine (abweichende) Steuerbilanz aufgestellt oder in Anlehnung an § 60 Abs. 2 EStDV eine Anlage erstellt werden, in der die Positionen aus der Handelsbilanz, die für steuerliche Zwecke so nicht übernommen werden dürfen, umgerechnet werden. Dabei sind die Grundsätze der Maßgeblichkeit der Handelsbilanz für die Steuerbilanz (§ 5 Abs. 1 Satz 1 Halbsatz 1 EStG) zu beachten. Seit Inkrafttreten des BilMoG v. 25.5.2009 (BGBl 2009 I S. 1102) sind die Regelungen zur sog. „umgekehrten Maßgeblichkeit" ab dem 1.1.2010 grds. aufgehoben worden.

2.2 Ansatzvorschriften

2.2.1 Überblick

1735 Bei den folgenden Aufwendungen sind bei der Erstellung des Jahresabschlusses einer GmbH besondere Ansatzvorschriften zu berücksichtigen:

- Aufwendungen für die Gründung eines Unternehmens,
- Aufwendungen für die Beschaffung des Eigenkapitals,
- Aufwendungen für den Abschluss von Versicherungsverträgen und
- Ingangsetzungsaufwendungen.

2.2.2 Die Vorschriften im Einzelnen

2.2.2.1 Aufwendungen für die Gründung eines Unternehmens (§ 248 Abs. 1 Nr. 1 HGB)

Darunter versteht man Aufwendungen, die ausschließlich mit der Gründung der Kapitalgesellschaft zusammenhängen. Typischerweise sind das die Notarkosten für die Errichtung der GmbH und die Gebühren im Zusammenhang mit der Eintragung ins Handelsregister. 1736

BEISPIEL: Eine GmbH übernimmt im Rahmen ihrer Gründung sowohl die Notarkosten (3.000 € zzgl. 570 € Umsatzsteuer) als auch die Kosten der Eintragung ins Handelsregister (1.000 €). Die Übernahme dieser Kosten ist in der Satzung der GmbH so vereinbart.

Lösung:

Diese Gründungskosten sind bei der GmbH sofort abzugsfähige Betriebsausgaben (Umkehrschluss aus dem Aktivierungsverbot des § 248 Abs. 1 Nr. 1 HGB).

Abwandlung: Sollte die Übernahme der Kosten durch die GmbH vorher nicht geregelt worden sein, liegt in der Übernahme der eigenen Gründungskosten bereits die erste verdeckte Gewinnausschüttung der Gesellschaft an die Anteilseigner. Das bedeutet, dass der Aufwand handelsrechtlich eine abzugsfähige Betriebsausgabe bleibt, er aber gem. § 8 Abs. 3 KStG außerhalb der Bilanz wieder hinzugerechnet werden muss. Die voraussichtlichen Gründungskosten müssen im notariellen Gründungsvertrag angegeben werden.

Sinngemäß sind auch die Aufwendungen für die Beschaffung des Eigenkapitals und den Abschluss von Versicherungen zu behandeln.

2.2.2.2 Aufwendungen für die Ingangsetzung und Erweiterung des Geschäftsbetriebs

Dies sind Kosten, die in einer sog. „Anlaufphase" des Betriebs anfallen. Diese Anlaufphase soll mit der Aufnahme der gewöhnlichen Geschäftstätigkeit enden. Als solche Aufwendungen kommen in Betracht: 1737

- Beratungskosten,
- Planungskosten,
- Organisationskosten,
- Werbekosten zur Einführung und
- Kosten für die Schulung des Personals.

(Einstweilen frei) 1738

2.3 Besondere Bewertungsvorschriften

2.3.1 Abschreibungen aufgrund dauernder Wertminderung

Gemäß § 253 Abs. 3 Satz 3 HGB besteht für Vermögensgegenstände des Anlagevermögens bei Vorliegen einer dauernden Wertminderung die Verpflichtung, auf den auf Dauer gesunkenen Wert abzuschreiben. Über die grds. Maßgeblichkeit der Handelsbilanz gilt das auch für die Steuerbilanz (§ 5 Abs. 1 Satz 1 Halbsatz 1 EStG). Das gilt jedoch nur so lange, wie der Steuerpflichtige nicht im Rahmen der Ausübung eines steuerlichen Wahlrechts einen anderen Ansatz wählt (§ 5 Abs. 1 Satz 1 Halbsatz 2 EStG, siehe hierzu insbesondere BMF, Schreiben v. 12.3.2010, BStBl 2010 I S. 239, Rz. 15). 1739

Steuerlich besteht nach wie vor das Wahlrecht, auf den auf Dauer gesunkenen Teilwert abzuschreiben (§ 6 Abs. 1 Nr. 2 Satz 2 EStG).

Die einzige für Kapitalgesellschaften zugelassene Ausnahme gilt für Finanzanlagen gem. § 253 Abs. 3 Satz 4 HGB. Hier darf bei einer nur vorübergehenden Wertminderung wahlweise der niedrigere Wert angesetzt werden. Steuerrechtlich besteht seit dem Steuerentlastungsgesetz 1999/2000/2001 v. 24.3.1999 (BGBl 1999 I S. 402) das einheitliche Verbot, auf den nur vorübergehend gesunkenen niedrigeren Wert abzuschreiben (siehe auch Rz. 1002).

BEISPIEL: Eine GmbH hält Aktien an einer AG zutreffend im Anlagevermögen und bilanziert sie mit den historischen Anschaffungskosten inklusive Nebenkosten i. H. von 100 €. Der Börsenkurs beträgt am Bilanzstichtag nur noch 90 € (inklusive Nebenkosten). Bis zur Bilanzaufstellung hat sich der Kurs wieder auf

a) 95 €,

b) 100 € und

c) 105 €

erholt.

Lösung:

Handelsrechtlich kann in Variante a) der niedrigere Börsenkurs am Bilanzstichtag angesetzt werden (§ 253 Abs. 3 Satz 4 HGB). Bei den beiden anderen Varianten ist weiterhin mit den Anschaffungskosten zu bilanzieren.

Da es sich bei den Wertschwankungen – auch bei Variante a) – nur um vorübergehende Wertveränderungen handelt (siehe auch BMF, Schreiben v. 25.2.2000, BStBl 2000 I S. 372, Rz. 18 und 19), ist eine Abschreibung auf den niedrigeren Teilwert in der Steuerbilanz nicht zulässig (§ 6 Abs. 1 Nr. 1 Satz 2 EStG).

1740 *(Einstweilen frei)*

2.3.2 Handelsrechtliche Wertaufholung

1741 Grundsätzlich bestand (durch das BilMoG v. 25.5.2009 (a. a. O.) aufgehoben) für Wirtschaftsgüter, die bereits am vorangegangenen Bilanzstichtag zum Betriebsvermögen gehörten, aus dem allgemeinen Teil der Vorschriften des HGB ein Wahlrecht, den niedrigen Wert des Vorjahres beizubehalten, auch wenn der Wert zum aktuellen Bilanzstichtag wieder gestiegen ist (Beibehaltungswahlrecht des § 253 Abs. 5 HGB). Diese Regelung galt über § 280 HGB nicht für Kapitalgesellschaften. Diese mussten bei einer vorangegangenen außerplanmäßigen Abschreibung, die aktuell nicht mehr gerechtfertigt wäre, den Wert gem. § 280 Abs. 1 HGB auf die Anschaffungs- oder Herstellungskosten bzw. auf die fortgeführten Anschaffungs- oder Herstellungskosten zuschreiben.

1742 § 280 Abs. 2 HGB a. F. sah zwar eine Ausnahme vom Zuschreibungsgebot für den Fall vor, dass das Steuerrecht die Beibehaltung des niedrigeren Werts in der Steuerbilanz von der Beibehaltung des niedrigen Werts in der Handelsbilanz abhängig macht. Diese Ausnahme geht allerdings seit der Einführung des steuerlichen Wertaufholungsgebots im Jahr 1999 ins Leere. Die Vorschrift des § 280 HGB wurde daher durch das BilMoG v. 25.5.2009 (a. a. O.) aufgehoben.

1743, 1744 *(Einstweilen frei)*

2.4 Eigenkapital

2.4.1 Bilanzielle Gliederung des Kapitals

Das Eigenkapital ist auch bei Kapitalgesellschaften der Saldo zwischen dem Aktivvermögen und den passivierten Wirtschaftsgütern. Die Kapitalgesellschaft hat danach nur ein Kapitalkonto, das sich aber gem. § 266 HGB in verschiedene Unterkonten gliedert: 1745

1. Gezeichnetes Kapital;
2. Kapitalrücklage;
3. Gewinnrücklagen;
4. Gewinn- oder Verlustvortrag und
5. Jahresüberschuss/-fehlbetrag.

Gemäß § 268 Abs. 3 HGB ist ein nicht durch Eigenkapital gedeckter Fehlbetrag auf der Aktivseite auszuweisen.

2.4.2 Die Unterkonten im Einzelnen

2.4.2.1 Gezeichnetes Kapital (§ 272 Abs. 1 HGB)

Das „Gezeichnete Kapital" ist das Kapital, auf das die Haftung der Gesellschafter für die Verbindlichkeiten der Kapitalgesellschaft gegenüber den Gläubigern beschränkt ist (§ 272 Abs. 1 Satz 1 HGB). Dieses ist bei der GmbH das Stammkapital (§ 42 Abs. 1 GmbHG i. V. mit § 272 Abs. 1 HGB). 1746

Das gezeichnete Kapital steht darüber hinaus für Ausschüttungen nicht zur Verfügung. Die Gesellschafter einer GmbH müssen das gezeichnete Kapital nicht voll einzahlen. Bei den nicht eingezahlten Beträgen handelt es sich um Forderungen der Gesellschaft an ihre Gesellschafter. Für diese ausstehenden Einlagen sieht § 272 HGB folgende Bilanzierungsmöglichkeiten vor:

- Die noch nicht eingeforderten ausstehenden Einlagen auf das gezeichnete Kapital sind unter dem Posten „Gezeichnetes Kapital" offen abzusetzen; der verbleibende Betrag ist als Posten „Eingefordertes Kapital" in der Hauptspalte der Passivseite auszuweisen.
- Der eingeforderte, aber noch nicht eingezahlte Betrag ist unter den Forderungen gesondert auszuweisen und entsprechend zu bezeichnen.

2.4.2.2 Kapitalrücklagen (§ 272 Abs. 2 HGB)

Als Kapitalrücklagen werden Einlagen der Anteilseigner erfasst, die nicht auf das gezeichnete Kapital geleistet werden. 1747

Hierzu gehören u. a.:

- Das Agio (= Differenz aus Nennwert und tatsächlicher Einlage), wenn Aktien über ihrem Nennwert ausgegeben werden (§ 272 Abs. 2 Nr. 1 HGB);
- Nachschüsse i. S. des § 26 GmbHG (§ 272 Abs. 2 Nr. 3 HGB) und
- verdeckte Einlagen (§ 272 Abs. 2 Nr. 4 HGB).

Die Kapitalrücklage steht grds. nicht für Ausschüttungen zur Verfügung, es sei denn, sie wird aufgrund von geplanten Ausschüttungen zugunsten des Bilanzgewinns aufgelöst.

2.4.2.3 Gewinnrücklagen

1748 Gemäß § 272 Abs. 3 HGB dürfen als Gewinnrücklagen nur die Beträge ausgewiesen werden, die im Geschäftsjahr oder einem früheren Geschäftsjahr aus dem Ergebnis gebildet worden sind.

Die Einstellung in die Gewinnrücklagen erfolgt durch Beschluss der Gesellschafterversammlung. Auch diese Rücklagen stehen vorbehaltlich eines Beschlusses der Gesellschafter nicht für Ausschüttungen zur Verfügung.

Sieht ein Beschluss der Gesellschafterversammlung die Einstellung vor, erfolgt der Ausweis unter den **„Anderen Gewinnrücklagen"**.

Ist die Einstellung nach dem Gesellschaftsvertrag vorgesehen, erfolgt der Ausweis unter den **„Satzungsmäßigen Gewinnrücklagen"**.

2.4.2.4 Gewinn- bzw. Verlustvortrag

1749 Hier sind die Gewinne früherer Jahre auszuweisen, die noch nicht ausgeschüttet und auch noch nicht der Gewinnrücklage zugeführt wurden.

Der Verlustvortrag beinhaltet noch nicht durch Gewinne ausgeglichene Verluste früherer Jahre.

2.4.2.5 Jahresüberschuss bzw. -fehlbetrag

1750 Dies ist das Ergebnis des laufenden Jahres vor der Ergebnisverwendung (Übertrag aus der Gewinn- und Verlustrechnung). Der Ausweis eines Jahresüberschusses erfolgt nur dann, wenn die Bilanz vor der erfolgten Gewinnverwendung erstellt wird.

Dieser handelsrechtliche Jahresüberschuss ist die Basis für die Ermittlung des zu versteuernden Einkommens. Änderungen ergeben sich durch die Anwendung zwingender steuerlicher Regelungen bei Umrechnung auf den steuerlichen Jahresüberschuss. Darüber hinaus sind nach verschiedenen steuerlichen Vorschriften noch weitere Zu- und Abrechnungen vorzunehmen.

1751 **BEISPIELE:** (für Hinzu- und Abrechnungen bei der Ermittlung des zu versteuernden Einkommens):

- § 4 Abs. 5 Satz 1 Nr. 1 EStG — Geschenke
- § 4 Abs. 5 Satz 1 Nr. 2 EStG — Bewirtungskosten
- § 4 Abs. 5 Satz 1 Nr. 8 EStG — Geldbußen

►	§ 4 Abs. 5b EStG	Nichtabzugsfähigkeit der Gewerbesteuer
►	§ 4h KStG	Zinsschranke bei Körperschaften i. V. mit § 8a KStG
►	§ 7g EStG	Investitionsabzugsbetrag
►	§ 8 Abs. 3 KStG	Verdeckte Gewinnausschüttungen
►	§ 8 Abs. 3 KStG i. V. mit § 4 Abs. 1 EStG	Verdeckte Einlagen (R 8.9 KStR)
►	§ 8b KStG	Dividenden/Veräußerungsgewinne bei Anteilen an Kapitalgesellschaften
►	§ 9 Abs. 1 Nr. 2 KStG	Nicht abziehbarer Teil der Spenden
►	§ 10 Nr. 2 KStG	Körperschaftsteuer, Solidaritätszuschlag, Umsatzsteuer
►	§ 10 Nr. 4 KStG	$^1/_2$ der Aufsichtsratsvergütungen

BEISPIEL: Eine GmbH hat im Jahr 01 einen Jahresüberschuss i. H. von 50.000 € ermittelt. Im Juli 01 schenkte sie Kunden 50 Füllfederhalter im Wert von 50 € netto pro Stück. Die GmbH buchte den Einkauf der Geschenke wie folgt: 1752

Geschenkaufwand	2.500 €		
Vorsteuer	475 €	an Bank	2.975 €

Weitere Folgen hat die GmbH aus dem Vorgang bisher noch nicht gezogen.

Aufgabe:

Ermitteln Sie den Jahresüberschuss und das Einkommen der GmbH.

Lösung:

Die Geschenke stellen nicht abzugsfähige Betriebsausgaben gem. § 4 Abs. 5 Satz 1 Nr. 1 EStG dar. Die Korrektur erfolgt außerhalb der Bilanz im Rahmen der Ermittlung des zu versteuernden Einkommens der GmbH. Gemäß § 15 Abs. 1a UStG ist die Vorsteuer ebenfalls nicht abzugsfähig. Die Vorsteuer = Umsatzsteuerschuld ist innerhalb der Handels- und der Steuerbilanz i. H. von 475 € zu korrigieren. Entsprechend ist der Jahresüberschuss um 475 € zu mindern. Die Korrektur gem. § 10 Nr. 2 KStG erfolgt jedoch wieder außerhalb der Bilanz im Rahmen der Ermittlung des zu versteuernden Einkommens.

Jahresüberschuss bisher	50.000 €
abzgl. Steueraufwand	- 475 €
Berichtigter Jahresüberschuss Handels-/Steuerbilanz	49.525 €
§ 4 Abs. 5 Satz 1 Nr. 1 EStG und § 8 Abs. 1 KStG	+ 2.500 €
§ 10 Nr. 2 KStG	+ 475 €
Zu versteuerndes Einkommen	52.500 €

2.4.3 Gewinn- und Verlustrechnung

Neben den Unterkonten des Eigenkapitals ist natürlich die Gewinn- und Verlustrechnung gefordert. Sie endet mit dem Saldo „Jahresüberschuss" (s. o.). Gemäß § 275 HGB ist die Gewinn- und Verlustrechnung in Staffelform nach dem Gesamtkostenverfahren oder dem Umsatzkostenverfahren aufzustellen. Dabei wird im Regelfall das Gesamtkostenverfahren angewendet. Hier werden die Aufwendungen nach Arten gegliedert. 1753

Dagegen werden die Aufwendungen beim Umsatzkostenverfahren nach Bereichen (Herstellung, Vertrieb oder allgemeine Verwaltung) ausgewiesen.

1754 Bei Anwendung des **Gesamtkostenverfahrens** sind auszuweisen:

1. Umsatzerlöse;
2. Erhöhung oder Verminderung des Bestands an fertigen und unfertigen Erzeugnissen;
3. andere aktivierte Eigenleistungen;
4. sonstige betriebliche Erträge;
5. Materialaufwand:
   a) Aufwendungen für Roh-, Hilfs- und Betriebsstoffe und für bezogene Waren sowie
   b) Aufwendungen für bezogene Leistungen;
6. Personalaufwand:
   a) Löhne und Gehälter sowie
   b) soziale Abgaben und Aufwendungen für Altersversorgung und Unterstützung, davon für Altersversorgung;
7. Abschreibungen
   a) auf immaterielle Vermögensgegenstände des Anlagevermögens und Sachanlagen sowie
   b) auf aktivierte Aufwendungen für die Ingangsetzung und Erweiterung des Geschäftsbetriebs und
   c) auf Vermögensgegenstände des Umlaufvermögens, soweit diese die in der Kapitalgesellschaft üblichen Abschreibungen überschreiten;
8. sonstige betriebliche Aufwendungen;
9. Erträge aus Beteiligungen, davon aus verbundenen Unternehmen;
10. Erträge aus anderen Wertpapieren und Ausleihungen des Finanzanlagevermögens, davon aus verbundenen Unternehmen;
11. sonstige Zinsen u. ä. Erträge, davon aus verbundenen Unternehmen;
12. Abschreibungen auf Finanzanlagen und auf Wertpapiere des Umlaufvermögens;
13. Zinsen u. ä. Aufwendungen, davon an verbundene Unternehmen;
14. Steuern vom Einkommen und Ertrag;
15. sonstige Steuern und
16. Jahresüberschuss/Jahresfehlbetrag.

Bei Anwendung des **Umsatzkostenverfahrens** sind auszuweisen: 1755

1. Umsatzerlöse;
2. Herstellungskosten der zur Erzielung der Umsatzerlöse erbrachten Leistungen;
3. Bruttoergebnis vom Umsatz;
4. Vertriebskosten;
5. allgemeine Verwaltungskosten;
6. sonstige betriebliche Erträge;
7. sonstige betriebliche Aufwendungen;
8. Erträge aus Beteiligungen, davon aus verbundenen Unternehmen;
9. Erträge aus anderen Wertpapieren und Ausleihungen des Finanzanlagevermögens;
10. sonstige Zinsen u. ä. Erträge, davon aus verbundenen Unternehmen;
11. Abschreibungen auf Finanzanlagen und auf Wertpapiere des Umlaufvermögens;
12. Zinsen u. ä. Aufwendungen, davon an verbundene Unternehmen;
13. Steuern vom Einkommen und Ertrag;
14. Ergebnis nach Steuern;
15. sonstige Steuern und
16. Jahresüberschuss/Jahresfehlbetrag.

Veränderungen der Kapital- und Gewinnrücklagen dürfen in der Gewinn- und Verlustrechnung erst nach dem Posten „Jahresüberschuss/Jahresfehlbetrag" ausgewiesen werden.

2.5 Bilanzgewinn

2.5.1 Allgemeines

Die Gesamtheit der GmbH-Gesellschafter hat gem. § 29 Abs. 1 Satz 1 GmbHG grds. einen Anspruch auf den Jahresüberschuss aus der handelsrechtlichen Gewinn- und Verlustrechnung der GmbH zzgl. dem Gewinnvortrag bzw. abzgl. dem Verlustvortrag. 1756

Grundsätzlicher Gewinnanspruch der Gesellschafter:

	Jahresüberschuss lt. Gewinn- und Verlustrechnung des Wirtschaftsjahres
+	Gewinnvortrag vorheriger Wirtschaftsjahre bzw.
-	Verlustvortrag vorheriger Wirtschaftsjahre
=	grds. Gewinnanspruch

2.5.2 Aufstellen der Bilanz unter teilweiser Verwendung des Ergebnisses

1757 Die Bilanz kann gem. § 268 Abs. 1 HGB aber auch unter der Berücksichtigung der teilweisen Ergebnisverwendung aufgestellt werden. Eine teilweise Ergebnisverwendung liegt z. B. vor, wenn im Gesellschaftsvertrag vorgesehen ist, dass der Jahresüberschuss weder ganz noch auch nur teilweise zur Ausschüttung gelangen soll, sondern stattdessen in Gewinnrücklagen einzustellen ist.

Der Bilanzgewinn ermittelt sich wie folgt (vgl. § 158 AktG):

Jahresüberschuss (Jahresfehlbetrag)

+	Gewinnvortrag aus dem Vorjahr
-	Verlustvortrag aus dem Vorjahr
+	Entnahmen aus der Kapitalrücklage
+	Entnahmen aus den Gewinnrücklagen
-	Einstellung in die Gewinnrücklagen
=	Bilanzgewinn

1758 **BEISPIELE:**

1. Die A-GmbH weist ein gezeichnetes Kapital (§ 267 Abs. 3 HGB) i. H. von 200.000 € aus. Folgende Jahresüberschüsse wurden erzielt:
   - Jahr 01 = 200.000 € und
   - Jahr 02 = 100.000 €.

   Nach Aufstellung des Jahresabschlusses wird beschlossen, den Jahresüberschuss vorzutragen.

   Ausweis in der Bilanz:

► Jahr 01:	Gezeichnetes Kapital	200.000 €
	Jahresüberschuss	200.000 €
► Jahr 02:	Gezeichnetes Kapital	200.000 €
	Gewinnvortrag	200.000 €
	Jahresüberschuss	100.000 €

   Den Geschäftsführern der A-GmbH steht das Recht zu, bis zu 30 % des Jahresüberschusses in offene Rücklagen einzustellen. Hiervon wird in den Jahren 01 und 02 in vollem Umfang Gebrauch gemacht. Die Bilanz wird nach teilweiser Verwendung des Jahresergebnisses aufgestellt. Im Gewinnverwendungsbeschluss wird die Vollausschüttung des Bilanzgewinns beschlossen. Gemäß § 268 Abs. 1, § 266 Abs. 3 und § 270 Abs. 2 HGB ergibt sich folgender Bilanzausweis:

► Jahr 01:	Gezeichnetes Kapital	200.000 €
	Andere Gewinnrücklagen	60.000 €
	Bilanzgewinn	140.000 €
► Jahr 02:	Gezeichnetes Kapital	200.000 €
	Andere Gewinnrücklagen	90.000 €
	Bilanzgewinn	70.000 €

2. Das Grundkapital einer AG i. H. von 500.000 € soll lt. Beschluss der Hauptversammlung im Jahr 01 wie folgt erhöht werden: 1759

   Es sollen 3.000 neue Aktien (Nennwert je 5 €) ausgegeben, von dem aufzubringenden Betrag aber nur 70 % eingefordert werden. Für jede neue Aktie müssen die Anteilseigner 80 € bezahlen. Die Kapitalerhöhung verursacht Kosten i. H. von 10.000 €. Gemäß § 272 Abs. 1 und 2 und § 248 Abs. 1 HGB ergibt sich folgender Bilanzausweis (bei niedrigstmöglicher Bilanzsumme):

   - Gezeichnetes Kapital 515.000 €;
   - ausstehende Einlagen 4.500 €;
   - eingefordertes Kapital 510.500 €;
   - Kapitalrücklage (Aufgeld) 9.000 € und
   - Jahresfehlbetrag 10.000 €.

3. Das gezeichnete Kapital der X-GmbH beträgt zum 31.12.01 100.000 € und die noch ausstehenden Einlagen 20.000 €. Davon wurden lt. Beschluss der Gesellschafterversammlung v. 1.12.02 4.000 € zum 1.3.03 eingefordert. 1760

   Die Kapitalrücklage zum 31.12.01 betrug 3.000 €. Außerdem wurde in der Gesellschafterversammlung beschlossen, ein in den Vorjahren gewährtes Gesellschafterdarlehen – Nennbetrag 8.000 € – in Eigenkapital umzuwandeln.

   Für das Jahr 02 ergab sich ein Jahresüberschuss i. H. von 10.000 €. Davon sind der satzungsmäßigen Rücklage 5 % zuzuführen. Der verbleibende Betrag soll zur Ausschüttung vorgesehen werden. Die satzungsmäßige Rücklage betrug bisher 1.500 €. Aus dem Jahr 01 wurde ein Verlustvortrag i. H. von 2.000 € übernommen.

   Unter Beachtung der §§ 272 und 268 HGB ergibt sich folgende Darstellung des Eigenkapitals in der Bilanz zum 31.12.02:

Aktiva		**Bilanz zum 31.12.02**		**Passiva**
Forderungen gegen Gesellschafter	4.000 €	Eigenkapital		
		I.	Gezeichnetes Kapital	100.000 €
			davon ausstehende Einlagen	- 84.000 €
				16.000 €
		II.	Kapitalrücklage	11.000 €
		III.	Gewinnrücklagen	
		IV.	Satzungsmäßige Rücklagen	2.000 €
		Bilanzgewinn		7.500 €

2.5.3 Abgrenzung: Ergebnisverwendung/Gewinnverwendung

Die „Ergebnisverwendung" (§ 46 Nr. 1 GmbHG) ist das Verfügen über den Jahresüberschuss durch die Einstellung in Gewinnrücklagen und/oder Ausschüttung. 1761

Dagegen liegt eine „Gewinnverwendung" vor, wenn die Gesellschafterversammlung darüber entscheidet, ob der Jahresüberschuss und der bisherige Gewinnvortrag in die Gewinnrücklagen eingestellt, ob er ausgeschüttet oder ob der Gewinnvortrag um den Jahresüberschuss des abgelaufenen Jahres erhöht bzw. bei einem Verlust um diesen gemindert wird.

1762 FRAGEN

		Rz.
1.	In welche Unterkonten gliedert sich das Kapitalkonto der GmbH?	1745 ff.
2.	Welche nicht abzugsfähigen Aufwendungen werden ausdrücklich im KStG genannt?	1751 ff.
3.	In welcher Form wird die Gewinn- und Verlustrechnung im Jahresabschluss dargestellt und welche Verfahren sind zulässig?	1753 ff.
4.	Was ist der Unterschied zwischen Jahresüberschuss und Bilanzgewinn?	1756 ff.
5.	Welche Rechenschritte sind erforderlich, um aus dem Jahresüberschuss/Jahresfehlbetrag den Bilanzgewinn zu ermitteln?	1756 ff.

Kapitel 3: Die Steuerbilanz der Kapitalgesellschaft

3.1 Allgemeines

Kapitalgesellschaften beachten bei der Aufstellung ihrer Handelsbilanzen ausschließlich handelsrechtliche Vorschriften. Eine gemeinsame Handels- und Steuerbilanz, d. h. eine Einheitsbilanz, bei der handelsrechtliche Vorschriften nur insoweit zum Ansatz kommen, als steuerlich nicht zwingend etwas anderes vorgeschrieben ist, ist heute kaum noch denkbar, da solche Bilanzen durch die ständigen Änderungen im Steuerrecht in fast keinem Unternehmen mehr möglich sind. 1763

Die Folge ist, dass Kapitalgesellschaften für steuerliche Zwecke grds. einen zur Handelsbilanz abweichenden Gewinn ermitteln müssen. Dazu ist die Aufstellung einer Steuerbilanz nicht zwingend erforderlich. Vielmehr reicht es aus, wenn sich die Abweichungen für steuerliche Zwecke aus einer Aufstellung i. S. des § 60 Abs. 2 EStDV ergeben.

3.2 Beispiel Handelsbilanz – Steuerbilanz

Eine GmbH hat folgende Handelsbilanz aufgestellt: 1764

Aktiva — GmbH-Bilanz zum 31.12.01 — Passiva

Aktiva		Passiva	
Beteiligungen	280.000 €	Gezeichnetes Kapital	800.000 €
Firmenwert	400.000 €	Rücklagen	180.000 €
Sonstige Aktiva	800.000 €	Rückstellung	100.000 €
		Jahresüberschuss	400.000 €
	1.480.000 €		1.480.000 €

Zur Aufstellung der Steuerbilanz ist Folgendes zu berücksichtigen:

a) Im Juli 01 hat die GmbH ein Patent (Nutzungsdauer fünf Jahre) für 120.000 € erworben und den Kauf als Aufwand gebucht.

b) Im Januar 01 wurde ein Konkurrenzunternehmen aufgekauft. Dabei wurden 500.000 € für den Firmenwert bezahlt, der mit 20 % abgeschrieben wurde.

c) In den Rückstellungen sind 30.000 € enthalten, die für voraussichtliche Abschlusszahlungen von Personensteuern gewinnmindernd gebildet wurden. Die dafür ebenfalls als Aufwand gebuchten Vorauszahlungen betrugen 60.000 €.

d) Der Vorjahresgewinn wurde voll den freien Rücklagen zugeführt.

Diese Feststellungen ergeben folgende Ansätze in den Steuerbilanzen:

a) Der Erwerb des immateriellen Wirtschaftsguts „Patent" ist gem. § 5 Abs. 2 EStG zu aktivieren und linear abzuschreiben (im Jahr 01 = 12.000 €).

b) Der Firmenwert ist steuerlich linear auf 15 Jahre abzuschreiben (§ 7 Abs. 1 EStG).

c) Die Zuführungen zu den Rückstellungen und die Vorauszahlungen dürfen den steuerlichen Gewinn nicht mindern.

d) Keine Änderung.

Danach ergibt sich folgende Steuerbilanz:

Aktiva	Steuerbilanz zum 31.12.01		Passiva
Patent	108.000 €	Gezeichnetes Kapital	800.000 €
Beteiligungen	280.000 €	Rücklagen	180.000 €
Firmenwert	466.667 €	Rückstellung	70.000 €
Sonstige Aktiva	800.000 €	Jahresüberschuss	400.000 €
		Steuerlicher Ausgleichsposten	204.667 €
	1.654.667 €		1.654.667 €

Auch dieser Gewinn aus der Steuerbilanz i. H. von 400.000 € zzgl. 204.667 € ist noch in mehreren Punkten zu berichtigen. Dies gilt insbesondere für Aufwendungen, die aufgrund besonderer Vorschriften nicht oder nur teilweise abzugsfähig sind, wie z. B. verdeckte Gewinnausschüttungen oder nichtabziehbare Aufwendungen i. S. des § 10 KStG (Personensteuern oder die Hälfte bestimmter Vergütungen). Diese Korrekturen sind außerhalb der Bilanz vorzunehmen.

Die Abweichungen zwischen dem Gewinn aus der Handels- und der Steuerbilanz müssen sich auch aus der Änderung der Erfolgsposten ergeben, die in Form einer Mehr- und Weniger-Rechnung dargestellt werden:

- Erfolgsposten: + und
- Gewinnänderung: -.

a) Außerordentlicher Aufwand	120.000 €	
AfA		12.000 €
b) AfA	+ 66.667 €	
c) Steuern	+ 30.000 €	
	216.667 €	
abzgl. Gewinnminderungen	- 12.000 €	
Steuerlicher Mehrgewinn	204.667 €	

Der in der Steuerbilanz ausgewiesene Mehrgewinn ist der Unterschied zwischen dem Kapital lt. Handelsbilanz und dem Kapital lt. Steuerbilanz.

Da sich praktisch jedes Jahr dieser Mehrgewinn ergibt, werden diese Mehrgewinne als steuerliche Ausgleichsposten ausgewiesen.

Kapitel 4: Beteiligungen, Beteiligungserträge und Veräußerungsgewinne

4.1 Beteiligungen an Kapitalgesellschaften in der Handelsbilanz

Gemäß § 271 Abs. 1 HGB liegt eine Beteiligung an einer Kapitalgesellschaft vor, wenn das Halten der Anteile dazu bestimmt ist, dem eigenen Geschäftsbetrieb durch Herstellung einer dauernden Verbindung zu jenen Unternehmen zu dienen. Dies ist im Zweifel bei einer Beteiligung i. H. von mehr als 20 % an einer Kapitalgesellschaft gegeben. Die Beteiligungen sind als Anlagevermögen unter den Finanzanlagen auszuweisen. 1765

Die Bewertung erfolgt gem. § 253 Abs. 1 HGB grds. mit den Anschaffungskosten. Außerplanmäßige Abschreibungen sind vorzunehmen, wenn der beizulegende Wert am Abschlussstichtag voraussichtlich dauerhaft unter den Anschaffungskosten liegt (§ 253 Abs. 3 Satz 3 HGB). Bei einer vorübergehenden Wertminderung besteht handelsrechtlich ein Abschreibungswahlrecht (§ 253 Abs. 3 Satz 4 HGB).

4.2 Beteiligungen an Kapitalgesellschaften in der Steuerbilanz

Beteiligungen gehören auch hier zum nicht abnutzbaren Anlagevermögen. 1766

Die Bewertung erfolgt gem. § 6 Abs. 1 Nr. 2 Satz 1 und § 5 Abs. 1 Satz 1 EStG grds. i. H. der Anschaffungskosten.

Eine Abschreibung auf den niedrigeren Teilwert ist in der Steuerbilanz auch bei einer voraussichtlich dauerhaften Wertminderung heute nicht mehr zwingend. § 6 Abs. 1 Nr. 2 Satz 2 EStG gewährt nach wie vor ein Wahlrecht zum Ansatz des auf Dauer gesunkenen Teilwerts. Der handelsrechtlich zwingende Ansatz des auf Dauer gesunkenen Werts (§ 253 Abs. 3 Satz 3 HGB) kann aber durch § 5 Abs. 1 Satz 1 Halbsatz 2 EStG umgangen werden. Bei einer vorübergehenden Wertminderung besteht ein Abschreibungsverbot (§ 6 Abs. 1 Nr. 2 Satz 2 EStG).

Das Wertaufholungsgebot gem. § 6 Abs. 1 Nr. 2 Satz 3 und Nr. 1 Satz 4 EStG ist zu beachten (zu Einzelheiten, wann nach Auffassung der Verwaltung eine Teilwertminderung von Dauer ist, siehe BMF, Schreiben v. 2.9.2016, BStBl 2016 I S. 995).

4.3 Beteiligungserträge in der Handelsbilanz

Zum Zeitpunkt des Ausschüttungsbeschlusses ist der Ausschüttungsbetrag für den Beteiligten realisiert. Er hat ab diesem Zeitpunkt eine sonstige Forderung zu aktivieren. Verluste der Gesellschaft wirken sich beim Beteiligten nicht unmittelbar aus. Es ist allenfalls denkbar, dass eine andauernde Verlustsituation den Wert der Beteiligung mindert und es dadurch zu einer Abschreibung beim Beteiligten kommt. 1767

4.4 Beteiligungserträge in der Steuerbilanz

4.4.1 Offene Ausschüttungen

1768 Die Beteiligungserträge sind gem. § 20 Abs. 1 Nr. 1 i. V. mit Abs. 8 und § 15 EStG im Wirtschaftsjahr der Beschlussfassung der offenen Ausschüttung zu erfassen. Das gilt für den Gesamtbetrag des Ausschüttungsbeschlusses einschließlich der einzubehaltenden Kapitalertragsteuer i. H. von 25 %. Diese Kapitalertragsteuer stellt bei natürlichen Personen oder Personengesellschaften eine Privatentnahme des Beteiligten oder – bei Gesellschaften – eine anteilige Entnahme aller Beteiligten an der Gesellschaft dar. Für Kapitalgesellschaften ist ein Steueraufwand gegeben, der außerhalb der Bilanz dem Einkommen gem. § 10 Nr. 2 KStG hinzuzurechnen ist.

4.4.2 Beteiligungserträge im Teileinkünfteverfahren

4.4.2.1 Anteilseigner ist ein Personenunternehmen

1769 Hier greifen die Vorschriften des § 3 Nr. 40 und § 3c EStG. Gemäß § 3 Nr. 40 Satz 1 Buchst. d EStG sind 40 % der Dividende steuerfrei zu stellen. Da dies innerhalb der Buchführung buchtechnisch nicht möglich ist, ist die Abrechnung außerhalb der Bilanz vorzunehmen.

Mit den Erträgen zusammenhängende Aufwendungen wie Depotkosten, Zinsen zur Finanzierung oder Beratungskosten sind gem. § 3c Abs. 2 EStG nur zu 60 % abziehbar, und zwar unabhängig davon, ob Erträge aus dieser Beteiligung überhaupt in diesem Wirtschaftsjahr zu versteuern sind. Diese teilweise Nichtabzugsfähigkeit kann auch nur außerhalb der Bilanz durch Hinzurechnung zum Einkommen berücksichtigt werden.

4.4.2.2 Anteilseigner ist eine Kapitalgesellschaft

1770 Die vergleichbare Vorschrift zu § 3 Nr. 40 EStG ist für Kapitalgesellschaften der § 8b KStG. Gemäß § 8b Abs. 1 KStG bleiben u. a. Dividenden bei der Ermittlung des Einkommens außer Ansatz. Das bedeutet, sie sind zu 100 % steuerfrei, wenn der Empfänger eine Kapitalgesellschaft ist. Auch hier kann die Steuerfreistellung nur durch eine Abrechnung der Dividenden außerhalb der Bilanz erfolgen.

Seit dem 1.1.2004 greift die Vereinfachungsregel des § 8b Abs. 5 KStG. Hiernach gelten 5 % der steuerfreien Einnahmen gem. § 8b Abs. 1 KStG als nicht abzugsfähige Betriebsausgaben. § 3c EStG wird in der Folge ausdrücklich ausgeschlossen.

Mit den 5 % sind alle Aufwendungen abgegolten, die der Kapitalgesellschaft im Zusammenhang mit den Beteiligungserträgen entstanden sind. Diese Regelung wirkt sich für die beteiligte Kapitalgesellschaft in den allermeisten Fällen günstig aus, weil die tatsächlichen Aufwendungen üblicherweise viel höher liegen (z. B. Finanzierungskosten). Allerdings ist die Regelung des § 8b Abs. 5 KStG auch anzuwenden, wenn feststeht, dass keinerlei Aufwendungen mit den Beteiligungserträgen i. S. des § 8b Abs. 1 KStG in Zusammenhang stehen.

4.4.3 Veräußerungsgewinne aus Beteiligungen an Kapitalgesellschaften

Gemäß § 8b Abs. 2 KStG bleiben Veräußerungsgewinne aus der Veräußerung von Anteilen an einer Kapitalgesellschaft bei der Ermittlung des Einkommens außer Ansatz. Sie werden also wie die Ausschüttungen aus diesen Gesellschaften steuerfrei gestellt. Gemäß § 8b Abs. 3 KStG gelten auch hier 5 % des Veräußerungsgewinns als nicht abzugsfähige Betriebsausgaben. 1771

Sowohl die Steuerfreistellung als auch die pauschale Nichtabzugsfähigkeit der Betriebsausgaben kann nur außerhalb der Bilanz erfolgen.

Kapitel 5: Verdeckte Einlagen

5.1 Allgemeines

1772 Gemäß R 8.9 Abs. 1 KStR liegt eine verdeckte Einlage in eine Kapitalgesellschaft vor, wenn

- ein Gesellschafter oder eine ihm nahe stehende Person
- der Gesellschaft außerhalb der gesellschaftsrechtlichen Einlagen
- einen einlagefähigen Vermögensvorteil
- unentgeltlich oder teilweise unentgeltlich zuwendet und
- die Zuwendung durch das Gesellschaftsverhältnis veranlasst ist.

Von diesen verdeckten Einlagen sind die offenen Einlagen zu unterscheiden. Sie liegen vor, wenn ein Gesellschafter der Gesellschaft Vorteile entgeltlich, nämlich gegen die Gewährung von Gesellschaftsrechten, zuwendet.

Verdeckte Einlagen sind aber nur dann gegeben, wenn der Gesellschaft ein einlagefähiger Vorteil zugewendet wird. Das ist immer der Fall, wenn sich durch die Einlage eine Aktivposition in der Bilanz erhöht oder eine Passivposition in der Bilanz mindert.

Unentgeltliche Nutzungsüberlassungen sind nicht einlagefähig.

5.2 Behandlung bei der Kapitalgesellschaft

5.2.1 Handelsrecht

1773 Die Gesellschafter können die Einlage so behandeln, wie sie der Gesellschaft dienen soll:

- Dient die verdeckte Einlage der Verlustdeckung oder als Ertragszuschuss, so ist die verdeckte Einlage handelsrechtlich als „Sonstiger betrieblicher Ertrag“ zu erfassen. Im Rahmen der Verwendung des Jahresergebnisses wird sie in eine Gewinnrücklage eingestellt.
- Ist die Stärkung des Eigenkapitals beabsichtigt, kann die verdeckte Einlage – anstelle der Erfassung als „Sonstiger betrieblicher Ertrag“ – auch als andere Zuzahlung in die Kapitalrücklage gem. § 272 Abs. 2 Nr. 4 HGB eingestellt werden (Buchung an Kapitalrücklage).

In der Handelsbilanz ergibt sich für die Bewertung der verdeckten Einlage ein Spielraum. Sie kann i. H.

- der effektiven Anschaffungskosten, d. h. bei Unentgeltlichkeit mit 0 €, oder
- der fiktiven Anschaffungskosten, d. h. i. H. des Verkehrswerts, aber höchstens des Zeitwerts,

angesetzt werden.

5.2.2 Steuerrecht

Wird eine Steuerbilanz erstellt, ist die verdeckte Einlage als solche auszuweisen. Außerhalb der Bilanz erhöhen verdeckte Einlagen im Rahmen der Körperschaftsteuerveranlagung das steuerliche Einlagekonto (§ 27 KStG). 1774

Die verdeckte Einlage kann in Anlehnung an die Behandlung in der Handelsbilanz ebenfalls als „Sonstiger betrieblicher Ertrag" in der Steuerbilanz erfasst werden. Da verdeckte Einlagen sich nicht auf die Höhe des Einkommens auswirken dürfen, ist steuerrechtlich der Jahresüberschuss im Rahmen der Ermittlung des zu versteuernden Einkommens durch eine außerbilanzielle Kürzung zu korrigieren (§ 8 Abs. 1 KStG und § 4 Abs. 1 Satz 1 EStG).

Auch die Buchung als „Kapitalrücklage" ist wie im Handelsrecht in der Steuerbilanz zulässig. Wurde die verdeckte Einlage in die Kapitalrücklage eingestellt, hat sie das Ergebnis der Kapitalgesellschaft nicht beeinflusst, so dass eine steuerrechtliche Korrektur im Rahmen der Ermittlung des zu versteuernden Einkommens unterbleibt.

Die Bewertung der verdeckten Einlagen erfolgt steuerrechtlich gem. § 6 Abs. 1 Nr. 5 EStG grds. i. H. des Teilwerts (R 8.9 Abs. 4 Satz 1 KStR). 1775

Hinsichtlich der Anwendung von § 6 Abs. 1 Nr. 5 Satz 1 Buchst. a und b EStG ist Folgendes zu beachten:

- Bei der Einlage von Beteiligungen i. S. des § 17 EStG muss die GmbH diese verdeckt eingelegte Beteiligung stets mit dem Teilwert bewerten, weil die verdeckte Einlage auf der Seite des Gesellschafters der Veräußerung der Anteile gleichsteht. Die Begrenzung auf die Anschaffungskosten gem. § 6 Abs. 1 Nr. 5 Satz 1 Buchst. b EStG ist nicht zulässig, weil anderenfalls die Gefahr einer doppelten Besteuerung droht (R 8.9 Abs. 4 Satz 2 KStR).
- Werden Grundstücke verdeckt eingelegt, findet § 6 Abs. 1 Nr. 5 Satz 1 Buchst. a EStG keine Anwendung. Da § 23 Abs. 1 Satz 5 Nr. 2 EStG diesen Vorgang als Veräußerung qualifiziert, ist auch in diesem Fall ein verdeckt eingelegtes Grundstück auf der Ebene der Kapitalgesellschaft stets mit dem Teilwert zu bewerten. Auch hier würde ansonsten eine Doppelbesteuerung drohen.
- Werden weder Grundstücke noch Beteiligungen eingelegt, gilt § 6 Abs. 1 Nr. 5 EStG auf der Ebene der Kapitalgesellschaft uneingeschränkt. Wird z. B. ein Pkw innerhalb von drei Jahren seit der Anschaffung eingelegt, ist die Einlage mit dem Teilwert, aber höchstens i. H. der fortgeführten Anschaffungskosten (§ 6 Abs. 1 Nr. 5 Satz 1 Buchst. a EStG) zu bewerten.

5.2.3 Verdeckte Einlage beim Gesellschafter

Handelsrechtlich liegen beim Gesellschafter nachträgliche Anschaffungskosten der Beteiligung i. H. des Einlagewerts (Verkehrswert, höchstens Zeitwert) vor. 1776

Auch steuerrechtlich liegen nachträgliche Anschaffungskosten vor. Sie bestimmen sich nach dem Wert, mit dem das Wirtschaftsgut bei der Gesellschaft anzusetzen ist.

Wird die Beteiligung an der Kapitalgesellschaft im Betriebsvermögen gehalten, ist § 6 Abs. 6 Satz 2 und 3 EStG zu beachten. Grundsätzlich sind gem. § 6 Abs. 6 Satz 2 EStG die Anschaffungskosten der Beteiligung i. H. des Teilwerts anzusetzen. Erfolgt die Bewertung der Einlage auf der Ebene der Kapitalgesellschaft i. H. der fortgeführten Anschaffungs- oder Herstellungskosten, ist dieser Wert gem. § 6 Abs. 6 Satz 3 EStG auch für die Bestimmung der nachträglichen Anschaffungskosten der Beteiligung maßgebend.

Kapitel 6: Besondere Buchungen bei Kapitalgesellschaften

6.1 Buchungen auf dem Gewinnverwendungskonto

Erst nach der Aufstellung der Handelsbilanz und damit der Feststellung des Jahresüberschusses können die zuständigen Organe (Hauptversammlung oder Gesellschafterversammlung) über die Verwendung des Gewinns beschließen. Auf der Grundlage dieses Beschlusses bzw. dem Verwendungsvorschlag ist gem. § 278 HGB die Steuer vom Einkommen und Ertrag zu berechnen. 1777

Häufig wird der Gewinn deshalb auf ein besonderes Gewinnverwendungskonto übertragen.

Buchung:

Jahresüberschuss	an	Gewinnverwendungskonto

Die weiteren Buchungen ergeben sich aus den Beschlüssen über die Gewinnverwendung.

BEISPIELE: Der Jahresüberschuss i. H. von 100.000 € soll den Rücklagen voll zugeführt werden. 1778

Buchung:

Gewinnverwendungskonto	an	Rücklagen

Der Jahresüberschuss i. H. von 100.000 € soll voll ausgeschüttet werden.

Buchung bei Beschluss:

Gewinnverwendungskonto	an	Verbindlichkeiten gegenüber Gesellschaftern

Buchung bei Auszahlung:

Verbindlichkeiten gegenüber Gesellschaftern (Auszahlungsbetrag)		
Verbindlichkeiten gegenüber Gesellschaftern (Kapitalertragsteuer)	an	Bank

HINWEIS

Bei offenen Ausschüttungen an die Gesellschafter ist die Kapitalertragsteuer mit 25 % von der Kapitalgesellschaft einzubehalten und an das Finanzamt abzuführen. Gemäß § 44 EStG ist diese Steuer mit der Auszahlung entstanden und zeitgleich an das Finanzamt abzuführen.

Das gilt natürlich sinngemäß auch für den einzubehaltenden Solidaritätszuschlag.

6.2 Buchungen im Zusammenhang mit verdeckten Gewinnausschüttungen

6.2.1 Voraussetzungen/Definition der verdeckten Gewinnausschüttung

1779 § 8 Abs. 3 KStG legt zwar fest, dass verdeckte Gewinnausschüttungen das Einkommen nicht mindern, eine gesetzliche Definition der verdeckten Gewinnausschüttung enthält das Gesetz jedoch nicht.

Anhand der Rechtsprechung hat sich die Definition der verdeckten Gewinnausschüttung mit den folgenden Voraussetzungen herauskristallisiert:

6.2.2 Buchung der Vorsteuer im Falle der verdeckten Gewinnausschüttung bei aktiviertem Anlagevermögen

1780 **BEISPIEL:** Eine GmbH erwirbt vom Anteilseigner am 1.1. eine Maschine (Wert 100.000 €/Nutzungsdauer fünf Jahre) zum Preis i. H. von 120.000 € netto.

Buchung der GmbH:

Maschinen	120.000 €			
Vorsteuer	22.800 €	an	Bank	142.800 €
AfA	24.000 €	an	Maschinen	24.000 €

Lösung:

Hat die GmbH ein Wirtschaftsgut zu einem überhöhten Preis vom Anteilseigner erworben und das Wirtschaftsgut mit diesem Wert aktiviert, führt diese Buchung zu keiner Gewinnauswirkung (Aktivtausch). Auf den ersten Blick fehlt es somit an einer Vermögensminderung. Erst die überhöhte AfA würde zu einer Vermögensminderung mit Auswirkung auf den Unterschiedsbetrag gem. § 4 Abs. 1 Satz 1 EStG führen.

Es sind jedoch zunächst die Anschaffungskosten i. S. des § 255 Abs. 1 HGB zu prüfen. Diese betragen lediglich 100.000 €, ansonsten käme es zu einer Überbewertung (Verstoß gegen das Veranlassungsprinzip). Die Anschaffungskosten sind auf 100.000 € zu korrigieren. Damit kommt es zu einer Vermögensminderung (Aufwandsbuchung i. H. von 20.000 €) mit Auswirkung auf den Unterschiedsbetrag gem. § 4 Abs. 1 Satz 1 EStG. Die AfA mindert sich entsprechend.

Die überhöhte Kaufpreiszahlung führt zu einer verdeckten Gewinnausschüttung, die beim Anteilseigner bei Zufluss gem. § 20 Abs. 1 Nr. 1 EStG zu erfassen ist.

HINWEIS

Für die Umsatzsteuer/Vorsteuer bleibt alles beim Alten. Das Entgelt ist alles, was die GmbH dem Anteilseigner für seine Lieferung der Maschine bezahlt. Die Vorsteuer ist die gesetzlich geschuldete Umsatzsteuer des anderen Unternehmers (Anteilseigner), die der GmbH in einer ordnungsgemäßen Rechnung für eine Leistung an die GmbH in Rechnung gestellt wurde.

Die (wirtschaftlichen) Überlegungen (Fiktionen) der Ertragsteuer sind der Umsatzsteuer fremd.

6.2.3 Buchung der Umsatzsteuer bei Warengeschäften, die zur verdeckten Gewinnausschüttung führen

BEISPIEL 1: Der Anteilseigner liefert im Veranlagungszeitraum 01 an „seine" GmbH Waren zum Preis i. H. von 22.500 € zzgl. 19 % Umsatzsteuer (4.275 €). Angemessen wären jedoch nur 15.000 € zzgl. Umsatzsteuer i. H. von 2.850 €. Die GmbH ist zum Vorsteuerabzug berechtigt. 1781

a) Die GmbH hat die Ware bereits im Veranlagungszeitraum 01 weiterveräußert.

b) Die GmbH veräußert die Ware erst im Veranlagungszeitraum 02.

Lösung:

Umsatzsteuer

Die Bemessungsgrundlage ist das überhöhte Entgelt i. H. von 22.500 €. Der Anteilseigner schuldet die Umsatzsteuer i. H. von 4.275 € und die GmbH kann die gesondert ausgewiesene Umsatzsteuer als Vorsteuer abziehen (Abschnitt 10.1 Abs. 2 UStAE).

Buchung der GmbH:

Wareneinkauf	22.500 €			
Vorsteuer	4.275 €	an	Bank	26.775 €

Körperschaftsteuer

In Höhe der Differenz der Nettoentgelte von 7.500 € liegt eine gesellschaftsrechtlich veranlasste Vermögensminderung bei der Kapitalgesellschaft vor, die nicht im Zusammenhang mit einer offenen Ausschüttung steht.

Zu a)

Der Wareneinkauf zum unangemessen hohen Preis hat den Wareneinsatz für den Veranlagungszeitraum 01 erhöht und somit auch zu einer Einkommensminderung i. H. von 7.500 € geführt. Bei der Einkommensermittlung der GmbH ist eine verdeckte Gewinnausschüttung i. H. von 7.500 € hinzuzurechnen.

Zu b)

Der als Umlaufvermögen der GmbH auszuweisende Warenbestand erhöht sich nur um die angemessenen Anschaffungskosten der vom Anteilseigner bezogenen Waren i. H. von 15.000 € (BFH, Urteil v. 13.3.1985 - I R 9/81, BFH/NV 1986 S. 116, EAAAB-28092). Die Differenz i. H. von 7.500 € führt zu einem gesellschaftsrechtlich bedingten Aufwand, der bei der Einkommensermittlung durch Hinzurechnung einer verdeckten Gewinnausschüttung in gleicher Höhe zu neutralisieren ist. Im Ergebnis führt dies zur gleichen steuerlichen Behandlung, als hätte die GmbH die Waren zum angemessenen Preis erworben und davon unabhängig eine Ausschüttung i. H. von 7.500 € an den Anteilseigner vorgenommen.

BEISPIEL 2: Die GmbH schenkt ihrem Anteilseigner eine Ware, die sie für 900 € zzgl. 171 € Umsatzsteuer erworben hat. Der Verkaufspreis beträgt üblicherweise 1.500 € zzgl. 285 € Umsatzsteuer.

Lösung:

Umsatzsteuer

Die unentgeltliche Zuwendung der Ware erfüllt den Tatbestand der unentgeltlichen Wertabgabe i. S. des § 3 Abs. 1b Satz 1 Nr. 1 UStG, da die unentgeltliche Zuwendung aus unternehmensfremden Gründen erfolgt ist (Abschnitt 3.3 UStAE). Die Bemessungsgrundlage für die unentgeltliche Wertabgabe ist der Einkaufspreis zzgl. Nebenkosten, aber ohne die Umsatzsteuer (§ 10 Abs. 4 Satz 1 Nr. 1 sowie Satz 2 UStG). Die Umsatzsteuer beträgt somit 19 % von 900 € = 171 €. Sie stellt bei der GmbH Aufwand dar.

Körperschaftsteuer

Steuerbilanz:

► Die unentgeltliche Wertabgabe führt in der Steuerbilanz zu einem Wareneinsatz i. H. von 600 €.	- 900 €
► Die Umsatzsteuer auf die unentgeltliche Wertabgabe ist in der Steuerbilanz als Verbindlichkeit gegenüber dem Finanzamt zu passivieren und stellt einen Aufwand dar.	- 171 €
Jahresüberschuss/-fehlbetrag	- 1.071 €

Einkommensermittlung:

► Jahresüberschuss/-fehlbetrag	- 1.071 €
► Hinzurechnung der verdeckten Gewinnausschüttung i. H. des gemeinen Werts **netto!**	+ 1.500 €
► Hinzurechnung der tatsächlichen Umsatzsteuer auf die unentgeltliche Wertabgabe	+ 171 €
Einkommen	+ 600 €

Die 600 € stammen aus der Differenz des Warennettowerts (Einkaufs- und Verkaufspreis).

Eine zusätzliche Hinzurechnung der Umsatzsteuer auf die unentgeltliche Wertabgabe gem. § 10 Nr. 2 KStG entfällt zwangsläufig (R 8.6 KStR).

BEISPIEL 3: Die GmbH verkauft ihrem Anteilseigner eine Ware zum Preis i. H. von

a) 600 € zzgl. 114 € Umsatzsteuer;

b) 1.200 € zzgl. 228 € Umsatzsteuer.

Der Einkaufspreis betrug 900 € zzgl. 171 € Umsatzsteuer.

Der Verkaufspreis beträgt üblicherweise 1.500 € zzgl. 285 € Umsatzsteuer.

Lösung:

Umsatzsteuer

Es handelt sich um eine Lieferung der GmbH an ihren Anteilseigner i. S. des § 1 Abs. 1 Nr. 1 Satz 1 UStG.

Zu a)

Als Bemessungsgrundlage für den Umsatz ist mindestens die sog. „Mindestbemessungsgrundlage" anzusetzen, d. h. bei Lieferungen der Einkaufspreis der Ware zzgl. Nebenkosten, aber ohne die Umsatzsteuer (§ 10 Abs. 5 Satz 1 Nr. 1 i. V. mit Abs. 4 Satz 1 Nr. 1 UStG).

Die Umsatzsteuer beträgt daher 19 % von 900 € = 171 € (bisher 114 €).

Zu b)

Da die tatsächlich vereinbarte Bemessungsgrundlage den Einkaufspreis der Ware zzgl. Nebenkosten übersteigt, ist die Mindestbemessungsgrundlage nicht anzusetzen. Die Umsatzsteuer beträgt wie ausgewiesen 19 % von 1.200 € = 228 €.

Körperschaftsteuer

Auswirkung auf die Bilanz:

	Fall a)	Fall b)
► Die verbilligte Warenabgabe führt in der Steuerbilanz zu einem Wareneinsatz i. H. von	- 900 €	- 900 €
► Ertrag aus der Warenveräußerung	+ 600 €	+ 1.200 €
► Die zusätzliche Umsatzsteuer ist in der Steuerbilanz als Verbindlichkeit gegenüber dem Finanzamt zu passivieren und stellt einen Aufwand dar	- 57 €	0 €
Jahresüberschuss/-fehlbetrag	- 357 €	+ 300 €

Einkommensermittlung:

	Fall a)	Fall b)
Jahresüberschuss/-fehlbetrag	- 357 €	+ 300 €
Hinzurechnung als verdeckte Gewinnausschüttung i. H. der Differenz zwischen dem gemeinen Wert (netto) zzgl. der tatsächlichen Umsatzsteuer und dem tatsächlichen Entgelt zzgl. der Umsatzsteuer	1.671 €	1.728 €
	- 714 €	- 1.428 €
Verdeckte Gewinnausschüttung Hinzurechnungsbeträge	957 €	300 €
Einkommen	+ 600 €	+ 600 €

(Einstweilen frei) 1782–1800

TEIL E: E-BILANZ UND EINNAHMENÜBERSCHUSS-RECHNUNG (ANLAGE EÜR)

Teil E: E-Bilanz und Einnahmenüberschussrechnung (Anlage EÜR)

Kapitel 1: E-Bilanz

1.1 Allgemeines

1801 Mit der Einführung der E-Bilanz verfolgt die Finanzverwaltung folgende Ziele:

- Bürokratieabbau (Elektronik statt Papier);
- Nutzung der Daten der E-Bilanz für ein elektronisches Risikomanagementsystem;
- Möglichkeit der Verwaltung, Validitätsprüfungen, Verprobungen und Mehrjahresvergleiche elektronisch durchführen zu können;
- automatische Auswahl prüfungsrelevanter Fälle und
- Verbesserung des Besteuerungsverfahrens, u. a. durch Evaluation steuerlicher Regelungen.

1802 Die gesetzlichen Grundlagen sind in folgenden Vorschriften verankert:

- § 5b EStG;
- § 51 Abs. 4 EStG;
- § 60 Abs. 1 EStDV sowie
- verschiedene BMF-Schreiben.

Elektronische Steuererklärungspflichten umfassen seit dem Veranlagungszeitraum bzw. Erhebungszeitraum 2011 sämtliche betriebliche Steuererklärungen, so dass auch eine zeitnahe Regelung für die Einbindung der elektronischen Bilanz und Gewinn- und Verlustrechnung in den elektronischen Deklarationsbereich erforderlich war.

Kernpunkte der elektronischen Übermittlung sind der **technische Übermittlungsstandard** und der **Mindestumfang der zu übermittelnden Daten.** Die Finanzverwaltung hat festgelegt, dass für die technische Übermittlung der allgemein gebräuchliche und in der Unternehmenswelt weit verbreitete **Standard „XBRL"** (e**X**tensible **B**usiness **R**eporting **L**anguage) für den „amtlich vorgeschriebenen Datensatz" zu verwenden ist. Die Anforderungen an die Erfüllung des technischen Übermittlungsstandards und den Mindestumfang der zu übermittelnden Daten stellt die Unternehmen vor neue Herausforderungen. Sie sind gehalten, die technischen und organisatorischen Voraussetzungen der Konvertierung der Daten in ein von der Finanzverwaltung vorgegebenes Schema (Taxonomie) zu schaffen. Dabei bestehen die Schwierigkeiten in erster Linie sowohl in der rein fachlichen Zuordnung von Buchungsvorgängen (Kontenzuordnungen und Buchungsschemata) als auch in der Zusammenführung, Verprobung und Übersendung der einzelnen Datenbestände (Taxonomiebestandteile).

1803 *(Einstweilen frei)*

1804 Die E-Bilanz ist inzwischen etabliert. Das BMF veröffentlicht regelmäßig die aktuellen Taxonomien, die für die Aufstellung der Bilanzen zu beachten sind. So sind mit dem BMF-Schreiben v. 10.6.2025 (BStBl 2025 I S. 1450) die Taxonomien 6.9 veröffentlicht worden, die für Bilanzen gelten, die für Wirtschaftsjahre aufgestellt werden, die nach dem 31.12.2025 beginnen.

1.2 Persönlicher Anwendungsbereich

Die Regelungen des § 5b EStG gelten größenunabhängig für alle Unternehmen, die ihren Gewinn gem. § 4 Abs. 1, § 5 oder § 5a EStG ermitteln: 1805

- Einzelpersonen,
- Personengesellschaften und
- Körperschaften.

HINWEIS

Inländische Unternehmen müssen auch die ausländische Betriebsstätte miterfassen.

Ausländische Unternehmen fallen nur mit der inländischen Betriebsstätte hierunter.

Danach sind die Inhalte einer Bilanz (Handelsbilanz nebst Überleitungsrechnung oder Steuerbilanz; dies gilt auch für die Eröffnungsbilanz) sowie die Gewinn- und Verlustrechnung elektronisch an die Finanzverwaltung zu übermitteln, sofern diese nach handels- oder steuerrechtlichen Bestimmungen aufzustellen sind. Für freiwillig aufgestellte Bilanzen sowie Gewinn- und Verlustrechnungen gilt diese Verpflichtung ebenso. Die bisherige Abgabe dieser Unterlagen in Papierform wird durch eine strukturierte Übermittlung nach amtlich vorgeschriebenem Datensatz durch Datenfernübertragung ersetzt.

1.3 Härtefallregelung

Auf Antrag kann die Finanzbehörde zur Vermeidung unbilliger Härten auf eine elektronische Übermittlung verzichten. Einem solchen Antrag ist zu entsprechen, wenn eine elektronische Übermittlung für den Steuerpflichtigen wirtschaftlich oder persönlich unzumutbar ist. Dies ist insbesondere der Fall, wenn die Schaffung der technischen Möglichkeiten für eine elektronische Übermittlung nur mit einem nicht unerheblichen Aufwand möglich wäre oder wenn der Steuerpflichtige nach seinen individuellen Kenntnissen und Fähigkeiten nicht oder nur eingeschränkt in der Lage ist, die Möglichkeiten der elektronischen Übermittlung zu nutzen (§ 5b Abs. 2 Satz 2 EStG i. V. mit § 150 Abs. 8 AO). Die Finanzämter legen diese Regelung erfahrungsgemäß sehr eng aus. 1806

1.4 Taxonomien

Mit dem Jahressteuergesetz 2024 v. 2.12.2024 (BGBl 2024 I Nr. 387) wurden § 5b Abs. 1, § 51 Abs. 4 Nr. 1b und § 52 Abs. 11 EStG geändert. Für Wirtschaftsjahre, die nach dem 31.12.2024 beginnen, ist der Inhalt der Bilanz und der Gewinn- und Verlustrechnung jeweils einschließlich der unverdichteten Kontennachweise mit Kontensalden nach amtlich vorgeschriebenem Datensatz durch Datenfernübertragung zu übermitteln. 1807

Die Verpflichtung gilt für die Kerntaxonomie, die Ergänzungstaxonomien und die Spezialtaxonomien. Sie gilt für alle an die Finanzverwaltung übermittelbaren Bilanzarten. Dies sind im Einzelnen:

- Jahresabschluss;
- Umwandlungsbilanz, zugleich Jahresabschluss;
- Eröffnungsbilanz;
- Zwischenbilanz;
- Umwandlungsbilanz;
- Liquidationsanfangsbilanz;
- Liquidationszwischenbilanz;
- Liquidationsschlussbilanz und
- Aufgabebilanz (i. S. des § 16 EStG).

Daneben existieren in der Taxonomie noch weitere Berichtsbestandteile, die allerdings freiwillig übermittelt werden können.

HINWEISE

- Die Taxonomien (Kern- und Branchentaxonomien) werden von der Finanzverwaltung unter www.esteuer.de zur Ansicht und zum Abruf bereitgestellt.
- Die aktuellen Taxonomien sind grds. für die Bilanzen der Wirtschaftsjahre zu verwenden, die nach dem 31.12.2025 beginnen (Wirtschaftsjahr 2026 oder 2026/2027).

  Sie gelten entsprechend für die in Rz. 1 des BMF-Schreibens v. 28.9.2011 (BStBl 2011 I S. 855) genannten Bilanzen sowie für Eröffnungsbilanzen, sofern diese nach dem 31.12.2025 aufzustellen sind.

  Es wird nicht beanstandet, wenn diese auch für das Wirtschaftsjahr 2025 oder 2025/2026 verwendet werden.

Die E-Bilanz wird regelmäßig aus den Buchführungsprogrammen abgeleitet; hierfür haben die Softwarehersteller Systeme entwickelt, mit denen die E-Bilanz erstellt und an die Finanzverwaltung übermittelt werden kann.

Kapitel 2: Anlage EÜR

2.1 Allgemeines

Für die Übermittlung der Einnahmenüberschussrechnung ist die Anlage EÜR zu verwenden. Diese Anlage ist der Finanzverwaltung gem. § 60 Abs. 4 EStDV für Wirtschaftsjahre, die nach dem 31.12.2010 beginnen, elektronisch zu übermitteln. 1808

Die Anlage EÜR sieht eine standardisierte Aufschlüsselung der Betriebseinnahmen und -ausgaben vor, die zu besseren Kontroll- und Vergleichsmöglichkeiten für die Finanzverwaltung führt.

2.2 Gesetzliche Grundlagen

In der Literatur wurde häufig die Auffassung vertreten, dass ein Steuerpflichtiger nicht verpflichtet sei, dem Finanzamt die Anlage EÜR einzureichen. Vielmehr sei eine formlose Gewinnermittlung ausreichend, denn die Pflicht zur Abgabe der Anlage EÜR sei nicht im EStG, sondern nur in der EStDV (im § 60 Abs. 4 EStDV) geregelt und für eine solche Regelung fehle die gesetzliche Ermächtigung. 1809

Die Abzugsbeträge, Hinzurechnungen und Rückgängigmachungen gem. § 7g EStG sind aber auch im Rahmen der EÜR zu übermitteln (vgl. BMF, Schreiben v. 20.3.2017, BStBl 2017 I S. 423, insbesondere Rz. 24). 1810

(Einstweilen frei) 1811–1850

STICHWORTVERZEICHNIS

Die Zahlen verweisen auf die Randnummern.

S

T